中华人民共和国审计法释义指定用书

《中华人民共和国审计法》释义与典型案例分析

翟继光 姜文新 ◎ 著

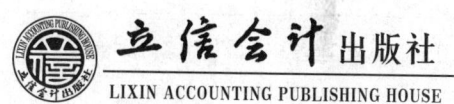

图书在版编目（CIP）数据

《中华人民共和国审计法》释义与典型案例分析 / 翟继光，姜文新著. -- 上海：立信会计出版社，2022.12
ISBN 978-7-5429-7167-8

Ⅰ.①中… Ⅱ.①翟…②姜… Ⅲ.①审计法—法律解释—中国 ②审计法—案例—中国 Ⅳ.①D922.275

中国版本图书馆CIP数据核字（2022）第213143号

策划编辑　蔡伟莉
责任编辑　彭秋龙

《中华人民共和国审计法》释义与典型案例分析
ZHONGHUA RENMIN GONGHEGUO SHENJIFA SHIYI YU DIANXING ANLI FENXI

出版发行	立信会计出版社			
地　　址	上海市中山西路2230号	邮政编码	200235	
电　　话	（021）64411389	传　　真	（021）64411325	
网　　址	www.lixinaph.com	电子邮箱	lxaph@sh163.net	
网上书店	www.shlx.net	电　　话	（021）64411071	
经　　销	各地新华书店			
印　　刷	北京鑫海金澳胶印有限公司			
开　　本	787毫米×1092毫米　1/16			
印　　张	35			
字　　数	702千字			
版　　次	2022年12月第1版			
印　　次	2022年12月第1次			
书　　号	ISBN 978-7-5429-7167-8			
定　　价	88.00元			

如有印订差错，请与本社联系调换

前　言

2021年10月23日，第十三届全国人民代表大会常务委员会第三十一次会议通过《全国人民代表大会常务委员会关于修改〈中华人民共和国审计法〉的决定》，自2022年1月1日起施行。为帮助广大审计人员，以及接受审计的政府机关、企事业单位、金融机构、国有企业等学习和掌握新《中华人民共和国审计法》的内容和相关法律制度，我们撰写了《〈中华人民共和国审计法〉释义与典型案例分析》一书。

全书分为十一章。第一章为总则，介绍立法历程与立法目的、审计监督的范围、审计工作报告与审计独立。第二章为审计机关和审计人员，介绍审计署与地方各级审计机关的设立、审计领导体制与派出机构的设立、审计经费的预算保证与审计队伍建设、审计人员的素质与审计中立性、审计保密与审计人员的法律保护。第三章为审计机关职责，介绍对预决算的审计监督与审计结果报告、对中央银行和事业组织的审计监督、对国有企业和建设项目的审计监督、对国有资产和国际项目的审计监督、对政策落实的审计监督与专项审计调查、审计事项范围与其他审计监督、报告风险隐患与审计管辖范围、对内部审计和社会审计的监督。第四章为审计机关权限，介绍资料获取权与政务信息系统的使用、审计检查权与审计调查权、制止违法行为权与审计建议权、公布审计结果权与提请部门协助权。第五章为审计程序，介绍审计通知书与审计方法、审计报告与上级审计机关的监督。第六章为法律责任，介绍提供资料与破坏资料的法律责任、对预算违法和财务违法采取的措施、审计决定的执行与整改报告、权利救济与审计处理建议、涉及审计人员的法律责任。第七章为附则，介绍经济责任审计、军队审计工作和施行日期与旧法废止等。第八章为各级审计机关审计结果公告，介绍审计署审计结果公告、地方审计机关审计结果公告。第九章为审计工作报告，介绍省级政府审计工作报告、市级政府审计工作报告、县级政府审计工作报告。第十章为审计整改报告，介绍省级政府审计整改报告、县市级政府审计整改报告。第十一章为审计机关2022年度审计工作动态，介绍审计署 2022 年度审计工作动态、审计署特派办 2022 年度审计工作动态、各省审计机关 2022 年度审计工作动态、各市县审计机关 2022 年度审计工作动态。

本书适宜作为宣传新《中华人民共和国审计法》的普法读物，也适宜作为广大政府机关、企事业单位、金融机构、国有企业学习审计法的参考资料。本书使用的法律、法规及相关资料的有效性截至 2022 年 10 月 31 日。

作　者

2022 年 12 月

目 录

第一章 总则 1
第一节 立法历程与立法目的 1
第二节 审计监督的范围 5
第三节 审计工作报告与审计独立 13

第二章 审计机关和审计人员 18
第一节 审计署与地方各级审计机关的设立 18
第二节 审计领导体制与派出机构的设立 35
第三节 审计经费的预算保证与审计队伍建设 38
第四节 审计人员的素质与审计中立性 44
第五节 审计保密与审计人员的法律保护 52

第三章 审计机关职责 55
第一节 对预决算的审计监督与审计结果报告 55
第二节 对中央银行和事业组织的审计监督 62
第三节 对国有企业和建设项目的审计监督 65
第四节 对国有资产和国际项目的审计监督 66
第五节 对政策落实的审计监督与专项审计调查 67
第六节 审计事项范围与其他审计监督 89
第七节 报告风险隐患与审计管辖范围 94
第八节 对内部审计和社会审计的监督 95

第四章 审计机关权限 114
第一节 资料获取权与政务信息系统的使用 114
第二节 审计检查权与审计调查权 116
第三节 制止违法行为权与审计建议权 117
第四节 公布审计结果权与提请部门协助权 120

第五章　审计程序···122
第一节　审计通知书与审计方法·································122
第二节　审计报告与上级审计机关的监督························152

第六章　法律责任···155
第一节　提供资料与破坏资料的法律责任························155
第二节　对预算违法和财务违法采取的措施······················156
第三节　审计决定的执行与整改报告······························157
第四节　权利救济与审计处理建议································158
第五节　涉及审计人员的法律责任································164

第七章　附则···167

第八章　各级审计机关审计结果公告·····························178
第一节　审计署审计结果公告······································178
第二节　地方审计机关审计结果公告······························188

第九章　审计工作报告··209
第一节　省级政府审计工作报告··································209
第二节　市级政府审计工作报告··································307
第三节　县级政府审计工作报告··································359

第十章　审计整改报告··445
第一节　省级政府审计整改报告··································445
第二节　县市级政府审计整改报告································484

第十一章　审计机关2022年度审计工作动态·····················517
第一节　审计署2022年度审计工作动态···························517
第二节　审计署特派办2022年度审计工作动态···················524
第三节　各省审计机关2022年度审计工作动态···················530
第四节　各市县审计机关2022年度审计工作动态·················548

第一章 总则

第一节 立法历程与立法目的

一、审计法的立法历程

1985年8月29日,国务院发布的《国务院关于审计工作的暂行规定》,自发布之日起施行,建立了我国最初的审计法律制度。

1988年11月30日,国务院发布《中华人民共和国审计条例》,自1989年1月1日起施行。

1994年8月31日,第八届全国人民代表大会常务委员会第九次会议通过《中华人民共和国审计法》,自1995年1月1日起施行。

1997年10月21日,中华人民共和国国务院令第231号公布《中华人民共和国审计法实施条例》,自发布之日起施行。

2006年2月28日,第十届全国人民代表大会常务委员会第二十次会议通过《全国人民代表大会常务委员会关于修改〈中华人民共和国审计法〉的决定》,自2006年6月1日起施行。

2010年2月2日,国务院第100次常务会议修订通过《中华人民共和国审计法实施条例》,自2010年5月1日起施行。

2021年10月23日,第十三届全国人民代表大会常务委员会第三十一次会议通过《全国人民代表大会常务委员会关于修改〈中华人民共和国审计法〉的决定》,自2022年1月1日起施行。

二、审计法的立法目的

(一)《中华人民共和国审计法》的规定

第一条 为了加强国家的审计监督,维护国家财政经济秩序,提高财政资金使用效益，促进廉政建设，保障国民经济和社会健康发展，根据宪法，制定本法。

（二）《中华人民共和国审计法实施条例》的规定

第一条　根据《中华人民共和国审计法》（以下简称审计法）的规定，制定本条例。

第二条　审计法所称审计，是指审计机关依法独立检查被审计单位的会计凭证、会计账簿、财务会计报告以及其他与财政收支、财务收支有关的资料和资产，监督财政收支、财务收支真实、合法和效益的行为。

（三）《关于完善审计制度若干重大问题的框架意见》

根据《中共中央关于全面推进依法治国若干重大问题的决定》和《国务院关于加强审计工作的意见》要求，为保障审计机关依法独立行使审计监督权，更好发挥审计在党和国家监督体系中的重要作用，现就完善审计制度有关重大问题提出如下框架意见。

一、总体要求

（一）指导思想。全面贯彻党的十八大和十八届二中、三中、四中、五中全会精神，以邓小平理论、"三个代表"重要思想、科学发展观为指导，深入学习贯彻习近平总书记系列重要讲话精神，紧紧围绕协调推进"四个全面"战略布局，按照党中央、国务院决策部署，认真贯彻落实宪法、审计法等法律、法规，紧密结合审计工作的职责任务和履职特点，着眼依法独立行使审计监督权，创新体制机制，加强和改进新形势下的审计工作，强化审计队伍建设，不断提升审计能力和水平，更好地服务于经济社会持续健康发展。

（二）总体目标。加大改革创新力度，完善审计制度，健全有利于依法独立行使审计监督权的审计管理体制，建立具有审计职业特点的审计人员管理制度，对公共资金、国有资产、国有资源和领导干部履行经济责任情况实行审计全覆盖，做到应审尽审、凡审必严、严肃问责。到2020年，基本形成与国家治理体系和治理能力现代化相适应的审计监督机制，更好地发挥审计在保障国家重大决策部署贯彻落实、维护国家经济安全、推动深化改革、促进依法治国、推进廉政建设中的重要作用。

（三）基本原则。

——坚持党的领导。加强党对审计工作的领导，围绕党委和政府的中心任务，研究提出审计工作的目标、任务和重点，严格执行重要审计情况报告制度，支持审计机关依法独立开展工作。坚持党管干部原则，加强审计机关领导班子和队伍建设，健全审计干部培养和管理机制，合理配置审计力量。

——坚持依法有序。运用法治思维和法治方式推动审计工作制度创新，充分发挥法治的引领和规范作用，破解改革难题，依法有序推进。重大改革措施需要取得法律授权的，按法律程序实施。

——坚持问题导向。针对制约审计监督作用发挥的体制机制障碍、影响审计事业长远发展的重点难点问题，积极探索创新，推进审计制度完善。

——坚持统筹推进。充分考虑改革的复杂性和艰巨性，做到整体谋划、分类设计、分步实施，及时总结工作经验，确保各项措施相互衔接、协调推进。

二、主要任务

（一）实行审计全覆盖。按照协调推进"四个全面"战略布局的要求，依法全面履行审计监督职责，坚持党政同责、同责同审，对公共资金、国有资产、国有资源和领导干部履行经济责任情况实行审计全覆盖。摸清审计对象底数，充分考虑审计资源状况，明确审计重点，科学规划、统筹安排、分类实施，有重点、有步骤、有深度、有成效地推进。建立健全与审计全覆盖相适应的工作机制，统筹整合审计资源，创新审计组织方式和技术方法，提高审计能力和效率。

（二）强化上级审计机关对下级审计机关的领导。围绕增强审计监督的整体合力和独立性，强化全国审计工作统筹。加强审计机关干部管理，任免省级审计机关正职，须事先征得审计署党组的同意；任免省级审计机关副职，须事先征求审计署党组的意见。上级审计机关要加强审计项目计划的统筹和管理，合理配置审计资源，省级审计机关年度审计项目计划要报审计署备案。上级审计机关要根据本地区经济社会发展实际需要，统筹组织本地区审计机关力量，开展好涉及全局的重大项目审计。健全重大事项报告制度，审计机关的重大事项和审计结果必须向上级审计机关报告，同时抄报同级党委和政府。上级审计机关要加强对下级审计机关的考核。

（三）探索省以下地方审计机关人财物管理改革。2015年，选择江苏、浙江、山东、广东、重庆、贵州、云南7省市开展省以下地方审计机关人财物管理改革试点，试点地区省级党委和政府要按照党管干部、统一管理的要求，加强对本地区审计试点工作的领导。市地级审计机关正职由省级党委（党委组织部）管理，其他领导班子成员和县级审计机关领导班子成员可以委托市地级党委管理。完善机构编制和人员管理制度，省级机构编制管理部门统一管理本地区审计机关的机构编制，省级审计机关协助开展相关工作，地方审计人员由省级统一招录。改进经费和资产管理制度，地方审计机关的经费预算、资产由省级有关部门统一管理，也可以根据实际情况委托市地、县有关部门管理。地方审计机关的各项经费标准由各地在现有法律、法规框架内结合实际确定，确保不低于现有水平。建立健全审计业务管理制度，试点地区审计机关审计项目计划由省级审计机关统一管理，统筹组织本地区审计机关力量，开展好涉及全局的重大项目审计。

（四）推进审计职业化建设。根据审计职业特点，建立分类科学、权责一致的审计人员管理制度和职业保障机制，确保审计队伍的专业化水平。根据公务员法和审计职业特点，建立适应审计工作需要的审计人员分类管理制度，建立审计专业技术类公务员职务序列。完善审计人员选任机制，审计专业技术类公务员和综合管理类公务员分类招录，对专业性较强的职位可以实行聘任制。健全审计职业岗位责任追究机制。完善审计职业保障机制和职业教育培训体系。

（五）加强审计队伍思想和作风建设。要加强思想政治建设，强化理论武装，坚定理想信念，严守政治纪律和政治规矩，不断提高审计队伍的政治素质。切实践行社会主义核心价值观，加强审计职业道德建设，培育和弘扬审计精神，恪守审计职业操守，做到依法审计、文明审计。加强党风廉政建设，从严管理审计队伍，严格执行廉政纪律和审计工作纪律，坚持原则、无私无畏、敢于碰硬，做到忠诚、干净、担当。

（六）建立健全履行法定审计职责保障机制。各级党委和政府要定期听取审计工作情况汇报，帮助解决实际困难和问题，支持审计机关依法履行职责，保障审计机关依法独立行使审计监督权，不受其他行政机关、社会团体和个人的干涉。审计机关不得超越职责权限、超越自身能力、违反法定程序开展审计，不参与各类与审计法定职责无关的、可能影响依法独立进行审计监督的议事协调机构或工作。健全干预审计工作行为登记报告制度。凡是涉及管理、分配、使用公共资金、国有资产、国有资源的部门、单位和个人，都要自觉接受审计、配合审计，及时、全面提供审计所需的财务会计、业务和管理等资料，不得制定限制向审计机关提供资料和开放计算机信息系统查询权限的规定，已经制定的应予修订或废止。对拒不接受审计监督，阻挠、干扰和不配合审计工作，或威胁恐吓、打击报复审计人员的，要依纪依法查处。审计机关要进一步优化审计工作机制，充分听取有关主管部门和审计对象的意见，客观公正地作出审计结论，维护审计对象的合法权益。

（七）完善审计结果运用机制。建立健全审计与组织人事、纪检监察、公安、检察以及其他有关主管单位的工作协调机制，把审计监督与党管干部、纪律检查、追责问责结合起来，把审计结果及整改情况作为考核、任免、奖惩领导干部的重要依据。对审计发现的违纪违法问题线索或其他事项，审计机关要依法及时移送有关部门和单位，有关部门和单位要认真核实查处，并及时向审计机关反馈查处结果，不得推诿、塞责。对审计发现的典型性、普遍性、倾向性问题和提出的审计建议，有关部门和单位要认真研究，及时清理不合理的制度和规则，建立健全有关制度规定。领导干部经济责任审计结果和审计发现问题的整改情况，要纳入所在单位领导班子民主生活会及党风廉政建设责任制检查考核的内容，作为领导班子成员述职述廉、年度考核、任职考核的重要依据。有关部门和单位要加强督促和检查，推动抓好审计发现问题的整改。对整改不力、屡审屡犯的，要对被审计单位主要负责人进行约谈，严格追责问责。各级人大常委会要把督促审计查出突出问题整改工作与审查监督政府、部门预算决算工作结合起来，建立听取和审议审计查出突出问题整改情况报告机制。审计机关要依法依规公告审计结果,被审计单位要公告整改结果。

（八）加强对审计机关的监督。各级党委、人大、政府要加强对审计机关的监督,定期组织开展审计法律、法规执行情况检查,督促审计机关切实加强党风廉政建设、严格依法审计、依法查处问题、依法向社会公告审计结果。探索建立对审计机关的外部审计制度,加强对审计机关主要领导干部的经济责任审计,外部审计由同级党委和政府及上级审计机关负责组织。完善聘请民主党派和无党派人士担任特约审计员制度。审计机关要坚持"阳光法则",加大公开透明度,自觉接受人民监督。

三、加强组织领导

（一）加强组织实施。完善审计制度,保障依法独立行使审计监督权,是党中央、国务院作出的重大决策部署。有关部门和地方各级党委、政府要从党和国家事业发展全局出发,充分认识完善审计制度的重大意义,加强工作统筹,形成合力,推动各项改革措施贯彻落实。

（二）有序部署推进。审计署要会同有关部门按照本框架意见和《关于实行审计全覆盖的实施意见》《关于省以下地方审计机关人财物管理改革试点方案》《关于推进国家审计职业化建设的指导意见》确定的目标要求和任务,加强组织协调,密切配合,有重点、有步骤地抓好落实。省级党委和政府要加强对本地区有关工作的领导,抓紧研究制定本地区的落实意见和方案,明确具体措施和时间表。实施过程中遇到的重大问题,要及时报告。

（三）推动完善相关法律制度。根据完善审计制度的需要,在充分总结试点及实施经验的基础上,及时推动、修订、完善审计法及其实施条例,健全相关配套规章制度,使各项工作于法有据,确保各项任务顺利实施。根据我国国情,进一步研究完善有关制度设计,切实解决重点难点问题。

第二节　审计监督的范围

一、审计监督制度与审计范围

（一）《中华人民共和国审计法》的规定

第二条　国家实行审计监督制度。坚持中国共产党对审计工作的领导,构建集中统一、全面覆盖、权威高效的审计监督体系。

国务院和县级以上地方人民政府设立审计机关。

国务院各部门和地方各级人民政府及其各部门的财政收支，国有的金融机构和企业事业组织的财务收支，以及其他依照本法规定应当接受审计的财政收支、财务收支，依照本法规定接受审计监督。

审计机关对前款所列财政收支或者财务收支的真实、合法和效益，依法进行审计监督。

（二）《中华人民共和国审计法实施条例》的规定

第三条　审计法所称财政收支，是指依照《中华人民共和国预算法》和国家其他有关规定，纳入预算管理的收入和支出，以及下列财政资金中未纳入预算管理的收入和支出：

（一）行政事业性收费；

（二）国有资源、国有资产收入；

（三）应当上缴的国有资本经营收益；

（四）政府举借债务筹措的资金；

（五）其他未纳入预算管理的财政资金。

第四条　审计法所称财务收支，是指国有的金融机构、企业事业组织以及依法应当接受审计机关审计监督的其他单位，按照国家财务会计制度的规定，实行会计核算的各项收入和支出。

（三）《关于实行审计全覆盖的实施意见》

为全面履行审计监督职责，对公共资金、国有资产、国有资源和领导干部履行经济责任情况实行审计全覆盖，根据《关于完善审计制度若干重大问题的框架意见》，制定本实施意见。

一、实行审计全覆盖的目标要求

对公共资金、国有资产、国有资源和领导干部履行经济责任情况实行审计全覆盖，是党中央、国务院对审计工作提出的明确要求。审计机关要建立健全与审计全覆盖相适应的工作机制，科学规划，统筹安排，分类实施，注重实效，坚持党政同责、同责同审，通过在一定周期内对依法属于审计监督范围的所有管理、分配、使用公共资金、国有资产、国有资源的部门和单位，以及党政主要领导干部和国有企事业领导人员履行经济责任情况进行全面审计，实现审计全覆盖，做到应审尽审、凡审必严、严肃问责。对重点部门、单位要每年审计，其他审计对象1个周期内至少审计1次，对重点地区、部门、单位以及关键岗位的领导干部任期内至少审计1次，对重大政策措施、重大投资项目、重点专项资金和重大突发事件开展跟踪审计，坚持问题导向，对问题多、反映大的单位及领导干部要加大审计频次，实现有重点、有步骤、有深度、有成效的全覆盖。充分发挥审计监督作用，通过审计全覆盖发现国家重大决策部署执行中存在的突出问题和重大违纪违法问题线索，维护财经法纪，促进廉政建设；反映经济运行中的突出矛盾和风险隐患，维护国家经济安全；总结经济运行中好的做法和经验，注重从体制机制层面分析原因和提出建议，促进深化改革和体制机制创新。

二、对公共资金实行审计全覆盖

审计机关要依法对政府的全部收入和支出、政府部门管理或其他单位受政府委托管理的资金，以及相关经济活动进行审计。主要检查公共资金筹集、管理、分配、使用过程中遵守国家法律、法规情况，贯彻执行国家重大政策措施和宏观调控部署情况，公共资金管理使用的真实性、合法性、效益性以及公共资金沉淀等情况，公共资金投入与项目进展、事业发展等情况，公共资金管理、使用部门和单位的财政财务收支、预算执行和决算情况，以及职责履行情况，以促进公共资金安全高效使用。根据公共资金的重要性、规模和管理分配权限等因素，确定重点审计对象。坚持以公共资金运行和重大政策落实情况为主线，将预算执行审计与决算草案审计、专项资金审计、重大投资项目跟踪审计等相结合，对涉及的重点部门和单位进行重点监督，加大对资金管理分配使用关键环节的审计力度。

三、对国有资产实行审计全覆盖

审计机关要依法对行政事业单位、国有和国有资本占控股或主导地位的企业（含金融企业，以下简称国有企业）等管理、使用和运营的境内外国有资产进行审计。主要检查国有资产管理、使用和运营过程中遵守国家法律、法规情况，贯彻执行国家重大政策措施和宏观调控部署情况，国有资产真实完整和保值增值情况，国有资产重大投资决策及投资绩效情况，资产质量和经营风险管理情况，国有资产管理部门职责履行情况，以维护国有资产安全，促进提高国有资产运营绩效。根据国有资产的规模、管理状况以及管理主体的战略地位等因素，确定重点审计对象。对国有企业资产负债损益情况进行审计，将国有资产管理使用情况作为行政事业单位年度预算执行审计或其他专项审计的内容。

四、对国有资源实行审计全覆盖

审计机关要依法对土地、矿藏、水域、森林、草原、海域等国有自然资源，特许经营权、排污权等国有无形资产，以及法律、法规规定属于国家所有的其他资源进行审计。主要检查国有资源管理和开发利用过程中遵守国家法律、法规情况，贯彻执行国家重大政策措施和宏观调控部署情况，国有资源开发利用和生态环境保护情况，相关资金的征收、管理、分配和使用情况，资源环境保护项目的建设情况和运营效果、国有资源管理部门的职责履行情况，以促进资源节约集约利用和生态文明建设。根据国有资源的稀缺性、战略性和分布情况等因素，确定重点审计对象。加大对资源富集和毁损严重地区的审计力度，对重点国有资源进行专项审计，将国有资源开发利用和生态环境保护等情况作为领导干部经济责任审计的重要内容，对领导干部实行自然资源资产离任审计。

五、对领导干部履行经济责任情况实行审计全覆盖

审计机关要依法对地方各级党委、政府、审判机关、检察机关，中央和地方各级党政工作部门、事业单位、人民团体等单位的党委（党组、党工委）和行政正职领导干部（包括主持工作1年以上的副职领导干部），国有企业法定代表人，以及实际行使相应职权的企业领导人员履行经济责任情况进行审计。主要检查领导干部贯彻执行党和国家经济方针政策、决策部署情况，遵守有关法律、法规和财经纪律情况，本地区本部门本单位发展规划和政策措施制定、执行情况及效果，重大决策和内部控制制度的执行情况及效果，本人遵守党风廉政建设有关规定情况等，以促进领导干部守法、守纪、守规、尽责。根据领导干部的岗位性质、履行经济责任的重要程度、管理资金资产资源规模等因素，确定重点审计对象和审计周期。坚持任中审计和离任审计相结合，经济责任审计与财政审计、金融审计、企业审计、资源环境审计、涉外审计等相结合，实现项目统筹安排、协同实施。

六、加强审计资源统筹整合

适应审计全覆盖的要求，加大审计资源统筹整合力度，避免重复审计，增强审计监督整体效能。加强审计项目计划统筹，在摸清审计对象底数的基础上，建立分行业、分领域审计对象数据库，分类确定审计重点和审计频次，编制中长期审计项目规划和年度计划时，既要突出年度审计重点，又要保证在一定周期内实现全覆盖。整合各层级审计资源，开展涉及全局或行业性的重点资金和重大项目全面审计，发挥审计监督的整体性和宏观性作用。在充分总结经验的基础上，完善国家审计准则和审计指南体系，明确各项审计应遵循的具体标准和程序，提高审计的规范性。集中力量、重点突破，对热点难点问题进行专项审计，揭示普遍性、典型性问题，深入分析原因，提出对策建议，推动建立健全体制机制、堵塞制度漏洞，达到以点促面的效果。建立审计成果和信息共享机制，加强各级审计机关、不同审计项目之间的沟通交流，实现审计成果和信息及时共享，提高审计监督成效。加强内部审计工作，充分发挥内部审计作用。有效利用社会审计力量，除涉密项目外，根据审计项目实施需要，可以向社会购买审计服务。

七、创新审计技术方法

构建大数据审计工作模式，提高审计能力、质量和效率，扩大审计监督的广度和深度。有关部门、金融机构和国有企事业单位应根据审计工作需要，依法向审计机关提供与本单位本系统履行职责相关的电子数据信息和必要的技术文档，不得制定限制向审

计机关提供资料和开放计算机信息系统查询权限的规定，已经制定的应予修订或废止。审计机关要建立健全数据定期报送制度，加大数据集中力度，对获取的数据资料严格保密。适应大数据审计需要，构建国家审计数据系统和数字化审计平台，积极运用大数据技术，加大业务数据与财务数据、单位数据与行业数据以及跨行业、跨领域数据的综合比对和关联分析力度，提高运用信息化技术查核问题、评价判断、宏观分析的能力。探索建立审计实时监督系统，实施联网审计。

（四）《全国人大常委会办公厅关于进一步加强各级人大常委会对审计查出突出问题整改情况监督的意见》

一、重要意义和总体要求

1. 重要意义。审计监督是党和国家监督体系的重要组成部分，在国家治理中发挥着国家财产看门人、经济安全守护者等重要作用。听取和审议政府关于年度预算执行和其他财政收支的审计工作报告、审计查出问题整改情况报告（以下分别简称审计工作报告、整改情况报告），对审计查出突出问题整改情况开展跟踪监督，是各级人大及其常委会依法开展预算、决算审查监督的重要方式。适应新形势新要求，进一步加强各级人大常委会对审计查出突出问题整改情况的监督，有利于支持和推动依法开展审计监督，更好发挥审计监督"治已病、防未病"的重要作用；有利于加强审计结果运用，切实推进审计查出突出问题的整改，举一反三，完善制度，严肃财经纪律，规范预算行为，提高财政资金使用效益；有利于全面贯彻实施监督法、预算法、审计法规定和深入贯彻落实党中央有关改革要求，结合实际创造性做好监督工作，更好地发挥人大常委会的监督作用；有利于全国人大常委会及地方各级人大常委会在党中央集中统一领导下依法履行监督职责，推动政府依法行政、依法理财，加强国有资产管理，保障党中央重大方针政策和决策部署的贯彻落实，更好地助力经济社会发展和改革攻坚任务。

2. 指导思想。以习近平新时代中国特色社会主义思想为指导，全面贯彻落实党的十九大和十九届二中、三中、四中全会精神，深入贯彻落实习近平总书记关于坚持和完善人民代表大会制度的重要思想、对审计查出问题整改工作的重要批示精神，紧紧围绕统筹推进"五位一体"总体布局和协调推进"四个全面"战略布局，贯彻落实新发展理念，坚持党的领导、人民当家作主、依法治国有机统一，坚持问题导向，强化跟踪监督，通过审议审计工作报告和整改情况报告等，进一步加强人大常委会对审计查出突出问题整改情况的监督，更好地发挥全国人大常委会、地方各级人大常委会的监督作用，推动更好地发挥审计监督作用，推动建立健全全面规范透明、标准科学、约束有力的预算制度，保障在财政政策制定和实施中、政府预算编制和执行中，将党中央重大方针政策和决策部署贯彻好、落实好，把我国制度优势更好地转化为国家治理效能。

3. 基本原则。一是坚持党中央集中统一领导。认真贯彻落实党中央重大方针政策和决策部署，贯彻落实中央审计委员会部署要求，在人大常委会党组领导下开展监督工作。跟踪监督中的重要情况，及时向党中央或同级党委请示汇报。二是坚持依法监督。按照监督法、预算法、审计法规定，寓支持于监督之中，综合运用法定监督方式，探索创新监督工作方法，拓展监督深度，加大监督力度，增强监督实效。三是坚持问题导向。紧扣贯彻落实党中央决策部署，紧扣人民群众关心的热点难点问题，紧扣体制机制性问题，深入开展监督。四是坚持建立健全长效机制。推动政府及其部门分析问题根源，落实整改责任，健全规范制度，优化财政资源分配，提高资金使用绩效，强化追责问责，不断提升依法行政、依法理财水平。

二、深化拓展监督内容

4. 制定跟踪监督工作方案。各级人大常委会听取和审议审计工作报告后，根据党中央决策部署及地方党委部署安排和人大常委会有关决议与审议意见的要求，人大常委会预算工作委员会等工作机构在本级审计机关、财政部门等的配合下，提出跟踪监督工作方案建议，按程序报批后，人大常委会组织开展跟踪监督。跟踪监督工作方案的主要内容包括跟踪监督突出问题的确定、跟踪监督方式方法的运用、跟踪监督结果的使用等。

5. 聚焦跟踪监督的重点内容。在人大常委会审议审计工作报告后，审计机关应及时向人大常委会提供审计查出问题清单。人大常委会围绕贯彻落实党中央决策部署，聚焦审计查出普遍存在的问题和反复出现的问题，结合问题性质、资金规模、以往整改情况，结合人大代表、人民群众普遍关心的热点难点问题，结合预算审查监督的重点内容，确定跟踪监督的突出问题和责任部门单位。对审计查出的突出问题，着重从政策制定、制度执行、预算管理、项目管理、绩效评价、监督检查、责任落实等环节，督促相关部门单位深入查找原因，跟踪监督整改情况。

6. 督促完善整改情况报告和审计工作报告。整改情况报告，应当与审计工作报告揭示的问题和提出的建议相对应，重点反映审计查出突出问题的整改情况，对审计查出突出问题的整改情况进行评价，并提供审计查出突出问题的单项整改结果和整改详细清单作为附件。审计工作报告应当全面、客观反映审计查出的问题，着重从体制机制和制度方面提出审计建议，并提供专项审计结果公告作为附件。

三、用好监督方式方法

7. 听取整改情况的报告。地方各级政府负责人向本级人大常委会作整改情况的报告，也可委托本级审计机关主要负责人向人大常委会作报告。根据需要，人大常委会可以听取存在审计查出突出问题的责任部门单位的报告。人大常委会分组审议整改情况报告时，存在突出问题的相关责任部门单位有关负责人应当到会听取意见，回答询问。

8. 综合运用法定监督方式。在听取整改情况报告的同时，要结合本地区实际情况，运用专题询问、质询、组织特定问题调查等法定监督方式，加大监督力度，拓展监督深度，增强监督效果，督促政府及有关部门单位认真整改。进一步加强对审计查出突出问题整改情况开展专题询问的工作。具备条件的，可以推动专题询问常态化。

9. 提高跟踪监督质量。人大有关专门委员会、常委会预算工作委员会等工作机构开展跟踪监督具体工作，应选取典型案例，深入剖析，采取座谈调研、听取汇报、实地察看、调阅资料、随机抽查等多种形式。必要时，可以联合本级审计机关，对审计查出突出问题的整改情况进行监督。审计查出的突出问题涉及下级政府的，根据问题的性质等情况，可以与下级人大常委会协同开展监督，实现各级人大监督工作联动，形成监督合力。

10. 探索开展满意度测评。根据需要与可能，人大常委会可以对相关主管部门、被审计部门单位提交的整改情况报告进行满意度测评。对整改情况报告开展满意度测评，应当遵循监督法等法律、法规规定，列入人大常委会年度监督工作计划，紧紧围绕审计查出问题整改工作情况，实事求是、客观公正地进行评价。满意度测评的结果应当报送本级党委、抄送本级政府。

11. 依法对审计工作报告和整改情况报告作出决议。按照有关法律规定，人大常委会认为必要时，可以对审计工作报告、整改情况报告作出决议。决议应当对报告作出评价，提出整改要求。

四、强化监督结果运用

12. 落实决议和审议意见。督促政府及有关部门单位认真落实本级人大常委会关于审计工作报告、整改情况报告的决议，研究处理本级人大常委会组成人员的审议意见，并在6个月内将落实决议和研究处理审议意见的情况报告本级人大常委会。

13. 推动处理违纪违法问题。与纪检监察机关和审计、财政等部门建立审计查出突出问题整改工作联动机制，加强信息沟通和工作协调。监督和支持有关机关和主管部门依法对审计查出问题的部门单位进行处理处罚、对整改不到位的进行督查或约谈。

14. 推动深化体制机制改革。围绕贯彻落实党中央重大方针政策和决策部署，着力加强对审计查出体制机制性问题整改情况的跟踪监督，深入分析原因，提出意见建议，持续推动落实。着力督促政府及相关主管部门完善制度，深化体制机制改革，努力做到防患于未然。

15. 推动建立健全与预算安排和政策完善挂钩机制。监督和支持政府结合审计查出的问题及其整改情况，进一步健全预算管理制度，完善有关支出政策，优化年度预算安排，把审计结果及整改情况作为优化财政资源配置和完善政策的参考。

五、与开展预算审查监督、国有资产监督紧密结合

16. 与审查预算、决算草案和监督预算执行紧密结合。要结合审计查出突出问题及其

整改情况，对预算、决算草案进行审查。在预算、决算草案初步审查意见和审查结果报告中，应当就发挥审计监督作用、做好审计查出突出问题整改工作等，提出意见建议。在监督预算执行过程中，要将上年审计查出突出问题及其整改情况作为监督的重点内容之一，及时发现问题，推动解决问题，强化预算约束，增强预算执行的规范性和有效性。

17. 与加强国有资产监督紧密结合。推动年度审计工作安排与人大常委会听取国有资产管理情况报告的规划和年度计划相衔接。审计机关应当向本级人大常委会提供国有资产审计有关情况，发挥专项审计对人大履行国有资产监督职能的支持作用。审计查出国有资产管理问题及整改问责情况应作为国有资产管理情况报告的重要内容。加强人大常委会对审计查出国有资产管理问题整改问责情况的跟踪监督。

18. 与发挥人大代表作用紧密结合。邀请常委会组成人员联系代表、预算审查联系代表、提出相关议案建议代表、相关专业领域代表等，参加审计查出突出问题整改情况跟踪监督工作，提出意见建议。同时，代表可以通过本级人大代表履职平台、预算联网监督平台等途径，提出对审计查出问题整改情况的意见建议，有关部门单位应当及时将办理结果答复代表，并抄送本级人大常委会预算工作委员会等工作机构。

19. 与推进预算联网监督紧密结合。要充分利用预算联网系统的数据资源，分析比对历年审计查出突出问题及其整改情况等内容信息，增强开展监督工作的深度和力度，提高监督的针对性和有效性。加强与审计机关相关信息共享，增强监督合力。

六、政府及其部门应当依法接受人大监督

20. 建立健全审计查出问题整改工作机制。各级政府应当及时研究部署审计查出问题整改工作，将审计查出突出问题的整改落实工作纳入督查范围。各级审计机关应当健全完善审计查出问题清单、整改责任清单和部门预算执行审计查出问题整改情况清单制度，实行台账管理，对整改情况进行跟踪检查，推动整改结果公开。审计查出问题的责任部门单位应当深入分析问题的性质和原因，制定行之有效的整改方案，认真、扎实地开展整改工作，完善制度，堵塞漏洞，做到应改尽改、按时整改。根据要求，审计机关及相关责任部门单位向本级人大常委会提供审计查出突出问题及其整改情况的详细材料。

21. 强化信息公开。审计机关和政府相关部门单位应当加大审计结果及其整改情况信息的公开力度，自觉接受社会监督。审计机关和政府相关部门单位提交人大常委会审议的报告，应当全文向社会公开；对未按要求公开的，应当责令改正。

二、审计监督与审计决定

（一）《中华人民共和国审计法》的规定

第三条　审计机关依照法律规定的职权和程序，进行审计监督。

审计机关依据有关财政收支、财务收支的法律、法规和国家其他有关规定进行审计评价，在法定职权范围内作出审计决定。

（二）《中华人民共和国审计法实施条例》的规定

第五条　审计机关依照审计法和本条例以及其他有关法律、法规规定的职责、权限和程序进行审计监督。

审计机关依照有关财政收支、财务收支的法律、法规，以及国家有关政策、标准、项目目标等方面的规定进行审计评价，对被审计单位违反国家规定的财政收支、财务收支行为，在法定职权范围内作出处理、处罚的决定。

第六条　任何单位和个人对依法应当接受审计机关审计监督的单位违反国家规定的财政收支、财务收支行为，有权向审计机关举报。审计机关接到举报，应当依法及时处理。

（三）《中华人民共和国预算法》的规定

第八十九条　县级以上政府审计部门依法对预算执行、决算实行审计监督。

对预算执行和其他财政收支的审计工作报告应当向社会公开。

（四）《中华人民共和国政府采购法》的规定

第六十八条　审计机关应当对政府采购进行审计监督。政府采购监督管理部门、政府采购各当事人有关政府采购活动，应当接受审计机关的审计监督。

第三节　审计工作报告与审计独立

一、审计工作报告

《中华人民共和国审计法》第四条规定：国务院和县级以上地方人民政府应当每年向本级人民代表大会常务委员会提出审计工作报告。审计工作报告应当报告审计机关对预算执行、决算草案以及其他财政收支的审计情况，重点报告对预算执行及其绩效的审计情况，按照有关法律、行政法规的规定报告对国有资源、国有资产的审计情况。必要时，人民代表大会常务委员会可以对审计工作报告作出决议。

国务院和县级以上地方人民政府应当将审计工作报告中指出的问题的整改情况和处理结果向本级人民代表大会常务委员会报告。

二、审计独立

《中华人民共和国审计法》第五条规定:审计机关依照法律规定独立行使审计监督权,不受其他行政机关、社会团体和个人的干涉。

三、审计原则

(一)《中华人民共和国审计法》的规定

第六条　审计机关和审计人员办理审计事项,应当客观公正,实事求是,廉洁奉公,保守秘密。

(二)《国务院关于加强审计工作的意见》(国发〔2014〕48号)

一、总体要求

(一)指导思想。坚持以邓小平理论、"三个代表"重要思想、科学发展观为指导,深入贯彻落实党的十八大和十八届二中、三中全会精神,依法履行审计职责,加大审计力度,创新审计方式,提高审计效率,对稳增长、促改革、调结构、惠民生、防风险等政策措施落实情况,以及公共资金、国有资产、国有资源、领导干部经济责任履行情况进行审计,实现审计监督全覆盖,促进国家治理现代化和国民经济健康发展。

(二)基本原则。

——围绕中心,服务大局。紧紧围绕国家中心工作,服务改革发展,服务改善民生,促进社会公正,为建设廉洁政府、俭朴政府、法治政府提供有力支持。

——发现问题,完善机制。发现国家政策措施执行中存在的主要问题和重大违法违纪案件线索,维护财经法纪,促进廉政建设;发现经济社会运行中的突出矛盾和风险隐患,维护国家经济安全;发现经济运行中好的做法、经验和问题,注重从体制机制制度层面分析原因和提出建议,促进深化改革和创新体制机制。

——依法审计,秉公用权。依法履行宪法和法律赋予的职责,敢于碰硬,勇于担当,严格遵守审计工作纪律和各项廉政、保密规定,注意工作方法,切实做到依法审计、文明审计、廉洁审计。

二、发挥审计促进国家重大决策部署落实的保障作用

(三)推动政策措施贯彻落实。持续组织对国家重大政策措施和宏观调控部署落实情况的跟踪审计,着力监督检查各地区、各部门落实稳增长、促改革、调结构、惠民生、防风险等政策措施的具体部署、执行进度、实际效果等情况,特别是重大项目落地、重点资金保障,以及简政放权推进情况,及时发现和纠正有令不行、有禁不止行为,反映

好的做法、经验和新情况、新问题，促进政策落地生根和不断完善。

（四）促进公共资金安全高效使用。要看好公共资金，严防贪污、浪费等违法违规行为，确保公共资金安全。把绩效理念贯穿审计工作始终，加强预算执行和其他财政收支审计，密切关注财政资金的存量和增量，促进减少财政资金沉淀，盘活存量资金，推动财政资金合理配置、高效使用，把钱用在刀刃上。围绕中央八项规定精神和国务院"约法三章"要求，加强"三公"经费、会议费使用和楼堂馆所建设等方面审计，促进厉行节约和规范管理，推动俭朴政府建设。

（五）维护国家经济安全。要加大对经济运行中风险隐患的审计力度，密切关注财政、金融、民生、国有资产、能源、资源和环境保护等方面存在的薄弱环节和风险隐患，以及可能引发的社会不稳定因素，特别是地方政府性债务、区域性金融稳定等情况，注意发现和反映苗头性、倾向性问题，积极提出解决问题和化解风险的建议。

（六）促进改善民生和生态文明建设。加强对"三农"、社会保障、教育、文化、医疗、扶贫、救灾、保障性安居工程等重点民生资金和项目的审计，加强对土地、矿产等自然资源，以及大气、水、固体废物等污染治理和环境保护情况的审计，探索实行自然资源资产离任审计，深入分析财政投入与项目进展、事业发展等情况，推动惠民和资源、环保政策落实到位。

（七）推动深化改革。密切关注各项改革措施的协调配合情况，促进增强改革的系统性、整体性和协调性。正确把握改革和发展中出现的新情况，对不合时宜、制约发展、阻碍改革的制度规定，及时予以反映，推动改进和完善。

三、强化审计的监督作用

（八）促进依法行政、依法办事。要加大对依法行政情况的审计力度，注意发现有法不依、执法不严等问题，促进法治政府建设，切实维护法律尊严。要着力反映严重损害群众利益、妨害公平竞争等问题，维护市场经济秩序和社会公平正义。

（九）推进廉政建设。对审计发现的重大违法违纪问题，要查深查透查实。重点关注财政资金分配、重大投资决策和项目审批、重大物资采购和招标投标、贷款发放和证券交易、国有资产和股权转让、土地和矿产资源交易等重点领域和关键环节，揭露以权谋私、失职渎职、贪污受贿、内幕交易等问题，促进廉洁政府建设。

（十）推动履职尽责。深化领导干部经济责任审计，着力检查领导干部守法守纪守规尽责情况，促进各级领导干部主动作为、有效作为，切实履职尽责。依法依纪反映不作为、慢作为、乱作为问题，促进健全责任追究和问责机制。

四、完善审计工作机制

（十一）依法接受审计监督。凡是涉及管理、分配、使用公共资金、国有资产、国有资源的部门、单位和个人，都要自觉接受审计、配合审计，不得设置障碍。有关部门和单位要依法、及时、全面提供审计所需的财务会计、业务和管理等资料，不得制定限制向审计机关提供资料和开放计算机信息系统查询权限的规定，已经制定的，应予修订或废止。对获取的资料，审计机关要严格保密。

（十二）提供完整准确真实的电子数据。有关部门、金融机构和国有企事业单位应根据审计工作需要，依法向审计机关提供与本单位、本系统履行职责相关的电子数据信息和必要的技术文档；在确保数据信息安全的前提下，协助审计机关开展联网审计。在现场审计阶段，被审计单位要为审计机关进行电子数据分析提供必要的工作环境。

（十三）积极协助审计工作。审计机关履行职责需要协助时，有关部门、单位要积极予以协助和支持，并对有关审计情况严格保密。要建立健全审计与纪检监察、公安、检察以及其他有关主管单位的工作协调机制，对审计移送的违法违纪问题线索，有关部门要认真查处，及时向审计机关反馈查处结果。审计机关要跟踪审计移送事项的查处结果，适时向社会公告。

五、狠抓审计发现问题的整改落实

（十四）健全整改责任制。

被审计单位的主要负责人作为整改第一责任人，要切实抓好审计发现问题的整改工作，对重大问题要亲自管、亲自抓。对审计发现的问题和提出的审计建议，被审计单位要及时整改和认真研究，整改结果在书面告知审计机关的同时，要向同级政府或主管部门报告，并向社会公告。

（十五）加强整改督促检查。各级政府每年要专题研究国家重大决策部署和有关政策措施落实情况审计，以及本级预算执行和其他财政收支审计查出问题的整改工作，将整改纳入督查督办事项。对审计反映的问题，被审计单位主管部门要及时督促整改。审计机关要建立整改检查跟踪机制，必要时可提请有关部门协助落实整改意见。

（十六）严肃整改问责。各地区、各部门要把审计结果及其整改情况作为考核、奖惩的重要依据。对审计发现的重大问题，要依法依纪作出处理，严肃追究有关人员责任。对审计反映的典型性、普遍性、倾向性问题，要及时研究，完善制度规定。对整改不到位的，要与被审计单位主要负责人进行约谈。对整改不力、屡审屡犯的，要严格追责问责。

六、提升审计能力

（十七）强化审计队伍建设。着力提高审计队伍的专业化水平，推进审计职业化建设，建立审计人员职业保障制度，实行审计专业技术资格制度，完善审计职业教育培训体系，努力建设一支具有较高政治素质和业务素质、作风过硬的审计队伍。审计机关负责人原则上应具备经济、法律、管理等工作背景。招录审计人员可加试审计工作必需的专业知识和技能，部分专业性强的职位可实行聘任制。

（十八）推动审计方式创新。加强审计机关审计计划的统筹协调，优化审计资源配置，开展好涉及全局的重大项目审计，探索预算执行项目分阶段组织实施审计的办法，对重大政策措施、重大投资项目、重点专项资金和重大突发事件等可以开展全过程跟踪审计。根据审计项目实施需要，探索向社会购买审计服务。加强上级审计机关对下级审计机关的领导，建立健全工作报告等制度，地方各级审计机关将审计结果和重大案件线索向同级政府报告的同时，必须向上一级审计机关报告。

（十九）加快推进审计信息化。推进有关部门、金融机构和国有企事业单位等与审计机关实现信息共享，加大数据集中力度，构建国家审计数据系统。探索在审计实践中运用大数据技术的途径，加大数据综合利用力度，提高运用信息化技术查核问题、评价判断、宏观分析的能力。创新电子审计技术，提高审计工作能力、质量和效率。推进对各部门、单位计算机信息系统安全性、可靠性和经济性的审计。

（二十）保证履行审计职责必需的力量和经费。

根据审计任务日益增加的实际，合理配置审计力量。按照科学核算、确保必需的原则，在年度财政预算中切实保障本级审计机关履行职责所需经费，为审计机关提供相应的工作条件。加强内部审计工作，充分发挥内部审计作用。

七、加强组织领导

（二十一）健全审计工作领导机制。

地方各级政府主要负责人要依法直接领导本级审计机关，支持审计机关工作，定期听取审计工作汇报，及时研究解决审计工作中遇到的突出问题，把审计结果作为相关决策的重要依据。要加强政府监督检察机关间的沟通交流，充分利用已有的检查结果等信息，避免重复检查。

（二十二）维护审计的独立性。地方各级政府要保障审计机关依法审计、依法查处问题、依法向社会公告审计结果，不受其他行政机关、社会团体和个人的干涉，定期组织开展对审计法律、法规执行情况的监督检查。对拒不接受审计监督，阻挠、干扰和不配合审计工作，或威胁、恐吓、报复审计人员的，要依法依纪查处。

第二章　审计机关和审计人员

第一节　审计署与地方各级审计机关的设立

一、审计署与审计长

(一)《中华人民共和国审计法》的规定

第七条　国务院设立审计署，在国务院总理领导下，主管全国的审计工作。审计长是审计署的行政首长。

(二)《中华人民共和国审计法实施条例》的规定

第七条　审计署在国务院总理领导下，主管全国的审计工作，履行审计法和国务院规定的职责。

地方各级审计机关在本级人民政府行政首长和上一级审计机关的领导下，负责本行政区域的审计工作，履行法律、法规和本级人民政府规定的职责。

(三)《国务院办公厅关于印发审计署主要职责内设机构和人员编制规定的通知》(国办发〔2008〕84号)

根据第十一届全国人民代表大会第一次会议批准的国务院机构改革方案和《国务院关于机构设置的通知》(国发〔2008〕11号)，设立审计署，为国务院组成部门。

一、职责调整

(一)取消办理地方性审计法规、规章的备案审查职责。

(二)调整对社会审计机构审计业务质量的监督范围，不再核查社会审计机构对审计机关审计监督对象以外的单位出具的相关审计报告。

(三)加强对经济责任、关系国计民生的资源能源、环境保护和社会保障资金、境外中央国有资产、财政资金使用效益的审计职责。

二、主要职责

（一）主管全国审计工作。负责对国家财政收支和法律、法规规定属于审计监督范围的财务收支的真实、合法和效益进行审计监督，维护国家财政经济秩序，提高财政资金使用效益，促进廉政建设，保障国民经济和社会健康发展。对审计、专项审计调查和核查社会审计机构相关审计报告的结果承担责任，并负有督促被审计单位整改的责任。

（二）起草审计法律、法规草案，拟订审计政策，制定审计规章、审计准则和指南并监督执行。制定并组织实施审计工作发展规划和专业领域审计工作规划，制订并组织实施年度审计计划。参与起草财政经济及其相关的法律、法规草案。对直接审计、调查和核查的事项依法进行审计评价，作出审计决定或提出审计建议。

（三）向国务院总理提出年度中央预算执行和其他财政收支情况的审计结果报告。受国务院委托向全国人大常委会提出中央预算执行和其他财政收支情况的审计工作报告、审计发现问题的纠正和处理结果报告。向国务院报告对其他事项的审计和专项审计调查情况及结果。依法向社会公布审计结果。向国务院有关部门和省级人民政府通报审计情况和审计结果。

（四）直接审计下列事项，出具审计报告，在法定职权范围内作出审计决定或向有关主管机关提出处理处罚的建议：

1. 中央预算执行情况和其他财政收支，中央各部门（含直属单位）预算的执行情况、决算和其他财政收支。

2. 省级人民政府预算的执行情况、决算和其他财政收支，中央财政转移支付资金。

3. 使用中央财政资金的事业单位和社会团体的财务收支。

4. 中央投资和以中央投资为主的建设项目的预算执行情况和决算。

5. 中国人民银行、国家外汇管理局的财务收支，中央国有企业和金融机构、国务院规定的中央国有资本占控股或主导地位的企业和金融机构的资产、负债和损益。

6. 国务院部门、省级人民政府管理和其他单位受国务院及其部门委托管理的社会保障基金、社会捐赠资金及其他有关基金、资金的财务收支。

7. 国际组织和外国政府援助、贷款项目的财务收支。

8. 法律、行政法规规定应由审计署审计的其他事项。

（五）按规定对省部级领导干部及依法属于审计署审计监督对象的其他单位主要负责人实施经济责任审计。

（六）组织实施对国家财经法律、法规、规章、政策和宏观调控措施执行情况、财政预算管理或国有资产管理使用等与国家财政收支有关的特定事项进行专项审计调查。

（七）依法检查审计决定执行情况，督促纠正和处理审计发现的问题，依法办理被审计单位对审计决定提请行政复议、行政诉讼或国务院裁决中的有关事项。协助配合有关部门查处相关重大案件。

（八）指导和监督内部审计工作，核查社会审计机构对依法属于审计监督对象的单位出具的相关审计报告。

（九）与省级人民政府共同领导省级审计机关。依法领导和监督地方审计机关的业务，组织地方审计机关实施特定项目的专项审计或审计调查，纠正或责成纠正地方审计机关违反国家规定作出的审计决定。按照干部管理权限协管省级审计机关负责人。负责管理派驻地方的审计特派员办事处。

（十）组织审计国家驻外非经营性机构的财务收支，依法通过适当方式组织审计中央国有企业和金融机构的境外资产、负债和损益。

（十一）组织开展审计领域的国际交流与合作，指导和推广信息技术在审计领域的应用，组织建设国家审计信息系统。

（十二）承办国务院交办的其他事项。

三、内设机构

根据上述职责，审计署设13个内设机构：

（一）办公厅（经济责任审计司）。

负责文电、会务、机要、档案等机关日常运转工作，承担财务、保卫、信访、政务公开和信息化等工作；拟订审计工作的政策、规划和年度计划；牵头起草审计结果报告、审计工作报告及审计发现问题的纠正和处理结果报告；联系特约审计员；起草经济责任审计行政法规草案，组织开展经济责任审计工作，承担中央有关部委经济责任审计工作联席会议有关工作。

（二）法规司。

承担有关法律、法规草案、规章制度、审计准则和指南的起草工作；审理有关审计业务事项；承担机关有关规范性文件的合法性审核工作；承担机关行政复议、行政应诉等工作。

（三）财政审计司。

组织审计中央预算执行和其他财政收支情况，组织审计省级人民政府预算执行、决算和其他财政收支情况，开展相关专项审计调查。

（四）行政事业审计司。

组织审计国务院主管部门和省级人民政府管理的教科文卫专项资金，开展相关专项审计调查。联系协调派出审计局的审计业务工作。

（五）农业与资源环保审计司。

组织审计国务院主管部门和省级人民政府管理的农业专项资金、资源能源和生态环境保护资金，开展相关专项审计调查。

（六）固定资产投资审计司。

组织审计中央投资和以中央投资为主的建设项目的预算执行情况和决算，开展相关专项审计调查。

（七）金融审计司。

组织审计中央国有金融机构和国务院规定的中央国有资本占控股或主导地位金融机构的资产、负债和损益，开展相关专项审计调查。

（八）企业审计司。

组织审计中央国有企业和国务院规定的中央国有资本占控股或主导地位企业的资产、负债和损益，开展相关专项审计调查。

（九）社会保障审计司。

组织审计国务院主管部门、省级人民政府管理和其他单位受国务院及其部门委托管理的社会保障基金、社会捐赠资金，开展相关专项审计调查。

（十）外资运用审计司。

组织审计国际组织和外国政府援助、贷款项目的财务收支，开展相关专项审计调查。

（十一）境外审计司。

组织审计国家驻外非经营性机构的财务收支，依法通过适当方式组织审计中央国有企业和金融机构的境外资产、负债和损益，开展相关专项审计调查。

（十二）国际合作司。

组织开展与外国审计机关和国际审计组织的交流和合作，开展对外宣传，负责外事工作。

（十三）人事教育司。

承担机关、派出机构和直属单位的人事管理、机构编制、教育培训和审计专业技术职称考评等工作；承办协管省级审计机关负责人的有关事项。

机关党委负责机关、派出审计局和在京直属单位的党群工作。

离退休干部办公室负责机关、派出审计局的离退休干部工作，指导直属单位的离退休干部工作。

四、人员编制

审计署机关行政编制为682名。其中：审计长1名，副审计长4名，总审计师1名（副部级），司局级领导职数102名（含派出审计局领导职数60名、机关党委专职副书记1名、离退休干部办公室领导职数1名）。

五、其他事项

（一）审计署跨部门设立派出审计局。派出审计局根据审计署的授权，依法进行审计工作。派出审计局人员有权列席、参加被审计单位领导班子和其他方面的有关会议。被审计单位应为派出审计局提供必要的、长期使用的办公用房和其他办公设施。

（二）审计署跨地区派驻审计特派员办事处，行政编制为2 710名。审计特派员办事处根据审计署的授权，依法进行审计工作。

（三）地方各级审计机关领导干部的管理，实行双重领导、以地方党委为主的体制。省级党委在任免、调动、奖惩省级审计机关负责人时，应事先征求审计署的意见。审计署要协助省级党委加强对省级审计机关领导班子的考察了解，经常反映情况，主动提出领导班子配备、调整的建议。

（四）审计署审计长担任联合国审计委员会委员期间，审计署承担相应的审计工作。

（五）所属事业单位的设置、职责和编制事项另行规定。

（四）《审计署关于印发〈审计署工作规则〉的通知》（审办发〔2013〕27号）

第一章　总则

一、为切实履行法律赋予的审计监督职责，确保完成党中央、国务院交给的各项任务，加快推进审计工作法治化、规范化、科学化和信息化，全面提升审计工作的质量和水平，根据《中华人民共和国宪法》《中华人民共和国国务院组织法》《中华人民共和国审计法》和审计署工作实际，制定本规则。

二、审计署工作的指导思想是，高举中国特色社会主义伟大旗帜，以邓小平理论、"三个代表"重要思想、科学发展观为指导，牢固树立科学的审计理念，认真履行审计监督职责，坚持"依法审计、服务大局、围绕中心、突出重点、求真务实"的工作方针，把"推进法治、维护民生、推动改革、促进发展"作为审计工作的出发点和落脚点，全面监督财政财务收支的真实、合法和效益，严肃查处重大违法违规问题和经济犯罪案件线索，加大对中央重大政策措施贯彻落实情况的跟踪审计力度，完善审计公开制度，充分发挥审计保障国家经济社会健康运行的"免疫系统"功能，推动完善国家治理，努力在推进社会主义经济、政治、文化、社会和生态文明建设中发挥更大作用。

三、审计署工作的准则是，实行科学民主决策，坚持依法审计，推进政务公开，健全监督制度，加强廉政建设。

第二章　领导职责

四、审计署领导要依法依规履行职责，确保权力正确行使；开拓创新，求真务实，严守纪律，勤勉廉洁；充分发挥审计署机关各单位、各派出机构和地方审计机关的职能作用，保证政令畅通，不断提高审计机关的公信力、执行力和效率。

五、审计署领导由审计长、副审计长、总审计师、中央经济责任审计工作联席会议办公室主任、中央纪委驻署纪检组长和其他党组成员组成。

六、审计署实行审计长负责制，审计长领导审计署的工作。副审计长、总审计师、中央经济责任审计工作联席会议办公室主任和其他党组成员协助审计长工作。

七、副审计长、总审计师、中央经济责任审计工作联席会议办公室主任、中央纪委驻署纪检组长和其他党组成员按照分工负责处理分管工作或受审计长委托负责某些方面的工作或专项任务，并可代表审计署进行相关审计外事活动。

八、各分管署领导要按照中共审计署党组（以下简称署党组）决定，各负其责，全力协助审计长抓好审计业务工作和内部管理，抓好队伍建设、法治化建设、信息化建设、理论建设和文化建设；对分管的工作要切实加强领导，精心组织，创造性地开展工作。对分管工作中的重大事项和重要审计工作的进展情况必须及时向审计长报告。

九、审计署领导在工作中要密切沟通，团结协作。审计署领导参加党中央、国务院会议后要及时将会议精神向其他署领导通报。会议文件应送相关署领导传阅后交办公厅存查。

十、审计署机关各单位、各派出机构主要负责同志负责本单位的工作。审计署机关各单位和各派出机构要各司其职，各尽其责，相互协调，密切配合，提高工作质量和水平，切实贯彻落实署党组和审计署的决定，及时反馈执行情况，努力完成各项工作任务。

十一、审计署机关各单位和各派出机构要认真贯彻落实中央关于改进工作作风、密切联系群众"八项规定"的有关精神，严格执行廉洁从政各项规定，切实加强廉政建设和作风建设。

第三章 依法行政

十二、审计署及署机关各单位、各派出机构要严格按照法定权限、有关规定和程序履行职责，行使行政权力。

十三、审计署根据经济社会发展和审计工作实际，不断完善审计法律体系。适时提出制定、修改或者废止有关审计法律和行政法规的建议。适时制定、修改或者废止有关审计规章以及其他相关规范性文件，并就审计规章以及其他相关规范性文件的应用性问题适时作出解释。

十四、审计署制定的规章和其他规范性文件，必须符合宪法、法律和国务院的行政法规、决定、命令，必要时征求相关部门的意见；涉及审计署与其他部门职权范围的事项，应报请国务院制定行政法规、发布决定和命令，或与有关部门联合制定规章及其他规范性文件。与有关部门联合制定的规章及规范性文件发布前须经国务院批准。审计规章应及时向国务院报送备案。

十五、提请审计长会议讨论的审计法律、行政法规草案送审稿和决定的审计规章以及其他相关规范性文件草案由法规司组织起草或审查。审计规章的解释工作由法规司组织办理。

十六、严格审计执法责任制和审计质量责任追究制，做到有法必依、执法必严、违法必究，依法审计、文明审计。

第四章　会议制度

十七、审计署实行党组会议、审计长会议、审计业务会议制度。审计署工作中的重大事项，必须经党组会议、审计长会议或审计业务会议讨论决定。

十八、党组会议由党组成员组成，由党组书记或其委托党组副书记召集和主持，必要时可请有关领导和相关单位负责同志列席。主要任务是：

（一）学习党中央、国务院的有关文件、决定，传达党中央、国务院领导同志的重要指示和重要会议精神；

（二）研究制定审计工作的方针政策、发展战略、规划和重大措施；

（三）研究国务院委托审计署拟定的审计法律、行政法规草案；

（四）研究向党中央、国务院请示、报告的重大事项；

（五）研究部署审计署重要工作；

（六）研究决定审计署内部机构设置和干部管理中的重要问题；

（七）研究处理重大审计事项、重要涉外问题和年度外事工作计划；

（八）研究加强党的思想建设、组织建设、作风建设、制度建设、反腐倡廉建设、思想政治工作和精神文明建设；

（九）研究议定其他需要党组会议决定的事项。

党组会议不定期召开。必要时可召开党组扩大会议。

十九、审计长会议由审计长、副审计长、总审计师、中央经济责任审计工作联席会议办公室主任、中央纪委驻署纪检组长和其他党组成员组成，由审计长或其委托其他署领导召集，根据需要可安排有关单位负责同志列席。主要任务是：

（一）研究贯彻落实党中央、国务院的决定、指示；

（二）分析审计工作形势，研究决定年度审计工作计划、年度工作要点和其他重大事项；

（三）讨论通过向国务院总理报送的中央预算执行和其他财政收支的审计结果报告；

（四）讨论通过其他向国务院的报告、请示；

（五）讨论通过由审计署制定和发布的审计规章；

（六）讨论通过对地方审计工作的指导意见；

（七）研究国务院有关部门与审计署协调的重要事项；

（八）讨论决定地方审计机关请示审计署的重要事项；

（九）研究特派办建设和署机关职工生活中的重大问题；

（十）研究议定其他需要审计长会议决定的事项。

审计长会议一般每周召开一次，根据需要可临时召开。

二十、审计业务会议由审计长、副审计长、总审计师、中央经济责任审计工作联席会议办公室主任、中央纪委驻署纪检组长、其他党组成员、总经济师、办公厅主任、法规司司长、科研所所长和有关审计专业人员组成。由审计长或其委托其他署领导召集，根据需要可安排有关单位负责同志列席。主要任务是：审议各审计业务司提交的需经审计业务会议讨论的审计（调查）工作方案、审计（调查）实施方案、审计（调查）报告、审计决定和审计公告稿。

二十一、审计署党组会议、审计长会议、审计业务会议的议题，由分管署领导审核或召开专题会议研究后提出，报党组书记、审计长或主持会议的署领导确定后提交会议研究，除特殊情况外，不得临时动议。

提交审计业务会议讨论的审计（调查）工作方案，应事先由分管署领导审核；提交审计业务会议讨论的审计（调查）报告，应按相关程序复核、审理，并经总审计师和分管署领导审核。审计业务会议讨论通过的审计（调查）工作方案和审计（调查）报告，由责任单位根据会议意见修改后，按程序办理发文。

二十二、审计署党组会议、审计长会议、审计业务会议的组织工作，由办公厅负责；一般要在会前3天把讨论文件发给参加会议的同志。

党组会议、审计长会议、审计业务会议要编写会议纪要。党组会议纪要由党组秘书负责编写；审计长会议纪要由办公厅负责编写，办公厅主任审核；审计业务会议纪要由法规司负责编写，总审计师审核。会议纪要由会议主持人签发。

党组会议、审计长会议、审计业务会议的开会时间要相对集中和固定，以保证审计署领导同志既能集中时间参加会议，又能有足够的时间深入基层调查研究、指导工作。

署领导不能出席党组会议、审计长会议或审计业务会议，向审计长请假。相关列席人员请假，本人须说明请假的具体事由，由办公厅向审计长报告。

二十三、署机关各单位需要组织由署领导出席的会议和活动，应事前与办公厅协商初步确定时间后，再正式按程序报批。署机关各单位须组织专题会议、培训和研讨等活动，由其他单位负责同志参加的，除紧急情况外，应提前一周报经分管署领导同意，并告知办公厅。如相关安排有冲突，由办公厅负责协调。

二十四、根据党中央、国务院指示和审计工作需要，召开全国性审计工作会议。全国性审计工作会议一般每年召开一次，由审计长或其委托其他署领导主持。召开属于二类会议的全国性审计工作会议，要按照规定报国务院审批。召开属于三类会议的全国性专业会议按每年年初审计长会议批准的会议计划执行。

二十五、召开全国性的审计工作会议和专业会议要按规定选择会议地点，严格控制会议规模和会期，要充分准备，提高效率和质量，尽可能采用视频会议形式召开。不得向地方和企事业单位摊派会议经费,不得组织会议代表游览及与会议无关的参观,不得发放纪念品及与会议无关的物品。

第五章 公文审批制度

二十六、审计署机关公文应当符合中共中央办公厅、国务院办公厅印发的《党政机关公文处理工作条例》,按照署相关规定和要求办理。

二十七、审计署收到的党中央、国务院文电,由办公厅报送党组书记、审计长或主持工作的署领导阅批。

审计署收到的国务院各部门、直属机构、办事机构、直属事业单位和各省、自治区、直辖市人民政府的文件,由办公厅按各司局的职责分工分送有关司局提出意见后,报送分管署领导阅批,重大事项由办公厅主任或副主任负责呈报有关署领导阅批后转有关司局办理。

审计署机关各单位的请示、报告,按程序报相关署领导审定;审计署各派出机构和各省、自治区、直辖市审计厅(局)的请示、报告,由办公厅按职责分工确定承办单位,承办单位要认真研究审核,提出办理意见,报分管署领导审定,重大事项报审计长审批。除署领导交办事项和必须直接报送的绝密事项外,一般不直接向署领导个人报送公文。

二十八、在公文办理过程中,遇有承办或牵头单位不明确的事项,由办公厅负责协调或报请署领导确定,有关司局不得推诿扯皮。涉及署内多个司局业务的公文,有关司局要进行协商,并在公文签发前由主办司局送有关司局会签。

二十九、以署党组和审计署名义发的文电,在送党组书记或署领导签发前,有关经办单位要认真做好审核工作,最后由办公厅负责审核把关。

三十、以署党组名义发的文电,由党组书记或其委托党组副书记签发。

三十一、以审计署名义发的文电,其签发权限一般分为:

(一)由审计长签发的文电:向党中央、国务院报送的报告、请示、意见、信息;向国务院报送的审计报告和审计调查报告;审计署令;审计结果公告;发往各地区、各部门的重要政策性文电;审计规章和涉及审计工作重大问题的处理;重要的涉外事项和重要的政策性宣传稿件;推广全国性典型经验和指名批评某一地区或某一部门违纪问题的通报;向审计系统或审计人员颁发各种荣誉证书或奖状;审计署司局级机构变动和司局级干部的任免、处分等。审计长外出时,由主持工作的署领导签发。

(二)由分管署领导签发的文电:回复国务院办公厅、有关部委及地方人民政府征求意见的文件;单项审计工作制度;有关审计规章的实施细则及解释;列入年度审计项目计划的审计业务文书;列入年度计划的各种专业会议文电;年度审计计划中的个别项目调整等。

三十二、以审计署办公厅名义发出的文电，由主办司局领导审核，报分管署领导或审计长签发；办公厅主办的事项，一般由办公厅主任签发，必要时报分管署领导或审计长签发。办公厅主任外出时，由主持工作的副主任签发。

三十三、审计署会同党中央和国务院有关部门的联合发文或会签发文，一般由审计长签发。党中央和国务院有关部门会同我署的联合发文或会签发文，一般应按照对等原则由分管署领导审签。

三十四、审计署署印由办公厅秘书处保管，经审计长、分管署领导、办公厅主任或其委托的人员签字后使用。

三十五、署机关各单位、各派出机构要指定专人，严格按照有关规定和要求，认真做好审计署公文的审核工作，提高公文质量。除重要工作事项和具有普遍指导作用的文件简报外，其他尽可能不发。加大审计管理系统和电子公文运用，提高公文处理效率。

第六章　公务活动及宣传报道制度

三十六、审计署领导到基层考察调研，要轻车简从，减少随行和地方陪同人员，简化接待礼仪。特派办和地方审计机关负责同志不到机场、车站、码头和辖区分界处迎送。审计署机关各单位、各派出机构负责同志也要按此原则办理。

三十七、除党中央、国务院统一组织安排的活动外，未经署党组批准，署领导及司局级领导不得出席各部门、各地方、各单位召开的会议或接见、照相、颁奖、剪彩、奠基、庆典、论坛、联欢及首发、首映式等事务性活动。署领导不得为署机关各单位、各派出机构和地方审计机关签发贺信、贺电、题词、题名、作序。

三十八、审计署领导因公出访，严格执行党中央和国务院有关规定。出访安排列入审计署年度外事工作计划。出访前，按规定报国务院批准，抄送外交部。回国后，向署党组报送出访报告，重要事项和需要请示的内容，向国务院报告。副审计长、总审计师、中央经济责任审计工作联席会议办公室主任、中央纪委驻署纪检组长每年出国（境）一般不超过1次。

三十九、审计署邀请的外国重要官方人士拟请国家领导人会见的，由审计署向国务院提出请示，抄送外交部，呈有关领导同志批准。与台湾地区的交流活动，由审计署向国务院台办报批。会见港澳人员、华侨知名人士，由署港澳台办公室（国际合作司）报审计长或分管外事的署领导批准。

四十、审计署代表参加国际会议，如在会前有国际性审计组织提议拟在中国举办或由中国承办大型、多边国际会议等事宜，应多方了解情况，请示署领导，做好应对预案；如在会上临时受邀，应将相关信息带回国内，向分管外事的署领导汇报，经审计长同意并报请有关部门批准后，由国际合作司正式发函协商予以确认。

四十一、审计署领导活动的宣传报道要从严掌握。全国性的审计工作会议和其他有较大影响的会议、活动，要按经审计署领导审定的方案进行新闻报道。审计署领导接受新闻单位采访，应由办公厅统一安排。审计署领导到基层考察调研等活动，一般不作报道，重要活动必须报道的，要严格按程序报批，中国审计报不能以头版消息刊载。对审计署重要会议，署内媒体综合报道一般不超过1 200字；审计署领导的讲话需要全文发表的，由办公厅指定署内一家媒体发表。审计署领导参加外事活动，需要公开报道的，由国际合作司向办公厅提出方案，办公厅通知署管媒体进行报道。

第七章　外出请示报告制度

四十二、审计署领导及署机关各单位、各派出机构主要负责同志要严格执行请销假制度。

审计长离京出差、出访和休假，要确定一位署领导主持工作，审计署办公厅应按规定事前向国务院办公厅报告。副审计长、总审计师、中央经济责任审计工作联席会议办公室主任、中央纪委驻署纪检组长和其他党组成员离京出差的地点、事由、时间及出访和休假，原则上应提前5天向审计长报告，经批准后，由秘书把离京外出的有关事项通知办公厅。署领导出差、出访结束后，应及时向党组或审计长报告情况；专题调研、国际会议等重要事项，应及时向署党组或审计长写出书面报告。副审计长、总审计师、中央经济责任审计工作联席会议办公室主任和其他党组成员离京出差、出访和休假期间，应由审计长确定代理分管工作的署领导。遇有特殊紧急情况，由办公厅主任酌情商请在京署领导处理。

四十三、审计署机关各单位、各派出审计局主要负责同志离京出差、出访和休假，应确定临时负责本单位工作的司局级领导同志，经分管署领导审定，审计长批准，并报办公厅。办公厅要随时掌握各单位主要负责同志离京外出的情况，及时向有关署领导报告。

四十四、审计署驻地方特派员办事处主要负责同志离开驻地，原则上应提前2天报经分管署领导批准，并报告办公厅。办公厅应及时向有关署领导报告。

四十五、署机关各单位、各派出机构外出组织集体活动，以及负责同志到署内外单位授课，应按规定事前报经署领导批准，并报告办公厅。办公厅应及时向有关署领导报告。

第八章　推进政务公开

四十六、要大力推进政务公开，健全审计信息发布制度、审计结果和审计发现问题整改情况的公开制度，定期向署特约审计员通报审计工作情况，完善各类公开办事制度，提高审计工作和内部管理各项工作的透明度。

四十七、审计长会议、审计业务会议决定的事项，审计署制定的规章和规范性文件，除需要保密的外，应及时公布。

四十八、凡涉及群众切身利益、需要群众广泛知晓的事项以及其他依照法律、法规和国家有关规定应当主动公开的事项，均应通过审计署门户网站、审计结果公告、新闻发布会以及报刊、广播、电视等方式，依法、及时、准确地向社会公开，主动回应相关方面的关切。

第九章 作风建设

四十九、审计署要坚决贯彻执行党和国家的路线方针政策及工作部署。审计署及署机关各单位、各派出机构领导必须坚决执行审计署的决定，如有不同意见，可在审计署内部提出，在没有重新作出决定之前，不得有任何与审计署决定相违背的言论和行为。署领导发表涉及国家重要政策的讲话和文章，若无统一口径，要事先报国务院同意。署机关各单位、各派出机构领导发表涉及重要政策的讲话和文章，须报分管署领导批准。

五十、审计署要建设学习型机关。署领导要做学习的表率，密切关注国际国内经济、社会、科技等方面发展变化的新趋势，不断充实新知识，丰富新经验，大力推进审计信息化建设。

五十一、审计署领导要深入基层调研，明确调研主题，掌握真实情况，解决实际问题。坚持署领导对地方审计工作调研重点联系地区制度。

五十二、要从严治政，对职权范围内的事项要规范工作程序，按程序和时限认真负责办理。

五十三、审计署全体人员要严格遵守保密纪律和外事纪律，严禁泄露国家秘密、工作秘密或因履行职责掌握的商业秘密等，坚决维护国家的安全、荣誉和利益。

第十章 廉政建设

五十四、结合审计署实际，认真贯彻落实国务院廉政工作的部署和要求。认真落实党风廉政建设责任制，坚持集体领导与个人分工负责相结合，抓好职责范围内的反腐倡廉各项工作。

五十五、要严格执行财经纪律，艰苦奋斗、勤俭节约，严格执行住房、办公用房、车辆配备等方面的规定，坚决制止奢侈浪费，严格控制差旅、会议等一般性经费支出，严禁公车私用，切实降低行政成本，建设节约型机关。

严格控制因公出国（境）团组数量和规模。改革和规范公务接待，不得违反规定用公款送礼和宴请，不得违反规定接受送礼和宴请。未经署党组同意，署各单位不得举办各类纪念会、庆典、研讨会、表彰会、剪彩、奠基和论坛等活动，不得自行印制、分发纪念品和宣传品。各类会议活动经费要全部纳入预算管理。

五十六、审计署各级领导干部要廉洁从政，严格执行领导干部重大事项报告制度和审计纪律，不得利用职权和职务的影响为本人或关系人牟取不正当利益；不得违反规定干预或插手市场经济活动；加强对亲属和身边工作人员的教育和约束，决不允许搞特权。

第十一章 健全监督制度

五十七、要认真对待全国人大代表议案、建议和全国政协委员提案，及时反馈办理结果。要认真听取署特约审计员的工作建议，及时反馈意见。要按照有关法律的规定接受司法监督，自觉接受纪检、监察和相关部门的监督，对发现的问题要认真查处和整改，重大问题应向国务院报告。

五十八、加强审计系统内部监督，严格执行审计法和行政复议法律、法规，实行规章备案制度，及时撤销或修改违反法律、行政法规的审计规章和其他规范性文件，纠正违法或不当的行政行为。

五十九、审计署及机关各单位、各派出机构要自觉接受新闻舆论和群众的监督。对新闻媒体报道和各方面反映的涉及审计机关的重大问题，署机关各单位、各派出机构要在第一时间向审计署报告，并按审计署要求积极主动地查处和整改。

六十、要重视人民群众来信来访工作，进一步完善信访制度，确保信访渠道的畅通。

六十一、要进一步完善署党组派驻纪检组长制度、审计现场管理制度和审计项目质量责任追究制度，建立健全巡视工作制度。明确问责范围，规范问责程序，严格责任追究。

六十二、审计署办公厅要认真履行署内督办职责，对党中央和国务院领导同志的批办件，国务院交办件，人大代表议案、建议和政协委员提案，有关部委的办理件，署党组会议、审计长会议、审计业务会议议定事项，署领导批示和交办重要事项等要及时督办，并适时通报各单位办理情况。

第十二章 附则

六十三、本规则自署党组通过之日起执行。2009年7月15日印发的《审计署工作规则》（审办发〔2009〕131号）同时废止。

六十四、本规则适用于署机关各单位、各直属单位和各派出机构，由办公厅负责解释。

（五）《审计署关于2020年度法治政府建设情况的报告》

2020年，审计署坚持以习近平新时代中国特色社会主义思想为指导，全面贯彻党的十九大和十九届二中、三中、四中、五中全会精神，深入贯彻习近平法治思想，增强"四个意识"、坚定"四个自信"、做到"两个维护"，认真落实党中央关于全面依法治国的重大决策部署，认真落实习近平总书记关于审计工作的重要讲话和重要指示批示精神，扎实推进审计机关法治政府建设，坚持依法审计，全面忠实履行宪法和法律赋予的职责，做好常态化"经济体检"工作，充分发挥审计在党和国家监督体系中的重要作用。

一、牢固树立政治机关意识，坚持党对审计机关法治政府建设的全面领导

审计署党组高度重视审计机关法治政府建设，始终坚持党对审计机关法治政府建设

的全面领导。一是坚持把政治建设摆在首位。署党组书记、审计长侯凯同志以强化政治机关意识为主题讲党课，教育引导全体审计干部牢固树立政治机关意识，把不折不扣贯彻落实习近平总书记关于审计工作的重要讲话和重要指示批示精神作为重大政治责任和首要政治任务。二是深入学习贯彻习近平法治思想。署党组及时召开会议传达学习中央全面依法治国工作会议精神，安排部署贯彻落实工作，署党组成员到署党校和审计干部教育学院宣讲习近平法治思想。三是署党组书记、审计长切实履行推进审计法治建设第一责任人职责，多次主持召开署党组会、审计长办公会、党组理论学习中心组会议，研究讨论审计法治专项工作，并要求审计机关在带头厉行法治，不断提高依法行政能力和水平，不断推进各项工作制度化、法律化方面走在前、做表率。四是以高度政治自觉接受中央巡视，坚决服从巡视安排，坚持立行立改、即知即改。

二、全面忠实履行宪法和法律赋予的职责，不断提高审计监督效能

2020年，全国审计机关共审计9万多个单位，为国家增收节支和挽回损失3 000多亿元，推动建立健全制度1万多项。一是开展政策跟踪审计，推动做好"六稳"工作、落实"六保"任务。密切关注就业优先、减税降费、金融服务实体经济、清理拖欠民营企业中小企业账款、创新创业等重大政策措施的落实情况，推动清理收回、加快拨付或清偿欠款、退还税费，健全完善保就业、科技创新等方面制度390多项。组织开展中央财政2万亿元直达资金专项审计，促进资金分配更加科学合理、资金使用更加严格规范。二是开展财政审计，推动提高资金绩效和落实过"紧日子"要求。组织实施预算执行和决算草案审计，重点揭示预算执行进度、资金绩效、"三公"经费、往来账款、资产处置等方面存在的突出问题。组织对中央财政和中央一级预算单位至2019年年底的存量资金进行了摸排，推动将绝大部分资金重新安排使用。开展18个省财政收支审计，揭示地方在收支真实完整、基层"三保"等方面存在的问题和困难。三是开展"三大攻坚战"相关审计，推动完成目标任务。脱贫攻坚方面，完成对全国832个贫困县的审计全覆盖，共推动追回、盘活和发放资金770多亿元。污染防治方面，全国共开展领导干部自然资源资产离任（任中）审计项目3 000余个，涉及4 600多人；组织实施中央生态环保资金等专项审计，推动加快资金拨付使用和环保项目建设进度，提高项目运营绩效。防范化解重大风险方面，审计18个省及所辖36个市县政府债务管理情况，推动严格规范举债行为，加快新增专项债券资金投入使用；审计37家地方金融机构资产质量情况，督促将不良贷款真实入账，并加快清收、处置。四是开展疫情防控资金和捐赠款物专项审计，保障资金和物资及时拨付、安全管理。疫情发生后，按照党中央、国务院决策部署，审计署迅速组织全国2万多名审计人员，对疫情防控资金和捐赠款物进行专项审计，及时指出问题、提出建议、督促整改，促进相关资金和物资安全高效使用。五是开展重点民生资金和项目审计，推动兜牢民生底线。组织开展基本养老保险基金、医疗保险基金、

保障性安居工程、住房公积金等重大民生资金和项目审计，及时督促问题整改，促进相关民生政策精准落实、维护人民群众切身利益。六是开展领导干部经济责任审计，促进权力规范运行。全国共审计1.8万名领导干部，查出负有直接责任的问题金额700多亿元。

三、不断健全完善审计法规制度，持续推进严格规范公正文明审计

一是大力推进审计法修订工作。积极主动加强与司法部、人大常委会法工委、预算工委的沟通汇报工作，加快推动修订进程，审计法修订工作取得重要阶段性成果。二是动态清理审计规章，对8件规章按程序予以废止并报送备案。三是不断完善各项制度，健全完善中央经济责任审计工作部际联系会议相关规则、内部审计统计调查制度等制度40余项。四是组织完成3个审计领域的国家审计指南、8个审计领域的审计常用定性表述及适用法规向导修订、编写工作，强化审计实务指引。

四、推进行政决策科学化、民主化、法治化，提升决策公信力和执行力

一是严格开展规范性文件、合同合法性审核工作。全年对55项规范性文件、86份合同进行了合法性审核，促进提升规范性文件质量，有力防范合同法律风险。二是严格执行重大执法决定法制审核制度，坚持依法审理、客观求实、严格把关，有效助力规范审计权力运行、提升审计质量、防范审计风险。三是在编制年度审计项目计划时，广泛征求全国人大常委会办公厅、全国政协办公厅、财政部、发展改革委等30多家单位的意见建议，提高计划的科学性、可行性。四是注重发挥法律顾问、公职律师作用，全年共征求专业法律意见220多次。

五、强化对审计权力的制约和监督，促进依法独立行使审计监督权

一是自觉接受人大监督和民主监督。2020年6月和12月，署党组书记、审计长先后受国务院委托向全国人大常委会作审计工作报告和审计查出问题整改情况报告；全年依法办理人大代表建议和政协委员提案28件。二是大力推进政务公开，主动接受舆论监督和社会监督。持续推进审计结果公开，及时发布审计工作报告全文、相关公告及解读等稿件；转载省级审计机关预算执行情况和整改结果公告情况；答复信息公开申请42件、署门户网站公众咨询285件。三是加快编制审计署权责基础清单，按时报送中央编办进行初步审核，明确审计权责边界。四是厘清内设机构职能职责关系，署机关党委与人事教育司分设，机关党委加挂"巡视工作办公室"牌子，形成党群、纪检和内部巡视工作有机衔接、同向发力的协同机制。五是注重加强自我监督。组织对4个特派办和6省审计机关审计业务进行质量检查，完善检查结果通报机制；完成对8名署管领导干部、7名审计厅厅长的经济责任审计和2019年度审计署预算执行及其他财政收支情况审计。六是切实发挥行政复议的监督纠错功能，全年依法办理行政复议案件51起，倒逼审计机关依法审计，维护好人民群众的合法权益；妥善应对行政诉讼20起，审结案件均胜诉。七是扎实做好信访工作，全年共接收处理群众信访事项4 600余件，对符合条件的

线索及时转送业务部门结合审计项目给予重点关注。

六、积极开展法治宣传教育，切实提高依法审计意识和能力

严格落实"谁执法谁普法"普法责任制，坚持突出重点，增强普法实效。一是全面、及时、深入地宣传习近平法治思想。印发《审计署关于深入学习贯彻习近平法治思想的通知》（审法发〔2020〕33号），努力推动习近平法治思想在审计机关落地生根，并及时做好阶段性总结，报送中央全面依法治国办。二是抓住"关键少数"，领导干部模范带头尊法学法守法用法。将观看法庭庭审录像纳入署党组理论学习中心组学习内容，举行新任职干部宪法宣誓，积极将法治建设和普法责任制落实情况纳入各单位领导班子和领导干部年度综合考核。三是持续加强宪法法律和党内法规培训。坚持新入职审计人员审计法律、法规培训机制和市县审计局局长培训班"增强法治意识提升依法审计能力"教学机制；举办依法行政能力培训班暨复核审理能力提高班等。四是利用中国审计报、署门户网站、政务微信公众号等署管媒体，通过开设专栏、微视频征集展播、线上知识竞答等方式，组织开展"宪法宣传周"、民法典宣传、疫情防控等专项法治宣传活动。五是认真开展"七五"普法总结验收工作，向全国普法办公室报送审计署"七五"普法总结材料和专题材料。

2020年，审计机关法治政府建设虽然取得了一些成绩，但还存在一些不足，主要是在审计法治工作中全面贯彻落实习近平法治思想方面还有差距。2021年是建党100周年，也是"十四五"开局之年，审计署坚持以习近平新时代中国特色社会主义思想为指导，以制定2021年至2025年审计机关法治建设实施方案、审计机关法治宣传教育五年规划（2021—2025年）为契机，紧密结合审计工作实际，坚决把习近平法治思想和习近平总书记关于审计工作的重要讲话和重要指示批示精神落细落实，持续提升依法审计的能力和水平，依法全面忠实履行审计监督职责，推进国家治理体系和治理能力现代化，为"十四五"开好局作出积极贡献，以优异成绩迎接建党100周年！

二、地方各级政府审计机关

（一）《中华人民共和国审计法》的规定

第八条 省、自治区、直辖市、设区的市、自治州、县、自治县、不设区的市、市辖区的人民政府的审计机关，分别在省长、自治区主席、市长、州长、县长、区长和上一级审计机关的领导下，负责本行政区域内的审计工作。

（二）《中华人民共和国审计法实施条例》的规定

第八条 省、自治区人民政府设有派出机关的，派出机关的审计机关对派出机关和

省、自治区人民政府审计机关负责并报告工作，审计业务以省、自治区人民政府审计机关领导为主。

（三）《国务院办公厅转发审计署关于在机构改革中加强市、县级人民政府审计机关建设几点意见的通知》（国办发〔2000〕66号）

一、根据《中华人民共和国宪法》和《中华人民共和国审计法》的规定，县级以上人民政府应当设立审计机关。为确保审计工作的正常开展，在这次机构改革中，县级人民政府审计机关必须保证一定数量的具有审计专业资格的审计人员，具有财政、金融、税务、投资、会计、审计及相关专业的大中专以上学历的应占机关总人数的70%以上。同时，考虑到国家审计机关的主要职责和任务是财政审计，市辖区应具有一定的经济规模，完善的财税管理体制和健全的财政、税务、国库机构。凡不具备上述条件的，可暂不设立独立的审计机关，待条件成熟后再设立。

二、暂不设立独立审计机关的县级人民政府，其审计业务工作由上一级审计机关直接承担，由县级人民政府依据《中华人民共和国审计法》的规定，向本级人民代表大会常务委员会提出审计机关对预算执行和其他财政收支的审计工作报告。

三、市级人民政府可根据经济发展水平、财政收支状况、审计对象分布、业务工作规模等情况，在暂不设立独立审计机关的县级人民政府设置审计派出机构。

四、市、县级人民政府在这次机构改革中，要按照中共中央、国务院印发的《关于地方政府机构改革的意见》的有关要求和上述精神，对本级审计机构的设置、人员编制及内设机构做相应调整，保证其履行正常的审计监督职能。

五、逐步建立市、县级人民政府审计机关人员资格认证和公开考试、聘用制度。在这次机构改革中，凡拟留任或调入市、县级人民政府审计机关的人员，必须实行竞争上岗，经培训考核、考试合格方能录用。考核、考试录用办法及审计岗位任职资格由审计署制定，各省、自治区、直辖市审计机关负责组织实施。市级人民政府审计机关具有审计专业资格的人员，也必须达到机关总人数的70%以上。

六、各级审计机关的审计经费应根据《中华人民共和国审计法》的有关规定，列入同级财政预算，由本级人民政府予以保证。

七、市、县级人民政府审计机关机构改革工作，在地方党委和政府的统一领导下进行。各省、自治区、直辖市审计机关要加强调查研究，主动提出意见和建议，发挥党委和政府的参谋助手作用。同时，要加强业务工作指导，并切实做好市、县级人民政府审计机关人员的培训、考核、考试、录用等工作，确保机构改革中各项工作顺利进行。

第二节 审计领导体制与派出机构的设立

一、审计领导体制

《中华人民共和国审计法》第九条规定：地方各级审计机关对本级人民政府和上一级审计机关负责并报告工作，审计业务以上级审计机关领导为主。

【北京市审计局简介】

北京市审计局贯彻落实党中央关于审计工作的方针政策、决策部署和北京市委有关工作要求，在履行职责过程中坚持和加强党对审计工作的统一领导。其主要职责是：

1. 主管全市审计工作。负责对本市财政收支和法律、法规规定属于审计监督范围的财务收支的真实、合法和效益进行审计监督，对公共资金、国有资产、国有资源和领导干部履行经济责任情况实行审计全覆盖，对领导干部实行自然资源资产离任审计，对国家和本市重大政策措施贯彻落实情况进行跟踪审计。对审计、专项审计调查和核查社会审计机构相关审计报告的结果承担责任，并负有督促被审计单位整改的责任。

2. 贯彻落实国家关于审计工作方面的法律、法规、规章和政策，起草本市相关地方性法规草案、政府规章草案，参与起草本市财政经济及其相关地方性法规草案、政府规章草案。拟订审计政策，制定审计规范和指南并监督执行。制定并组织实施审计工作规划和年度审计计划。对直接审计、调查和核查的事项依法进行审计评价，作出审计决定或提出审计建议。

3. 向市委审计委员会提出年度市级预算执行和其他财政支出情况审计报告、审计查出问题整改情况报告。向市政府提出年度市级预算执行和其他财政收支情况的审计结果报告。受市政府委托，向市人大常委会提出市级预算执行和其他财政收支情况的审计工作报告、审计查出问题整改情况报告。向市委、市政府报告对其他事项的审计和专项审计调查情况及结果。依法向社会公布审计结果。向市委、市政府有关部门和区委、区政府通报审计情况和审计结果。

4. 直接审计下列事项，出具审计报告，在法定职权范围内作出审计决定，包括国家及本市有关重大政策措施贯彻落实情况；市级预算执行情况和其他财政收支，市级各部门（含所属单位）预算执行情况、决算草案和其他财政收支；区政府预算执行情况、决算草案和其他财政收支，市级财政转移支付资金；使用市级财政资金的事业单位和社会团体的财务收支；市政府投资和以市政府投资为主的建设项目的预算执行情况和决算，全市重大公共工程项目的资金管理使用和建设运营情况；自然资源管理、污染防治和生态保护与修复情况；市属国有企业和金融机构、市级国有资本占控股或主导地位的企业和金融机构的资产、负债和损益；有关社会保障基金、社会捐赠资金及其他基金、资金的财务收支；审计署授权审计的国际组织和外国政府援助、贷款项目及其他审计事项；法律、法规规定的其他事项。

5. 按规定对局级党政主要领导干部及其他单位主要负责人实施经济责任审计和自然资源资产离任审计。

6. 组织实施对国家财经法律、法规、规章、政策和宏观调控措施执行情况、财政预算管理及国有资产管理使用等与本市财政收支有关的特定事项进行专项审计调查。

7. 依法检查审计决定执行情况，督促整改审计查出的问题，依法办理被审计单位对审计决定提请行政复议、行政诉讼或市政府裁决中的有关事项。协助配合有关部门查处相关重大案件。

8. 指导和监督本市内部审计工作，核查社会审计机构对依法属于审计监督对象的单位出具的相关审计报告。

9. 与区委、区政府共同领导区级审计机关。依法领导和监督区级审计机关的业务，组织区级审计机关实施特定项目的专项审计或审计调查，纠正或责成纠正区级审计机关违反法律、法规作出的审计决定。按照干部管理权限协管区级审计机关负责人。

10. 依法组织审计市属单位的境外资产、负债和损益。

11. 完成市委、市政府和审计署交办的其他任务。

12. 职能转变。进一步完善审计管理，加强全市审计工作统筹，明晰市、区两级审计机关职能定位，理顺内部职责关系，优化审计资源配置，充实加强一线审计力量，构建集中统一、全面覆盖、权威高效的审计监督体系。优化审计工作机制，坚持科技强审，完善业务流程，改进工作方式，加强与相关部门的沟通协调，充分调动内部审计和社会审计力量，增强监督合力。

（资料来源：北京审计局官网。）

二、审计派出机构的设立

（一）《中华人民共和国审计法》的规定

第十条 审计机关根据工作需要，经本级人民政府批准，可以在其审计管辖范围内设立派出机构。

派出机构根据审计机关的授权，依法进行审计工作。

(二)《中华人民共和国审计法实施条例》的规定

第九条 审计机关派出机构依照法律、法规和审计机关的规定,在审计机关的授权范围内开展审计工作,不受其他行政机关、社会团体和个人的干涉。

【审计署中央机关审计局】

按照审计署统一部署开展工作;负责审计中央纪委国家监委、中央组织部、中央机构编制委员会办公室、中央军民融合发展委员会办公室、中央直属机关事务管理局、全国人大常委会办公厅、国务院办公厅、国家机关事务管理局、中央人民政府驻香港特别行政区联络办公室、中央人民政府驻澳门特别行政区联络办公室、国务院港澳事务办公室贯彻落实国家有关重大政策措施情况,以及预算执行、决算和其他财政财务收支;开展相关专项审计调查;承办审计署交办的其他事项。

(资料来源:中华人民共和国审计署官网。)

【审计署政法审计局】

按照审计署统一部署开展工作;负责审计最高人民法院、最高人民检察院、公安部、安全部、司法部、国家移民管理局、中央档案馆(国家档案局)、中国法学会、公安部特勤局贯彻落实国家有关重大政策措施情况,以及预算执行、决算和其他财政财务收支;开展相关专项审计调查;承办审计署交办的其他事项。

(资料来源:中华人民共和国审计署官网。)

【审计署京津冀特派员办事处】

特派办根据审计署的授权,依据法律、法规和审计署的规定,履行下列职责:审计省级人民政府的预算执行情况、决算和其他财政收支,中央财政转移支付资金;审计海关总署、国家税务总局等中央单位驻地方分支机构或派出机构的预算执行情况和其他财政收支情况;审计中国人民银行、国家外汇管理局驻地方分支机构的财务收支;审计中央所属驻地方的事业单位和社会团体的财务收支;审计中央投资和以中央投资为主的建设项目的预算执行情况和决算;审计中央国有企业、中央国有资本占控股地位或主导地位的企业的资产、负债和损益;审计中央金融机构、中央国有资本占控股地位或主导地位的金融机构驻地方分支机构的资产、负债和损益;审计省级人民政府管理和其他单位受国务院及其部门委托管理的社会保障基金、社会捐赠资金及其他有关基金、资金的财务收支;审计国际组织和外国政府援助、贷款项目的财务收支;对国家财经法律、法规、规章、政策和宏观调控措施执行情况、财政预算管理或国有资产管理使用等与国家财政收支有关的特定事项进行专项审计调查;承办审计署交办的其他事项。审计署京津冀特派员办事处审计范围是:北京、天津、河北。

(资料来源:中华人民共和国审计署官网。)

【审计署驻太原特派员办事处】

特派办根据审计署的授权,依据法律、法规和审计署的规定,履行下列职责:审计省级人民政府的预算执行情况、决算和其他财政收支,中央财政转移支付资金;审计海关总署、国家税务总局等中央单位驻地方分支机构或派出机构的预算执行情况和其他财政收支情况;审计中国人民银行、国家外汇管理局驻地方分支机构的财务收支;审计中央所属驻地方的事业单位和社会团体的财务收支;审计中央投资和以中央投资为主的建设项目的预算执行情况和决算;审计中央国有企业、中央国有资本占控股地位或主导地位的企业的资产、负债和损益;审计中央金融机构、中央国有资本占控股地位或主导地位的金融机构驻地方分支机构的资产、负债和损益;审计省级人民政府管理和其他单位受国务院及其部门委托管理的社会保障基金、社会捐赠资金及其他有关基金、资金的财务收支;审计国际组织和外国政府援助、贷款项目的财务收支;对国家财经法律、法规、规章、政策和宏观调控措施执行情况、财政预算管理或国有资产管理使用等与国家财政收支有关的特定事项进行专项审计调查;承办审计署交办的其他事项。审计署驻太原特派员办事处审计范围是:山西、内蒙古。

(资料来源:中华人民共和国审计署官网。)

第三节 审计经费的预算保证与审计队伍建设

一、审计经费的预算保证

(一)《中华人民共和国审计法》的规定

第十一条 审计机关履行职责所必需的经费,应当列入预算予以保证。

(二)《中华人民共和国审计法实施条例》的规定

第十条 审计机关编制年度经费预算草案的依据主要包括:

(一)法律、法规;

(二)本级人民政府的决定和要求;

(三)审计机关的年度审计工作计划;

(四)定员定额标准;

(五)上一年度经费预算执行情况和本年度的变化因素。

二、审计队伍建设

（一）《中华人民共和国审计法》的规定

第十二条　审计机关应当建设信念坚定、为民服务、业务精通、作风务实、敢于担当、清正廉洁的高素质专业化审计队伍。

审计机关应当加强对审计人员遵守法律和执行职务情况的监督，督促审计人员依法履职尽责。

审计机关和审计人员应当依法接受监督。

（二）《审计署关于进一步加强审计理论研究工作的意见》（审科发〔2011〕40号）

审计理论来源于审计实践，是审计实践经验的凝集和升华，是审计客观规律的集中反映，又反过来指导审计实践的发展。审计理论研究是审计工作的重要组成部分，是促进审计事业科学发展的重要基础。审计机关成立二十多年以来，伴随着我国审计事业的不断发展，审计理论研究在探索社会主义审计监督制度、构建中国特色社会主义审计理论体系方面，做了大量富有成效的工作，取得了丰硕的成果，为促进我国审计事业发展提供了有力指导和理论支撑。但当前审计理论研究工作还不能完全适应审计事业发展的要求，存在一些不容忽视的问题。为了更好地适应我国审计工作的科学发展，更加有效推动审计专业人才队伍建设，现就加强审计理论研究工作提出如下意见：

一、充分认识审计理论研究工作的重要性和紧迫性

（一）当前我国经济社会发展正处于重要战略机遇期，机遇和挑战并存。审计工作在促进国家经济社会发展方面扮演着越来越重要的角色。加强审计理论研究，有利于促进各级审计机关牢固树立科学审计理念，把握审计发展规律，提高审计工作服务经济社会发展大局的主动性和自觉性，更好地发挥审计在维护国家经济安全，推进法治、维护民生、推动改革和促进发展方面的建设性作用，促进经济社会平稳较快发展。

新中国审计制度建立以来，我国审计事业取得了长足发展，进入了科学发展的新阶段。审计作为保障国家经济社会健康运行的"免疫系统"，发挥着预防、揭示和抵御经济运行中的矛盾与病害的重要功能。加强审计理论研究，有利于正确理解和把握审计"免疫系统"理论的科学内涵和精神实质，更好地发挥审计"免疫系统"功能，促进审计事业的科学发展。

审计创新是创建学习型审计机关的必然要求，是保障审计事业健康发展的源泉和动力。审计人才队伍建设是审计事业健康发展的根本保证。加强审计理论研究，有利于提

升审计机关的创新能力，推动审计机关领导人才、专业人才和管理人才建设，提高审计人员整体素质及专业胜任能力，建设高素质的审计人才队伍。

（二）面对国家经济社会发展及审计事业发展中出现的新情况、新矛盾和新问题，各级审计机关应从促进我国经济社会平稳较快发展、推进审计事业科学发展和加强审计机关人才队伍建设的战略高度，充分认识审计理论研究工作的重要性和紧迫性，进一步统一思想、明确目标，增强做好审计理论研究工作的主动性和自觉性。通过不断强化审计理论研究工作，更好地促进审计人才队伍建设，保障审计事业科学发展。

二、准确把握审计理论研究工作的总体要求和主要目标

（三）今后审计理论研究工作的总体要求是：坚持以中国特色社会主义理论为指导，以科学发展观为统领，牢固树立科学的审计理念，充分发挥"免疫系统"功能，紧紧围绕审计工作中心，不断总结审计实践经验，积极探索审计发展规律，大力推进审计理论创新，进一步增强审计理论研究的针对性、前瞻性、建设性和有效性，更好地发挥审计"智库"的理论引导、实践指导和决策参谋作用。

（四）今后审计理论研究工作的主要目标：一是以服务审计实践为导向，不断提升审计理论研究层次和水平，为审计工作科学发展提供理论支撑；二是紧密结合我国国情，加强审计学科理论建设，不断完善中国特色社会主义审计理论体系；三是培养造就一批审计理论研究领军人才和骨干人才，提高审计人员理论研究素养和能力，促进审计专业人才队伍建设。

三、进一步明确审计理论研究工作的主要任务与基本原则

（五）今后审计理论研究工作的主要任务是：按照审计署审计工作发展规划和审计科研所、审计学会相关规划确定的目标和总体要求，认真总结审计发展规律，着力深化审计基础理论和基本方法的研究，不断完善中国特色社会主义审计理论体系；围绕审计工作中心和审计实践需要，进一步突出审计应用理论研究，着力解决审计事业发展中遇到的重大问题，增强审计理论研究的针对性、有效性；结合国家"十二五"规划，进一步深化对国家经济社会发展各相关领域的研究，重点研究财政、金融、企业、投资、民生、资源环境等主要被审计对象改革与发展中的深层次矛盾和问题，拓展审计理论研究的深度和广度；加强对世界审计组织和主要国家审计的跟踪研究，积极借鉴国外审计有益做法，不断丰富和发展中国特色社会主义审计理论。

（六）审计署在积极完成中国特色社会主义审计理论和中国国家审计学等重大课题研究的同时，力争经过5年左右的努力，在中国特色社会主义审计理论框架体系、绩效审计、经济责任审计、资源环境审计、跟踪审计、新型审计技术方法、信息系统审计和联网审计、信息化条件下审计管理及组织模式、审计业务管理、审计现场管理等重点课题研究上取得突破，拿出一批研究成果，更好地指导和促进审计工作的科学发展。

（七）审计理论研究工作的基本原则：一是坚持理论与实践相结合，紧紧围绕审计实践中迫切需要解决的重大问题开展研究，注重理论研究成果的推广运用，解决理论脱离实践的"两张皮"现象；二是坚持继承与创新相结合，在继承已有审计理论研究成果的基础上，解放思想，大胆创新，不断提出新理论、新方法；三是坚持统筹安排与重点突破相结合，树立全国审计理论研究"一盘棋"理念，避免各自为战、简单重复，逐步形成合理分工、各有侧重、各具特色的理论研究工作格局合理分工、各有侧重、各具特色的理论研究工作格局；四是坚持立足国情与吸收借鉴相结合，在认真总结提炼我国审计实践经验的同时，积极吸收借鉴国外审计和我国其他学科的理论研究成果。

四、建立健全审计科研工作机制和管理制度，推进审计理论研究深入持续发展

（八）各级审计机关要将审计理论研究纳入审计工作的长远发展规划和年度计划，进行统筹安排，实现审计理论研究与审计业务工作相互协调、相互促进，有效发挥审计理论研究对审计业务工作的指导、促进和保障作用。结合实际情况，建立审计理论研究工作考核激励机制和研究成果推广应用制度，将审计科研任务的完成及成果的推广应用情况作为单位考评和个人业绩考核的重要内容，将审计人员的科研能力和水平作为干部选拔任用的重要参考依据，从机制和制度上调动广大审计人员参与理论研究的主动性和积极性。

（九）进一步完善审计科研工作制度，加强审计科研管理，规范课题立项、过程控制和结题评审工作。课题立项应围绕审计工作中心，在调查研究的基础上，通过招投标方式确定。加强课题研究过程的指导、督促和检查，及时把握课题研究的方向、重点及进度。课题结题时，实施严格的专家评审制度，确保课题研究成果的质量。

（十）进一步加强审计科研基础建设，利用现代信息技术，依托"金审工程"搭建全国审计科研信息共享平台，建立审计文献资料数据库，加强信息交流，整合成果资源，提高审计科研成果的共享程度，扩大审计科研成果的影响，拓展审计科研成果的利用途径。

五、创新审计研究方式方法，推动审计理论研究创新发展

（十一）各级审计机关和广大审计人员在开展审计理论研究中要坚持解放思想，开拓创新，经常深入审计工作实践，加强调查研究，及时、准确地把握国家经济社会发展的形势变化，了解审计工作发展的新动向和面临的新情况、新问题，注重在调查研究中发现问题、思考问题，确定理论研究的内容和方向，探寻解决问题的方法和路径。

（十二）大力倡导结合审计业务工作有针对性地开展理论研究，把审计理论研究的任务纳入具体的审计项目中，将审计项目实施中积累的经验、遇到的问题进行理论总结和提炼，实现审计理论研究与审计实务工作的有机结合和相互促进，逐步提高审计人员的理论研究意识、能力和水平，提升审计工作成果的质量和水平。

（十三）广泛开展国内外各种学术交流研讨活动，通过举办有特色的专题理论研讨会、青年论坛等方式，倡导、鼓励不同学术思想和观点的交锋，努力做到百花齐放、百家争鸣，进一步活跃理论研究氛围，大力培养青年审计研究人才，促进群众性理论研究活动的深入、广泛开展。

六、切实加强审计科研机构和队伍建设，努力提高专业研究能力和水平

（十四）审计署和省级审计机关要结合事业单位改革，进一步加强和健全审计科研机构，理顺机关内设机构与科研机构及其他事业单位的关系，有条件的可以积极争取有关部门支持，实行参照公务员管理的政策。审计科研机构要注重加强自身建设，严格规范科研立项和成果管理，积极参加审计实践，广泛开展调查研究，组织开展重大课题攻关，不断提高自身的科研能力和水平。

（十五）进一步加强和充实审计科研专职队伍建设，采取积极有效措施，稳定现有科研队伍，选调具有较高学历、较强理论研究能力和审计实践经验的骨干充实到审计科研机构，配足配强审计科研机构领导班子；鼓励审计科研专职人员定期参加审计实践活动，积极推进审计科研专职人员与审计业务人员的岗位交流，有针对性地开展专题研讨与培训，促进提高审计科研专职人员的素质和能力。

（十六）根据审计科研工作需要，加大经费投入力度，并将科研经费纳入财政预算；同时，要切实加强科研经费管理，为审计科研工作的顺利开展提供财力支持和保障条件。

七、充分发挥审计学会在审计理论研究中的积极作用

（十七）中国审计学会和省级审计学会要充分利用审计学会这个平台，有计划、有组织地开展重点课题研究和研讨活动，加强对团体会员的业务指导，密切审计科研专职人员、审计业务人员和高等院校及其他科研院所专家学者之间的联系，大力组织群众性科研活动，充分发挥审计学会的桥梁和纽带作用。中国审计学会要注重加强自身组织建设，充分发挥教育审计分会、计算机审计分会和资源环境审计委员会在专业学术研究方面的作用，推动审计理论研究工作向纵深发展。

（十八）省级以下地方审计学会要因地制宜，积极组织开展审计理论研究活动，进一步活跃审计理论研究氛围；尚未成立审计学会的，要创造条件成立审计学会，为开展审计理论研究搭建平台，发挥凝聚和引导作用。各特派员办事处要注重发挥审计理论研究会的作用，结合重大审计项目积极开展审计理论研究，并通过举办学术研讨会等形式，不断提升审计理论研究的层次和水平。

八、大力培育审计理论研究骨干，凝聚整合研究力量

（十九）各级审计机关要采取有效措施，进一步凝聚和整合各方面的审计科研力量，实现上下级审计机关之间的互动，以及审计科研专职人员、审计业务人员和外部专家学者之间的有机结合，形成合力，发挥审计理论研究的整体作用。

（二十）在注重发挥审计科研专职人员主体作用的同时，广泛发动审计业务人员开展审计理论研究，特别要强化审计理论研究骨干队伍建设，加大教育培训力度，大力培养分析研究的高手，造就一批审计理论研究领军人才和骨干人才。探索建立审计理论研究骨干人才数据库，逐步把具有一定研究能力和基础的骨干力量纳入人才库，实行动态管理，最大限度地发挥好骨干人才的作用。采取特别措施，加大培养力度，定期举办重大学术研讨会，为广大青年审计人员提供机会、创造条件，充分调动他们参与审计理论研究的积极性。

（二十一）加强对外部专家学者的引导，积极利用外部力量弥补国家审计科研力量的不足，特别是在一些重大审计课题研究中，坚持审计科研专职人员、审计业务人员和高等院校、其他科研院所专家学者等各方面研究力量的有机结合，采取集体攻关的方式，力求实现重点突破。鼓励有条件的高等院校成立国家审计研究中心，支持在读博士生把国家审计作为博士论文的选题。切实办好审计署审计科研所的博士后工作站，并利用这一平台吸引一批高层次的优秀国家审计研究人才，促进提高审计科研能力，扩大审计科研工作的影响。

九、进一步加强审计理论研究工作的组织领导

（二十二）各级审计机关要进一步处理好审计业务与审计理论研究的关系，坚持把审计理论研究纳入审计工作科学发展的大局，摆上重要位置，增强做好审计理论研究工作的自觉性。把推进审计理论研究与建设学习型审计机关有机结合起来，着力提高广大审计人员的理论素养和解决实际问题的能力。各级审计机关的领导特别是主要领导，要进一步提高战略思维、辩证思维和创新思维能力，紧紧把握审计工作的发展大局，根据审计业务需要，积极组织好审计理论研究，带头参与重大理论课题研究，带头亲自撰写审计论文，带头宣传和推广审计理论研究成果，真正做到率先垂范。要大力倡导严谨求实的学术研究风气，推行科研成果鉴定评价制度，严防抄袭等学术不端行为。要积极创造条件，营造氛围，调动审计人员参与审计理论研究的积极性，支持和鼓励审计机关多出优秀审计理论研究成果。

（二十三）上级审计机关要通过组织开展联合或者协作课题研究、优秀审计理论研究成果评选和总结推广典型经验等方式，切实加强对下级审计机关的协调指导，为下级审计机关开展审计理论研究工作指明方向，解决所遇到的困难和问题，提高下级审计机关审计理论研究的质量和水平。

（三）《审计署关于进一步加强管理厉行节约的通知》（审办发〔2014〕15号）

为深入贯彻落实中央八项规定精神和《党政机关厉行节约反对浪费条例》等相关文件要求，促进审计机关进一步加强内部管理，保持勤俭节约、艰苦奋斗、清正廉洁的良

好风气，建设"廉洁署、俭朴署、法治署"，现作出以下"二十不准"规定：

一、不准在各种场合和活动中讲排场、比阔气，搞铺张浪费。

二、不准用公款支付送礼、印制购买贺卡等中央明令禁止的任何费用。

三、不准违规新建楼堂馆所及出租出借、超标准配置办公用房。

四、不准超规格、超标准公务接待或扩大接待范围。

五、不准超编制、超标准配备公务用车。

六、不准违反规定滥发钱物。

七、不准超预算、无预算安排支出和突击花钱。

八、不准违反规定安排建设、维修项目以及采购物资设备。

九、不准超范围、超标准报销差旅费等公务费用和外勤经费。

十、不准以任何名义、任何形式虚开发票，甚至用假发票报销。

十一、不准未经批准安排各种会议和培训。

十二、不准用公款组织旅游以及与工作无关的参观活动。

十三、不准举办未经批准的各类节庆、论坛、展览及其他纪念活动。

十四、不准滥发无实质内容的文件、简报。

十五、不准浪费各类办公用能源和资源。

十六、不准违反规定以任何方式换用、借用、占用下属单位或者其他单位和个人的车辆。

十七、不准违反规定收送各种形式的礼品、土特产、礼金、有价证券、支付凭证和商业预付卡。

十八、不准用公款参与高消费娱乐、健身活动和获取各种形式的俱乐部会员资格。

十九、不准未经批准在其他单位兼职和领取报酬。

二十、不准把出国作为个人待遇、安排轮流出国，或者以各种名义变相公款出国旅游。

对上述规定，各单位应认真组织学习、严格贯彻执行，对违反有关规定的责任人员将依法依纪予以严肃处理。

第四节 审计人员的素质与审计中立性

一、审计人员的素质

（一）《中华人民共和国审计法》的规定

第十三条 审计人员应当具备与其从事的审计工作相适应的专业知识和业务能力。

审计机关根据工作需要，可以聘请具有与审计事项相关专业知识的人员参加审计工作。

（二）《中华人民共和国审计法实施条例》的规定

第十一条　审计人员实行审计专业技术资格制度，具体按照国家有关规定执行。

审计机关根据工作需要，可以聘请具有与审计事项相关专业知识的人员参加审计工作。

（三）《审计署、人力资源和社会保障部、国家公务员局关于加强审计机关公务员队伍专业化建设的意见》（审人发〔2009〕205号）

为适应审计工作需要，保障审计事业科学发展，建设一支高素质的审计机关公务员队伍，根据《中华人民共和国公务员法》和《中华人民共和国审计法》，现就进一步加强审计机关公务员队伍专业化建设，提出以下意见：

一、加强审计机关公务员队伍专业化建设的重要意义

（一）审计监督是国家政治制度中不可缺少的组成部分，是民主法治的产物和推进民主法治的手段，是维护国家经济安全的重要工具。在党中央、国务院的正确领导下，审计机关有效履行法定职责，在维护国家财政经济秩序、提高财政资金使用效益、促进廉政建设、保障国民经济和社会健康发展等方面发挥了重要作用。历史经验表明，各级审计机关必须高度重视队伍的专业化建设，为审计事业的不断发展提供必要的组织保证和人才支持。

（二）不断完善与社会主义市场经济体制相适应的中国特色社会主义审计监督制度，充分发挥审计保障国家经济社会健康运行的"免疫系统"功能，对审计机关公务员队伍专业化建设提出了新的、更高的要求。从审计机关公务员队伍建设情况看，通过多年的努力，人员结构得到改善，队伍整体素质有较大提高。但也必须清醒地认识到，与新形势、新任务的要求相比，审计人员专业化水平亟待提高，高层次、复合型审计人才相对缺乏，专业化人才引进、培养机制不够健全，特别是基层审计机关在公务员队伍专业化建设方面还比较薄弱。这些问题在一定程度上制约了审计工作的科学发展。因此，加强审计机关公务员队伍专业化建设显得十分必要和紧迫。

二、加强审计机关公务员队伍专业化建设的总体目标

（三）建设一支队伍。立足审计工作实际，不断完善符合审计机关特点的公务员队伍专业化建设工作机制，建设一支政治素质过硬、学历层次较高、知识结构合理、业务能力精湛、勤政廉政的审计机关公务员队伍，确保审计机关有效履行法定职责。

（四）实现三个提高。经过一段时期的努力，审计机关公务员队伍专业化建设要取得明显成效：在专业结构上，具备与审计工作相关的法律、计算机、建筑工程、环境工程、经济管理等专业背景的公务员比例逐步提高；在知识层次上，达到大学本科以上文

化程度的公务员比例逐步提高；在素质能力上，具有与审计工作相关的中级以上专业技术资格的公务员比例逐步提高。

三、加强审计机关公务员队伍专业化建设的主要措施

（五）着力引进符合审计机关公务员队伍专业化建设需要的人才。审计机关应根据工作需要和编制情况，科学地提出公务员录用计划。录用的公务员，应当具有大学本科以上文化程度。社会在职人员取得与审计工作相关的中级以上专业技术资格，应届毕业生取得与所学专业不同类别且与审计工作相关的专业技术资格，可作为报考条件。审计机关录用公务员，应按照省级以上公务员主管部门的规定，测查报考者的专业素质。

各级审计机关要会同公务员主管部门，坚持"民主、公开、竞争、择优"的原则，按照公务员法及配套法规的有关规定，对调入审计机关的人选严格把关。调入审计机关从事审计业务的人员，除应具有法律、法规规定的条件和资格外，一般还应具有审计业务专业知识和相关技能，以及5年以上与审计工作相关的财经、法律、计算机、工程、管理等方面的工作经历。

探索通过聘任机制引进专门人才。经省级以上公务员主管部门批准，审计机关根据审计工作需要可以对专业性较强的职位实行聘任制，吸引专门人才到审计机关工作。

（六）加大审计机关公务员队伍专业化培养力度。根据审计机关公务员工作职责的要求和专业化建设的需要，加快培训体系的建设。要坚持以人为本、按需施教，科学规划、精心组织、创新技术方法，大力开展更新知识、提高工作能力的在职培训和专门业务培训，着力培养一批查核问题的能手、分析研究的高手、计算机应用的强手和精通管理的行家里手。积极开展培训需求调研，健全培训效果评估机制，努力提高培训的针对性、实效性。加大专业培训力度，通过综合采用讲授式、研究式、案例式、体验式等多种教学方式开展专题培训，增强实效性。大力开展网络培训，拓宽继续教育渠道，扩大培训工作的覆盖面。建立自主学习与组织调训相结合的培训机制，健全教育培训的考核与激励机制，推动落实师资培养制度、项目顾问制度和实务导师制度，努力实现培训工作的制度化、规范化和科学化。

继续深化审计专业技术资格考试制度改革，鼓励和引导审计机关从事审计业务的公务员取得与审计工作相关的中级以上专业技术资格，确保必要的专业胜任能力。

加快审计机关高层次专业化人才的培养。培养造就高层次专业化审计人才是审计机关公务员队伍专业化建设的重要任务。要站在战略的高度，完善政策，优化环境，努力培养一批创新能力强、能够发挥引领和带动作用的高层次专业化审计人才。地方审计机关要参照《审计署关于印发培养审计业务骨干人才和审计专业领军人才实施意见（试行）的通知》（审人发〔2009〕49号），结合自身实际，制订相应的培养计划，力争使高层次专业化人才达到审计机关总人数的20%以上。

（七）注意从实践中发现和使用审计专业人才。在实践中提高审计机关公务员的业务能力。以实践为"第一跑道"，通过多种方式和途径，组织审计机关公务员在审计项目实战中不断提高专业素质。上级审计机关要有计划地安排下级审计机关的公务员参与本级的审计项目，培养业务骨干，带动整体专业化水平的提高。要加大对审计机关年轻公务员的培养力度，针对他们总体上具有一定专业知识的特点，更加重视审计实践锻炼，组织他们到西部地区、艰苦地区和审计一线进行锻炼，经受考验，丰富经验，增长才干。

加强创新型审计团队建设。要依托审计项目，通过优化组合，科学、合理配置人才资源，积极开展实践攻关和理论探索，打造一批能够担当重任、善于攻坚和勇于创新的优秀团队，充分发挥在专业化建设中的引领和示范作用。

建立规范的审计机关公务员交流机制，加大交流力度。通过推动审计机关公务员在机关内部和上、下级审计机关之间的交流，以及有计划地安排审计机关公务员到党政机关、国有企业或国家重点建设工程进行多岗位锻炼，全面提高审计机关公务员的综合素质。

（八）建立审计机关公务员队伍专业化建设综合考核评价机制。积极探索建立以职位职责和所承担的工作任务为基本依据，全面考核德、能、勤、绩、廉，重点考核工作实绩的审计机关公务员考核评价体系。要研究制定分级分类的审计机关公务员业务能力评价标准，进一步开发和应用现代人才测评技术，完善考核工作机制。要重视平时考核对定期考核的基础性作用，注意在审计工作中了解和掌握情况，全面、客观地反映公务员业务能力，增强考核评价工作的科学性。

应将审计机关公务员队伍专业化建设作为对审计机关领导班子考核评价的重要内容，积极发挥考核评价工作对推动审计机关公务员队伍专业化建设的导向作用。

四、加强审计机关公务员队伍专业化建设的统筹协调

（九）审计机关要在各级党委和政府的领导下，加强与公务员主管部门的沟通协调，共同抓好审计机关公务员队伍专业化建设。上级审计机关要加强对下级审计机关公务员队伍专业化建设的指导和检查，及时总结和推广成功经验，注意发现和解决工作中出现的新情况、新问题。

（十）各级审计机关要根据本意见的有关规定，及时制定相关办法，确保审计机关公务员队伍专业化建设的各项措施和要求落到实处。

（四）《审计署、人力资源和社会保障部、国家公务员局关于印发贯彻加强审计机关公务员队伍专业化建设意见实施办法的通知》（审人发〔2011〕170号）

为适应审计工作需要，加快审计机关公务员队伍专业化建设进程，为审计事业的科学发展提供组织保证和人才支持，根据《中华人民共和国审计法》《中华人民共和国审计法实施条例》以及审计署、人力资源和社会保障部、国家公务员局《关于加强审计机关

公务员队伍专业化建设的意见》，制定本实施办法。

一、主要目标

（一）能够直接从事审计业务工作的公务员比例。

审计机关公务员执行审计业务，应当具备相应的专业知识、业务能力和工作经验，并不断提高与其从事业务相适应的职业胜任能力。到2013年，各级审计机关能够直接从事审计业务工作的公务员比例达到80%以上。

（二）专业技术资格比例。

到2013年，审计署具有与审计工作相关的中级及以上专业技术资格的公务员比例原则上要达到70%，其中高级专业技术资格的公务员比例原则上要达到25%。

省级审计机关具有与审计工作相关的中级及以上专业技术资格的公务员比例原则上要达到65%，其中高级专业技术资格的公务员比例原则上要达到20%。

市（地、州）、县（市、区）级审计机关具有与审计工作相关的中级及以上专业技术资格的公务员比例原则上要达到50%，其中高级专业技术资格的公务员比例原则上要达到10%。

（三）专业结构比例。

审计机关公务员队伍的专业结构要适应审计工作需要。到2013年，各级审计机关具有与审计工作相关的经济类、管理类以及法律、计算机、工程等专业背景的公务员比例应达到80%以上。其中法律、计算机、工程等专业背景的公务员比例，应在2010年的基础上有所提高。

（四）文化程度比例。

审计机关45岁及以下的公务员，一般应具有大学本科以上文化程度。到2013年，审计署大学本科以上文化程度的公务员比例达到90%以上；各省级审计机关大学本科以上文化程度的公务员比例达到80%以上；市（地、州）、县（市、区）级审计机关大学本科以上文化程度的公务员比例原则上达到60%以上。

（五）审计专业领军人才和审计业务骨干人才比例。

各级审计机关参照《审计署关于培养审计业务骨干人才和审计专业领军人才的实施意见（试行）》，制订高层次专业人才培养计划。到2013年，审计署符合审计业务骨干人才和审计专业领军人才条件的高层次审计专业人才的比例达到20%以上，省级审计机关符合审计业务骨干人才和审计专业领军人才条件的高层次审计专业人才的比例达到10%以上。

二、具体措施

（一）坚持标准，严把进人关。

1.通过考试录用的公务员，应当具有大学本科以上文化程度。具有与审计工作相关专业技术资格或相关执（职）业资格的人员，同等条件下可优先录用。

2.通过调入方式进入审计机关担任副职领导职务及以下的公务员，特别是从事审计业务工作的人员，除应具有法律、法规规定的条件和资格外，一般应当具有大学本科以上文化程度、审计业务专业知识和相关技能，以及5年以上与审计工作相关的财经、法律、计算机、工程、管理等方面的工作经历。

3.审计机关根据审计工作需要，经省级及以上公务员主管部门批准，可以对工程审计、资源环境审计、计算机审计等专业性较强的职位试行聘任制，按照公务员法和聘任合同管理所聘公务员。

（二）切实提高专业素质和业务能力。

1.新录用的公务员，应自进入审计机关3年内通过审计专业技术资格考试。届时不具备初级及以上专业技术资格的公务员，一般不得从事审计复核、审理工作。

2.审计机关担任项目主审的公务员，一般应具有与审计工作相关的中级及以上专业技术资格。

3.审计机关年龄在45岁及以下的公务员，符合审计师资格考试报名条件但未取得审计师等中级及以上专业技术资格或相关执（职）业资格的，应自本办法下发之日起3年内取得审计师等中级及以上专业技术资格或相关执（职）业资格；尚不符合审计师资格考试报名条件的，应在符合条件后3年内取得相应资格。在上述规定时间内不能取得审计师等中级及以上专业技术资格的，不得担任审计组组长、主审。鼓励45岁以上的公务员报名参加审计师等专业技术资格或相关执（职）业资格考试。

4.审计机关公务员拟取得审计专业技术初级、中级资格的，应参加全国统一的审计专业技术资格考试；拟取得高级审计师资格的，应按照国家有关规定，通过考试与评审相结合的方式取得。

（三）深化审计专业技术资格考试（评）工作

1.深化考试制度改革，增强审计专业技术资格考试命题工作的科学性，强化对参加考试人员能力的考察和测试。

2.完善取得审计专业技术资格人员继续教育制度，实施分层次的继续教育培训。加强中、高级审计师研究能力培训，着力提升审计专业人才从审计实践中发现问题、分析问题、解决问题，并从理论高度系统地进行归纳总结、科学阐述的能力。

（四）加强教育培训工作

1.鼓励和引导各级审计机关公务员参加审计硕士等专业学位教育，充分发挥学历学位教育在培养复合型、应用型、高层次审计专业人才方面的作用。

2.各级审计机关认真开展任职和初任培训、审计业务培训、审计项目培训、领导能力培训，审计署要做好对省级审计机关厅（局）级和部分正处级公务员、市（地、州)、县(市、区)级审计局局长的轮训工作。

3. 开展一定数量的考试辅导培训,帮助审计机关公务员考取审计专业技术资格。

4. 加强投资、企业、金融等行业模拟审计实验室建设,推广模拟教学、案例教学等培训方法。

5. 加强师资选聘和培养力度,形成规模适当、类别齐全的师资库,促进全国各级审计机关之间师资共享。

6. 加大教材和网络课件建设力度,形成包括纸质图书、网络课件、模拟教材等多种形式,涵盖政治类、公共类、法规类、审计类等多个门类的教育培训教材体系。

(五)加大在实践中发现、培养和使用审计专业人才力度

畅通地方审计机关与审计署之间以及地方各级审计机关之间公务员挂职锻炼渠道,让人才在实践中得到锻炼培养。审计署原则上每年选派30名左右干部到地方审计机关挂职锻炼,省级审计机关选派30名左右干部到审计署挂职锻炼。

三、检查指导

(一)审计署领导全国审计机关公务员队伍专业化建设,省级审计机关负责统一组织本地区审计机关公务员队伍专业化建设工作。上一级审计机关对下一级审计机关专业化建设工作进行指导和检查,并将检查结果作为考核领导班子的重要内容。

审计署人才工作领导小组根据设定的目标要求和各地工作进展情况,对各地专业化建设工作进行重点指导和检查,及时宣传重大举措和先进典型,总结推广好做法、好经验;对存在的问题及时提出意见,促进解决。

(二)建立情况报告制度。审计机关在专业化建设过程中遇到重大政策问题,应逐级上报,由上级审计机关会同有关部门协商解决。各级审计机关应于每年12月底前向上一级审计机关报告年度专业化建设工作情况。

(三)建立年度通报制度。对专业化建设完不成目标的地方审计机关,审计署要向当地党委、政府通报,并提出相关建议。

(四)各级审计机关要加强组织领导和统筹协调,建立长期规划与年度计划相衔接的专业化建设目标体系,分解任务,落实责任,加强查核,形成统一领导、部署有序、上下协调、稳步推进的良性工作机制。

(五)《审计署关于定期接受特聘审计监督员对部门预算和其他财政收支情况进行审计的办法(试行)的通知》(审内审发〔2019〕12号)

第一条 为认真贯彻党中央、国务院有关要求,进一步强化自身监督,提升国家审计公信力,制定本办法。

第二条 审计署商请有关国家机关和国有企事业单位,择优推荐从事其内部审计的

专业人员，担任特聘审计监督员，承担定期对审计署部门预算和其他财政收支情况进行审计的任务。

第三条　审计署建立特聘审计监督员资源库，并向入库的特聘审计监督员发放聘书。

入选特聘审计监督员资源库的人选条件：

（一）理想信念坚定，拥护中国共产党领导，遵守中华人民共和国宪法，具有较高的政治素质。

（二）具有较高的审计理论水平和丰富的实践经验，专业素养好，从事审计等相关工作5年以上，熟悉国家审计有关法律、法规和财务管理制度。

（三）具有中级以上专业技术职称或副处级以上行政领导职务。

（四）遵纪守法、作风正派、敢于担当，在本单位、本行业拥有良好的声誉，未曾受到纪律、行政处分或刑事处罚。

（五）年龄一般不超过60周岁，身体健康。

特聘审计监督员资源库总体规模30人左右，原则上按比例每3年轮换一次。

第四条　特聘审计监督员参加每年3月份开始的对审计署年度预算执行、其他财政收支和决算草案的审计，并担任审计组负责人。

特聘审计监督员占审计组成员比例不低于50%。

第五条　特聘审计监督员应当按照规定开展工作。

（一）遵守审计现场管理的相关要求、审计"四严禁"工作要求和审计"八不准"工作纪律。

（二）不得将审计工作过程中获取的相关信息用于与审计工作无关的事项。

（三）审计项目实施完毕后，及时向审计组组长或组长指定的审计现场负责人移交审计工作过程中获取的全部资料。

第六条　审计署内部审计指导监督司负责特聘审计监督员资源库建设和管理，并履行下列职责：

（一）组织开展特聘审计监督员遴选工作。

（二）随机抽取特聘审计监督员参加审计项目，对其进行审计工作纪律、职业道德和保密教育，并与其签订廉政承诺书和保密承诺书。

（三）组织审前培训、审计实施及审计公告工作。

（四）为特聘审计监督员开展工作提供必要的工作条件和后勤保障。

（五）审计工作结束后，向特聘审计监督员所在单位反馈其职责履行、遵守纪律情况。

（六）按照规定程序向社会公告审计结果。

第七条　对审计署直属单位、驻地方特派员办事处主要负责人的经济责任审计项目可以根据需要聘请特聘审计监督员。

第八条　本办法自印发之日起施行。

二、审计的中立性

《中华人民共和国审计法》第十四条规定：审计机关和审计人员不得参加可能影响其依法独立履行审计监督职责的活动，不得干预、插手被审计单位及其相关单位的正常生产经营和管理活动。

三、审计人员的回避

（一）《中华人民共和国审计法》的规定

第十五条　审计人员办理审计事项，与被审计单位或者审计事项有利害关系的，应当回避。

（二）《中华人民共和国审计法实施条例》的规定

第十二条　审计人员办理审计事项，有下列情形之一的，应当申请回避，被审计单位也有权申请审计人员回避：

（一）与被审计单位负责人或者有关主管人员有夫妻关系、直系血亲关系、三代以内旁系血亲或者近姻亲关系的；

（二）与被审计单位或者审计事项有经济利益关系的；

（三）与被审计单位、审计事项、被审计单位负责人或者有关主管人员有其他利害关系，可能影响公正执行公务的。

审计人员的回避，由审计机关负责人决定；审计机关负责人办理审计事项时的回避，由本级人民政府或者上一级审计机关负责人决定。

第五节　审计保密与审计人员的法律保护

一、审计保密

（一）《中华人民共和国审计法》的规定

第十六条　审计机关和审计人员对在执行职务中知悉的国家秘密、工作秘密、商业秘密、个人隐私和个人信息，应当予以保密，不得泄露或者向他人非法提供。

(二)《中华人民共和国保守国家秘密法》的规定

第二条 国家秘密是关系国家安全和利益,依照法定程序确定,在一定时间内只限一定范围的人员知悉的事项。

第九条 下列涉及国家安全和利益的事项,泄露后可能损害国家在政治、经济、国防、外交等领域的安全和利益的,应当确定为国家秘密:

(一)国家事务重大决策中的秘密事项;

(二)国防建设和武装力量活动中的秘密事项;

(三)外交和外事活动中的秘密事项以及对外承担保密义务的秘密事项;

(四)国民经济和社会发展中的秘密事项;

(五)科学技术中的秘密事项;

(六)维护国家安全活动和追查刑事犯罪中的秘密事项;

(七)经国家保密行政管理部门确定的其他秘密事项。

政党的秘密事项中符合前款规定的,属于国家秘密。

第十条 国家秘密的密级分为绝密、机密、秘密三级。

绝密级国家秘密是最重要的国家秘密,泄露会使国家安全和利益遭受特别严重的损害;机密级国家秘密是重要的国家秘密,泄露会使国家安全和利益遭受严重的损害;秘密级国家秘密是一般的国家秘密,泄露会使国家安全和利益遭受损害。

(三)《关于禁止侵犯商业秘密行为的若干规定》

第二条 本规定所称商业秘密,是指不为公众所知悉、能为权利人带来经济利益、具有实用性并经权利人采取保密措施的技术信息和经营信息。

本规定所称不为公众所知悉,是指该信息是不能从公开渠道直接获取的。

本规定所称能为权利人带来经济利益、具有实用性,是指该信息具有确定的可应用性,能为权利人带来现实的或者潜在的经济利或者竞争优势。

本规定所称权利人采取保密措施,包括订立保密协议,建立保密制度及采取其他合理的保密措施。

本规定所称技术信息和经营信息,包括设计、程序、产品配方、制作工艺、制作方法、管理诀窍、客户名单、货源情报、产销策略、招投标中的标底及标书内容等信息。

本规定所称权利人,是指依法对商业秘密享有所有权或者使用权的公民、法人或者其他组织。

第三条 禁止下列侵犯商业秘密的行为:

(一)以盗窃、利诱、胁迫或者其他不正当手段获取的权利人的商业秘密;

（二）披露、使用或者允许他人使用以前项手段获取的权利人的商业秘密；

（三）与权利人有业务关系的单位和个人违反合同约定或者违反权利人保守商业秘密的要求，披露、使用或者允许他人使用其所掌握的权利人的商业秘密；

（四）权利人的职工违反合同约定或者违反权利人保守商业秘密的要求，披露、使用或者允许他人使用其所掌握的权利人的商业秘密。

第三人明知或者应知前款所列违法行为，获取、使用或者披露他人的商业秘密，视为侵犯商业秘密。

二、审计人员的法律保护

（一）《中华人民共和国审计法》的规定

第十七条　审计人员依法执行职务，受法律保护。

任何组织和个人不得拒绝、阻碍审计人员依法执行职务，不得打击报复审计人员。

审计机关负责人依照法定程序任免。审计机关负责人没有违法失职或者其他不符合任职条件的情况的，不得随意撤换。

地方各级审计机关负责人的任免，应当事先征求上一级审计机关的意见。

（二）《中华人民共和国审计法实施条例》的规定

第十三条　地方各级审计机关正职和副职负责人的任免，应当事先征求上一级审计机关的意见。

第十四条　审计机关负责人在任职期间没有下列情形之一的，不得随意撤换：

（一）因犯罪被追究刑事责任的；

（二）因严重违法、失职受到处分，不适宜继续担任审计机关负责人的；

（三）因健康原因不能履行职责1年以上的；

（四）不符合国家规定的其他任职条件的。

第三章 审计机关职责

第一节 对预决算的审计监督与审计结果报告

一、对预决算的审计监督

(一)《中华人民共和国审计法》的规定

第十八条 审计机关对本级各部门(含直属单位)和下级政府预算的执行情况和决算以及其他财政收支情况,进行审计监督。

(二)《中华人民共和国审计法实施条例》的规定

第十五条 审计机关对本级人民政府财政部门具体组织本级预算执行的情况,本级预算收入征收部门征收预算收入的情况,与本级人民政府财政部门直接发生预算缴款、拨款关系的部门、单位的预算执行情况和决算,下级人民政府的预算执行情况和决算,以及其他财政收支情况,依法进行审计监督。经本级人民政府批准,审计机关对其他取得财政资金的单位和项目接受、运用财政资金的真实、合法和效益情况,依法进行审计监督。

第十六条 审计机关对本级预算收入和支出的执行情况进行审计监督的内容包括:

(一)财政部门按照本级人民代表大会批准的本级预算向本级各部门(含直属单位)批复预算的情况、本级预算执行中调整情况和预算收支变化情况;

(二)预算收入征收部门依照法律、行政法规的规定和国家其他有关规定征收预算收入情况;

(三)财政部门按照批准的年度预算、用款计划,以及规定的预算级次和程序,拨付本级预算支出资金情况;

(四)财政部门依照法律、行政法规的规定和财政管理体制,拨付和管理政府间财政转移支付资金情况以及办理结算、结转情况;

（五）国库按照国家有关规定办理预算收入的收纳、划分、留解情况和预算支出资金的拨付情况；

（六）本级各部门（含直属单位）执行年度预算情况；

（七）依照国家有关规定实行专项管理的预算资金收支情况；

（八）法律、法规规定的其他预算执行情况。

（三）《中央预算执行情况审计监督暂行办法》（中华人民共和国国务院令第181号）

第一条　为了做好对中央预算执行和其他财政收支的审计监督工作，根据《中华人民共和国审计法》（以下简称《审计法》），制定本办法。

第二条　审计署在国务院总理领导下，对中央预算执行情况进行审计监督，维护中央预算的法律严肃性，促进中央各部门（含直属单位，下同）严格执行预算法，发挥中央预算在国家宏观调控中的作用，保障经济和社会的健康发展。

第三条　对中央预算执行情况进行审计，应当有利于国务院对中央财政收支的管理和全国人民代表大会常务委员会对中央预算执行和其他财政收支的监督；有利于促进国务院财政税务部门和中央其他部门依法有效地行使预算管理职权；有利于实现中央预算执行和其他财政收支审计监督工作的法制化。

第四条　审计署依法对中央预算执行情况，省级预算执行情况和决算，以及中央级其他财政收支的真实、合法和效益，进行审计监督。

第五条　对中央预算执行情况进行审计监督的主要内容：

（一）财政部按照全国人民代表大会批准的中央预算向中央各部门批复预算的情况、中央预算执行中调整情况和预算收支变化情况；

（二）财政部、国家税务总局、海关总署等征收部门，依照有关法律、行政法规和国务院财政税务部门的有关规定，及时、足额征收应征的中央各项税收收入、中央企业上缴利润、专项收入和退库拨补企业计划亏损补贴等中央预算收入情况；

（三）财政部按照批准的年度预算和用款计划、预算级次和程序、用款单位的实际用款进度，拨付中央本级预算支出资金情况；

（四）财政部依照有关法律、行政法规和财政管理体制，拨付补助地方支出资金和办理结算情况；

（五）财政部依照有关法律、行政法规和财政部的有关规定，管理国内外债务还本付息情况；

（六）中央各部门执行年度支出预算和财政、财务制度，以及相关的经济建设和事业发展情况；有预算收入上缴任务的部门和单位预算收入上缴情况；

（七）中央国库按照国家有关规定，办理中央预算收入的收纳和预算支出的拨付情况；

（八）国务院总理授权审计的按照有关规定实行专项管理的中央级财政收支情况。

第六条　对中央级其他财政收支进行审计监督的主要内容：

（一）财政部依照有关法律、行政法规和财政部的有关规定，管理和使用预算外资金和财政有偿使用资金的情况；

（二）中央各部门依照有关法律、行政法规和财政部的有关规定，管理和使用预算外资金的情况。

第七条　为了做好中央预算执行情况审计监督工作，对省级政府预算执行和决算中，执行预算和税收法律、行政法规，分配使用中央财政补助地方支出资金和省级预算外资金管理和使用情况等关系国家财政工作全局的问题，进行审计或者审计调查。

第八条　根据《审计法》有关审计工作报告制度的规定，审计署应当在每年第一季度对上一年度国家税务总局、海关总署所属机构和中央有关部门实施中央预算情况和其他财政收支，进行就地审计；第二季度对上一年度中央预算执行情况进行审计。审计署对预算执行中的特定事项，应当及时组织专项审计调查。

审计署每年第二季度应当向国务院总理提出对上一年度中央预算执行和其他财政收支的审计结果报告。

审计署应当按照全国人民代表大会常务委员会的安排，受国务院委托，每年向全国人民代表大会常务委员会提出对上一年度中央预算执行和其他财政收支的审计工作报告。

第九条　国务院财政税务部门和中央其他部门应当向审计署报送以下资料：

（一）全国人民代表大会批准的中央预算和财政部向中央各部门批复的预算，税务、海关征收部门的年度收入计划，以及中央各部门向所属各单位批复的预算；

（二）中央预算收支执行和税务、海关收入计划完成情况月报、决算和年报，以及预算外资金收支决算和财政有偿使用资金收支情况；

（三）综合性财政税务工作统计年报，情况简报，财政、预算、税务、财务和会计等规章制度；

（四）中央各部门汇总编制的本部门决算草案。

第十条　对国务院财政税务部门和中央其他部门在组织中央预算执行和其他财政收支中，违反预算的行为或者其他违反国家规定的财政收支行为，审计署在法定职权范围内，依照有关法律、行政法规的规定，出具审计意见书或者作出审计决定，重大问题向国务院提出处理建议。

第十一条　国务院财政税务部门和中央其他部门发布的财政规章、制度和办法有同有关法律、行政法规相抵触或者有不适当之处，应当纠正或者完善的，审计署可以提出处理建议，报国务院审查决定。

第十二条 违反《中华人民共和国审计法》的规定，拒绝或者阻碍审计检查的，由审计署责令改正，可以通报批评，给予警告；拒不改正的，依法追究责任。

第十三条 中国人民解放军审计署对中国人民解放军预算执行和其他财政收支的审计结果报告，报中央军事委员会的同时，并报审计署。

第十四条 省、自治区、直辖市审计机关，可以参照本办法，结合本地方的实际情况，制定地方预算执行情况审计监督实施办法，报同级人民政府批准，并报审计署备案。

第十五条 本办法自发布之日起施行。

（四）《审计署办公厅关于印发〈政府财务报告审计办法（试行）〉的通知》（审办财发〔2020〕74号）

第一条 为加强对各级政府及其部门财务状况和运行情况的审计监督，根据《中华人民共和国审计法》《中华人民共和国预算法》《国务院关于批转财政部权责发生制政府综合财务报告制度改革方案的通知》（国发〔2014〕63号）和相关法律、法规，制定本办法。

第二条 审计机关依照法定的职责、权限和程序对政府财务报告进行审计监督，依据政府会计准则、政府财务报告编制办法等作出审计评价。

政府财务报告审计，包括政府综合财务报告审计和政府部门财务报告审计。

第三条 各级审计机关实施政府财务报告审计，适用本办法。

第四条 政府财务报告审计工作聚焦政府财务状况和运行情况的真实、合法、效益，着力揭示问题和风险，促进提高政府财务报告可信性和透明度，推动完善权责发生制政府综合财务报告制度，助力防范财政风险，促进提升政府运行绩效，为财政与经济决策提供有用信息，推进国家治理体系和治理能力现代化。

第五条 政府财务报告审计管辖范围按照《中华人民共和国审计法》和《中华人民共和国审计法实施条例》的规定确定。

审计署负责对全国政府综合财务报告、中央政府综合财务报告、中央政府部门财务报告进行审计；负责加强对下级政府财务报告的审计监督；负责指导下级审计机关的政府财务报告审计工作。

地方各级审计机关负责对本行政区政府综合财务报告、本级政府综合财务报告和本级政府部门财务报告进行审计。省、市级审计机关负责加强对下级政府财务报告的审计监督；负责指导本行政区内下级审计机关的政府财务报告审计工作。

第六条 政府财务报告审计应当纳入年度审计项目计划管理，既可以单独实施，也可以结合预算执行情况审计、决算草案审计等项目统筹安排实施。

第七条　政府财务报告审计应关注政府及其部门的资产、负债、收入、费用等情况的真实、合法、效益。

政府综合财务报告审计的内容包括：政府财务状况和运行情况，政府综合财务报告编报披露情况，政府财政财务管理情况，相关电子数据及信息系统设计运行情况，以及其他需要审计的内容。

政府部门财务报告审计的内容包括：部门财务状况和运行情况，政府部门财务报告编报披露情况，部门财政财务管理情况，相关电子数据及信息系统设计运行情况，以及其他需要审计的内容。

第八条　审计机关派出审计组实施审计。审计组向派出审计组的审计机关提交审计报告。审计报告的内容一般应包括：

（一）审计依据和实施审计的基本情况，包括审计范围、内容、方式等；

（二）被审计单位基本情况；

（三）审计评价意见，基于充分适当的审计证据，对于审计范围内被审计单位财务状况和运行情况的真实、合法、效益等作出客观评价；

（四）审计发现主要问题的事实、定性以及依据的法律、法规标准等；

（五）根据审计发现问题提出的审计处理、处罚意见或审计建议；

（六）其他需要反映和说明的情况。

第九条　审计组的审计报告提交审计机关前，应当按规定征求被审计单位的意见。审计机关按照规定的程序对审计组的审计报告进行审议，并对被审计单位的意见一并研究后，向被审计单位出具审计报告。

第十条　中央政府财务报告审计结果，应当报中央审计委员会和国务院，同时报全国人民代表大会常务委员会备案。

地方政府财务报告审计结果，应当报本级党委审计委员会、本级人民政府和上一级审计机关，同时报本级人民代表大会常务委员会备案。

第十一条　审计机关应当向社会公布政府财务报告审计结果，但法律、行政法规规定不予公布的内容除外。

第十二条　审计机关可以根据工作需要，聘请具有政府财务报告审计相关专业知识的人员参加政府财务报告审计。

参加审计工作人员，应当遵循《中华人民共和国审计法》《中华人民共和国审计法实施条例》《中华人民共和国国家审计准则》以及审计机关的有关规定，做到依法审计、文明审计。

第十三条　审计机关和参加审计工作人员对政府财务报告审计工作中知悉的国家秘密、商业秘密、工作秘密、个人隐私等，负有保密义务。

第十四条　对审计机关职责和权限、审计程序、审计质量控制，以及审计机关和被审计单位的法律责任等，本办法未作规定的，依照《中华人民共和国审计法》《中华人民共和国审计法实施条例》《中华人民共和国国家审计准则》和其他有关法律、法规执行。

第十五条　地方各级审计机关可以根据本办法制定具体办法。

第十六条　本办法由审计署负责解释。

第十七条　本办法自发布之日起施行。

二、审计结果报告

（一）《中华人民共和国审计法》的规定

第十九条　审计署在国务院总理领导下，对中央预算执行情况、决算草案以及其他财政收支情况进行审计监督，向国务院总理提出审计结果报告。

地方各级审计机关分别在省长、自治区主席、市长、州长、县长、区长和上一级审计机关的领导下，对本级预算执行情况和其他财政收支情况进行审计监督，向本级人民政府和上一级审计机关提出审计结果报告。

（二）《中华人民共和国审计法实施条例》的规定

第十七条　审计法第十七条所称审计结果报告，应当包括下列内容：
（一）本级预算执行和其他财政收支的基本情况；
（二）审计机关对本级预算执行和其他财政收支情况作出的审计评价；
（三）本级预算执行和其他财政收支中存在的问题以及审计机关依法采取的措施；
（四）审计机关提出的改进本级预算执行和其他财政收支管理工作的建议；
（五）本级人民政府要求报告的其他情况。

（三）《中华人民共和国预算法》的规定

第三条　国家实行一级政府一级预算，设立中央，省、自治区、直辖市，设区的市、自治州，县、自治县、不设区的市、市辖区，乡、民族乡、镇五级预算。

全国预算由中央预算和地方预算组成。地方预算由各省、自治区、直辖市总预算组成。

地方各级总预算由本级预算和汇总的下一级总预算组成；下一级只有本级预算的，下一级总预算即指下一级的本级预算。没有下一级预算的，总预算即指本级预算。

第四条　预算由预算收入和预算支出组成。

政府的全部收入和支出都应当纳入预算。

第五条　预算包括一般公共预算、政府性基金预算、国有资本经营预算、社会保险基金预算。

一般公共预算、政府性基金预算、国有资本经营预算、社会保险基金预算应当保持完整、独立。政府性基金预算、国有资本经营预算、社会保险基金预算应当与一般公共预算相衔接。

第六条　一般公共预算是对以税收为主体的财政收入，安排用于保障和改善民生、推动经济社会发展、维护国家安全、维持国家机构正常运转等方面的收支预算。

中央一般公共预算包括中央各部门（含直属单位，下同）的预算和中央对地方的税收返还、转移支付预算。

中央一般公共预算收入包括中央本级收入和地方向中央的上解收入。中央一般公共预算支出包括中央本级支出、中央对地方的税收返还和转移支付。

第七条　地方各级一般公共预算包括本级各部门（含直属单位，下同）的预算和税收返还、转移支付预算。

地方各级一般公共预算收入包括地方本级收入、上级政府对本级政府的税收返还和转移支付、下级政府的上解收入。地方各级一般公共预算支出包括地方本级支出、对上级政府的上解支出、对下级政府的税收返还和转移支付。

第八条　各部门预算由本部门及其所属各单位预算组成。

第九条　政府性基金预算是对依照法律、行政法规的规定在一定期限内向特定对象征收、收取或者以其他方式筹集的资金，专项用于特定公共事业发展的收支预算。

政府性基金预算应当根据基金项目收入情况和实际支出需要，按基金项目编制，做到以收定支。

第十条　国有资本经营预算是对国有资本收益作出支出安排的收支预算。

国有资本经营预算应当按照收支平衡的原则编制，不列赤字，并安排资金调入一般公共预算。

第十一条　社会保险基金预算是对社会保险缴款、一般公共预算安排和其他方式筹集的资金，专项用于社会保险的收支预算。

社会保险基金预算应当按照统筹层次和社会保险项目分别编制，做到收支平衡。

第十二条　各级预算应当遵循统筹兼顾、勤俭节约、量力而行、讲求绩效和收支平衡的原则。

各级政府应当建立跨年度预算平衡机制。

第十三条　经人民代表大会批准的预算，非经法定程序，不得调整。各级政府、各部门、各单位的支出必须以经批准的预算为依据，未列入预算的不得支出。

第十四条　经本级人民代表大会或者本级人民代表大会常务委员会批准的预算、预算调整、决算、预算执行情况的报告及报表，应当在批准后二十日内由本级政府财政部门向社会公开，并对本级政府财政转移支付安排、执行的情况以及举借债务的情况等重要事项作出说明。

经本级政府财政部门批复的部门预算、决算及报表，应当在批复后二十日内由各部门向社会公开，并对部门预算、决算中机关运行经费的安排、使用情况等重要事项作出说明。

各级政府、各部门、各单位应当将政府采购的情况及时向社会公开。

本条前三款规定的公开事项，涉及国家秘密的除外。

第二节　对中央银行和事业组织的审计监督

一、对中央银行的审计监督

（一）《中华人民共和国审计法》的规定

第二十条　审计署对中央银行的财务收支，进行审计监督。

（二）《中华人民共和国审计法实施条例》的规定

第十八条　审计署对中央银行及其分支机构履行职责所发生的各项财务收支，依法进行审计监督。

审计署向国务院总理提出的中央预算执行和其他财政收支情况审计结果报告，应当包括对中央银行的财务收支的审计情况。

（三）《中华人民共和国中国人民银行法》的规定

第二条　中国人民银行是中华人民共和国的中央银行。

中国人民银行在国务院领导下，制定和执行货币政策，防范和化解金融风险，维护金融稳定。

第三条　货币政策目标是保持货币币值的稳定，并以此促进经济增长。

第四条　中国人民银行履行下列职责：

（一）发布与履行其职责有关的命令和规章；

（二）依法制定和执行货币政策；

（三）发行人民币，管理人民币流通；

（四）监督管理银行间同业拆借市场和银行间债券市场；

（五）实施外汇管理，监督管理银行间外汇市场；

（六）监督管理黄金市场；

（七）持有、管理、经营国家外汇储备、黄金储备；

（八）经理国库；

（九）维护支付、清算系统的正常运行；

（十）指导、部署金融业反洗钱工作，负责反洗钱的资金监测；

（十一）负责金融业的统计、调查、分析和预测；

（十二）作为国家的中央银行，从事有关的国际金融活动；

（十三）国务院规定的其他职责。

中国人民银行为执行货币政策，可以依照本法第四章的有关规定从事金融业务活动。

第五条　中国人民银行就年度货币供应量、利率、汇率和国务院规定的其他重要事项作出的决定，报国务院批准后执行。

中国人民银行就前款规定以外的其他有关货币政策事项作出决定后，即予执行，并报国务院备案。

第六条　中国人民银行应当向全国人民代表大会常务委员会提出有关货币政策情况和金融业运行情况的工作报告。

第七条　中国人民银行在国务院领导下依法独立执行货币政策，履行职责，开展业务，不受地方政府、各级政府部门、社会团体和个人的干涉。

第八条　中国人民银行的全部资本由国家出资，属于国家所有。

第十条　中国人民银行设行长一人，副行长若干人。

中国人民银行行长的人选，根据国务院总理的提名，由全国人民代表大会决定；全国人民代表大会闭会期间，由全国人民代表大会常务委员会决定，由中华人民共和国主席任免。中国人民银行副行长由国务院总理任免。

第十一条　中国人民银行实行行长负责制。行长领导中国人民银行的工作，副行长协助行长工作。

第十二条　中国人民银行设立货币政策委员会。货币政策委员会的职责、组成和工作程序，由国务院规定，报全国人民代表大会常务委员会备案。

中国人民银行货币政策委员会应当在国家宏观调控、货币政策制定和调整中，发挥重要作用。

第十三条　中国人民银行根据履行职责的需要设立分支机构，作为中国人民银行的派出机构。中国人民银行对分支机构实行统一领导和管理。

中国人民银行的分支机构根据中国人民银行的授权，维护本辖区的金融稳定，承办有关业务。

第十四条 中国人民银行的行长、副行长及其他工作人员应当恪尽职守,不得滥用职权、徇私舞弊,不得在任何金融机构、企业、基金会兼职。

第十五条 中国人民银行的行长、副行长及其他工作人员,应当依法保守国家秘密,并有责任为与履行其职责有关的金融机构及当事人保守秘密。

二、对事业组织的审计监督

(一)《中华人民共和国审计法》的规定

第二十一条 审计机关对国家的事业组织和使用财政资金的其他事业组织的财务收支,进行审计监督。

(二)《事业单位人事管理条例》(中华人民共和国国务院令第652号)的规定

第二条 事业单位人事管理,坚持党管干部、党管人才原则,全面准确贯彻民主、公开、竞争、择优方针。

国家对事业单位工作人员实行分级分类管理。

第三条 中央事业单位人事综合管理部门负责全国事业单位人事综合管理工作。

县级以上地方各级事业单位人事综合管理部门负责本辖区事业单位人事综合管理工作。

事业单位主管部门具体负责所属事业单位人事管理工作。

第四条 事业单位应当建立健全人事管理制度。

事业单位制定或者修改人事管理制度,应当通过职工代表大会或者其他形式听取工作人员意见。

第五条 国家建立事业单位岗位管理制度,明确岗位类别和等级。

第六条 事业单位根据职责任务和工作需要,按照国家有关规定设置岗位。

岗位应当具有明确的名称、职责任务、工作标准和任职条件。

第七条 事业单位拟订岗位设置方案,应当报人事综合管理部门备案。

第八条 事业单位新聘用工作人员,应当面向社会公开招聘。但是,国家政策性安置、按照人事管理权限由上级任命、涉密岗位等人员除外。

第九条 事业单位公开招聘工作人员按照下列程序进行:

(一)制定公开招聘方案;

(二)公布招聘岗位、资格条件等招聘信息;

（三）审查应聘人员资格条件；

（四）考试、考察；

（五）体检；

（六）公示拟聘人员名单；

（七）订立聘用合同，办理聘用手续。

第十条　事业单位内部产生岗位人选，需要竞聘上岗的，按照下列程序进行：

（一）制定竞聘上岗方案；

（二）在本单位公布竞聘岗位、资格条件、聘期等信息；

（三）审查竞聘人员资格条件；

（四）考评；

（五）在本单位公示拟聘人员名单；

（六）办理聘任手续。

第十一条　事业单位工作人员可以按照国家有关规定进行交流。

第三节　对国有企业和建设项目的审计监督

一、对国有企业和金融机构的审计监督

（一）《中华人民共和国审计法》的规定

第二十二条　审计机关对国有企业、国有金融机构和国有资本占控股地位或者主导地位的企业、金融机构的资产、负债、损益以及其他财务收支情况，进行审计监督。

遇有涉及国家财政金融重大利益情形，为维护国家经济安全，经国务院批准，审计署可以对前款规定以外的金融机构进行专项审计调查或者审计。

（二）《中华人民共和国审计法实施条例》的规定

第十九条　审计法第二十一条所称国有资本占控股地位或者主导地位的企业、金融机构，包括：

（一）国有资本占企业、金融机构资本（股本）总额的比例超过50%的；

（二）国有资本占企业、金融机构资本（股本）总额的比例在50%以下，但国有资本投资主体拥有实际控制权的。

审计机关对前款规定的企业、金融机构，除国务院另有规定外，比照审计法第十八

条第二款、第二十条规定进行审计监督。

二、对建设项目的审计监督

（一）《中华人民共和国审计法》的规定

第二十三条　审计机关对政府投资和以政府投资为主的建设项目的预算执行情况和决算，对其他关系国家利益和公共利益的重大公共工程项目的资金管理使用和建设运营情况，进行审计监督。

（二）《中华人民共和国审计法实施条例》的规定

第二十条　审计法第二十二条所称政府投资和以政府投资为主的建设项目，包括：

（一）全部使用预算内投资资金、专项建设基金、政府举借债务筹措的资金等财政资金的；

（二）未全部使用财政资金，财政资金占项目总投资的比例超过50%，或者占项目总投资的比例在50%以下，但政府拥有项目建设、运营实际控制权的。

审计机关对前款规定的建设项目的总预算或者概算的执行情况、年度预算的执行情况和年度决算、单项工程结算、项目竣工决算，依法进行审计监督；对前款规定的建设项目进行审计时，可以对直接有关的设计、施工、供货等单位取得建设项目资金的真实性、合法性进行调查。

第四节　对国有资产和国际项目的审计监督

一、对国有资源和国有资产的审计监督

（一）《中华人民共和国审计法》的规定

第二十四条　审计机关对国有资源、国有资产，进行审计监督。

审计机关对政府部门管理的和其他单位受政府委托管理的社会保险基金、全国社会保障基金、社会捐赠资金以及其他公共资金的财务收支，进行审计监督。

（二）《中华人民共和国审计法实施条例》的规定

第二十一条　审计法第二十三条所称社会保障基金，包括社会保险、社会救助、社

会福利基金以及发展社会保障事业的其他专项基金；所称社会捐赠资金，包括来源于境内外的货币、有价证券和实物等各种形式的捐赠。

二、对国际项目的审计监督

（一）《中华人民共和国审计法》的规定

第二十五条　审计机关对国际组织和外国政府援助、贷款项目的财务收支，进行审计监督。

（二）《中华人民共和国审计法实施条例》的规定

第二十二条　审计法第二十四条所称国际组织和外国政府援助、贷款项目，包括：
（一）国际组织、外国政府及其机构向中国政府及其机构提供的贷款项目；
（二）国际组织、外国政府及其机构向中国企业事业组织以及其他组织提供的由中国政府及其机构担保的贷款项目；
（三）国际组织、外国政府及其机构向中国政府及其机构提供的援助和赠款项目；
（四）国际组织、外国政府及其机构向受中国政府委托管理有关基金、资金的单位提供的援助和赠款项目；
（五）国际组织、外国政府及其机构提供援助、贷款的其他项目。

第五节　对政策落实的审计监督与专项审计调查

一、对经济社会政策落实的审计监督

（一）《中华人民共和国审计法》的规定

第二十六条　根据经批准的审计项目计划安排，审计机关可以对被审计单位贯彻落实国家重大经济社会政策措施情况进行审计监督。

（二）《地方政府性债务审计工作方案》（国办发明电〔2011〕6号）

为落实中央经济工作会议和国务院领导同志指示精神，做好地方政府性债务审计工作，根据《中华人民共和国审计法》《中华人民共和国审计法实施条例》，提出如下工作方案。

一、审计工作目标

此次审计按照"摸清规模，分清类型，分析结构，揭示问题，查找原因，提出建议"的工作思路，实现以下工作目标：一是分年度摸清全国省、市、县三级地方政府性债务的规模、结构及增减变化情况；二是根据政府偿债责任分清债务类型；三是分析债务偿还能力，揭示存在的风险隐患；四是揭示和反映有关部门和地方在债务管理中存在的突出问题；五是深入分析地方政府性债务形成的主要原因，提出加强地方政府性债务管理，建立健全规范的地方举债融资机制，有效防范和化解潜在风险的意见和建议。

二、审计范围和对象

（一）审计的债务范围。

此次对地方政府性债务的审计，主要是对地方政府负有偿还责任的债务进行审计。我国法律规定，地方政府不得进行债务担保（法律和国务院另有规定除外）。按照财政部会计报告准则，担保债务不计入担保单位的资产负债表，而是作为或有债务在会计报表附注中加以说明。为全面摸清地方政府可能承担的债务风险情况，此次审计也要对地方政府担保债务、其他相关债务进行审计。

1. 地方政府负有偿还责任的债务，是指地方政府（含政府部门和机构）、经费补助事业单位、公用事业单位、政府融资平台公司和其他相关单位举借，确定由财政资金偿还，政府负有直接偿债责任的债务。一是地方政府债券、国债转贷、外债转贷、农业综合开发借款、其他财政转贷债务中确定由财政资金偿还的债务；二是政府融资平台公司、政府部门和机构、经费补助事业单位、公用事业单位及其他单位举借、拖欠或以回购等方式形成的债务中，确定由财政资金（不含车辆通行费、学费等收入）偿还的债务；三是地方政府粮食企业和供销企业政策性挂账。

2. 地方政府负有担保责任的债务，是指因地方政府（含政府部门和机构）提供直接或间接担保，当债务人无法偿还债务时，政府负有连带偿债责任的债务。一是政府融资平台公司、经费补助事业单位、公用事业单位和其他单位举借，确定以债务单位事业收入（含学费收入）、经营收入（含车辆通行费收入）等非财政资金偿还，且地方政府（含政府部门和机构）提供直接或间接担保的债务。二是地方政府（含政府部门和机构）举借，以非财政资金偿还的债务，视同政府担保债务。

3. 其他相关债务，是指政府融资平台公司、经费补助事业单位和公用事业单位为公益性项目举借，由非财政资金偿还，且地方政府（含政府部门和机构）未提供担保的债务（不含拖欠其他单位和个人的债务）。政府在法律上对该类债务不承担偿债责任，但当债务人出现债务危机时，政府可能需要承担救助责任。

（二）审计的地区和时间范围。

审计的地区范围是：31个省（自治区、直辖市）和5个计划单列市本级及所属市

（地、州、盟、区，以下简称市）、县（市、区、旗，以下简称县）三级政府。

审计的时间范围是：债务发生的起始年、1997年、1998年、2002年以及2007年、2008年、2009年和2010年。

（三）审计对象。

审计对象是：省、市、县三级地方政府（含政府部门和机构）、经费补助事业单位、公用事业单位、政府融资平台公司和其他相关单位。

三、审计内容和重点

（一）调查了解地方政府性债务在支持地方经济、社会发展方面所发挥的积极作用，以及各地在加强债务管理方面所采取的主要措施。

1. 地方政府通过举债融资，在支持地方经济和社会发展、改善民生以及应对亚洲和国际金融危机冲击等方面发挥的积极作用；在夯实地方经济社会发展基础方面取得的主要成效。

2. 地方政府债务管理的模式、管理制度，以及在加强政府性债务管理方面采取的主要措施及成效。

3. 地方政府在清理化解历史债务，清理规范融资平台公司及其债务方面采取的主要措施和取得的成效。

（二）摸清各级次、各年度地方政府负有偿还责任的债务、负有担保责任的债务和其他相关债务（以下简称三类债务）的规模、结构及变化情况。

1. 三类债务的年末余额及年度增减变化情况。

2. 三类债务的债务人构成情况。包括：地方政府（含政府部门和机构）、经费补助事业单位、公用事业单位、融资平台公司和其他单位等各类债务人年末债务余额的规模、比重及年度增减变化情况。

3. 三类债务的来源构成情况。包括：银行贷款、发行债券（地方政府债券、企业债券、银信政等）、上级财政转贷和借款（外债转贷、国债转贷、农业综合开发借款、其他财政转贷等）、其他单位及个人借款或拖欠的规模、比重及年度增减变化情况。

4. 三类债务余额的资金投向情况。摸清年末债务余额中尚未支出到项目的债务、用于项目支出的债务和用于非项目支出的债务规模、比重及年度增减变化情况。用于项目支出的债务，按项目市场化属性分为：用于公益性项目的债务和用于非公益性项目的债务；按项目的行业性质分为：用于工业、能源、交通运输、市政建设、农林水、生态建设和环境保护、教育、卫生、科学文化、保障性住房、农网改造、乡村公路和桥梁等项目的债务。用于非项目支出的债务，主要是指化解地方金融风险、未用于项目的流动资金贷款等债务。

5. 三类债务未来各年度需偿付的债务本金情况。调查2011年、2012年、2013年、

2014年、2015年5个年度，2016年至2020年，2021年至2025年，2026年以后3个时间段内分别需要偿还的债务本金额，分析未来可能出现的偿债高峰期。

（三）地方各级政府负有偿还责任债务的总体风险状况。

1. 债务率（年末债务余额占当年综合可用财力的比率）分析。如债务率超过100%（多数国家确定的债务率指标控制上限），表明该地区债务风险较高；如低于100%，表明该地区债务风险较低。

2. 偿债率（当年偿还债务本息占当年综合可用财力的比率）分析。如偿债率超过20%（国际常用的偿债率指标控制上限），表明该地区到期债务的偿债压力较大，风险较高；如低于20%，表明该地区偿债压力较小，风险较低。

3. 逾期债务率和借新还旧偿债率分析。如逾期债务率（年末逾期债务额占年末债务总余额的比重）较高，表明政府已出现偿债困难，存在较高风险。如借新还旧偿债率（举借新债偿还债务本息额占当年债务还本付息总额的比重）较高，表明政府对举借新债偿还债务的依赖程度较高，存在一定偿债风险。

（四）对交通运输、市政建设、高校、医院和融资平台公司等重点行业和单位的三类债务情况和偿债风险进行分析。

1. 交通运输部门债务情况及偿债风险。

一是摸清交通运输部门三类债务的规模及其比重情况；二是分析交通运输部门利用自身经营收入偿还到期政府担保债务和其他相关债务的能力；三是分析债务逾期情况和举借新债偿还旧债情况；四是分析其中政府担保债务、其他相关债务实际转化为地方政府负有偿还责任债务的情况。

2. 用于市政建设的债务情况及偿债风险。

一是摸清用于市政建设的三类债务的规模及其比重情况；二是分析用于市政建设的政府性债务余额中，以土地出让收入为偿债资金来源的债务规模及偿债能力，是否存在债务偿还过度依赖土地出让收入，易受房地产政策调控影响，引发偿债风险的问题；三是分析债务逾期情况和举借新债偿还旧债情况；四是分析其中政府担保债务、其他相关债务实际转化为地方政府负有偿还责任债务的情况。

3. 高校、医院等单位债务情况及偿债风险。

一是摸清高校、医院等单位三类债务的规模及其比重情况；二是分析高校、医院等单位利用事业收入、经营收入等偿还到期政府担保债务和其他相关债务的能力；三是债务逾期情况和举借新债偿还旧债情况；四是分析其中政府担保债务、其他相关债务实际转化为地方政府负有偿还责任债务的情况。

4. 融资平台公司债务情况、运营状况及偿债风险。

一是摸清融资平台公司的个数、类别及三类债务的规模、比重情况；二是调查融资平台公司资产质量、财务状况、盈利能力，包括：融资平台公司不能或不宜变现的资产（如学校、广场、党政机关办公楼以及市政道路、设施等）所占比重，以及注册资本不到位、抽逃资本、资产不实等影响资产质量的情况，根据资产负债率及盈利情况，分析融资平台公司偿债能力。

四、债务举借、管理和债务资金使用方面存在的主要问题

（一）审查地方政府性债务管理制度是否健全，债务的举借、使用、偿还管理是否规范，有无债务缺乏归口管理、多头举债、造成规模底数不清，债务资金管理不到位、使用审批手续不健全、偿债责任不落实、风险预警和控制机制不完善等问题。

（二）审查地方政府债务资金使用是否合规有效，有无违反国家产业政策规定投向"两高一剩"、低水平重复建设项目，违规进入资本市场、房地产市场的问题；有无投资建设"形象工程"、楼堂馆所的问题；有无未按核准用途使用债务资金的问题；有无长期闲置债务资金的问题。

（三）审查地方政府（含政府部门和机构）及主要依靠财政拨款的经费补助事业单位，在2010年6月《国务院关于加强地方政府融资平台公司管理有关问题的通知》（国发〔2010〕19号）下发后，有无以承诺函、宽慰函等形式，或以财政性收入、行政事业等单位的国有资产为政府融资平台公司融资行为违规提供直接或间接担保的问题。

（四）审查融资平台公司是否存在以虚假或不合法的抵（质）押物作为担保，或高估抵押物价值获得贷款，以及用同一抵押物重复抵押获得超出抵押物价值的贷款等问题；有无注册资本不到位、将贷款用作项目资本金、抽逃资本、资产不实的问题。在发行债券过程中，有无通过违规注资、虚报收入等方式粉饰业绩发行债券，或主管部门审批不严等问题。

（五）审查地方政府（含政府部门和机构）、经费补助事业单位、公用事业单位、政府融资平台公司有无违反国家规定，以各种形式向单位职工或社会公众集资的问题。

五、地方政府性债务形成原因分析

结合被审计地区经济社会发展实际，从财政体制、地方举债融资和风险防范机制、领导干部业绩考核制度等方面对债务形成的原因进行分析。

结合债务资金的构成和投向，重点分析2010年年底政府负有偿债责任的债务余额形成原因。分清以前年度举借形成的债务余额规模，2010年当年举借用于偿还以前年度债务本息、续建以前年度项目、化解以前年度地方金融风险和当年新开工项目（其中：用于2010年中央扩内需项目配套的债务）形成的债务余额规模，以及尚未支出的债务资金额。

六、提出审计建议

针对审计发现的问题，着眼于促进地方经济社会发展，有效防范和化解地方政府性

债务风险，维护财政和金融安全，提出妥善处理存量债务，健全完善地方政府性债务管理制度，建立规范的地方举债融资机制的审计建议。

七、有关要求

（一）统一思想，提高认识。

此次地方政府性债务审计，是国务院部署的一项重要工作，是全国审计机关的一项重要任务，也是推动地方加快转变经济发展方式、实现科学发展的重大举措。通过审计，摸清当前地方政府性债务基本情况，不仅可以为中央经济决策提供重要参考，也可以为地方各级政府加强本地区政府性债务管理提供基础数据和情况，具有十分重大的意义。各有关部门、地方各级政府、各级审计机关要充分认识此项工作的极端重要性，牢固树立大局意识和宏观意识，以高度的政治责任感和历史使命感，克服一切困难，保质保量地完成审计工作任务。

（二）明确目标，突出重点。

各有关部门、地方各级政府要认真学习国务院领导同志指示精神，按照"摸清规模，分清类型，分析结构，揭示问题，查找原因，提出建议"的工作思路，切实做好审计工作。通过审计，要全面摸清地方政府性债务的规模、结构，分类型、分级次、分年度摸清情况；要深入分析债务形成的原因，是否合理合规；要调查有关部门和地方对债务的管理情况，反映存在的突出问题；要分析偿债能力，揭示是否存在风险隐患，积极提出防范和化解风险的建议。

（三）精心组织，确保质量。

本次地方政府性债务审计由审计署统一组织全国各级审计机关实施。审计署要于2011年2月下旬统一向各省（自治区、直辖市及计划单列市）人民政府下达审计通知书，并抄送各市、县人民政府；3月1日前开始审计，6月底之前向国务院提交审计报告。审计中要严格执行审计法律、法规，确保审计的债务数据和其他相关数据真实、准确和完整，防止漏报、重报、多报。各级审计机关要认真组织，突出重点，确保审计工作目标的实现。

（四）及时沟通，加强协调。

各级审计机关要做好与地方政府及各级财政、发展改革、人民银行、银监等相关部门的沟通联系，协调解决工作中的问题。审计署要加强组织领导和工作指导。各级审计机关要及时向审计署报告工作进展情况、发现的重大案件线索和其他重大事项。

（五）依法审计，严守纪律。

各级审计机关要严格执行审计纪律及各项廉政规定，切实做到依法审计、文明审计。审计人员要严格遵守保密纪律，未经批准，任何单位和个人不得对外披露审计情况和审计数据。

(三)《审计署关于印发进一步加大审计力度促进稳增长等政策措施落实意见的通知》(审政研发〔2015〕58号)

去年以来,各级审计机关按照国务院的部署和要求,加强对国家重大决策部署落实情况的审计监督,开展稳增长等政策措施落实情况的跟踪审计,取得很好效果。当前,我国经济发展的基本面没有改变,经济运行总体缓中趋稳、稳中向好,但稳中有难,稳增长任务还很艰巨。为进一步加大审计力度,更加有效地推动稳增长等政策措施落实,现提出以下意见:

一、总体要求

(一)围绕中心、服务大局,把稳增长、促发展作为当前审计工作的首要任务。各级审计机关要按照国务院的部署和地方各级党委、政府的要求,集中力量、全力以赴、主动作为,把监督检查稳增长等政策措施的落实情况作为各项审计的重要内容,持续进行跟踪审计,促进政策落地生根、不断完善和发挥实效。

(二)吃透政策、把握重点,切实增强审计的针对性、时效性和建设性。各级审计机关要加强对稳增长等政策措施的学习,深入研究政策背景,深刻领会政策意图,及时掌握政策要求。围绕项目落地、资金保障、简政放权、政策落实、风险防范"五个抓手",结合所审计地区经济社会发展实际和部门特点,确定审计重点,加大审计力度。

(三)依法审计、实事求是,历史、客观、辩证地反映政策落实中存在的问题并积极提出建议。各级审计机关要坚持原则,依法履职尽责。要正确把握改革和发展中出现的新情况新问题,客观审慎地反映和处理,既不能以新出台的制度规定去衡量以前的老问题,也不能生搬硬套或机械地使用原有的制度规定来衡量当前的创新事项。

二、把握原则

(四)坚决查处,大力推动整改问责。对审计发现的问题,凡是不作为、慢作为、假作为等重大履职不到位的,凡是重大失职渎职的,凡是造成重大损失浪费的,凡是造成重大风险隐患的,凡是重大违法违纪的,要坚决查处,大力推动整改问责。

(五)坚决促进,大力推动总结完善。对突破原有制度和规定的创新举措或应变措施,凡是有利于稳增长、科学发展的,凡是有利于调结构、转变发展方式的,凡是有利于创新驱动、增强发展后劲的,凡是有利于环境治理、生态保护的,凡是有利于惠民生、维护社会稳定的,凡是有利于防风险、维护经济安全的,要坚决促进,大力推动总结完善。

(六)坚决揭示,大力推动深化改革。对体制机制制度性问题,凡是制约和阻碍稳增长、促改革、调结构、惠民生、防风险政策措施贯彻落实的,凡是制约和阻碍探索创新、激发市场活力的,凡是制约和阻碍提高绩效、实现有质量有效益可持续发展的,要坚决揭示反映，大力推动深化改革。

三、重点任务

（七）促进重大政策有效落实。财政税收政策方面，重点监督检查各地区优化财政支出结构、加快财政支出进度、对实体经济和中小企业税收优惠政策执行、项目资金到位、保证重大项目建设等情况。金融政策方面，重点关注金融机构支持实体经济特别是小微企业发展、保障重大项目融资等情况。产业政策方面，重点关注加大对养老、保险、科技等服务以及信息技术、新能源、电子商务、物流、节能环保、文化体育等产业的支持力度情况。民生政策方面，重点关注加大对扶贫、"三农"、民政社保、教育、医疗等民生领域的投入力度情况。

（八）促进简政放权。监督检查各部门、各地区取消下放行政审批事项，推动规范和公开行政审批流程，压缩和明确审批时限等情况；对已取消下放的行政审批事项，重点揭示明放暗留、变相审批、弄虚作假等行为。推进收费项目清理，严肃查处违规设立的基金和收费项目；促进清理规范行政审批中介服务，推动整顿规范行业协会商会收费。推进商事制度改革和职业资格改革，推动通关便利化。推进监管方式创新，促进提升监管效能，营造公平竞争、良性发展环境。

（九）促进重大建设项目加快推进。加强对信息电网油气网络、生态环保、清洁能源、粮食水利、交通运输、健康养老服务、能源矿产资源保障、轨道交通、现代物流、新兴产业、增强制造业核心竞争力等11类国家重大工程项目的审计，重点对水利、铁路、城市基础设施、保障性安居工程等进行全过程跟踪审计。对已批复但开工和建设滞后的项目，推动尽快形成实物工作量。对建设项目的程序性问题，按照有利于项目实施、政策目标落实、促进经济增长的要求，督促尽快完善。对正在报批项目，重点揭示审批环节多、耗时长、效率低等突出问题，促进优化审批流程、加快进度。

（十）促进财政专项资金整合和统筹使用。加强对民生改善、结构调整等重要领域专项资金的审计，促进整合政策目标相近、支持方向相同、扶持领域相关的专项资金，推动国务院确定的有关试验地区、试点领域加大专项资金整合力度，推进完善专项资金管理制度。对确因无法使用而需改变用途、跨科目调剂预算、变更资金投向，凡是有利于政策落实、项目实施和财政资金尽快发挥效益的，要积极促进预算调剂、用途改变和项目变更。对长期闲置不能形成有效支出的，要在揭示问题的基础上，积极提出建议，推动专项资金统筹安排。

（十一）促进盘活存量、优化结构、提高效益。继续加强对各级财政存量资金的审计，把财政资金投入与项目进展、事业发展以及政策目标实现统筹考虑，重点揭示应投未投、该用未用问题，推动财政资金合理配置。研究分析存量资金的成因、结构、闲置时间和资金性质，区别对待、分类施策，推动加快清理盘活进度。对项目已无法实施的长期结转资金,要督促及时收回。对确定当年预算不能执行的项目,要推动及时调整预算,防止形成新的资金沉淀。对清理收回的存量资金,要督促及时安排使用,推动重点投向民生领域,保障重点民生项目的资金需求。

(十二)促进闲置土地有效利用。结合国家土地宏观调控政策和区域发展战略,重点审查建设用地投资强度、建筑密度等情况,推进土地的深度开发和高效利用。要准确反映闲置土地的规模、结构和变化情况,积极推动整合盘活,优先投入经济社会发展急需和民生建设领域。对闲置期限较长的,积极推动有关方面明确处置方案,采取依法依规收回或回购等措施,重新整合利用;对近期闲置的,推动采取追加投资、合作开发、依法置换等措施,尽快启动项目建设。

(十三)促进创业创新。加强对国家支持"大众创业、万众创新"相关政策落实情况的审计,重点检查支持创新的各类资金运行、促进传统产业技术改造的有关措施落实等情况。加强对科技项目和科技资金的审计,推动深化科技体制改革有关政策落实。对创新投融资体制机制的积极探索,要从发展的角度推动总结和完善,促进发挥政府投资的引导和放大效应。对战略性新兴产业和生态产业项目,要积极推动解决产业发展和项目建设中遇到的困难,促进新兴产业成为稳增长的新引擎。

(十四)促进防范风险、维护经济安全。关注政府性债务风险,跟踪存量债务的结构、置换和增量债务管理等情况,防范区域性风险。关注金融风险,跟踪反映金融机构资产质量变化、资本市场发展、金融创新、民间金融发展、跨境资本流动等情况,防范系统性风险。关注资源环境风险,加强对水、矿产、土地等资源以及环境保护情况的审计,防范危害资源环境安全等问题。严肃揭露和查处以权谋私、权力寻租等腐败问题,严肃揭露和查处骗取套取财政资金、侵占国有权益、侵害群众利益等问题,严肃揭露和查处违规建设楼堂馆所、公款吃喝、公款旅游、奢侈浪费等违反中央八项规定精神的问题,切实维护公共资金和国有资产安全。

(十五)促进健全完善制度规定。根据中央出台的重大政策措施,跟踪检查有关部门和地区是否及时修订不符合要求的部门规章和地方法规,促进及时建立健全与新政策新要求相适应的新办法、新规则。对不合时宜、制约发展、阻碍政策落实的法律和行政法规,要切实予以反映,提出废止或修改建议,推动及时清理完善。对改革发展过程中的积极探索和新情况新问题,要注重加强调查研究,积极提出建议,推动形成新的制度规定。

四、强化领导、改进方法

(十六)整合力量、统筹推进。各级审计机关要进一步做好项目计划安排,统筹调配力量,创新方式方法,努力实现对稳增长等政策措施的审计全覆盖。强化上下联动,审计署和省级审计机关要加强指导、培训和总结,明确阶段性工作方案和要点。加强稳增长等政策措施跟踪审计与其他专项审计的衔接配合,其他审计中发现的涉及政策措施落实方面的问题,跟踪审计报告中要及时、充分反映,发挥审计合力。

(十七)严明纪律、改进作风。各级审计机关要严格在法定职责权限范围内开展审计工作,既要敢于碰硬,又要善于解决问题。要严格遵守廉政纪律、保密纪律、审计工作纪律,做到审计程序合法、审计方式遵法、审计标准依法、审计保障用法。要切实做到文明审计,坚持客观公正、平等待人、以理服人,充分听取被审计单位和有关方面意见。

(十八)精心组织、确保质量。各级审计机关要加强项目组织实施,明确和落实审计质量控制责任,确保实现预定的审计工作目标。审计署将加强督促和检查,建立对各级审计机关跟踪审计组织实施、审计结果上报以及审计质量情况的检查、考核和通报制度。发现跟踪审计工作推进不力、质量不符合要求的,要与有关单位主要负责同志和审计组长进行约谈。发现严重审计质量问题的,要严肃追责问责。

(十九)及时报告、依法公开。各级审计机关要按月上报跟踪审计结果,重点报告审计发现的重大政策措施不落实或落实中出现的突出问题和典型事例,并提出相关建议。重大情况要随时报告。要依法加大对跟踪审计情况的公告和宣传力度,加强舆论引导,营造良好审计环境。

(四)《审计署关于在乡村振兴战略实施中加强审计监督的意见》(审农发〔2018〕27号)

为深入贯彻党的十九大精神,落实中央经济工作会议、中央农村工作会议和《中共中央 国务院关于实施乡村振兴战略的意见》的部署要求,现就乡村振兴战略实施中加强审计监督,提出以下意见:

一、总体要求

(一)切实提高认识。习近平总书记强调,各地区各部门要充分认识实施乡村振兴战略的重大意义,把实施乡村振兴战略摆在优先位置,坚持五级书记抓乡村振兴,让乡村振兴成为全党全社会的共同行动,要坚持乡村全面振兴,抓重点、补短板、强弱项,实现乡村产业振兴、人才振兴、文化振兴、生态振兴、组织振兴,推动农业全面升级、农村全面进步、农民全面发展。农业农村农民问题是关系国计民生的根本性问题,没有农业农村的现代化,就没有国家的现代化。党的十九大提出实施乡村振兴战略并写入党章,是以习近平同志为核心的党中央着眼党和国家事业全局,深刻把握现代化建设规律和城乡关系变化特征,顺应亿万农民对美好生活的向往,对"三农"工作作出的重大决策部署,是决胜全面建成小康社会、全面建设社会主义现代化国家的重大历史任务,是新时代做好"三农"工作的总抓手。当前,我国发展不平衡不充分问题在乡村最为突出,实施乡村振兴战略,是解决人民日益增长的美好生活需要和不平衡不充分的发展之间矛盾的必然要求，是实现"两个一百年"奋斗目标的必然要求，是实现全体人民共同富裕的必然要求。

（二）强化责任担当。审计是党和国家监督体系的重要组成部分。在乡村振兴战略实施中加强审计监督，是审计机关的重要职责和任务，是审计监督推动政策落实、维护人民根本利益、推进国家治理体系和治理能力现代化的必然要求。各级审计机关和审计干部要提高政治站位，牢固树立"四个意识"，坚决维护习近平总书记核心地位，坚决维护党中央权威和集中统一领导，自觉在思想上政治上行动上同以习近平同志为核心的党中央保持高度一致，认真落实党中央对审计工作的部署要求，将加强乡村振兴相关审计作为贯彻落实党和国家重大决策部署的重要政治任务，自觉增强政治责任感、历史使命感和职业荣誉感，在乡村振兴战略实施中充分发挥好促进经济高质量发展、促进全面深化改革、促进权力规范运行、促进反腐倡廉的审计监督和保障作用。

（三）把握基本原则。各级审计机关要坚持以习近平新时代中国特色社会主义思想为指导，全面贯彻党的十九大精神，坚持稳中求进工作总基调，坚持新发展理念，紧扣我国社会主要矛盾变化，紧紧围绕统筹推进"五位一体"总体布局和协调推进"四个全面"战略布局，在乡村振兴战略实施中依法全面履行审计监督职责，把握以下原则：

——依法审计，问题导向。依法履行审计监督职责，坚持问题导向，加大对农民群众最关心最直接最现实的利益问题的审计监督力度，严肃揭示侵害农民利益的不正之风和腐败问题，做到应审尽审、凡审必严、严肃问责。

——客观求实，注重激励。尊重基层和群众在农业农村改革发展中的首创精神，落实"三个区分开来"的重要要求，坚持事业为上、实事求是、依纪依法、容纠并举，结合动机态度、客观条件、程序方法、性质程度、后果影响以及挽回损失等情况，全面辩证地看待审计发现的问题，客观审慎作出评价和结论，推动建立健全激励机制和容错纠错机制，鼓励干部担当作为、干事创业。

——压实责任，提升质量。把"中央统筹、省负总责、市县抓落实"的工作机制，落实到乡村振兴相关审计工作中，统筹整合好署、省、市、县四级审计资源，进一步加强审计计划统筹、审计资源整合、审计项目融合、审计成果共享，推进全国审计工作一盘棋，切实提升审计质量，充分发挥审计监督的整体性和宏观性作用。

二、突出审计监督重点

各级审计机关要紧紧围绕实施乡村振兴战略的目标任务和总体要求，突出以下审计重点：

（四）着力监督检查乡村振兴规划制定和实施情况。

——突出规划引领作用，围绕国家乡村振兴战略规划（2018—2022年）提出的目标任务、工作重点和政策措施开展审计,检查规划部署的主要指标和重大工程、重大计划、重大行动的推进落实情况。重点关注各地区各部门根据国家规划科学编制乡村振兴地方规划或方案、专项规划或指导意见情况,规划实施督促检查和评估机制建立开展情况等。着力反映规划目标任务不明确,政策措施不实不细,缺少科学明确的约束性指标,缺乏可操作性,各类规划之间统筹衔接不够,未形成城乡融合、区域一体、多规合一的规划体系,未落实统筹城乡发展空间、优化乡村发展布局要求,以及未根据当地实际情况准确聚焦阶段任务、科学把握节奏力度、分类有序推进乡村发展等问题,对随意撤并村庄搞大社区,违背农民意愿大拆大建等现象要坚决揭示和纠正。

(五)着力监督检查乡村振兴各项政策措施落实情况。

——紧紧围绕"产业兴旺、生态宜居、乡风文明、治理有效、生活富裕"的总要求,对提升农业发展质量、推进乡村绿色发展、繁荣兴盛农村文化、加强农村基层基础工作、提高农村民生保障水平、打好精准脱贫攻坚战、改革完善农村产权制度和要素市场化配置、强化乡村振兴人才支撑和投入保障等推动乡村全面振兴的各类政策措施落实情况,持续开展跟踪审计,着力揭示责任不落实、机制不完善、方法不恰当、弄虚作假等影响政策措施落实的问题,促进各项政策措施落地生根、不断完善。

——以推进农业供给侧结构性改革为主线,关注构建现代农业产业体系、生产体系、经营体系,完善农业支持保护制度,强化农业科技支撑,发展多种形式适度规模经营,培育新型农业经营主体和服务主体,促进农村一二三产业融合发展,发展壮大乡村产业,推进农业绿色发展,保障国家粮食安全,改善农村人居环境,加强乡村生态保护与修复,加强农村基础设施建设和公共服务供给,改革完善农村集体产权制度和农村土地制度等相关政策措施落实情况和任务目标完成情况,着力反映阻碍乡村振兴政策措施落实、制约农业农村改革深化等体制障碍、制度缺陷和管理漏洞。

(六)着力监督检查乡村振兴战略投入保障情况。

——围绕建立健全财政投入保障制度和优化财政供给结构,加强对实施乡村振兴战略财政预算安排的审计,着力反映公共财政支出未按要求向"三农"倾斜,财政投入不能与乡村振兴目标任务相适应,财政资金未能充分发挥引导作用,未能形成财政优先保障、金融重点倾斜、社会积极参与的多元投入格局等问题。

——加大对涉农资金统筹整合使用的审计力度,推动加快建立涉农资金统筹整合长效机制。关注高标准农田建设等新增耕地指标和城乡建设用地增减挂钩节余指标跨省域调剂机制落实情况,检查各地是否将所得收益通过支出预算全部用于巩固脱贫攻坚成果和支持实施乡村振兴战略;关注调整完善土地出让收入使用范围,进一步提高农业农村投入比例政策的落实情况。

——关注金融机构对乡村振兴支持力度和农业信贷担保、农业保险等农村金融创新发展情况，推动金融机构更好服务乡村振兴；关注涉农领域金融风险情况，促进防范金融风险。

——加强对重点支出与重大投资项目的审计，分析各地是否科学评估财政承受能力、集体经济实力和社会资本动力，依法合规谋划筹资渠道；关注地方政府债务规模和风险水平，着力揭示借乡村振兴之名违法违规变相举债、盲目上项目搞建设、搞形象工程、政绩工程，甚至刮风搞运动等劳民伤财问题。

（七）着力监督检查乡村振兴资金安全和绩效情况。

——加大对基层小微权力腐败惩处力度，严肃揭示惠农补贴、集体资产管理、土地征收等领域侵害农民利益的不正之风和腐败问题。持续加强对中央和地方各级财政安排的涉农专项转移补助资金，涉农基建投资，农村基础设施资金，农村教育、就业、社会保障、卫生健康、文化等社会事业发展资金，农村人居环境整治资金，乡村生态保护与修复资金，脱贫攻坚资金等各类涉农资金的审计监督，着力揭示资金分配管理使用中存在的骗取套取、侵占挪用、贪污私分、挥霍浪费、优亲厚友、雁过拔毛、借机牟利等问题。关注乡村振兴相关资金使用和项目安排公告公示制度落实情况，促进畅通群众和社会监督渠道，推动完善乡村财务政务公开透明和阳光化管理。

——加大对乡村振兴资金支出经济性、效率性和效果性的审计，关注绩效评价制度建立落实情况，从行业、区域、时间等多维度对资金绩效总体情况开展审计评价，重点揭示重申请轻管理、重投放轻绩效，以及重大损失浪费、重大生态破坏等问题，切实保障乡村振兴资金安全和绩效。

审计中，还要注重发现和总结各地区各部门在实施乡村振兴战略中好的经验和做法。

三、工作要求

（八）加强组织领导，推进审计全覆盖。审计署领导全国乡村振兴相关审计工作，加强审计计划统筹管理，定期组织开展专项审计（调查），组织派出机构对中央部门贯彻落实乡村振兴战略情况开展审计，加强乡村振兴审计业务培训和调研督导。各省（自治区、直辖市）审计厅（局）要立足长远、统筹谋划，对乡村振兴审计全覆盖负总责，按照乡村振兴战略阶段性目标任务和工作重点，稳步实现对乡村振兴各类政策、资金和涉及的所有县级行政区划的审计全覆盖；科学制订审计计划并按程序报审计署备案，每年至少安排1次统一组织的乡村振兴审计项目，及时向审计署报告审计情况，重大情况随时报告，并将全省开展乡村振兴审计总体情况作为主要负责人向审计署党组述职的重要内容。市、县审计机关要认真落实上级审计机关项目计划，围绕本地农业农村工作特点和实施乡村振兴战略安排部署，有计划、有重点地加强对强农惠农政策和资金的审计监督，严肃揭示问题、如实反映问题，及时向上级审计机关报告审计发现的重大违纪违法问题线索。上级审计机关要加强对下级审计机关乡村振兴审计业务的指导检查，确保审计质量和效果。

（九）统筹衔接脱贫攻坚与乡村振兴审计任务。党中央强调，把打好精准脱贫攻坚战作为实施乡村振兴战略的优先任务，推动脱贫攻坚与乡村振兴有机结合相互促进。在脱贫攻坚期内，贫困地区乡村振兴主要任务是脱贫攻坚。省级审计机关要统筹衔接本辖区内脱贫攻坚与乡村振兴审计任务，每年都要统一组织开展乡村振兴审计项目，其中，2020年以前对贫困县的乡村振兴审计任务主要是脱贫攻坚审计。

（十）加强统筹协调，形成审计监督合力。各级审计机关要将乡村振兴政策措施落实情况和资金管理使用情况，统筹纳入国家重大政策措施落实情况跟踪审计以及财政、金融、企业、民生、资源环境、经济责任等各项审计，实现各专项审计资源共享、信息共享和成果共享，做到深度协同，形成审计监督合力。上下级审计机关之间要加强沟通协调，统筹安排审计资源，避免重复检查、消除监督盲区。要进一步加强对相关部门单位内部审计工作的指导和监督，有效运用内部审计对乡村振兴相关政策和资金的审计成果。要进一步完善审计发现问题整改跟踪检查机制，对侵害群众利益等严重违纪违法问题线索要及时移送纪检监察、司法机关等，推动严肃追责问责；对审计发现的典型性、普遍性和倾向性问题，督促有关部门和地方及时研究，完善管理制度和工作机制，切实增强监督实效。

（十一）创新技术方法，提升审计成效。各级审计机关应根据农业农村工作特点和乡村振兴审计特点，进一步探索"总体分析、发现疑点、分散核实、系统研究"的数字化审计模式，创新大数据环境下的乡村振兴审计思路和技术方法，提高运用大数据查核问题、评价判断、宏观分析的能力。各省级审计机关要按照审计署统一要求做好数据采集报送工作，进一步加大乡村振兴战略实施相关信息数据的统一采集，强化数据保密安全管理；要坚持"以用为本"，加强对审计人员大数据思维和分析能力的培养，更加注重数据深度挖掘和跨行业、跨部门、跨地区关联分析，更加注重从区域整体和宏观层面进行大数据关联分析，提高审计监督的质量和效果。

（十二）加强队伍建设，提高审计能力。各级审计机关要把党的政治建设摆在首位，结合乡村振兴相关审计项目特点，加强审计组临时党组织建设，切实发挥基层党组织的战斗堡垒作用和党员的先锋模范作用。要把懂农业、爱农村、爱农民作为基本要求，激发审计干部珍惜时代、珍惜职业、珍惜团队的自豪感。要持续改进工作作风，严格落实中央八项规定及实施细则精神，严格执行审计"四严禁"工作要求和审计"八不准"工作纪律。要引导审计干部加强对乡村振兴战略和相关政策的学习研究，通过多种方式加强乡村振兴审计业务培训、增强培训效果，切实提高审计干部依法履职尽责、服务乡村振兴战略的能力素质和业务水平。

（五）《审计署关于进一步加强减税降费政策措施落实情况审计监督的意见》（审财发〔2018〕28号）

2018年《政府工作报告》明确要求，全年要为企业和个人减税8 000多亿元，为市场主体减轻非税负担3 000多亿元。近日，国务院常务会议决定再推新举措支持实体经济发展，预计全年再减轻企业税负超过450亿元。为进一步推动减税降费政策措施贯彻落实，促进积极财政政策落地生根，提升企业和群众对减税降费的获得感。根据国务院常务会议要求，现就加强减税降费政策措施落实情况审计监督提出以下意见：

一、提高政治站位，充分认识推动减税降费政策措施落实的重要性

减税降费是积极的财政政策聚力增效的主要体现，是深化供给侧结构性改革、降低实体经济成本的重要举措。2018年以来中央出台了一系列减税降费措施，支持小微企业发展、推动创业创新。全国审计机关在近几年的政策跟踪审计中始终把推动减税降费政策落实作为重要内容，取得了较好的效果。根据党中央国务院的最新部署，各级审计机关要进一步充分认识促进减税降费政策措施贯彻落实的重要性、紧迫性，进一步加强审计监督，持续关注各地区、各部门在推进减税降费过程中的职责履行情况、已出台政策措施的落地情况以及执行过程中出现的新情况新问题，推动相关政策贯彻落实，促进积极的财政政策有效贯彻落实。

二、突出审计重点，促进减税降费政策措施贯彻落实

（一）减轻企业税收负担方面。

一是围绕深化增值税改革，持续关注降低增值税税率、统一增值税小规模纳税人标准和试行留抵退税等增值税改革措施的落实情况和效果；持续关注对涉农贷款和境外机构投资境内债券市场等增值税优惠政策的落实情况和效果。

二是围绕支持小微企业发展税收优惠政策，持续关注固定资产一次性税前扣除税收优惠政策落实情况和效果；持续关注小微企业减半征收企业所得税优惠政策落实情况和效果；持续关注小微企业等贷款利息收入免征增值税优惠政策落实情况和效果。

三是围绕鼓励研发创新，持续关注研发费用加计扣除税收优惠政策落实情况和效果；持续关注高新技术企业和科技型中小企业所得税优惠政策落实情况和效果；持续关注创业投资企业和天使投资个人投向科技型企业所得税优惠政策落实情况和效果；持续关注提高一般企业职工教育经费税前扣除等所得税优惠政策落实情况和效果。

四是围绕进一步降低企业成本、激发市场活力，持续关注完善提高部分产品出口退税率政策落实情况和效果；持续关注政策性停产停业企业税收优惠政策落实情况和效果；持续关注社会保障基金和基本养老保险基金有关投资业务税收优惠政策落实情况和效果。

（二）清理规范涉企收费方面

一是关注涉企收费目录清单执行情况。要对照政府性基金和行政事业性收费目录清单、政府定价的经营服务性收费目录清单，关注是否存在继续收取取消、停征、免征的行政事业性收费，未经批准自立名目收费以及自行提高收费标准等违规收费情况。

二是关注行政审批中介服务收费情况。要按照国务院和各级人民政府清理规范行政审批中介服务事项的规定，关注是否存在违反规定将应由政府部门承担的费用转嫁企业承担等情况。

三是关注依托行政资源、行政权力及影响力收费情况。要系统梳理所审计部门、地区涉企收费情况，关注是否存在利用职权和行业垄断地位、以保证金等形式变相收费情况；是否存在针对企业的乱收费、乱罚款和摊派等情况；是否存在通过指定服务、违规开展培训或评比达标等向企业收费等情况；是否存在行业协会商会代行政府职能自立项目收费、强制收费等情况。

四是关注电子政务平台、物流领域等收费情况。要重点关注是否存在通过电子政务平台以技术维护费、服务费、电子介质成本费等名义收费情况；是否存在铁路、港口、公路等领域将职责内的工作另行设立收费项目收费、超标准收费、转嫁费用等情况。

五是关注企业融资过程收费情况。要重点关注是否存在巧立名目收费情况；是否存在商业银行利用贷款强势地位，以财务顾问费等名义捆绑强制收费；是否存在将银行自身应承担的费用转嫁给企业承担；是否存在未执行收费减免优惠政策或超标准收费情况。

三、周密部署，按时保质完成专项审计工作

各级审计机关要按照审计署统一部署，将减税降费审计作为政策跟踪审计项目的专项审计工作，迅速部署实施。各级地方审计机关要在今后的地方财政收支审计中加大对非税收入的审计监督力度。审计署各业务司、特派办、派出局在各类审计项目中都要把减税降费政策落实情况作为审计的重要内容，对发现的问题除在政策跟踪审计报告中反映外，还要在2018年9月底前，将促进各地区、各部门减税降费工作的主要做法、发现的主要问题、取得成效以及意见建议，向审计署报送专题报告。

二、专项审计调查

（一）《中华人民共和国审计法》的规定

第二十九条　审计机关有权对与国家财政收支有关的特定事项，向有关地方、部门、单位进行专项审计调查，并向本级人民政府和上一级审计机关报告审计调查结果。

(二)《中华人民共和国审计法实施条例》的规定

第二十三条 审计机关可以依照审计法和本条例规定的审计程序、方法以及国家其他有关规定,对预算管理或者国有资产管理使用等与国家财政收支有关的特定事项,向有关地方、部门、单位进行专项审计调查。

(三)《审计署关于适应新常态践行新理念更好地履行审计监督职责的意见》(审政研发〔2016〕20号)

党的十八大以来,以习近平同志为核心的党中央不断深化对共产党执政规律、社会主义建设规律、人类社会发展规律的认识,形成了一系列治国理政的新理念新思想新战略。全面学习贯彻党的十八大和十八届三中、四中、五中全会精神,深入学习贯彻习近平总书记系列重要讲话,认真学习贯彻李克强总理对审计工作的重要指示,认识新常态、适应新常态、引领新常态,对于开创审计工作新局面、更好地发挥审计在党和国家监督体系中的重要作用具有重大意义。为了适应新常态,践行新理念,坚持依法审计、实事求是,更好地履行审计监督职责,现提出以下意见:

一、深入学习领会中央精神,把思想和行动统一到中央重大决策部署上来。当前和今后一个时期,各级审计机关要把学习贯彻党的十八大和十八届三中、四中、五中全会精神,学习贯彻习近平总书记系列重要讲话,作为首要政治任务。

(一)组织深入学习。各级审计机关的主要负责同志要率先垂范,先学一步,带动全体审计人员深入学、反复学、及时学、持续学。认真组织"学党章党规、学系列讲话,做合格党员"学习教育,在审计系统开展"适应新常态、践行新理念"大讨论,积极采取中心组学习、集中培训、理论研讨、形势报告、党课教育等多种形式,营造浓厚的学习氛围。

(二)深刻领会精神实质。各级审计机关要原原本本地学习党的十八大以来历次全会报告、习近平总书记系列重要讲话、李克强总理对审计工作的重要指示,深刻领会经济发展新常态是基于我国发展阶段的科学判断,深刻领会创新、协调、绿色、开放、共享这五大发展理念集中体现了今后五年乃至更长时期我国的发展思路和发展方向,深刻领会供给侧结构性改革是经济发展新常态下解决我国调结构、转方式进程中的主要矛盾、根本问题和发展短板的着力点,深刻领会宏观政策要稳、产业政策要准、微观政策要活、改革政策要实、社会政策要托底这五大政策支柱是供给侧结构性改革顺利推进的重要条件,深刻领会去产能、去库存、去杠杆、降成本、补短板这五大重点任务是针对当前经济形势和发展需要的重要举措。

(三)切实统一思想和行动。通过学习,使全体审计干部切实理解和把握中央重大决策部署的战略意图及精神实质,及时掌握改革的新精神新进展,把思想统一到中央精神上来,把行动统一到中央的部署上来,把力量凝聚到实现中央确定的各项任务上来,做到认识到位、行动自觉、步调一致。

二、自觉适应新常态,践行新理念。各级审计机关要以新理念把握引领新常态,牢固树立创新、协调、绿色、开放、共享的发展理念,按照李克强总理对审计工作的重要指示,转变思想观念,转换思维方式,正确把握改革和发展中出现的新情况新问题,既不能以新出台的制度规定去衡量以前的老问题,也不能生搬硬套或机械地使用不符合改革发展要求的旧制度规定来衡量当前的创新事项,还要适时总结经验,推动有关方面建立容错机制。

(一)坚持客观求实。要严格遵循宪法和基本法律、法规,以是否符合中央决定精神和重大改革方向作为审计定性判断的标准,把推进改革中因缺乏经验、先行先试出现的失误和错误,同明知故犯的违纪违法行为区分开来;把上级尚无限制的探索性试验中的失误和错误,同上级明令禁止后依然我行我素的违纪违法行为区分开来;把为推动发展的无意过失,同为牟取私利的违纪违法行为区分开来,审慎作出结论和处理。

(二)坚持问题导向。要严肃查处损害国家和人民利益、重大违纪违法、重大履职不到位、重大损失浪费、重大环境污染和资源毁损、重大风险隐患等问题,对以权谋私、假公济私、权钱交易、骗取财政资金、失职渎职、贪污受贿、内幕交易等违法犯罪问题,要始终坚持"零容忍",坚决查处。

(三)坚持鼓励创新。要注重保护改革发展中的新生事物,对突破原有制度或规定,但有利于维护人民利益,有利于调结构、补短板、化解产能过剩,有利于降低企业成本、提质增效,有利于化解房地产库存,有利于扩大有效供给,有利于防范化解金融风险,有利于资源节约利用和保护生态环境,有利于推进财政资金统筹使用和提高资金绩效的创新举措,要坚决支持鼓励,积极促进规范和完善,大力推动形成新的制度规范。

(四)坚持推动改革。要关注影响改革发展的深层次问题,对制约和阻碍中央重大政策措施贯彻落实,制约和阻碍结构性改革推进,制约和阻碍创新创业、激发活力,制约和阻碍简政放权、政府职能转变,制约和阻碍转型升级、提高绩效等体制机制性问题,要及时反映,大力推动完善制度和深化改革。

三、进一步突出审计重点,推动深化改革和创新发展。各级审计机关要自觉服从经济社会发展大局,围绕党和国家工作中心开展工作,将推动中央重大决策部署贯彻落实作为重中之重,着力促进提高经济发展的质量和效益,着力促进供给侧结构性改革,着力促进改善宏观调控和调整产业结构,着力促进保障改善民生和保护生态环境,充分发挥审计在国家治理中的基石和重要保障作用。当前及今后一个时期,要重点抓好8个方面的工作:

（一）持续组织对国家重大政策措施落实情况的跟踪审计，重点关注去产能、去库存、去杠杆、降成本、补短板任务落实，以及创业创新、扩大有效投资、促进转型升级、推进新型城镇化、精准扶贫、电子商务、节能环保等领域政策措施的贯彻落实情况和效果，促进政令畅通。

（二）加强公共资金绩效审计，不仅要监督检查预决算管理法律、法规和财经纪律执行情况，关注中央八项规定精神和国务院"约法三章"贯彻落实情况，更要关注财政支出绩效和积极财政政策的实施效果，坚决查处以"打酱油的钱不能打醋"等为借口导致资金长期闲置问题，促进整合专项、盘活存量、用好增量、优化结构、深化改革、提高绩效。

（三）加大对经济运行中风险隐患的审计力度，密切关注政府债务、银行信贷、企业投资负债、资本市场运行、互联网金融等方面的薄弱环节和风险隐患，加强对国有企业和国有金融机构的审计，促进企业深化改革、提质增效、做强主业，维护国家经济安全。

（四）加强对扶贫、卫生、教育、就业、社会保障等民生资金和项目的审计，重点监督检查政策执行、资金使用、项目实施等情况，更加关注相关领域改革发展中的新情况、新问题，更加关注公共资金、公共资产、公共服务的公平合理分配，促进国家惠民富民政策的落实，推动共享发展。

（五）加大资源环境审计力度，各项审计中都要关注资源节约集约循环利用和环境保护政策落实情况，开展领导干部自然资源资产离任审计，促进形成绿色发展方式和生活方式，推动绿色发展。

（六）深化领导干部经济责任审计，坚持党政同责、同责同审，全面推行党政主要领导干部经济责任同步审计，依法依纪反映不作为、慢作为、假作为、乱作为问题，促进依法行政。

（七）加大对权力集中、资金密集、资源富集、资产聚集的重点部门、重点岗位、重点环节的审计力度，严肃揭露和查处重大违纪违法问题，加强对腐败案件发生规律的剖析，推动铲除腐败滋生的土壤，促进廉政建设。

（八）加大对体制机制性问题的揭示和反映力度，根据中央出台的重大政策措施，及时跟踪检查有关部门规章和地方性法规修订完善情况，促进及时建立健全与新政策新要求相适应的新办法、新规则；对不合时宜、制约发展、阻碍政策落实的法律和行政法规，推动及时清理完善；对改革推进中出现的政策措施不衔接、不配套等问题，及时反映、提出建议，促进增强改革的系统性和协调性。

四、完善工作机制，改进审计方式方法。把中央要求落到实处，各级审计机关要坚持以改革创新的精神推动各项工作，始终保持审计工作活力，激发审计工作创造力，着力提高审计效率。

（一）加强经验总结和研究分析。

要全面梳理和总结近年来工作开展情况，紧密结合新形势新任务新要求，深入查找在思想观念、思维方式、审计方式和判断标准等方面存在的不适应问题，制定符合自身实际的整改措施和路径，立行立改、创新提高。

（二）加强工作谋划和统筹。要细化明确各项审计和各个审计项目的思路、重点、方法、成果，制定有针对性、可操作性的发展规划和审计方案，及时作出系统规划、部署，并督促、指导落实到位。

（三）加强审计资源整合。要破除审计机关之间和审计机关各部门之间狭隘的"地盘"意识，横向纵向全方位推进审计工作高度融合，探索矩阵式沟通协调，推进扁平化业务管理，重要事项按规定及时报告，全面提升审计监督效能。

（四）完善审计业务评价考核体系。要将落实五大发展理念、促进创新改革成效作为评价审计工作业绩的重要标准，健全激励约束机制。

五、转变作风，提升审计能力。把中央要求落到实处，各级审计机关要始终坚持以品格为核心、作风为基础、能力为重点、业绩为导向，从严管理审计队伍，转变作风，提升审计能力。

（一）完善干部选拔任用机制。要将适应新常态、践行新理念的自觉意识和行动能力作为干部选拔任用的基本标准，建立落实能者上、庸者下、劣者汰的能上能下机制。

（二）不断提升审计能力。要大兴读书之风，大兴深入思考之风，大兴善于总结实践之风，完善审计职业教育培训体系，加大交流和轮岗力度，使审计人员具备过硬的基本功，敢于和善于审计，既能查处重大违纪违法问题，又善于推动体制机制制度完善。

（三）坚持依法文明审计。要严格遵守党的政治纪律、组织纪律、廉洁纪律、群众纪律、工作纪律和生活纪律，严格执行审计"八不准"工作纪律，既要无私无畏、敢于碰硬、勇于担当，又要谦虚谨慎、审慎客观、文明规范。

（四）严格审计质量控制。要讲究方法、严格程序，坚持平等待人、以理服人，充分听取被审计单位和有关方面意见，使审计结论更公允，让审计人员更有公信力。

（四）《审计署关于审计工作更好地服务于创新型国家和世界科技强国建设的意见》（审政研发〔2016〕61号）

为深入贯彻落实全国科技创新大会精神，更好地服务于创新型国家和世界科技强国建设，现就做好相关审计工作提出以下意见：

一、充分认识推进科技创新的极端重要性。全国科技创新大会从战略和全局的高度，分析了我国科技创新所处的时代方位、时代定位和国际地位，明确了到2020年进入创新型国家行列，到2030年进入创新型国家前列，到新中国成立100年时成为世界科技强国的科技事业发展目标和战略部署。习近平总书记指出，科技兴则国家兴，科技强则国家强，实现"两个一百年"奋斗目标，实现中华民族伟大复兴的中国梦，必须坚持走中国特色自主创新道路。李克强总理强调，要发挥科技创新在全面创新中的引领作用，以体制机制改革激发创新活力，塑造更多依靠创新驱动的引领型发展。各级审计机关和广大审计人员要深入学习贯彻大会精神，把思想和行动统一到中央重大决策部署上来，增强责任感和使命感。要充分认识推进科技创新的极端重要性，进一步做好相关审计工作，促进科技创新政策措施落实，推进科技资金和科研项目管理创新，推动建立符合科技创新规律、有利于调动和保护科研人员积极性、有利于多出科技创新成果和成果转化的体制机制，为我国如期实现建设创新型国家和世界科技强国目标作出积极贡献。

二、着力把握科技创新的新要求。各级审计机关要以是否符合中央决定精神和重大改革方向作为审计定性判断的标准，深刻理解中央关于科技创新的总体部署和具体政策措施，领会精神实质，把握政策意图。要坚持客观求实，充分尊重科学研究灵感瞬间性、方式随意性、路径不确定性的特点，把因缺乏经验、先行先试出现的失误和错误，同明知故犯的违纪违法行为区分开来；把上级尚无限制的探索性试验中的失误和错误，同上级明令禁止后依然我行我素的违纪违法行为区分开来；把创新工作中的无意过失，同为牟取私利的违纪违法行为区分开来，实事求是地反映问题，客观审慎地作出审计处理和提出审计建议。

三、着力推动科技创新相关政策落实。审计中要持续关注各地、各部门贯彻落实创新驱动发展战略、大众创业万众创新、深化科技体制改革等政策情况，以及深化财政科技计划管理改革、健全促进科技成果转化机制、支持企业技术创新、建设创新型城市和区域创新中心等措施的进展和效果，关注国家重大科研基础设施和大型科研仪器开放共享、国家科技管理信息系统建设运行服务、科研信用管理制度建设、科研项目信息公开、知识产权运用保护、国家实验室建设和运行等情况，着力反映有关部门和地方贯彻中央政策措施不到位，有关体制机制不完善等问题，促进各项政策措施落地落实、不断完善和发挥实效。

四、着力推动建立完善科技管理和运行机制。审计中要关注各地区、各部门科技经费管理以及国家重点科技项目立项遴选情况，重点揭示立项遴选机制不公开不透明，项目安排分散重复等问题。关注科技成果转化机制建立健全情况，重点揭示兼职和离岗创业、收益分配、科技成果转让流程等配套制度不完善，成果所有权和使用权处置难，项目验收或结题不及时、走形式等，以及由此造成的科技人员创新创业积极性不足、科技成果有效转化率低等问题。关注推进重大科技决策制度化和改革科技评价制度等情况，推动完善符合科技创新规律的资源配置方式，促进形成充满活力的科技管理和运行机制。

五、着力推动科技项目预算和财务管理改革。审计中要关注财政科研项目主管部门落实简化项目预算编制、下放直接费用预算调剂权、大幅提高人员费用比例、增加用于人员激励的绩效支出等情况，关注各级政府财政、发展改革、教育、国土资源、环保等部门落实简化科研仪器设备采购管理、扩大中央高校和科研院所基建项目自主权、简化用地和环评等手续情况，关注中央高校、科研院所根据工作需要调整差旅会议管理规定、优化教学科研人员出国审批程序、强化自我约束意识、完善内控机制情况，重点揭示改革不到位或进展迟缓，简单套用行政预算和财务管理方法管理科技资源等问题，推动建立健全体现科研人员智力价值的科技经费分配制度，完善经费报销制度，促进科技经费更好地服务于人的创造性活动。

六、着力推动相关主管部门履职尽责。审计中要关注科技管理部门落实抓战略、抓规划、抓政策、抓服务要求，构建科技创新平台、改革科技评价制度、加强知识产权保护、推进科技成果转化等情况，重点揭示服务机制不健全、评价机制不科学、检查评审过多、管理信息系统滞后、科技成果转化激励机制不到位和转化平台不完善等问题，促进相关部门转变职能、推进科技领域的"放管服"改革，减少科技项目行政审批，真正赋予科研院所、高校和企业等开展科研更大的自主权，赋予领衔科技专家更大的技术路线决策权、经费支配权、资源调动权。

七、着力推动科技经费加大投入和有效使用。审计中要关注各级政府科技经费预算安排、资金拨付和使用情况，重点揭示财政科技投入不足、资金分配"小、散"、资金拨付不及时造成大量沉淀，以及科技资金"管得过死"等影响科研项目实施进度和效果的问题，促进加大财政科技投入、提高资金使用效益。关注国家财政、税收、金融等各项科技创新相关优惠政策执行情况，是否真正起到引导企业、单位、社会团体增加科技研发投入的作用。关注科技资金的安全，重点揭示相关部门和单位借科技项目之名，以权谋私、截留侵占、贪污私分、挥霍浪费科技资金，以及有关主管部门和人员在科技资金分配管理中利用职权违法违纪向特定关系人输送利益等问题。

八、着力推动鼓励创新和保护创新。审计中要贯彻中央关于鼓励创新、宽容失败的要求，注重保护科技创新中的新生事物，注重保护科技人员的创新性和积极性，注重维护科研人员的合法权益，推动完善保障和激励创新的分配制度。对突破原有制度或规定，但符合科技创新大会精神，有利于提升科技创新能力，有利于科技创新目标实现，有利于推动科技成果转化，有利于为经济发展注入新动力，有利于促进经济社会协调发展，有利于保障国家安全的创新举措，要坚决支持，鼓励探索。要积极发现破解科技创新难题的好做法好经验，促进总结和推广。

九、着力推动完善体制制度机制。审计中要贯彻科技体制及其相关体制改革要求，对制约和阻碍创新驱动发展战略贯彻落实，制约和阻碍"双创"环境优化，制约和阻碍提高科技资金绩效，制约和阻碍科技成果转化等体制机制性问题，要及时反映，推动破除制约创新的体制机制障碍。要关注影响科技创新的深层次问题，关注创新中出现的新情况新问题，推动完善科技制度和深化改革，促进形成新的制度或规定。

十、着力推动审计工作创新。各级审计机关要解放思想、锐意创新，推动审计理念思路的与时俱进、审计制度机制的与时俱进、审计方式方法的与时俱进。要加快审计信息化建设，广泛运用数字化审计方式，归集数据、分析数据、查找疑点、综合提炼，大幅提高审计的精准度和时效性。要注重从宏观层面进行大数据关联分析，提高研判宏观经济发展趋势、感知经济社会运行风险、发现违纪违法问题线索的能力。要加强对国家战略、公共政策、宏观经济形势的研究，加强审计实践的理论总结和提炼，提升审计工作的层次和水平。

第六节　审计事项范围与其他审计监督

一、全面审计与专项审计

《中华人民共和国审计法》第二十八条规定：审计机关可以对被审计单位依法应当接受审计的事项进行全面审计，也可以对其中的特定事项进行专项审计。

二、其他审计监督

（一）《中华人民共和国审计法》的规定

第二十七条　除本法规定的审计事项外，审计机关对其他法律、行政法规规定应当由审计机关进行审计的事项，依照本法和有关法律、行政法规的规定进行审计监督。

（二）《审计署关于加强公务支出和公款消费审计的若干意见》（审行发〔2014〕22号）

为深入贯彻落实中央八项规定精神，加强党风廉政建设，促进厉行勤俭节约，反对铺张浪费，根据《党政机关厉行节约反对浪费条例》及有关法律、法规，现就进一步加强公务支出和公款消费审计提出以下意见。

一、增强厉行节约反对浪费的责任感和使命感

艰苦奋斗、勤俭节约，是党的优良传统和作风。党中央、国务院历来强调，各级党政机关要大兴艰苦奋斗之风，带头厉行勤俭节约、反对铺张浪费。但近年来，讲排场、比阔气、挥霍公款等奢侈浪费现象时有发生，人民群众反映强烈。党的十八大以来，以

习近平同志为核心的党中央着力加强作风建设，采取有力措施，坚决整治公务支出和公款消费中的违纪违规违法现象，得到人民群众的支持和拥护。各级审计机关和全体审计人员要深刻领会中央八项规定和习近平总书记重要批示精神，充分认识加强公务支出和公款消费审计的重要性和必要性，带头贯彻落实中央规定，坚决反对铺张浪费，切实履行审计监督职责，不断加大对各级党政机关及国有企事业单位公务支出和公款消费的审计力度，为推动党风廉政建设发挥积极作用。

二、加强重点领域和重点环节的审计监督

（一）公务支出预算管理情况。全面检查"三公"经费、会议费、培训费和楼堂馆所建设维护经费等公务支出预算编制、审核报批、执行和决算，以及按规定压缩经费支出规模，及时、全面公开预决算信息等情况，揭示和反映预决算编制不规范，有关公务支出的政府采购预算编报不完整，未经批准通过追加预算等方式突破预算控制规模，超预算、无预算安排支出或实施采购；虚列支出、转移或套取预算资金，超范围、超标准列支公务支出，向下级单位、企业、个人以及驻外机构等转嫁公务支出费用；纳入公务卡强制结算目录的支出未按规定使用公务卡结算，以及违规购置商业预付卡、虚假票据报销、财务管理不规范、决算数据不真实等问题，促进增强预算执行的严肃性，规范预决算编制和财务管理。

（二）会议和培训管理情况。全面检查会议、培训计划编报、审批管理和组织实施等情况，揭示和反映违反规定在五星级宾馆、风景名胜区开会、培训；以培训名义召开会议，组织会餐、安排宴请、公款旅游及其他与会议、培训无关的参观活动，借举办会议、培训及其他各类活动发放纪念品；使用财政性资金举办营业性文艺晚会，未经批准举办节会、庆典、论坛、研讨会、博览会、展会、运动会、赛会活动以及开展评比达标表彰活动等问题，促进落实节俭办会要求，切实精简各类会议活动。

（三）公务接待管理情况。全面检查公务接待审批控制制度、国内公务接待清单制度执行等情况，揭示和反映违反规定将休假、探亲等活动纳入公务接待范围，接待无公函的公务活动和来访人员，组织异地部门间没有特别需要的一般性学习交流、考察调研，以及以招商引资为名变相安排公务接待；超规格组织迎送活动和安排陪同陪餐，增加接待项目，安排超标准接待、高消费娱乐专场文艺演出或参观旅游景点，赠送礼品、礼金、有价证券、纪念品和土特产品等问题，促进简化和规范各类公务接待活动。

（四）公务用车配置和管理使用情况。全面检查执行公务用车（含执法执勤用车）配置和使用管理规定，加强车辆日常运行维护管理等情况，揭示和反映违反规定超编制、超标准配备公务用车，擅自扩大专车配备范围或变相配备专车；换用、借用、占用下属单位或其他单位和个人的车辆，接受企事业单位和个人赠送的车辆，挪用或者固定给个人使用执法执勤、机要通信等公务用车，因私使用公务用车；为公务用车增加高档配置、豪华内饰，提前更新车辆；实行公车改革后超标准发放公务交通补贴，发放公车补贴后仍通过其他形式变相保留公车等问题，促进加强公务用车管理和深化公务用车制度改革。

（五）因公出国（境）管理情况。全面检查年度因公出国（境）计划编制和审批情况，揭示和反映违反规定安排考察性出访和照顾性、无实质内容的一般性出访和出境调研、会议、培训等活动，违规组织跨部门、跨地区团组；私自通过旅行社等组织出国（境）活动，乘坐民航包机和私人、企业及外国航空公司包机，安排超标准住房和用车，擅自增加出访国家或地区、绕道旅行、延长在国外停留时间，以及变相公款出国（境）旅游，出国（境）期间用公款相互宴请或接受礼金、贵重礼品、有价证券等问题，促进从严控制和规范各类因公出国（境）活动。

（六）办公楼等楼堂馆所建设管理情况。全面检查国务院有关本届政府任期内一律不得新建政府性楼堂馆所要求落实情况，揭示和反映违反规定建设办公楼和配套建设大型广场、公园等设施，新建、改建、扩建所属宾馆、招待所等具有接待功能的设施或场所，以建设技术业务用房名义变相建设楼堂馆所，规避审批置换办公用房；超规定面积占有、使用办公用房，违规出租出借、租用办公用房，领导干部长期租用宾馆、酒店房间作为办公用房；超标准装修办公用房、配置办公家具，擅自改变办公用房使用功能等问题，促进严禁违规修建楼堂馆所规定的落实。

（七）机构编制管理情况。认真贯彻国务院领导关于将编制管理情况纳入审计内容的指示精神，全面检查本届政府财政供养人员只减不增目标的落实情况，重点检查超编进人、编外用人等情况；未按编制数和实有人数分别编制申报公用经费和人员经费，为经费自理和企业化管理的事业单位申请基本支出预算，虚报冒领财政资金问题；在编不在岗人员、已调离人员不办理核减编制手续，被判刑或者受到降级、撤职等处分人员仍在原单位、按原职级领取工资和津贴补贴等"吃空饷"问题；在项目经费中安排超编人员和自行设立机构经费等问题，促进控编减编，切实降低行政成本。

（八）国有企业领导人员职务消费情况。全面检查国有企业和国有金融机构领导人员职务消费和业务消费情况，重点关注领导人员职务消费和业务消费制度建立健全情况，以及有关业务招待、考察培训、车辆配备和使用等消费项目和标准的规定执行情况，揭示和反映违反规定借业务接待、商务公关等名义违规列支会所、俱乐部、高尔夫消费等高消费娱乐支出，挥霍浪费甚至贪污侵占国有资产，以及消费支出不公开、不透明等问题，促进规范国有企业和国有金融机构领导人员职务消费和业务消费。

三、推动构建厉行节约反对浪费长效机制

各级审计机关要结合公务支出和公款消费审计，着力检查各地区、各部门、各单位按照中央八项规定精神和中央要求制定厉行节约反对浪费制度规定等情况，揭示和反映公务支出、公款消费和机构编制管理制度规定及相关开支范围和支出标准不健全、不完善，支出审批程序不明确、不规范，内部控制、监督检查和责任追究制度不健全、不落实等制度缺陷和管理漏洞，深入分析问题产生的原因，提出完善政策制度的意见和建议，促进建立健全加强公务支出和公款消费管理监督的制度体系和政策规定，构建厉行节约反对浪费长效机制，保障中央各项政策措施贯彻落实。

四、强化审计结果运用和公开

各级审计机关要严格依法审计，加大对违法违规问题和典型案例的查处力度，依法处理、督促整改违规问题，对违反党纪政纪或涉嫌违法犯罪问题要按规定及时移送纪检监察机关、司法机关和编制管理机关等有关主管部门查处。加大审计结果公开力度，适时向社会公告一批公款吃喝、公车私用、公款旅游、超标办会、违规建设楼堂馆所、"吃空饷"等典型案件，狠刹铺张浪费之风。对外公告的审计结果涉及上市公司的，应在公告发布5日前将拟公布的内容告知上市公司；对领导干部经济责任审计中发现的相关问题，可以被审计领导干部所在单位财政或财务收支审计结果形式予以公告。

五、切实加强审计工作组织领导

审计署要加强对公务支出和公款消费审计工作的指导和调研，及时了解和掌握工作情况，推动建立健全经常性审计监督制度。地方审计机关要切实加强组织领导，统筹调配资源，每年在各项审计工作中都要认真落实公务支出和公款消费审计要求，上级审计机关要加强对下级审计机关的工作指导和质量检查。审计机关应加强与机构编制管理机关的沟通，在相关审计中，根据需要可商机构编制管理机关派员参加，机构编制管理机关在专项督查和机构、人员编制核查时，需审计机关协助查证的，审计机关应予以协助办理。审计人员要严格遵守审计纪律，规范审计程序，保证审计质量，对审计人员违反审计纪律等行为，要按照规定追究责任。各省、自治区、直辖市和新疆生产建设兵团审计厅（局）要及时汇总本地区审计结果，每年2月底前向审计署报送上年审计情况。

地方审计机关要结合实际，及时制定贯彻实施本意见的具体措施和办法，确保本意见各项部署和要求落到实处。

（三）《审计署办公厅关于加强审计监督进一步推动财政资金统筹使用的意见》（审办财发〔2015〕122号）

近年来，国务院多次就推动财政资金的统筹使用提出要求。审计机关按照国务院的部署和要求，持续组织对财政存量资金盘活和统筹使用等情况的审计，高度关注国务院加强财政资金统筹使用有关政策措施的落实情况，及时反映影响财政资金统筹使用的体制机制制度性障碍，取得积极成效。为进一步加强对财政资金统筹使用的审计监督，切实落实国务院政策要求，现提出以下意见：

一、充分认识加强财政资金统筹使用审计监督的重要意义。加强财政资金统筹使用，是创新宏观调控的重要内容，也是深化财政体制改革的重要举措，对于贯彻落实稳增长、促改革、调结构、惠民生、防风险各项政策措施具有重要意义。当前，一些地方和单位专项过多、过散、过小的现象仍然比较突出，资金统筹力度和存量盘活力度不大、使用效益较低的问题依然比较突出。各级审计机关要认真贯彻国务院部署，按照国务院要求，在财政、金融、企业、经济责任、资源环境、民生等相关领域审计中，应紧紧围绕"整合专项、盘活存量、优化支出、提高效益"目标开展工作，进一步推动整合资金，统筹安排财政资金，盘活存量、用好增量，促进财政资金尽快形成有效支出，提高财政资金使用绩效，促进经济平稳健康运行。

二、切实把握审计推动财政资金统筹使用的要求。对审计发现的情况和问题，各级审计机关要坚持依法审计、实事求是。要认真研究分析，坚持历史地、辩证地、客观地看待改革和发展中出现的新情况、新问题，慎重稳妥地反映和处理，更好地发挥审计促进国家重大决策部署落实的保障作用。

（一）坚持实事求是，着力推动财政资金的统筹使用。审计中，对于跨科目调剂预算的，或者同一类事项变更财政资金投向地区或具体项目的，要仔细甄别，大力推动改革创新，使之更加有利于政策落实、有利于项目实施、有利于加快预算执行进度、有利于财政资金尽快发挥效益，并督促依法依规办理预算调整调剂、项目变更等相关审批手续，规范资金管理使用，提高资金绩效。

（二）坚持客观分析，着力推动消除阻碍财政资金统筹使用的制度障碍。审计中，对于扩大专项资金使用范围、改变专项资金用途等问题，要全面分析、客观判断。积极促进采取创新举措，使之更加有利于科学发展、扩大就业、改善民生，有利于调结构、转方式、利长远，有利于整合资源、提高绩效、集中力量办大事，有利于生态建设、环境保护，有利于科技创新、增强发展后劲，有利于化解矛盾、防范风险，并从完善相关政策规定角度，提出消除不适应改革发展制度障碍的建议。

（三）坚持严肃查处重大违法违规问题，着力维护财政资金安全。审计中，要严肃揭露和查处骗取套取、贪污侵占、损失浪费等违法违纪和腐败问题，严肃揭露和查处违规建设楼堂馆所、公款吃喝、公款送礼、公款旅游、奢侈浪费等违反中央八项规定精神的问题，严肃揭露和查处"形象工程""政绩工程"，确保有限的财政资金用到急需的方面；要加大对扶贫、"三农"、养老设施建设、民政社保、教育、医疗等民生资金和项目的审计力度，严肃揭露和查处侵害群众利益的问题，确保人民群众真正从中受益。

三、进一步加强组织领导。各级审计机关要从大局出发，充分认识统筹盘活财政资金的重要性，统一思想，加强领导。上级审计机关要加大对下级审计机关的业务指导力度，下级审计机关要及时反映统筹盘活财政资金中的新情况、新问题。对于需要健全完善体制机制的,要及时向有关部门提出建议;对于财政资金长期闲置、统筹盘活不力的,要推动加强问责;对于好的典型、好的做法,要及时总结推广;对于涉嫌犯罪的,要及时办理移送。稳增长等政策措施贯彻落实跟踪审计、预算执行审计等各项目要将统筹、盘活财政资金作为重要审计内容,在审计目标、审计内容、审计问题处理和审计成果利用等方面有机衔接,统筹兼顾,切实发挥审计在宏观政策实施中的重要保障作用。

第七节 报告风险隐患与审计管辖范围

一、报告风险隐患

《中华人民共和国审计法》第三十条规定:审计机关履行审计监督职责,发现经济社会运行中存在风险隐患的,应当及时向本级人民政府报告或者向有关主管机关、单位通报。

二、审计管辖范围

(一)《中华人民共和国审计法》的规定

第三十一条 审计机关根据被审计单位的财政、财务隶属关系或者国有资产监督管理关系,确定审计管辖范围。

审计机关之间对审计管辖范围有争议的,由其共同的上级审计机关确定。

上级审计机关对其审计管辖范围内的审计事项,可以授权下级审计机关进行审计,但本法第十八条至第二十条规定的审计事项不得进行授权;上级审计机关对下级审计机关审计管辖范围内的重大审计事项,可以直接进行审计,但是应当防止不必要的重复审计。

(二)《中华人民共和国审计法实施条例》的规定

第二十四条 审计机关根据被审计单位的财政、财务隶属关系,确定审计管辖范围;不能根据财政、财务隶属关系确定审计管辖范围的,根据国有资产监督管理关系,确定审计管辖范围。

两个以上国有资本投资主体投资的金融机构、企业事业组织和建设项目,由对主要投资主体有审计管辖权的审计机关进行审计监督。

第二十五条 各级审计机关应当按照确定的审计管辖范围进行审计监督。

第八节 对内部审计和社会审计的监督

一、对内部审计的领导

（一）《中华人民共和国审计法》的规定

第三十二条 被审计单位应当加强对内部审计工作的领导，按照国家有关规定建立健全内部审计制度。

审计机关应当对被审计单位的内部审计工作进行业务指导和监督。

（二）《中华人民共和国审计法实施条例》的规定

第二十六条 依法属于审计机关审计监督对象的单位的内部审计工作，应当接受审计机关的业务指导和监督。

依法属于审计机关审计监督对象的单位，可以根据内部审计工作的需要，参加依法成立的内部审计自律组织。审计机关可以通过内部审计自律组织，加强对内部审计工作的业务指导和监督。

（三）《审计署关于内部审计工作的规定》（2018年审计署令第11号）

第一章 总则

第一条 为了加强内部审计工作，建立健全内部审计制度，提升内部审计工作质量，充分发挥内部审计作用，根据《中华人民共和国审计法》《中华人民共和国审计法实施条例》以及国家其他有关规定，制定本规定。

第二条 依法属于审计机关审计监督对象的单位（以下统称单位）的内部审计工作，以及审计机关对单位内部审计工作的业务指导和监督，适用本规定。

第三条 本规定所称内部审计，是指对本单位及所属单位财政财务收支、经济活动、内部控制、风险管理实施独立、客观的监督、评价和建议，以促进单位完善治理、实现目标的活动。

第四条 单位应当依照有关法律、法规、本规定和内部审计职业规范，结合本单位实际情况，建立健全内部审计制度，明确内部审计工作的领导体制、职责权限、人员配备、经费保障、审计结果运用和责任追究等。

第五条 内部审计机构和内部审计人员从事内部审计工作，应当严格遵守有关法律、法规、本规定和内部审计职业规范，忠于职守，做到独立、客观、公正、保密。

内部审计机构和内部审计人员不得参与可能影响独立、客观履行审计职责的工作。

第二章 内部审计机构和人员管理

第六条 国家机关、事业单位、社会团体等单位的内部审计机构或者履行内部审计职责的内设机构，应当在本单位党组织、主要负责人的直接领导下开展内部审计工作，向其负责并报告工作。

国有企业内部审计机构或者履行内部审计职责的内设机构应当在企业党组织、董事会（或者主要负责人）直接领导下开展内部审计工作，向其负责并报告工作。国有企业应当按照有关规定建立总审计师制度。总审计师协助党组织、董事会（或者主要负责人）管理内部审计工作。

第七条 内部审计人员应当具备从事审计工作所需要的专业能力。单位应当严格内部审计人员录用标准，支持和保障内部审计机构通过多种途径开展继续教育，提高内部审计人员的职业胜任能力。

内部审计机构负责人应当具备审计、会计、经济、法律或者管理等工作背景。

第八条 内部审计机构应当根据工作需要，合理配备内部审计人员。除涉密事项外，可以根据内部审计工作需要向社会购买审计服务，并对采用的审计结果负责。

第九条 单位应当保障内部审计机构和内部审计人员依法依规独立履行职责，任何单位和个人不得打击报复。

第十条 内部审计机构履行内部审计职责所需经费，应当列入本单位预算。

第十一条 对忠于职守、坚持原则、认真履职、成绩显著的内部审计人员，由所在单位予以表彰。

第三章 内部审计职责权限和程序

第十二条 内部审计机构或者履行内部审计职责的内设机构应当按照国家有关规定和本单位的要求，履行下列职责：

（一）对本单位及所属单位贯彻落实国家重大政策措施情况进行审计；

（二）对本单位及所属单位发展规划、战略决策、重大措施以及年度业务计划执行情况进行审计；

（三）对本单位及所属单位财政财务收支进行审计；

（四）对本单位及所属单位固定资产投资项目进行审计；

（五）对本单位及所属单位的自然资源资产管理和生态环境保护责任的履行情况进行审计；

（六）对本单位及所属单位的境外机构、境外资产和境外经济活动进行审计；

（七）对本单位及所属单位经济管理和效益情况进行审计；

（八）对本单位及所属单位内部控制及风险管理情况进行审计；

（九）对本单位内部管理的领导人员履行经济责任情况进行审计；

（十）协助本单位主要负责人督促落实审计发现问题的整改工作；

（十一）对本单位所属单位的内部审计工作进行指导、监督和管理；

（十二）国家有关规定和本单位要求办理的其他事项。

第十三条　内部审计机构或者履行内部审计职责的内设机构应有下列权限：

（一）要求被审计单位按时报送发展规划、战略决策、重大措施、内部控制、风险管理、财政财务收支等有关资料（含相关电子数据，下同），以及必要的计算机技术文档；

（二）参加单位有关会议，召开与审计事项有关的会议；

（三）参与研究制定有关的规章制度，提出制定内部审计规章制度的建议；

（四）检查有关财政财务收支、经济活动、内部控制、风险管理的资料、文件和现场勘察实物；

（五）检查有关计算机系统及其电子数据和资料；

（六）就审计事项中的有关问题，向有关单位和个人开展调查和询问，取得相关证明材料；

（七）对正在进行的严重违法违规、严重损失浪费行为及时向单位主要负责人报告，经同意作出临时制止决定；

（八）对可能转移、隐匿、篡改、毁弃会计凭证、会计账簿、会计报表以及与经济活动有关的资料，经批准，有权予以暂时封存；

（九）提出纠正、处理违法违规行为的意见和改进管理、提高绩效的建议；

（十）对违法违规和造成损失浪费的被审计单位和人员，给予通报批评或者提出追究责任的建议；

（十一）对严格遵守财经法规、经济效益显著、贡献突出的被审计单位和个人，可以向单位党组织、董事会（或者主要负责人）提出表彰建议。

第十四条　单位党组织、董事会（或者主要负责人）应当定期听取内部审计工作汇报，加强对内部审计工作规划、年度审计计划、审计质量控制、问题整改和队伍建设等重要事项的管理。

第十五条　下属单位、分支机构较多或者实行系统垂直管理的单位，其内部审计机构应当对全系统的内部审计工作进行指导和监督。系统内各单位的内部审计结果和发现的重大违纪违法问题线索，在向本单位党组织、董事会（或者主要负责人）报告的同时，应当及时向上一级单位的内部审计机构报告。

单位应当将内部审计工作计划、工作总结、审计报告、整改情况以及审计中发现的重大违纪违法问题线索等资料报送同级审计机关备案。

第十六条　内部审计的实施程序，应当依照内部审计职业规范和本单位的相关规定执行。

第十七条　内部审计机构或者履行内部审计职责的内设机构，对本单位内部管理的领导人员实施经济责任审计时，可以参照执行国家有关经济责任审计的规定。

第四章　审计结果运用

第十八条　单位应当建立健全审计发现问题整改机制，明确被审计单位主要负责人为整改第一责任人。对审计发现的问题和提出的建议，被审计单位应当及时整改，并将整改结果书面告知内部审计机构。

第十九条　单位对内部审计发现的典型性、普遍性、倾向性问题，应当及时分析研究，制定和完善相关管理制度，建立健全内部控制措施。

第二十条　内部审计机构应当加强与内部纪检监察、巡视巡察、组织人事等其他内部监督力量的协作配合，建立信息共享、结果共用、重要事项共同实施、问题整改问责共同落实等工作机制。

内部审计结果及整改情况应当作为考核、任免、奖惩干部和相关决策的重要依据。

第二十一条　单位对内部审计发现的重大违纪违法问题线索，应当按照管辖权限依法依规及时移送纪检监察机关、司法机关。

第二十二条　审计机关在审计中，特别是在国家机关、事业单位和国有企业三级以下单位审计中，应当有效利用内部审计力量和成果。对内部审计发现且已经纠正的问题不再在审计报告中反映。

第五章　对内部审计工作的指导和监督

第二十三条　审计机关应当依法对内部审计工作进行业务指导和监督，明确内部职能机构和专职人员，并履行下列职责：

（一）起草有关内部审计工作的法规草案；

（二）制定有关内部审计工作的规章制度和规划；

（三）推动单位建立健全内部审计制度；

（四）指导内部审计统筹安排审计计划，突出审计重点；

（五）监督内部审计职责履行情况，检查内部审计业务质量；

（六）指导内部审计自律组织开展工作；

（七）法律、法规规定的其他职责。

第二十四条　审计机关可以通过业务培训、交流研讨等方式，加强对内部审计人员的业务指导。

第二十五条　审计机关应当对单位报送的备案资料进行分析，将其作为编制年度审计项目计划的参考依据。

第二十六条　审计机关可以采取日常监督、结合审计项目监督、专项检查等方式，对单位的内部审计制度建立健全情况、内部审计工作质量情况等进行指导和监督。

对内部审计制度建设和内部审计工作质量存在问题的，审计机关应当督促单位内部审计机构及时进行整改并书面报告整改情况；情节严重的，应当通报批评并视情况抄送有关主管部门。

第二十七条　审计机关应当按照国家有关规定对内部审计自律组织进行政策和业务指导，推动内部审计自律组织按照法律、法规和章程开展活动。必要时，可以向内部审计自律组织购买服务。

第六章　责任追究

第二十八条　被审计单位有下列情形之一的，由单位党组织、董事会（或者主要负责人）责令改正，并对直接负责的主管人员和其他直接责任人员进行处理：

（一）拒绝接受或者不配合内部审计工作的；

（二）拒绝、拖延提供与内部审计事项有关的资料，或者提供资料不真实、不完整的；

（三）拒不纠正审计发现问题的；

（四）整改不力、屡审屡犯的；

（五）违反国家规定或者本单位内部规定的其他情形。

第二十九条　内部审计机构或者履行内部审计职责的内设机构和内部审计人员有下列情形之一的，由单位对直接负责的主管人员和其他直接责任人员进行处理；涉嫌犯罪的，移送司法机关依法追究刑事责任：

（一）未按有关法律、法规、本规定和内部审计职业规范实施审计导致应当发现的问题未被发现并造成严重后果的；

（二）隐瞒审计查出的问题或者提供虚假审计报告的；

（三）泄露国家秘密或者商业秘密的；

（四）利用职权牟取私利的；

（五）违反国家规定或者本单位内部规定的其他情形。

第三十条　内部审计人员因履行职责受到打击、报复、陷害的，单位党组织、董事会（或者主要负责人）应当及时采取保护措施，并对相关责任人员进行处理；涉嫌犯罪的，移送司法机关依法追究刑事责任。

第七章　附则

第三十一条　本规定所称国有企业是指国有和国有资本占控股地位或者主导地位的企业、金融机构。

第三十二条　不属于审计机关审计监督对象的单位的内部审计工作，可以参照本规定执行。

第三十三条　本规定由审计署负责解释。

第三十四条　本规定自2018年3月1日起施行。审计署于2003年3月4日发布的《审计署关于内部审计工作的规定》（2003年审计署第4号令）同时废止。

（四）《教育系统内部审计工作规定》（中华人民共和国教育部令第47号）

第一章　总则

第一条　为加强教育系统内部审计工作，提升内部审计工作质量，充分发挥内部审计作用，推动教育事业科学发展，根据《中华人民共和国教育法》《中华人民共和国审计法》《中华人民共和国审计法实施条例》《审计署关于内部审计工作的规定》及其他有关法律、法规，制定本规定。

第二条　依法属于审计机关审计监督对象的各级教育行政部门、学校和其他教育事业单位、企业等（以下简称单位）内部审计工作适用本规定。

第三条　本规定所称内部审计，是指对本单位及所属单位财政财务收支、经济活动、内部控制、风险管理等实施独立、客观的监督、评价和建议，以促进单位完善治理、实现目标的活动。

第四条　单位应当依照有关法律、法规、本规定和内部审计职业规范，结合本单位实际情况，建立健全内部审计制度，明确内部审计工作的领导体制、职责权限、工作机构、人员配备、经费保障、审计结果运用和责任追究等。

单位应当加强本单位党组织对内部审计工作的领导，健全党领导相关工作的体制机制。

第五条　教育系统内部审计工作应当接受国家审计机关的业务指导和监督。

第二章　内部审计机构和人员

第六条　单位应当根据国家编制管理相关规定和管理需要，设置独立的机构或明确相关内设机构作为内部审计机构，履行内部审计职责。

第七条　内部审计机构应当在本单位主要负责人的直接领导下开展内部审计工作，向其负责并报告工作。

第八条　单位可以根据工作需要成立审计委员会，加强党对审计工作的领导，负责部署内部审计工作，审议年度审计工作报告，研究制定内部审计改革方案、重大政策和发展战略，审议决策内部审计重大事项等。

第九条　单位可以根据工作需要建立总审计师制度。总审计师协助主要负责人管理内部审计工作。

第十条　单位应当保证内部审计工作所需人员编制，严格内部审计人员录用标准，合理配备具有审计、财务、经济、法律、管理、工程、信息技术等专业知识的内部审计人员。总审计师、内部审计机构负责人应当具备审计、财务、经济、法律、管理等专业背景或工作经历。

第十一条 单位应当根据内部审计工作特点，完善内部审计人员考核评价制度和专业技术岗位评聘制度，保障内部审计人员享有相应的晋升、交流、任职、薪酬及相关待遇。

第十二条 单位应当支持和保障内部审计人员通过参加业务培训、考取职业资格、以审代训等多种途径接受继续教育，提高专业胜任能力。

第十三条 内部审计机构的变动和总审计师、内部审计机构负责人的任免或调动，应当向上一级内部审计机构备案。

第十四条 内部审计机构和内部审计人员依法独立履行职责，任何单位和个人不得干涉和打击报复。

第十五条 内部审计机构履行内部审计职责所需经费，应当列入本单位预算。

第十六条 内部审计人员应当严格遵守有关法律、法规和内部审计职业规范，独立、客观、公正地履行职责，保守工作秘密。

第十七条 内部审计机构和内部审计人员不得参与可能影响独立、客观履行审计职责的工作，不得参与被审计单位业务活动的决策和执行。

第十八条 在不违反国家保密规定的情况下，内部审计机构可以根据工作需要向社会中介机构购买审计服务。内部审计机构应当对中介机构开展的受托业务进行指导、监督、检查和评价，并对采用的审计结果负责。

第十九条 单位应当对认真履职、成绩显著的内部审计人员予以表彰。

第三章　内部审计职责权限

第二十条 内部审计机构应当按照国家有关规定和本单位的要求，对本单位及所属单位以下事项进行审计：

（一）贯彻落实国家重大政策措施情况；

（二）发展规划、战略决策、重大措施和年度业务计划执行情况；

（三）财政财务收支和预算管理情况；

（四）固定资产投资项目情况；

（五）内部控制及风险管理情况；

（六）资金、资产、资源的管理和效益情况；

（七）办学、科研、后勤保障等主要业务活动的管理和效益情况；

（八）本单位管理的领导人员履行经济责任情况；

（九）自然资源资产管理和生态环境保护责任的履行情况；

（十）境外机构、境外资产和境外经济活动情况；

（十一）国家有关规定和本单位要求办理的其他事项。

第二十一条　内部审计机构应当协助本单位主要负责人督促落实审计发现问题的整改工作。

第二十二条　教育部负责指导和监督全国教育系统内部审计工作。地方各级教育行政部门负责指导和监督本行政区域内教育系统内部审计工作。

教育行政部门指导和监督内部审计工作的主要职责是：

（一）制定内部审计规章制度；

（二）督促建立健全内部审计制度；

（三）指导开展内部审计工作，突出审计重点；

（四）监督内部审计职责履行情况，检查内部审计业务质量；

（五）开展业务培训、组织内部审计工作交流研讨；

（六）指导教育系统内部审计自律组织开展工作；

（七）维护内部审计机构和内部审计人员的合法权益；

（八）法律、法规规定的其他职责。

第二十三条　内部审计机构应当对所属单位内部审计工作进行管理、指导和监督。

第二十四条　内部审计机构具有下列权限：

（一）要求被审计单位按时报送审计所需的有关资料、相关电子数据，以及必要的计算机技术文档；

（二）参加或列席有关会议，召开与审计事项有关的会议；

（三）参与研究有关规章制度，提出制定内部审计规章制度的建议；

（四）检查有关财政财务收支、经济活动、内部控制、风险管理的资料、文件和现场勘察实物；

（五）检查有关计算机系统及其电子数据和资料；

（六）就审计事项中的有关问题，向有关单位和个人开展调查和询问，取得相关证明材料；

（七）对正在进行的严重违法违规、严重损失浪费行为及时向单位主要负责人报告，经同意作出临时制止决定；

（八）对可能被转移、隐匿、篡改、毁弃的会计凭证、会计账簿、会计报表以及与经济活动有关的资料，经本单位主要负责人批准，有权予以暂时封存；

（九）提出纠正、处理违法违规行为的意见和改进管理、提高绩效的建议；

（十）对违法违规和造成损失浪费的被审计单位和人员，给予通报批评或者提出追究责任的建议；

（十一）对严格遵守财经法规、管理规范有效、贡献突出的被审计单位和个人，可以向单位党组织、主要负责人提出表彰建议。

第四章　内部审计管理

第二十五条　单位主要负责人应当定期听取内部审计工作汇报，加强对内部审计发展战略、年度审计计划、审计质量控制、审计发现问题整改和审计队伍建设等重要事项的管理。总审计师、内部审计机构负责人应当及时向本单位主要负责人报告内部审计结果和重大事项。

第二十六条　内部审计机构应当依照审计法律、法规、行业准则和实务指南等建立健全内部审计工作规范，并按规范实施审计。

第二十七条　内部审计机构应当根据单位发展目标、治理结构、管理体制、风险状况等，科学合理地确定内部审计发展战略、制订内部审计计划。

第二十八条　内部审计机构应当运用现代审计理念和方法，坚持风险和问题导向，优化审计业务组织方式，加强审计信息化建设，全面提高审计效率。

第二十九条　内部审计机构应当着眼于促进问题解决，立足于促进机制建设，对审计发现问题做到事实清楚、定性准确，并在分析根本原因的基础上提出审计建议，通过与相关单位合作促进单位事业发展。

第三十条　内部审计机构应当加强自身内部控制建设，合理设置审计岗位和职责分工、优化审计业务流程，完善审计全面质量控制。

第三十一条　内部审计机构应当建立健全本单位及所属单位内部审计工作评价制度，促进提升审计业务与审计管理的专业化水平。

第三十二条　内部审计机构实施领导人员经济责任审计时，应当参照执行国家有关经济责任审计的规定。

第五章　内部审计结果运用

第三十三条　单位应当建立健全审计发现问题整改机制，明确被审计单位主要负责人为整改第一责任人，完善审计整改结果报告制度、审计整改情况跟踪检查制度、审计整改约谈制度，推动审计发现问题的整改落实。

第三十四条　单位应当建立健全审计结果及整改情况在一定范围内公开制度。

第三十五条　单位应当对审计发现的典型性、普遍性问题，及时分析研究，制定和完善相关管理制度，建立健全内部控制措施；对审计发现的倾向性问题，开展审计调查，出具审计管理建议书，为科学决策提供建议。

第三十六条　单位应当加强内部审计机构、纪检监察、巡视巡察、组织人事等内部监督力量的协作配合，建立信息共享、结果共用、重要事项共同实施、整改问责共同落实等工作机制。

第三十七条　单位应当将内部审计结果及整改情况作为相关决策、预算安排、干部考核、人事任免和奖惩的重要依据。

第三十八条　单位在对所属单位开展审计时，应当有效利用所属单位内部审计力量和成果。对所属单位内部审计发现且已经纠正的问题不再在审计报告中反映。

第三十九条　对内部审计发现的重大违纪违法问题线索，在向本单位党组织、主要负责人报告的同时，应当及时向上一级内部审计机构报告，并按照管辖权限依法依规及时移送纪检监察机关、司法机关。

第六章　法律责任

第四十条　被审计单位有下列情形之一的，由单位党组织、主要负责人责令改正，并对直接负责的主管人员和其他直接责任人员进行处理：

（一）拒绝接受或者不配合内部审计工作的；

（二）拒绝、拖延提供与内部审计事项有关的资料，或者提供资料不真实、不完整的；

（三）拒不纠正审计发现问题的；

（四）整改不力、屡审屡犯的；

（五）违反国家规定或者本单位内部规定的其他情形。

第四十一条　内部审计机构和内部审计人员有下列情形之一的，由单位对直接负责的主管人员和其他直接责任人员进行处理；涉嫌犯罪的，依法追究刑事责任：

（一）玩忽职守、不认真履行审计职责造成严重后果的；

（二）隐瞒审计查出的问题或者提供虚假审计报告的；

（三）泄露国家秘密或者商业秘密的；

（四）利用职权牟取私利的；

（五）违反国家规定或者本单位内部规定的其他情形。

第四十二条　内部审计人员因履行职责受到打击、报复、陷害的，主要负责人应当及时采取保护措施，并对相关责任人员进行处理；涉嫌犯罪的，移送司法机关依法追究刑事责任。

第七章　附则

第四十三条　单位可以根据本规定，制定本地方、本单位内部审计管理规定。民办学校可以根据实际情况参照本规定执行。

第四十四条　本规定所称企业是指教育行政部门、学校及其他教育事业单位管理的国有和国有资本占控股地位或主导地位的企业。

第四十五条　本规定由教育部负责解释。

第四十六条　本规定自2020年5月1日起施行。教育部于2004年4月13日发布的《教育系统内部审计工作规定》(教育部令第 17 号)同时废止。

(五)《公路水路行业内部审计工作规定》(中华人民共和国交通运输部令 2019 年第 7 号)

第一章　总则

第一条　为加强公路水路行业内部审计工作,建立健全内部审计制度,提升内部审计工作质量,促进公路水路事业健康发展,根据《中华人民共和国审计法》《中华人民共和国审计法实施条例》等法律、法规,制定本规定。

第二条　各级交通运输主管部门及所属单位和国有企业(含驻外单位,以下统称交通运输单位)开展内部审计工作,适用本规定。

本规定所称国有企业是指各级交通运输主管部门所属单位投资设立的国有和国有资本占控股地位或者主导地位的企业,以及各级交通运输主管部门管理的企业。

第三条　本规定所称的公路水路行业内部审计(以下简称内部审计),是指交通运输单位对本单位及所属单位的财政财务收支、经济活动、内部控制、风险管理实施独立、客观的监督、评价和建议,以促进单位完善治理、实现目标的活动。

第四条　交通运输部内部审计机构负责交通运输部机关及直属单位的内部审计工作,指导公路水路行业内部审计工作。

省级及以下交通运输主管部门内部审计机构应当按照行政管理关系和职责指导本地区行业内部审计工作。

第五条　交通运输单位应当依照有关法律、法规、本规定和内部审计职业规范,结合本单位实际情况,建立健全内部审计制度,明确内部审计工作的领导体制、职责权限、人员配备、经费保障、审计结果运用和责任追究等。

第六条　单独设立的内部审计机构或者履行内部审计职责的内设机构(以下简称内部审计机构)和内部审计人员,从事内部审计工作应当严格遵守有关法律、法规、本规定和内部审计职业规范,忠于职守,做到独立、客观、公正、保密。

内部审计机构和内部审计人员不得参与可能影响独立、客观履行审计职责的工作。

第七条　内部审计机构应当不断创新审计工作方法,充分利用先进的审计技术,促进内部审计业务质量不断提高。

第二章　内部审计机构和人员

第八条　各级交通运输主管部门及其所属行政事业单位的内部审计机构,应当在本单位党组织、主要负责人的直接领导下开展内部审计工作,向其负责并报告工作。

国有企业的内部审计机构应当在企业党组织、董事会(或者主要负责人)直接领导下开展内部审计工作,向其负责并报告工作。国有企业应当按照有关规定建立总审计师制度。总审计师协助党组织、董事会（或者主要负责人）管理内部审计工作。

第九条 下属单位或者分支机构较多，以及实行垂直管理的交通运输部所属单位，应当强化内部审计机构建设。未单独设立内部审计机构的交通运输部所属单位，应当指定履行内部审计职责的内设机构，设置内部审计岗位，配备专职的内部审计人员。

第十条 内部审计人员应当具备从事审计工作所需要的专业能力。交通运输单位应当严格内部审计人员录用标准。

内部审计机构的负责人应当具备审计、会计、经济、法律或者管理等工作背景之一，并按照有关规定任免。交通运输部所属单位内部审计机构的负责人任免前应当征求上级主管单位内部审计机构的意见。

第十一条 内部审计机构应当根据工作需要，合理配备内部审计人员并保持相对稳定。除涉密事项外，可以根据内部审计工作需要向社会购买审计服务，并对采用的审计结果负责。

第十二条 交通运输单位应当保障内部审计机构和内部审计人员依法依规独立履行职责，任何单位和个人不得打击报复。

第十三条 内部审计机构履行内部审计职责所需经费，应当列入本单位预算。

第十四条 交通运输单位应当支持和保障内部审计机构通过业务培训、交流研讨等多种途径开展继续教育，提高内部审计人员的职业胜任能力。

第十五条 对忠于职守、坚持原则、认真履职、成绩显著的内部审计人员和内部审计机构，由上级主管部门或者所在单位予以表彰。

第三章 内部审计职责

第十六条 内部审计机构应当按照国家有关规定和本单位的要求，履行下列职责：

（一）对贯彻落实国家重大政策措施情况进行审计；

（二）对发展规划、战略决策、重大措施以及年度业务计划执行情况进行审计；

（三）对财政财务收支进行审计；

（四）对固定资产投资项目进行审计，包括对公路、水路国家重点基本建设项目进行的绩效审计；

（五）对境外机构、境外资产和境外经济活动进行审计；

（六）对经济管理和效益情况进行审计；

（七）对自然资源资产管理和生态环境保护责任的履行情况进行审计；

（八）对内部控制及风险管理情况进行审计；

（九）对本单位内部管理的领导人员履行经济责任情况进行审计；

（十）协助本单位主要负责人督促落实审计发现问题的整改工作；

（十一）对所属单位的内部审计工作进行指导、监督和管理；

（十二）国家有关规定和本单位要求办理的其他事项。

第十七条　内部审计机构履行内部审计职责，可以行使以下权限：

（一）要求被审计单位按时报送发展规划、战略决策、重大措施、内部控制、风险管理、财政财务收支等有关资料（含相关电子数据，下同），以及必要的计算机技术文档；

（二）参加有关会议，召开与审计事项有关的会议；

（三）参与研究制定有关的规章制度，提出制定内部审计规章制度的建议；

（四）检查有关财政财务收支、经济活动、内部控制、风险管理的资料、文件和现场勘察实物；

（五）检查有关计算机系统及其电子数据和资料；

（六）就审计事项中的有关问题，向有关单位和个人开展调查和询问，取得相关证明材料；

（七）对发现的正在进行的严重违法违规、严重损失浪费行为及时向单位主要负责人报告，经同意作出临时制止决定；

（八）对可能转移、隐匿、篡改、毁弃会计凭证、会计账簿、会计报表以及与经济活动有关的资料，经批准，有权予以暂时封存；

（九）提出纠正、处理违法违规行为的意见和改进管理、提高绩效的建议；

（十）对违法违规和造成损失浪费的被审计单位和人员，给予通报批评或者提出追究责任的建议；

（十一）对严格遵守财经法规、经济效益显著、贡献突出的被审计单位和个人，可以向单位党组织、董事会（或者主要负责人）提出表彰建议。

第十八条　内部审计机构对本单位及所属单位的内部审计结果和发现的重大违纪违法问题线索，在向本单位党组织、董事会（或者主要负责人）报告的同时，应当及时向上级单位的内部审计机构报告。

第十九条　上级单位内部审计机构根据工作需要，可以委托下级单位内部审计机构办理审计事项，并指导审计工作开展。下级单位内部审计机构应当按要求及时办理，接受指导并报告工作。

第二十条　内部审计机构应当按要求向上级单位内部审计机构报送下列资料：

（一）内部审计工作发展规划、年度审计工作计划及工作总结；

（二）交通运输审计统计报表；

（三）审计决定及审计报告；

（四）重大违纪违法问题的专项审计报告；

（五）本单位内部审计工作制度；

（六）内部审计工作信息、经验材料；

（七）其他上级单位内部审计机构要求的有关资料。

第四章 内部审计程序

第二十一条 内部审计工作的一般程序是：

（一）内部审计机构根据上级部署和本单位的具体情况，编制年度审计工作计划，按照本单位规定的程序审定后实施。

（二）内部审计机构在实施项目审计前组成审计组，审计组由审计组组长和其他成员组成。审计组实行组长负责制。

（三）审计组调查了解被审计单位的情况，编制审计方案，确定审计范围、内容、方式和进度安排。

（四）内部审计机构在实施审计3日前向被审计单位或者相关人员送达审计通知书。特殊审计业务可在实施审计时送达审计通知书。

（五）内部审计人员获取的被审计单位存在违反国家规定的财政、财务收支行为以及其他重要审计事项的证据材料，由提供材料的有关人员签名或者单位盖章；不能取得签名或者盖章的，内部审计人员注明原因。

（六）内部审计人员根据获取的审计证据材料，编制审计工作底稿。

（七）审计组在实施审计程序后，编制审计报告，征求被审计单位的意见，经济责任审计报告还应当征求被审计人员的意见。被审计单位或者相关人员自收到审计报告征求意见稿之日起10日内，提出书面反馈意见。在规定时间内未提出书面反馈意见的，视同无异议。被审计单位或者有关人员对征求意见的审计报告有异议的，审计组进一步核实后，根据核实情况对审计报告作出必要的修改。

（八）审计组对被审计单位违反国家规定的财政收支、财务收支行为，需要进行处理的，起草审计决定。

（九）审计组将征求意见后的审计报告、审计工作底稿、审计证据材料、被审计单位或者相关人员的书面反馈意见、起草的审计决定送内部审计机构负责人或者其授权人员进行复核。复核完毕，审计组起草正式审计报告或者审计决定，连同被审计单位的书面意见，一并报送内部审计机构或者本单位负责人审批。

（十）内部审计机构将经批准的审计报告或者审计决定送达被审计单位或者相关人员；被审计单位或者相关人员予以执行，并在规定的期限内以书面形式报告执行结果。

（十一）被审计单位或者相关人员对经批准的审计报告或者审计决定有异议的，可以向内部审计机构所在单位申请审计复核；在未作出新的决定之前，原经批准的审计报告和审计决定仍然有效。

（十二）内部审计机构检查或者了解被审计单位或者其他有关单位的整改情况并取得

相关证据材料，必要时应当进行后续审计。

第二十二条　特殊情况下，经单位党组织、董事会（或者主要负责人）批准，可以适当简化内部审计工作的一般程序。

第二十三条　被审计单位应当配合内部审计机构开展内部审计工作。

第二十四条　内部审计机构对办理的审计事项，应当建立审计档案，并按档案管理的有关规定执行。

第二十五条　内部审计机构对本单位内部管理的领导人员实施经济责任审计时，参照国家有关经济责任审计的规定执行。

第五章　内部审计结果运用

第二十六条　交通运输单位应当建立健全内部审计问题整改机制，明确单位主要负责人为问题整改第一责任人。对内部审计发现的问题和提出的建议，被审计单位应当及时整改，并将整改结果书面告知内部审计机构。

第二十七条　交通运输单位对内部审计发现的典型性、普遍性、倾向性问题，应当及时分析研究，制定和完善相关管理制度，建立健全内部控制措施。

第二十八条　内部审计机构应当加强与内部纪检、巡视巡察、组织人事等其他内部监督力量的协作配合，建立信息共享、结果共用、重要事项共同实施、问题整改问责共同落实等工作机制。

内部审计结果及整改情况应当作为考核、任免、奖惩干部，年度预算和项目资金安排等相关决策的重要依据。

第二十九条　内部审计机构对内部审计发现的重大违纪违法问题，应当按照管理权限，移交本单位纪检、人事部门或者被审计单位处理。纪检、人事部门或者被审计单位应当及时将问题处理结果反馈内部审计机构。

第三十条　交通运输单位对内部审计发现的重大违纪违法问题线索，应当按照管辖权限，依法依规及时移送有关纪检监察机关、司法机关。

第三十一条　交通运输单位在履行内部审计监督职责时，应当有效利用内部审计力量和各类审计成果。对所属单位内部审计发现且已经纠正的问题，可视情况不再在审计报告中反映。

第六章　指导监督

第三十二条　内部审计机构应当接受审计机关的指导和监督，按要求向同级审计机关备案有关审计资料。

第三十三条　内部审计机构对内部审计工作进行指导、监督，履行下列职责：

（一）研究制定内部审计工作的制度和规划；

（二）检查、督促所属单位，指导本行业按照国家有关规定建立健全内部审计制度，开展内部审计工作；

（三）指导内部审计机构统筹安排审计计划，突出审计重点；

（四）组织开展专项审计和审计调查；

（五）监督所属单位内部审计机构职责履行情况，检查内部审计业务质量。

第三十四条　内部审计机构可以采取日常监督、结合审计项目监督等方式，对所属单位的内部审计制度建立健全情况、内部审计工作质量情况等进行指导和监督。

对内部审计制度建设和内部审计工作质量存在问题的，内部审计机构应当督促所属单位内部审计机构及时进行整改并书面报告整改情况；情节严重的，应当通报批评并视情况抄送上级单位内部审计机构。

第三十五条　内部审计机构应当对下级单位内部审计机构报送的有关材料进行分析，将其作为编制年度审计项目计划的参考依据。

交通运输单位党组织、董事会（或者主要负责人）应当定期听取内部审计工作汇报，加强对内部审计工作规划、年度审计计划、审计质量控制、问题整改和队伍建设等重要事项的管理。

第七章　责任追究

第三十六条　被审计单位有下列情形之一的，由单位党组织、董事会（或者主要负责人）责令改正，并依法依规对直接负责的主管人员和其他直接责任人员进行处理：

（一）拒绝接受或者不配合内部审计工作的；

（二）拒绝、拖延提供与内部审计事项有关的资料，或者提供资料不真实、不完整的；

（三）拒不纠正审计发现问题的；

（四）整改不力、屡审屡犯的；

（五）违反国家规定或者本单位内部规定的其他情形。

第三十七条　内部审计机构和内部审计人员有下列情形之一的，由单位依法依规对直接负责的主管人员和其他直接责任人员进行处理；涉嫌犯罪的，移送司法机关依法追究刑事责任：

（一）未按有关法律、法规、本规定和内部审计职业规范实施审计导致应当发现的问题未被发现并造成严重后果的；

（二）隐瞒审计查出的问题或者提供虚假审计报告的；

（三）泄露国家秘密或者商业秘密的；

（四）利用职权牟取私利的；

（五）违反国家规定或者本单位内部规定的其他情形。

第三十八条　内部审计人员因履行职责受到打击、报复、陷害的，单位党组织、董事会（或者主要负责人）应当及时采取保护措施，并对相关责任人员进行处理；涉嫌犯罪的，移送司法机关依法追究刑事责任。

第八章　附则

第三十九条　本规定自2019年4月1日起施行。2004年11月19日发布的《交通行业内部审计工作规定》（交通部令2004年第12号）同时废止。

二、对社会审计报告的核查

（一）《中华人民共和国审计法》的规定

第三十三条　社会审计机构审计的单位依法属于被审计单位的，审计机关按照国务院的规定，有权对该社会审计机构出具的相关审计报告进行核查。

（二）《中华人民共和国审计法实施条例》的规定

第二十七条　审计机关进行审计或者专项审计调查时，有权对社会审计机构出具的相关审计报告进行核查。

审计机关核查社会审计机构出具的相关审计报告时，发现社会审计机构存在违反法律、法规或者执业准则等情况的，应当移送有关主管机关依法追究责任。

（三）《水利部委托社会审计业务管理办法》的规定

第一条　为了规范水利部门及所属单位（以下均简称为"单位"）委托社会审计业务，明确内部审计职责，加强单位内部管理和监督，根据《中华人民共和国审计法》《中华人民共和国会计法》《审计署关于内部审计工作的规定》和水利部《关于进一步加强财务管理监督的若干意见》（水经调〔2002〕394号），制定本办法。

第二条　本办法适用于水利部直属各单位及其所属工程建设项目法人单位。各单位所属国有控股企业、集体企业可参照本办法执行。

第三条　委托社会审计机构进行的审计业务，是单位扩大内部审计监督覆盖面的重要实现形式，是内部审计、财务监督部门的重要职责，单位所有委托社会审计业务应统一由内部审计、财务监督部门负责办理。财务检查委托社会审计业务，以财务监督部门管理为主；其他审计业务，以审计部门管理为主。

单位应加强对委托社会审计业务的管理和监督，进一步完善单位内部控制制度，充分合理地利用现有的内部审计、财务监督人力资源。

第四条 内部审计、财务监督部门负责办理委托社会审计业务的范围为：验资、年度报表查证、资产评估、基建工程预决算、经济责任、财务收支、经济效益等审计业务。但领导专门批示交办、纪检监察部门交办的审计业务一般不直接对外委托。

第五条 单位需要进行委托社会审计的业务，应向上级内部审计部门提出申请；单位的职能部门需要进行委托社会审计业务，应向单位内部审计部门提出申请。内部审计部门接到申请后，应根据国家相关规定、单位全年审计工作计划和现有内审人力资源，确定是否对外委托。如需对外委托应由接受申请的内部审计部门商财务监督部门制定出委托审计工作方案，报经批准后实施。

第六条 内部审计、财务监督部门应当收集社会审计机构的资信、业务质量、收费标准等信息。内部审计、财务监督部门委托一般性的社会审计业务，应当初选两个以上的社会审计机构，在审查资格资质、比质量、比信誉、比服务的基础上，在单位监察部门的监督指导下，选定社会审计机构。对大型和有特殊要求的审计项目，采取招标的方式选定社会审计机构。

第七条 单位内部审计、财务监督部门委托社会审计业务，应当签订书面协议，并且要求社会审计机构出具承诺函。

在审计实施过程中，内部审计、财务监督部门应负责社会审计机构与被审计单位之间的协调，监督社会审计机构的审计业务质量。

第八条 社会审计机构审计结束后，应直接向内部审计、财务监督部门提交审计报告和相关资料，内部审计、财务监督部门要严格按照相关规定和委托审计工作方案，进行审核。对领导干部经济责任审计等业务，需将审计底稿原件交单位内部审计部门归档。社会审计机构应保守被审计对象的秘密，不得在单位内部审计、财务监督部门主持的场所之外使用委托审计业务资料。

第九条 内部审计、财务监督部门应依据社会审计机构出具的正式审计报告，提出审计和检查的意见和建议，经单位主管领导批准后监督落实，必要时可进行后续审计。

第十条 单位负责人应当支持内部审计、财务监督部门做好委托社会审计业务工作。

第十一条 单位应当建立健全委托社会审计业务的委托程序和方法、质量监督机制和后续审计和检查制度。根据委托社会审计业务的内容和性质，实行分级分权管理，明确各级内部审计、财务监督部门及审计、财务检查人员责任，制定考核办法并严格执行。

第十二条 各级水利审计、财务监督部门要加强对单位委托社会审计业务的监督指导，保证对委托社会审计业务严格管理，对成绩显著的单位应当给予表彰，对委托社会审计业务管理混乱、造成损失和严重后果的单位应当给予批评。对社会审计机构不能正确有效履行审计业务的，内部审计、财务监督部门应当给予纠正，并逐级上报，必要时向社会审计机构行业管理部门反映，对社会审计机构的违规行为进行通报；建立准入制度和措施，在一定时限内，单位不得对被通报社会审计机构委托办理审计业务。

第十三条 本办法执行情况接受纪检、监察部门的监督检查。

第十四条 本办法由水利部负责解释。

第十五条 本办法自发布之日起施行。

第四章 审计机关权限

第一节 资料获取权与政务信息系统的使用

一、资料获取权

（一）《中华人民共和国审计法》的规定

第三十四条 审计机关有权要求被审计单位按照审计机关的规定提供财务、会计资料以及与财政收支、财务收支有关的业务、管理等资料，包括电子数据和有关文档。被审计单位不得拒绝、拖延、谎报。

被审计单位负责人应当对本单位提供资料的及时性、真实性和完整性负责。

审计机关对取得的电子数据等资料进行综合分析，需要向被审计单位核实有关情况的，被审计单位应当予以配合。

（二）《中华人民共和国审计法实施条例》的规定

第二十八条 审计机关依法进行审计监督时，被审计单位应当依照审计法第三十一条规定，向审计机关提供与财政收支、财务收支有关的资料。被审计单位负责人应当对本单位提供资料的真实性和完整性作出书面承诺。

第二十九条 各级人民政府财政、税务以及其他部门（含直属单位）应当向本级审计机关报送下列资料：

（一）本级人民代表大会批准的本级预算和本级人民政府财政部门向本级各部门（含直属单位）批复的预算，预算收入征收部门的年度收入计划，以及本级各部门（含直属单位）向所属各单位批复的预算；

（二）本级预算收支执行和预算收入征收部门的收入计划完成情况月报、年报，以及决算情况；

（三）综合性财政税务工作统计年报、情况简报，财政、预算、税务、财务和会计等

规章制度;

（四）本级各部门（含直属单位）汇总编制的本部门决算草案。

二、政务信息系统的资料获取

（一）《中华人民共和国审计法》的规定

第三十五条 国家政务信息系统和数据共享平台应当按照规定向审计机关开放。

审计机关通过政务信息系统和数据共享平台取得的电子数据等资料能够满足需要的，不得要求被审计单位重复提供。

（二）《国务院办公厅关于利用计算机信息系统开展审计工作有关问题的通知》（国办发〔2001〕88号）

一、审计机关有权检查被审计单位运用计算机管理财政收支、财务收支的信息系统（以下简称计算机信息系统）。被审计单位应当按照审计机关的要求，提供与财政收支、财务收支有关的电子数据和必要的计算机技术文档等资料。审计机关在对计算机信息系统实施审计时，被审计单位应当配合审计机关的工作，并提供必要的工作条件。被审计单位拒绝、拖延提供与审计事项有关的电子数据资料，或者拒绝、阻碍检查的，由审计机关按照《中华人民共和国审计法实施条例》第四十九条的规定处理。

二、被审计单位的计算机信息系统应当具备符合国家标准或者行业标准的数据接口；已投入使用的计算机信息系统没有设置符合标准的数据接口的，被审计单位应将审计机关要求的数据转换成能够读取的格式输出。

审计机关发现被审计单位的计算机信息系统不符合法律、法规和政府有关主管部门的规定、标准的，可以责令限期改正或者更换。在规定期限内不予改正或者更换的，应当通报批评并建议有关主管部门予以处理。审计机关在审计过程中发现开发、故意使用有舞弊功能的计算机信息系统的，要依法追究有关单位和人员的责任。

三、被审计单位应当按照关于纸质会计凭证、会计账簿、会计报表和其他会计资料以及有关经济活动资料保存期限的规定，保存计算机信息系统处理的电子数据，在规定期限内不得覆盖、删除或者销毁。

四、审计机关对被审计单位电子数据真实性产生疑问时，可以对计算机信息系统进行测试。测试计算机信息系统时，审计人员应当提出测试方案，监督被审计单位操作人员按照方案的要求进行测试。

审计机关应积极稳妥地探索网络远程审计。

五、审计人员应当严格执行审计准则，在审计过程中，不得对被审计单位计算机信息系统造成损害，对知悉的国家秘密和商业秘密负有保密的义务，不得用于与审计工作无关的目的。审计人员泄露知悉的国家秘密和被审计单位的商业秘密，由审计机关给予相应的行政处分；构成犯罪的，移送司法机关依法处理。

各地区、各有关部门要高度重视利用计算机信息系统开展审计工作，对审计机关的工作给予支持和配合。审计机关要加强业务和技术培训，培养熟悉利用计算机信息系统开展审计工作的专业人员，保障审计工作顺利进行。

第二节 审计检查权与审计调查权

一、审计检查权

《中华人民共和国审计法》第三十六条规定：审计机关进行审计时，有权检查被审计单位的财务、会计资料以及与财政收支、财务收支有关的业务、管理等资料和资产，有权检查被审计单位信息系统的安全性、可靠性、经济性，被审计单位不得拒绝。

二、审计调查权

（一）《中华人民共和国审计法》的规定

第三十七条 审计机关进行审计时，有权就审计事项的有关问题向有关单位和个人进行调查，并取得有关证明材料。有关单位和个人应当支持、协助审计机关工作，如实向审计机关反映情况，提供有关证明材料。

审计机关经县级以上人民政府审计机关负责人批准，有权查询被审计单位在金融机构的账户。

审计机关有证据证明被审计单位违反国家规定将公款转入其他单位、个人在金融机构账户的，经县级以上人民政府审计机关主要负责人批准，有权查询有关单位、个人在金融机构与审计事项相关的存款。

（二）《中华人民共和国审计法实施条例》的规定

第三十条 审计机关依照审计法第三十三条规定查询被审计单位在金融机构的账户的，应当持县级以上人民政府审计机关负责人签发的协助查询单位账户通知书；查询被审计单位以个人名义在金融机构的存款的，应当持县级以上人民政府审计机关主要负责人签发的协助查询个人存款通知书。有关金融机构应当予以协助，并提供证明材料，审计机关和审计人员负有保密义务。

第三节 制止违法行为权与审计建议权

一、制止违法行为权

(一)《中华人民共和国审计法》的规定

第三十八条 审计机关进行审计时,被审计单位不得转移、隐匿、篡改、毁弃财务、会计资料以及与财政收支、财务收支有关的业务、管理等资料,不得转移、隐匿、故意毁损所持有的违反国家规定取得的资产。

审计机关对被审计单位违反前款规定的行为,有权予以制止;必要时,经县级以上人民政府审计机关负责人批准,有权封存有关资料和违反国家规定取得的资产;对其中在金融机构的有关存款需要予以冻结的,应当向人民法院提出申请。

审计机关对被审计单位正在进行的违反国家规定的财政收支、财务收支行为,有权予以制止;制止无效的,经县级以上人民政府审计机关负责人批准,通知财政部门和有关主管机关、单位暂停拨付与违反国家规定的财政收支、财务收支行为直接有关的款项,已经拨付的,暂停使用。

审计机关采取前两款规定的措施不得影响被审计单位合法的业务活动和生产经营活动。

(二)《中华人民共和国审计法实施条例》的规定

第三十一条 审计法第三十四条所称违反国家规定取得的资产,包括:
(一)弄虚作假骗取的财政拨款、实物以及金融机构贷款;
(二)违反国家规定享受国家补贴、补助、贴息、免息、减税、免税、退税等优惠政策取得的资产;
(三)违反国家规定向他人收取的款项、有价证券、实物;
(四)违反国家规定处分国有资产取得的收益;
(五)违反国家规定取得的其他资产。

第三十二条 审计机关依照审计法第三十四条规定封存被审计单位有关资料和违反国家规定取得的资产的,应当持县级以上人民政府审计机关负责人签发的封存通知书,并在依法收集与审计事项相关的证明材料或者采取其他措施后解除封存。封存的期限为

7日以内；有特殊情况需要延长的，经县级以上人民政府审计机关负责人批准，可以适当延长，但延长的期限不得超过7日。

对封存的资料、资产，审计机关可以指定被审计单位负责保管，被审计单位不得损毁或者擅自转移。

（三）《审计机关封存资料资产规定》（2010年审计署令第9号）

第一条　为了规范审计机关封存被审计单位有关资料和违反国家规定取得的资产的行为，保障审计机关和审计人员严格依法行使审计监督职权，提高依法审计水平，维护国家利益和被审计单位的合法权益，根据审计法、审计法实施条例和其他有关法律、法规，制定本规定。

第二条　审计机关对被审计单位有关资料和违反国家规定取得的资产采取封存措施适用本规定。

审计机关在审计证据可能灭失或者以后难以取得的情况下，采取的先行登记保存措施，依照行政处罚法和有关行政法规的规定执行。

第三条　审计机关采取封存措施，应当遵循合法、谨慎的原则。

审计机关应当严格依照审计法、审计法实施条例和本规定确定的条件、程序采取封存措施，不得滥用封存权。

审计机关通过制止被审计单位违法行为、及时取证或者采取先行登记保存措施可以达到审计目的的，不必采取封存措施。

第四条　有下列情形之一的，审计机关可以采取封存措施：

（一）被审计单位正在或者可能转移、隐匿、篡改、毁弃会计凭证、会计账簿、财务会计报告以及其他与财政收支或者财务收支有关的资料的；

（二）被审计单位正在或者可能转移、隐匿违反国家规定取得的资产的。

第五条　审计机关依法对被审计单位的下列资料进行封存：

（一）会计凭证、会计账簿、财务会计报告等会计资料；

（二）合同、文件、会议记录等与被审计单位财政收支或者财务收支有关的其他资料。

上述资料存储在磁、光、电等介质上的，审计机关可以依法封存相关存储介质。

第六条　审计机关依法对被审计单位违反国家规定取得的现金、实物等资产或者有价证券、权属证明等资产凭证进行封存。

第七条　审计机关采取封存措施，应当经县级以上人民政府审计机关（含县级人民政府审计机关和省级以上人民政府审计机关派出机构，下同）负责人批准，由两名审计人员实施。

第八条　审计机关采取封存措施，应当向被审计单位送达封存通知书。

封存通知书包括下列内容:

(一)被审计单位名称;

(二)封存依据;

(三)封存资料或者资产的名称、数量等;

(四)封存期限;

(五)被审计单位申请行政复议或者提起行政诉讼的途径和期限;

(六)审计机关的名称、印章和日期。

在被审计单位正在转移、隐匿、篡改、毁弃有关资料或者正在转移、隐匿违反国家规定取得的资产等紧急情况下,审计人员报经县级以上人民政府审计机关负责人口头批准,可以采取必要措施,当场予以封存,再补送封存通知书。

第九条 审计机关采取封存措施时,审计人员应当会同被审计单位相关人员对有关资料或者资产进行清点,开列封存清单。

封存清单一般登记封存资料的名称、数量,封存资产的名称、规格、型号、数量等。封存资料存储在磁、光、电等介质上的,还应当列明存储介质的名称、规格等。

封存清单一式两份,由审计人员和被审计单位相关人员核对后签名或者盖章,双方各执一份。

第十条 审计机关应当对存放封存资料或者资产的文件柜、保险柜、档案室、库房等加贴封条。

封条上应当注明审计机关名称、封存日期并加盖审计机关印章。

第十一条 审计机关具备保管条件的,可以自行保管封存的资料或者资产;不具备保管条件的,可以指定被审计单位对存放封存资料、资产的设备或者设施进行保管或者看管;特殊情况下,也可以委托与被审计单位无利害关系的第三人保管。

审计机关指定被审计单位保管或者看管存放封存资料、资产的设备或者设施的,应当在封存通知书中一并载明被审计单位的保管责任。

第十二条 被审计单位或者受托保管的第三人应当履行保管责任,除本规定第十三条规定的情形外,不得擅自启封,不得损毁或者转移存放封存资料、资产的设备或者设施。

第十三条 遇有自然灾害等突发事件,可能导致封存的资料或者资产损毁的,负有保管责任的被审计单位或者第三人,应当将封存的资料或者资产转移到安全的地方,并将情况及时报告采取封存措施的审计机关。

第十四条 封存的期限一般不得超过7个工作日;有特殊情况需要延长的,经县级以上人民政府审计机关负责人批准,可以适当延长,但延长的期限不得超过7个工作日。

第十五条 审计机关封存资料或者资产后,审计人员应当及时进行审查,获取审计证据，或者提请有关主管部门对被审计单位违反国家规定取得的资产进行处理。

第十六条　审计机关在封存期限届满或者在封存期限内完成对有关资料或者资产处理的，审计人员应当与被审计单位相关人员共同清点封存的资料或者资产后予以退还，并在双方持有的封存清单上注明解除封存日期和退还的资料或者资产，由双方签名或者盖章。

第十七条　审计机关违反规定采取封存措施，给国家利益或者被审计单位的合法权益造成重大损害的，依照有关法律、法规的规定追究相关人员的责任。

第十八条　被审计单位或者负有保管责任的第三人有下列行为之一的，依照有关法律、法规的规定追究相关人员的责任：

（一）除本规定第十三条规定的情形外，擅自启封的；

（二）故意或者未尽保管责任，导致封存的资料被转移、隐匿、篡改、毁弃的；

（三）故意或者未尽保管责任，导致封存的资产被转移、隐匿、损毁的。

第十九条　本规定由审计署负责解释。

第二十条　本规定自 2011 年 2 月 1 日起施行。

二、审计建议权

《中华人民共和国审计法》第三十九条规定：审计机关认为被审计单位所执行的上级主管机关、单位有关财政收支、财务收支的规定与法律、行政法规相抵触的，应当建议有关主管机关、单位纠正；有关主管机关、单位不予纠正的，审计机关应当提请有权处理的机关、单位依法处理。

第四节　公布审计结果权与提请部门协助权

一、公布审计结果权

（一）《中华人民共和国审计法》的规定

第四十条　审计机关可以向政府有关部门通报或者向社会公布审计结果。

审计机关通报或者公布审计结果，应当保守国家秘密、工作秘密、商业秘密、个人隐私和个人信息，遵守法律、行政法规和国务院的有关规定。

（二）《中华人民共和国审计法实施条例》的规定

第三十三条　审计机关依照审计法第三十六条规定，可以就有关审计事项向政府有关部门通报或者向社会公布对被审计单位的审计、专项审计调查结果。

审计机关经与有关主管机关协商,可以在向社会公布的审计、专项审计调查结果中,一并公布对社会审计机构相关审计报告核查的结果。

审计机关拟向社会公布对上市公司的审计、专项审计调查结果的,应当在5日前将拟公布的内容告知上市公司。

二、提请相关部门协助权

《中华人民共和国审计法》第四十一条规定:审计机关履行审计监督职责,可以提请公安、财政、自然资源、生态环境、海关、税务、市场监督管理等机关予以协助。有关机关应当依法予以配合。

第五章 审计程序

第一节 审计通知书与审计方法

一、送达审计通知书

(一)《中华人民共和国审计法》的规定

第四十二条 审计机关根据经批准的审计项目计划确定的审计事项组成审计组,并应当在实施审计三日前,向被审计单位送达审计通知书;遇有特殊情况,经县级以上人民政府审计机关负责人批准,可以直接持审计通知书实施审计。

被审计单位应当配合审计机关的工作,并提供必要的工作条件。

审计机关应当提高审计工作效率。

(二)《中华人民共和国审计法实施条例》的规定

第三十四条 审计机关应当根据法律、法规和国家其他有关规定,按照本级人民政府和上级审计机关的要求,确定年度审计工作重点,编制年度审计项目计划。

审计机关在年度审计项目计划中确定对国有资本占控股地位或者主导地位的企业、金融机构进行审计的,应当自确定之日起7日内告知列入年度审计项目计划的企业、金融机构。

第三十五条 审计机关应当根据年度审计项目计划,组成审计组,调查了解被审计单位的有关情况,编制审计方案,并在实施审计3日前,向被审计单位送达审计通知书。

第三十六条 审计法第三十八条所称特殊情况,包括:

(一)办理紧急事项的;

(二)被审计单位涉嫌严重违法违规的;

(三)其他特殊情况。

第四十四条 审计机关进行专项审计调查时,应当向被调查的地方、部门、单位出示专项审计调查的书面通知,并说明有关情况;有关地方、部门、单位应当接受调查,如实反映情况,提供有关资料。

在专项审计调查中,依法属于审计机关审计监督对象的部门、单位有违反国家规定的财政收支、财务收支行为或者其他违法违规行为的,专项审计调查人员和审计机关可以依照审计法和本条例的规定提出审计报告,作出审计决定,或者移送有关主管机关、单位依法追究责任。

二、审计方法

(一)《中华人民共和国审计法》的规定

第四十三条 审计人员通过审查财务、会计资料,查阅与审计事项有关的文件、资料,检查现金、实物、有价证券和信息系统,向有关单位和个人调查等方式进行审计,并取得证明材料。

向有关单位和个人进行调查时,审计人员应当不少于二人,并出示其工作证件和审计通知书副本。

(二)《中华人民共和国审计法实施条例》的规定

第三十七条 审计人员实施审计时,应当按照下列规定办理:
(一)通过检查、查询、监督盘点、发函询证等方法实施审计;
(二)通过收集原件、原物或者复制、拍照等方法取得证明材料;
(三)对与审计事项有关的会议和谈话内容作出记录,或者要求被审计单位提供会议记录材料;
(四)记录审计实施过程和查证结果。

第三十八条 审计人员向有关单位和个人调查取得的证明材料,应当有提供者的签名或者盖章;不能取得提供者签名或者盖章的,审计人员应当注明原因。

(三)《中华人民共和国国家审计准则》(审计署令第8号)

第一章 总则

第一条 为了规范和指导审计机关和审计人员执行审计业务的行为,保证审计质量,防范审计风险,发挥审计保障国家经济和社会健康运行的"免疫系统"功能,根据《中华人民共和国审计法》《中华人民共和国审计法实施条例》和其他有关法律、法规,制定本准则。

第二条 本准则是审计机关和审计人员履行法定审计职责的行为规范,是执行审业务的职业标准，是评价审计质量的基本尺度。

第三条　本准则中使用"应当""不得"词汇的条款为约束性条款，是审计机关和审计人员执行审计业务必须遵守的职业要求。

本准则中使用"可以"词汇的条款为指导性条款，是对良好审计实务的推介。

第四条　审计机关和审计人员执行审计业务，应当适用本准则。其他组织或者人员接受审计机关的委托、聘用、承办或者参加审计业务，也应当适用本准则。

第五条　审计机关和审计人员执行审计业务，应当区分被审计单位的责任和审计机关的责任。

在财政收支、财务收支以及有关经济活动中，履行法定职责、遵守相关法律、法规、建立并实施内部控制、按照有关会计准则和会计制度编报财务会计报告、保持财务会计资料的真实性和完整性，是被审计单位的责任。

依据法律、法规和本准则的规定，对被审计单位财政收支、财务收支以及有关经济活动独立实施审计并作出审计结论，是审计机关的责任。

第六条　审计机关的主要工作目标是通过监督被审计单位财政收支、财务收支以及有关经济活动的真实性、合法性、效益性，维护国家经济安全，推进民主法治，促进廉政建设，保障国家经济和社会健康发展。

真实性是指反映财政收支、财务收支以及有关经济活动的信息与实际情况相符合的程度。

合法性是指财政收支、财务收支以及有关经济活动遵守法律、法规或者规章的情况。

效益性是指财政收支、财务收支以及有关经济活动实现的经济效益、社会效益和环境效益。

第七条　审计机关对依法属于审计机关审计监督对象的单位、项目、资金进行审计。

审计机关按照国家有关规定，对依法属于审计机关审计监督对象的单位的主要负责人经济责任进行审计。

第八条　审计机关依法对预算管理或者国有资产管理使用等与国家财政收支有关的特定事项向有关地方、部门、单位进行专项审计调查。

审计机关进行专项审计调查时，也应当适用本准则。

第九条　审计机关和审计人员执行审计业务，应当依据年度审计项目计划，编制审计实施方案，获取审计证据，作出审计结论。

审计机关应当委派具备相应资格和能力的审计人员承办审计业务，并建立和执行审计质量控制制度。

第十条　审计机关依据法律、法规规定，公开履行职责的情况及其结果，接受社会公众的监督。

第十一条　审计机关和审计人员未遵守本准则约束性条款的，应当说明原因。

第二章　审计机关和审计人员

第十二条　审计机关和审计人员执行审计业务，应当具备本准则规定的资格条件和职业要求。

第十三条　审计机关执行审计业务，应当具备下列资格条件：

（一）符合法定的审计职责和权限；

（二）有职业胜任能力的审计人员；

（三）建立适当的审计质量控制制度；

（四）必需的经费和其他工作条件。

第十四条　审计人员执行审计业务，应当具备下列职业要求：

（一）遵守法律、法规和本准则；

（二）恪守审计职业道德；

（三）保持应有的审计独立性；

（四）具备必需的职业胜任能力；

（五）其他职业要求。

第十五条　审计人员应当恪守严格依法、正直坦诚、客观公正、勤勉尽责、保守秘密的基本审计职业道德。

严格依法就是审计人员应当严格依照法定的审计职责、权限和程序进行审计监督，规范审计行为。

正直坦诚就是审计人员应当坚持原则，不屈从于外部压力；不歪曲事实，不隐瞒审计发现的问题；廉洁自律，不利用职权牟取私利；维护国家利益和公共利益。

客观公正就是审计人员应当保持客观公正的立场和态度，以适当、充分的审计证据支持审计结论，实事求是地作出审计评价和处理审计发现的问题。

勤勉尽责就是审计人员应当爱岗敬业，勤勉高效，严谨细致，认真履行审计职责，保证审计工作质量。

保守秘密就是审计人员应当保守其在执行审计业务中知悉的国家秘密、商业秘密；对于执行审计业务取得的资料、形成的审计记录和掌握的相关情况，未经批准不得对外提供和披露，不得用于与审计工作无关的目的。

第十六条　审计人员执行审计业务时，应当保持应有的审计独立性，遇有下列可能损害审计独立性情形的，应当向审计机关报告：

（一）与被审计单位负责人或者有关主管人员有夫妻关系、直系血亲关系、三代以内旁系血亲以及近姻亲关系；

（二）与被审计单位或者审计事项有直接经济利益关系；

（三）对曾经管理或者直接办理过的相关业务进行审计；

（四）可能损害审计独立性的其他情形。

第十七条　审计人员不得参加影响审计独立性的活动，不得参与被审计单位的管理活动。

第十八条　审计机关组成审计组时，应当了解审计组成员可能损害审计独立性的情形，并根据具体情况采取下列措施，避免损害审计独立性：

（一）依法要求相关审计人员回避；

（二）对相关审计人员执行具体审计业务的范围作出限制；

（三）对相关审计人员的工作追加必要的复核程序；

（四）其他措施。

第十九条　审计机关应当建立审计人员交流等制度，避免审计人员因执行审计业务长期与同一被审计单位接触可能对审计独立性造成的损害。

第二十条　审计机关可以聘请外部人员参加审计业务或者提供技术支持、专业咨询、专业鉴定。

审计机关聘请的外部人员应当具备本准则第十四条规定的职业要求。

第二十一条　有下列情形之一的外部人员，审计机关不得聘请：

（一）被刑事处罚的；

（二）被劳动教养的；

（三）被行政拘留的；

（四）审计独立性可能受到损害的；

（五）法律规定不得从事公务的其他情形。

第二十二条　审计人员应当具备与其从事审计业务相适应的专业知识、职业能力和工作经验。

审计机关应当建立和实施审计人员录用、继续教育、培训、业绩评价考核和奖惩激励制度，确保审计人员具有与其从事业务相适应的职业胜任能力。

第二十三条　审计机关应当合理配备审计人员，组成审计组，确保其在整体上具备与审计项目相适应的职业胜任能力。

被审计单位的信息技术对实现审计目标有重大影响的，审计组的整体胜任能力应当包括信息技术方面的胜任能力。

第二十四条　审计人员执行审计业务时，应当合理运用职业判断，保持职业谨慎，对被审计单位可能存在的重要问题保持警觉，并审慎评价所获取审计证据的适当性和充分性，得出恰当的审计结论。

第二十五条　审计人员执行审计业务时，应当从下列方面保持与被审计单位的工作关系：

（一）与被审计单位沟通并听取其意见；

（二）客观公正地作出审计结论，尊重并维护被审计单位的合法权益；

（三）严格执行审计纪律；

（四）坚持文明审计，保持良好的职业形象。

第三章 审计计划

第二十六条 审计机关应当根据法定的审计职责和审计管辖范围，编制年度审计项目计划。

编制年度审计项目计划应当服务大局，围绕政府工作中心，突出审计工作重点，合理安排审计资源，防止不必要的重复审计。

第二十七条 审计机关按照下列步骤编制年度审计项目计划：

（一）调查审计需求，初步选择审计项目；

（二）对初选审计项目进行可行性研究，确定备选审计项目及其优先顺序；

（三）评估审计机关可用审计资源，确定审计项目，编制年度审计项目计划。

第二十八条 审计机关从下列方面调查审计需求，初步选择审计项目：

（一）国家和地区财政收支、财务收支以及有关经济活动情况；

（二）政府工作中心；

（三）本级政府行政首长和相关领导机关对审计工作的要求；

（四）上级审计机关安排或者授权审计的事项；

（五）有关部门委托或者提请审计机关审计的事项；

（六）群众举报、公众关注的事项；

（七）经分析相关数据认为应当列入审计的事项；

（八）其他方面的需求。

第二十九条 审计机关对初选审计项目进行可行性研究，确定初选审计项目的审计目标、审计范围、审计重点和其他重要事项。

进行可行性研究重点调查研究下列内容：

（一）与确定和实施审计项目相关的法律、法规和政策；

（二）管理体制、组织结构、主要业务及其开展情况；

（三）财政收支、财务收支状况及结果；

（四）相关的信息系统及其电子数据情况；

（五）管理和监督机构的监督检查情况及结果；

（六）以前年度审计情况；

（七）其他相关内容。

第三十条　审计机关在调查审计需求和可行性研究过程中，从下列方面对初选审计项目进行评估，以确定备选审计项目及其优先顺序：

（一）项目重要程度，评估在国家经济和社会发展中的重要性、政府行政首长和相关领导机关及公众关注程度、资金和资产规模等；

（二）项目风险水平，评估项目规模、管理和控制状况等；

（三）审计预期效果；

（四）审计频率和覆盖面；

（五）项目对审计资源的要求。

第三十一条　年度审计项目计划应当按照审计机关规定的程序审定。

审计机关在审定年度审计项目计划前，根据需要，可以组织专家进行论证。

第三十二条　下列审计项目应当作为必选审计项目：

（一）法律、法规规定每年应当审计的项目；

（二）本级政府行政首长和相关领导机关要求审计的项目；

（三）上级审计机关安排或者授权的审计项目。

审计机关对必选审计项目，可以不进行可行性研究。

第三十三条　上级审计机关直接审计下级审计机关审计管辖范围内的重大审计事项，应当列入上级审计机关年度审计项目计划，并及时通知下级审计机关。

第三十四条　上级审计机关可以依法将其审计管辖范围内的审计事项，授权下级审计机关进行审计。对于上级审计机关审计管辖范围内的审计事项，下级审计机关也可以提出授权申请，报有管辖权的上级审计机关审批。

获得授权的审计机关应当将授权的审计事项列入年度审计项目计划。

第三十五条　根据中国政府及其机构与国际组织、外国政府及其机构签订的协议和上级审计机关的要求，审计机关确定对国际组织、外国政府及其机构援助、贷款项目进行审计的，应当纳入年度审计项目计划。

第三十六条　对于预算管理或者国有资产管理使用等与国家财政收支有关的特定事项，符合下列情形的，可以进行专项审计调查：

（一）涉及宏观性、普遍性、政策性或者体制、机制问题的；

（二）事项跨行业、跨地区、跨单位的；

（三）事项涉及大量非财务数据的；

（四）其他适宜进行专项审计调查的。

第三十七条　审计机关年度审计项目计划的内容主要包括：

（一）审计项目名称；

（二）审计目标，即实施审计项目预期要完成的任务和结果；

（三）审计范围，即审计项目涉及的具体单位、事项和所属期间；

（四）审计重点；

（五）审计项目组织和实施单位；

（六）审计资源。

采取跟踪审计方式实施的审计项目，年度审计项目计划应当列明跟踪的具体方式和要求。

专项审计调查项目的年度审计项目计划应当列明专项审计调查的要求。

第三十八条　审计机关编制年度审计项目计划可以采取文字、表格或者两者相结合的形式。

第三十九条　审计机关计划管理部门与业务部门或者派出机构，应当建立经常性的沟通和协调机制。

调查审计需求、进行可行性研究和确定备选审计项目，以业务部门或者派出机构为主实施；备选审计项目排序、配置审计资源和编制年度审计项目计划草案，以计划管理部门为主实施。

第四十条　审计机关根据项目评估结果，确定年度审计项目计划。

第四十一条　审计机关应当将年度审计项目计划报经本级政府行政首长批准并向上一级审计机关报告。

第四十二条　审计机关应当对确定的审计项目配置必要的审计人力资源、审计时间、审计技术装备、审计经费等审计资源。

第四十三条　审计机关同一年度内对同一被审计单位实施不同的审计项目，应当在人员和时间安排上进行协调，尽量避免给被审计单位工作带来不必要的影响。

第四十四条　审计机关应当将年度审计项目计划下达审计项目组织和实施单位执行。

年度审计项目计划一经下达，审计项目组织和实施单位应当确保完成，不得擅自变更。

第四十五条　年度审计项目计划执行过程中，遇有下列情形之一的，应当按照原审批程序调整：

（一）本级政府行政首长和相关领导机关临时交办审计项目的；

（二）上级审计机关临时安排或者授权审计项目的；

（三）突发重大公共事件需要进行审计的；

（四）原定审计项目的被审计单位发生重大变化，导致原计划无法实施的；

（五）需要更换审计项目实施单位的；

（六）审计目标、审计范围等发生重大变化需要调整的；

（七）需要调整的其他情形。

第四十六条 上级审计机关应当指导下级审计机关编制年度审计项目计划，提出下级审计机关重点审计领域或者审计项目安排的指导意见。

第四十七条 年度审计项目计划确定审计机关统一组织多个审计组共同实施一个审计项目或者分别实施同一类审计项目的，审计机关业务部门应当编制审计工作方案。

第四十八条 审计机关业务部门编制审计工作方案，应当根据年度审计项目计划形成过程中调查审计需求、进行可行性研究的情况，开展进一步调查，对审计目标、范围、重点和项目组织实施等进行确定。

第四十九条 审计工作方案的内容主要包括：

（一）审计目标；

（二）审计范围；

（三）审计内容和重点；

（四）审计工作组织安排；

（五）审计工作要求。

第五十条 审计机关业务部门编制的审计工作方案应当按照审计机关规定的程序审批。在年度审计项目计划确定的实施审计起始时间之前，下达到审计项目实施单位。

审计机关批准审计工作方案前，根据需要，可以组织专家进行论证。

第五十一条 审计机关业务部门根据审计实施过程中情况的变化，可以申请对审计工作方案的内容进行调整，并按审计机关规定的程序报批。

第五十二条 审计机关应当定期检查年度审计项目计划执行情况，评估执行效果。

审计项目实施单位应当向下达审计项目计划的审计机关报告计划执行情况。

第五十三条 审计机关应当按照国家有关规定，建立和实施审计项目计划执行情况及其结果的统计制度。

第四章 审计实施

第一节 审计实施方案

第五十四条 审计机关应当在实施项目审计前组成审计组。

审计组由审计组组长和其他成员组成。审计组实行审计组组长负责制。审计组组长由审计机关确定，审计组组长可以根据需要在审计组成员中确定主审，主审应当履行其规定职责和审计组组长委托履行的其他职责。

第五十五条 审计机关应当依照法律、法规的规定，向被审计单位送达审计通知书。

第五十六条 审计通知书的内容主要包括被审计单位名称、审计依据、审计范围、审计起始时间、审计组组长及其他成员名单和被审计单位配合审计工作的要求。同时，还应当向被审计单位告知审计组的审计纪律要求。

采取跟踪审计方式实施审计的，审计通知书应当列明跟踪审计的具体方式和要求。

专项审计调查项目的审计通知书应当列明专项审计调查的要求。

第五十七条　审计组应当调查了解被审计单位及其相关情况，评估被审计单位存在重要问题的可能性，确定审计应对措施，编制审计实施方案。

对于审计机关已经下达审计工作方案的，审计组应当按照审计工作方案的要求编制审计实施方案。

第五十八条　审计实施方案的内容主要包括：

（一）审计目标；

（二）审计范围；

（三）审计内容、重点及审计措施，包括审计事项和根据本准则第七十三条确定的审计应对措施；

（四）审计工作要求，包括项目审计进度安排、审计组内部重要管理事项及职责分工等。

采取跟踪审计方式实施审计的，审计实施方案应当对整个跟踪审计工作作出统筹安排。

专项审计调查项目的审计实施方案应当列明专项审计调查的要求。

第五十九条　审计组调查了解被审计单位及其相关情况，为作出下列职业判断提供基础：

（一）确定职业判断适用的标准；

（二）判断可能存在的问题；

（三）判断问题的重要性；

（四）确定审计应对措施。

第六十条　审计人员可以从下列方面调查了解被审计单位及其相关情况：

（一）单位性质、组织结构；

（二）职责范围或者经营范围、业务活动及其目标；

（三）相关法律、法规、政策及其执行情况；

（四）财政财务管理体制和业务管理体制；

（六）相关内部控制及其执行情况；

（七）相关信息系统及其电子数据情况；

（八）经济环境、行业状况及其他外部因素；

（九）以往接受审计和监管及其整改情况；

（十）需要了解的其他情况。

第六十一条　审计人员可以从下列方面调查了解被审计单位相关内部控制及其执行情况：

（一）控制环境，即管理模式、组织结构、责权配置、人力资源制度等；

（二）风险评估，即被审计单位确定、分析与实现内部控制目标相关的风险，以及采取的应对措施；

（三）控制活动，即根据风险评估结果采取的控制措施，包括不相容职务分离控制、授权审批控制、资产保护控制、预算控制、业绩分析和绩效考评控制等；

（四）信息与沟通，即收集、处理、传递与内部控制相关的信息，并能有效沟通的情况；

（五）对控制的监督，即对各项内部控制设计、职责及其履行情况的监督检查。

第六十二条　审计人员可以从下列方面调查了解被审计单位信息系统控制情况：

（一）一般控制，即保障信息系统正常运行的稳定性、有效性、安全性等方面的控制；

（二）应用控制，即保障信息系统产生的数据的真实性、完整性、可靠性等方面的控制。

第六十三条　审计人员可以采取下列方法调查了解被审计单位及其相关情况：

（一）书面或者口头询问被审计单位内部和外部相关人员；

（二）检查有关文件、报告、内部管理手册、信息系统的技术文档和操作手册；

（三）观察有关业务活动及其场所、设施和有关内部控制的执行情况；

（四）追踪有关业务的处理过程；

（五）分析相关数据。

第六十四条　审计人员根据审计目标和被审计单位的实际情况，运用职业判断确定调查了解的范围和程度。

对于定期审计项目，审计人员可以利用以往审计中获得的信息，重点调查了解已经发生变化的情况。

第六十五条　审计人员在调查了解被审计单位及其相关情况的过程中，可以选择下列标准作为职业判断的依据：

（一）法律、法规、规章和其他规范性文件；

（二）国家有关方针和政策；

（三）会计准则和会计制度；

（四）国家和行业的技术标准；

（五）预算、计划和合同；

（六）被审计单位的管理制度和绩效目标；

（七）被审计单位的历史数据和历史业绩；

（八）公认的业务惯例或者良好实务；

（九）专业机构或者专家的意见；

（十）其他标准。

审计人员在审计实施过程中需要持续关注标准的适用性。

第六十六条　职业判断所选择的标准应当具有客观性、适用性、相关性、公认性。

标准不一致时，审计人员应当采用权威的和公认程度高的标准。

第六十七条　审计人员应当结合适用的标准，分析调查了解的被审计单位及其相关情况，判断被审计单位可能存在的问题。

第六十八条　审计人员应当运用职业判断，根据可能存在问题的性质、数额及其发生的具体环境，判断其重要性。

第六十九条　审计人员判断重要性时，可以关注下列因素：

（一）是否属于涉嫌犯罪的问题；

（二）是否属于法律、法规和政策禁止的问题；

（三）是否属于故意行为所产生的问题；

（四）可能存在问题涉及的数量或者金额；

（五）是否涉及政策、体制或者机制的严重缺陷；

（六）是否属于信息系统设计缺陷；

（七）政府行政首长和相关领导机关及公众的关注程度；

（八）需要关注的其他因素。

第七十条　审计人员实施审计时，应当根据重要性判断的结果，重点关注被审计单位可能存在的重要问题。

第七十一条　需要对财务报表发表审计意见的，审计人员可以参照中国注册会计师执业准则的有关规定确定和运用重要性。

第七十二条　审计组应当评估被审计单位存在重要问题的可能性，以确定审计事项和审计应对措施。

第七十三条　审计组针对审计事项确定的审计应对措施包括：

（一）评估对内部控制的依赖程度，确定是否及如何测试相关内部控制的有效性；

（二）评估对信息系统的依赖程度，确定是否及如何检查相关信息系统的有效性、安全性；

（三）确定主要审计步骤和方法；

（四）确定审计时间；

（五）确定执行的审计人员；

（六）其他必要措施。

第七十四条　审计组在分配审计资源时，应当为重要审计事项分派有经验的审计人员和安排充足的审计时间,并评估特定审计事项是否需要利用外部专家的工作。

第七十五条 审计人员认为存在下列情形之一的,应当测试相关内部控制的有效性:

(一)某项内部控制设计合理且预期运行有效,能够防止重要问题的发生;

(二)仅实施实质性审查不足以为发现重要问题提供适当、充分的审计证据。

审计人员决定不依赖某项内部控制的,可以对审计事项直接进行实质性审查。

被审计单位规模较小、业务比较简单的,审计人员可以对审计事项直接进行实质性审查。

第七十六条 审计人员认为存在下列情形之一的,应当检查相关信息系统的有效性、安全性:

(一)仅审计电子数据不足以为发现重要问题提供适当、充分的审计证据;

(二)电子数据中频繁出现某类差异。

审计人员在检查被审计单位相关信息系统时,可以利用被审计单位信息系统的现有功能或者采用其他计算机技术和工具,检查中应当避免对被审计单位相关信息系统及其电子数据造成不良影响。

第七十七条 审计人员实施审计时,应当持续关注已作出的重要性判断和对存在重要问题可能性的评估是否恰当,及时作出修正,并调整审计应对措施。

第七十八条 遇有下列情形之一的,审计组应当及时调整审计实施方案:

(一)年度审计项目计划、审计工作方案发生变化的;

(二)审计目标发生重大变化的;

(三)重要审计事项发生变化的;

(四)被审计单位及其相关情况发生重大变化的;

(五)审计组人员及其分工发生重大变化的;

(六)需要调整的其他情形。

第七十九条 一般审计项目的审计实施方案应当经审计组组长审定,并及时报审计机关业务部门备案。

重要审计项目的审计实施方案应当报经审计机关负责人审定。

第八十条 审计组调整审计实施方案中的下列事项,应当报经审计机关主要负责人批准:

(一)审计目标;

(二)审计组组长;

(三)审计重点;

(四)现场审计结束时间。

第八十一条 编制和调整审计实施方案可以采取文字、表格或者两者相结合的形式。

第二节 审计证据

第八十二条 审计证据是指审计人员获取的能够为审计结论提供合理基础的全部事实，包括审计人员调查了解被审计单位及其相关情况和对确定的审计事项进行审查所获取的证据。

第八十三条 审计人员应当依照法定权限和程序获取审计证据。

第八十四条 审计人员获取的审计证据，应当具有适当性和充分性。

适当性是对审计证据质量的衡量，即审计证据在支持审计结论方面具有的相关性和可靠性。相关性是指审计证据与审计事项及其具体审计目标之间具有实质性联系。可靠性是指审计证据真实、可信。

充分性是对审计证据数量的衡量。审计人员在评估存在重要问题的可能性和审计证据质量的基础上，决定应当获取审计证据的数量。

第八十五条 审计人员对审计证据的相关性分析时，应当关注下列方面：

（一）一种取证方法获取的审计证据可能只与某些具体审计目标相关，而与其他具体审计目标无关；

（二）针对一项具体审计目标可以从不同来源获取审计证据或者获取不同形式的审计证据。

第八十六条 审计人员可以从下列方面分析审计证据的可靠性：

（一）从被审计单位外部获取的审计证据比从内部获取的审计证据更可靠；

（二）内部控制健全有效情况下形成的审计证据比内部控制缺失或者无效情况下形成的审计证据更可靠；

（三）直接获取的审计证据比间接获取的审计证据更可靠；

（四）从被审计单位财务会计资料中直接采集的审计证据比经被审计单位加工处理后提交的审计证据更可靠；

（五）原件形式的审计证据比复制件形式的审计证据更可靠。

不同来源和不同形式的审计证据存在不一致或者不能相互印证时，审计人员应当追加必要的审计措施，确定审计证据的可靠性。

第八十七条 审计人员获取的电子审计证据包括与信息系统控制相关的配置参数、反映交易记录的电子数据等。

采集被审计单位电子数据作为审计证据的，审计人员应当记录电子数据的采集和处理过程。

第八十八条 审计人员根据实际情况，可以在审计事项中选取全部项目或者部分特定项目进行审查，也可以进行审计抽样，以获取审计证据。

第八十九条 存在下列情形之一的，审计人员可以对审计事项中的全部项目进行审查：

（一）审计事项由少量大额项目构成的；

（二）审计事项可能存在重要问题，而选取其中部分项目进行审查无法提供适当、充分的审计证据的；

（三）对审计事项中的全部项目进行审查符合成本效益原则的。

第九十条　审计人员可以在审计事项中选取下列特定项目进行审查：

（一）大额或者重要项目；

（二）数量或者金额符合设定标准的项目；

（三）其他特定项目。

选取部分特定项目进行审查的结果，不能用于推断整个审计事项。

第九十一条　在审计事项包含的项目数量较多，需要对审计事项某一方面的总体特征作出结论时，审计人员可以进行审计抽样。

审计人员进行审计抽样时，可以参照中国注册会计师执业准则的有关规定。

第九十二条　审计人员可以采取下列方法向有关单位和个人获取审计证据：

（一）检查，是指对纸质、电子或者其他介质形式存在的文件、资料进行审查，或者对有形资产进行审查；

（二）观察，是指察看相关人员正在从事的活动或者执行的程序；

（三）询问，是指以书面或者口头方式向有关人员了解关于审计事项的信息；

（四）外部调查，是指向与审计事项有关的第三方进行调查；

（五）重新计算，是指以手工方式或者使用信息技术对有关数据计算的正确性进行核对；

（六）重新操作，是指对有关业务程序或者控制活动独立进行重新操作验证；

（七）分析，是指研究财务数据之间、财务数据与非财务数据之间可能存在的合理关系，对相关信息作出评价，并关注异常波动和差异。

审计人员进行专项审计调查，可以使用上述方法及其以外的其他方法。

第九十三条　审计人员应当依照法律、法规规定，取得被审计单位负责人对本单位提供资料真实性和完整性的书面承诺。

第九十四条　审计人员取得证明被审计单位存在违反国家规定的财政收支、财务收支行为以及其他重要审计事项的审计证据材料，应当由提供证据的有关人员、单位签名或者盖章；不能取得签名或者盖章不影响事实存在的，该审计证据仍然有效，但审计人员应当注明原因。

审计事项比较复杂或者取得的审计证据数量较大的，可以对审计证据进行汇总分析，编制审计取证单，由证据提供者签名或者盖章。

第九十五条　被审计单位的相关资料、资产可能被转移、隐匿、篡改、毁弃并影响获取审计证据的，审计机关应当依照法律、法规的规定采取相应的证据保全措施。

第九十六条　审计机关执行审计业务过程中，因行使职权受到限制而无法获取适当、充分的审计证据，或者无法制止违法行为对国家利益的侵害时，根据需要，可以按照有关规定提请有权处理的机关或者相关单位予以协助和配合。

第九十七条　审计人员需要利用所聘请外部人员的专业咨询和专业鉴定作为审计证据的，应当对下列方面作出判断：

（一）依据的样本是否符合审计项目的具体情况；

（二）使用的方法是否适当和合理；

（三）专业咨询、专业鉴定是否与其他审计证据相符。

第九十八条　审计人员需要使用有关监管机构、中介机构、内部审计机构等已经形成的工作结果作为审计证据的，应当对该工作结果的下列方面作出判断：

（一）是否与审计目标相关；

（二）是否可靠；

（三）是否与其他审计证据相符。

第九十九条　审计人员对于重要问题，可以围绕下列方面获取审计证据：

（一）标准，即判断被审计单位是否存在问题的依据；

（二）事实，即客观存在和发生的情况。事实与标准之间的差异构成审计发现的问题；

（三）影响，即问题产生的后果；

（四）原因，即问题产生的条件。

第一百条　审计人员在审计实施过程中，应当持续评价审计证据的适当性和充分性。已采取的审计措施难以获取适当、充分审计证据的，审计人员应当采取替代审计措施；仍无法获取审计证据的，由审计组报请审计机关采取其他必要的措施或者不作出审计结论。

第三节　审计记录

第一百零一条　审计人员应当真实、完整地记录实施审计的过程、得出的结论和与审计项目有关的重要管理事项，以实现下列目标：

（一）支持审计人员编制审计实施方案和审计报告；

（二）证明审计人员遵循相关法律、法规和本准则；

（三）便于对审计人员的工作实施指导、监督和检查。

第一百零二条　审计人员作出的记录，应当使未参与该项业务的有经验的其他审计人员能够理解其执行的审计措施、获取的审计证据、作出的职业判断和得出的审计结论。

第一百零三条　审计记录包括调查了解记录、审计工作底稿和重要管理事项记录。

第一百零四条　审计组在编制审计实施方案前,应当对调查了解被审计单位及其相关情况作出记录。调查了解记录的内容主要包括:

（一）对被审计单位及其相关情况的调查了解情况;

（二）对被审计单位存在重要问题可能性的评估情况;

（三）确定的审计事项及其审计应对措施。

第一百零五条　审计工作底稿主要记录审计人员依据审计实施方案执行审计措施的活动。

审计人员对审计实施方案确定的每一审计事项,均应当编制审计工作底稿。一个审计事项可以根据需要编制多份审计工作底稿。

第一百零六条　审计工作底稿的内容主要包括:

（一）审计项目名称;

（二）审计事项名称;

（三）审计过程和结论;

（四）审计人员姓名及审计工作底稿编制日期并签名;

（五）审核人员姓名、审核意见及审核日期并签名;

（六）索引号及页码;

（七）附件数量。

第一百零七条　审计工作底稿记录的审计过程和结论主要包括:

（一）实施审计的主要步骤和方法;

（二）取得的审计证据的名称和来源;

（三）审计认定的事实摘要;

（四）得出的审计结论及其相关标准。

第一百零八条　审计证据材料应当作为调查了解记录和审计工作底稿的附件。一份审计证据材料对应多个审计记录时,审计人员可以将审计证据材料附在与其关系最密切的审计记录后面,并在其他审计记录中予以注明。

第一百零九条　审计组起草审计报告前,审计组组长应当对审计工作底稿的下列事项进行审核:

（一）具体审计目标是否实现;

（二）审计措施是否有效执行;

（三）事实是否清楚;

（四）审计证据是否适当、充分;

（五）得出的审计结论及其相关标准是否适当;

（六）其他有关重要事项。

第一百一十条　审计组组长审核审计工作底稿，应当根据不同情况分别提出下列意见：

（一）予以认可；

（二）责成采取进一步审计措施，获取适当、充分的审计证据；

（三）纠正或者责成纠正不恰当的审计结论。

第一百一十一条　重要管理事项记录应当记载与审计项目相关并对审计结论有重要影响的下列管理事项：

（一）可能损害审计独立性的情形及采取的措施；

（二）所聘请外部人员的相关情况；

（三）被审计单位承诺情况；

（四）征求被审计对象或者相关单位及人员意见的情况、被审计对象或者相关单位及人员反馈的意见及审计组的采纳情况；

（五）审计组对审计发现的重大问题和审计报告讨论的过程及结论；

（六）审计机关业务部门对审计报告、审计决定书等审计项目材料的复核情况和意见；

（七）审理机构对审计项目的审理情况和意见；

（八）审计机关对审计报告的审定过程和结论；

（九）审计人员未能遵守本准则规定的约束性条款及其原因；

（十）因外部因素使审计任务无法完成的原因及影响；

（十一）其他重要管理事项。

重要管理事项记录可以使用被审计单位承诺书、审计机关内部审批文稿、会议记录、会议纪要、审理意见书或者其他书面形式。

第四节　重大违法行为检查

第一百一十二条　审计人员执行审计业务时，应当保持职业谨慎，充分关注可能存在的重大违法行为。

第一百一十三条　本准则所称重大违法行为是指被审计单位和相关人员违反法律、法规、涉及金额比较大、造成国家重大经济损失或者对社会造成重大不良影响的行为。

第一百一十四条　审计人员检查重大违法行为，应当评估被审计单位和相关人员实施重大违法行为的动机、性质、后果和违法构成。

第一百一十五条　审计人员调查了解被审计单位及其相关情况时，可以重点了解可能与重大违法行为有关的下列事项：

（一）被审计单位所在行业发生重大违法行为的状况；

（二）有关的法律、法规及其执行情况；

（三）监管部门已经发现和了解的与被审计单位有关的重大违法行为的事实或者线索；

（四）可能形成重大违法行为的动机和原因；

（五）相关的内部控制及其执行情况；

（六）其他情况。

第一百一十六条　审计人员可以通过关注下列情况，判断可能存在的重大违法行为：

（一）具体经济活动中存在的异常事项；

（二）财务和非财务数据中反映出的异常变化；

（三）有关部门提供的线索和群众举报；

（四）公众、媒体的反映和报道；

（五）其他情况。

第一百一十七条　审计人员根据被审计单位实际情况、工作经验和审计发现的异常现象，判断可能存在重大违法行为的性质，并确定检查重点。

审计人员在检查重大违法行为时，应当关注重大违法行为的高发领域和环节。

第一百一十八条　发现重大违法行为的线索，审计组或者审计机关可以采取下列应对措施：

（一）增派具有相关经验和能力的人员；

（二）避免让有关单位和人员事先知晓检查的时间、事项、范围和方式；

（三）扩大检查范围，使其能够覆盖重大违法行为可能涉及的领域；

（四）获取必要的外部证据；

（五）依法采取保全措施；

（六）提请有关机关予以协助和配合；

（七）向政府和有关部门报告；

（八）其他必要的应对措施。

第五章　审计报告

第一节　审计报告的形式和内容

第一百一十九条　审计报告包括审计机关进行审计后出具的审计报告以及专项审计调查后出具的专项审计调查报告。

第一百二十条　审计组实施审计或者专项审计调查后，应当向派出审计组的审计机关提交审计报告。审计机关审定审计组的审计报告后，应当出具审计机关的审计报告。遇有特殊情况，审计机关可以不向被调查单位出具专项审计调查报告。

第一百二十一条　审计报告应当内容完整、事实清楚、结论正确、用词恰当、格式规范。

第一百二十二条 审计机关的审计报告（审计组的审计报告）包括下列基本要素：

（一）标题；

（二）文号（审计组的审计报告不含此项）；

（三）被审计单位名称；

（四）审计项目名称；

（五）内容；

（六）审计机关名称（审计组名称及审计组组长签名）；

（七）签发日期（审计组向审计机关提交报告的日期）。

经济责任审计报告还包括被审计人员姓名及所担任职务。

第一百二十三条 审计报告的内容主要包括：

（一）审计依据，即实施审计所依据的法律、法规规定；

（二）实施审计的基本情况，一般包括审计范围、内容、方式和实施的起止时间；

（三）被审计单位基本情况；

（四）审计评价意见，即根据不同的审计目标，以适当、充分的审计证据为基础发表的评价意见；

（五）以往审计决定执行情况和审计建议采纳情况；

（六）审计发现的被审计单位违反国家规定的财政收支、财务收支行为和其他重要问题的事实、定性、处理处罚意见以及依据的法律、法规和标准；

（七）审计发现的移送处理事项的事实和移送处理意见，但是涉嫌犯罪等不宜让被审计单位知悉的事项除外；

（八）针对审计发现的问题，根据需要提出的改进建议。

审计期间被审计单位对审计发现的问题已经整改的，审计报告还应当包括有关整改情况。

经济责任审计报告还应当包括被审计人员履行经济责任的基本情况，以及被审计人员对审计发现问题承担的责任。

核查社会审计机构相关审计报告发现的问题，应当在审计报告中一并反映。

第一百二十四条 采取跟踪审计方式实施审计的，审计组在跟踪审计过程中发现的问题，应当以审计机关的名义及时向被审计单位通报，并要求其整改。

跟踪审计实施工作全部结束后，应当以审计机关的名义出具审计报告。审计报告应当反映审计发现但尚未整改的问题，以及已经整改的重要问题及其整改情况。

第一百二十五条 专项审计调查报告除符合审计报告的要素和内容要求外，还应当根据专项审计调查目标重点分析宏观性、普遍性、政策性或者体制、机制问题并提出改进建议。

第一百二十六条　对审计或者专项审计调查中发现被审计单位违反国家规定的财政收支、财务收支行为，依法应当由审计机关在法定职权范围内作出处理处罚决定的，审计机关应当出具审计决定书。

第一百二十七条　审计决定书的内容主要包括：

（一）审计的依据、内容和时间；

（二）违反国家规定的财政收支、财务收支行为的事实、定性、处理处罚决定以及法律、法规依据；

（三）处理处罚决定执行的期限和被审计单位书面报告审计决定执行结果等要求；

（四）依法提请政府裁决或者申请行政复议、提起行政诉讼的途径和期限。

第一百二十八条　审计或者专项审计调查发现的依法需要移送其他有关主管机关或者单位纠正、处理处罚或者追究有关人员责任的事项，审计机关应当出具审计移送处理书。

第一百二十九条　审计移送处理书的内容主要包括：

（一）审计的时间和内容；

（二）依法需要移送有关主管机关或者单位纠正、处理处罚或者追究有关人员责任事项的事实、定性及其依据和审计机关的意见；

（三）移送的依据和移送处理说明，包括将处理结果书面告知审计机关的说明；

（四）所附的审计证据材料。

第一百三十条　出具对国际组织、外国政府及其机构援助、贷款项目的审计报告，按照审计机关的相关规定执行。

第二节　审计报告的编审

第一百三十一条　审计组在起草审计报告前，应当讨论确定下列事项：

（一）评价审计目标的实现情况；

（二）审计实施方案确定的审计事项完成情况；

（三）评价审计证据的适当性和充分性；

（四）提出审计评价意见；

（五）评估审计发现问题的重要性；

（六）提出对审计发现问题的处理处罚意见；

（七）其他有关事项。

审计组应当对讨论前款事项的情况及其结果作出记录。

第一百三十二条　审计组组长应当确认审计工作底稿和审计证据已经审核，并从总体上评价审计证据的适当性和充分性。

第一百三十三条　审计组根据不同的审计目标，以审计认定的事实为基础，在防范审计风险的情况下,按照重要性原则,从真实性、合法性、效益性方面提出审计评价意见。

审计组应当只对所审计的事项发表审计评价意见。对审计过程中未涉及、审计证据不适当或者不充分、评价依据或者标准不明确以及超越审计职责范围的事项,不得发表审计评价意见。

第一百三十四条　审计组应当根据审计发现问题的性质、数额及其发生的原因和审计报告的使用对象,评估审计发现问题的重要性,如实在审计报告中予以反映。

第一百三十五条　审计组对审计发现的问题提出处理处罚意见时,应当关注下列因素:

(一)法律、法规的规定;

(二)审计职权范围:属于审计职权范围的,直接提出处理处罚意见,不属于审计职权范围的,提出移送处理意见;

(三)问题的性质、金额、情节、原因和后果;

(四)对同类问题处理处罚的一致性;

(五)需要关注的其他因素。

审计发现被审计单位信息系统存在重大漏洞或者不符合国家规定的,应当责成被审计单位在规定期限内整改。

第一百三十六条　审计组应当针对经济责任审计发现的问题,根据被审计人员履行职责情况,界定其应当承担的责任。

第一百三十七条　审计组实施审计或者专项审计调查后,应当提出审计报告,按照审计机关规定的程序审批后,以审计机关的名义征求被审计单位、被调查单位和拟处罚的有关责任人员的意见。

经济责任审计报告还应当征求被审计人员的意见;必要时,征求有关干部监督管理部门的意见。

审计报告中涉及的重大经济案件调查等特殊事项,经审计机关主要负责人批准,可以不征求被审计单位或者被审计人员的意见。

第一百三十八条　被审计单位、被调查单位、被审计人员或者有关责任人员对征求意见的审计报告有异议的,审计组应当进一步核实,并根据核实情况对审计报告作出必要的修改。

审计组应当对采纳被审计单位、被调查单位、被审计人员、有关责任人员意见的情况和原因,或者上述单位或人员未在法定时间内提出书面意见的情况作出书面说明。

第一百三十九条　对被审计单位或者被调查单位违反国家规定的财政收支、财务收支行为,依法应当由审计机关进行处理处罚的,审计组应当起草审计决定书。

对依法应当由其他有关部门纠正、处理处罚或者追究有关责任人员责任的事项，审计组应当起草审计移送处理书。

第一百四十条　审计组应当将下列材料报送审计机关业务部门复核：

（一）审计报告；

（二）审计决定书；

（三）被审计单位、被调查单位、被审计人员或者有关责任人员对审计报告的书面意见及审计组采纳情况的书面说明；

（四）审计实施方案；

（五）调查了解记录、审计工作底稿、重要管理事项记录、审计证据材料；

（六）其他有关材料。

第一百四十一条　审计机关业务部门应当对下列事项进行复核，并提出书面复核意见：

（一）审计目标是否实现；

（二）审计实施方案确定的审计事项是否完成；

（三）审计发现的重要问题是否在审计报告中反映；

（四）事实是否清楚、数据是否正确；

（五）审计证据是否适当、充分；

（六）审计评价、定性、处理处罚和移送处理意见是否恰当，适用法律、法规和标准是否适当；

（七）被审计单位、被调查单位、被审计人员或者有关责任人员提出的合理意见是否采纳；

（八）需要复核的其他事项。

第一百四十二条　审计机关业务部门应当将复核修改后的审计报告、审计决定书等审计项目材料连同书面复核意见，报送审理机构审理。

第一百四十三条　审理机构以审计实施方案为基础，重点关注审计实施的过程及结果，主要审理下列内容：

（一）审计实施方案确定的审计事项是否完成；

（二）审计发现的重要问题是否在审计报告中反映；

（三）主要事实是否清楚、相关证据是否适当、充分；

（四）适用法律、法规和标准是否适当；

（五）评价、定性、处理处罚意见是否恰当；

（六）审计程序是否符合规定。

第一百四十四条　审理机构审理时，应当就有关事项与审计组及相关业务部门进行沟通。

必要时，审理机构可以参加审计组与被审计单位交换意见的会议，或者向被审计单位和有关人员了解相关情况。

第一百四十五条 审理机构审理后，可以根据情况采取下列措施：

（一）要求审计组补充重要审计证据；

（二）对审计报告、审计决定书进行修改。

审理过程中遇有复杂问题的，经审计机关负责人同意后，审理机构可以组织专家进行论证。

审理机构审理后，应当出具审理意见书。

第一百四十六条 审理机构将审理后的审计报告、审计决定书连同审理意见书报送审计机关负责人。

第一百四十七条 审计报告、审计决定书原则上应当由审计机关审计业务会议审定；特殊情况下，经审计机关主要负责人授权，可以由审计机关其他负责人审定。

第一百四十八条 审计决定书经审定，处罚的事实、理由、依据、决定与审计组征求意见的审计报告不一致并且加重处罚的，审计机关应当依照有关法律、法规的规定及时告知被审计单位、被调查单位和有关责任人员，并听取其陈述和申辩。

第一百四十九条 对于拟作出罚款的处罚决定，符合法律、法规规定的听证条件的，审计机关应当依照有关法律、法规的规定履行听证程序。

第一百五十条 审计报告、审计决定书经审计机关负责人签发后，按照下列要求办理：

（一）审计报告送达被审计单位、被调查单位；

（二）经济责任审计报告送达被审计单位和被审计人员；

（三）审计决定书送达被审计单位、被调查单位、被处罚的有关责任人员。

第三节　专题报告与综合报告

第一百五十一条 审计机关在审计中发现的下列事项，可以采用专题报告、审计信息等方式向本级政府、上一级审计机关报告：

（一）涉嫌重大违法犯罪的问题；

（二）与国家财政收支、财务收支有关政策及其执行中存在的重大问题；

（三）关系国家经济安全的重大问题；

（四）关系国家信息安全的重大问题；

（五）影响人民群众经济利益的重大问题；

（六）其他重大事项。

第一百五十二条 专题报告应当主题突出、事实清楚、定性准确、建议适当。

审计信息应当事实清楚、定性准确、内容精炼、格式规范、反映及时。

第一百五十三条　审计机关统一组织审计项目的，可以根据需要汇总审计情况和结果，编制审计综合报告。必要时，审计综合报告应当征求有关主管机关的意见。

审计综合报告按照审计机关规定的程序审定后，向本级政府和上一级审计机关报送，或者向有关部门通报。

第一百五十四条　审计机关实施经济责任审计项目后，应当按照相关规定，向本级政府行政首长和有关干部监督管理部门报告经济责任审计结果。

第一百五十五条　审计机关依照法律、法规的规定，每年汇总对本级预算执行情况和其他财政收支情况的审计报告，形成审计结果报告，报送本级政府和上一级审计机关。

第一百五十六条　审计机关依照法律、法规的规定，代本级政府起草本级预算执行情况和其他财政收支情况的审计工作报告（稿），经本级政府行政首长审定后，受本级政府委托向本级人民代表大会常务委员会报告。

第四节　审计结果公布

第一百五十七条　审计机关依法实行公告制度。审计机关的审计结果、审计调查结果依法向社会公布。

第一百五十八条　审计机关公布的审计和审计调查结果主要包括下列信息：

（一）被审计（调查）单位基本情况；

（二）审计（调查）评价意见；

（三）审计（调查）发现的主要问题；

（四）处理处罚决定及审计（调查）建议；

（五）被审计（调查）单位的整改情况。

第一百五十九条　在公布审计和审计调查结果时，审计机关不得公布下列信息：

（一）涉及国家秘密、商业秘密的信息；

（二）正在调查、处理过程中的事项；

（三）依照法律、法规的规定不予公开的其他信息。

涉及商业秘密的信息，经权利人同意或者审计机关认为不公布可能对公共利益造成重大影响的，可以予以公布。

审计机关公布审计和审计调查结果应当客观公正。

第一百六十条　审计机关公布审计和审计调查结果，应当指定专门机构统一办理，履行规定的保密审查和审核手续，报经审计机关主要负责人批准。

审计机关内设机构、派出机构和个人，未经授权不得向社会公布审计和审计调查结果。

第一百六十一条　审计机关统一组织不同级次审计机关参加的审计项目，其审计和审计调查结果原则上由负责该项目组织工作的审计机关统一对外公布。

第一百六十二条　审计机关公布审计和审计调查结果按照国家有关规定需要报批的，未经批准不得公布。

第五节　审计整改检查

第一百六十三条　审计机关应当建立审计整改检查机制，督促被审计单位和其他有关单位根据审计结果进行整改。

第一百六十四条　审计机关主要检查或者了解下列事项：

（一）执行审计机关作出的处理处罚决定情况；

（二）对审计机关要求自行纠正事项采取措施的情况；

（三）根据审计机关的审计建议采取措施的情况；

（四）对审计机关移送处理事项采取措施的情况。

第一百六十五条　审计组在审计实施过程中，应当及时督促被审计单位整改审计发现的问题。

审计机关在出具审计报告、作出审计决定后，应当在规定的时间内检查或者了解被审计单位和其他有关单位的整改情况。

第一百六十六条　审计机关可以采取下列方式检查或者了解被审计单位和其他有关单位的整改情况：

（一）实地检查或者了解；

（二）取得并审阅相关书面材料；

（三）其他方式。

对于定期审计项目，审计机关可以结合下一次审计，检查或者了解被审计单位的整改情况。

检查或者了解被审计单位和其他有关单位的整改情况应当取得相关证明材料。

第一百六十七条　审计机关指定的部门负责检查或者了解被审计单位和其他有关单位整改情况，并向审计机关提出检查报告。

第一百六十八条　检查报告的内容主要包括：

（一）检查工作开展情况，主要包括检查时间、范围、对象和方式等；

（二）被审计单位和其他有关单位的整改情况；

（三）没有整改或者没有完全整改事项的原因和建议。

第一百六十九条　审计机关对被审计单位没有整改或者没有完全整改的事项，依法采取必要措施。

第一百七十条　审计机关对审计决定书中存在的重要错误事项，应当予以纠正。

第一百七十一条　审计机关汇总审计整改情况，向本级政府报送关于审计工作报告中指出问题的整改情况的报告。

第六章 审计质量控制和责任

第一百七十二条 审计机关应当建立审计质量控制制度，以保证实现下列目标：

（一）遵守法律、法规和本准则；

（二）作出恰当的审计结论；

（三）依法进行处理处罚。

第一百七十三条 审计机关应当针对下列要素建立审计质量控制制度：

（一）审计质量责任；

（二）审计职业道德；

（三）审计人力资源；

（四）审计业务执行；

（五）审计质量监控。

对前款第二、三、四项应当按照本准则第二至五章的有关要求建立审计质量控制制度。

第一百七十四条 审计机关实行审计组成员、审计组主审、审计组组长、审计机关业务部门、审理机构、总审计师和审计机关负责人对审计业务的分级质量控制。

第一百七十五条 审计组成员的工作职责包括：

（一）遵守本准则，保持审计独立性；

（二）按照分工完成审计任务，获取审计证据；

（三）如实记录实施的审计工作并报告工作结果；

（四）完成分配的其他工作。

第一百七十六条 审计组成员应当对下列事项承担责任：

（一）未按审计实施方案实施审计导致重大问题未被发现的；

（二）未按照本准则的要求获取审计证据导致审计证据不适当、不充分的；

（三）审计记录不真实、不完整的；

（四）对发现的重要问题隐瞒不报或者不如实报告的。

第一百七十七条 审计组组长的工作职责包括：

（一）编制或者审定审计实施方案；

（二）组织实施审计工作；

（三）督导审计组成员的工作；

（四）审核审计工作底稿和审计证据；

（五）组织编制并审核审计组起草的审计报告、审计决定书、审计移送处理书、专题报告、审计信息；

（六）配置和管理审计组的资源；

(七)审计机关规定的其他职责。

第一百七十八条 审计组组长应当从下列方面督导审计组成员的工作:

(一)将具体审计事项和审计措施等信息告知审计组成员,并与其讨论;

(二)检查审计组成员的工作进展,评估审计组成员的工作质量,并解决工作中存在的问题;

(三)给予审计组成员必要的培训和指导。

第一百七十九条 审计组组长应当对审计项目的总体质量负责,并对下列事项承担责任:

(一)审计实施方案编制或者组织实施不当,造成审计目标未实现或者重要问题未被发现的;

(二)审核未发现或者未纠正审计证据不适当、不充分问题的;

(三)审核未发现或者未纠正审计工作底稿不真实、不完整问题的;

(四)得出的审计结论不正确的;

(五)审计组起草的审计文书和审计信息反映的问题严重失实的;

(六)提出的审计处理处罚意见或者移送处理意见不正确的;

(七)对审计组发现的重要问题隐瞒不报或者不如实报告的;

(八)违反法定审计程序的。

第一百八十条 根据工作需要,审计组可以设立主审。主审根据审计分工和审计组组长的委托,主要履行下列职责:

(一)起草审计实施方案、审计文书和审计信息;

(二)对主要审计事项进行审计查证;

(三)协助组织实施审计;

(四)督导审计组成员的工作;

(五)审核审计工作底稿和审计证据;

(六)组织审计项目归档工作;

(七)完成审计组组长委托的其他工作。

第一百八十一条 审计组组长将其工作职责委托给主审或者审计组其他成员的,仍应当对委托事项承担责任。受委托的成员在受托范围内承担相应责任。

第一百八十二条 审计机关业务部门的工作职责包括:

(一)提出审计组组长人选;

(二)确定聘请外部人员事宜;

(三)指导、监督审计组的审计工作;

(四)复核审计报告、审计决定书等审计项目材料;

（五）审计机关规定的其他职责。

业务部门统一组织审计项目的，应当承担编制审计工作方案，组织、协调审计实施和汇总审计结果的职责。

第一百八十三条　审计机关业务部门应当及时发现和纠正审计组工作中存在的重要问题，并对下列事项承担责任：

（一）对审计组请示的问题未及时采取适当措施导致严重后果的；

（二）复核未发现审计报告、审计决定书等审计项目材料中存在的重要问题的；

（三）复核意见不正确的；

（四）要求审计组不在审计文书和审计信息中反映重要问题的。

业务部门对统一组织审计项目的汇总审计结果出现重大错误、造成严重不良影响的事项承担责任。

第一百八十四条　审计机关审理机构的工作职责包括：

（一）审查修改审计报告、审计决定书；

（二）提出审理意见；

（三）审计机关规定的其他职责。

第一百八十五条　审计机关审理机构对下列事项承担责任：

（一）审理意见不正确的；

（二）对审计报告、审计决定书作出的修改不正确的；

（三）审理时应当发现而未发现重要问题的。

第一百八十六条　审计机关负责人的工作职责包括：

（一）审定审计项目目标、范围和审计资源的配置；

（二）指导和监督检查审计工作；

（三）审定审计文书和审计信息；

（四）审计管理中的其他重要事项。

审计机关负责人对审计项目实施结果承担最终责任。

第一百八十七条　审计机关对审计人员违反法律、法规和本准则的行为，应当按照相关规定追究其责任。

第一百八十八条　审计机关应当按照国家有关规定，建立健全审计项目档案管理制度，明确审计项目归档要求、保存期限、保存措施、档案利用审批程序等。

第一百八十九条　审计项目归档工作实行审计组组长负责制，审计组组长应当确定立卷责任人。

立卷责任人应当收集审计项目的文件材料，并在审计项目终结后及时立卷归档，由审计组组长审查验收。

第一百九十条　审计机关实行审计业务质量检查制度，对其业务部门、派出机构和下级审计机关的审计业务质量进行检查。

第一百九十一条　审计机关可以通过查阅有关文件和审计档案、询问相关人员等方式、方法，检查下列事项：

（一）建立和执行审计质量控制制度的情况；

（二）审计工作中遵守法律、法规和本准则的情况；

（三）与审计业务质量有关的其他事项。

审计业务质量检查应当重点关注审计结论的恰当性、审计处理处罚意见的合法性和适当性。

第一百九十二条　审计机关开展审计业务质量检查，应当向被检查单位通报检查结果。

第一百九十三条　审计机关在审计业务质量检查中，发现被检查的派出机构或者下级审计机关应当作出审计决定而未作出的，可以依法直接或者责成其在规定期限内作出审计决定；发现其作出的审计决定违反国家有关规定的，可以依法直接或者责成其在规定期限内变更、撤销审计决定。

第一百九十四条　审计机关应当对其业务部门、派出机构实行审计业务年度考核制度，考核审计质量控制目标的实现情况。

第一百九十五条　审计机关可以定期组织优秀审计项目评选，对被评为优秀审计项目的予以表彰。

第一百九十六条　审计机关应当对审计质量控制制度及其执行情况进行持续评估，及时发现审计质量控制制度及其执行中存在的问题，并采取措施加以纠正或者改进。

审计机关可以结合日常管理工作或者通过开展审计业务质量检查、考核和优秀审计项目评选等方式，对审计质量控制制度及其执行情况进行持续评估。

第七章　附则

第一百九十七条　审计机关和审计人员开展下列工作，不适用本准则的规定：

（一）配合有关部门查处案件；

（二）与有关部门共同办理检查事项；

（三）接受交办或者接受委托办理不属于法定审计职责范围的事项。

第一百九十八条　地方审计机关可以根据本地实际情况，在遵循本准则规定的基础上制定实施细则。

第一百九十九条　本准则由审计署负责解释。

第二百条　本准则自 2011 年 1 月 1 日起施行。

第二节　审计报告与上级审计机关的监督

一、审计组的审计报告

（一）《中华人民共和国审计法》的规定

第四十四条　审计组对审计事项实施审计后，应当向审计机关提出审计组的审计报告。审计组的审计报告报送审计机关前，应当征求被审计单位的意见。被审计单位应当自接到审计组的审计报告之日起十日内，将其书面意见送交审计组。审计组应当将被审计单位的书面意见一并报送审计机关。

（二）《中华人民共和国审计法实施条例》的规定

第三十九条　审计组向审计机关提出审计报告前，应当书面征求被审计单位意见。被审计单位应当自接到审计组的审计报告之日起10日内，提出书面意见；10日内未提出书面意见的，视同无异议。

审计组应当针对被审计单位提出的书面意见，进一步核实情况，对审计组的审计报告作必要修改，连同被审计单位的书面意见一并报送审计机关。

第四十五条　审计机关应当按照国家有关规定建立、健全审计档案制度。

二、审计机关的审计报告

（一）《中华人民共和国审计法》的规定

第四十五条　审计机关按照审计署规定的程序对审计组的审计报告进行审议，并对被审计单位对审计组的审计报告提出的意见一并研究后，出具审计机关的审计报告。对违反国家规定的财政收支、财务收支行为，依法应当给予处理、处罚的，审计机关在法定职权范围内作出审计决定；需要移送有关主管机关、单位处理、处罚的，审计机关应当依法移送。

审计机关应当将审计机关的审计报告和审计决定送达被审计单位和有关主管机关、单位，并报上一级审计机关。审计决定自送达之日起生效。

(二)《中华人民共和国审计法实施条例》的规定

第四十条 审计机关有关业务机构和专门机构或者人员对审计组的审计报告以及相关审计事项进行复核、审理后,由审计机关按照下列规定办理:

(一)提出审计机关的审计报告,内容包括:对审计事项的审计评价,对违反国家规定的财政收支、财务收支行为提出的处理、处罚意见,移送有关主管机关、单位的意见,改进财政收支、财务收支管理工作的意见;

(二)对违反国家规定的财政收支、财务收支行为,依法应当给予处理、处罚的,在法定职权范围内作出处理、处罚的审计决定;

(三)对依法应当追究有关人员责任的,向有关主管机关、单位提出给予处分的建议;对依法应当由有关主管机关处理、处罚的,移送有关主管机关;涉嫌犯罪的,移送司法机关。

第四十一条 审计机关在审计中发现损害国家利益和社会公共利益的事项,但处理、处罚依据又不明确的,应当向本级人民政府和上一级审计机关报告。

第四十二条 被审计单位应当按照审计机关规定的期限和要求执行审计决定。对应当上缴的款项,被审计单位应当按照财政管理体制和国家有关规定缴入国库或者财政专户。审计决定需要有关主管机关、单位协助执行的,审计机关应当书面提请协助执行。

第四十六条 审计机关送达审计文书,可以直接送达,也可以邮寄送达或者以其他方式送达。直接送达的,以被审计单位在送达回证上注明的签收日期或者见证人证明的收件日期为送达日期;邮寄送达的,以邮政回执上注明的收件日期为送达日期;以其他方式送达的,以签收或者收件日期为送达日期。

审计机关的审计文书的种类、内容和格式,由审计署规定。

三、上级审计机关对下级审计机关的监督

(一)《中华人民共和国审计法》的规定

第四十六条 上级审计机关认为下级审计机关作出的审计决定违反国家有关规定的,可以责成下级审计机关予以变更或者撤销,必要时也可以直接作出变更或者撤销的决定。

(二)《中华人民共和国审计法实施条例》的规定

第四十三条 上级审计机关应当对下级审计机关的审计业务依法进行监督。

下级审计机关作出的审计决定违反国家有关规定的,上级审计机关可以责成下级审

计机关予以变更或者撤销，也可以直接作出变更或者撤销的决定；审计决定被撤销后需要重新作出审计决定的，上级审计机关可以责成下级审计机关在规定的期限内重新作出审计决定，也可以直接作出审计决定。

下级审计机关应当作出而没有作出审计决定的，上级审计机关可以责成下级审计机关在规定的期限内作出审计决定，也可以直接作出审计决定。

第六章 法律责任

第一节 提供资料与破坏资料的法律责任

一、违反资料提供义务的法律责任

(一)《中华人民共和国审计法》的规定

第四十七条 被审计单位违反本法规定,拒绝、拖延提供与审计事项有关的资料的,或者提供的资料不真实、不完整的,或者拒绝、阻碍检查、调查、核实有关情况的,由审计机关责令改正,可以通报批评,给予警告;拒不改正的,依法追究法律责任。

(二)《中华人民共和国审计法实施条例》的规定

第四十七条 被审计单位违反审计法和本条例的规定,拒绝、拖延提供与审计事项有关的资料,或者提供的资料不真实、不完整,或者拒绝、阻碍检查的,由审计机关责令改正,可以通报批评,给予警告;拒不改正的,对被审计单位可以处5万元以下的罚款,对直接负责的主管人员和其他直接责任人员,可以处2万元以下的罚款,审计机关认为应当给予处分的,向有关主管机关、单位提出给予处分的建议;构成犯罪的,依法追究刑事责任。

二、破坏资料的法律责任

《中华人民共和国审计法》第四十八条规定:被审计单位违反本法规定,转移、隐匿、篡改、毁弃财务、会计资料以及与财政收支、财务收支有关的业务、管理等资料,或者转移、隐匿、故意毁损所持有的违反国家规定取得的资产,审计机关认为对直接负责的主管人员和其他直接责任人员依法应当给予处分的,应当向被审计单位提出处理建议,或者移送监察机关和有关主管机关、单位处理,有关机关、单位应当将处理结果书面告知审计机关;构成犯罪的,依法追究刑事责任。

第二节 对预算违法和财务违法采取的措施

一、对预算违法采取的措施

(一)《中华人民共和国审计法》的规定

第四十九条 对本级各部门(含直属单位)和下级政府违反预算的行为或者其他违反国家规定的财政收支行为,审计机关、人民政府或者有关主管机关、单位在法定职权范围内,依照法律、行政法规的规定,区别情况采取下列处理措施:

(一)责令限期缴纳应当上缴的款项;

(二)责令限期退还被侵占的国有资产;

(三)责令限期退还违法所得;

(四)责令按照国家统一的财务、会计制度的有关规定进行处理;

(五)其他处理措施。

(二)《中华人民共和国审计法实施条例》的规定

第四十八条 对本级各部门(含直属单位)和下级人民政府违反预算的行为或者其他违反国家规定的财政收支行为,审计机关在法定职权范围内,依照法律、行政法规的规定,区别情况采取审计法第四十五条规定的处理措施。

二、对财务违法采取的措施

(一)《中华人民共和国审计法》的规定

第五十条 对被审计单位违反国家规定的财务收支行为,审计机关、人民政府或者有关主管机关、单位在法定职权范围内,依照法律、行政法规的规定,区别情况采取前条规定的处理措施,并可以依法给予处罚。

(二)《中华人民共和国审计法实施条例》的规定

第四十九条 对被审计单位违反国家规定的财务收支行为,审计机关在法定职权范围内,区别情况采取审计法第四十五条规定的处理措施,可以通报批评,给予警告;有违法所得的,没收违法所得,并处违法所得1倍以上5倍以下的罚款;没有违法所得的,可以处5万元以下的罚款;对直接负责的主管人员和其他直接责任人员,可以处2万元以下的罚款，审计机关认为应当给予处分的，向有关主管机关、单位提出给予处分的建议；构成犯罪的，依法追究刑事责任。

法律、行政法规对被审计单位违反国家规定的财务收支行为处理、处罚另有规定的，从其规定。

第三节 审计决定的执行与整改报告

一、审计决定的执行

《中华人民共和国审计法》第五十一条规定：审计机关在法定职权范围内作出的审计决定，被审计单位应当执行。

审计机关依法责令被审计单位缴纳应当上缴的款项，被审计单位拒不执行的，审计机关应当通报有关主管机关、单位，有关主管部门应当依照有关法律、行政法规的规定予以扣缴或者采取其他处理措施，并将处理结果书面告知审计机关。

二、整改报告

（一）《中华人民共和国审计法》的规定

第五十二条 被审计单位应当按照规定时间整改审计查出的问题，将整改情况报告审计机关，同时向本级人民政府或者有关主管机关、单位报告，并按照规定向社会公布。

各级人民政府和有关主管机关、单位应当督促被审计单位整改审计查出的问题。审计机关应当对被审计单位整改情况进行跟踪检查。

审计结果以及整改情况应当作为考核、任免、奖惩领导干部和制定政策、完善制度的重要参考；拒不整改或者整改时弄虚作假的，依法追究法律责任。

（二）《中华人民共和国审计法实施条例》的规定

第五十一条 审计机关提出的对被审计单位给予处理、处罚的建议以及对直接负责的主管人员和其他直接责任人员给予处分的建议，有关主管机关、单位应当依法及时作出决定，并将结果书面通知审计机关。

第四节　权利救济与审计处理建议

一、复议与诉讼

（一）《中华人民共和国审计法》的规定

第五十三条　被审计单位对审计机关作出的有关财务收支的审计决定不服的，可以依法申请行政复议或者提起行政诉讼。

被审计单位对审计机关作出的有关财政收支的审计决定不服的，可以提请审计机关的本级人民政府裁决，本级人民政府的裁决为最终决定。

（二）《中华人民共和国审计法实施条例》的规定

第五十条　审计机关在作出较大数额罚款的处罚决定前，应当告知被审计单位和有关人员有要求举行听证的权利。较大数额罚款的具体标准由审计署规定。

第五十二条　被审计单位对审计机关依照审计法第十六条、第十七条和本条例第十五条规定进行审计监督作出的审计决定不服的，可以自审计决定送达之日起60日内，提请审计机关的本级人民政府裁决，本级人民政府的裁决为最终决定。

审计机关应当在审计决定中告知被审计单位提请裁决的途径和期限。

裁决期间，审计决定不停止执行。但是，有下列情形之一的，可以停止执行：

（一）审计机关认为需要停止执行的；

（二）受理裁决的人民政府认为需要停止执行的；

（三）被审计单位申请停止执行，受理裁决的人民政府认为其要求合理，决定停止执行的。

裁决由本级人民政府法制机构办理。裁决决定应当自接到提请之日起60日内作出；有特殊情况需要延长的，经法制机构负责人批准，可以适当延长，并告知审计机关和提请裁决的被审计单位，但延长的期限不得超过30日。

第五十三条　除本条例第五十二条规定的可以提请裁决的审计决定外，被审计单位对审计机关作出的其他审计决定不服的，可以依法申请行政复议或者提起行政诉讼。

审计机关应当在审计决定中告知被审计单位申请行政复议或者提起行政诉讼的途径和期限。

（三）《审计机关审计听证规定》（2021年审计署令第14号）

第一条 为规范审计机关的审计处罚程序，保证审计质量，维护公民、法人或者其他组织的合法权益，根据《中华人民共和国行政处罚法》和《中华人民共和国审计法》及其实施条例，制定本规定。

第二条 审计机关进行审计听证应当遵循公正、公平、公开的原则。

第三条 审计机关对被审计单位和有关责任人员（以下统称当事人）拟作出下列审计处罚的，应当向当事人送达审计听证告知书，告知当事人有要求听证的权利，当事人要求听证的，审计机关应当举行审计听证会：

（一）对被审计单位处以十万元以上或者对个人处以一万元以上罚款的；

（二）对被审计单位处以没收十万元以上违法所得的；

（三）法律、法规、规章规定的其他情形。

第四条 审计听证告知书主要包括以下内容：

（一）当事人的名称或者姓名；

（二）当事人违法的事实和证据；

（三）审计处罚的法律依据；

（四）审计处罚建议；

（五）当事人有要求审计听证的权利；

（六）当事人申请审计听证的期限；

（七）审计机关的名称（印章）和日期。

第五条 当事人要求举行审计听证会的，应当自收到审计听证告知书之日起五个工作日内，向审计机关提出书面申请，列明听证要求，并由当事人签名或者盖章。逾期不提出书面申请的，视为放弃审计听证权利。

第六条 审计机关应当在举行审计听证会七个工作日前向当事人及有关人员送达审计听证会通知书，通知当事人举行审计听证会的时间、地点，审计听证主持人、书记员姓名，并告知当事人有申请主持人、书记员回避的权利。

第七条 除涉及国家秘密、商业秘密或者个人隐私依法予以保密外，审计听证会应当公开举行。

第八条 审计听证会的主持人由审计机关负责人指定的非本案审计人员担任，负责审计听证会的组织、主持工作。

书记员可以由一至二人组成，由主持人指定，负责审计听证的记录工作，制作审计听证笔录。

第九条 当事人认为主持人或者书记员与本案有直接利害关系的，有权申请其回避并说明理由。

当事人申请主持人回避应当在审计听证会举行之前提出；申请书记员回避可以在审计听证会举行时提出。

当事人申请回避可以以书面形式提出，也可以以口头形式提出。以口头形式提出的，由书记员记录在案。

第十条　主持人的回避，由审计机关负责人决定；书记员的回避，由主持人决定。

相关回避情况应当记入审计听证笔录。

第十一条　当事人可以亲自参加审计听证，也可以委托一至二人代理参加审计听证。委托他人代理参加审计听证会的，代理人应当出具当事人的授权委托书。

当事人的授权委托书应当载明代理人的代理权限。

第十二条　当事人接到审计听证通知书后，本人或者其代理人不能按时参加审计听证会的，应当及时告知审计机关并说明理由。

当事人及其代理人无正当理由拒不出席听证或者未经许可中途退出听证的，视为放弃听证权利，审计机关终止听证。终止听证的情况应当记入审计听证笔录。

第十三条　书记员应当将审计听证的全部活动记入审计听证笔录。审计机关认为有必要的，可以对审计听证会情况进行录音、录像。

审计听证笔录应当交听证双方确认无误后签字或者盖章。当事人或者其代理人如认为笔录有差错，可以要求补正。当事人或者其代理人拒绝签字或者盖章的，由听证主持人在笔录中注明。

第十四条　审计听证会参加人和旁听人员应当遵守以下听证纪律：

（一）审计听证会参加人应当在主持人的主持下发言、提问、辩论；

（二）未经主持人允许，审计听证会参加人不得提前退席；

（三）未经主持人允许，任何人不得录音、录像或摄影；

（四）旁听人员要保持肃静，不得发言、提问或者议论。

第十五条　主持人在审计听证会主持过程中，有以下权利：

（一）对审计听证会参加人的不当辩论或者其他违反审计听证会纪律的行为予以制止、警告；

（二）对违反审计听证会纪律的旁听人员予以制止、警告、责令退席；

（三）对违反审计听证纪律的人员制止无效的，提请公安机关依法处置。

第十六条　审计听证会应当按照下列程序进行：

（一）主持人宣读审计听证会的纪律和应注意的事项；

（二）主持人宣布审计听证会开始；

（三）主持人宣布案由并宣读参加审计听证会的主持人、书记员、听证参加人的姓名、工作单位和职务；

（四）主持人告知当事人或者其代理人有申请书记员回避的权利，并询问当事人或者其代理人是否申请回避；

（五）本案审计人员提出当事人违法的事实、证据和审计处罚的法律依据以及审计处罚建议；

（六）当事人进行陈述、申辩；

（七）在主持人允许下，双方进行质证、辩论；

（八）双方作最后陈述；

（九）书记员将所作的笔录交听证双方当场确认并签字或者盖章；

（十）主持人宣布审计听证会结束。

第十七条　有下列情形之一的，可以延期举行审计听证会：

（一）当事人或者其代理人有正当理由未到场的；

（二）需要通知新的证人到场，或者有新的事实需要重新调查核实的；

（三）主持人应当回避，需要重新确定主持人的；

（四）其他需要延期的情形。

第十八条　审计听证会结束后，主持人应当将审计听证笔录、案卷材料等一并报送审计机关。

审计机关根据审计听证笔录以及有关审理意见，区别以下情形作出决定：

（一）确有应受审计处罚的违法行为的，根据情节轻重及具体情况，作出审计处罚；

（二）违法事实不能成立的，不予审计处罚；

（三）违法行为轻微，依法依规可以不予审计处罚的，不予审计处罚。

违法行为涉嫌犯罪的，审计机关应当依法依规移送监察机关或者司法机关处理。

第十九条　审计机关不得因当事人要求审计听证、在审计听证中进行申辩和质证而加重处罚。

第二十条　审计听证文书和有关资料应当归入相应的审计项目档案。

第二十一条　审计听证文书送达适用《中华人民共和国民事诉讼法》的有关规定。

第二十二条　本规定由审计署负责解释。

第二十三条　本规定自发布之日起施行。审计署于2000年1月28日发布的《审计机关审计听证的规定》（2000年审计署第1号令）同时废止。

附件：

1. 审计听证告知书（参考格式）

2. 审计听证会通知书（参考格式）

3. 审计听证笔录（参考格式）

附件 1

×××（审计机关全称）
审计听证告知书
审 × 听告〔××××〕×× 号
××× 关于 ××× 的审计听证告知书

_____：

　　经审计，发现你/你单位 ××× 行为违反了国家有关规定，拟依法对你/你单位处以 ××× 元的罚款/没收 ××× 元违法所得/×××（法律、法规、规章规定的其他情形）。现根据《中华人民共和国行政处罚法》第六十三条的规定和《审计机关审计听证规定》第三条、第五条的规定，告知你/你单位有权要求举行听证，你/你单位可以自收到本告知书之日起 5 个工作日内，向本机关提出书面申请，列明审计听证要求，并签名或者盖章。逾期不提出书面申请的，视为放弃审计听证权利。

　　附件：审计处罚依据的事实、证据和适用的法律、法规

（审计机关署名及印章）
××××年××月××日

附件 2

×××（审计机关全称）
审计听证会通知书
审 × 听通〔××××〕×× 号
××× 关于 ××× 的审计听证会通知书

_____：

　　你/你单位于 ××××年××月×× 日提出的听证要求收悉。经研究，决定于 ×××（时间）在 ×××（地点）举行审计听证会，请届时参加。

　　审计听证会的主持人为 ×××，书记员为 ×××。如果你/你单位认为主持人、书记员与本案有直接利害关系，有权申请其回避并说明理由。

　　你/你单位法定代表人可以亲自参加听证，也可以委托一至二人代理参加审计听证，代理人应当出具载明代理人的代理权限的授权委托书。

（审计机关署名及印章）
××××年××月××日

附件3

审计听证笔录

案由：
听证时间：　　年　月　日
听证地点：
听证主持人：　　　　　　　工作单位及职务：
书记员：　　　　　　　　　工作单位及职务：
当事人：　　　　　　　　　工作单位及职务：
法定代表人：
住址：
委托代理人：　　　　　　　工作单位及职务：
本案审计人员：　　　　　　工作单位及职务：
其他听证参加人：　　　　　工作单位及职务：

主持人：现在宣读审计听证会的纪律和应注意的事项（略）。听证会参与各方是否听清楚了上述内容？

当事人：

审计人员：

其他听证参加人：

主持人：我宣布×××关于×××××的审计听证会正式开始。现在宣读参加审计听证会的主持人、书记员和听证参加人的姓名、工作单位和职务（略）。当事人，你有申请书记员回避的权利，是否申请回避？

当事人：

主持人：请本案审计人员提出当事人违法的事实、证据和审计处罚的法律依据以及审计处罚建议。

审计人员：

主持人：请当事人进行陈述、申辩。

当事人：

主持人：审计人员、当事人现在可以进行质证、辩论。

审计人员：

当事人：

主持人：审计人员，请作最后陈述。

审计人员：

主持人：当事人，请作最后陈述。

当事人：

主持人：我宣布审计听证会结束。请听证双方与书记员核对、确认审计听证笔录，确认无误后，在笔录每一页下方签名或者盖章。

二、审计处理建议

（一）《中华人民共和国审计法》的规定

第五十四条　被审计单位的财政收支、财务收支违反国家规定，审计机关认为对直接负责的主管人员和其他直接责任人员依法应当给予处分的，应当向被审计单位提出处理建议，或者移送监察机关和有关主管机关、单位处理，有关机关、单位应当将处理结果书面告知审计机关。

（二）《中华人民共和国审计法实施条例》的规定

第五十四条　被审计单位应当将审计决定执行情况书面报告审计机关。审计机关应当检查审计决定的执行情况。

被审计单位不执行审计决定的，审计机关应当责令限期执行；逾期仍不执行的，审计机关可以申请人民法院强制执行，建议有关主管机关、单位对直接负责的主管人员和其他直接责任人员给予处分。

第五节　涉及审计人员的法律责任

一、追究刑事责任

（一）《中华人民共和国审计法》的规定

第五十五条　被审计单位的财政收支、财务收支违反法律、行政法规的规定，构成犯罪的，依法追究刑事责任。

（二）《中华人民共和国刑法》的规定

第一百六十一条　【违规披露、不披露重要信息罪】依法负有信息披露义务的公司、企业向股东和社会公众提供虚假的或者隐瞒重要事实的财务会计报告，或者对依法应当披露的其他重要信息不按照规定披露，严重损害股东或者其他人利益，或者有其他严重情节的，对其直接负责的主管人员和其他直接责任人员，处五年以下有期徒刑或者拘役，并处或者单处罚金；情节特别严重的，处五年以上十年以下有期徒刑，并处罚金。

前款规定的公司、企业的控股股东、实际控制人实施或者组织、指使实施前款行为的，或者隐瞒相关事项导致前款规定的情形发生的，依照前款的规定处罚。

犯前款罪的控股股东、实际控制人是单位的，对单位判处罚金，并对其直接负责的主管人员和其他直接责任人员，依照第一款的规定处罚。

第一百六十二条之一 【隐匿、故意销毁会计凭证、会计账簿、财务会计报告罪】隐匿或者故意销毁依法应当保存的会计凭证、会计账簿、财务会计报告，情节严重的，处五年以下有期徒刑或者拘役，并处或者单处二万元以上二十万元以下罚金。

单位犯前款罪的，对单位判处罚金，并对其直接负责的主管人员和其他直接责任人员，依照前款的规定处罚。

二、报复审计人员的法律责任

（一）《中华人民共和国审计法》的规定

第五十六条 报复陷害审计人员的，依法给予处分；构成犯罪的，依法追究刑事责任。

（二）《中华人民共和国刑法》的规定

第二百五十四条 【报复陷害罪】国家机关工作人员滥用职权、假公济私，对控告人、申诉人、批评人、举报人实行报复陷害的，处二年以下有期徒刑或者拘役；情节严重的，处二年以上七年以下有期徒刑。

第二百五十五条 【打击报复会计、统计人员罪】公司、企业、事业单位、机关、团体的领导人，对依法履行职责、抵制违反会计法、统计法行为的会计、统计人员实行打击报复，情节恶劣的，处三年以下有期徒刑或者拘役。

第三百零八条 【打击报复证人罪】对证人进行打击报复的，处三年以下有期徒刑或者拘役；情节严重的，处三年以上七年以下有期徒刑。

三、审计人员的法律责任

（一）《中华人民共和国审计法》的规定

第五十七条 审计人员滥用职权、徇私舞弊、玩忽职守或者泄露、向他人非法提供所知悉的国家秘密、工作秘密、商业秘密、个人隐私和个人信息的，依法给予处分；构成犯罪的，依法追究刑事责任。

(二)《中华人民共和国审计法实施条例》的规定

第五十五条 审计人员滥用职权、徇私舞弊、玩忽职守，或者泄露所知悉的国家秘密、商业秘密的，依法给予处分；构成犯罪的，依法追究刑事责任。

审计人员违法违纪取得的财物，依法予以追缴、没收或者责令退赔。

(三)《中华人民共和国刑法》规定

第三百九十七条 【滥用职权罪】【玩忽职守罪】国家机关工作人员滥用职权或者玩忽职守，致使公共财产、国家和人民利益遭受重大损失的，处三年以下有期徒刑或者拘役；情节特别严重的，处三年以上七年以下有期徒刑。本法另有规定的，依照规定。

国家机关工作人员徇私舞弊，犯前款罪的，处五年以下有期徒刑或者拘役；情节特别严重，处五年以上十年以下有期徒刑。本法另有规定的，依照规定。

第三百九十八条 【故意泄露国家秘密罪】【过失泄露国家秘密罪】国家机关工作人员违反保守国家秘密法的规定，故意或者过失泄露国家秘密，情节严重的，处三年以下有期徒刑或者拘役；情节特别严重的，处三年以上七年以下有期徒刑。

非国家机关工作人员犯前款罪的，依照前款的规定酌情处罚。

第七章　附则

一、经济责任审计

(一)《中华人民共和国审计法》的规定

第二十五条　审计机关按照国家有关规定,对国家机关和依法属于审计机关审计监督对象的其他单位的主要负责人,在任职期间对本地区、本部门或者本单位的财政收支、财务收支以及有关经济活动应负经济责任的履行情况,进行审计监督。

(二)《中华人民共和国审计法实施条例》的规定

第五十六条　本条例所称以上、以下,包括本数。

本条例第五十二条规定的期间的最后一日是法定节假日的,以节假日后的第一个工作日为期间届满日。审计法和本条例规定的其他期间以工作日计算,不含法定节假日。

第五十七条　实施经济责任审计的规定,另行制定。

(三)《党政主要领导干部和国有企事业单位主要领导人员经济责任审计规定》

第一章　总则

第一条　为了坚持和加强党对审计工作的集中统一领导,强化对党政主要领导干部和国有企事业单位主要领导人员(以下统称领导干部)的管理监督,促进领导干部履职尽责、担当作为,确保党中央令行禁止,根据《中华人民共和国审计法》和有关党内法规,制定本规定。

第二条　经济责任审计工作以马克思列宁主义、毛泽东思想、邓小平理论、"三个代表"重要思想、科学发展观、习近平新时代中国特色社会主义思想为指导,增强"四个意识"、坚定"四个自信"、做到"两个维护",认真落实党中央、国务院决策部署,紧紧围绕统筹推进"五位一体"总体布局和协调推进"四个全面"战略布局,贯彻新发展理念,聚焦经济责任,客观评价,揭示问题,促进经济高质量发展,促进全面深化改革,促进权力规范运行,促进反腐倡廉,推进国家治理体系和治理能力现代化。

第三条　本规定所称经济责任，是指领导干部在任职期间，对其管辖范围内贯彻执行党和国家经济方针政策、决策部署，推动经济和社会事业发展，管理公共资金、国有资产、国有资源，防控重大经济风险等有关经济活动应当履行的职责。

第四条　领导干部经济责任审计对象包括：

（一）地方各级党委、政府、纪检监察机关、法院、检察院的正职领导干部或者主持工作1年以上的副职领导干部；

（二）中央和地方各级党政工作部门、事业单位和人民团体等单位的正职领导干部或者主持工作1年以上的副职领导干部；

（三）国有和国有资本占控股地位或者主导地位的企业（含金融机构，以下统称国有企业）的法定代表人或者不担任法定代表人但实际行使相应职权的主要领导人员；

（四）上级领导干部兼任下级单位正职领导职务且不实际履行经济责任时，实际分管日常工作的副职领导干部；

（五）党中央和县级以上地方党委要求进行经济责任审计的其他主要领导干部。

第五条　领导干部履行经济责任的情况，应当依规依法接受审计监督。

经济责任审计可以在领导干部任职期间进行，也可以在领导干部离任后进行，以任职期间审计为主。

第六条　领导干部的经济责任审计按照干部管理权限确定。遇有干部管理权限与财政财务隶属关系等不一致时，由对领导干部具有干部管理权限的部门与同级审计机关共同确定实施审计的审计机关。

审计署审计长的经济责任审计，按照中央审计委员会的决定组织实施。地方审计机关主要领导干部的经济责任审计，由地方党委与上一级审计机关协商后，由上一级审计机关组织实施。

第七条　审计委员会办公室、审计机关依规依法独立实施经济责任审计，任何组织和个人不得拒绝、阻碍、干涉，不得打击报复审计人员。

对有意设置障碍、推诿拖延的，应当进行批评和通报；造成恶劣影响的，应当严肃问责追责。

第八条　审计委员会办公室、审计机关和审计人员对经济责任审计工作中知悉的国家秘密、商业秘密和个人隐私，负有保密义务。

第九条　各级党委和政府应当保证履行经济责任审计职责所必需的机构、人员和经费。

第二章　组织协调

第十条　各级党委和政府应当加强对经济责任审计工作的领导，建立健全经济责任审计工作联席会议（以下简称联席会议）制度。联席会议由纪检监察机关和组织、机构编制、审计、财政、人力资源社会保障、国有资产监督管理、金融监督管理等部门组成，召集人由审计委员会办公室主任担任。联席会议在同级审计委员会的领导下开展工作。

联席会议下设办公室，与同级审计机关内设的经济责任审计机构合署办公。办公室主任由同级审计机关的副职领导或者相当职务层次领导担任。

第十一条　联席会议主要负责研究拟订有关经济责任审计的制度文件，监督检查经济责任审计工作情况，协调解决经济责任审计工作中出现的问题，推进经济责任审计结果运用，指导下级联席会议的工作，指导和监督部门、单位内部管理领导干部经济责任审计工作，完成审计委员会交办的其他工作。

联席会议办公室负责联席会议的日常工作。

第十二条　经济责任审计应当有计划地进行，根据干部管理监督需要和审计资源等实际情况，对审计对象实行分类管理，科学制定经济责任审计中长期规划和年度审计项目计划，推进领导干部履行经济责任情况审计全覆盖。

第十三条　年度经济责任审计项目计划按照下列程序制定：

（一）审计委员会办公室商同级组织部门提出审计计划安排，组织部门提出领导干部年度审计建议名单；

（二）审计委员会办公室征求同级纪检监察机关等有关单位意见后，纳入审计机关年度审计项目计划；

（三）审计委员会办公室提交同级审计委员会审议决定。

对属于有关主管部门管理的领导干部进行审计的，审计委员会办公室商有关主管部门提出年度审计建议名单，纳入审计机关年度审计项目计划，提交审计委员会审议决定。

第十四条　年度经济责任审计项目计划一经确定不得随意变更。确需调减或者追加的，应当按照原制定程序，报审计委员会批准后实施。

第十五条　被审计领导干部遇有被有关部门采取强制措施、纪律审查、监察调查或者死亡等特殊情况，以及存在其他不宜继续进行经济责任审计情形的，审计委员会办公室商同级纪检监察机关、组织部门等有关单位提出意见，报审计委员会批准后终止审计。

第三章　审计内容

第十六条　经济责任审计应当以领导干部任职期间公共资金、国有资产、国有资源的管理、分配和使用为基础，以领导干部权力运行和责任落实情况为重点，充分考虑领导干部管理监督需要、履职特点和审计资源等因素，依规依法确定审计内容。

第十七条　地方各级党委和政府主要领导干部经济责任审计的内容包括：

（一）贯彻执行党和国家经济方针政策、决策部署情况；

（二）本地区经济社会发展规划和政策措施的制定、执行和效果情况；

（三）重大经济事项的决策、执行和效果情况；

（四）财政财务管理和经济风险防范情况，民生保障和改善情况，生态文明建设项目、资金等管理使用和效益情况，以及在预算管理中执行机构编制管理规定情况；

（五）在经济活动中落实有关党风廉政建设责任和遵守廉洁从政规定情况；

（六）以往审计发现问题的整改情况；

（七）其他需要审计的内容。

第十八条　党政工作部门、纪检监察机关、法院、检察院、事业单位和人民团体等单位主要领导干部经济责任审计的内容包括：

（一）贯彻执行党和国家经济方针政策、决策部署情况；

（二）本部门本单位重要发展规划和政策措施的制定、执行和效果情况；

（三）重大经济事项的决策、执行和效果情况；

（四）财政财务管理和经济风险防范情况，生态文明建设项目、资金等管理使用和效益情况，以及在预算管理中执行机构编制管理规定情况；

（五）在经济活动中落实有关党风廉政建设责任和遵守廉洁从政规定情况；

（六）以往审计发现问题的整改情况；

（七）其他需要审计的内容。

第十九条　国有企业主要领导人员经济责任审计的内容包括：

（一）贯彻执行党和国家经济方针政策、决策部署情况；

（二）企业发展战略规划的制定、执行和效果情况；

（三）重大经济事项的决策、执行和效果情况；

（四）企业法人治理结构的建立、健全和运行情况，内部控制制度的制定和执行情况；

（五）企业财务的真实合法效益情况，风险管控情况，境外资产管理情况，生态环境保护情况；

（六）在经济活动中落实有关党风廉政建设责任和遵守廉洁从业规定情况；

（七）以往审计发现问题的整改情况；

（八）其他需要审计的内容。

第二十条　有关部门和单位、地方党委和政府的主要领导干部由上级领导干部兼任，且实际履行经济责任的，对其进行经济责任审计时，审计内容仅限于该领导干部所兼任职务应当履行的经济责任。

第四章　审计实施

第二十一条　审计委员会办公室、审计机关应当根据年度经济责任审计项目计划，组成审计组并实施审计。

第二十二条 对同一地方党委和政府主要领导干部，以及同一部门、单位2名以上主要领导干部的经济责任审计，可以同步组织实施，分别认定责任。

第二十三条 审计委员会办公室、审计机关应当按照规定，向被审计领导干部及其所在单位或者原任职单位（以下统称所在单位）送达审计通知书，抄送同级纪检监察机关、组织部门等有关单位。

地方审计机关主要领导干部的经济责任审计通知书，由上一级审计机关送达。

第二十四条 实施经济责任审计时，应当召开由审计组主要成员、被审计领导干部及其所在单位有关人员参加的会议，安排审计工作有关事项。联席会议有关成员单位根据工作需要可以派人参加。

审计组应当在被审计单位公示审计项目名称、审计纪律要求和举报电话等内容。

第二十五条 经济责任审计过程中，应当听取被审计领导干部所在单位领导班子成员的意见。

对地方党委和政府主要领导干部的审计，还应当听取同级人大常委会、政协主要负责同志的意见。

审计委员会办公室、审计机关应当听取联席会议有关成员单位的意见，及时了解与被审计领导干部履行经济责任有关的考察考核、群众反映、巡视巡察反馈、组织约谈、函询调查、案件查处结果等情况。

第二十六条 被审计领导干部及其所在单位，以及其他有关单位应当及时、准确、完整地提供与被审计领导干部履行经济责任有关的下列资料：

（一）被审计领导干部经济责任履行情况报告；

（二）工作计划、工作总结、工作报告、会议记录、会议纪要、决议决定、请示、批示、目标责任书、经济合同、考核检查结果、业务档案、机构编制、规章制度、以往审计发现问题整改情况等资料；

（三）财政收支、财务收支相关资料；

（四）与履行职责相关的电子数据和必要的技术文档；

（五）审计所需的其他资料。

第二十七条 被审计领导干部及其所在单位应当对所提供资料的真实性、完整性负责，并作出书面承诺。

第二十八条 经济责任审计应当加强与领导干部自然资源资产离任审计等其他审计的统筹协调，科学配置审计资源，创新审计组织管理，推动大数据等新技术应用，建立健全审计工作信息和结果共享机制，提高审计监督整体效能。

第二十九条 经济责任审计过程中，可以依规依法提请有关部门、单位予以协助。有关部门、单位应当予以支持，并及时提供有关资料和信息。

第三十条　审计组实施审计后,应当向派出审计组的审计委员会办公室、审计机关提交审计报告。

审计报告一般包括被审计领导干部任职期间履行经济责任情况的总体评价、主要业绩、审计发现的主要问题和责任认定、审计建议等内容。

第三十一条　审计委员会办公室、审计机关应当书面征求被审计领导干部及其所在单位对审计组审计报告的意见。

第三十二条　被审计领导干部及其所在单位应当自收到审计组审计报告之日起10个工作日内提出书面意见;10个工作日内未提出书面意见的,视同无异议。

审计组应当针对被审计领导干部及其所在单位提出的书面意见,进一步研究和核实,对审计报告作出必要的修改,连同被审计领导干部及其所在单位的书面意见一并报送审计委员会办公室、审计机关。

第三十三条　审计委员会办公室、审计机关按照规定程序对审计组审计报告进行审定,出具经济责任审计报告;同时出具经济责任审计结果报告,在经济责任审计报告的基础上,简要反映审计结果。

经济责任审计报告和经济责任审计结果报告应当事实清楚、评价客观、责任明确、用词恰当、文字精练、通俗易懂。

第三十四条　经济责任审计报告、经济责任审计结果报告等审计结论性文书按照规定程序报同级审计委员会,按照干部管理权限送组织部门。根据工作需要,送纪检监察机关等联席会议其他成员单位、有关主管部门。

地方审计机关主要领导干部的经济责任审计结论性文书,由上一级审计机关送有关组织部门。根据工作需要,送有关纪检监察机关。

经济责任审计报告应当送达被审计领导干部及其所在单位。

第三十五条　经济责任审计中发现的重大问题线索,由审计委员会办公室按照规定向审计委员会报告。

应当由纪检监察机关或者有关主管部门处理的问题线索,由审计机关依规依纪依法移送处理。

被审计领导干部所在单位存在的违反国家规定的财政收支、财务收支行为,依法应当给予处理处罚的,由审计机关在法定职权范围内作出审计决定。

第三十六条　经济责任审计项目结束后,审计委员会办公室、审计机关应当组织召开会议,向被审计领导干部及其所在单位领导班子成员等有关人员反馈审计结果和相关情况。联席会议有关成员单位根据工作需要可以派人参加。

第三十七条　被审计领导干部对审计委员会办公室、审计机关出具的经济责任审计报告有异议的,可以自收到审计报告之日起30日内向同级审计委员会办公室申诉。审计委员会办公室应当组成复查工作小组，并要求原审计组人员等回避，自收到申诉之日起90日内提出复查意见，报审计委员会批准后作出复查决定。复查决定为最终决定。

地方审计机关主要领导干部对上一级审计机关出具的经济责任审计报告有异议的，可以自收到审计报告之日起30日内向上一级审计机关申诉。上一级审计机关应当组成复查工作小组，并要求原审计组人员等回避，自收到申诉之日起90日内作出复查决定。复查决定为最终决定。

本条规定的期间的最后一日是法定节假日的，以节假日后的第一个工作日为期间届满日。

第五章　审计评价

第三十八条　审计委员会办公室、审计机关应当根据不同领导职务的职责要求，在审计查证或者认定事实的基础上，综合运用多种方法，坚持定性评价与定量评价相结合，依照有关党内法规、法律、法规、政策规定、责任制考核目标等，在审计范围内，对被审计领导干部履行经济责任情况，包括公共资金、国有资产、国有资源的管理、分配和使用中个人遵守廉洁从政（从业）规定等情况，作出客观公正、实事求是的评价。

审计评价应当有充分的审计证据支持，对审计中未涉及的事项不作评价。

第三十九条　对领导干部履行经济责任过程中存在的问题，审计委员会办公室、审计机关应当按照权责一致原则，根据领导干部职责分工，综合考虑相关问题的历史背景、决策过程、性质、后果和领导干部实际所起的作用等情况，界定其应当承担的直接责任或者领导责任。

第四十条　领导干部对履行经济责任过程中的下列行为应当承担直接责任：

（一）直接违反有关党内法规、法律、法规、政策规定的；

（二）授意、指使、强令、纵容、包庇下属人员违反有关党内法规、法律、法规、政策规定的；

（三）贯彻党和国家经济方针政策、决策部署不坚决不全面不到位，造成公共资金、国有资产、国有资源损失浪费，生态环境破坏，公共利益损害等后果的；

（四）未完成有关法律、法规规章、政策措施、目标责任书等规定的领导干部作为第一责任人（负总责）事项，造成公共资金、国有资产、国有资源损失浪费，生态环境破坏，公共利益损害等后果的；

（五）未经民主决策程序或者民主决策时在多数人不同意的情况下，直接决定、批准、组织实施重大经济事项，造成公共资金、国有资产、国有资源损失浪费，生态环境破坏，公共利益损害等后果的；

（六）不履行或者不正确履行职责，对造成的后果起决定性作用的其他行为。

第四十一条　领导干部对履行经济责任过程中的下列行为应当承担领导责任：

（一）民主决策时，在多数人同意的情况下，决定、批准、组织实施重大经济事项，由于决策不当或者决策失误造成公共资金、国有资产、国有资源损失浪费，生态环境破坏，公共利益损害等后果的；

（二）违反部门、单位内部管理规定造成公共资金、国有资产、国有资源损失浪费，生态环境破坏，公共利益损害等后果的；

（三）参与相关决策和工作时，没有发表明确的反对意见，相关决策和工作违反有关党内法规、法律、法规、政策规定，或者造成公共资金、国有资产、国有资源损失浪费，生态环境破坏，公共利益损害等后果的；

（四）疏于监管，未及时发现和处理所管辖范围内本级或者下一级地区（部门、单位）违反有关党内法规、法律、法规、政策规定的问题，造成公共资金、国有资产、国有资源损失浪费，生态环境破坏，公共利益损害等后果的；

（五）除直接责任外，不履行或者不正确履行职责，对造成的后果应当承担责任的其他行为。

第四十二条　对被审计领导干部以外的其他责任人员，审计委员会办公室、审计机关可以适当方式向有关部门、单位提供相关情况。

第四十三条　审计评价时，应当把领导干部在推进改革中因缺乏经验、先行先试出现的失误和错误，同明知故犯的违纪违法行为区分开来；把上级尚无明确限制的探索性试验中的失误和错误，同上级明令禁止后依然我行我素的违纪违法行为区分开来；把为推动发展的无意过失，同为牟取私利的违纪违法行为区分开来。对领导干部在改革创新中的失误和错误，正确把握事业为上、实事求是、依纪依法、容纠并举等原则，经综合分析研判，可以免责或者从轻定责，鼓励探索创新，支持担当作为，保护领导干部干事创业的积极性、主动性、创造性。

第六章　审计结果运用

第四十四条　各级党委和政府应当建立健全经济责任审计情况通报、责任追究、整改落实、结果公告等结果运用制度，将经济责任审计结果以及整改情况作为考核、任免、奖惩被审计领导干部的重要参考。

经济责任审计结果报告以及审计整改报告应当归入被审计领导干部本人档案。

第四十五条　审计委员会办公室、审计机关应当按照规定以适当方式通报或者公告经济责任审计结果，对审计发现问题的整改情况进行监督检查。

第四十六条　联席会议其他成员单位应当在各自职责范围内运用审计结果：

（一）根据干部管理权限，将审计结果以及整改情况作为考核、任免、奖惩被审计领导干部的重要参考；

（二）对审计发现的问题作出进一步处理；

（三）加强审计发现问题整改落实情况的监督检查；

（四）对审计发现的典型性、普遍性、倾向性问题和提出的审计建议及时进行研究，将其作为采取有关措施、完善有关制度规定的重要参考。

联席会议其他成员单位应当以适当方式及时将审计结果运用情况反馈审计委员会办公室、审计机关。党中央另有规定的，按照有关规定办理。

第四十七条　有关主管部门应当在各自职责范围内运用审计结果：

（一）根据干部管理权限，将审计结果以及整改情况作为考核、任免、奖惩被审计领导干部的重要参考；

（二）对审计移送事项依规依纪依法作出处理处罚；

（三）督促有关部门、单位落实审计决定和整改要求，在对相关行业、单位管理和监督中有效运用审计结果；

（四）对审计发现的典型性、普遍性、倾向性问题和提出的审计建议及时进行研究，并将其作为采取有关措施、完善有关制度规定的重要参考。

有关主管部门应当以适当方式及时将审计结果运用情况反馈审计委员会办公室、审计机关。

第四十八条　被审计领导干部及其所在单位根据审计结果，应当采取以下整改措施：

（一）对审计发现的问题，在规定期限内进行整改，将整改结果书面报告审计委员会办公室、审计机关，以及组织部门或者主管部门；

（二）对审计决定，在规定期限内执行完毕，将执行情况书面报告审计委员会办公室、审计机关；

（三）根据审计发现的问题，落实有关责任人员的责任，采取相应的处理措施；

（四）根据审计建议，采取措施，健全制度，加强管理；

（五）将审计结果以及整改情况纳入所在单位领导班子党风廉政建设责任制检查考核的内容，作为领导班子民主生活会以及领导班子成员述责述廉的重要内容。

第七章　附则

第四十九条　审计委员会办公室、审计机关和审计人员，被审计领导干部及其所在单位，以及其他有关单位和个人在经济责任审计中的职责、权限、法律责任等，本规定未作规定的，依照党中央有关规定、《中华人民共和国审计法》《中华人民共和国审计法实施条例》和其他法律、法规执行。

第五十条　有关部门、单位对内部管理领导干部开展经济责任审计参照本规定执行，或者根据本规定制定具体办法。

第五十一条　本规定由中央审计委员会办公室、审计署负责解释。

第五十二条　本规定自2019年7月7日起施行。2010年10月12日中共中央办公厅、国务院办公厅印发的《党政主要领导干部和国有企业领导人员经济责任审计规定》同时废止。

（四）《最高人民检察院政治部、监察局关于认真开展检察机关领导干部任期经济责任审计工作的通知》（〔2002〕高检监察发第1号）

一、高度重视，加强组织领导

对领导干部实施任期经济责任审计，是贯彻落实中央关于反腐败要标本兼治、重在治本重要指示精神的具体体现，也是加强对检察机关领导干部监督制约的一项重要举措，对于保障检察机关干部人事制度改革的顺利进行、促进检察机关党风廉政建设和自身反腐败工作的深入开展具有重要意义。领导干部任期经济责任审计工作涉及面广、政策性强，各级检察机关要高度重视，加强领导，周密部署，防止搞形式主义和走过场。特别是要注意结合今年领导班子换届和地方检察院机构改革，做好对审计对象的经济责任审计工作。政工、纪检监察部门要加强配合，结合实际研究制定工作方案并认真组织实施，确保这项工作扎实有效地进行。

二、明确审计对象、范围和方式

检察机关实施经济责任审计的对象是：地市和县级检察院检察长、主管财务工作的副检察长、负责财务装备管理工作的内设机构负责人、直属事业单位的负责人以及其他负有经济管理责任的内设机构负责人。上述人员在任期届满或任期内办理调任、转任、轮岗、免职、辞职、退休、届中考察等事项前，都应当接受任期经济责任审计。

经济责任审计的范围包括：

（1）单位预算的执行情况和决算或者财务收支计划的执行情况和决算；

（2）单位预算外资金的收入、支出情况和管理情况；

（3）扣押、冻结款物的管理情况；

（4）专项基金的管理和使用情况；

（5）国有资产的管理和使用情况；

（6）有关财政财务收支的内部控制制度的建设及其执行情况；

（7）其他需要审计的事项。

检察机关领导干部任期经济责任审计工作由政工部门和纪检监察部门分工负责。政工部门根据干部人事工作情况向纪检监察部门提出审计建议，纪检监察部门根据政工部门的建议组织开展审计。对检察长、副检察长实施审计，由上一级检察院的政工部门向本院纪检监察部门提出审计建议，由该院纪检监察部门组织审计；对分州市院内设机构负责人、直属事业单位负责人或其他负有经济管理责任的内设机构负责人实施审计，由本院政工部门提出建议，由本院或上一级检察院纪检监察部门组织审计；对县级院内设机构负责人实施审计，由本院政工部门提出建议，由上一级检察院纪检监察部门组织审计。审计可采取自行组织专业技术力量进行，也可委托有关审计部门进行。

三、应当注意的几个问题

（一）要加强与审计部门的协调和联系。各级检察机关政工。纪检监察部门要加强与当地审计部门的联系，及时沟通信息，了解掌握地方审计工作计划和进展情况。对已纳入地方审计计划的检察机关领导干部，可不再另行组织审计。领导干部经济责任审计工作是一项专业性很强的工作，各地检察机关在开展审计工作中，要接受有关部门的指导，重视借助专业力量，保证审计工作的质量和效果。

（二）要重视审计结果的运用。审计工作结束后，审计小组应形成书面专题报告，提出具体审计意见，并征求被审计单位和审计对象的意见。政工部门和纪检监察部门对审计报告要认真研究，对审计对象作出实事求是的评价。对审计报告中提出的问题，应分别情况作出处理：属于管理方面的问题，要及时向有关部门提出整改建议；构成违纪违法的，要按照有关规定作出组织、纪律或法律处理。政工部门应将审计结果存入干部档案并作为对领导干部进行奖惩、提拔任用、评级考核事项的重要依据。

（三）坚持独立审计，保证审计公正。任何部门和个人不得干扰审计工作的正常进行，对在审计工作中设置障碍或对审计人员进行打击报复的，要按照有关规定追究责任。

各省级检察院应于年底前将本地开展审计工作的情况书面报告高检院监察局。各地在工作中遇到重大问题时，应及时向上级检察院报告。

二、军队审计工作

《中华人民共和国审计法》第五十九条规定：中国人民解放军和中国人民武装警察部队审计工作的规定，由中央军事委员会根据本法制定。

审计机关和军队审计机构应当建立健全协作配合机制，按照国家有关规定对涉及军地经济事项实施联合审计。

三、施行日期与旧法废止

（一）《中华人民共和国审计法》的规定

第六十条　本法自1995年1月1日起施行。1988年11月30日国务院发布的《中华人民共和国审计条例》同时废止。

（二）《中华人民共和国审计法实施条例》的规定

第五十八条　本条例自2010年5月1日起施行。

第八章　各级审计机关审计结果公告

第一节　审计署审计结果公告

一、2021年第二季度国家重大政策措施落实情况跟踪审计结果

2021年第二季度，审计署组织对中央直达资金、减税降费、就业补助资金和失业保险基金等方面重大政策措施落实情况开展审计。现将有关情况公告如下：

（一）中央直达资金审计情况

对17个省（自治区、直辖市，以下统称省）中央直达资金的分配、拨付、管理和资金使用"最后一公里"情况进行了审计，重点抽查了17个省本级、18个市（地、州、盟，以下统称市）本级、22个县（市、区、旗，以下统称县），共57个地区，并就相关事项延伸审计了其他地区。总的看，有关地区和部门扎实推动常态化财政资金直达机制顺利实施，在冲抵部分阶段性政策"退坡"影响、保障地方经济社会持续健康发展等方面发挥了积极作用。至2021年6月底，中央财政已下达2021年中央直达资金2.59万亿元，占直达资金预算总额2.8万亿元的92.5%，审计的17个省共收到中央直达资金1.66万亿元，支出进度为66.46%，审计发现问题金额477.62亿元，占2.9%。

（1）部分地区预算分配下达不及时、不合规、不精准，涉及资金273.25亿元。及时性方面，因项目细化、任务分解等前期准备不充分，12个省财政和41个市县财政未及时下达18项163.17亿元中央直达资金，其中15项78.14亿元超过规定时限下达，11项85.03亿元至2021年6月底仍未下达到资金使用单位、项目或受益对象，最长的已收到中央指标7个月仍未下达。合规性方面，7个地区未严格按规定的测算办法分配6项95.34亿元资金；6个地区将3项3.07亿元资金分配给不符合规定条件的地区、单位或项目；3个地区在分配10.92亿元资金时存在基础数据、下达项目或级次等错误。精准性方面，3个地区在分配7 547.60万元资金时未充分考虑实际，造成实际需求与资金分

配脱节。

（2）部分地区未及时调拨库款14.91亿元，违规拨付中央直达资金166.81亿元。库款调拨方面，至2021年6月底，有14个市县收到的上级调拨直达资金库款比当期实际支出额少14.91亿元，直达资金库款保障不到位。资金拨付方面，因账户监管不严格、直达资金拨付监管不到位，53个地区违反国库集中支付管理规定将166.81亿元中央直达资金拨付至预算单位实有资金账户、财政专户等或超进度拨付至项目单位并以拨作支，至2021年6月底实际仍结存147.43亿元。

（3）部分地区违规使用或未及时支付中央直达资金22.65亿元。资金使用方面，83个地区14.35亿元被挤占挪用或违规发放，如41个地区的部分学校或教育主管部门将3 441.72万元城乡义务教育公用经费等补助违规用于发放人员工资、基建投资等。资金支付方面，10个地区未及时足额将8.30亿元支付给相关单位或个人。

（二）减税降费审计情况

重点审计了17个省及当地税务机关贯彻落实减税降费、"放管服"改革举措情况。总的看，相关地区和部门积极推进减税降费和相关改革任务落实。审计发现的主要问题：

（1）相关企业未享受减税降费优惠1.81亿元。因政策宣传不到位等原因，7个省5 452户企业未享受小微企业和个体工商户房租减免等10项降费优惠6 696.86万元；因税务机关与相关单位沟通协调不够等原因，15个省3 163户企业未享受研发费用加计扣除等24项减税优惠1.14亿元。此外，2个地区违规清缴历史欠税、征收过头税2.06亿元，2个省税务机关未及时为916户企业办理退税7.74亿元。

（2）相关单位违规收费或拖欠企业账款等16.58亿元。12个省的121家单位和2家全国性社会组织、1户央企下属单位依托行政权力或行业资源，通过评比交流、开展中介服务、自定项目等方式违规收取或转嫁费用3.43亿元；4个省、2户国企未及时退还保证金、地方水利建设基金4.62亿元；2个省、6户央企未按要求及时足额清偿民营和中小企业等账款8.53亿元。此外，还有5个省存在落实"首违不罚"不到位、违规罚款、行业协会商会与行政机关脱钩改革不到位、违规设置招投标条件等问题。

（三）就业补助资金和失业保险基金审计情况

对8个省和深圳市2020年至2021年6月底就业补助资金和失业保险基金的管理使用情况进行了审计，并针对异地转移领取失业保险金等问题延伸调查了2个省。总的看，相关地区全力以赴稳就业保就业，就业工作取得积极成效。审计发现的主要问题：

（1）22.13亿元资金未及时拨付或闲置等。一是未及时拨付或闲置21.06亿元。4个省未及时下达拨付就业补助资金等17.53亿元；由于资金分配不合理，未充分考虑资金需求和资金结余情况，4个省就业补助资金3.53亿元长期闲置。二是骗取失业保险金等1 898.44万元。7个省16家中介机构或企业协助996人虚构劳动关系短期参保缴费，随即登记失业申领待遇，涉嫌骗取失业保险金等1 898.44万元。三是违规发放和申领补贴8 788.04万元。9个地区为1.6万名退休人员、死亡人员等不符合条件人员违规发放就业补助资金、失业保险金等7 765.24万元；7个地区255家不符合条件单位违规申领培训补贴、稳岗返还资金等1 022.80万元。

（2）稳就业相关政策未严格落实。一是部分公共实训基地未形成实效。由于地方配套资金未到位等，4个省7个公共实训基地（涉及中央投资2.39亿元）未能按期建成；由于申报项目时未充分考虑当地实际，5个省9个公共实训基地（涉及中央投资2.37亿元）建成后实际使用率远未达到计划培训规模。二是部分企业或人员未获得就业帮扶。9个地区1.8万家企业和36.48万人应获未获社保补贴等；2个省在学费补偿、助学贷款代偿政策执行中，未及时调整享受政策人员覆盖范围，不利于引导高校毕业生到基层就业。三是信息数据不准确。8个地区公共就业服务信息系统记录数据与财务等相关数据不一致，获得补贴人员信息、人数等关键数据缺失，难以进行后续管理与核对；抽查离校未就业高校毕业生数据发现，有6.12万人院校专业、联系方式、身份证件等重要信息缺项漏项。

审计指出问题后，至2021年7月底，相关地区和部门已整改问题金额178.45亿元。其中：完成中央直达资金预算分配下达或重新分配119.17亿元，补充调拨直达资金库款1 984.12万元，收回以拨作支、违规使用的中央直达资金54.24亿元，加快支付中央直达资金3.11亿元；为企业办理退抵税费或享受优惠1.29亿元；归还违规使用的就业补助资金和失业保险基金1 053.96万元，补发就业相关补贴资金3 323.55万元。

附件　2021年第二季度跟踪审计发现的主要问题清单

序号	问题类型	主要表现	问题金额（万元）
一、中央直达资金审计情况			
1	资金分配下达不及时	河北、内蒙古、黑龙江、浙江、江西、山东、湖北、广东、重庆、四川、陕西、青海省级财政未及时下达16项97.07亿元中央直达资金，其中5项18.93亿元至2021年6月底仍未下达，15项78.14亿元超过规定时限下达，最长超期52天。	970 730.00
2		至2021年6月底，河北、内蒙古、辽宁、黑龙江、山东、湖北、广东、重庆、四川、云南、陕西、青海的41个市县财政长期未将10项66.10亿元中央直达资金分解下达到资金使用单位、项目或受益对象，最长的已收到中央指标7个月仍未下达。审计指出问题后，已将35.47亿元资金下达到资金使用单位、项目或受益对象。	660 996.01

续表

序号	问题类型	主要表现	问题金额（万元）
3	资金分配不合规	河北、山东、广东、重庆、青海、新疆的7个地区未严格按规定的测算办法分配6项95.34亿元中央直达资金。审计指出问题后，已重新分配资金250万元。	953 364.35
4	资金分配不合规	浙江、重庆、云南的6个地区违规将3项3.07亿元中央直达资金分配给不符合条件的地区、单位或项目。审计指出问题后，已重新分配资金15.50万元。	30 734.50
5	资金分配不合规	山东、新疆的3个地区在分配10.92亿元中央直达资金时，存在基础数据、下达项目或级次等错误。审计指出问题后，已收回并重新下达资金5.11亿元。	109 156.04
6	资金分配不精准	河北、重庆、新疆的3个地区在分配7 547.60万元中央直达资金时未充分考虑实际，造成实际需求与资金分配脱节。审计指出问题后，已调整了4 270万元资金分配方案。	7 547.60
7	未及时调拨库款	黑龙江、江西、湖北、重庆、陕西、新疆的14个市县财政至2021年6月底收到上级调拨直达资金库款27.87亿元，比实际支出额42.78亿元少14.91亿元，直达资金库款保障不到位。审计指出问题后，已专项调拨直达资金库款1 984.12万元。	149 144.53
8	违规拨付中央直达资金并以拨作支	内蒙古、辽宁、黑龙江、浙江、广东、重庆、四川、云南、陕西、新疆的42个地区违反国库集中支付管理规定将21.4亿元中央直达资金拨付至预算单位实有资金账户、财政专户或代管资金账户并以拨作支，至2021年6月仍结存2.02亿元。审计指出问题后，已收回以拨作支资金1.17亿元。	213 972.99
9	违规拨付中央直达资金并以拨作支	河北、内蒙古、黑龙江、广西、重庆、青海12个地区超进度将中央直达资金拨付至项目单位并以拨作支，至2021年6月底仍有145.41亿元结存在项目单位。审计指出问题后，已收回超进度拨款39.85亿元。	1 454 098.75
10	违规使用	河北、内蒙古、辽宁、黑龙江、浙江、湖北、广东、广西、重庆、四川、陕西、青海、新疆的83个地区14.35亿元中央直达资金被挤占挪用或违规发放，如41个地区的部分学校或教育主管部门将3 441.72万元城乡义务教育公用经费等补助违规用于发放人员工资、基建投资等。审计指出问题后，已将违规使用的13.22亿元资金收回或重新安排。	143 515.55
11	未及时足额支付中央直达资金	内蒙古、辽宁、黑龙江、浙江、广东、广西、四川、青海、新疆的10个地区未及时足额将8.30亿元中央直达资金支付给相关单位或个人。审计指出问题后，已将未及时支付的3.11亿元资金支付给相关单位或个人。	83 041.77
		二、减税降费审计情况	
12	未享受减税降费优惠	至2021年6月底，广西、湖北、黑龙江、江西、辽宁、内蒙古、青海的5 452户企业未享受小微企业和个体工商户房租减免、免征文化事业建设费等10项优惠政策6 696.86万元。审计指出问题后，已为4 756户企业办理退抵税费或享受优惠3 924.55万元。	6 696.86
13	未享受减税降费优惠	至2021年6月底，因税务机关与相关单位沟通协调不够等原因，河北、黑龙江、湖北、吉林、江西、辽宁、内蒙古、青海、山东、陕西、深圳、四川、云南、浙江、重庆3 163户企业未享受研发费用加计扣除等24项减税优惠1.14亿元。审计指出问题后，已为588户企业办理退抵税费或享受优惠7 649.75万元。	11 438.46
14	违规清缴，征收过头税	为增加财政收入，2020年6月至12月，山东省邹平市税务机关违规清缴补缴2005年至2015年159个项目的耕地占用税及滞纳金，涉及金额2.01亿元；2019年12月至2021年6月，广西壮族自治区资源县税务机关提前征收税款473.48万元。	20 573.48
15	未及时办理退税	青海、重庆退税不及时。2018年1月至2021年4月，青海省税务机关为915户企业办理7.68亿元的退税业务时，超过30日的规定期限；重庆市渝北区税务局办理1户企业639万元出口退税业务不及时。	—

续表

序号	问题类型	主要表现	问题金额（万元）
16	违规收费或拖欠企业账款	2017年至2021年6月底，北京、广东、湖北、吉林、江西、青海、陕西、云南的95家单位和2家全国性社会组织、1户央企下属单位通过超规定范围收费、违规开展与主管部门审批相关的中介服务等方式收费3.24亿元。审计指出问题后，为企业办理退费390.63万元。	32 369.90
17		2018年至2021年6月底，新疆、青海、内蒙古的21家单位转嫁应由财政承担的设计审查费、技术服务费等613.51万元。	613.51
18		2017年至2021年6月底，广西、四川、陕西的5家行业协会及下属公司依托行政权力、利用评比交流活动等违规收费1 267.48万元。	1 267.48
19		至2021年5月底，新疆、云南、内蒙古的3家单位未及时退还603户企业工程质量保证金等5项费用4.26亿元；至2021年6月底，山东省15个市的121个税务机关未及时退还289户企业缴纳的地方水利建设基金57.62万元，2户国有企业未按时返还工程质量保证金和物资质量保证金等3 549.97万元。审计指出问题后，已为253户企业办理退费72.33万元。	46 221.74
20		广西、贵州部分单位清理拖欠民营企业中小企业等账款7.84亿元不到位；6户中央企业所属10户企业拖欠民营企业中小企业逾期账款等6 939.80万元。审计指出问题后，已清偿欠款857.24万元。	85 323.44
21	落实"首违不罚"不到位、违规罚款、行业协会商会与行政机关脱钩改革工作不到位、违规设置招投标条件等	新疆、深圳、江西、广东落实"首违不罚""轻微违法不予处罚"要求不到位。2021年4月至7月，新疆、深圳、江西税务机关违规对329户企业首次违反"首违不罚"事项进行行政处罚，涉及罚款6.30万元。广东省公安厅落实"轻微违法不予处罚"试点工作不到位，2021年7月1日至14日，全省交警部门对明确免罚的7种情形罚款16.17万元。审计指出问题后，已为135户企业退还罚款3.49万元。	22.47
22		江西省上饶市税务机关违规罚款。2021年4月至5月，89户企业未在规定期限内办理完成纳税事项，江西省上饶市广丰区税务局第一分局等29个税务机关未按照规定先出具责令限期改正通知书，对未限期整改的再处以罚款，而是违规直接处罚上述企业1.23万元。	1.23
23		广西壮族自治区推进行业协会商会脱钩改革工作不到位。至2021年6月底，11家2015年之后成立的行业协会商会未纳入脱钩范围；5家应脱钩的行业协会未完成脱钩改革；6家已脱钩的行业协会商会未办理与主管业务单位脱钩的变更登记；39家协会商会未按照要求直接登记与主管部门脱钩，而采用先由业务主管单位审批同意后再到民政部门登记的方式。	—
24		新疆、广西5家单位违规设置招投标条件。2018年至2021年6月底，上述单位在建设项目招投标、为企业提供融资业务时，通过设置区域性限制条件、捆绑搭售不良资产作为前置条件等方式，排斥潜在投标人等，影响市场公平。	—
25	落实"首违不罚"不到位、违规罚款、行业协会商会与行政机关脱钩改革工作不到位、违规设置招投标条件等	广西壮族自治区南宁市本级农民工工资保证金退还不及时。至2021年6月底，南宁市本级4 498个项目收取的农民工工资保证金累计结存18.27亿元，利息2.30亿元，其中1 564个项目的农民工工资保证金3.69亿元结存10年以上。	—
26		2019年1月至2021年5月，江西、湖北49户企业违规享受小微企业所得税减免等4项优惠政策199.96万元。	199.96

续表

序号	问题类型	主要表现	问题金额（万元）
三、就业补助资金和失业保险基金审计情况			
27	未及时拨付或闲置	吉林、陕西、山东、湖北未及时下达拨付就业补助资金等17.53亿元。审计指出问题后，已补发3 323.55万元。	175 341
28		青海、广西、山东、江西就业补助资金3.53亿元长期闲置。	35 252
29	骗取失业保险金等	山东、广东、云南、湖北、陕西、青海、四川16家中介机构或企业协助996人虚构劳动关系短期参保缴费，随即登记失业申领待遇，涉嫌骗取失业保险金等1 898.44万元。审计指出问题后，已归还688.82万元。	1 898.44
30	违规申领补贴	吉林、湖北、江西、山东、陕西、云南、广西、青海、深圳为1.6万名退休人员、死亡人员等不符合条件人员违规发放就业补助资金、失业保险金等7 765.24万元。审计指出问题后，已归还131.19万元。	7 765.24
31		广西、江西、山东、湖北、陕西、青海、深圳255家不符合条件单位违规申领培训补贴、稳岗返还资金等1 022.8万元。审计指出问题后，已归还233.95万元。	1 022.80
32	部分公共实训基地未形成实效	山东、江西、吉林、青海7个公共实训基地（涉及中央投资2.39亿元）未能按期建成。	—
33		吉林、广西、陕西、云南、青海9个公共实训基地（涉及中央投资2.37亿元）建成后实际使用率远未达到计划培训规模。	—
34	部分企业或人员未获得就业帮扶	陕西、江西、湖北、青海、山东、云南、广西、吉林、深圳1.8万家企业和36.48万人应获未获社保补贴等。	—
35		吉林、青海在学费补偿、助学贷款代偿政策执行中，未及时调整享受政策人员覆盖范围，不利于引导高校毕业生到基层就业。	—
36	信息数据不准确	云南、江西、山东、湖北、陕西、吉林、广西、深圳公共就业服务信息系统记录数据与财务等数据不一致，获得补贴人员信息、人数等关键数据缺失，难以进行后续管理与核对。	—
37		抽查离校未就业高校毕业生数据发现，有6.12万人院校专业、联系方式、身份证件等重要信息缺项漏项。	—

二、中央部门单位2021年度预算执行等情况审计结果

2021年11月至2022年2月，审计署依法审计了41个中央部门和所属单位2021年度预算执行情况，对交通运输部、水利部等下属单位层级多、数量大的部门进行了重点延伸，共抽查财政拨款2 100.16亿元，并继续重点关注行政事业类国有资产管理使用情况。审计结果表明：中央部门单位预算执行和国有资产管理情况总体较好，但财政资源统筹还有待加强，落实过紧日子要求不够严格，违反财经纪律的行为仍有发生，部分国有资产基础管理还存在薄弱环节。

（一）财政资源统筹有待加强

（1）部分收入未上缴。2021年，已纳入国有资本经营预算的6户部属企业未按规定申报缴纳国有资本经营收益1 487.81万元；6个部门和13家所属单位项目结余资金9 068.01万元未及时清理上缴财政；5个部门和15家所属单位5.03亿元非税收入未上缴财政。

（2）财政收支统筹兼顾不够。一方面，多申领预算。10个部门和18家所属单位在专项资金结存的情况下又申报同类资金，造成54.48亿元闲置；4个部门和4家所属单位在已有足额预算安排、无预算需求等情况下，多申领11.78亿元。另一方面，部分收入游离于预算之外。14个部门和150家所属单位未将事业收入、结转资金等34.36亿元纳入部门预算；8个部门未将24家所属单位纳入预算管理，涉及2021年收入7.26亿元。

（二）违反财经纪律和过紧日子要求

共涉及25个部门和121家所属单位资金25.73亿元。

（1）违规使用财政资金。7个部门和24家所属单位无预算、超预算支出等6 908.34万元；3个部门和17家所属单位在年底前超进度支付、以拨作支等5 505.60万元；6个部门和11家所属单位通过挤占项目专项、转嫁摊派等方式增加一般性支出2.68亿元；2个部门的5家所属单位未经批准违规出借资金、购买理财等7.24亿元；13个部门和26家所属单位未公开招标、设定不合理招标条件等违规采购13.63亿元。

（2）依托部门职权或行业资源违规收费。1个部门和8家所属单位依托部门职权或影响力等，通过强制开展培训、收取企业赞助等违规收费6 400.90万元；1个部门和3家所属单位未经批准违规举办论坛庆典、开展评比表彰等活动收费501.79万元；6个部门所属的6家新闻出版单位通过有偿新闻等方式，收取版面费、赞助费等2 442.73万元。

（2）公务用车改革仍需深化。相对于公务接待、公务出国已较规范的情况，公务用车管理还显薄弱。1个部门和8家所属单位变相或超编制配备60辆；3家所属单位超标准购置26辆；1个部门和11家所属单位违规占用下属单位及其他企业48辆；5个部门所属单位仍未完成公车改革，涉及公车11辆。

（三）行政事业性国有资产管理不够严格

（1）国有资产基础管理还存在薄弱环节。涉及26个部门的155.67万平方米房产和1.67万亩土地、24.01亿元资产。其中：16个部门共17.43万平方米房产，以及1.42亿元对外投资、无形资产和设备等未入账，成为账外资产；11个部门的18个基建项目建成投用后应计入未计入固定资产账，涉及金额20.32亿元；5个部门136.71万平方米房产和1.66万亩土地未及时办理产权登记，时间久远后易产生产权纠纷；1个部门1.53万平方米房产和2.27亿元资产未及时进行划转。

（2）违规使用和处置国有资产。涉及26个部门的57.19万平方米房产和2.78万亩土地、3.52亿元资产。其中：19个部门无偿向外部单位等出借35.53万平方米房产、1 495.71万元设备用于经营等；20个部门未经批准或备案违规出租21.66万平方米房产和2.78万亩土地、1.15亿元资产，对外投资和处置资产1.55亿元；2个部门超标准配备办公设备1.03万台（件），涉及6 734.44万元。

（2）部分国有资产使用效益低下。涉及9个部门的351.14万平方米房产、土地等。其中：1个部门机构改革后尚未按规定重新核定公务用车编制，全国所属278家二、三级单位公务用车超出规定441辆；2个部门所属单位2 470辆公务用车使用率较低，其中289辆2021年全年未使用；8个部门351.14万平方米房产、土地及3 569.91万元设备长期闲置，有的还需按期支付物业费。

对审计发现的问题，审计署已依法出具了审计报告、下达了审计决定书，提出了审计建议：一是健全完善有利于财政资源统筹的体制机制，增强公共财政统筹能力，严格部门预算管理主体责任，督促将全部收入和支出依法纳入预算。二是继续压减非必要非刚性支出，严格落实中央八项规定及其实施细则精神，把政府过紧日子作为常态化纪律要求，勤俭办事业。三是加强行政事业性国有资产基础管理，健全完善相关管理制度，避免资产闲置浪费。

审计指出问题后，有关部门和单位正在积极整改。

三、2021年第二季度国家重大政策措施落实情况

2021年第二季度，审计署组织对中央直达资金、减税降费、就业补助资金和失业保险基金等方面重大政策措施落实情况开展审计。现将有关情况公告如下：

（一）中央直达资金审计情况

对17个省中央直达资金的分配、拨付、管理和资金使用"最后一千米"情况进行了审计，重点抽查了17个省本级、18个市（地、州、盟，以下统称市）本级、22个县，共57个地区，并就相关事项延伸审计了其他地区。总的来看，有关地区和部门扎实推动常态化财政资金直达机制顺利实施，在冲抵部分阶段性政策"退坡"影响、保障地方经济社会持续健康发展等方面发挥了积极作用。至2021年6月底，中央财政已下达2021年中央直达资金2.59万亿元，占直达资金预算总额2.80万亿元的92.5%，审计的17个省共收到中央直达资金1.66万亿元，支出进度为66.46%，审计发现问题金额477.62亿元，

占 2.9%。

（1）部分地区预算分配下达不及时、不合规、不精准，涉及资金 273.25 亿元。及时性方面，因项目细化、任务分解等前期准备不充分，12 个省财政和 41 个市县财政未及时下达 18 项 163.17 亿元中央直达资金，其中 15 项 78.14 亿元超过规定时限下达，11 项 85.03 亿元至 2021 年 6 月底仍未下达到资金使用单位、项目或受益对象，最长的已收到中央指标 7 个月仍未下达。合规性方面，7 个地区未严格按规定的测算办法分配 6 项 95.34 亿元资金；6 个地区将 3 项 3.07 亿元资金分配给不符合规定条件的地区、单位或项目；3 个地区在分配 10.92 亿元资金时存在基础数据、下达项目或级次等错误。精准性方面，3 个地区在分配 7 547.6 万元资金时未充分考虑实际，造成实际需求与资金分配脱节。

（2）部分地区未及时调拨库款 14.91 亿元，违规拨付中央直达资金 166.81 亿元。库款调拨方面，至 2021 年 6 月底，有 14 个市县收到的上级调拨直达资金库款比当期实际支出额少 14.91 亿元，直达资金库款保障不到位。资金拨付方面，因账户监管严格、直达资金拨付监管不到位，53 个地区违反国库集中支付管理规定将 166.81 亿元中央直达资金拨付至预算单位实有资金账户、财政专户等或超进度拨付至项目单位并以拨作支，至 2021 年 6 月底实际仍结存 147.43 亿元。

（3）部分地区违规使用或未及时支付中央直达资金 22.65 亿元。资金使用方面，83 个地区 14.35 亿元被挤占挪用或违规发放，如 41 个地区的部分学校或教育主管部门将 3 441.72 万元城乡义务教育公用经费等补助违规用于发放人员工资、基建投资等。资金支付方面，10 个地区未及时足额将 8.3 亿元支付给相关单位或个人。

（二）减税降费审计情况

重点审计了 17 个省及当地税务机关贯彻落实减税降费、"放管服"改革举措情况。总的来看，相关地区和部门积极推进减税降费和相关改革任务落实。审计发现的主要问题：

（1）相关企业未享受减税降费优惠 1.81 亿元。因政策宣传不到位等原因，7 个省 5 452 户企业未享受小微企业和个体工商户房租减免等 10 项降费优惠 6 696.86 万元；因税务机关与相关单位沟通协调不够等原因，15 个省 3163 户企业未享受研发费用加计扣除等 24 项减税优惠 1.14 亿元。此外，2 个地区违规清缴历史欠税、征收过头税 2.06 亿元，2 个省税务机关未及时为 916 户企业办理退税 7.74 亿元。

（2）相关单位违规收费或拖欠企业账款等 16.58 亿元。12 个省的 121 家单位和 2 家全国性社会组织、1 户央企下属单位依托行政权力或行业资源，通过评比交流、开展中介服务、自定项目等方式违规收取或转嫁费用 3.43 亿元；4 个省、2 户国企未及时退还保证金、地方水利建设基金4.62亿元；2个省、6户央企未按要求及时足额清偿民营和中小企业等账款8.53亿元。此外，还有5个省存在落实"首违不罚"不到位、违规罚款、行业协会商会与行政机关脱钩改革不到位、违规设置招投标条件等问题。

（三）就业补助资金和失业保险基金审计情况

对8个省和深圳市2020年至2021年6月底就业补助资金和失业保险基金的管理使用情况进行了审计，并针对异地转移领取失业保险金等问题延伸调查了2个省。总的来看，相关地区全力以赴稳就业保就业，就业工作取得积极成效。审计发现的主要问题：

（1）22.13亿元资金未及时拨付或闲置等。一是未及时拨付或闲置21.06亿元。4个省未及时下达拨付就业补助资金等17.53亿元；由于资金分配不合理，未充分考虑资金需求和资金结余情况，4个省就业补助资金3.53亿元长期闲置。二是骗取失业保险金等1 898.44万元。7个省16家中介机构或企业协助996人虚构劳动关系短期参保缴费，随即登记失业申领待遇，涉嫌骗取失业保险金等1 898.44万元。三是违规发放和申领补贴8 788.04万元。9个地区为1.6万名退休人员、死亡人员等不符合条件人员违规发放就业补助资金、失业保险金等7 765.24万元；7个地区255家不符合条件单位违规申领培训补贴、稳岗返还资金等1 022.8万元。

（2）稳就业相关政策未严格落实。一是部分公共实训基地未形成实效。由于地方配套资金未到位等，4个省7个公共实训基地（涉及中央投资2.39亿元）未能按期建成；由于申报项目时未充分考虑当地实际，5个省9个公共实训基地（涉及中央投资2.37亿元）建成后实际使用率远未达到计划培训规模。二是部分企业或人员未获得就业帮扶。9个地区1.80万家企业和36.48万人应获未获社保补贴等；2个省在学费补偿、助学贷款代偿政策执行中，未及时调整享受政策人员覆盖范围，不利于引导高校毕业生到基层就业。三是信息数据不准确。8个地区公共就业服务信息系统记录数据与财务等相关数据不一致，获得补贴人员信息、人数等关键数据缺失，难以进行后续管理与核对；抽查离校未就业高校毕业生数据发现，有6.12万人院校专业、联系方式、身份证件等重要信息缺项漏项。

审计指出问题后，至2021年7月底，相关地区和部门已整改问题金额178.45亿元。其中，完成中央直达资金预算分配下达或重新分配119.17亿元，补充调拨直达资金库款1 984.12万元，收回以拨作支、违规使用的中央直达资金54.24亿元，加快支付中央直达资金3.11亿元；为企业办理退抵税费或享受优惠1.29亿元；归还违规使用的就业补助资金和失业保险基金1 053.96万元，补发就业相关补贴资金3 323.55万元。

第二节　地方审计机关审计结果公告

一、北京市审计局发布的《亚洲基础设施投资银行贷款新型冠状病毒肺炎疫情防控紧急援助项目审计报告》

（一）审计师意见

北京市卫生健康委员会、北京市医院管理中心、北京市药品监督管理局：

我们审计了亚洲基础设施投资银行（以下简称亚投行）贷款新型冠状病毒肺炎疫情防控紧急援助项目2020年12月31日的资金平衡表，以及截至该日同年度的项目进度表、指定专用账户收支表等特定目的财务报表及财务报表附注（第5页至第13页）。

1. 项目执行单位及北京市财政局对财务报表的责任

编制上述财务报表中的资金平衡表、项目进度表是北京市卫生健康委员会（以下简称市卫生健康委）、北京市医院管理中心（以下简称市医管中心）和北京市药品监督管理局（以下简称市药监局）的责任，汇总上述报表、编制指定专用账户收支表是北京市财政局（以下简称市财政局）的责任，这种责任包括：

（1）按照中国的会计准则、会计制度和本项目贷款协定的要求编制项目财务报表，并使其实现公允反映；

（2）设计、执行和维护必要的内部控制，以使项目财务报表不存在由于舞弊或错误而导致的重大错报。

2. 审计责任

我们的责任是在执行审计工作的基础上对财务报表发表审计意见。我们按照中国国家审计准则和国际审计准则的规定执行了审计工作，上述准则要求我们遵守审计职业要求，计划和执行审计工作以对项目财务报表是否不存在重大错报获取合理保证。

为获取有关财务报表金额和披露信息的有关证据，我们实施了必要的审计程序。我们运用职业判断选择审计程序，这些程序包括对由于舞弊或错误导致的财务报表重大错报风险的评估。在进行风险评估时，为了设计恰当的审计程序，我们考虑了与财务报表相关的内部控制，但目的并非对内部控制的有效性发表意见。审计工作还包括评价所选用会计政策的恰当性和作出会计估计的合理性，以及评价财务报表的总体列报。

我们相信，我们获取的审计证据是适当的、充分的，为发表审计意见提供了基础。

3. 审计意见

我们认为,第一段所列财务报表在所有重大方面按照中国的会计准则、会计制度和本项目贷款协定的要求编制,公允反映了亚投行贷款新型冠状病毒肺炎疫情防控紧急援助项目 2020 年 12 月 31 日的财务状况,以及截至该日同年度的财务收支、项目执行和专用账户收支情况。

本次审计涉及 25 个使用项目资金的实施单位,审计范围实现了全覆盖。在项目管理和执行方面,各单位基本能够做到依法依规,按照项目协议约定加强内部控制,保证实施进度,用好贷款资金,对遏制北京市新型冠状病毒肺炎疫情暴发、切实提高应对疫情突发事件的救治能力发挥了重要作用。

4. 其他事项

我们还审查了本期内报送给亚投行的第 001 号至 002 号提款申请书及所附资料。我们认为,这些资料均符合贷款协定的要求,可以作为申请提款的依据。

本审计师意见之后,共同构成审计报告的还有两项内容:财务报表及财务报表附注、审计发现的问题及整改建议。

(二)财务报表及财务报表附注

1. 资金平衡表

资金平衡表

本期截至 2020 年 12 月 31 日

项目名称:亚投行贷款新型冠状病毒肺炎疫情防控紧急援助项目
编报单位:市卫生健康委、市医管中心、市药监局、市财政局

货币单位:人民币元

项目支出	1 354 477 122.00	亚投行资金	1 395 240 000.00
银行存款	6 295 991.44	应付账款	162 901.44
预付账款	49 991 600.00	其他应付款	0.00
其他应收款	44 815 318.31	配套资金	60 177 130.31
资金运用合计	1 455 580 031.75	资金来源合计	1 455 580 031.75

2. 项目进度表

项目进度表

本期截至 2020 年 12 月 31 日

项目名称：亚投行贷款新型冠状病毒肺炎疫情防控紧急援助项目
编报单位：市卫生健康委、市医管中心、市药监局、市财政局
货币单位：人民币元

项目活动内容	内容描述	项目资金来源				合同（协议）金额	完成情况	已支付金额				合同（协议）支付进度
		预算拨付（亚投行资金）	国内配套政府资金	自有资金	合计			亚投行资金	国内配套政府资金	自有资金	合计	
一、支持公共卫生基础设施和系统可持续发展												
定点医院购置医疗设备	升级传染病定点医院（即小汤山医院、地坛医院），以处理传染病紧急情况，以及提升病房应急改造和新建病房所需的医疗设备购置	301 618 811.92			301 618 811.92	301 618 811.92	已完成	301 618 811.92			301 618 811.92	100.00%
市属医院购置设备	市属医院病房应急改造及病房购置医用设备、发热门诊实验室检验设备等（筛查区）专用设备购置	256 394 802.26		97 627.00	256 492 429.26	256 492 429.26	已完成	256 394 802.26		41 427.00	256 436 229.26	99.98%
定点医院购置防控用品	定点医院购置必需的后勤及防护物资等	9 477 081.00		0.00	9 477 081.00	9 477 081.00	已完成	9 477 081.00			9 477 081.00	100.00%
定点医院信息化改造	定点医院信息化改造	72 290 850.92		0.00	72 290 850.92	72 290 850.92	已完成	72 290 850.92			72 290 850.92	100.00%
定点医院改造	定点医院对原有场地进行应急改造		13 000 000.00	0.00	313 000 000.00	354 934 369.71	已完成	300 000 000.00	13 000 000.00		313 000 000.00	88.19%
核酸检测能力提升	医院购置核酸检测设备等	20 375 051.40		580 000.00	20 955 051.40	28 596 000.00	已完成	20 375 051.40			20 375 051.40	71.25%
二、通过提供必要的实验室设备和设施，建立必要的信息系统和在流行病控制中应用大数据，提高疾病预防控制中心在疾病识别、预防和控制方面的能力，包括流行病调查能力、加强疾病预防控制中心和医疗机构在流行病控制方面的跨部门合作，包括培训（疾控中心）												
卫生应急车辆更新	购置卫生应急消毒车、理化检测车、生物监测车	14 424 700.00			14 424 700.00	14 424 700.00	车辆正在改装，次年3月完成验收	14 424 700.00			14 424 700.00	100.00%
北京市疾控实验室建设施改造更新	食品安全风险监测、环境污染物、公共场所监测、职业安全风险监测设备购置及设施改造等	61 631 000.00			61 631 000.00	63 107 990.18	检测设备部分到货未验收，部分未到货；设施改造正在执行中。次年3月完成验收	61 631 000.00			61 631 000.00	97.66%

续表

项目活动内容	内容描述	项目资金来源				合同(协议)金额	完成情况	已支付金额				合同(协议)支付进度
		预算拨付(亚投行资金)	预算拨付(国内配套政府资金)	自有资金	合计			亚投行资金	国内配套政府资金	自有资金	合计	
疾控信息化建设及网络安全设备购置	购置网络存储设备、安全设备、视频设备等	10 721 546.00			10 721 546.00	10 721 546.00	设备购置297.581万元已到货并验收,其余774.5736万元正在执行中,次年3月完成验收	10 721 546.00			10 721 546.00	100.00%
研究应用大数据和人工智能、融合多源数据搭建疫情防控大数据平台,提供疫防疫信息和疾病溯源依据,为决策者提供传染病发展的趋势预判和密接调查范围和质量系统	多源数据信息获取验收1146x383万元,余次年完成验收。设备采购275.8万元及设施改造正在执行中,次年3月完成验收	10 145 942.30			10 145 942.30	10 400 000.00		10 145 942.30			10 145 942.30	97.56%
医防结合传染病医师交叉培训系统	开发建立医防结合传染病培训系统,为临床医师和公共卫生医师交叉培训,推进传染病防控综合能力的训练和提高提供支持平台	13 996 748.00			13 996 748.00	14 983 428.00	培训教材开发、模拟训练系统等又设施改造正在执行中,货物采购88万元已到货并贸并验收	10 222 748.00			10 222 748.00	68.23%
检测所需专用实验室设备和消毒设备、网络安全设备	购置检测所需专用实验室设备和消毒设备、网络安全设备	13 605 284.00			13 605 284.00	13 605 284.00	已到货并验收	13 605 284.00			13 605 284.00	100.00%
(3)通过增加负压病实验室和改善解剖设施、加强选定医院在处理突发疫情时的医疗能力,特别是两间主要儿童医院和一间主要胸科医院,这些医院的病人很容易受到疫情的影响												
儿童医院负压病房改造和洗消中心设备购置	负压病房改造和洗消中心设备购置	27 271 200.00		763 600.00	28 034 800.00	28 034 800.00	设备款完成支出;工程即将验收	27 271 200.00			27 271 200.00	97.28%
首儿所压病房设备	负压病房改造及设备购置	16 007 900.00		920 500.00	16 928 400.00	16 928 400.00	设备款完成验收	16 007 900.00			16 007 900.00	94.56%
胸科医院负压病房和洗消中心设备	负压病房基建工程和设备购置	17 764 786.00		85.00	17 764 871.00	17 764 871.00	设备款完成支出;工程即将验收	17 764 871.00		85.00	17 764 871.00	100.00%
(4)通过建立统一的应急调度指挥信息系统,为北京急救中心配备负压救护车,提高北京应急能力												
突发公共卫生事件处置能力建设	该项目通过公开招标的方式,截至2020年12月31日,预算执行率100%	29 176 000.00			29 176 000.00	29 176 000.00	该项目完成了合同约定的所有内容,系统运行稳定,达到预期建设目标	29 176 000.00			29 176 000.00	100.00%

续表

项目活动内容	内容描述	项目资金来源				合同（协议）金额	完成情况	已支付金额				合同（协议）支付进度
		预算拨付（亚投行资金）	预算拨付（国内配套政府资金）	自有资金	合计			亚投行资金	国内配套政府资金	自有资金	合计	
负压救护车	10辆负压救护车于2020年3月5日到货并验收完毕，并立即投入到疫情防控工作中	7 247 000.00			7 247 000.00	7 247 000.00	采购的10辆负压救护车对防控工作起到至关重要的作用	7 247 000.00			7 247 000.00	100.00%
应急反应措施 二、为防备、预防和紧急应对新冠病毒的爆发购买应急用品，包括医疗设备、IPC、个人防护设备、医用衣物和病毒检测包												
购置物资（药监局）	按照市政府统一工作部署，购置医用外科口罩、防护服、医用手套、药品等疫情防控物资	121 561 348.00			121 561 348.00	121 561 348.00	已完成	121 561 348.00			121 561 348.00	100.00%
仓储运输费用（药监局）	根据防控物资调拨需求完成疫情防控物资仓储配送工作	2 500 000.00			2 500 000.00	2 500 000.00	配送到位	2 461 210.00			2 461 210.00	98.45%
购置医疗设备（药监局）	按照市卫健委需求，采购12台体外膜肺氧合设备	21 970 000.00			21 970 000.00	21 970 000.00	已完成	21 970 000.00			21 970 000.00	100.00%
核酸检测试剂盒	新冠病毒核酸检测试剂	67 059 948.20			67 059 948.20	67 059 948.20	已到货并验收	67 059 948.20			67 059 948.20	100.00%
合计		1 395 240 000.00	13 580 000.00	1 781 812.00	1 410 601 812.00	1 462 894 858.19		1 391 427 210.00	13 000 000.00	41 512.00	1 404 468 722.00	96.01%

3. 指定专用账户收支表（市级账户收支明细表）

市级账户收支明细表

本期截至 2020 年 12 月 31 日

项目名称：亚投行贷款新型冠状病毒肺炎疫情防控紧急援助项目

贷款号：L0367A

编报单位：市财政局

开户银行：×××

账号：×××

货币种类：人民币元

项目	金额
账户余额： （截至 2020 年 12 月 31 日）	162 901.44
项目预拨款：	
（+）累计回补资金：	1 395 240 000.00
（−）项目支出：	1 395 240 000.00
账户余额：	162 901.44

4. 财务报表附注

（1）项目基本情况。

亚投行贷款新型冠状病毒肺炎疫情防控紧急援助项目《贷款协定》《项目协议》于 2020 年 6 月 15 日签订，贷款总额为 14 亿元，贷款期限 34.5 年，含宽限期 1 年，项目关账日为 2021 年 3 月 31 日。项目内容为：抗击新冠肺炎疫情相关的应急物资、设备购置，以及提升市级医院、疾病预防控制中心等应对疫情防控的能力建设。项目单位为市卫生健康委、市医管中心和市药监局，市卫生健康委项目由市急救中心和市疾控中心负责具体实施、市医管中心项目由 22 家市属医院负责具体实施。

（2）项目总体进展。

①贷款执行情况。

项目专用账户设在市财政局，开户行：×××（人民币户），账号：×××。2020 年项目提款金额为 1 395 240 000.00 元，资金已全部划转到市财政国库账户并下达给各项目单位。截至 2020 年 12 月 31 日，累计提款 1 395 240 000.00 元，提款进度为 99.66%。

②项目支出情况。

截至 2020 年 12 月 31 日，项目贷款资金、政府配套资金和自有资金合计金额为 1 410 601 812.00 元，项目支出合计金额为 1 404 468 722.00 元，资金支付进度为 99.57%。其中：亚投行贷款 1 395 240 000.00 元，支付金额 1 391 427 210.00 元，进度为

99.73%；政府配套资金 13 580 000.00 元，支付金额 13 000 000.00 元，进度为 95.73%；医院自有资金 1 781 812.00 元，支付金额 41 512.00 元，支付进度为 2.33%。

项目合同协议总金额为 1 462 894 858.19 元，支付进度为 96.01%。

（3）项目进展明细情况。

①市医管中心所属医院项目。

市医管中心所属医院亚投行项目，分别为：市属医院发热门诊（筛查区）专用设备购置；定点医院新建及改建应急病房设备购置、信息化建设、防控用品购置；应急救治负压病房建设；市属医院核酸检测能力提升设备购置。

截至 2020 年 12 月 31 日，除个别项目涉及新发疫情等原因尚未完成外，其余项目均已完成。项目支出 1 034 241 995.50 元，包括：亚投行贷款资金 1 021 200 483.50 元，政府配套资金 13 000 000.00 元，自有资金支出 41 512.00 元。

②市疾控中心项目。

市疾控中心项目包括：购置医药用品项目和检测所需专用实验室设备、消毒设备和网络安全设备项目；卫生应急车辆更新项目、疾控实验室检测设备购置及设施改造项目、疾控中心信息化建设及网络安全设备购置项目、研究应用大数据和人工智能项目、医防结合传染病培训系统项目。

截至 2020 年 12 月 31 日，预算下达贷款资金 191 585 168.50 元，项目支出 187 811 168.50 元，进度为 98.03%。

③市急救中心项目。

市急救中心项目包括 120 负压救护车购置项目和应急指挥调度系统建设项目，均已经完成验收，贷款资金 36 423 000.00 元，2020 年年底已全部支付完成，进度为 100%。

④市药监局项目。

市药监局亚投行项目贷款资金主要用于与抗击疫情相关的物资购置（口罩类、医药用品类、防控用品类）、医疗设备购置及仓储运输（含配送）。

截至 2020 年 12 月 31 日，项目贷款资金 146 031 348.00 元，支出 145 992 558.00 元，支付进度为 99.97%。其中：购置医疗设备费用 21 970 000.00 元、仓储运输服务费用 2 461 210.00 元、购置疫情防控物资费用 121 561 348.00 元。项目整体支出进度为 99.97%，其中：设备购置支出进度为 100%、仓储运输服务费用支出进度为 98.45%、购置疫情防控物资支出进度为 100%。

（4）项目成效。

通过升级公共卫生基础设施、提供应急设备和物资，实现北京市应对突发公共卫生事件的基础设施和应对疫情防控的能力建设的目标，提升了市疾控中心应对新冠肺炎疫情能力和市级全部医院紧急应对疫情突发事件的应急响应、救治、预防、检验筛查和防护能力，为遏制和防控疫情作出了贡献。

（5）主要会计政策。

①财务报表编制范围。本财务报表编制范围为亚投行贷款新型冠状病毒肺炎疫情防控紧急援助项目资金支持的全部项目。

②主要会计政策。

A.本项目财务报表按照《亚投行紧急贷款新冠肺炎疫情防控项目财务管理手册》的要求编制。

B.会计核算年度采用公历年制，即公历每年1月1日至12月31日。

C.本项目会计核算以《政府会计制度》作为记账原则，采用借贷复式记账法记账，以人民币为记账本位币。

（6）报表科目说明。

①项目支出。

2020年项目支出1 354 477 122.00元（不含预付账款）。

②银行存款。

2020年12月31日银行存款余额6 295 991.44元。其中，市财政局专用账户余额（利息收入）162 901.44元，市医管中心2 320 300.00元，市药监局38 790.00元，市疾控中心3 774 000.00元。

③预付账款。

2020年12月31日余额49 991 600.00元，为市疾控中心预付账款。

④其他应收款。

2020年12月31日余额为44 815 318.31元，主要为市医管中心应收财政配套资金。

⑤亚投行资金。

2020年12月31日为1 395 240 000.00元。

⑥应付账款。

2020年12月31日余额为162 901.44元。为市财政局专用账户利息收入。

⑦其他应付款。

2020年12月31日余额为0元。

⑧配套资金。

2020年12月31日余额为60 177 130.31元，为市医管中心的政府配套资金和自有资金。

⑨其他说明事项。

A. 资金平衡表项目支出数与项目进度表资金支付数差额 49 991 600.00 元，为市疾控中心的预付账款。

B. 项目进度表中的资金来源小于项目合同协议金额，其差额将由市财政在 2021 年提取的贷款资金（4 760 000.00 元）和配套资金（政府配套资金或自有资金）中安排。其中部分基建工程项目需要进行项目评审后下达预算。

（三）审计发现的问题及整改情况

除对财务报表进行审计并发表审计意见外，审计中我们还关注了项目执行过程中相关单位遵守国家法规和项目贷款协定情况、内部控制和项目管理情况。我们发现部分项目执行单位在项目管理方面存在如下问题：

1. 部分采购合同的签订和执行不规范

（1）北京老年医院部分设备采购未执行招标文件相关条款，存在质保履约风险。

北京老年医院 6 项公开招投标的设备采购项目，合同约定由供应商提供 36 个月的免费质保服务，但均未按招标文件条款要求收取供应商的履约保证金或履约保函，存在质保履约风险。涉及采购设备 500 台（套），总金额 5 418 769.66 元。

如审计发现，发热门诊（筛查区）开办费病房护理及医院通用设备采购项目中，北京老年医院于 2020 年 11 月 12 日与北京新宇康顺医疗器械有限公司（以下简称新宇康顺公司）就该项目签订政府采购合同约定，"卖方将合同总金额 10% 作为质保金交买方财务处，货到验收合格（至设备运行平稳）后，买方付清货款 100%，一年后如无质量问题退 10% 质保金"。合同设备于 2020 年 12 月 15 日到货验收，合同款项已于当年支付完毕，但未收取质保金。经查询，新宇康顺公司已于 2021 年 1 月 28 日注销，但 2021 年 2 月 24 日，仍与北京老年医院签订补充协议，将原合同付款方式修改为"设备安装使用并验收无误后甲方全额支付设备货款，乙方确保无条件全部履行原合同中规定的责任和义务，确保设备维修、培训服务内容与原合同保持一致"。目前，北京老年医院对新宇康顺公司履行协议中的设备维修等责任义务缺少约束。这不符合《政府采购货物和服务招标投标管理办法》（财政部令第 87 号）第七十一条"采购人应当自中标通知书发出之日起 30 日内，按照招标文件和中标人投标文件的规定，与中标人签订书面合同。所签订的合同不得对招标文件确定的事项和中标人投标文件作实质性修改……"的规定。

北京老年医院已完成上述问题整改。截至 2021 年 7 月，6 家中标企业中已有 5 家企业向北京老年医院提交了履约保函。新宇康顺公司原法人委托泰和霖（北京）生物科技有限公司与北京老年医院签署三方协议，履约责任由受委托方执行并缴纳了履约保证金。

（2）市疾控中心检测试剂盒采购不规范。

审计发现，2020 年 2 月至 5 月，市疾控中心向北京金盛丽达科贸有限公司（以下简称金盛丽达公司）采购伯杰品牌的新型冠状病毒（2019-nCoV）核酸检测试剂盒时，采购合同签订滞后，财务记账原始凭证不规范。市疾控中心先电话订货，企业供货后，再履行内部审批程序，在补签销售合同和入库手续后，支付货款。例如，2020年4月26日和5月6日的4张由金盛丽达公司开具的销售单，销售数量共600盒。对应上述业务，市疾控中心财务记账凭证所附经费审批单日期为2020年5月14日，销售合同签订日期为2020年5月14日，入库单日期为2020年5月27日。审批、入库等手续均为后补。这不符合《中华人民共和国会计法》第十四条"……会计机构、会计人员必须按照国家统一的会计制度的规定对原始凭证进行审核……对记载不准确、不完整的原始凭证予以退回，并要求按照国家统一的会计制度的规定更正、补充"及《政府会计准则第1号——存货》第四条"存货同时满足下列条件的，应当予以确认：（一）与该存货相关的服务潜力很可能实现或者经济利益很可能流入政府会计主体；（二）该存货的成本或者价值能够可靠地计量"的规定。

市疾控中心已完成上述问题整改。2021年6月，市疾控中心全面梳理核对了2020年利用亚投行资金采购药品的合同、入库单及结算单据，补齐了相关资料和手续；针对疫情期间紧急采购需求，制定出台了《关于做好新型冠状病毒肺炎疫情防控期间采购与物资发放管理工作的通知》，明确紧急物资采购的审批流程及权限，规范采购合同签订工作，做到采购流程的全程可控，保证采购工作质量，有效控制采购风险。

（3）市疾控中心未按期签订政府采购合同。

2020年9月29日，采购代理机构中招国际招标有限公司在中国政府采购网公告市疾控中心大数据疫情防控能力提升项目数码音频工作站及配套设备采购项目中标结果，同时向北京赛文世纪信息系统有限公司发出中标通知书，中标金额为2 758 000元。市疾控中心与北京赛文世纪信息系统有限公司就该项目签订政府采购合同的实际日期为2020年11月3日。这不符合《中华人民共和国政府采购法》第四十六条"采购人与中标、成交供应商应当在中标、成交通知书发出之日起三十日内，按照采购文件确定的事项签订政府采购合同……"的规定。

市疾控中心已完成上述问题整改。市疾控中心制定并出台了《北京市疾病预防控制中心关于进一步规范合同管理的通知》，从规范《合同签署意见确认书》填写、合同审核流程管理、强化合同执行管理等三个方面提出了10条改进措施。

2. 财务核算和固定资产管理应进一步规范

（1）财务核算应进一步规范。

2020年年底，市疾控中心采购的部分设备已付货款，实际未到货，也未收到发票，在财务核算中应计入"预付账款"科目。但市疾控中心将其计入"在建工程"科目，涉及11份合同，总金额46 456 600元。不符合《政府会计制度——行政事业单位会计科目和报表》（财会〔2017〕25号）中关于"在建工程""预付账款"科目的相关规定。

审计期间，市疾控中心已对亚投行资金平衡表进行了会计调整，调减项目支出46 456 600元，调增预付账款46 456 600元。

（2）固定资产管理需进一步加强。

审计抽查监盘亚投行贷款购置的设备时发现，北京小汤山医院固定资产账务核算不规范，行级空调、配电室空调，均按"一套"计入固定资产账，金额分别为1 259 920.00元、265 290.50元。该项采购合同中包括7台室内机、7台室外机及相关配件，均单独计价，应单独计入固定资产账。这不符合《财政部关于进一步规范和加强行政事业单位国有资产管理的指导意见》（财资〔2015〕90号）中"（十四）各级主管部门和行政事业单位应当加强资产使用管理……充分依托行政事业单位资产管理信息系统的动态管理优势，做到账实相符、账账相符、账卡相符"及《北京市医院管理中心关于加强市属医院新冠肺炎疫情防控资产管理的通知》（京医管财〔2020〕86号）"二、加强防控资产管理（二）及时、准确记录资产信息"的规定。

北京小汤山医院在审计期间完成问题整改，按规定将相关资产单独计入固定资产账。

二、江苏省2021年度省级预算执行和其他财政收支情况审计结果

根据省委、省政府决策部署，省审计厅依法组织对2021年度省级预算执行和其他财政收支情况进行了审计。审计工作坚持以习近平新时代中国特色社会主义思想为指导，深入贯彻省委审计委员会会议精神，认真落实省人大决议要求，全面履行审计监督职责，坚持稳字当头、稳中求进，贯穿"政治—政策—项目—资金"主线，着力关注政策贯彻执行、财政提质增效、民生保障改善、国资安全发展、风险防范化解等情况，切实做好常态化"经济体检"，努力发挥审计保障执行、促进发展的建设性作用。现将有关情况公告如下：

2021年，面对世纪疫情和百年变局交织的严峻形势，全省各级各部门坚决贯彻落实习近平总书记重要讲话指示精神和党中央、国务院决策部署，坚决扛起"争当表率、争做示范、走在前列"光荣使命，坚持稳中求进工作总基调，把握新发展阶段、贯彻新发展理念、构建新发展格局，扎实做好"六稳""六保"工作，着力推动高质量发展。全年地区生产总值突破11万亿元、增长8.6%，一般公共预算收入迈上1万亿元台阶、其中税收占比81.6%，全省经济运行稳定恢复、稳中向好，实现"十四五"良好开局。从审计情况看，2021年省级预算执行情况总体较好，各项重点支出得到有力保障，风险防控能力不断增强，为"强富美高"新江苏现代化建设迈出坚实步伐提供了坚强的财政支撑。

——积极财政政策更加有效。落实落细各项减税降费政策，全年新增减税降费超

1 000 亿元。更好发挥投资对经济拉动作用，统筹下达 305.3 亿元带动交通建设投资 1 703 亿元；新增地方政府债券 1 787 亿元支持项目建设，带动有效投资超过 1 万亿元。推动科技自立自强，全省财政科技支出增长 15.6%，安排 59 亿元支持高新技术企业培育、产业链强链补链等，有力支持了科技创新和产业转型升级。

——民生保障水平持续改善。坚持财力向民生、向基层倾斜，全省财政民生支出占一般公共预算支出比重达 78.4%，积极保障省政府 52 件民生实事。安排失业保险稳岗返还、职业技能提升专项资金 60.37 亿元，支持稳定和扩大就业。助力健康江苏建设，全省财政卫生健康支出增长 17.4%。实现企业职工基本养老保险基金省级统收统支并平稳运行，稳步提高养老、医疗、低保和基本公共卫生服务财政补助标准，切实兜牢民生底线。

——统筹发展安全扎实有效。安排生态环境保护资金、太湖流域水环境治理资金等 53.4 亿元，设立碳达峰碳中和专项资金，支持生态优先和绿色低碳发展。出台政策加强融资平台公司经营性债务管理，加大政府隐性债务化解力度，政府性债务风险得到有效管控。下达省以上资金 119 亿元，落实产粮大县奖励、耕地地力保护补贴等政策，切实维护粮食安全。

——财政体制改革不断深化。出台深化预算管理制度改革实施意见，全面建成运行预算管理一体化系统，推动省级财政专项资金优化整合。进一步完善预算绩效管理制度体系，制定省级财政支出事前绩效评估、第三方机构参与绩效管理等办法，省级部门单位绩效自评价实现全覆盖。完善常态化资金直达机制，将 27 项转移支付整体纳入直达范围，613 亿元直达资金支出进度达 97.5%，充分发挥直达基层、惠企利民的政策效用。

（一）省级财政管理审计情况

主要审计了省财政厅具体组织省级预算执行和编制决算草案情况，以及税收和非税收入征管、专项债券资金管理使用、政府综合财务报告编制等情况。省级财政决算草案反映，2021 年，省级一般公共预算收入总计 6 017.45 亿元（其中省本级征收收入 256.94 亿元），支出总计 5 886.62 亿元（其中省本级支出 1 246.95 亿元），结转下年 130.83 亿元；省级政府性基金预算收入总计 2 480.37 亿元，支出总计 2 473.31 亿元，结转下年 7.06 亿元；省级国有资本经营预算收入总计 38.02 亿元，支出总计 33.65 亿元，结转下年 4.37 亿元；省级社会保险基金预算收入总计 4 321.61 亿元，支出总计 4 159.64 亿元，加上上年结余 4 161.50 亿元，至 2021 年年末滚存结余 4 323.47 亿元。审计结果表明，在财政收支压力较大的情况下，省财税部门坚持稳中求进工作总基调，积极组织收入、支持发展、保障民生、防范风险、深化改革，财政管理和决算草案编报工作总体较为规范。审计也发现

了一些问题,主要是:

1. 财政预算管理方面

(1)超规模设置预算周转金。2021年年末,省级财政预算周转金余额20.53亿元,超过当年省本级一般公共预算支出1%的规定比例,超规模设置8.06亿元。

(2)财政安排的工程项目建设资金结存较大。省公共工程建设中心是承担省级政府非营利工程集中建设的单位,2018年成立以来,省财政累计安排拨付建设资金10.32亿元,至2021年年末资金结存4.88亿元,主要原因是预算资金拨付超过工程进度和实际资金需求,造成财政资金闲置。

(3)一些部门违规对下实拨专项资金。2021年有12个部门从管理的省级专项资金中,将预算安排给省本级的部分资金5 876.16万元,直接转账拨付给各自条线的市县①下级单位,违反了财政转移支付等预算管理规定,导致资金脱离了财政监管。

2. 税收和非税收入征管方面

(1)税收征管不够到位。一是对上市公司股权转让事项的税收征管把关不严。对3名自然人减持上市公司限售股后申报的收入审查不严,少征个人所得税1.7亿元;对3家企业转让上市公司股权后申报的收入和利润审查不严,少征企业所得税7 938.35万元。二是对特定行业从业者的所得税征管存在漏洞。对电子竞技从业者通过代开发票缴纳个人所得税的行为未加以规范,至少少征1 716.89万元;违规以较低税负率核定征收部分影视道具等行业从业者个人所得税,至少少征774.79万元。

(2)部分非税收入收缴管理不合规。省财政将73.03亿元非税收入滞留财政专户,2021年年末未缴入国库;将250.81万元公办幼儿园保育费作为财政专户资金管理,未按规定纳入预算管理。

3. 政府专项债券资金使用绩效方面

(1)部分专项债券资金闲置。一是部分2021年度新增专项债券资金使用率不高。抽查发现,9个市有40个项目未开工或未形成支出,导致预算安排的专项债券资金34.98亿元全年仅支出3.31亿元,使用率仅9.46%。二是以前年度专项债券资金闲置时间较长。至审计时,有4个市的34个项目以前年度专项债券资金26.17亿元仍闲置在项目单位,其中2019年14.08亿元、2020年12.09亿元,未能有效发挥资金效益。

(2)部分债券项目年度实际收益小于预期收益。3个市有30个专项债券项目2021年实际收益合计2.73亿元,远小于资金平衡方案中的预期收益14.24亿元,影响专项债券项目"有收益、能覆盖"目标的实现。

---

① 本报告对地市级行政区统称为市,县区级行政区统称为县。

4. 政府投资基金管理方面

（1）部分子基金投向不符合要求。有4支子基金投资不符合相关协议对主投领域投资比例的约定，其中有1支子基金投向主投领域项目的比例仅为34.05%，远低于70%的约定要求，未有效发挥引导作用。有3支子基金返投省内的比例分别为26%、42%和50.54%，未达60%的约定比例，对江苏经济发展贡献度不够。

（2）政府投资基金对种子期初创期企业的投资支持不够。至2021年9月，83支子基金直接投资项目570个，投资金额316.83亿元，其中投资种子期初创期项目只有122个，占项目总数的21.4%；投资金额仅为66.40亿元，占投资总金额的20.96%，与财政部关于鼓励投资种子期初创期企业的政策导向不符。

（3）政府投资基金基础管理不到位。基金管理信息系统功能存在缺陷，数据更新不及时、不准确，如系统显示的某子基金投资项目数比实际少49个。少数基金管理人未能履行应尽责任，如2017年成立的某子基金至今未在中国证券投资基金业协会备案；某子基金未按照协议约定及时将投资分红、退出分配款向投资人分配，涉及省政府投资基金分配款3 959.80万元，其中一笔分配款滞留长达2年。

5. 政府综合财务报告编制方面

一是省财政历年拨款设立或参与出资的省旅游产业发展基金等有偿资金，未按规定在政府综合财务报告中作为资产反映，涉及金额34.91亿元。二是1个单位未按规定纳入政府综合财务报告编报范围，导致少反映资产4.12亿元、负债0.42亿元、净资产3.70亿元。

（二）省级部门预算执行审计情况

今年继续对106个省级部门实行数据审计全覆盖，对其中23个部门及其所属的43个单位开展现场审计，抽查财政拨款116.97亿元。从审计情况看，各部门单位预算管理情况总体较好，财政拨款预算执行率达88.29%。审计发现的主要问题：

（1）部门预算编制不够完整细化。一是往年结余和部分收入未按规定纳入预算管理。1个部门累计结余未纳入预算管理，涉及金额2.68亿元；1个部门的上级单位拨款收入未纳入预算管理，涉及金额76.50万元；3个部门单位房租收入等可预见性收入未纳入年初预算，涉及金额160.89万元。二是预算编制不够细化。1个部门有7个项目在预算编报时，仅有项目名称而无项目明细，涉及金额2.48亿元。

（2）预算收支管理存在薄弱环节。一是非税收入未及时上缴。3个单位非税收入未及时上缴财政，涉及金额183.99万元。二是预算支出进度缓慢。2个部门单位有6个项目共安排财政资金1.78亿元，当年实际支出1.04亿元，预算执行率58.43%。三是资金管理使用不规范。3个部门单位在大额资金存放方面，有的存放银行选择方式不合规，有的未签订存放协议,有的超出规定的存放期限,共涉及金额6.1亿元;6个部门单位往来款项挂账超过3年未清理,涉及金额1831.38万元;1个部门违规出借资金且超过3年未收回,涉及金额1100万元。四是结余资金未有效盘活。7个部门单位以前年度的结余资金2678.76万元未上缴财政。

(3)落实过紧日子要求不到位。14个部门单位提前列支或支付加油卡等款项,涉及金额412.08万元,财政资金使用没有做到"精打细算"。1个部门在公务用车运行经费预算充足、自有车辆能够保障的情况下仍频繁租用社会车辆,至2021年年底该部门公务用车运行经费预算尚余36.86万元。另外,1个部门未严格落实涉企收费清理政策,2019—2021年仍向相关企业违规收费348万元,用于部门行政办公、物业管理等公用经费支出。

(4)政府采购管理不规范。1个部门政府采购预算编制不完整,仅编制货物类采购预算,未编制服务类、工程类采购预算,涉及金额5631.02万元;3个部门的50个项目在政府采购中"先实施后补办手续",涉及金额3902.30万元;2个单位的2个项目未按规定公开招标,而采取竞争性谈判、续签合同方式确定承接单位,涉及金额2223.24万元。

(三)省级财政专项资金审计情况

2021年,省级财政专项资金预算安排1068.56亿元,当年实际支出981.08亿元,预算执行进度91.81%。审计坚持点面结合,在检查财政部门履行专项资金管理职责的同时,还重点组织对生态环境保护、现代服务业、市场监管、体育事业发展等专项资金进行了审计,共抽查2021年及以前年度省以上资金186.47亿元。审计发现的主要问题:

(1)专项资金管理制度方面。2021年,省财政设立碳达峰碳中和科技创新专项资金并安排预算,但至审计时仍未出台专项资金管理制度;省社区矫正补助专项资金的管理制度中未明确执行期限等必要内容。

(2)专项资金项目管理方面。一是部分项目审查评审不严格。个别主管部门对相关项目申报材料审查不严,导致4家企业多获得现代服务业专项资金补助197.92万元。在省体育事业发展专项评审过程中,部分项目实地考察流于形式,有的考察结论签字不全,缺少相关评审专家签字;有的实地核查表缺少综合评价,资金补助的依据不充分。二是部分项目立项、变更管理不到位。少数主管部门未建立专项资金项目库或从项目库中选取立项的比例偏低,如市场监管专项的科研项目2021年度从项目库中选取立项的数量仅占总量的8.97%,并且该专项安排的12个项目前期论证不充分,导致项目无法实施、1.08亿元资金资产闲置;生态环保专项安排的10个项目工程量缩减等重大事项调整、市场监管专项安排的44个项目延期,均未按规定程序报批。三是现代服务业专项安排的 74 个项目未组织验收，涉及专项资金 1.82 亿元。

（3）专项资金安排使用方面。一是部分专项资金分配下达不及时。2021 年，省级专项资金有 418.87 亿元在 6 月 30 日后才批复下达、占比 39.2%，其中 154.29 亿元在四季度才下达，占比 14.44%，影响预算资金使用绩效。二是部分专项资金使用不规范。有 11 个单位挪用专项资金用于工会经费、物业管理费以及其他项目支出，涉及资金 1 914.32 万元。三是部分专项资金项目绩效不高。有 9 个市的 33 个生态环保项目实施进度滞后，涉及省以上财政生态环境保护专项资金 5.17 亿元；有 10 个市 3.09 亿元省以上生态环境保护专项资金闲置未安排项目，滞留在当地财政和主管部门，其中 9 269 万元已闲置 2 年以上；现代服务业专项、市场监管专项安排的 9 个项目发生变更、中止或撤销，但相关资金未按规定清理收回省财政统筹使用，涉及金额 6 594 万元。

（四）重大政策措施落实跟踪审计情况

重点组织对减税降费、国有企业混合所有制改革等政策落实情况进行跟踪审计，着力推动中央和省重大政策措施落地见效。

1. 减税降费政策落实审计情况

审计结果表明，2021 年，江苏省税务部门积极落实国家减税降费政策，先后出台 12 条具体措施，配套制定 4 批政策适用指南，全省累计新增减税降费 1 087.7 亿元，有力支持了市场主体减负纾困、增强活力。审计发现的主要问题：

（1）未严格执行税费退抵等相关政策。应退未退 1 123 户纳税人增值税留抵退税款、企业所得税汇算清缴多缴的税费，共计 2.64 亿元；多征 430 户纳税人增值税附加税费 8 706.83 万元；少征 119 户纳税人增值税附加税费 3 246.71 万元。

（2）对部分企业缓税政策落实不到位。对 12 家符合条件的煤电供热企业未落实 2021 年第四季度的缓税政策，涉及税费 2 560.34 万元。

（3）未严格落实税费减免政策。涉及小规模纳税人增值税减免、排放污染物企业环境保护税减征、电影放映和文化行业纳税人税收优惠等政策，多征 415 户纳税人的税费 422.73 万元。

2. 省属企业混合所有制改革推进审计调查情况

重点调查了省国资委等部门和 7 家省属企业集团推进相关企业混合所有制改革（以下简称混改）情况，调查结果表明，省属企业混改稳慎有序推进，混改工作取得一定成效。审计发现的主要问题：

（1）混改企业股权设置不够合理。有 6 家企业国有股东绝对控股，其中 4 家国有股权比例超过三分之二，影响小股东参与经营的积极性，通过混改激发企业经营活力的效果不明显。

（2）没有进行差异化管控。有6家国有控股混改企业，省属企业集团对其管理与全资子公司基本相同，没有实行职业经理人制度，也没有专门的考核激励措施。

（3）创新投入不够。有5家国有控股混改企业属于实体经济，需要加快技术创新、加大研发投入，但其中4家企业没有研发投入，没有自主品牌，发展后劲不足。

（4）无形资产评估不规范。有3家企业实施混改时，没有将品牌使用权、专有技术、岸线使用权、医疗资质等无形资产纳入评估范围，或是作为影响因素考虑，导致国有资产被低估或被改制后企业无偿使用，国有权益受损。

（五）重点民生资金和项目审计情况

深入落实以人民为中心的发展思想，重点组织对教育、困难群众救助、农村人居环境整治等民生资金和项目开展审计监督，促进解决好人民群众"急难愁盼"的问题，推动更好地保障和改善民生。

1. 全省中小学教育经费管理使用审计调查情况

为推动完善中小学教育投入机制，组织对63个市县教育局、财政局以及643所中小学校开展专项审计调查，重点关注2018—2020年教育经费投入和管理使用等情况。从审计情况看，全省中小学校教育经费总投入持续增长，基础教育经费保障水平不断提升。审计发现的主要问题：

（1）部分地区财政未足额拨付教育经费。30个市县未按标准拨付生均公用经费，少补助315所学校3.55亿元。

（2）部分学校经费管理使用不规范。16个市县的23所学校收取租金等非税收入8 047.51万元未上缴财政，直接坐支用于相关经费支出；12个市县的财政、教育部门及学校挪用专项资金1 688.30万元，23个市县的85所学校挪用公用经费9 044.72万元，用于聘用人员经费等支出。

2. 困难群众救助补助资金审计情况

采取实地抽审与数据分析相结合的方式，组织对6个市本级及所属县的困难群众救助补助资金分配管理使用等情况进行审计，涉及困难群众救助基本生活补助资金83.61亿元，医疗救助、残疾人两项补贴等其他救助补助资金95.55亿元。从审计情况看，各地积极完善社会救助体系，把困难群众兜底保障摆在突出位置，努力提高救助保障水平和服务经办能力。审计发现的主要问题：

（1）存在违规享受救助待遇现象。48个市县有1 536名不符合条件人员，违规享受困难群众救助基本生活补助资金等658.36万元；29个市县有409人重复享受救助待遇，多领取困难群众救助基本生活补助资金等144.08万元。

（2）部分单位虚报套取补助资金或违规改变补助资金用途。4个市县的5家集中供养救助机构,通过将已死亡人员和低保对象作为特困人员上报等方式,累计虚报154人次,共套取补助资金172.56万元。有7个市县的13家集中供养救助机构,挪用救助对象基本生活、照料护理等资金241.90万元,用于工作人员伙食支出以及日常办公、设施改造等。有3个县的财政和民政部门违规扩大临时救助资金支出范围,将20.78万元用于优抚对象等人员的长期救助,挪用流浪乞讨人员救助资金7.21万元用于办公用房改造等。

(3)部分流浪乞讨人员救助机构职责履行不到位。9个市县的9家流浪乞讨人员救助机构中,有327名接受救助的流浪乞讨人员已滞站超过3个月未得到有效安置。

3. 农村人居环境整治相关政策和资金审计情况

为推动美丽田园乡村建设,组织对南京市六合区等9个县2018—2021年农村生活污水和黑臭水体治理、农村生活垃圾治理等方面政策落实和资金管理使用情况进行审计。9个县共安排资金120.37亿元,审计抽查资金64.16亿元,涉及89个乡镇、610个行政村、2 763个项目,走访调查2 119户农户。从审计情况看,相关地区认真落实全省农村人居环境整治三年行动实施方案,农村人居环境持续改善。审计发现的主要问题:

(1)部分污染处理设施停运闲置。由于垃圾分类不到位、未落实环评手续、设备运行成本高等原因,4个县的12个易腐垃圾处理中心处于停运状态;2个县的27个畜禽粪污处理设施设备停用,造成闲置浪费。

(2)部分设施运行维护不到位。8个县的56个公厕存在设施损坏、维修不及时、日常管护不到位等现象,影响使用效果;4个县的48座垃圾房、2座垃圾转运站和3个垃圾堆放点未能及时组织垃圾清理转运,影响环境。

(3)少数地区资金管理不规范。有4个县农村改厕等财政补助资金691.74万元拨付不及时,影响项目进展;有1个县的9个镇街未按规定开展汇算清缴工作,导致由公共供水企业代收的2018—2021年污水处理费未按规定上缴财政,涉及金额1 982.53万元。

(六)国有资产资源管理审计情况

结合省级部门预算执行审计、经济责任审计、自然资源资产离任(任中)审计等项目,重点检查了行政事业、企业和自然资源等3类国有资产管理使用情况,促进国有资产安全完整、发挥效益。

1. 行政事业性国有资产审计情况

抽查了23个部门及所属43个单位的行政事业性国有资产管理情况,据资产年报反映,23个部门资产总额706.22亿元。审计发现的主要问题:

(1)资产管理基础工作存在薄弱环节。10个部门单位的房产、设备或信息系统等资产未入账,涉及金额1.34亿元;3个部门因未开展清查盘点等原因导致账实不符,涉及金额1 081.78万元；1个单位的44处房产或土地未办理权属证明，涉及面积11.22万平方米。

（2）违规使用或处置资产。4个部门单位未经批准出租出借房产，涉及面积9 057.91平方米；1个部门未采取措施及时收回2005—2014年期间出借的5套房产；1个部门未经批准向所属企事业单位无偿调拨设备等资产，涉及金额5 668.59万元。

（3）部分资产存在闲置浪费。1个部门价值79.74万元的笔记本电脑等设备长期闲置；1个单位有2处房产闲置，涉及面积2.08万平方米。

2. 企业国有资产审计情况

审计的5家省属企业集团2020年年底账面资产总额7 456.6亿元、负债总额4 152.90亿元、所有者权益3 303.70亿元，国有资本保值增值率介于98.14%~117%。审计发现的主要问题：

（1）部分企业会计信息不真实。有3家企业收入核算不规范，存在滞后或提前确认收入问题，涉及金额2.13亿元；1家企业未按规定摊销无形资产，造成资产多计16.87亿元；1家企业缩小合并范围造成资产少计1 923万元，1家企业扩大合并范围造成资产多计7.01亿元。

（2）部分企业资产未有效盘活。有3家企业的资产长期闲置造成浪费，涉及土地397.28亩、办公用房1 782.79平方米、住宅12套3 880平方米、设备1.77亿元；3家企业应收款项长期未清收，涉及金额4.77亿元；1家企业管理的政府投资基金闲置3.54亿元；1家企业财政补助的项目实施不及时，导致745万元财政补助资金滞留超过3年。

（3）部分企业招投标不规范。有3家企业对工程建设、大宗物资、外包服务等项目未按规定招标，涉及项目117个、金额10.70亿元；2家企业存在招标文件编制不合规、评标审核不严等问题，涉及项目69个、金额10.17亿元。

（4）部分企业投资经营存在重大风险。3家企业投资可行性研究不充分，涉及投资金额13.30亿元，其中6.28亿元存在风险隐患；2家企业违规开展融资性贸易，涉及金额2.69亿元，其中9 792万元存在损失风险。

3. 国有自然资源资产审计情况

对12个市县19名领导干部自然资源资产离任审计结果表明，相关领导干部能够认真落实党中央和省委省政府关于生态文明建设的决策部署，履行自然资源资产管理和生态环境保护责任。审计发现的主要问题有：

（1）部分地区新增耕地管护不力。因占补平衡等产生的新增耕地中，有3个市县1 475亩新增耕地改为林地、园地等，有4个县4.43万亩新增耕地未按规定开展耕地质量评定。

（2）部分乡镇污水处理不到位。由于污水收集管网建设不配套、运行维护不力等原因，有 6 个市县 43 家乡镇污水处理厂运行负荷率低或水质未稳定达标；有 3 个县存在乡镇生活污水直排河道现象；有 4 个市县 48 个行政村的污水处理设施未正常运行。由于管控不严，有 3 个市县 109 家乡镇企业在未办理排水许可的情况下，将工业废水接入生活污水处理厂。

（3）部分化工企业土壤未开展监测或调查。有 9 个县 126 家化工企业周边土壤应监测而未开展监测；有 2 个县 5 家关闭腾退化工企业和 2 块化工企业遗留地块，未按规定开展土壤污染状况调查。对上述各专题审计指出的问题，审计机关已向有关部门单位和市县分别提出了处理意见和建议。相关部门单位和市县对此高度重视，严格落实整改责任，积极采取整改举措，有的问题已经整改，其中：省财政将 2021 年年底滞留财政专户的非税收入已缴入国库 44.86 亿元，省税务部门对 3 名自然人和 3 家企业转让股权事项已补征税款及滞纳金 2.76 亿元。下一步，省审计厅将持续跟踪督促整改，并按要求向省人大常委会报告全面整改情况。

（七）审计建议

（1）深化预算管理改革，规范财政收支管理。围绕稳住宏观经济大盘，严格落实减税降费等政策措施，着力保市场主体、保就业、保民生。加强部门和单位收入统筹管理，全面推进非税收入收缴电子化，提高财政资源配置效率，加快预算下达和资金使用进度，防止财政资金闲置沉淀。完善政府专项债券管理机制，加强项目前期工作，优化债券资金使用范围，合理安排债券发行节奏，健全项目全生命周期收支平衡机制，实现融资规模与项目收益相平衡。完善政府财务报告编制工作，全面客观反映政府资产负债与财政可持续情况。

（2）强化专项资金监管，促进政策提质增效。认真落实新修订的《江苏省省级财政专项资金管理办法》，严格履行专项资金设立程序，扎实做好项目前期论证和可行性研究等基础性工作，集中财力保障重大战略决策部署落实。完善专项资金项目储备和优选机制，探索"上年评审项目、次年安排预算"模式，严格项目申报审批，及时分配下达资金。实施项目全过程绩效管理，科学合理地确定绩效目标，强化项目运行监控和后续管理，加强对绩效运行监控结果的分析研判和运用，完善结余资金收回使用机制，推动预算安排与绩效管理有效衔接。

（3）加强资源资产管理，促进国有资产保值增值。建立健全部门单位内部控制和国有资产管理制度，强化国有资产基础管理、绩效管理，盘活用好存量资产。改进国有资产监管机构监督，强化企业自身监督，健全国有企业审计监督体系，持续深化国有企业混合所有制改革，完善国有企业法人治理结构。推动构建自然资源资产管理和生态环境保护长效监管机制，坚决遏制耕地"非农化""非粮化"现象，严肃查处违法违规问题，切实维护环境安全。

（4）深入落实过紧日子要求，严格执行财经法纪。大力优化财政支出结构，建立节约型财政保障机制，严控一般性支出，压减部门非刚性、非重点项目支出。进一步细化、量化"三公"经费和政府采购等预算，加强资金支付审核，增强预算约束力，厉行节约办一切事业。加大对落实中央八项规定精神和过紧日子要求情况的监督检查力度，严惩财经领域违纪违法问题，牢牢守住财经纪律"高压线"。

第九章 审计工作报告

第一节 省级政府审计工作报告

一、北京市2021年度市级预算执行和其他财政收支的审计工作报告

主任、各位副主任、秘书长、各位委员：

我受市人民政府委托，向市人大常委会报告本市2021年度市级预算执行和其他财政收支的审计工作情况。

按照市委市政府部署，市审计局依法对北京市2021年度市级预算执行和其他财政收支情况进行了审计。审计工作深入贯彻习近平总书记对北京一系列重要讲话精神和关于审计工作的重要指示批示精神，认真落实中央审计委员会和市委审计委员会要求，坚持稳中求进工作总基调，完整、准确、全面贯彻新发展理念，主动服务和融入新发展格局对审计工作提出的新任务新要求，以新时代首都发展为统领，聚焦促进首都经济社会高质量发展，立足经济监督定位，高质量推进审计全覆盖，努力做好常态化"经济体检"工作，较好地发挥了审计在推进首都治理体系和治理能力现代化中的重要作用。

坚持围绕中心服务大局，促进党中央决策和市委市政府部署有效落实。聚焦北京城市总体规划实施，服务"四个中心"功能建设，统筹疫情防控和经济社会发展等各项重大政策措施和任务落实，持续加大跟踪审计力度。聚焦保障和改善民生，切实维护人民群众利益，持续加大对重点民生资金和项目的审计力度。聚焦统筹安全和发展，重点关注政府债务、地方金融、国资国企等重点领域，持续加大审计揭示各项风险隐患的力度。

坚持成本绩效审计理念，促进财政资金提质增效。紧扣中央和市委市政府关于全面实施预算绩效管理和人大预算审查监督工作要求，持续加大对财政支出预算和政策的审计力度，继续从"小切口"入手，着力揭示支出政策和项目资金使用绩效问题，促进统筹财政资源、提升财政资金绩效，推动各区、各部门、各单位进一步提高精细化管理水平，树牢过"紧日子"思想。

坚持规范权力运行，促进反腐倡廉。聚焦资金使用和权力运行的重点领域、关键环节，持续关注中央八项规定及其实施细则精神和市委实施意见落实，着力揭示重大违纪违法、重大损失浪费、重大失职渎职等问题，及时向有关部门移送问题线索。

坚持推动审计整改落实，促进健全整改长效机制。落实党中央、国务院关于建立健全审计整改长效机制的要求，及时研究提出本市具体工作举措，压实审计整改责任。组织召开全市审计整改工作专题部署会。依托审计整改工作联席会议机制，多部门协同解决普遍性问题。针对行业领域存在的突出问题，组织开展专项整治。完善审计发现问题提示提醒机制，更新市级部门预算执行审计发现问题等提示提醒清单，编制完成涉农审计等方面提示提醒清单，在更多领域、更大范围发挥审计"查病""治已病、防未病"作用。

审计结果表明，在以习近平同志为核心的党中央坚强领导下，在市委的直接领导下，市级各部门、各单位深入贯彻党的十九大和十九届历次全会精神，深入贯彻习近平总书记对北京一系列重要讲话精神，统筹推进疫情防控和经济社会发展，各项事业都取得了新进展新成效，实现了"十四五"良好开局。2021年，市级一般公共预算收入3 302.8亿元，完成调整预算的106.3%。财政支出保障了全市各项重点工作的稳步推进，深入实施城市总体规划，着力建设国际科技创新中心，进一步提升城乡发展质量，持续改善人民生活品质。各部门、各单位认真贯彻落实中央八项规定精神，进一步压减"三公"经费和会议费等一般性支出。总体看，财税改革不断深化，预算绩效管理逐步加强，财政收支运行平稳，2021年度预算执行和其他财政收支情况较好。

（一）市本级预算执行和决算草案审计情况

2021年，市财政局、市发展改革委、市国资委、市人力资源社会保障局等部门认真履行职责，实施积极的财政政策，强化财政资源统筹，优化支出结构和重点，服务保障重大战略任务，兜牢"三保"底线，为首都经济社会稳步发展提供有力的政策和资金保障。

1. 市级决算草案审计情况

根据《预算法》《北京市预算审查监督条例》规定，对市财政局编制的市级决算草案进行了审计。市级决算草案反映，2021年市级一般公共预算收入总量5 710.40亿元；支出总量5 660亿元；结转下年使用50.40亿元。政府性基金预算收入总量4 169.30亿元；支出总量4 118.60亿元；结转下年使用50.70亿元。国有资本经营预算收入总量73.90亿元；支出总量65.90亿元；结转下年使用8亿元。社会保险基金预算收入总量5 545.50亿元；支出总量4 675.50亿元。

市级一般公共预算财力增加320.30亿元，其中：补充预算稳定调节基金270.30亿元，地方专项政策性结转下年使用 50 亿元。经国务院批准，2021 年本市发行地方政府债券 3 293.50 亿元，其中：新增债券 998 亿元，再融资债券 2 295.50 亿元，已按照市人大常委会关于预算调整方案的决议安排收支，新增债券主要用于交通基础设施、市政和产业园区基础设施、保障性安居工程、教育、医疗、乡村振兴、生态环保等方面，以及支持"两区"建设、北京城市副中心等国家重大战略项目。

从审计情况看，2021 年决算草案编制总体符合《预算法》要求。一般公共预算、政府性基金预算、国有资本经营预算以及社会保险基金预算的决算数与调整预算数存在差异，市财政局已将有关情况在 2021 年市级决算草案中进行了说明。

一般公共预算的决算数与调整预算数的差异持续收窄。差异率为 11.9%，较上年下降 0.47 个百分点。形成差异的主要原因是年度预算执行中落实中央对口支援政策加大援助力度，部分项目受疫情影响不再实施以及应对突发情况等。

政府性基金预算的决算数与调整预算数的差异率有所增长。差异率为 12.03%，较上年提高 8.5 个百分点。形成差异的主要原因是年度预算执行中加大对城市副中心重点区域棚户区改造的支持力度等。

国有资本经营预算的决算数与调整预算数的差异率收窄。差异率为 8.78%，较上年下降 7 个百分点。形成差异的主要原因是年度预算执行中增加了国有企业疫情防控期间房租减免补助支出、解决历史遗留问题等。

社会保险基金预算的决算数与调整预算数的差异率有所增长。差异率为 10.24%，较上年提高 6.52 个百分点。形成差异的主要原因是年度预算执行中门诊量下降导致医保资金支出减少等。

2. 一般公共预算和政府性基金预算审计情况

2021 年，本市不断夯实财源基础，围绕"两区""三平台"建设，推动经济高质量发展；加大对教育、社保、卫生等民生领域投入力度，有力保障了民生和社会稳定。审计发现的主要问题：

（1）预算管理不够严格规范

一是聘用人员经费预算管理制度不够健全。目前，本市对预算单位聘用人员缺乏总量控制，且没有统一预算标准。部分单位聘用人员已占编制人数的一半及以上，部分单位聘用的安保、司机等同类人员经费支出标准差异较大，聘用人员经费列支渠道也较随意，43 家单位在项目支出中列支聘用人员经费 0.55 亿元，38 家单位在物业管理费、取暖费、培训费等公用经费中列支聘用人员经费 0.11 亿元。

二是预算资金调剂使用管理不到位。市财政局年度预算执行中共追减各类项目资金 38.96 亿元，其中，34.17 亿元重新调剂给原单位使用，占追减资金的 87.71%。抽查发现，市财政局向 4 家单位的 7 个非急需项目追加预算 2 587.68 万元。

三是实有账户存量资金统筹力度不够。209家单位按要求将非财政拨款存量资金48.45亿元统筹安排纳入年初预算编报范围,但年度预算执行中仅支出17.33亿元,执行率为35.77%,比2020年下降了19.24个百分点,有12家单位近两年非财政拨款结余年初预算调减规模占预算编报规模的73.42%,导致存量资金规模不降反升。

(2)部分支出政策绩效管理仍需加强

一是对"产业类"支出政策的绩效管理机制尚不完善。支持中小企业发展资金、商业流通发展专项资金等4项政策未明确退出期限,涉及资金18.58亿元。2017年以来,市财政局对4项产业政策涉及的项目组织了事前评估或绩效评价,指出项目决策缺少政策整体规划布局、需求论证不充分、预算编制不实不细、资金动态管理不到位等问题,但审计发现,这些政策的绩效评价结果未及时应用于改进预算管理,2021年批复预算过程中,上述问题仍未解决,涉及资金35.05亿元。

二是支持文化企业"投贷奖"联动政策运行监管不够到位。2019年至2021年,市财政局安排"投贷奖"资金预算共计13.14亿元,截至2021年年底支出9.53亿元。审计发现,市文资中心未按照"投贷奖"管理办法要求制定运营商管理规则及奖励方案,而是由两个运营平台自行制定规则。运营平台发挥文化金融中介作用不明显,通过运营平台撮合文化企业数量和融资金额规模较小。资金分配过程中,个别运营平台和个别企业存在骗取奖励资金的问题。

三是老旧车淘汰补助项目绩效目标不够细化,工作流程仍需优化。2020年至2021年,市财政局安排"北京市老旧车淘汰补助"项目资金预算5.93亿元,截至2022年5月底,资金已经全部支出。审计发现,市生态环境局在申报项目资金预算时,未细化量化项目的绩效指标值,难以衡量目标的实现程度、预算资金的预期产出和效果等。申领补助资金便捷性不高,数据"跑腿"不够,车主或委托人线上申请后还需现场审核,近两年共支出场地费用和人员工资582.54万元。

3. 国有资本经营预算审计情况

2021年,本市加大财政资金的统筹力度,国有资本经营预算按照30%的比例调入一般公共预算统筹使用19.26亿元,一般公共预算不再注入国有资本经营预算。积极发挥国有资本经营预算功能作用,服务首都"四个中心"功能建设,推动国资国企改革。审计发现的主要问题:

(1)部分资金拨付不及时、项目推进缓慢。2018年至2021年年底,9个项目5.78亿元资金滞留在3家市属企业,未及时投入到项目实施单位,滞留时间最长达17个月。13家企业的23个项目进展缓慢,未实现预期目标,涉及资金10.72亿元。

(2)未及时增加国有实收资本。2018年至2021年年底,5家企业将收到的7个资本金注入类项目资金计入"其他应付款"科目,未按规定及时增加国有实收资本,涉及资金 8 350 万元。

4. 社会保险基金预算审计情况

2021 年，本市落实国家政策要求，稳步提高社会保障待遇标准，积极推行稳企稳岗稳就业政策，助力全市疫情防控工作。审计发现的主要问题：

（1）社保基金收入预算编制不完整。2021 年，城乡居民基本养老保险基金委托投资收益等 3 项 21.66 亿元，未按规定编入社保基金收入预算。

（2）城乡居民养老保险基金债券投资核算不准确。截至 2022 年 5 月底，1.88 亿元的投资损失未及时确认，造成多计权益。债券投资科目核算不准确，将 2.54 亿元委托投资计入债券投资科目核算。

5. 市对区转移支付审计情况

2021 年，市对区转移支付 1 608.1 亿元，其中税收返还和一般性转移支付 1 371.56 亿元，占比 85.29%。从审计情况看，转移支付资金为推动各区提高公共服务水平，保障教育、农业等领域重点项目建设作出了重要贡献。审计发现的主要问题：

（1）部分市对区转移支付下达时间和比例不符合规定。2021 年，首都环境建设市级重点项目专项转移支付资金 10 亿元未在规定时间内下达，晚于人大预算批准时间半年以上，导致市对区专项转移支付未达到提前下达 80% 的规定比例。

（2）部分涉农专项转移支付资金支出进度慢、管理不到位。由于个别市级补贴资金政策内容不清晰、区级实施方案编制及审核周期长，造成 4.62 亿元资金长期在区级财政或管理部门滞留闲置。个别市级工作方案出台时间晚于预算资金下达近半年，影响区级工作开展。个别区 401.84 万元奖补资金未明确补贴标准，实际财政补贴比例达到 97%，未有效发挥资金引导作用。在资金分配使用中，由于审核不严，存在超范围补贴、虚报冒领补贴等问题，涉及资金 207.09 万元。

6. 政府债务审计情况

2021 年，本市合理控制债务规模，新增专项债券投向结构逐步优化，总体使用情况较好。审计发现的主要问题：

（1）部分新增政府债券项目申报管理不严格。11 个区对 20 个前期手续不完备、已形成债券资金结存或不符合申报规定的项目，申请发行新增政府债券，形成了新的资金结存 152.38 亿元，其中专项债券结存 120.87 亿元。

（2）部分债券资金未落实相关管理规定。4 个区 10 个项目存在超规定范围使用债券资金的问题，主要用于人员补贴、经常性支出等，涉及资金 2.34 亿元。个别项目未按规定开设债券资金专用监管账户，有的区财政部门对个别项目债券资金未纳入国库集中支付管理。

7. 市级基本建设预算资金审计情况

2021年，市政府投资计划安排政府投资600亿元，当年全部下达。本市持续加大基础设施投资强度，加快补齐公共服务短板，助力科技创新能力提升，推动供给侧结构性改革、京津冀协同发展等"五子"项目加快落地。审计发现的主要问题：

（1）政府投资项目绩效管理要求落实仍不到位。市发展改革委未严格落实加强建设项目成本管控的要求，对25个未取得概算批复即开工建设的"一会三函"项目安排资金26.10亿元，投资概算的刚性约束作用未充分发挥。

（2）政府投资项目基础管理需要进一步强化。市发展改革委按照政府投资管理制度要求，建立了政府投资项目在线监测系统，但重要数据信息不完整。投资项目咨询评估工作管理不规范，2019年至2021年，市发展改革委在政府投资计划中安排评审组织管理机构费用1 303.84万元，但未签订书面合同或协议。

（二）市级部门预算执行和决算草案审计情况

继续对预算公开的202家市级一级预算单位实行数据分析全覆盖，持续优化数据分析指标，从预算编制、基本支出预算执行、压缩行政运行成本、项目支出预算执行等七方面入手，运用70项数据指标对部门预算执行和管理情况开展审计评价，做好常态化"经济体检"。针对数据分析反映出的管理薄弱环节和易产生问题的风险点，向各单位提出加强和改进预算管理的建议，督促相关单位及时制定预防措施。2021年，202家一级预算单位收入预算725.92亿元，决算收入1 103.88亿元，决算支出1 058.72亿元。从数据分析情况看，年度预算执行中，市财政局分类分档确定年初预算批复率，部门预算资金追加、追减金额占年初预算的55.72%，较上年增加16.66个百分点；部门预算资金在项目和科目间调剂使用金额占年初预算的12.26%，较上年增加2.46个百分点。行政运行成本基本得到控制，公务车运行维护费、差旅费和委托业务费分别较上年压减21.29%、20.1%和10.36%。项目支出预算执行总体较好，年初财政拨款项目基本能够按照序时进度支出。政府采购向中小企业倾斜，有54%的资金面向中小微企业采购，其中有26.24%面向小微企业采购，分别较上年提高6.78和6.27个百分点。

结合经济责任审计、专项审计等，重点对49家市级一级预算单位和126家基层预算单位开展现场审计，组织4个部门对所属18家基层单位开展内部审计。审计中，紧盯财政资金管理和绩效，提高"精准度"，增强"穿透力"。现场审计查出各类问题金额32.87亿元，主要包括预决算编制不规范，涉及2.82亿元；预算执行和项目绩效管理不到位，涉及28.03亿元；"三公"经费和会议培训费管理不到位，涉及0.40亿元；财务管理不规范，涉及1.62亿元。从审计情况看，在信息化建设、政府购买服务、政府采购、课题经费和全面预算绩效管理要求落实等方面，还存在一些突出问题，需要加以关注和改进。

1. 信息化建设资金使用绩效不高

一是信息系统建成后使用绩效不高。7家单位30个信息系统存在建而未用、低效使用或彻底停用、信息系统间部分功能相互重叠等问题，涉及资金8.46亿元。

二是建设管理混乱的问题较为突出。7家单位31个信息系统存在建设或升级改造时未履行审批程序、一些承包商在中标之前就介入项目建设、建成后长期未开展竣工决算等问题，涉及资金7.88亿元，其中个别信息系统建设项目被层层转包，承包商从中获利405.95万元。

三是运维项目管理粗放、漏洞较多。7家单位23个项目存在运维经费虚高、挪用运维经费用于系统建设、多支付运维费等问题，涉及资金0.57亿元。

2. 政府购买服务和政府采购事项管理不到位

一是基本公共服务面向社会公众的特点不突出。对166个基本公共服务事项抽查发现，有58个事项对行业或单位内部提供服务，不应纳入基本公共服务范畴，涉及资金3.22亿元。

二是政府购买服务指导目录约束力不强。6家单位的77笔、2 244.93万元委托事项支出，属于政府购买服务指导目录范围，但未纳入政府购买服务决算管理。

三是政府购买服务事项预算执行管理不规范。6家单位在政府购买服务中，违规购买负面清单事项，涉及资金409.69万元。8家单位的47个购买服务事项预算执行率较低且未及时核减预算，涉及资金912.54万元。3家单位部分政府购买服务合同签订不规范，涉及资金112.89万元。

四是政府采购政策执行不严格。2家单位未严格履行政府采购程序，将7个属于政府采购范围的事项直接指定所属二级单位或其他单位承担，涉及资金2 160.13万元。部分工程被违规分包，涉及资金2 248.82万元。

3. 课题经费预算管理不完善

一是课题经费管理制度执行不严格。4家单位未按规定建立或及时修订课题经费内部管理制度，3家单位相关制度对承接单位选取方式、验收流程等关键环节要求不细化。个别课题预算编报不实，支出无依据。

二是部分单位课题调研性质支出未纳入课题经费预算管理。7家单位在规定课题经费以外共支出规划研究、调研分析等26个符合课题调研性质的事项748.64万元。上述事项未纳入市级课题经费管理，没有落实分类管理、分级审批要求，也未纳入课题经费统计，造成课题经费预算不完整，管理不规范。

4. 全面预算绩效管理要求未得到有效落实

一是未严格落实资金安排与预算执行挂钩要求。3家单位的3个延续性项目上年度结余资金规模较大，但下一年仍继续申报预算8 944.36万元，至2021年年底又结余

8 905.36 万元，结余率达 99.56%。个别单位未按要求压缩或取消绩效自评结果为"差"的延续性项目，仍按上年额度申报预算并获得批复，但实际执行后造成 48.50 万元预算资金全部结余。

二是未严格落实跨年度平衡安排项目支出预算的要求。6 家单位的 13 个项目，没有按照实施进度和实际需求分年度编制预算，年底突击花钱的现象依然存在，财政资金沉淀在预算单位或项目实施单位，涉及资金 1 942.77 万元。个别单位未清理整合项目、优化一级项目分类和申报，涉及资金 1 275.72 万元。

三是未严格落实大力压缩行政成本的要求。77 个单位存在这类问题，涉及资金 4 843.66 万元。主要是有的单位将自身应履职的事项委托给第三方，有的单位未按实际需求为公务用车加油卡、ETC 卡等充值，有的单位未经批准调剂预算或无预算支出等。

（三）重点专项审计情况

1. 重大政策措施落实方面

围绕中央重大战略决策和市委市政府重要部署，持续开展重大政策措施贯彻落实跟踪审计，重点关注北京市中央直达资金下达、减税降费、优化营商环境及防范和化解拖欠中小企业账款等政策落实情况。

从审计情况看，自 2021 年以来，本市坚决贯彻党中央、国务院决策部署，全市上下统筹推进疫情防控和经济社会发展，认真做好"六稳"工作，全面落实"六保"任务，各项任务扎实推进。各区财政局能够及时足额下达中央直达资金预算指标，已拨付的中央直达资金用途基本符合规定，常态化财政资金直达机制的建立健全，为本市基层惠企利民提供了更加及时有力的财力支持。相关单位能够积极落实阶段性减免企业社会保险费等减税降费政策。采取行政、法律等手段加快化解 2020 年清欠台账中剩余有分歧欠款，加强往来账款管理，全面梳理合同签订情况，预防新增欠款，本市营商环境得到进一步优化。但审计也发现一些问题，主要是部分区 1 335.16 万元直达资金支出进度慢，322.94 万元直达资金未按规定用途使用。相关单位按照"随审随纠、边审边改"原则，及时进行了整改，1 335.16 万元直达资金已全部支出到位。

2. 中关村国家自主创新示范区高质量发展及资金投入绩效方面

审计调查了原中关村管委会，延伸了中关村示范区房山园等部分分园及企业，重点关注中关村示范区服务体系建设、补贴政策效果以及营商环境运行等情况。从审计情况看，中关村示范区作为北京国际科技创新中心建设的主阵地和高精尖产业的重要承载区，勇于先行先试、改革创新，30 余项试点政策在全国推广实施，政策供给及资金投入不断加大，持续保持全国领先地位。审计发现的主要问题：

一是科技政策资源统筹不够。2018 年至 2020 年，本市对高新技术企业提供补贴奖励政策多达86项，涉及25个部门，政策集成统筹不够。如，部门间多头拨付项目资金，重复支持孵化器21家、重复支持高校院所的科技成果转化平台20家；扶持资金"小散碎"，普惠式补贴缺乏针对性，2018年至2020年，本市对1.46万家（次）中关村高新技术企业共补贴121.93亿元，有8 805家（次）企业平均获取补贴仅2.6万元，补贴资金在10万元以下的项目有145个，占30.72%。此外，数据共享不足，小微企业和孵化器企业在申报补贴时，存在重复提供申报材料的情况。

二是科技服务体系有待完善。中关村示范区孵化器建设布局不完善，纳入支持体系的孵化器有50%集中在海淀园，个别分园尚无孵化器，从主导孵化的产业领域看，现代交通、航空航天领域相关专业孵化器存在空缺。产业链仍存在短板，部分科技成果在本地无法产业化落地，2020年中关村示范区技术转移服务平台共推动2 393项成果实现转化，其中1 074项成果在本市就地转化，占比仅45%。一些科研项目在中关村示范区找不到承接企业，尚未形成具有技术主导权的产业集群。

三是"一区多园"管理方式多样，约束机制弱化。原中关村管委会与区园管委会无行政隶属关系，仅发挥指导协调作用，各区园管委会有的独立设置，有的在区属其他部门挂靠。此外，在分园地块管理方面，有的地块归区园管委会管理，有的地块归区相关部门负责，运营发展各自为政，管理约束机制逐级弱化，影响了中关村示范区"一区多园"统筹规划目标的贯彻落实。

3. 本市东西部协作和对口支援方面

审计了本市协作支援政策落实以及年度计划完成、项目组织管理、资金使用效益等情况，延伸审计了河南省南阳市、湖北省十堰市、西藏自治区拉萨市等3个市本级及所属17个区县相关项目实施情况。2018年至2021年7月底，本市共投入扶贫支援合作资金199.52亿元，主要用于受援地区就业及产业发展、教育及医疗卫生等社会事业项目建设和实施。从审计情况看，市支援合作办坚持首善标准，巩固拓展脱贫攻坚成果，东西部协作和对口支援工作取得较好成效。审计发现的主要问题：

一是对口协作产业投资基金管理机制不完善。本市分别与河南省、湖北省十堰市两地协商成立对口协作产业投资基金，截至2020年年底，已累计投入资金2.80亿元。审计发现，由于市支援合作办未制定基金类项目管理办法、未建立相应的绩效考核机制，没有与受援地形成联动管理体系，且受援地政府基金管理机制也不健全，导致1.30亿元资金闲置。基金引导作用发挥也不够明显，部分基金投向不符合投资基金设立目标。

二是统筹管理不到位，资金绩效管理水平需要提高。由本市出资、当地实施的"交支票"项目，实施责任主体为受援地政府，由于市支援合作办统筹力度不够、审核把关不严等，导致部分项目实施缓慢、结余资金使用不规范。如，截至2021年7月底，受援地107个项目中，27个项目因征地拆迁进度缓慢、规划设计调整等原因未按计划完工，占比为25.23%，1 359万元结余资金未按规定上交、收回。

4. 机动车公共停车场运行管理方面

审计调查了市交通委及相关责任单位，并延伸了136个停车场，重点关注全市道路停车、驻车换乘停车场（以下简称P+R停车场）和经营性公共停车场等公共停车资源的规划、建设和运行管理情况。从审计情况看，近年来，市交通委着力统筹协调，加强停车资源开发，规范路外停车管理，提高经营性停车服务质量，缓解停车难压力，道路停车改革稳步推进，乱停车问题逐步改善。审计发现的主要问题：

一是部分公共停车设施运营效率不高。一些远郊区道路停车位施划不科学，在已施划了大量免费车位的情况下，仍然施划新的收费道路停车位，造成收费车位占用率低，道路停车"入不敷出"，财政负担较重，16个区及北京经济技术开发区中仅3个区停车费收入能够覆盖全口径成本，9个区的年收入不足年运营成本一半。由于周边违法停车治理不到位或设置免费停车设施，4个地铁站点的P+R停车场使用效率不高，工作日的停车率不足60%，驻车换乘作用发挥不充分。

二是部分远郊区外埠车辆欠费比例高，缺乏有效的催缴手段。2019年至2021年8月底，全市道路停车的欠费金额为9 156.92万元，涉及车辆217.28万辆。由于对外埠车辆的车主信息掌握不全，各区停车管理部门缺乏有效的催缴措施，外埠车辆欠费金额为3 333.09万元，涉及车辆91.27万辆，其中有5个远郊区欠缴车辆中外埠车辆的数量和欠费金额占比均超过50%。

5. 困难群众救助补助资金管理使用方面

审计了房山、通州、顺义、大兴等4个区，重点关注困难群众救助补助资金筹集、分配和使用，集中供养救助机构职责履行，救助政策落实等情况。从审计情况看，社会救助制度机制逐步完善，困难群众保障水平和保障效果进一步提升。审计发现的主要问题：

一是困难群众救助政策落实不够精准。4个区134人重复或违规享受救助待遇131.84万元。个别区存在违规救助、过度救助的问题，涉及资金22.08万元。

二是资金管理使用不严格，救助物资管理混乱。2个区将190.97万元救助补助资金超范围用于训练室升级改造、聘用人员工资等。3个区救助站或福利院资产、物资管理混乱，物资盘点及领用记录不完整。

（四）国有资产审计情况

结合各类审计项目，重点审计了本市市属国有企业、金融企业、行政事业单位和自然资源等4类国有资产管理使用情况。

1. 市属国有企业国有资产管理方面

审计调查了 40 家市属国有企业，重点关注了国有资产监管、国有资产处置和收益分配、债务风险防控和京外投资管理等情况，涉及资产总额 64 308.92 亿元，负债总额 42 759.93 亿元。从审计情况看，监管机构能够履行国有资产出资人职责，建立以管资本为主的国有资产监督管理体制，不断完善各项制度，组织开展"三降一减一提升"专项行动，协调化解部分企业债务风险，进一步规范企业投资行为。相关市属国有企业在监管机构的指导下，不断建立健全资产负债约束机制，多措并举降杠杆减负债；能够聚焦主业和高端产业，服务国家重大发展战略，在疏解非首都功能、京津冀协同发展、雄安新区建设等领域加大投资力度。审计发现的主要问题：

一是市属国有企业"两金"管控不到位。降"两金"是深化国有企业改革，促进企业提质增效的重要措施。但近年来，40 家市属国有企业应收账款、存货占用的资金规模逐年上升，截至 2020 年年底，共计 15 038.15 亿元，其中 8 家市属房地产企业所属的 10 家房地产公司存货占市属国有企业存货价值总额的四成以上，去库存压力较大。

二是市属国有企业债务风险防控仍需加强。2018 年至 2020 年，40 家市属国有企业整体资产负债率高于全国地方国企平均值。截至 2020 年年底，有 10 家企业的资产负债率高于警戒线，其中 8 家企业高于管控线。重大诉讼事项形成或有负债，存在损失风险。

三是部分投资和资产运营效益不高。部分京外投资项目存在损失风险，有 3 家企业向京外控股或参股企业、其他股东出借资金逾期未收回。因决策不科学、前期工作推动不力等，2 家企业的 6 个京外项目未能开工建设，涉及投资 7.76 亿元。4 家企业无偿出借或低价出租房产、经营不善等导致资产收益不高。

四是资产负债不实问题依然存在。个别企业少计资产和所有者权益 20.50 亿元，6 家企业少计、多计收入成本等 8.47 亿元。

2. 市属金融企业国有资产管理方面

审计调查了 3 家市属商业银行，重点关注金融风险化解、资产质量真实性等情况。从审计情况看，3 家银行落实中央决策部署，服务首都经济社会发展，积极服务北京冬奥会、城市副中心建设等重点领域，资产质量基本稳定，具备一定的抗风险能力。审计发现的主要问题：

一是不良信贷资产未如实反映。个别银行对公信贷、融资租赁资产等形成不良资产，但未及时调整资产质量分类。违规发放各类中长期且到期一次还本的贷款，使借款人在贷款期间不用归还本金，延缓了贷款风险暴露。还存在发放流动资金贷款偿还各类垫款、利息及罚息等问题。

二是部分风险防控政策要求落实不到位，风险管控还存在薄弱环节。个别银行房地产贷款占比和个人住房贷款占比两项指标超出行业监管上限。个别银行未落实政策要求制定具体可执行的标准约束高负债国企贷款。

3. 行政事业单位资产管理方面

审计了 31 个市级部门、单位，重点关注行政事业单位国有资产的规模结构，国有资产的购置、管理、使用以及处置等情况。从审计情况看，相关市级部门、单位能够建立健全资产管理相关制度、办法，促进资产的规范管理和有效使用。审计发现的主要问题：

一是部分固定资产购置计划与预算批复不衔接。市财政局在 17 家单位未制定固定资产购置计划的情况下，批复了 384 件办公设备的购置预算 244.63 万元；在 4 家单位办公设备超过日常办公可新配数量的情况下，批复了 145 件办公设备的购置预算 92.42 万元。

二是部分单位违规出租出借资产，存在资产闲置现象。5 家单位未经审批出租出借房屋，4 235.24 万元出租收入未上缴。3 家单位的 4 573.47 平方米房产、588 件（套）设备闲置。

三是固定资产账实不符。14 家单位 4.38 亿元工程、设备、信息化系统等资产未及时完整入账，造成账实不符。

4. 自然资源资产管理方面

审计了 4 个区、3 个市级部门，重点关注了土地资源、森林绿化资源、水资源以及地热资源管理情况。从审计情况看，相关区和市级部门贯彻落实中央生态文明建设方针政策以及市委决策部署，统筹推进自然资源资产体制改革，以国土空间规划为引领，以优先保护和高效利用为目标，推动各类自然资源保护和利用，自然资源资产管理效能进一步提升。审计发现的主要问题：

一是土地资源利用和监管不到位，土地开发成本管控存在漏洞。111 宗历史存量地块建设用地长期批而未供。66 宗历史存量闲置土地处置不到位。部分新增耕地未进行质量等级评定。个别乡镇政府和项目实施单位存在超政策范围决策、征地拆迁操作不规范等问题，加大了开发成本。

二是森林绿化资源监管不到位，造林和养护面积不实。新一轮百万亩造林绿化行动中，个别区上报任务完成量不准确，实际有 507.39 亩当年未完成造林任务。个别区 11 宗代征绿地内存在违法建设。个别区园林绿化部门将 115 个林地违法问题移交后即做销账处理，其中 101 个实际未处理。个别区 19 个养护地块内存在建筑物、道路、停车场等，多申报养护面积 283.80 亩，多申领养护资金、土地流转费 280.94 万元。

三是水资源管理不到位，基础管理工作薄弱。主要是用水户计划指标分配存在一定随意性，2018 年至 2020 年，部分市管用水户实际用水量不足用水计划的 50%。园林绿化行业大量使用新水。自备井管理工作薄弱，基础管理信息不准确等。水资源费追缴工作力度不够，部分用水单位欠缴水资源费。

四是地热资源监管不到位。1 个公司未取得勘查许可证钻探地热井，2 个公司未取得采矿许可证使用地热井，5个单位（7眼地热井）在采矿许可证过期情况下开采地热资源。

（五）审计查出问题初步整改情况

市委市政府高度重视审计查出问题整改工作。市委进一步加强对审计整改工作领导，市委市政府主要领导多次对审计报告等作出批示，要求各区各部门认真组织整改。市政府不断健全审计整改工作落实机制，通过召开党组会议、政府常务会议、联席会议等专题研究审计整改工作，作出具体安排。各区各部门认真落实整改主体责任，逐项整改审计查出问题。相关行业主管部门对主管领域存在的共性问题加大治理力度，防止屡审屡犯。市审计局进一步压实审计整改跟踪检查责任，提升审计整改实效。

针对审计指出的问题，有的已立行立改整改到位，有的正分阶段稳步推进，有的正在采取有效措施持续推动。市交通委落实市政府主要领导批示要求，针对道路停车存在的突出问题，正在分析道路停车相关数据，将提交市交通联席会进行研究。市科委、中关村管委会已出台中关村示范区"1+5"系列资金支持政策，进一步明确支持目标和方向。市国资委组织开展"三降一减一提升"专项行动，2021年所监管的市属企业"两金"规模和整体资产负债率均有所下降；成立京外投资审计整改工作领导小组，召开7次审计整改专题调度会议，督促指导企业限期落实整改任务。目前，通过审计整改，相关部门、单位已上交财政资金1.14亿元，归还原渠道资金2 707.98万元，调账处理10.98亿元。按照《北京市预算审查监督条例》和市人大常委会《关于加强市级预算审查监督的决定》要求，市政府将在年底前向市人大常委会报告审计整改情况。

截至2022年5月底，2020年度审计发现的需立行立改问题已全部整改完成，尚有11个问题需持续推进整改，主要是闲置债券资金盘活、重大投资项目开工、公租房分配还需要一定时间等，审计机关将持续跟进，督促加快整改。

（六）审计发现问题原因分析

对审计发现的问题进行分类，主要是三方面问题。

一是政策落实方面。主要是部分政策推进不及时，一些政策未完全落实或执行不够精准，市区政策之间、政策要求与配套措施之间不衔接、不匹配，政策执行效果不显著。

二是项目管理方面。主要是部分重点项目推进慢，项目管理规定未有效落实，项目绩效管理水平不高，预算分配与项目确定衔接不够，存在"资金等项目"现象。

三是资金、资产、资源管理使用方面。主要是部分资金统筹力度不够，资金分配"小散碎"，支出标准体系建设还有空白、漏项，部分资金投入未考虑成本绩效，缺乏有效的成本管控措施。财政资金损失浪费、国有资产低效无效、自然资源资产管理基础薄弱等问题仍然突出。

剖析问题产生的原因，主要有以下五方面。

一是政策动态评估和调整不够及时。部分政策已经不适应当前形势和要求，部分政策供给差异化、精准化不够，各领域政策之间缺乏统筹协调，政策合力还需进一步增强。

二是预算执行和绩效评价约束缺乏刚性。预算编报和审核批复刚性不足，预算安排与事前绩效评估衔接不够，绩效运行监控还不够到位，预算单位零基预算意识有待强化。

三是过"紧日子"的措施落实还不到位。全过程成本绩效理念仍未牢固树立，过"紧日子"能力不强，在政策制定、预算安排、跟踪问效等环节还未形成有效措施或措施落实不到位，对一些违规行为追责问责力度不够。

四是责任落实还不到位。部分单位内控制度不完善，执行不严格，监管不到位，管理责任未有效落实。一些行业主管部门对行业领域存在的共性问题认识不足，缺少标本兼治的管用措施。

五是政府投资决策深度还不到位。部分政府投资项目建设进度滞后，虽然存在征地拆迁难度大等客观因素，但从主观原因分析看，更多反映出项目前期调研不充分、工作不扎实、方案设计深度不够、政府投资决策不够科学等。

（七）改进本级预算执行和其他财政收支管理工作的建议

（1）不断提升财政管理水平。加强财政资源政策统筹，进一步统筹盘活存量资金，管好用好债券资金、政府投资基金等，提升财政综合保障能力。坚持零基预算理念，将支出标准作为预算编制的基本依据，推进绩效结果与预算安排有机衔接。进一步优化财政支出结构，保持支出强度，加快支出进度。不断增强预算刚性，严控预算追加调整。继续压减非重点、非刚性支出，从严控制一般性支出，努力降低行政运行成本。

（2）加强政策制度的统筹协调。加大财政政策统筹集成力度，做到财政政策与经济和产业政策相统筹。增强政策的精准性和可持续性，各项政策要与制度性措施相结合，兼顾财政承受能力。健全政策效果定期评估和动态调整机制，压缩资金分配中的自由裁量空间，及时清理退出政策到期、绩效低下的政策和项目。

（3）切实发挥政府投资的关键作用。深化投资审批制度改革，做好用地、用能等要素保障，坚持资金、要素跟着项目走，尽快形成实物工作量。发挥重大项目牵引和政府投资撬动作用。加强项目前期论证，挖掘方案设计深度，强化预算约束，切实提高政府投资效益。

（4）提升国有资产管理能力水平。持续推进国资国企改革，进一步提高国有资本运营效率，及时发现和处置经营风险，确保国有资产保值增值。加强对地方金融机构监管，确保各项防风险政策落实到位，提高风险防范能力。夯实行政事业单位国有资产管理基础，提高资产配置效率。推进自然资源领域重大改革，统筹做好自然资源保护与利用。

（5）做好审计"下半篇文章"。深入落实党中央关于建立健全审计查出问题整改长效机制的要求和本市部署，主动接受市人大常委会对审计查出突出问题整改情况的监督，充分发挥审计整改工作联席会议作用，加大对行业领域突出问题的专项治理。行业主管部门要进一步强化整改监督管理责任，深入分析问题产生的原因，研究解决措施，防止屡审屡犯。各部门各单位要将审计查出问题整改、落实审计意见建议纳入领导班子重要议事日程，强化问题导向，扎实落实整改任务。

以上报告，提请市人大常委会审议。

二、湖南省人民政府关于2021年度省级预算执行和其他财政收支的审计工作报告

主任、各位副主任、各位委员：

我受省人民政府委托，向省人大常委会报告2021年度省级预算执行和其他财政收支的审计情况，请予审议。

根据省委、省政府工作部署，省审计厅依法对2021年度省级预算执行和其他财政收支情况进行了审计。审计结果表明：2021年，全省各级各部门认真贯彻党中央、国务院决策部署和省委、省政府工作要求，坚持稳字当头、稳中求进，全面落实"三高四新"战略定位和使命任务，统筹做好疫情防控和经济社会发展，全省经济运行稳中有进、稳中提质，实现了"十四五"良好开局。2021年省级预算执行情况总体较好，财政保障和风险防控能力有效增强。

——财政收入稳步增长。积极应对经济下行压力，狠抓财源建设，强化税收征管，地方收入稳步增加。省本级税收收入236.06亿元，较上年增长7.78%；非税收入138.32亿元，较上年增长12.95%。加大对结余结转资金的清理收回力度，盘活省级财政存量资金78亿元。

——支出结构继续优化。加大了对重点民生领域的投入力度，安排社会保障和就业支出398.03亿元、教育支出160.15亿元，较上年有所增长；安排耕地地力保护等惠农补贴77亿元，促进粮食稳产保供；安排乡村振兴建设专项补助115.40亿元，巩固拓展脱贫成效。

——"三个高地"建设加快。着力发挥财政在"三个高地"建设中的职能作用。安排补助资金50.70亿元支持先进制造业产业集群、工程机械等"十大产业项目"建设；安排专项资金18.70亿元支持高性能GPU芯片等"十大技术攻关项目"和重大创新平台建设；出台财政政策支持湖南自贸试验区建设。

——财政改革持续深化。加快推进预算管理改革,出台了深化预算管理、事前绩效评估等制度。推进省与市县财政事权和支出责任划分改革,出台了生态环境等5个领域的划分办法。加强债务管控,在全国率先实行政府投资项目开工核准制。健全财审联动,强化审计监督结果与预算安排及政策制定挂钩。

——整改成效不断提升。省政府认真落实省人大常委会的审议意见,督促各部门单位加强审计整改工作。省委审计办、省审计厅派出督导组深入14个市州开展了整改集中督查。截至今年6月底,2020年度审计指出的问题已基本整改到位,累计收缴财政资金41.48亿元,完善制度120多项;去年审计工作报告反映的41起移送问题线索,各级纪检监察机关、司法机关和有关主管部门已办结23起,给予党纪政纪处分等299人。

(一)省级财政管理审计情况

省级决算草案反映,2021年省级一般公共预算收入6107.93亿元,支出5946.78亿元;省级政府性基金收入1928.74亿元,支出1919.41亿元;省级国有资本经营预算收入37.64亿元,支出37.30亿元;省级社会保险基金预算收入1673.83亿元,支出1654.48亿元,收支相抵结余19.35亿元,年末滚存结余1992.46亿元。决算草案编制总体符合预算法及相关规定,较好地反映了预算执行结果。审计发现的主要问题:

1. 预算编制方面

一是预算编制不完整。省财政未将一般公共预算上年结转资金119.5亿元编入年初预算;提前下达省直单位资金751.24亿元中,有397.45亿元未编入部门预算。

二是年初预算不细化。省财政厅和相关主管部门未将省级预算预留资金756.50亿元细化到项目、到单位;在年初下达省直部门预算"商品和服务支出"中,"其他商品和服务支出"33.80亿元,占比34.8%。

三是社会保险基金预算不精准。省级企业职工基本养老保险基金利息收入、委托投资收益和转移收入的实际执行数分别是预算的1.5倍、1.8倍、2.1倍。

四是预算调整不到位。省财政一般公共预算年中新增一般性转移支付补助收入84.90亿元,当年安排支出,未按规定进行预算调整。

2. 预算执行方面

一是收入未及时划缴。省财政未及时清理非税待查收入6.01亿元,未及时上解或返还待分成收入10.90亿元。

二是资金下达不及时。省财政分解下达省级代编预算24.36亿元中,有15.41亿元至6月底未下达,占比63.26%;有4.98亿元至11月底仍未下达,占比20.43%。

三是省直单位年初预算到位率低。省财政通过二次分配等方式向省直单位追加的预算资金,有33家单位超过年初预算,有45家单位超过年初预算的一半。

四是对市县转移支付提前下达比例低。省财政 2021 年对市县一般性转移支付和专项转移支付提前下达比例分别为 66.31%、8.03%，低于同期中央财政对我省转移支付提前下达比例 18.6 个百分点和 14 个百分点。

3. 专项资金管理分配方面

一是管理制度修订不及时。交通运输发展、移动互联网产业发展、军民融合产业发展等 3 个省级专项资金管理办法，已过期未及时修订。

二是资金整合不到位。省文化和旅游厅管理的文化综合发展专项和旅游发展专项支持方向交叉重复。2021 年分别安排 7 373 万元、1 818 万元用于非物质文化遗产、艺术创作等相同方向。

三是分配管理不规范。省财政厅及 12 个专项资金主管部门存在资金分配程序不规范、超范围或重复安排资金、向不符合条件的主体分配资金等问题，涉及 1.24 亿元。

4. 预算内基本建设投资管理方面

一是管理制度不够完善。省预算内基本建设投资管理制度已超过规范性文件的有效期，部分条款不符合中央和省委、省政府出台的财政体制、投融资体制改革举措，缺乏政府投资计划与财政预算等衔接的制度性安排。

二是超出本级支出责任安排项目。在省预算内基本建设投资中，超范围安排市县医院建设项目 6 个和公共卫生项目 36 个，涉及投资补助 1.65 亿元。

三是审核把关不严。省发展改革委对申报资料不规范、"报大建小"等项目仍安排投资补助 1.50 亿元，涉及项目 151 个。

四是项目计划管理粗放。省发展改革委未按规定建立省预算内投资项目库；下达的 609 个省预算内基本建设投资项目，除财政投资补助 22 亿元外，未明确其他投资来源构成。

5. 省属国有资本经营预算管理方面

一是国有资本经营预算不规范。省财政从国有资本经营预算调出到一般公共预算的资金中，有 9.86 亿元未按规定统筹用于保障和改善民生支出。

二是国有资本收益应收未收。省国资委应收未收湖南湘科控股集团 2020 年度国有资本经营收益 107.46 万元。

三是国有资本经营预算支出项目管理不到位。有 3 个项目建设进度滞后，2 个项目主要经济指标未达预期。

四是国有企业未落实国有资本权益。省国资委监管的 12 家企业，有 20 个项目未办理国有股权工商变更登记手续。

6. 决算草案编制及其他财政管理方面

一是决算草案编制不准确。省财政将省属医院改革补助等省本级支出 6 000 万元列为一般性转移支付;将市县的债券发行手续费等 6.04 亿元列为省本级支出;将市县分成体彩公益金等政府基金支出 4.86 亿元列入一般公共预算支出;将安排的企业支出 1.91 亿元列为"对事业单位经常性补助"。

二是国库集中支付监管不严格。省财政对国库集中支付审核把关不严,部分支出违规跨类级科目支出;有 38 家省直部门单位通过授权支付方式,将资金拨付到实有资金账户,涉及资金 3 786.46 万元。

三是社保基金管理不到位。省级财政社保基金 348.09 亿元未及时转存定期存款。

四是往来款项清理不及时。截至 2021 年年底,省本级"其他应收款"科目余额 13.91 亿元,其中超过 3 年未清理的有 8.11 亿元。

(二)省直部门预算执行审计情况

运用大数据对 105 家省级一级预算单位实现了审计全覆盖。其中,对 16 个部门单位开展了现场审计,对 16 个部门单位开展了重点核查,对其他有疑点线索的部门单位开展了送达核查。审计发现的主要问题:

(1)预算收入征收管理不到位。一是 9 个部门少编资产出租处置等收入预算,涉及资金 3.84 亿元。如:省监狱局未将土地出租收入 4 530 万元纳入部门预算管理。二是 12 个部门非税收入未实行"收支两条线"管理,截留或挪用 1.07 亿元。如:省文化和旅游厅所属省博物馆门票收入 1 423.36 万元未缴财政。三是 5 个部门少征或违规减免非税收入、无许可证收费等,涉及资金 5 235.70 万元。如:省粮食和储备局所属省粮油质监中心无许可证收取粮食检验等服务费 262.41 万元。

(2)落实"过紧日子"要求不严格。一是 27 个部门超预算或无预算列支、基本支出挤占项目支出、虚列多列费用、转嫁费用等,涉及资金 9 320.03 万元。如:省农科院所属省园艺所在科研专项经费中列支房屋维修、绿化等费用 61.12 万元。二是 11 个部门无依据发放稿酬、季度考核奖励,或违规从财政资金列支应由个人负担的费用等,涉及资金 661.82 万元。如:省信访局违规列支应由职工个人负担的社会保险费 99.69 万元。三是 23 个部门多编、少编支出预算或预算编制不合理。如省地方金融监管局未根据上年结转情况编制预算,导致部分项目结余占比大。

(3)政府采购管理不规范。一是 10 个部门存在未按规定公开招投标、化整为零规避公开招投标、未在电子卖场采购物品或内定供应商等行为,涉及资金 8 500.25 万元。如省机关事务局违规指定公车拍卖机构,两年拍卖车辆 455 台 1 798.69 万元。二是 14 个部门部分采购项目未严格执行采购程序,或招投标文件、合同条款不规范。如省交易中心信息化运行安全检测等项目,先指定服务商实施项目,后补充相关程序,涉及资金 197.90 万元。三是 10 个部门存在超范围购买服务、超限额标准采购货物等问题,涉及资金 1 074.59 万元。如省文化和旅游厅超范围以政府购买服务方式举办 4 期培训班，涉及资金 469.20 万元。

（4）预算绩效管理不精准。一是 19 个部门预算执行率低，部分项目当年未启动或实施迟缓，导致年末结余结转金额大。如：省委网信办 2021 年预算执行率 72.1%，年终结余结转指标 2 934.62 万元。二是 50 个部门实有资金账户存量资金未清理、历年结余资金未上缴财政或未纳入预算管理，涉及资金 5.86 亿元。如：省退役军人厅 2020 年以前形成的相关专项经费累计结余 1 248.39 万元，滞留在特设账户。三是 7 个部门项目资金绩效目标未细化量化。如：省地方金融监管局管理的融资担保及小贷监管等 5 项专项经费 29 项效益指标中，有 16 项未量化。

（5）财务基础工作不扎实。一是 4 个部门往来款及长期股权投资未及时清理，涉及资金 1 366.84 万元。如省贸促会所属省国际商会截至 2021 年末"其他应付款"科目余额 725.89 万元，其中有 517.09 万元挂账 5 年以上。二是 13 个部门内控制度不健全，有的未按规定办理公务卡或未使用公务卡结算差旅费。如：省广电局采用现金方式发放审视审听劳务费 98.09 万元。三是 13 个部门决算报表反映不真实、会计核算不规范，存在多计或少计收支、账表不符等问题。如：省粮食和储备局以拨代支，将所属 8 家事业单位运行经费 980.58 万元拨至各单位实有资金账户，直接列项目支出。四是 11 个单位有 15 个实有资金账户应撤销未撤销。如省发展改革委所属省价格成本调查队和省价格监测分析中心各有 1 个特设账户未按规定撤销。

（6）改革事项落实不到位。一是 6 个部门部分改革事项推进缓慢、重点工作任务落实不到位。如省国资委推进监管企业资产证券化工作滞后，截至 2021 年年底，监管企业资产证券化率仅有 22.48%。二是 3 个部门协会脱钩改制不彻底，有的部门向协会和社会团体直接安排专项资金，有的协会利用行政影响力获利。如省住房城乡建设厅委托省建设科技与建筑节能协会对全省绿色建筑性能等级进行评价认定，该协会据此向 58 家单位收取服务费 249.28 万元。

（三）国有资产管理审计情况

结合预算执行审计，今年主要是对行政事业性国有资产管理情况进行了审计。审计发现的主要问题：

（1）资产监管部门职责履行不到位。主管部门未严格落实行政事业单位国有资产管理职责，未联合出台资产管理具体办法，国有资产实物与账务管理脱节，导致资产移交、调剂手续与账务处理手续未能同步办理；未落实经营性国有资产统一监管要求，省直单位政策性房产销售款 6.18 亿元长期滞留主管部门和所属企业；省直 3 家单位违规委托所属单位或企业管理 7.89 万亩土地和 10.85 万平方米房产。

（2）资产底数不清。主要存在部分资产未入账、多计或少计资产等问题。审计抽查发现：省直15家单位有1 316.57亩土地、19.65万平方米房产等未入账，形成账外资产；11家单位多计或少计土地、房产及公务用车，导致账实不符，涉及1 488.5亩土地、19.67万平方米房产、28辆公务用车。

（3）资产配置和使用不合规。主要存在违规占用和违规出租出借土地、房产以及超额配置办公设备等问题。审计抽查发现：省直6家单位违规出租出借或对外投资，涉及285.26亩土地、7.44万平方米房产和467套政策性住房；4家单位3 062.79亩土地和5.62万平方米房产被其他单位无偿占用；3家单位超数量配备电脑等办公设备141台。

（4）资产闲置及处置不规范。主要存在土地、房产闲置和未经审批处置资产等问题。审计抽查发现：省直9家单位有3.82万亩土地、32.82万平方米房产和708套政策性住房闲置；4家单位未及时处置公务用车、办公设备和临时建筑物；11所高校未经审批处置11.89万平方米房产和70台公务用车。

（5）资产权属登记工作不及时。主要存在资产未完成权属统一登记、未办理产权登记或变更等问题。审计抽查发现：省直50家单位160.14亩土地和74.67万平方米房产未完成权属统一登记、23处房产未完成面积测绘；11家单位3 813.17亩土地和357.3万平方米房产未办理产权登记或变更。

（四）重大政策落实和重点专项审计情况

组织对减税降费、优化营商环境等重大政策措施落实情况，以及教育、就业等重点专项开展了审计。主要情况如下：

1. 减税降费审计情况

重点审计了6个市和28个县[①]。审计发现的主要问题：一是税收政策执行不到位。部分税务局提前征收过头税3.62亿元；12户高新技术企业应享未享研发费用加计扣除政策，少享受税收优惠782.40万元。二是少减免或违规减免社保费、租金。7个市县少减免国有经营性资产租金377.38万元；6个市县少减免社保费、不动产登记费等491.54万元；3个市县超范围减免社保费176.35万元；3个市县超范围减免租金或担保贷款贴息28.42万元。三是违规收费或转嫁费用。5个县违规收取已取消的行政事业性收费等180.99万元；2个市违规开展经营服务并收费1 540.28万元；3个市县将应由自身承担的费用383.86万元转嫁给相关单位。四是财政奖补资金拨付不及时。涉及6个市县的"135"工程标准厂房奖补资金、贷款财政贴息资金等1 148.10万元。五是工程建设领域保证金管理不规范。2个市县违规收取保证金7 720万元；4个市县822.15万元投标保证金应退未退或退还不及时。

---

① 本报告对市（州）级行政区统称为市，县（市、区）级行政区统称为县。

2. 优化营商环境审计情况

重点审计了4个市和30个县。审计发现的主要问题：一是部分行政审批服务事项管理不合规。3个市县6项应取消的审批事项未取消；4个市县36项应下放的审批权限未下放；2个县4项已下放的审批事项未承接；11个市县的3774项审批事项应入驻未入驻政务服务大厅。二是"双随机、一公开"监管落实不到位。13个市县未制定或未及时报送抽查计划；4个市县未开展联合检查或检查结果未实现互认；3个市县未公开收费标准或检查结果。三是优化政务服务政策落实有差距。6个县的885项审批超时或逾期；5个市县要求申报企业提交额外的审批资料；3个市县的25项"一件事一次办"事项未实现一次性办理；3个县"证照分离"改革和投资项目"多测合一"政策落实不到位。四是拖欠民营企业和中小企业账款仍有发生。9个市县拖欠民营企业和中小企业账款1.21亿元；1个市漏报10个拖欠项目，涉及28家民营企业。五是项目结算迟缓，工程款长期未支付。涉及5个市县的14个项目，金额1.41亿元。

3. 自然资源和生态环境保护审计情况

重点审计了4个市和14个县。审计发现的主要问题：一是河湖长制落实方面。8个县未严格执行取水许可、排污口设置等审批监管制度；9个县河湖"清四乱"执行不到位。二是土地资源集约节约利用方面。11个市县闲置土地915.34公顷；4个县建设项目用地未批先建68.11公顷。三是自然生态环境保护方面。8个县生态公益林被侵占破坏523.01公顷。四是污染防治攻坚战方面。5个县的37处乡镇污水处理设施建设缓慢，有的逾期未完工；4个县的4处生活垃圾填埋场污染防控责任落实不到位；10个县的146个建设项目环评制度执行不到位。

4. 社保基金审计情况

结合预算执行审计，组织对基本养老保险基金进行了审计。审计发现的主要问题：一是被征地农民社保政策落实有差距。8个市县违规认定被征地农民268名，发放补贴68.01万元；13个市县的2 848名被征地农民未参保；6个县的28个用地单位欠缴被征地农民社保3.13亿元；7个县被征地农民参保后未获财政补助2.68亿元。二是不符合条件人员参保或领取待遇。19个市县2 770人违规参保；20个市县1 141名在职人员重复参保；85个市县违规向1863名已死亡或服刑人员发放待遇911.41万元；56个市县457人重复领取待遇217.77万元。三是财政补助资金及国有资本金拨付或划转不及时。省本级、42个市县未及时将财政补助资金22.44亿元拨付到位；7家省属国有企业未按规定划转股权充实社保基金。四是挤占挪用社保基金。16个市县违规将养老保险基金4.88亿元用于代发项目，或在各险种间相互挤占。五是专项整治及审计整改落实不到位。11个市县对已死亡人员社保个人账户未及时清理、未建立多部门数据共享比对机制。

5. 农村人居环境审计情况

重点审计了 18 个县。审计发现的主要问题：一是农村改厕方面。15 个县的改厕质量不达标；5 个县虚报套取或违规使用专项资金 199.74 万元；7 个县的 1.15 亿元改厕资金闲置或拨付不及时。二是农村生活垃圾治理方面。12 个县垃圾收运处理不到位；8 个县的垃圾中转站建设缓慢或建成闲置；4 个县套取或违规使用专项资金 1 854.79 万元；3 个县垃圾治理资金滞留闲置或拨付不及时，涉及金额 3 031.65 万元。三是农村生活污水处理方面。56 座污水处理设施未充分发挥效益；61 处污水处理设施运营管护不到位；4 个县的黑臭水体排查、治理不到位；5 个县的污水治理资金使用不合规，涉及金额 5 591.37 万元。四是畜禽粪污治理方面。5 个县的 74 个项目推进迟缓；9 个县的 61 处治理设施不完善；12 个县未经批准变更项目；7 个县粪污治理资金分配拨付不及时，涉及金额 8 289.91 万元。

6. 就业专项审计情况

重点审计了 4 个市及所辖县。审计发现的主要问题：一是专项资金使用不规范。8 个市县通过将就业资金拨付至财政专户、提前列支等方式以拨代支、虚列支出 2.60 亿元；13 个市县挤占挪用专项资金 2 729.42 万元。二是专项补贴发放不合规。8 个市县向特定群体扩大范围列支岗位或社保补贴 5 684.29 万元；8 个市县少发就业补贴 820 万元；18 个市县违规发放就业补贴 1 120.41 万元。三是创业担保贷款管理不到位。11 个市县向不符合条件对象发放创业担保贷款 2845 万元；6 个县 33 人骗取、套取创贷资金 723 万元。四是就业培训管理有差距。10 个市县培训机构骗取培训补贴，培训课时未完成等；6 个县公共实训基地建设项目未严格履行建设程序，或项目建设进度缓慢。

7. 教育专项审计情况

重点审计了 4 个市和 10 个县。审计发现的主要问题：一是教育专项资金管理不合规。6 个县超范围分配专项资金 9 195.75 万元；6 个市县超范围使用专项资金 3 067.43 万元；5 个市县未及时拨付专项资金 4.27 亿元；5 个市县未足额拨付专项资金 1 052.93 万元。二是义务教育学校建设管理不到位。30 所学校建设项目未按计划实施或未按时完成；2 个县的部分学校超标准建设。三是乱收费现象依然存在。3 所学校违规收取补课费 3 698.24 万元；1 所民办学校违规收取择校费 200.98 万元；15 所学校未按规定免除学杂费 495.44 万元。

8. 困难群众救助补助资金审计情况

重点审计了 4 个市及所辖县。审计发现的主要问题：一是救助资金筹集分配拨付效率有待提高。4 个市及部分县医疗救助资金结余 1.34 亿元；4 个市 1.99 亿元救助资金分配拨付不合规；10 个市县挤占挪用救助资金 1 737.18 万元；6 个县未及时足额支付救助待遇 410.01 万元。二是集中供养救助机构职责履行有待提升。5 个市县流浪乞讨人员救助机构物资发放管理不规范；5个市县流浪乞讨人员长期滞站未有效安置；6个市县的食品、消防和住房等安全规定未严格落实；5个市县的相关机构工作人员配备不足或服务质量不高。三是社会救助政策落实有待加强。4个市2956名不符合条件的人员享受救助待遇894.16万元；4个市136名人员重复或叠加享受救助待遇10.92万元。

9. 政府投资项目审计情况

重点审计了16个政府投资项目，概算总金额1156.88亿元。审计发现的主要问题：一是工程总承包（EPC）项目管理有待完善。3个工程总承包（EPC）项目管理体制不健全，缺乏项目风险分担、设计优化节约造价归属认定的可操作性管理细则。二是违规招投标。6个项目存在物资和服务采购应招标未招标，涉及金额3717.05万元；2个项目存在投标单位串通投标、应废标单位中标等现象，涉及金额2099.77万元。三是违法分包转包。3个项目违法分包、转包工程项目或劳务分包不规范，涉及金额2.50亿元。四是项目监管不到位。8个项目因管理不善或勘察设计缺陷导致建设成本增加，涉及金额7903.47万元；1个项目招标控制价编制和审核不严格，涉及金额1798.16万元。五是违规支付、截留、挪用征拆资金。6个项目超标准支付征拆费4979.58万元；4个征拆指挥部截留、挤占挪用征拆资金1972.27万元；10个征拆指挥部违规发放津补贴360.90万元。

10. 市县财政管理审计情况

组织对全省市县存量资金和国库库款保障、政府采购和购买服务情况，以及4个市和11个县财政决算情况进行了审计。审计发现的主要问题：一是部分市县存量资金清理不够彻底，库款风险依然存在。14个市州及所属县财政存量资金99.80亿元未及时盘活，已收回的10.52亿元未及时使用；41个市县2021年连续3个月以上的库款保障系数低于财政部规定合理区间0.30的下限标准；59个市县仍存在"支出挂账"现象，挂账余额296.54亿元。二是部分市县政府采购和购买服务管理不到位。35个市县政府采购或购买服务未及时结付款项，拖欠民营企业和中小企业账款1.54亿元；29个市县实施政府采购及购买服务项目超过预算控制，涉及金额28.48亿元。三是财政收入管理不规范。7个市县虚增财政收入10.82亿元；9个市县隐瞒、截留、坐支预算收入15.13亿元；9个市县通过延压入库等方式调节收入24.19亿元；8个市县违规或变相返还税费11.08亿元；11个市县应征未征、违规缓征预算收入48.20亿元。四是财政支出不合规。10个市县无预算、超预算或虚列支出58.22亿元。

（五）审计移送违法违纪违规问题线索情况

上述审计项目共发现并移送违法违纪违规问题线索52起，其中：移送省纪委监委36起、省公安厅3起、相关主管部门或单位13起。上述问题线索相关部门正在按程序进一步查处，查处结果将于年底前向省人大常委会报告。主要情形如下：

一是公共权力集中领域"滥用职权""以权谋私"问题较为突出。审计发现此类问题线索12起,主要表现为违规决策、履职不当、低价销售国有资产、违规减免通行费、违法供地、侵占国有资产等,造成国有资产重大损失。如:某单位未经批准,违规低价销售国有房产,造成损失2 193.87万元;某园区管委会违规决策、违规供地,赔偿项目拆除损失5 725万元。

二是项目招投标领域"串通内定""利益输送"问题依然存在。审计发现此类问题线索17起,主要表现为在政府采购及工程招投标、财政资金分配、国有资产资源转让收购等过程中,指定供应商、操纵招投标、输送不当利益、高价收购民企资产等。如:某县政府配套建设项目中,违规将项目指定给特定挂靠人、违规出借工程款、虚假招投标等;某省属国有企业项目部经理借劳务公司名义实施养护工程,以虚计工程款等方式套取资金,回流后牟利1 548.12万元。

三是基层民生领域"小官微贪""失职渎职"问题时有发生。审计发现此类问题线索9起,主要表现为在就业、乡村振兴等民生领域中,有关人员在立项申报、资金支拨等出入口容假掺假、冒名截留、验收检查"走过场",造成财政资金被套取、挪用或损失浪费等。如:某县基层公职人员在民生项目资金中,通过虚构出差事项虚报差旅费15.87万元;某市救助管理站对不符合救助条件的2名人员,从救助补助资金中支付医疗费用55.42万元。

四是教育、金融等领域"违规收费""存贷挂钩"问题隐蔽多样。审计发现此类问题线索14起,主要表现为违规办学、违规收费、骗取培训补贴、骗取贷款、商业银行违规存贷挂钩增加企业成本等。如:某中学超标准或无依据收取学生课后服务费、补课费,"账外循环"用于发放津补贴等;某商业银行通过存贷挂钩的方式对某平台公司发放贷款,变相提高贷款利率,增加企业融资成本。

(六)加强财政管理的意见

一是进一步深化财政管理体制改革。推进省以下财政体制改革,完善财政转移支付制度,加强预算项目库建设,建立健全项目入库评审和滚动管理机制。坚决落实"过紧日子"要求,压减非必要非刚性支出,兜牢"三保"底线。坚持稳中求进工作总基调,落实减税降费、助企纾困各项政策措施,稳住经济大盘。

二是进一步提高资金资产使用绩效。严格项目支出管理,加快预算执行进度。加大专项资金整合力度,优化资金分配方式,及时下拨中央和省级资金。继续清理财政专户和预算单位实有资金账户,盘活各类沉淀存量资金,提高资金使用效益。强化国有资产管理,理顺资产管理体制,优化整合和分类盘活存量国有资产,实现财政绩效管理全覆盖。

三是进一步防范和化解财政风险隐患。强化政府投资项目立项审批，严把资金来源关，加强项目概算管理，从源头上遏制新增隐性债务。加强专项债券全生命周期管理，探索建立财政、发改和主管部门跨部门协调机制，实现专项债券项目库与重大项目库的全方位对接，进一步降低债务风险。积极消化存量"支出挂账"，加强财政资金调度管理，确保各级财政库款安全。

四是进一步加大审计整改工作力度。深入贯彻落实中办、国办关于建立健全审计整改长效机制的意见，夯实被审计单位的整改主体责任，压实主管部门的监督管理责任，强化审计机关的督促检查责任。加强审计机关与纪检监察机关、巡视巡察机构以及有关部门的联动，完善审计整改约谈和责任追究机制，对拒不整改、敷衍整改、虚假整改以及督促整改不力的，严肃问责。

本报告反映的是此次省级预算执行和其他财政收支审计发现的主要问题。对这些问题，省审计厅依法征求了被审计单位意见，出具了审计报告，下达了审计决定；对重大违纪违法问题线索，依纪依法移交有关部门进一步查处。有关市县、部门和单位正在积极整改。省审计厅将跟踪督促，年底前向省人大常委会报告全面整改情况。

主任、各位副主任、各位委员：

我们将以习近平新时代中国特色社会主义思想为指导，深入贯彻党的十九大和十九届历次全会精神，认真贯彻落实习近平总书记关于湖南工作、审计工作的重要讲话和重要指示批示精神，在省委、省政府的坚强领导下，全面依法履行审计监督职责，自觉接受人大监督，努力为全面落实"三高四新"战略定位和使命任务贡献审计力量，以实际行动迎接党的二十大胜利召开！

三、河北省人民政府关于2021年度省本级预算执行和其他财政收支情况的审计工作报告

根据审计法及相关规定，按照省委、省政府的决策部署，省审计厅2021年8月至2022年6月围绕推动国家重大战略实施、稳经济、保民生、促发展等重大政策和重要事项进行了审计，2022年上半年对2021年度省本级预算执行、决算草案和其他财政收支等情况进行了审计。审计工作坚持以习近平新时代中国特色社会主义思想为指导，全面贯彻党的十九大和十九届历次全会精神，深入贯彻习近平总书记关于审计工作的重要讲话和重要指示批示精神，坚持党的领导、坚持人民立场、坚持胸怀大局、坚持守正创新、坚持斗争精神，依法全面履行审计监督职责，在加快建设现代化经济强省、美丽河北新征程中较好发挥了审计职能作用。

审计结果表明，面对疫情影响和经济下行压力等多种挑战，在省委的坚强领导下，全省各级各部门坚持以习近平新时代中国特色社会主义思想为指导，全面贯彻党的十九大

和十九届历次全会精神,坚决落实党中央、国务院决策部署和省委工作要求,认真执行省人大各项决议,坚持稳中求进工作总基调,统筹疫情防控和经济社会发展,紧紧围绕"六稳""六保"任务要求,落实积极的财政政策,促进经济稳中向好,加强财政资源统筹,着力保障和改善民生,全力保障重点领域支出,持续深化财税体制改革,财政风险得到有效防范,较好完成了省十三届人大四次会议确定的目标任务,全省财政运行总体平稳、稳中有进。经过持续审计,省级部门预算管理不断规范,财务管理水平普遍提高,屡审屡犯问题有所下降,本次报告反映问题主要集中在重大政策落实、绩效管理、资产管理、专项资金等方面,需要各部门补齐制度短板,健全长效机制。

(一) 省本级预算执行、决算草案及其他财政收支审计情况

依法对2021年度省级预算执行、决算草案及其他财政收支情况进行了审计。审计结果表明,省政府及各部门认真执行省人大批准的预算,贯彻落实积极的财政政策,不断加强预算管理,提升依法科学理财水平,省级财政预算执行情况总体良好。审计发现的主要问题:

(1) 预算安排不合理。一是产业发展专项资金切块安排,支出结构固化,工业转型升级(技改)专项资金等11项产业发展专项资金36.84亿元,年初切块安排至省工信厅等6个资金主管部门,均未细化到具体项目和承担单位。二是省属公立医院综合改革、地下水超采综合治理等16个项目5.53亿元年初未细化到部门。三是项目资金安排与项目周期不匹配,省卫健委、省教育厅、省总工会3个部门3611.71万元无法支出。四是项目支出内容不合规,在项目经费中安排物业费、电费等日常公用基本性支出,涉及省交通运输厅等5个部门资金2.55亿元。

(2) 预算绩效审核监督管理不严格。一是绩效目标设定不规范不合理,22个部门112个项目绩效目标设定不规范;9个部门110个项目在申请调整预算时未同步调整绩效目标。二是绩效运行监控不到位,35个部门和单位166个财政项目预算执行率低,年底未支出资金18.57亿元,未充分发挥效益;11个部门和单位23个项目未完成设定的绩效目标;3个部门22个项目未实行全周期跟踪问效。三是绩效自评质量不高,5个部门未按规定开展预算绩效自评;12个部门169个项目绩效自评质量不高,有的项目未开展绩效目标中的活动,但自评报告得分100分,绩效评价等次为"优",有的项目自评填报的目标完成值与实际完成情况相差甚远,自评结果未能真实反映绩效执行情况。财政部门对预算绩效审核监督管理不到位。

(3) 预算支出管理不规范。一是专项资金分配下达不及时,涉及6个部门12个专项38.88亿元。二是专项资金滞留在市、县财政或资金主管单位,涉及11个部门管理的专项资金23.74亿元。三是资金支出进度缓慢,预算执行率低,涉及10个部门管理的专项

资金,未支出金额 30.07 亿元,资金效益发挥不充分。四是资金支出监管不到位,专项资金被挤占挪用 4.20 亿元。五是支出进度不均衡,虚列支出问题较为突出,26 个部门和单位采取超出正常实际需求预付水电油费、超合同进度拨款、通过下属企业转回基本户等多种形式虚列支出 2 067.96 万元。

(4)部分财政收入及存量资金未及时上缴或统筹盘活。32 个部门资产出租出借收入、利息收入等 1.77 亿元应缴财政收入未上缴;29 个部门的 95 家所属单位 4 924.96 万元财政存量资金未上缴;6 个部门的 7 家所属单位结余资金等 364.13 万元未统筹安排使用。

(5)部分国有资本权益未落实。省财政向省保障住房投资有限公司注入资本金 9.37 亿元,未确认股权投资;省财政 2021 年向河北出版传媒集团等 4 家国有文化企业注入资本金 2 960 万元,企业未作为资本金核算,国有资本权益未落实到位。

(二)部门预算执行、决算草案及其他财政财务收支审计情况

今年对 108 家省级一级预算单位预算执行、决算草案及其他财政财务收支等情况进行了审计,并加大对二级预算单位延伸审计力度。审计结果表明,相关单位较好落实过紧日子要求,控制各项经费支出,预算执行情况总体良好,决算草案基本真实完整反映了年度预算执行情况。审计发现的主要问题:

(1)部门预算编制不规范。省科技厅等 11 个部门的 19 家所属单位预算项目编制未细化,涉及资金 7.61 亿元;省自然资源厅等 6 个部门和单位预算编制不完整,涉及资金 9 131.46 万元;省交通运输厅等 25 个部门和单位预算调整率高、预算编制不科学,涉及金额 1.21 亿元;省林草局等 25 个部门和单位未编制政府采购预算,或政府采购预算编制不准确,涉及资金 1.84 亿元。

(2)部门收入及决算草案编制不完整。省文联等 24 个部门和单位在往来科目核算考试考务费收入、上级补助收入、利息收入、投资收益等,未纳入预算管理,造成决算草案编制不完整、不准确,涉及资金 2427.95 万元。

(3)部分单位预算支出不合规。北华航天工业学院等 11 个单位超预算支出 2 944.69 万元;省司法厅等 70 个部门和单位扩大开支范围、挤占挪用项目资金 1 871.58 万元;省博物院等 12 个部门和单位无预算支出 1 356.86 万元;省人防办等 2 个部门"三公"两费决算不实,涉及金额 25.67 万元。

(4)部门政府财务报告编制、核算不准确。省应急厅等 10 个部门政府财务报告编报披露不真实、不完整,少披露资产、负债、收入、费用等 3.52 亿元;省发改委等 12 个部门政府财务报告财务核算不准确、不合规,未进行部门内部合并抵消等 2.08 亿元;省公安厅等 3 个部门政府财务报告编制政策执行不到位。

(5)政府采购及工程款支付不合规。省文联等 2 个部门的 2 家所属单位拆分项目规

避政府采购,涉及资金115.40万元;省教育厅等5个部门的7家所属单位未按规定收取、使用和退还保证金2 247.86万元;省政务办等10个部门的15家所属单位合同签订、管理不规范,涉及资金330.14万元。

对省本级和部门预算执行审计发现的问题,审计机关积极推动被审计单位即审即改,各部门认真落实整改责任,及时采取有效措施,落实整改工作任务。省审计厅加大审计整改督促检查力度,按照问题性质,提出立行立改、分阶段推进整改、持续整改等整改要求,同时对业务监管部门提出整改要求,推动建立审计整改长效机制。对能够立行立改问题,有关部门单位通过上缴国库、统筹盘活结转结余资金、调整账目、加快拨付进度等方式,已经进行了整改,共计立行立改444个问题,纠正问题金额61.77亿元,审计整改取得明显成效。对其他问题,有关部门和单位正在积极整改,省审计厅将跟踪督促,年底前报告全面整改情况。

(三)推动国家重大战略实施审计情况

1. 京津冀协同发展审计情况

结合预算执行审计,对省直部门落实"三区一基地"有关政策情况进行了审计。发现的主要问题:一是省发改委负责的全国产业转型升级实验区目标任务未完成,应支持100项高技术产业化示范项目实际支持81个,"双百强"企业名单只筛选发布了战略性新兴产业创新百强企业名单,未发布战略性新兴产业领军百强企业名单。二是省发改委推进全国新型城镇化与城乡统筹示范区牵头职责履行不到位,新型城镇化工作暨城乡融合发展工作领导小组未按要求对2021年各级新型城镇化工作暨城乡融合发展情况进行专项考核。三是省农业农村厅生态环境支撑区建设任务中的化肥减量增效、地膜回收示范等项目由于疫情导致招投标工作推迟等原因,资金拨付进度慢,未支出资金2 130.01万元。四是省商务厅负责的全国现代商贸物流重要基地建设任务中的社会消费品零售总额目标任务未完成,2个项目因法律纠纷或企业资金短缺终止,15个项目因疫情、规划调整延误进度未完成,1项保障措施未实施;省交通厅负责的京雄高速、新荣乌高速、京德高速等3个项目718项工程未严格履行项目变更程序,涉及金额4.28亿元。

京津冀三地审计机关同步开展了对京津冀科技创新相关政策落实情况专项审计调查,我省重点审计了2018—2020年度京津冀科技创新相关政策落实情况。发现的主要问题:一是三地技术交易数据未实现共享。二是全省科学研究与试验发展经费投入强度、河北·京南示范区科技型中小企业数量等4项科技创新指标未完成。三是全省多认定技术合同219份,涉及技术交易额16.91亿元;河北·京南示范区9家高新技术企业、17家科技型中小企业不符合认定条件,科技企业应发未发奖补资金4 898万元。四是科技园区共建及运营不规范,个别科创基地孵化器虚报营业收入2 901.03万元,河北·京南示范区 2 个分园区投资基金违规拆借资金 1.48 亿元。五是推进科技创新和金融结合工作不到位，京津冀科技创新券占全省创新券比重较低；河北·京南示范区 6 个分园区未按规定建设科技金融服务体系。截至 2022 年 4 月底，上述问题已基本整改到位，促进建章立制 14 个。

2. 雄安新区审计情况

开展了政府投资重点项目跟踪审计和雄安新区财政收支、雄安集团资产负债损益审计。审计结果表明，雄安新区管委会及雄安集团认真贯彻落实中央方针政策和省委、省政府工作要求，积极推进雄安新区建设，疏解北京非首都功能取得一定进展，政府投资重点项目实施情况较好。通过审计也发现一些问题，主要是：政府专项债券等财政资金滞留或闲置；招标控制价编制不科学不严谨；工程实施监管不严格，监理不到位；部分工程项目建设未按要求完工。通过审计加强了雄安新区落实重大政策的力度，提高了项目资金的管理水平。

3. 北京冬奥会审计情况

自 2017 年 6 月以来，持续对北京冬奥会张家口赛区 67 个场馆及配套基础设施项目开展跟踪审计，2021 年 8 月至 11 月，在开展 2021 年度跟踪审计的同时，对冬奥和涉奥项目审计全面进行"回头看"。审计共发现 133 个问题，截至 2022 年 5 月底，已基本完成整改。通过审计，推动了各项筹办工作任务如期开展，确保了财政资金规范安全，项目建设健康有序，廉洁办奥落实落地。

（四）聚焦稳经济审计情况

1. 财政直达资金管理使用审计情况

组织各市审计机关对各市截至 2021 年 9 月底财政直达资金管理使用情况进行了专项审计。通过审计共发现 4 方面 18 个问题，涉及问题金额 3.19 亿元。一是 3 个市学生资助、城镇保障性安居工程等中央财政直达资金未分配，涉及金额 1.12 亿元。二是未按规定下达、拨付中央财政直达资金 3 976.69 万元。三是 6 个市 50 个项目资金支出率为 0，涉及金额 1.67 亿元，未发挥直达资金效益。四是直达资金管理不规范，存在扩大开支范围，支付信息未及时导入直达资金系统，不能真实反映资金支付进度等问题。截至 2022 年 4 月底，已全部整改到位。

2. 政府专项债券审计情况

围绕"稳投资"政策措施落实情况，组织全省审计机关对 2020 年度新增政府专项债券资金管理使用及项目建设情况进行专项审计，涉及 1 200 个专项债券项目，总投资 7 431.32 亿元，专项债券资金 1 686.10 亿元。审计发现 5 方面 58 个问题，涉及问题金额 153.12 亿元。一是项目安排不合理，张家口市政集团申报的专项债券项目不具备实施条件，导致1亿元专项债券资金无法使用。二是个别市、县存在未及时下达、超进度支付专项债券资金问题，涉及资金2 821.58万元。三是资金使用不合规，石家庄市、承德市、围场县、唐县部分单位违规将专项债券资金2 833.57万元用于经常性支出。四是资金绩效发挥不充分，39个项目处于建设前期阶段，专项债券资金22.81亿元在项目单位闲置；3个项目停工致使专项债券资金9 301.10万元在项目单位闲置；212个项目应完工未完工，致使22.24亿元专项债券资金在项目单位闲置；4个项目未及时进行竣工决算致使专项债券资金4.05亿元在项目单位滞留。五是资金管理不规范金额101.53亿元，主要是7个项目未实行专账核算。截至2022年4月底，已整改129.15亿元，促进了专项债券资金依法依规发挥效益。

3. 市、县财政收支审计情况

省市审计机关对石家庄市、邯郸市2个设区市，以及14个省财政直管县财政收支情况进行了审计。发现的主要问题：一是重大政策措施落实方面，邯郸市和9个县拖欠民营企业账款1.14亿元；石家庄市和8个县应退未退各类保证金5 027.46万元；3个县未按规定减免有关收费538.60万元；2个县乱收费1 574.04万元。二是预算收入方面，2个县违规将存量资金7.12亿元计入预算收入规模；石家庄市和11个县应收未收违约金、土地出让金、城市基础设施配套费、易地建设费等10.63亿元；石家庄市、邯郸市和12个县国有土地使用权、利息等收入应缴未缴国库11.61亿元。三是预算支出方面，3个县超财力支出8.07亿元；石家庄市、邯郸市和5个县扩大开支范围1.84亿元；5个县违规出借财政资金5.67亿元。四是财政资金绩效方面，石家庄市、邯郸市和9个县4 934个项目执行率低，涉及项目资金183.49亿元，财政资金未充分发挥效益；3个县5个已完工项目闲置未运行，财政资金4 359.80万元未发挥效益；邯郸市和13个县财政存量资金24.51亿元未盘活。

（五）聚焦保民生审计情况

1. 困难群众救助补助资金审计情况

审计了石家庄、承德、保定、沧州等4个市34个县2020年1月至2021年9月困难群众救助补助资金和集中供养、救助机构资金管理使用等情况。审计资金总额70.14亿元，发现问题涉及金额6 117.16万元、困难群众及其他有关人员32 737名。审计发现的主要问题：一是2061名不符合条件人员违规享受救助待遇457.03万元。二是238名保障对象违规重复享受困难群众基本生活救助待遇32.21万元。三是3 135名符合条件人员应享未享救助待遇，涉及金额269.62万元。四是个别县未及时足额支付27 289名困难群众的城乡低保资金和残疾人两项补贴659.84万元。五是个别市级医保部门未及时清收县级应上缴的医疗救助资金，造成城乡居民医保基金长期垫付医疗救助资金4 665.46万元。

六是部分集中供养机构管理不规范，个别存在消防、食品等安全隐患。审计机关提出有针对性的审计意见和建议，推动各级民政财政医疗保障部门、集中供养机构和救助机构积极整改，截至2022年5月底，已促进财政补助资金拨付到位5 502.27万元，涉及困难群众27 437人，对2 257名违规人员停发相关待遇，并追回违规享受的救助补助资金455.81万元，将2 036名符合条件的困难群众纳入保障范围，5名流浪乞讨人员得到有效安置。

2. 新冠肺炎疫情防控资金和物资审计情况

全省审计机关派出193个审计组，专项审计了2021年1至4月份新冠肺炎疫情防控资金和物资管理使用情况。抽查财政专项资金52.79亿元、捐赠资金7 509.12万元、捐赠物资1 683.22万件。审计发现的主要问题：部分市县医疗机构违规收取应由政府承担的发热门诊核酸检测和一般排查费用，未及时发放疫情防控人员临时性工作补助，财政专项资金使用效率低及捐赠款物管理不规范等。各级审计机关依法依规对审计发现问题进行了处理，督促被审计单位边审边改，提出有针对性的审计建议247条，发现的问题已全部整改完毕，促进了疫情防控资金和物资的规范管理。

3. 农村清洁取暖审计情况

全省审计机关组成187个审计组，对2020年清洁取暖和洁净煤取暖政策措施落实情况进行了跟踪审计，并对2016年至2019年全省农村地区清洁取暖工作进行"回头看"审计。审计发现的主要问题：一是10个市42个县自筹资金缺口30.68亿元。二是9个市53个县15.99亿元运行补贴资金滞留在相关单位或部门，未及时足额发放到农户手中。三是10个市35个县未按照合同约定拨付企业工程款，拖欠补贴款合计9.97亿元。四是5个市15个县清洁取暖资金管控不严，存在一定资金风险。五是8个市20个县清洁取暖确村确户台账建立不完整、信息不准确。六是9个市14个县清洁取暖工程实施、物资采购程序不规范。七是6个市15个县清洁取暖工程质量存在安全隐患。八是5个市8个县散煤管控和处置不到位。截至2022年5月底，审计发现的问题已基本整改到位，个别事项正在整改中。

（六）聚焦促发展审计情况

1. 省级产业发展资金专项审计情况

为促进我省构建现代产业体系，实现经济高质量发展，对省发改委等7个部门管理的战略性新兴产业、工业转型升级等12项产业发展资金的分配、拨付、使用和绩效情况进行了审计。审计共发现114个问题，主要是：一是对下转移支付资金下达较晚，拨付项目不及时，滞留市、县20.87亿元，占比52.79%，未充分发挥效益。二是项目储备不充分，审核论证不严格，管理不到位，未支出资金9.70亿元，其中，省商务厅管理的开发区建设专项资金，因部分开发区无项目符合资金支持条件，6.35亿元未支出，占比50.54%；省发改委管理的战略性新兴产业发展资金，因项目进度缓慢，未拨付1.99亿元，占比58.81%。三是违规安排产业资金4950万元，省发改委、省工信厅、省文化旅游厅向不符合条件的项目安排资金，省工信厅重复支持同一项目，省商务厅未按标准补贴资金。四是动态跟踪管理机制不完善，项目资金跟踪管理不到位，项目单位存在资金使用、财务管理不规范等问题，涉及金额6042.29万元。五是绩效管理不到位，绩效自评制度打折扣，资金主管部门存在指标设置不规范，未按时组织实施绩效自评，自评结果不实等问题。

2. 乡村振兴审计情况

为实现脱贫攻坚成果与乡村振兴有效衔接，对全省扶贫政策落实和资金管理使用情况开展跟踪审计，并对27个县高标准农田建设、农村人居环境整治、乡村产业发展等乡村振兴相关政策落实和资金使用情况进行了审计。发现的主要问题：一是扶贫政策与乡村振兴有效衔接方面，存在未及时划拨扶贫产业收益资金、扶贫资金闲置、项目库更新不及时、扶贫资产台账管理不规范等问题117个，涉及金额4.36亿元。二是高标准农田建设方面，3个县未编制县域农田建设规划。三是农村人居环境整治方面，7个县厕所改造、坑塘整治等农村人居环境整治任务未完成；4个县部分改建厕所、污水处理站、垃圾清运设备、生活污水池使用率不高；7个县存在农村人居环境整治配套资金不到位、资金闲置、未及时拨付和未按合同约定支付工程款等问题，涉及9126.78万元。四是乡村产业发展方面，3个县产业发展奖补项目、产业强镇项目、优势特色产业项目、现代农业园区建设项目等资金拨付不及时，涉及1829.41万元；4个县部分农村电子商务服务站、扶贫工厂（车间）、农机智能化设备建成或购置后长期闲置未使用。

3. 优化营商环境政策措施落实审计情况

组织全省审计机关对我省2019年以来各市、县优化营商环境政策措施落实情况开展了审计，发现3方面108个问题，涉及问题金额1.57亿元。一是政务服务效能有待提升。9个市、县工程建设项目审批制度改革不到位，8个县供水、供电、热力等部分市政公用服务未入驻政务服务大厅，4个市、县将部分行政审批中介服务事项及费用转嫁给企业承担，3个市、县6项行政审批精简审批资料不到位。二是降费减负政策落实不到位。12个市、县违规收取或应退未退保证金3511.80万元，4个县未落实小微企业城市基础设施配套费减半征收政策，涉及金额224.40万元。三是12个县拖欠民营企业中小企业货物、工程、服务等账款1.16亿元。截至2022年4月底，已全部整改到位。

（七）国有资产管理审计情况

1. 企业（含金融企业）国有资产审计情况

对河钢集团等18家省国资委监管企业经营风险情况进行了审计。从审计结果看，各企业贯彻落实省委省政府的决策部署，按照国有企业重大风险防范化解工作要求，深入排查各类风险隐患，建立健全各类风险隐患台账。审计发现的主要问题：资产负债损益不实；无效低效资产存量大；5家企业资产负债率偏高，债务结构不合理；8家企业现金净流量较少或为负，存在偿债风险；7家企业主责主业不突出，盈利能力较差，9家企业部分投资项目未获得收益，国有资本面临损失风险；5家企业投机性经营或违规经营，国有资本面临较高运营风险；部分境外企业存在经营风险。

2. 行政事业性国有资产审计情况

在预算执行审计中，对省本级行政事业性资产进行了重点审计。发现的主要问题：一是超标准配置资产。省人防办、省文物局等23个单位超价格标准、超数量标准配置电脑、打印机等通用办公设备1159台（套）。二是资产账账不符、账实不符。省水利厅、省残联等87个单位应计未计资产或在建工程未转固定资产，涉及金额35.41亿元，涉及土地和房屋面积84.15万平方米；省发改委等4个单位存在账外土地和房产，涉及面积3 324.52平方米；62个部门和单位存在其他账账不符、账实不符问题。三是资产长期闲置。省国资委等9个单位办公用房等房产闲置2.18万平方米；省检察院等20个单位办公设备长期闲置未处置，涉及金额4 079.29万元；17个单位办公设备等资产应报废未报废，涉及金额2 249.14万元。四是资产处置管理不规范。省政府研究室、省体育彩票中心等19个单位资产出租出借手续不完备、未经审批处置资产；河北医科大学等29个单位应缴未缴出租出借等资产处置收入1.54亿元；15个部门和单位应收未收资产收益1 604.73万元；2个部门由其他单位或个人无偿使用房产面积10 053.25平方米。

3. 国有自然资源资产审计情况

对197个领导干部进行了自然资源资产离任（任中）审计。从审计结果看，相关领导干部能够认真落实党中央关于生态文明建设方针决策部署和省委省政府工作要求，履行自然资源资产管理和生态环境保护责任。审计发现的主要问题：一是部分地区配套制度不完善，如生态环境保护、水资源利用、水土保持等专项规划编制不及时，土地利用总体规划与专项规划目标不一致；二是部分地区未完成大气、水、土壤污染防治和造林绿化任务目标；三是部分地区违法占用耕地，如基本农田中有林地、园地等"非粮化"问题；四是部分地区存在应征未征土地出让金、未及时上缴污水处理费和应收未收水土保持补偿费等问题。审计督促各地各部门持续强化问题整改问效，健全完善制度机制329项，追缴盘活资金72亿元，推进项目建设189个，审计整改成效显著。

（八）重大违纪违法问题线索情况

2021年7月至2022年6月，省审计厅移送纪检监察及有关主管部门处理事项共计36件，其中，移送纪检监察部门处理事项20件、移送有关部门处理事项16件。移送事项主要涉及以下方面：一是涉嫌账外账、"小金库"3件，主要是个别单位法律意识淡薄，从项目经费中套取资金，设立小金库；二是涉及招投标问题6件，主要是违规招投标问题；三是公务员、事业编制人员经商办企业2件，主要是公务员、事业编制人员在企业任职问题；四是建设工程类问题2件，主要是违规审批、工程发包给不具备相应资质的承包单位等问题；五是项目资金管理使用类问题6件，主要是向不符合条件企业分配项目资金、把关不严被骗取项目资金等问题；六是其他财务类问题17件，主要是挪用公款、财务信息不实、违规发放奖金等问题。

（九）审计建议

当前，我省经济社会发展还面临不少风险挑战，需立足新发展阶段，完整准确全面贯彻新发展理念，构建新发展格局，牢牢把握疫情要防住、经济要稳住、发展要安全的工作要求，高效统筹疫情防控和经济社会发展，解放思想、奋发进取，保持经济平稳运行，推动我省经济社会高质量发展。

1. 深化预算管理制度改革，不断提高财政管理效能

加强预算编制管理，优化财政支出结构，打破预算编制基数观念和预算支出固化格局，强化资金和项目对接，切实编细编实部门预算；加强财政资源统筹，将部门单位依法取得的事业收入、经营收入等全部纳入预算管理，合理安排对部门的财政拨款；建立清理盘活存量资金常态化机制，定期对部门结转结余等存量资金开展清理；加强财政支出管理，严控无预算超预算支出，进一步改进对支出进度的管理，避免虚列支出形成资金风险等问题。

2. 全面加强预算绩效管理，不断提升资金使用绩效

更加突出绩效导向，将绩效理念深度融入预算编制、执行、监督全链条，形成预算绩效管理闭环；科学设定绩效目标，加强绩效目标实现程度和预算执行进度的"双监控"，财政和资金主管部门要及时跟踪监督项目实施进度，发现问题及时纠正；进一步建立健全重点领域的绩效指标体系，抓实绩效评价工作；加强绩效评价结果应用，推动预算安排与绩效评价结果、审计意见、执行进度挂钩，实现预算安排和绩效管理有机衔接。

3. 完善专项资金管理机制，促进经济高质量发展

财政、发展改革、项目主管部门应加强工作衔接和信息沟通，健全完善重大工程和

重点项目储备筛选、资金保障、评估考核机制，统筹推进项目建设和资金有效使用；压实各资金主管部门管理责任，优化资金分配流程，严格审核项目申报资料，确保项目能够落实建设条件，避免"资金趴账""钱等项目"等资金闲置问题；加大项目全流程管控力度，加强督导检查和跟踪问效，确保项目按期推进，财政资金充分发挥效益。

4. 推动积极财政政策提质增效，保障重大政策措施落地

实施全面落实中央减税降费、就业优先、扩大消费和投资等政策措施，挖掘增收潜力，扩大有效投资，持续优化营商环境，完善直达资金管理机制，确保惠企利民；积极推进"三区一基地"项目规划、筹备、实施工作，加强相关资金管理，确保各项目标任务如期完成；深化实施乡村振兴战略，推动巩固拓展脱贫攻坚成果同乡村振兴有效衔接，扎实做好农村人居环境整治，认真执行财政支持高标准农田建设等政策，严格落实粮食安全责任制；完善民生资金管理信息共享机制，推动民政、财政、人社、医保等部门和集中供养、社会救助等机构间的联动协作和数据交换比对，确保民生支出规范管理。

5. 推进国有资产管理创新，全面提升资产管理水平

深入推进集中统一监管，着力提高企业国有资产质量；加快企业转型升级，突出主业，加快清理退出不具备优势的非主营业务和无效低效资产，提高企业核心竞争力；完善市场化经营机制，全面清理"空转""走单"等贸易类型，防止脱实向虚；加大对存量资产的盘活力度，降低财务成本，稳定资金流，密切监控债务规模和债务率，严防债务风险。构建行政事业性资产全链条管理机制，财政部门要加强对新增资产购置预算的审核，做好新增资产与资产存量的统筹，科学设定并适时调整资产配置标准，严格控制和执行资产配置标准，建立行政事业性资产共享共用的调剂机制；各预算部门要加强资产管理与预算、财务管理的衔接，及时办理产权登记和入账，准确完整地反映资产价值；财政、机关事务管理局等部门要加强国有资产出租出借管理，规范审批程序，研究制定关于房产类国有资产出租、出借及合理利用的具体措施，避免国有资产闲置浪费。夯实自然资源资产管理基础，建立统一的自然资源数据共享机制；加强矿产资源开发利用和保护管理，严格设立审批制度，推动节约、集约、合理开发利用自然资源。

6. 不断强化整改责任落实，提升审计整改效能扎实

做好审计"下半篇文章"，被审计单位要压实整改主体责任，对照审计查出问题形成整改任务清单，对账销号，确保应改尽改。行业主管部门要落实监督管理责任，坚持问题导向，举一反三，综合施治，加大对本行业财务人员的培训力度，提高业务能力，增强法律意识，推进标本兼治和制度创新，坚持即审即改和建立长效机制结合，有效解决屡审屡犯问题。强化审计监督与其他监督的贯通协同，聚焦重点难点问题，开展专项整治或专项督查，增强监督合力。完善审计结果运用机制，将审计结果及整改情况作为对各单位绩效考核及领导干部任免奖惩的重要参考。

2022年是我国踏上全面建设社会主义现代化国家、向第二个百年奋斗目标进军新征程的重要一年。我们将更加紧密地团结在以习近平同志为核心的党中央周围，坚持以习近平新时代中国特色社会主义思想为指导，增强"四个意识"、坚定"四个自信"、做到"两个维护"，自觉接受省人大监督，落实好省人大各项决议，统筹推进疫情防控和经济社会发展，依法履行审计监督职责，为奋力开创建设经济强省、美丽河北新局面作出积极贡献，以实际行动迎接党的二十大胜利召开！

四、贵州省人民政府关于2021年度省级预算执行和其他财政收支的审计工作报告

省人大常委会：

我受省人民政府委托，报告2021年度省级预算执行和其他财政收支的审计情况，请审议。

按照省委、省政府和审计署工作部署，省审计厅依法审计了2021年度省级预算执行和其他财政收支情况。审计结果表明，2021年，全省各地各部门在省委、省政府的坚强领导下，深入贯彻党的十九大、十九届历次全会精神和习近平总书记视察贵州重要讲话精神，立足新发展阶段、贯彻新发展理念、融入新发展格局，以高质量发展统揽全局，坚持稳中求进工作总基调，按照"一二三四"总体思路，在全力围绕"四新"主攻"四化"，全力做好巩固拓展脱贫攻坚成果同乡村振兴有效衔接，全力推进市场化改革和扩大开放，全力优化投资结构提升质量效益，全力加强环境保护和生态建设，全力防范和化解重大风险，全力保障和改善民生等方面，作出了艰苦而富有成效的努力，全省经济社会发展稳中有进，"十四五"实现良好开局。从审计情况看，省级预算执行和其他财政收支情况总体较好，有力保障了经济社会发展。

——财政政策更加积极稳健。研究制定财政支持"四化"建设和生态环保系列政策措施，加大财政资金保障力度，设立政府投资基金，引导带动社会资本支持经济转型和高质量发展，着力构建"财政政策+财政资金"合力支持"四化"高质量发展的长效机制。积极培育壮大市场主体，落实更大规模减税降费政策，全省新增减税降费165.45亿元，减征企业职工各项保险费97.43亿元。持续推动财力下沉，兜牢基层"三保"底线，全年下达市县转移支付2 724.68亿元。进一步完善债务常态监控机制，强化政府债务预算管理，严控政府债务风险。

——民生保障有力有效。优化财政支出结构、集中财力保障和改善民生，全省九项民生类重点支出3 909.58亿元，占全年一般公共预算的69.94%。城乡低保平均标准分别提高到655元/月和4 569元/年，城乡居民医保人均财政补助标准达到每人每年580元，城镇新增就业64.75万人，城镇、农村常住居民人均可支配收入分别增长8.6%和10.4%。

——"四化"建设成效显著。着力实施工业倍增行动,全省十大工业产业总产值突破1.50万亿元,新增规模以上工业企业700余户。县城以上城区新增人口62万,常住人口城镇化率达55%左右,以城促产、以产兴城,城镇经济加快发展,城镇品质不断提升。新增国家级农业产业化重点龙头企业15家、国家级农民合作社示范社45个,12个农业特色优势产业得到大力发展,农产品加工转化率超过55%。围绕"两大提升"目标,加快旅游业转型发展,新增4A级旅游景区11家,旅游市场主体达12万家,旅游及相关产业增加值突破1 000亿元。

——审计整改力度持续加大。省审计厅加大整改分类指导力度,持续跟踪督促推动问题整改。截至2022年5月底,2020年度省级预算执行和其他财政收支审计指出的问题,有关地区和部门已整改164.47亿元,较去年10月增加整改24.99亿元。

(一)省级财政管理审计情况

主要审计了省级决算草案编制、财政资源统筹、省财政厅管理分配的省级财政资金和省发展改革委管理分配的省级投资专项、地方政府专项债务管理等情况。2021年省级决算草案反映,省本级一般公共预算收入620.87亿元、支出1 134.41亿元,政府性基金收入180.23亿元、支出247.53亿元,国有资本经营预算收入110.03亿元、支出50.50亿元,社会保险基金预算收入684.69亿元、支出529.39亿元。从审计情况看,省财政厅、省发展改革委认真落实省委、省政府决策部署,紧紧围绕"四新"主攻"四化",统筹推进疫情防控和经济社会发展,不断优化支出结构和投资方向,预算和投资计划执行总体较好。发现的问题主要有:

1. 省级决算草案编报不够完整准确

(1)部分非税收入确认不准确。将部分中央非税收入作为省本级收入缴入省级国库后通过安排预算支出的方式再上缴中央,多计2021年省级财政收入1 193.10万元、支出1 709.05万元。

(2)省本级社会保险基金决算编报不精准。未将新冠肺炎疫苗接种统筹资金纳入决算编制范围,分别少计资产和负债16.16亿元;将应作为往来款核算的款项直接列支,多计支出1 500万元。

(3)预算执行情况反映不全面。未按规定在预算执行情况中单独反映30个省级财政专户的资金情况,共计23.94亿元。

2. 财政资源统筹还需加强

(1)财政收入统筹力度不够。44个部门和159家所属单位未将具有稳定性、延续性的2.73亿元非税收入纳入预算编报;1个部门的7家所属单位未将非财政拨款等收入7 688.57万元纳入部门预算;4个部门、7家所属单位和9个下级部门1.16亿元非税收入未按规定征缴。

（2）项目结转结余资金统筹规定执行不严。6个部门和3家所属单位未按规定清理上报结余资金1.18亿元；1个项目在连续两年共安排资金1.07亿元未使用被收回的情况下，2021年又安排1亿元，当年支出394.31万元、结转9 605.69万元。

（3）部分国有资本经营收益应收未收。130家省属企业未纳入省本级国有资本经营预算编制范围，占应纳入编制范围企业数的32.83%。2家企业少申报上缴国有资本收益617.11万元。

3. 省级财政资金分配使用不够规范高效

（1）部分资金分配不规范。向实际尚未关闭的矿山安排关闭奖补资金，导致1.94亿元资金结存市县未及时发挥效益、420万元被挪用；超国有资本经营预算限定支出范围安排2亿元"贵州省土壤污染防治基金"预算，资金当年未使用全部收回；5个不具备条件的项目获得省级财政投资4 057万元，其中1个项目在投资计划下达前已被取消，2 000万元项目资金结存未使用；4个县基层发展改革部门无依据批复的5个项目违规获得省级财政资金及债券资金2.22亿元。

（2）部分资金分配不精准。8项省级专项资金管理办法未根据财政事权和支出责任划分改革要求及时对项目设立、资金分配等方面进行修订，部分应按因素法切块下达的专项资金仍沿用项目法分配下达；16项省级专项资金管理办法未明确因素法的分配因素或因素权重、分配标准等，其中11项没有明确因素权重或分配标准，存在分配同一项目资金时不同批次、不同年度采取的因素或权重不一致等，涉及分配资金53.60亿元；计划同期开工的140个投资项目中，向109个项目安排了新型城镇化专项补助7.75亿元，其余31个项目又以开工时间不符合要求为由未安排。

（3）部分资金下达拨付不及时。58.27亿元中央转移支付资金未按规定在收到后三十日内分解下达市县，其中5.85亿元3个月后才下达；128项162.84亿元省对下转移支付未按规定比例提前下达，其中121项120.34亿元全部未提前下达；7.95亿元补助市县的省级投资专项未按规定时限下达，占年初预算的79.74%，从省人大批准到省财政下达资金平均耗时234天，个别批次1.18亿元资金下达耗时327天；截至2021年年底，3个市和46个县应拨未拨199家企业省级能源结构调整等专项补助资金3.43亿元，涉及补助项目327个。

（4）部分专项资金使用不合规。3个市和11个县违规将城乡建设发展等3项省级专项资金1.21亿元用于人员支出、平衡预算等；由于投资计划未及时调整，2个未开工或已停工项目获批的1 960.07万元省级投资资金被用于其他项目支出。

（5）预算评审和支出规划对预算编制的约束不够。12个项目预算评审工作在省人大批复2021年预算后才完成，当年省财政安排年初预算7 394.95万元，较项目评审审定金额 5 647.10 万元多 1 747.85 万元，当年实际支出 5 129.82 万元，未发挥预算评审对年初预算安排的约束作用；2021 年省财政实际安排省级各部门项目支出预算 829.90 亿元，较省级部门《2020—2022 年支出规划》中 2021 年项目支出 467.03 亿元多 362.87 亿元，差异率达 77.70%，主要存在有支出规划未安排预算、无支出规划安排预算等情况，省级部门三年支出规划对年度预算编制的约束不强。

4. 地方政府专项债务管理有待加强

（1）部分专项债券资金未及时发挥效益。截至 2021 年年底，16 个地区 27 个项目未开工，29.21 亿元专项债券资金闲置；由于项目建设缓慢或停工等，12 个地区 20 个项目 2020 年至 2021 年获得的 50.93 亿元专项债券资金，截至 2021 年年底实际使用 6.20 亿元。

（2）部分地区超进度拨付专项债券资金。23 个地区 30 个项目超工程建设进度拨付项目资金 7.77 亿元。

5. 政府综合财务报告编制不够全面准确

（1）编制范围不完整。11 家省本级自收自支事业单位未纳入省本级政府综合财务报告合并范围编报。

（2）部分省本级股权投资应反映未反映。5 支政府投资基金股权投资情况未纳入政府综合财务报告反映，少计投资基金股权投资 23.98 亿元；省级部门及所属单位投资 33 家企业情况未在政府综合财务报告中反映，少计对企业的股权投资 57.42 亿元、投资收益 1.05 亿元。

（3）货币资金反映不精准。将社会保险资金作为本级政府财政管理资金核算，多计国库存款 3924.43 万元；未将省财政非税收入汇缴结算户资金纳入核算，少计其他财政存款 2.39 亿元。

（二）省级部门预算执行审计情况

对 12 个省直部门及所属 57 家单位进行了审计，从审计情况看，相关部门不断加强预算收支管理，预算执行总体较好。发现的问题主要有：

1. 预决算编报不完整准确，多报、少报以及项目支出不细化等问题仍然存在

11 个部门未将所属单位纳入决算编报范围、未据实核算经济业务等，导致决算报表数据不准、财务报告资产状况不实等，涉及金额 3.80 亿元；5 个部门和 4 家所属单位 1.68 亿元支出预算年初未细化到具体项目或经济分类科目；6 个部门和 2 家所属单位未按实际需求科学编制支出和采购预算等，导致 9 612.83 万元资金未使用或被财政收回、37 个政府采购项目执行率低于 50%。

2. 过紧日子要求和财经纪律执行不严

（1）年底突击花钱等现象有禁不止。3 个部门和 4 家所属单位通过提前支付合同款和充值加油卡等方式年底突击花钱766.43万元；4个部门和3家所属单位未厉行节约，承担非本单位或非刚性支出419.26万元；3个部门和3家所属单位未据实结算，多支付费用2 011.31万元。

（2）违反财经纪律问题仍有发生。2家所属单位工作人员虚开发票、虚报住宿费等套取资金14.69万元个人使用；1家所属单位和1个下级部门公款私存1 021.62万元；3家所属单位违规收取培训费、不动产权证书费用等2 673.28万元；2个部门向所属单位转嫁摊派车辆使用费等10.92万元；4个部门和1家所属单位公务用车审批不严，领取公务交通补贴人员违规乘坐公务用车1 060人次。

3. 预算管理存在薄弱环节

（1）预算执行及绩效管理不严格。4个部门和4家所属单位在项目支出中违规列支日常办公费用等1 132.14万元；11个部门和2家所属单位62个项目支出绩效目标设定不科学、未细化量化；10个部门15个项目绩效目标与资金规模不匹配、指标值与指标内容不匹配等；1个部门未按规定开展绩效运行监控，2个部门和1家所属单位绩效自评不客观；因项目未推进或推进慢等，24个项目未按期实现绩效目标，54个项目3.39亿元资金未及时或充分发挥效益等。

（2）违规开展政府采购或承接政府购买服务。4个部门75个项目无采购预算实施政府采购5 406.80万元；3个部门和3家所属单位未经公开招标等违规采购商品和服务2.23亿元。4家公益一类事业单位违规承接政府购买服务，涉及金额3 873.31万元。

（三）重点专项资金和重大投资项目审计情况

紧紧围绕重点领域资金和项目，审计了困难群众救助补助、生态环保专项资金管理使用情况以及部分重大投资项目建设等情况。

1. 困难群众救助补助资金审计情况

审计的3个市及所属32个县2020年1月至2021年9月共安排困难群众救助补助资金119.24亿元，补助城乡低保、特困及孤儿等困难群众131.40万人，保障对象生活补贴标准逐年提高，救助补助管理制度日趋完善。发现的问题主要有：

（1）资金保障不足或违规使用。7个县未及时下达上级财政补助1.67亿元；16个县3.57亿元医疗保险参保资助资金未按规定上划市级统筹管理；1个市和4个县未足额安排本级救助补助资金4 338.95万元。10个县挤占挪用救助补助资金1.77亿元，主要用于基础设施建设等；个别县违规提高护理标准，造成1 312.67万元财政资金面临损失。

（2）部分救助政策落实不到位。3个市4 395名不符合条件人员违规享受救助待遇699.23万元，3 569人重复享受救助待遇126.83万元，2 300人未获或少获医疗救助和参保资助45.34万元。

2. 生态环保资金审计情况

从 2 个市和 14 个县生态环保专项资金审计情况看,各地生态环境质量稳中向好,环保治理能力明显提升。发现的问题主要有:

(1)资金筹集投入不足。1 个市和 6 个县应征未征土地出让金、水土保持补偿费等资源规费 8.63 亿元;3 个县未按规定设立赤水河流域保护专项资金并纳入本级财政预算;2 个市和 3 个县未拨付、兑现生态环保资金 3.36 亿元,拖欠企业污水处理费 3 843 万元。

(2)违规使用资金或损失浪费。1 个市和 10 个县挤占挪用生态环保资金 17.64 亿元,用于支付其他项目工程款和征地补偿等;2 个县坐支耕地指标转让款和污水处理费 6 965 万元。1 个市和 5 个县违规、重复建设项目等造成 7 707.55 万元财政资金损失。

3. 重大投资项目审计情况

省审计厅对 2 个政府重点建设项目开展审计,并结合保障农民工工资审计和经济责任审计等项目,多环节、多维度开展重大投资项目审计监督。发现的问题主要有:

(1)部分项目投资绩效不佳。575 个项目因建设手续不完善、资金紧缺等,未按时开工、完工或停建缓建。2 个项目建成后部分资产长期闲置,涉及项目总投资 6.49 亿元;5 个项目由于审核不严等,造成投资增加 1.02 亿元、损失浪费 1 025.97 万元。

(2)部分项目建设违反基本建设程序。1 145 个项目未取得初步设计批复、用地许可、规划许可、施工许可等手续即开工建设,其中 144 个项目施工图未经审查;5 个项目边勘察、边设计、边施工;106 个项目未经竣工验收、消防验收和备案即投入使用。

(3)部分项目违规发包或合同执行不严。108 个项目应招标未招标、虚假招标,其中 2 个项目以化整为零等方式规避招标;部分项目违反合同按月计量的约定超 3 个月未计量,涉及施工合同金额 61.89 亿元。

(四)重大政策措施落实跟踪审计情况

围绕党中央、国务院和省委、省政府重大决策部署,聚焦乡村振兴、稳就业及企业减负等情况开展了重大政策措施落实跟踪审计。

1. 乡村振兴有效衔接相关政策和资金审计情况

审计了 16 个县巩固拓展脱贫攻坚成果同乡村振兴有效衔接相关政策措施落实及资金分配管理使用情况,抽查乡村振兴补助资金等 421.34 亿元、项目 2 057 个,入户走访 2 573 户家庭。审计结果表明,相关地区将巩固拓展脱贫攻坚成果放在突出位置,持续做好返贫致贫监测和帮扶,多措并举促进脱贫群众稳定增收,脱贫攻坚成果进一步得到巩固和拓展。发现的问题主要有:

(1)部分帮扶济困政策落实有差距。5 个县未及时发放医疗保险补助、危房改造补助和困难学生教育资助等155.98万元；3个县拖欠公益性岗位人员补贴等652.42万元；8个县防止返贫监测排查不彻底，346人未按规定纳入监测范围，1427人基础信息不够精准，已纳入预警监测的36人未制定精准帮扶措施。

（2）基础设施建设和公共服务有短板。9个县垃圾或污水治理体系建设不完善，农村突出环境问题治理不到位；7个县未支付改厕补助资金4 024.06万元，虚报改造农村户用厕所8 911座，虚报新建村级公厕177座。

（3）违规使用资金或投资效益不佳。15个县前期决策不当、后期监管不力，投入的5.46亿元资金因项目不达预期、资金被违规出借等存在损失风险；5个县投入6.70亿元建设的62个农业产业项目未达预期效益，其中12个项目建成后闲置1年以上。

2. 促进就业优先政策落实审计情况

审计了1个市和20个县2020年1月至2021年7月促进就业优先政策落实情况，延伸调查了175家企业，走访群众673户。审计结果表明，相关地区克服疫情影响全力做好"稳就业"工作，落实"保居民就业"任务，积极开展就业创业服务、拓宽就业渠道。发现的问题主要有：

（1）部分地区就业优先政策落实不到位。1个市和6个县447个公益性岗位未面向社会公开招聘，超规定期限安置公益性岗位360个，为18名已就业人员安置公益性岗位；1个市和6个县欠拨企业或个人创业场所租赁、培训补贴等补助1 752万元，未按规定为661名见习人员办理商业保险或兑付就业见习补贴37.20万元；1个市和3个县未按规定审核拨付稳岗返还补贴和失业补助金746.92万元。

（2）公共就业服务体系建设和就业能力提升存在薄弱环节。3个县未按规定建立公共就业服务平台，微信公众号失业登记模块未提供相应就业服务等；9个县公共就业服务信息系统及台账不完善，就业、培训登记等信息不准确；3个县部分培训机构虚报培训人数、违法转包培训业务等，培训真实性和质量难以保证，涉及金额2 183.18万元；3个县未完成企业职工培训、新型学徒制培训等目标任务，未开展困难企业认定相关工作；1个县在资金未落实的情况下自行扩大就业培训规模，导致1.65万人次培训未兑付补贴。

（3）补助发放不够精准及时等。1个市和19个县向不符合条件的单位或个人发放各类就业补贴和失业保险待遇等849.21万元，4家培训机构和2家企业编制虚假资料、虚报人数套取培训补贴等86.88万元；3个县未及时拨付就业补助及创业担保贷款贴息资金2 675.60万元。

3. 涉企减负政策落实审计情况

审计了3家省属单位和2个市、29个县降费政策落实情况。审计结果表明，相关地区和单位进一步压实主体责任，涉企减负工作取得一定成效。发现的问题主要有：一是

4个县超标准、违规向27家中小企业收取投标、履约等保证金1.58亿元；二是3家单位和2个市、14个县未及时清退135家中小企业工资、质量等保证金和利息4 007.44万元；三是1家单位违规将职责内检测服务交由企业收费实施，增加经营实体负担2 043.88万元。

4. 农民工工资保障审计情况

审计了1家省属单位和2个市、29个县农民工工资保障情况，抽查了410家单位1 837个项目，延伸审计了363家企业。审计结果表明，各地各部门认真落实"减存量、遏增量"总目标，坚持"全排查、全起底、全化解"，清欠工作取得了阶段性成效。发现的问题主要有：

（1）农民工工资保障机制不健全。1家单位和2个市、26个县200个项目未建立保障农民工工资支付协调机制或工资拖欠预防机制，403个项目未建立健全项目开工信息推送机制，655个项目未开设农民工工资专户；2个市和23个县228个项目施工单位未与农民工订立劳动合同，175个项目施工单位未落实建筑工人实名制，189个项目未按要求编制工资支付台账。

（2）清欠农民工工资不到位。2个市和13个县106个项目未及时向农民工工资专户划拨工资4.62亿元；1个县审核把关不严，导致16个项目清欠农民工工资上报不实，多报清欠460名农民工工资787.44万元。

（五）国有资产审计情况

结合省级部门预算执行审计、经济责任审计、自然资源资产离任（任中）审计、企业审计等项目，重点审计了企业、金融、行政事业和自然资源等国有资产管理使用情况。

1. 企业国有资产审计情况

重点审计的3户省属企业2020年年底账面资产总额1 218.81亿元、负债总额585.23亿元、所有者权益633.58亿元。同时关注了7户市县国有企业的资产管理情况。发现的问题主要有：

（1）部分企业会计信息不实。3户企业将费用资本化、未足额计提坏账等导致1.84亿元资产不实；2户企业收入确认不及时等导致少计收入及成本等2.17亿元；1户企业将金融负债列入所有者权益导致2.94亿元所有者权益不实；2户企业未按规定将30家子公司纳入财务报表合并范围。

（2）决策不当和监管不力等导致资产闲置或不良。由于决策不当等，5户企业投资12.21亿元购建的44.19万平方米商铺等资产长期闲置；2户企业未对4.20亿元有减值迹象的存货等资产进行减值测试；2户企业29家"僵尸企业"或四级子公司未清理；8户企业经营和投资监管不力、违规出借资金等，18.05亿元资金存在损失风险。

（3）部分国有企业盈利能力较弱。截至2020年年底，2户企业累计亏损3.62亿元，其中1户企业经营亏损面大，本级及下属13家子公司有10家亏损；1户企业投资成本控制不严，未经评审增加2.09亿元投资。

2. 金融企业国有资产审计情况

审计的3户省属金融企业2020年年底资产总额7 386.13亿元、负债总额4 977.93亿元、所有者权益2 408.20亿元。发现的问题主要有：

（1）违规开展金融业务。1户企业违规在理财产品间调节收益4 990.22万元；1户企业未认真履行核查职责，多兑付9家"黔微贷"承贷银行风险奖补资金3 841.19万元；2户企业未遵守关联交易制度，多支付关联企业代理手续费、向单位职工亲属发放无担保贷款等，涉及金额1 844.12万元。

（2）部分资产存在损失风险。2户企业投资不审慎，形成不良资产3.58亿元、亏损602.13万元；1户企业3.47亿元资产质量反映不实，清收贷款不及时造成527.87万元损失；1户担保企业未建立动态资产比例管理机制，个别资产风险指标超规定比例导致资产安全性、流动性受影响。

3. 行政事业性国有资产审计情况

在省级和部门预算执行、乡村振兴等审计中，重点关注了行政事业性国有资产的管理和使用情况。发现的问题主要有：

（1）资产基础管理还存在薄弱环节。5个省直部门和5家所属单位取得或建成资产5.69亿元、土地房产24.19万平方米，处置1 392.79万元资产、10.69万平方米土地房产等均未进行账务处理；49个省直部门和141家所属单位未在省级资产管理信息系统中登记资产出租、处置状态；1个省直部门和1家所属单位2.89万平方米房产和39.40万元资产重复登记等；3个省直部门35.47万平方米土地房产未办理产权登记或竣工决算。

（2）资产集中管理和盘活力度不够。部分省直部门未完成20.33万平方米经营性资产剥离移交工作，421项纳入集中统一管理的经营性房产未办理产权变更登记；10个县2.25亿元扶贫项目资产毁损或闲置；5个省直部门和5家所属单位4.86万平方米房产、15.74万平方米土地和718.82万元设备闲置。

（3）部分资产存在损失或损失风险。2个省直部门低价出租房产1.51万平方米，造成国有收益流失6 764.99万元；3个省直部门和2家所属单位无偿出借2 509.79平方米房产等，国有资产存在损失风险；7个省直部门和1家所属单位未建立健全资产管理制度，未按规定开展资产清查和盘点，6 960.15万元资产有账无实。

4. 国有自然资源资产审计情况

从1个市和6个县13名领导干部自然资源资产离任（任中）审计和赤水河流域（贵州段）生态环境保护审计调查结果情况看，相关地区深入践行习近平生态文明思想，坚守发展与生态两条底线，认真履行自然资源资产管理和生态环境保护责任，取得了一定成效。发现的问题主要有：

（1）违规开发利用自然资源。1个县在限制发展区违规新建企业41家，未按规定将33家企业搬出禁止发展区；1个市和4个县未经审批违法违规占用林地、生态保护地等用于旅游项目、道路建设等；1个市和2个县7.58万亩建设用地批而未供，9 444.87亩建设用地因未按规定"净地"出让等闲置。

（2）污染防治和生态保护存在短板。5个县59个关闭矿山、16个停采矿山未开展环境恢复治理；1个市和2个县污水处理设施不完善、管理不到位，30座污水处理厂停运或运行不正常；8个县污水处理需求和处理能力不匹配，50座污水处理厂闲置或低负荷运行，14座污水处理厂超负荷或排放不达标造成污水直排或渗漏；1个市和7个县因建设资金不足等，50座污水处理厂和41个环境治理项目建设缓慢；3个县7个垃圾综合处理及中转站项目建设不达标、投入使用后营运不正常。

（3）部分生态文明建设任务推进不力。2个县24个项目未按规定办理节能审查，2户企业仍使用应淘汰的落后机电设备等；1个市和2个县赤水河流域产业政策或规划执行不严，未建立赤水河流域生态保护协作机制，未落实产业准入清单制度，未制定年度水量分配方案、调度计划等。

（六）审计移送违纪违法问题线索情况

2021年6月至2022年5月，省审计厅共发现并移送违纪违法问题线索49起，涉及17.08亿元、143人。主要是一些基层民生领域骗取套取财政资金等侵害群众利益的问题，一些地区公职人员在项目审批、资产管理和补贴兑付等方面涉嫌滥用职权、失职渎职导致国有资产损失的问题。

（七）审计建议

（1）精准发力，推动稳经济各项政策落地见效。一是持续深化"放管服"改革，进一步把责任压实到末端，切实提升政务服务效能；不断优化营商环境、积极发挥财政金融联动效应，着力激发市场主体活力。二是进一步落实落细减税降费、助企纾困政策，不断完善就业创业政策体系，扎实做好重点群体就业工作，着力稳企业保就业。三是增强民生政策的协调性，注重不同领域政策的系统集成，加强部门协作、上下联动，实现政策执行全过程跟踪督办，及时疏通堵点，确保各项重大决策部署落到实处，进一步提高乡村振兴成效。

（2）凝财聚力，发挥好财政服务高质量发展作用。一是进一步加大各类财政资金统筹力度，继续压减非必要非刚性支出，全力保障重点民生和重大项目财政投入；建立健全预算项目分类分档支出标准体系，充分发挥财政支出标准的基础引导作用，切实提高财政资源配置效率。二是持续调整优化财政支出结构，规范共同事权转移支付管理，健全基层"三保"长效机制，加大财力向困难地区倾斜力度，保障基层财政稳健运转。三是强化预算绩效管理，坚持花钱必问效、无效必问责，推动绩效评价结果与政策完善、预算调整的有效衔接，切实提高财政资金使用效益。

（3）强化监督，管好用好国有资源资产。一是坚持创新引领发展，加快国有企业转型升级，建立健全灵活高效的市场化经营机制和决策机制，提高国有企业在构建新发展格局中的带动作用。二是健全国有企业、行政事业单位资产管理和运营监管体制，细化"三重一大"决策机制和操作规范，抓好重点环节管控，严肃查处违法违规和损失浪费行为；推动金融更好服务实体经济，促进实体经济和金融良性循环。三是进一步压实地方政府主体责任，构建一体谋划、一体部署、一体推进、一体考核的制度机制，不断提高生态环境治理体系和治理能力现代化水平，促进自然资源高质量利用和生态环境持续改善。

本报告反映的是省级预算执行和其他财政收支审计发现的主要问题，审计指出问题后，有关地区、单位和部门积极整改，2021年6月至2022年5月，已上缴各级财政3.94亿元，归还原资金渠道7.46亿元，调整账目21.74亿元，促进资金拨付到位4.36亿元。下一步，我们将认真落实省人大常委会审议意见，督促有关地区、单位和部门扎实推进问题整改，并按规定向省人大常委会报告全面整改情况。

各位委员，我们将深入学习贯彻习近平总书记视察贵州重要讲话精神和对审计工作的重要指示精神，在省委的坚强领导和省人大常委会的监督指导下，以习近平新时代中国特色社会主义思想为指导，依法忠诚履行审计监督职责，把智慧和力量凝聚到省第十三次党代会确定的奋斗目标和重点任务上来，切实把大会的部署要求转化为全省审计人的共同意志和自觉行动，以优异成绩迎接党的二十大胜利召开！

五、浙江省人民政府关于2021年度省级预算执行和全省其他财政收支的审计工作报告

根据审计法及相关规定，省审计厅组织对2021年度省级预算执行和全省其他财政收支情况进行了审计。全省各级审计机关坚持以习近平新时代中国特色社会主义思想为指导，认真贯彻落实党中央、国务院和省委、省政府重大决策部署，突出稳进提质、除险保安、塑造变革，围绕财政资金及绩效、重大政策落实、重大项目落地、重大民生保障和重大风险防范等方面依法开展审计监督。

2021年6月至2022年5月，全省各级审计机关共组织完成审计和审计调查项目1 836个，向社会公告审计结果729份，促进增收节支和挽回损失215.58亿元，促进建立和完善规章制度1 104项，提出审计建议被采纳6 212条。

审计结果表明，一年来，面对错综复杂的外部环境和艰巨繁重的改革发展任务，在省委、省政府的坚强领导下，各地各部门忠实践行"八八战略"，奋力打造"重要窗口"，坚持稳中求进工作总基调，全面贯彻新发展理念，高效统筹疫情防控和经济社会发展，争创社会主义现代化先行省，扎实推动高质量发展建设共同富裕示范区，统筹做好"六稳""六保"工作，各项工作取得了明显成效，省级财政预算执行情况总体良好。

一是扎实推动共同富裕示范区建设。认真落实国家和我省重大战略部署，积极承接财政部等国家部委出台的支持我省高质量发展建设共同富裕示范区专项政策。全面对标高质量发展建设共同富裕示范区目标，梳理38项财政重点任务。加大对山区26县高质量发展财政支持力度，安排一般公共预算转移支付819.05亿元，按可比口径增长5.6%。

二是扎实推进经济高质量发展。深入实施人才强省、创新强省首位战略，全省科技支出达578.58亿元，较上年增长22.5%。全面落实各项惠企政策激发市场主体活力，全力稳增长稳市场主体保就业，全年为企业减负超过2 500亿元。大力支持产业升级，实施制造业高质量发展示范县创建财政专项激励。持续推进生态文明建设，开展碳达峰碳中和财政政策体系研究，全年兑现新一轮绿色发展财政奖补资金135.88亿元。支持保障长三角一体化发展和海洋强省国际强港战略。

三是扎实提高民生保障能力。持续加大民生支出，2021年占省级一般公共预算支出比例达81.7%。坚持就业优先，中央和省级就业补助资金增长4.4%。下达中央和省级资金80.88亿元，用于基本养老保险补助和困难群众生活救助。保障教育事业发展，全年教育支出占民生支出比重最高，达26.1%。加大医疗卫生投入，全年医疗卫生支出增长8.5%，高于总体支出增长水平。加强疫情防控资金保障，2021年全省落实全民免费接种新冠病毒疫苗经费61.35亿元。

四是扎实推进财税体制改革。制定省级零基预算指引，加快构建预算全过程管理机制。出台深化预算绩效管理改革政策，研究开展全生命周期绩效管理。组织开展隐性债务化解情况专项督导，实施2轮专项穿透式核查。加大县级财政保基本民生、保工资、保运转"三保"监测管理，"三保"预算编制审核范围从24个县扩大到39个县。

（一）聚焦财政管理和财政政策执行审计情况

1. 省级财政管理及决算草案审计情况

今年对省财政厅具体组织的2021年度省级预算执行和决算草案情况进行了审计。审计结果表明，省级预算执行情况总体良好，财政收支运行平稳。审计发现的主要问题：

（1）预算管理还不够精细。一是编制范围不够精准。行政事业单位下属的7家国有企业应纳入未纳入国有资本经营预算管理。二是审核程序有所欠缺。10个项目未经前置审核安排预算5 150万元。三是部分省和市县共同财政事权项目预算资金安排未细化。

如交通领域水运方面 4 类共同财政事权转移支付资金未按要求细化安排。

（2）部分专项转移支付资金使用不够及时。一是少数转移支付资金下达不及时。有 9 亿元中央转移支付资金省财政未在规定时限 30 日内下达。二是部分资金滞留未支出。有 12.24 亿元省级专项转移支付资金滞留市县财政未及时分配到部门，有 10.91 亿元省级专项转移支付资金已分配至市县部门但未及时支出。

（3）部分重点项目支出管理不够到位。一是部分项目预算执行缓慢。有 4 个重点项目 2021 年预算安排 22 亿元，当年支出仅 5.67 亿元。二是个别项目支出内容交叉重叠。2021 年分别安排教育发展专项资金 5.12 亿元、学前教育补助专项资金 2.11 亿元，其中教育发展专项资金办法规定资金重点用于学前教育等，两个专项支出方向存在交叉重叠。三是对一些项目绩效目标编制审核把关不严。抽查 4 个重点项目，3 个绩效指标设置不全面，4 个绩效指标未量化，3 个效益类指标权重过低，2 个效益类指标设置单一。

2. 省级部门预算执行审计情况

为落实部门预算执行审计全覆盖，今年对 91 个省级部门（单位）2021 年度预算执行情况进行大数据集中分析，重点对 9 个部门进行全面审计，对 20 个部门进行分析疑点核查。审计结果表明，29 个部门 2021 年度经费支出总体控制较好。审计发现的主要问题：

（1）7 个部门预算编制不够科学精准。7 个部门存在预算编制不够完整、项目及采购预算调整过大、未编制政府购买服务预算等问题，涉及金额 9 142 万元。

（2）一些部门预算执行管理不够扎实。一是预算收支管理不规范。11 个部门存在房租应收未收，无预算、超范围列支费用，费用结算方式不规范等问题，涉及金额 1 800 万元。二是预算执行及绩效不佳。11 个部门存在预算执行率偏低、年末突击花钱、项目绩效不高等问题，涉及金额 1.62 亿元。

（3）10 个部门会议培训和公车运行等制度执行不够严格。10 个部门存在会议费培训费未及时结算、超预算列支租车费、"僵尸"油卡未及时清理等问题，涉及金额 79 万元。

（4）9 个部门公开招标制度落实不到位。9 个部门的政府采购项目存在应公开招标未公开招标、公开招标流于形式、设置排他性条款等问题，涉及金额 8 466 万元。

3. 市县财政决算审计情况

2021 年下半年组织对 7 个县开展了财政决算审计，并在 14 个市县党政主要领导干部经济责任审计中统筹审计财政决算内容。审计结果表明，各市县认真落实积极财政政策，持续优化财政支出结构，扎实推进"六稳""六保"工作。审计发现的主要问题：

（1）部分市县财政资金使用管理有待加强。一是仙居县等 7 个市县违规将 239.56 亿元国库资金拨付预算单位实有资金账户或"以拨代支"调入财政专户。二是德清县等 5 个市县未按规定严格开展公款竞争性存放，涉及金额 16.18 亿元。三是舟山市定海区等

5个县违反规定从国库或财政专户出借财政资金，涉及金额32.97亿元。

（2）部分市县预决算编制和预算执行有待规范。一是平湖市等7个市县存在预决算编制不完整、不准确、不细化等问题，涉及金额82.53亿元。二是温州市等2个市违规将3.93亿元一般公共预算收入纳入政府性基金收入和财政专户收入，影响省级财力。三是开化县等9个市县未及时安排使用专项转移支付资金31.96亿元，影响政策时效。

（3）部分市县财政绩效管理水平有待提升。一是5个市县预算绩效管理力度较弱。如新昌县2020年有218个预算项目绩效目标编制不够全面完整，全年仅公开8个项目绩效目标情况。二是9个市县52.90亿元财政存量资金未及时盘活统筹。三是4个市县政府产业基金沉淀闲置规模较大，涉及金额58.77亿元。

4. 单一来源采购专题审计情况

今年组织对全省670家单位1 649个、共计25.23亿元政府单一来源采购项目审计结果表明，各级政府单一来源采购占政府采购总规模比例不高，总体管控较严。审计发现的主要问题：

（1）7个省级部门和16个市县单一来源采购依据不充分。省体育局等7个省级部门及杭州市拱墅区等16个市县在市场充分竞争领域存在采用单一来源方式采购等情形，涉及金额5 898万元。

（2）3个省级部门和31个市县执行单一来源采购程序不到位。省作协等3个省级部门及湖州市南浔区等31个市县存在先服务后采购、先执行后招标等采购程序倒置情形，以及未按规定公告和组织专家论证等问题，涉及金额2.15亿元。

（3）1个省级部门和24个市县单一来源采购合同管理不规范。省文化和旅游厅及浦江县等24个市县存在合同内容不规范，未按合同约定条款执行，违规转分包项目等问题，涉及金额1.35亿元。

（二）聚焦重大政策落实审计情况

1."5+4"稳进提质政策专项审计调查情况

今年及时组织对全省落实"5+4"稳进提质政策情况的审计调查结果表明，各地各部门认真贯彻落实省委、省政府关于"5+4"稳进提质政策工作部署，及时制定出台政策措施，加大有效投资力度，加快政策和资金兑现，有力促进我省经济稳进提质。审计发现的主要问题：

（1）个别政策未及时出台配套制度或修订。一是未及时出台政策配套办法或操作细则。如省财政厅和省发展改革委未及时明确重大建设项目前期经费激励政策的支持对象和范围等内容，政策操作性不强。二是政策未及时修订。如省科技厅2014年制定的浙江省领军型创新创业团队引进培育计划实施细则已与现行政策不一致，但未及时修订或废止。

（2）个别政策落地缓慢或执行不到位。如：截至2022年4月底，嵊州市等11个市县未按要求从土地出让收入中提取"腾笼换鸟"专项经费。截至2022年4月28日，全省有4 709家企业在今年3月31日前申请的2021年度失业保险稳岗补贴仍未完成审核和发放，涉及资金975万元。

（3）部分资金拨付进度较慢或使用不规范。3个县收到3.10亿元中央交通建设直达资金后未在规定时限30日内分配至职能部门，4个市县5.52亿元中央直达资金未按"点对点"要求拨付最终收款单位。

（4）个别领域项目季度开工计划未能完成。如根据我省扩大有效投资二十条政策要求及指标量化清单，2022年1季度公路水运项目应开工数为8个，实际开工数为5个。

2. 促进制造业高质量发展政策落实专项审计调查情况

2021年下半年组织对6个市和7个县的审计调查结果表明，各地立足实际谋划有特色的落实举措，不断推进智能制造、传统行业数字化改造、制造业强链补链等重点工作，促进制造业高质量发展呈现良好态势。审计发现的主要问题：

（1）有些市县产业基础再造及重大项目落地不够理想。一是5个市县数字化改造或工业互联网建设不及预期。二是3个市县6个列入省级重点技术改造示范的项目推进缓慢。三是4个市县12个重大制造业项目建设进展缓慢或未如期竣工。

（2）有些市县"标准地"管理及落后产能监管不够有力。一是丽水市等5个市县存在未严格执行"净地"出让规定、未按要求监管"标准地"后期项目建设及投产达标等问题。二是舟山市等3个市县对落后产能监管不够严格。

（3）有些市县制造业高质量发展环境不够优化。一是湖州市吴兴区等6个市县"亩均论英雄"政策执行不到位，存在未按要求执行资源要素差别化政策、未统一评价指标等问题。二是青田县等2个市县有4项地方政策有违公平竞争或违反财政奖补不得直接与税收贡献挂钩的规定。

（4）有些市县财政扶持资金使用管理不够规范。一是乐清市等4个市县有9 931万元制造业补助资金未在规定时间内拨付或及时使用。二是湖州市等3个市县对3家企业的财政补助审核把关不到位，涉及多补财政资金393万元。三是金华市等3个市县涉企奖补兑现不够简易方便，存在申报资料不精简、兑现周期长等问题。

3. 能耗"双控"和"两高"项目清理整治专项审计情况

根据省委、省政府交办的任务，2021年下半年组织对湖州市、嘉兴市、台州市、丽水市的审计结果表明，4个市贯彻落实党中央、国务院和省委、省政府决策部署，着力推进能耗"双控"工作，能耗过快增长势头得到一定遏制。审计发现的主要问题：

（1）能耗"双控"目标任务未完成。一是4个市"十三五"期间均未完成能耗"双控"任务。二是4个市2021年1月至9月单位GDP能耗不降反升，与下达的年度目标偏离较大。

（2）"两高"项目清理整治工作不扎实。一是4个市向省政府少报漏报"两高"项目。二是2个市对自查发现的违规"两高"项目未按要求制定整改方案。

（3）相关政策执行不到位。一是3个市用能权交易未开展或未完全开展。二是2个市违规由企业承担节能审查评审费。如台州市2019年至2021年8月违规由企业承担103个项目（占总项目数的61.31%）节能审查评审费。

4. 钱塘江流域水生态保护专项审计调查情况

今年组织对省级和27个县的审计调查结果表明，各级政府及相关部门认真落实国家和我省关于流域水生态保护决策部署，水环境质量和水生态保护取得了一定成效。审计发现的主要问题：

（1）部分县流域水生态保护机制不健全。一是流域跨区域协同治理机制不够健全，武义县等9个县未建立或落实水污染防治跨区域协商协作机制，浦江县等5个县未建立县域之间上下游横向生态补偿长效机制。二是5个县水域长效管护机制不够完善，部分河道、小微水体等水质不稳定。如衢州市衢江区邵源溪断面水质2021年超标11次。

（2）部分县水污染防治管理不严格。一是常山县等4个县污水处理终端出水水质未完全达标。二是诸暨市等5个县未全面落实排水许可制度，存在排水企业底数不清、许可证应发未发等情况。三是杭州市钱塘区等3个县对渔业养殖尾水排放管理不严。

（3）部分县水生态保护制度落实不够有力。一是永康市等4个县未按规定建立水生生物多样性及生物资源监测预警体系、未开展水生生物资源本底调查等工作。二是建德市等6个县未及时开展新一轮水域保护规划编制，现行水域保护规划于2009年、2010年印发，较难适应目前新要求。

（4）部分县水生态保护资金与项目管理不到位。一是金华市金东区等10个县未按规定征收自备水源单位污水处理费，龙游县等4个县未及时将1.38亿元污水处理费缴入国库。二是桐庐县等5个县水生态保护重点项目实施进度缓慢或未实施。

5. 全省招商引资专题审计情况

2021年在14个市县党政主要领导干部经济责任审计和2022年在财政同级审、领导干部经济责任审计中，重点关注地方政府招商引资优惠政策及执行情况。审计结果表明，各地不断加大招商引资力度，有效助推区域经济高质量发展。审计发现的主要问题：

（1）2个县招商引资项目决策制度不够完善、程序不够规范。义乌市等2个县存在招商引资相关管理制度不够健全、前期论证不够充分、决策程序不够规范等问题，导致8个招商引资项目决策效果不佳，有的甚至存在资金损失风险。

（2）5个市县招商引资优惠政策执行不够严格。5个市县存在项目公司注册完成即享受财政奖补政策、违反原协议约定条件提前兑现优惠政策等问题。

（3）部分市县招商引资项目效果未达预期。一是招商引资项目未能真正落地。绍兴市等6个市县对招商引资项目后续跟踪不够到位，有161个外资项目、8个内资项目未开展实质性经营或未能真正落地。二是招商引资项目未能完成约定目标。宁波市鄞州区等13个市县对招商引资项目履约监管不够有力，部分项目未在规定期限内达到协议约定的固定资产投资强度、纳税金额等约束性指标或其他目标任务。

（三）聚焦重大项目落地审计情况

1. 高质量发展建设共同富裕示范区集中开工重大项目专项审计调查情况

今年对2021年153个共富集中开工项目建设情况的审计调查结果表明，相关单位认真贯彻落实国家和我省关于高质量发展建设共同富裕示范区的战略部署，聚焦重点领域、重大项目，在构建体系架构、建立机制举措、组织督查考核等方面取得了积极成效。审计发现的主要问题：

（1）33个项目未按计划推进。宁海县等19个市县有33个项目未在规定时间内实质性开工或开工后停工。其中：29个项目因征地拆迁未完成、建设方案调整等情形未在规定时间内实质性开工；4个项目因投资主体调整、施工条件不成熟等情形开工后停工。

（2）40个项目不符合申报条件。30个市县因申报把关不严，将39个房地产项目、1个商业综合体项目申报为共富集中开工项目。

（3）16个项目土地要素保障不到位。安吉县等13个市县有16个项目存在用地缺口，涉及土地面积2 540.07亩。

（4）21个项目未按规定公开招投标。常山县等4个市县有21个项目存在未经招标程序直接发包等问题，涉及合同金额71.4亿元，其中湖州市吴兴区阿祥路（318国道—湖织大道）提升改造工程，将合同金额超过公开招标标准的5个分项工程直接发包。

2. 省级数字化改革重大应用项目建设专项审计调查情况

今年对省级数字化改革22个重大应用的审计调查结果表明，在省委、省政府强有力领导下，省级有关部门迭代完善"1612"体系构架，以重大应用支撑重大改革，以重大改革塑造重大应用，推动数字化改革不断迭代升级。审计发现的主要问题：

（1）有些应用多跨协同需要深化。一是3个应用跨部门业务协同不足。二是4个应用跨行业数据共享不够。

（2）有些应用实战实效需要提升。一是2个应用存在已上线功能无法使用情况。二是个别应用的推广使用有待提升。

（3）有些基础支撑建设需要强化。一是代码和数据权属不明确。抽查15份"一地创新"试点建设合同，发现4份未明确数据归属，2份未明确代码归属政府部门，影响全省复制推广。二是数据目录编制不准确。4家数源单位把24张无条件共享类数据表划定为受限共享类,影响数据共享效率。

3. 住房与城市建设专项资金使用和绩效专项审计调查情况

今年对11个市和40个县518个城市建设项目的审计调查结果表明,各地注重提升人居环境品质,推动市政公用行业健康发展,为高质量推进城市管理提供了有力支撑。审计发现的主要问题:

(1)部分市县城镇基础设施建设存在不足。一是11个市县海绵城市建设效果不够理想。如杭州市钱塘区一公共项目涉及海绵城市建设内容的雨水排水及回用处理系统部分功能无法使用。二是14个市县垃圾分类处置运营不够精细化。如台州市路桥区易腐垃圾分类准确率未达80%以上,不满足循环利用标准,只能焚烧处理。三是6个市县城镇污水管网建设不够到位。如金华市2020年后新建的35个住宅小区未按要求完全实现雨污分流。

(2)部分市县城建领域优化营商环境不够到位。一是松阳县等6个市县超比例、超范围收取投标保证金等952万元。二是杭州市临安区等7个县未及时清退各类保证金818万元。三是桐乡市等13个市县存在拖欠工程款、违规收取投标报名费等问题。

(3)16个市县财政专项资金滞留闲置。泰顺县等16个市县存在省级住房与城市建设专项资金滞留财政或闲置部门等问题,涉及金额2.34亿元。

4. 工程总承包建设模式项目专项审计调查情况

2021年下半年,对49个工程总承包试点项目和1 749个工程总承包建设模式项目的审计调查结果表明,我省成为工程总承包全国试点省份后,积极先行先试,培育市场主体与规模,服务经济社会发展。审计发现的主要问题:

(1)112个项目未充分论证采取工程总承包模式。24个市县对112个建设项目在前期论证不充分情况下,决定采用工程总承包模式招标,引发系列后续问题。如桐庐县妇幼保健院迁建项目在前期论证不充分的情况下,为加快项目开工,采取工程总承包建设模式,但施工后变更选址,导致工期延迟19个月,造成直接损失985万元。

(2)562个项目未发挥工程总承包模式应有优势。37个市县562个项目未有效发挥工程总承包模式应有的控制工期、节约成本等优势,存在工程超概算、超工期等情形。如台州市路桥区小城镇环境综合整治峰江项目,仅60%工程量已用完全部投资总额444万元,最后只能取消剩余40%建设内容。

(3)部分项目招投标管理不规范。一是宁波市奉化区等13个市县27个工程总承包项目在招标条件中设置了"建筑企业荣誉称号、企业信用评价等级、当地办公场所"等排他性条款。二是临海市等8个市县招投标管理部门未严格督促招标人落实主体责任,有70个项目投标单位存在故意失分等陪标现象。

（四）聚焦重大民生保障和重大风险防范审计情况

1. 全省困难群众救助补助资金审计情况

根据审计署统一安排，2021年下半年组织对5个市及部分所辖县困难群众救助补助资金的审计结果表明，各地能认真贯彻落实国家和我省各项社会救助政策，立足兜底保障职责，持续推进社会救助事业发展。审计发现的主要问题：

（1）一些市县救助对象认定不精准。因跨部门间信息共享不畅、对象信息掌握不全、审核不严等，27个市县有2 405名符合条件人员应享受未享受困难群众救助待遇，24个市县有1 491名不符合条件人员违规享受救助待遇281万元。

（2）2个市县救助待遇或补助发放不严格。2个市县未及时足额支付救助待遇或补助费用356万元。

（3）2个市医疗相关救助政策执行不到位。2个市未按政策给予669名困难群众追溯报销医疗费用721万元，未给予88名困难群众医疗救助47万元。

2. 基础教育均衡化建设专项审计调查情况

今年组织对省级、6个市和16个县的审计调查结果表明，全省各级政府和教育主管部门重视义务教育和学前教育的均衡化发展，认真贯彻落实国家政策，积极推进制度创新，许多工作走在前列。审计发现的主要问题：

（1）相关教育管理制度未及时完善。一是未及时制定完善学前教育规范发展相关制度。如我省未专门出台学前教育成本分担机制指导意见、非营利性民办幼儿园收费管理办法。二是未及时制定完善"双减"相关配套制度。如省市县三级均未及时建立完善校外培训机构"黑白名单"。

（2）3个县和1个开发区进城务工人员随迁子女就读公办学校比例偏低。3个县和1个开发区2021年秋季学期进城务工人员随迁子女在公办学校和政府购买服务的民办学校就读比例低于60%，与优质均衡县标准有较大差距。

（3）部分学校未巩固义务教育标准化建设成果。一是师资力量下降。全省已通过标准化验收的938所小学和393所初中，目前具有中级和高级职称的专任教师比例低于标准化建设要求。二是硬件建设不足。全省已经通过标准化验收的学校中，有102所学校目前实际校舍面积未达标。

3. 储备粮管理专项审计调查情况

今年组织对省级、10个市和62个县的审计调查结果表明，各地锚定粮食安全总体目标，突出深化改革和高质量发展两大抓手，为保障我省粮食安全发挥了积极作用。审计发现的主要问题：

（1）部分地方粮食主管部门职责履行不到位。一是省级和庆元县等18个市县粮食主管部门未按规定对属地粮食收储公司开展的储备粮购销、储存和轮换等进行监管。二是永嘉县等 6 个市县粮食主管部门落实粮食安全应急预案不到位，存在未按要求完成粮食应急加工能力建设等问题。

（2）部分地方储备粮购销、储存和轮换业务不规范。一是杭州市等 23 个市县对委托代储企业监管不严格，存在委托代储的粮食加工企业未按签订的合同足额储存储备粮等问题。二是省级和宁海县等 14 个市县对不符合食品安全标准的超标粮管理不到位，存在未将产出超标粮区块列入重点监测范围、超标粮与一般储备粮混仓存放等问题。

（3）部分资金和项目管理不到位。一是省级和舟山市等 2 个市县有 2 家收储公司和 3 家粮库通过隐瞒收入、虚列支出等方式套取资金设立账外账，涉及金额 491 万元。二是省级和磐安县等 31 个市县在 74 个储备粮工程项目建设中存在未按规定公开招投标、未办理工程竣工财务决算等问题。三是宁波市等 24 个市县在储备粮信息化项目建设中存在缺乏顶层设计、重复开发等问题。

4. 省属国资国企稳健发展防范风险专项审计调查情况

今年对省国资委及其监管的 16 家省属企业的审计调查结果表明，省国资委和省属企业比较重视风险管理体系建设和已发生风险事项的处置化解，省属企业整体风险基本可控。审计发现的主要问题：

（1）金融衍生业务风险防控有待完善。一是监管制度不完善。省国资委现有监管制度的相关内容过于简单，随着企业金融衍生业务模式变化，难以针对性地进行指导和规范。二是个别企业违规开展单边投机业务导致大额损失。

（2）大宗商品贸易风险防控有待加强。2 家省属企业下属 2 家公司因大宗商品贸易风险管控不严，存在损失风险约 2.27 亿元。

（3）资产损失追责工作有待加快。2021 年 5 月，省国资委梳理了 22 项应开展责任追究的省属国企违规经营投资造成损失事项。截至 2022 年 5 月底，省国资委启动追责调查 9 项，其中已办结 2 项，另外对 2 项企业已追责事项进行了认定，追责工作进度有待加快。

5. 融资租赁行业防范金融风险专项审计调查情况

今年对 15 家融资租赁企业及行业监管情况的审计调查结果表明，企业整体运行平稳，风险基本可控。审计发现的主要问题：

（1）企业业务投向偏离政策导向。15 家融资租赁企业 2021 年年底租赁业务余额中有 811.52 亿元（占 54.07%）投向租赁物主要为公用事业类资产，与更好地服务实体经济的政策导向有一定偏差。

（2）个别企业管理不善存在损失风险。一是 2 家融资租赁企业不良率超过 10%。二是 1 家金融租赁企业内控制度不严导致损失。

（3）非正常经营企业分类处置工作推进不够快。截至2021年年底，全省融资租赁企业中有274家经营异常，已不满足我省当前融资租赁企业准入条件，但分类处置名单尚未公布，不利于非正常经营类企业出清。

6. 省属国有企业境外国有资产监督管理专项审计调查情况

2021年下半年组织对24家省属国有企业及金融企业在境外投资设立的196家企业（含分支机构和参股企业）以及在境外开展的投资和工程项目的审计调查结果表明，省国资委等主管部门和省属企业比较重视境外国有资产监管，境外国有资产监管体系进一步完善，平台公司功能逐步发挥。审计发现的主要问题：

（1）78家境外企业经营及盈利能力偏弱。78家企业截至2020年年底未分配利润为负，占比39.8%，合计亏损18.17亿元。其中有16家近三年营业收入为零，经营业务处于停滞状态。

（2）13家境外企业资金管控存在漏洞。13家企业存在支票签发未采取联签方式或未设置银行支付业务不相容岗位等问题。有3家企业的10个银行账户在公司业务停止后未及时处理成为久悬账户，导致907万元的银行存款被限制使用，影响资金效益。

（3）13个境外工程项目资金回款存在风险。抽查103个项目的收付款情况，有38个项目垫付资金10.13亿元，其中有13个项目已竣工但回款困难，存在亏损风险。

（五）聚焦国有资产管理审计情况

1. 企业国有资产审计情况

2021年下半年在省能源集团等4家省属国有企业领导人员经济责任审计中，重点关注国有企业资产管理情况。审计结果表明，4家国有企业资产管理总体较好，资产运营总体平稳。审计发现的主要问题：

（1）3家企业重大投资事项决策程序不规范。3家企业存在重大投资党委会未前置讨论或董事会投资决策时间晚于投资发生（中标或签订协议）时间等问题。

（2）1家企业对下监管及风险防范不到位。1家企业对下属公司对外投资和经营管控不严，下属公司存在对外收购尽职调查了解不到位、对可研报告风险提示不重视、忽视生产安全隐患等问题，造成2.55亿元损失风险。

（3）部分企业资产减值及核销管理不规范。1家企业财务报表未准确反映企业净资产，历史遗留应收账款长期挂账应计提未计提减值准备，涉及金额13.96亿元。2家企业资产损失核销未按规定报省国资委审批，涉及金额1 804万元。

2. 行政事业性国有资产审计情况

2021年下半年在3家省级部门、3家高校、1家公检法机关党政主要领导干部经济责任审计和今年在29家省级部门2021年度预算执行情况审计中，重点关注了行政事业性国有资产管理情况。审计结果表明，36家单位行政事业性国有资产管理总体上较为规范，资产管理制度较为健全。审计发现的主要问题：

（1）部分单位资产管理工作不扎实。12家单位存在固定资产、无形资产未入账或入账不完整等问题，涉及金额1.89亿元。19家单位存在固定资产清查盘点登记管理制度未完全落实、账实不符等问题，涉及金额1.75亿元。

（2）6家单位建设项目管理不规范。6家单位存在已建项目未立项、建成项目未及时办理竣工财务决算和确权办证等问题，涉及金额5.42亿元。如省广电局一处业务用房翻建工程于2013年完工，因工程验收未通过，截至目前仍未交付使用。

（3）5家单位房产使用出租管理不到位。5家单位存在房产长期闲置未盘活、出租处置程序不规范等问题，涉及房产面积2万平方米。如杭州电子科技大学东岳校区8 987平方米房产出租未按规定程序报批。

3. 国有自然资源资产审计情况

组织对14个市县和1家省级部门开展领导干部自然资源资产离任（任中）审计结果表明，相关地方和单位认真贯彻中央和我省关于生态文明建设的决策部署，不断优化自然资源资产管理举措，稳步提高生态环境治理水平。审计发现的主要问题：

（1）部分市县土地资源保护和集约节约利用不到位。一是绍兴市等8个市县存在耕地"非农化"、粮食生产功能区内"非粮化"问题。二是海盐县等6个市县有4 467.10公顷土地批而未供，宁波市鄞州区等6个市县有730.18公顷土地供而未用。

（2）部分市县森林和水资源保护管理工作不扎实。一是永嘉县等7个市县有3 189.18公顷公益林被建筑物、道路等违规占用，海盐县等2个市县划定公益林不精准，涉及面积308.35公顷。二是遂昌县等2个县有6.74公顷水域面积未经审批被违规占用，义乌市等2个县有54家企业未及时开展水平衡测试。

（3）部分市县生态环境治理不够有力。一是5个市县未严格落实建设工地扬尘治理规范要求，存在雾化降尘措施不到位等问题。二是5个市县未及时开展土壤污染状况调查，未完整掌握污染地块名录。

（六）围绕清廉浙江建设，移送和查处违纪违法问题情况

全省审计机关弘扬伟大建党精神，坚持严的主基调不动摇，以守好"红色根脉"、打造"重要窗口"的政治高度，深入推进党风廉政建设和反腐败工作。2021年6月至2022年5月，省级共移送违纪违法问题线索32件，其中移送纪委监委24件、司法机关4件、相关主管部门4件；共督促办结历年移送案件56件，处理处罚66人，其中追究刑事责任18人、党纪政务处分21人、诫勉谈话9人、其他处理处罚18人；追缴违法所得及罚金2 481万元。上述32件违纪违法问题线索主要特点是：

（1）公职人员失职渎职等问题依然高发。此类问题线索有12件，主要表现为：有8件反映公职人员在工程招标、项目收购、国有土地补偿、产业基金管理费分摊等过程中审核把关不严，失职渎职造成损失；有4件反映公职人员在审批"两高"项目、城中村改造项目等过程中滥用职权，造成损失。

（2）弄虚作假骗取国家财产等问题仍较突出。此类问题线索有11件，主要表现为：有7件反映单位、个人等通过提供虚假资料、私设小金库、收入未入账等方式，骗取国有资金、工程建设资金等；有4件反映个人重复报销、民办康复医院虚构诊疗服务等骗取医保基金。

（3）违反个人廉洁和财经纪律等问题不容忽视。此类问题线索有9件，主要表现为：有2件反映公职人员违规兼职、经商办企业等违反个人廉洁自律问题；有3件反映单位内部管理混乱套取资金或挪用公款等违反财经纪律问题；有4件反映单位违规公务接待、违规发放津补贴、违规招投标等问题。

（七）围绕"治已病、防未病"，做好审计"后半篇文章"情况

（1）抓实审计整改。省委、省政府高度重视审计整改工作，积极贯彻落实习近平总书记重要批示指示精神，将"重大审计问题清单"纳入"七张问题清单"应用，不断放大党建统领新优势，以问题整改实效检验党建统领成色；在全国率先出台省级层面《关于建立健全审计查出问题整改长效机制的实施意见》，推动审计整改工作规范化、制度化。省委审计办、省审计厅谋深抓实审计整改工作，把审计整改纳入"常态化经济体检"应用大场景，迭代升级"重大审计问题清单"应用模块和工作机制，加快构建省市县三级贯通的审计整改一体化智能管理系统，持续压实整改责任、强化闭环管理、突出多跨协同，一体推进揭示问题、规范管理、促进改革；强化联合督查，形成整改合力，今年省人大财经委、省审计厅联合对11个市和12个省级部门涉及的155个未整改到位问题开展整改督查，推动完善制度机制115项，3人受到责任追究。

（2）抓早风险预警。为突出风险导向和警示教育，省委审计办、省审计厅梳理汇总近年来财政审计、市县重点事项审计、国有企业审计、银行机构审计、投资审计、社保基金审计、资源环境审计等14个重点领域发现的普遍性、多发性、倾向性问题，并提出对策建议，形成《审计发现共性问题清单》，供各单位及早感知识别风险，防患于未然。省委书记袁家军高度重视，批示要求各地各相关部门认真剖析问题产生根源，着力完善制度机制。杭州、宁波、温州等55个市县党委主要领导要求各地各部门认真学习研究，举一反三，抓好建章立制。

（3）抓紧制度完善。各地各部门对照近年来审计查出问题和重大风险隐患，举一反三、标本兼治，着力从问题根源查找不足，完善制度机制。针对审计发现政府购买服务

管理不完善、操作不规范,以及政府投资基金投后监管不到位等共性问题,省财政厅出台《关于进一步规范政府购买服务采购管理的通知》《关于进一步加强政府产业基金投资运作管理的指导意见》等3个文件,规范政府购买服务管理,并提出政府产业基金资金沉淀超过三年原则上由财政部门收回等工作要求。针对审计发现民间融资服务企业经营混乱、融资担保机构资本金放大倍数少等共性问题,省地方金融监管局出台《浙江省民间融资服务企业监督管理工作指引(试行)》,首次明确民间融资服务企业监管细则;浙企债办、浙融担办先后出台《浙江省政策性融资担保业务尽职免责工作机制》等3项政策文件,着力放大政府融资担保增信作用。针对审计发现之江实验室人才引进、科研项目和内部管理规范化有待提升等问题,之江实验室研究印发绩效管理办法等12项管理制度,全面完善科研项目验收评价和绩效管理等工作。

  本报告反映的问题,对违反财政财务收支法律法规的,已依法下达审计决定,要求有关单位予以纠正;对管理不规范的,已建议有关部门建章立制,切实加强内部管理;对涉及政策、法规和制度方面问题,已建议有关部门结合相关改革统筹研究解决;对重大违纪违法问题线索和应当追究责任的,已依纪依法移送有关部门查处。有关地方、部门和单位均采取了积极的整改措施,许多问题已经得到有效整改。下一步,省政府将认真落实省人大常委会审议意见,进一步督促整改,并按要求于11月底向省人大常委会专题报告审计整改情况。

  当前经济形势严峻复杂,我省经济基本面深度承压,需深入贯彻落实中央"疫情要防住、经济要稳住、发展要安全"的决策部署和我省"稳进提质、除险保安、塑造变革"的工作要求,按照省第十五次党代会报告提出的"坚持以人民为中心的发展思想,坚持稳中求进工作总基调,坚持统筹发展和安全"总体要求,准确理解把握"两个先行"的奋斗目标和"8个高地"的具体目标,突出创新制胜、变革重塑、防控风险、共建共享、唯实惟先,采取有力举措、非常之功,做好当前各项工作。

  一是着力推动经济稳进提质。不折不扣贯彻落实国务院扎实稳住经济一揽子政策措施实施方案,落实落细财政支持、金融支持、扩大投资、促进消费、稳外贸稳外资以及保粮食能源安全、保产业链供应链稳定、保基本民生等系列措施,有力有序实施八大攻坚行动,以数字化改革引领撬动质量变革、效率变革、动力变革,推动经济企稳回升向好,确保经济运行在合理区间。

  二是着力防范化解风险隐患。持续抓好防范化解地方政府隐性债务风险专项行动,完善以债务率为主的政府债务评估指标体系,精准识别防范财政风险;加强对金融机构和地方金融组织的日常监管,督促国有金融企业完善公司治理,做好风险预警和处置;强化国有企业预算管理约束,健全"三重一大"决策制度,切实提升运营风险防控能力。

  三是着力提升财政管理水平。强化预算刚性约束,深化零基预算改革,进一步健全支出标准体系；完善全面绩效管理体系，健全绩效激励约束机制，持续推动绩效目标与评价结果公开；落实党政机关过紧日子要求，继续压减非必要、非刚性支出，严格资产配置管理及监督；加大各类存量资金盘活力度，提升资源统筹能力，集中财力办大事，着力保障重大改革、重大政策、重大战略任务和重大项目实施。

四是着力提高审计整改质效。坚持闭环管理，发挥"七张问题清单"党建统领作用，完善审计整改全链条管理机制，压实各方责任，落实落细审计整改长效机制；注重源头治理，全面落实新颁布的《浙江省内部审计工作规定》，建立健全内部审计制度，大力发挥内部审计在完善单位内部管理、促进风险防控等方面的基础性作用；形成整改合力，加强审计与人大、纪检监察、组织人事、司法、党政督查等部门的多跨协同，推动审计发现问题整改落实取得更大成效。

注：

1. 本报告涉及设区市称为市，县（市、区）统称为县。
2. 本报告涉及金额为万元的，均不保留小数点。

六、广东省人民政府关于广东省 2021 年度省级预算执行和其他财政收支的审计工作报告

主任、各位副主任、秘书长，各位委员：

我受省人民政府委托，向省人大常委会报告 2021 年度省级预算执行和其他财政收支的审计情况，请予审议。

根据审计法规定和省委审计委员会批准的审计项目计划安排，省审计厅组织对 2021 年度省级预算执行、决算草案和其他财政收支情况进行了审计。审计结果表明，在省委、省政府的正确领导下，全省各地区各部门坚持以习近平新时代中国特色社会主义思想为指导，全面贯彻党的十九大和十九届历次全会精神，深入实施"1+1+9"工作部署，认真执行省十三届人大四次会议有关决议，扎实做好"六稳"工作、全面落实"六保"任务，统筹疫情防控和经济社会发展，扎实打造新发展格局战略支点，坚定不移推动高质量发展取得积极进展，经济社会发展迈上新台阶，实现"十四五"良好开局。

——稳增长促发展持续发力。2021 年，全省地方一般公共预算收入达 1.4 万亿元、增长 9.1%。认真落实国家减税降费政策，全年新增减税降费超过 1 400 亿元。加快"两新一重"建设，省重点项目完成投资超 1 万亿元，全省固定资产投资增长 6.3%，对经济持续增长发挥了重要作用。

——重大战略部署落实成效显著。扎实推进粤港澳大湾区和深圳先行示范区建设，全力推动横琴、前海两个合作区建设稳健起步。新一轮预算管理制度改革成效突出，数字政府改革深入推进。重点领域研发计划和基础研究重大项目取得突破性进展，制造业

"六大工程"深入实施。强化政策供给、财政支持和项目支撑,"一核一带一区"建设迈出新步伐。

——民生等重点领域保障有力。践行以人民为中心的发展思想,扎实完成省十件民生实事。出台3.0版"促进就业九条",全省城镇新增就业140万人以上。统筹整合省级涉农资金300多亿元,全面开展驻镇帮镇扶村推动巩固拓展脱贫攻坚成果同乡村振兴有效衔接。持续深化"三医联动"改革,推进失业保险基金省级统筹,筹集建设保障性安居工程33万套(户)。

——审计查出问题的整改成效良好。相关地区和部门单位认真落实整改责任,截至2022年6月底,对上一年度审计查出的1 561个问题,要求立行立改的1 053个问题,有990个(占94.02%)已整改到位;要求分阶段整改的410个问题,有258个已完成整改,要求持续整改的98个问题,有49个已完成整改,制定完善相关规章制度564项,追责问责131人,整改金额1 285.12亿元。

(一)财政管理审计情况

1. 省级财政管理及决算草案审计情况

审计了省级预算执行情况和决算草案。2021年,省级一般公共预算总收入9 582.96亿元、总支出9 364.09亿元;省级政府性基金预算总收入4 548.99亿元、总支出4 541.52亿元;省级国有资本经营预算总收入41.85亿元、总支出41.85亿元;省级社会保险基金预算总收入5 333.39亿元、总支出3 627.59亿元。审计结果表明,省财政厅等有关部门单位认真落实统筹疫情防控和经济社会发展各项要求,集中财力服务保障"1+1+9"工作部署,积极落实"六稳""六保"任务,2021年度省级预算执行和财政管理情况良好。发现的其他主要问题:

(1)部分资金分配下达时间晚。2021年省级年初预算中有148.81亿元未按规定在6月30日前分配下达,其中有103.46亿元下达时间晚于9月30日。

(2)部分转移支付提前下达比例低于规定。4项一般性转移支付科目提前下达比例低于90%,涉及金额65.20亿元,以及2项专项转移支付科目提前下达比例低于70%,涉及金额98.28亿元,影响市、县(市、区,以下统称县)预算编制的完整性。

(3)部分转移支付下达时间晚于规定。有30.92亿元省级一般性转移支付和61.69亿元省级专项转移支付未按规定在省人大批准预算30天和60天内下达,其中最长的分别为332天、338天;有33.91亿元中央转移支付资金预算未在30日内转下达,其中最长的为145天,影响年度预算执行进度。

(4)省级转移支付结构优化整合不到位。有1项共同财政事权转移支付支出事项分别在一般性转移支付和专项转移支付安排4.81亿元、3.42亿元;有1项省级专项资金支出事项同时分别在一般性转移支付和专项转移支付安排 0.27 亿元、0.02 亿元，转移支付改革还未完全到位。

（5）部分重大项目前期工作经费支出率较低。23 个重大项目前期工作经费支出执行率仅为 23.42%，其中 12 个项目当年未支出，涉及金额 0.64 亿元。

（6）省财政未将部分省政府作为出资人形成的资产和股东权益纳入"股权投资"科目进行会计核算。2020 年至 2021 年，省财政注入 14 家省属国有企业的资本金 67.65 亿元未登记"股权投资"科目。

（7）部分上年结转资金未能形成支出，连续 2 年未用完，涉及资金 26.6 亿元，其中一般公共预算 23.60 亿元，政府性基金预算 3 亿元。

（8）省财政未完成清理清算国债转贷资金和社会保险往来款资金，包括 2006 年至今滚动收回市县的国债转贷资金累计 8.43 亿元、2020 年 3 月拨付省税务局的社会保险费退费资金 6.25 亿元等。

（9）2021 年全省企业职工基本养老保险、工伤保险和省本级机关事业单位养老保险基金预算编制与实际执行偏差大，收入执行率分别为 111.98%、74.64% 和 186.08%，支出执行率分别为 103.07%、118.21% 和 201.13%，省主管部门未按规定提请调整预算。

（10）部分地方政府专项债务管理中存在债券资金使用效益不高、管理不规范等问题。有 15 个 2021 年专项债券项目截至 2022 年 2 月的资金支出进度低于 30%，涉及债券资金 7.76 亿元；1 个市有 5.02 亿元新增专项债券资金用于回购以前年度已竣工项目等，未形成新增实物工作量；1 个市有 1 个专项债券项目产生的收入未缴入国库用于专项债券还本付息，涉及债券资金 16.64 亿元。

此外，决算草案审计结果表明，决算草案编报总体规范。对审计指出的省级决算草案个别事项披露不够完善等问题，省财政厅已对决算草案进行调整。

2. 省级部门预算执行审计情况

审计了 16 个省级一级预算单位和 48 家所属单位 2021 年度预算执行情况，抽查财政资金 177 亿元。从审计情况看，有关部门单位继续深化预算编制执行监督管理改革，加强预算绩效管理，预算执行情况总体较好。发现的主要问题：

（1）部门预决算编制不够完整准确，少（多）编报预决算等问题依然存在。共涉及 6 个部门和 2 家所属单位、金额 9.18 亿元。

（2）无预算、超预算、超范围列支或转嫁公用经费、差旅费、职工福利费等，及违规发放补贴补助，涉及 5 个部门和 3 家所属单位、金额 1 170.51 万元。

（3）部分单位预算执行不严格，有 6 个部门和 2 家所属单位提前列支或多支付款项，涉及金额 1.54 亿元；部分财政及相关资金闲置低效，结存资金未及时清理，涉及 10 个部门和 5 家所属单位、金额 5.57 亿元；1 个部门资金执行进度慢，涉及金额 18.74 亿元。

（4）部分项目违规采购和招标，有8个部门和2家所属单位的项目存在未编制政府采购预算、违规设定招标条件、未履行政府采购程序等问题，涉及金额3.35亿元。

（5）部分省级财政专项资金分配使用管理不到位，存在库外安排项目、下达任务清单中指定项目、未按规定用途使用资金、未按要求公开专项资金相关信息等问题，涉及7个部门的16项政策任务专项资金61.31亿元。

（6）部分重点项目绩效管理推进不到位，有5个部门和1家所属单位的73个项目存在绩效目标和指标设置不完整、单位绩效自评不真实、绩效目标未能按期实现等问题。

（7）个别部门单位存在占用下属企业车辆、违规经商办企业等问题，涉及3个部门和2家所属单位。

3. 市县财政管理审计情况

审计了梅州、惠州2个市的财政收支管理情况。发现的主要问题：

（1）未按规定将上级提前告知的2021年转移支付纳入年初预算编制，合计25.78亿元；有9家市属国有企业未纳入国有资本经营预算编制范围。

（2）未及时分解下达上级转移支付，涉及资金167项、32.63亿元，最长的达247天。

（3）非税收入未缴、迟缴国库，少计2021年一般公共预算收入5.63亿元、政府性基金预算收入6.02亿元。

（二）重大政策措施落实跟踪审计情况

1. 服务宏观调控、保持经济平稳运行相关政策落实审计情况

审计了2021年我省稳外贸政策措施落实情况，2019年至2021年6月中国（广东）自由贸易试验区及南沙新区片区建设情况，2018年以来广东省金融服务实体经济部分政策落实情况等。发现的主要问题：

（1）稳外贸政策落实审计情况。

一是部分稳外贸政策落实不到位。省主管部门未及时传达上级政策要求，有3个市将专项资金用于负面清单事项支出，涉及金额2 977.38万元；有7个市制定不符合政策要求的跨境电商支持措施，其中4个市已安排财政资金补贴115家企业，涉及金额3 500.47万元。

二是部分稳外贸支持资金分配不精准，使用进度未达要求。省主管部门未提前做好前期工作，向没有使用计划的南沙进口贸易促进创新示范区培育项目分配3 000万元，截至2022年2月仍有1 656.33万元未明确使用计划；而有实际资金需求6 648.80万元的16个市"粤贸全国"项目仅分配1 700万元。有6个市2020、2021年度跨境电子商务事项使用专项资金未达进度要求，其中有3个市使用进度为零，涉及金额2 350万元。

三是对享受"加易贷"融资风险补偿的加工贸易企业白名单管理不到位。省主管部

门确定、调整"加易贷"企业白名单未经审核程序,将120家纯贸易型企业违规纳入白名单,有12家获得"加易贷"贷款的企业不在白名单之内。

(2)自贸区发展战略落实审计情况。

一是部分建设工作任务落实不到位。自贸区南沙新区片区吸引总部机构和大型企业集团设立结算中心等2项片区改革任务未落地;省司法厅"公司律师执业审核"等13项省级管理权限未下放到位;省自贸办"允许独资举办非学历中等、高等职业技能培训"等7项制度创新复制推广效果不佳。二是部分重点项目推进不理想。自贸区南沙新区片区的4个国际航运中心重点建设项目进展较慢,其中应于2019年开工的2个项目至2021年年底仍未开工,应于2020年完工的2个项目至2021年仍未完工,涉及总投资额28.59亿元。

(3)金融服务实体经济政策落实审计情况。

一是部分政策落实不到位。有1支政府投资基金的13个项目投资方向与基金产业投资目录不符,涉及金额8.52亿元;基金管理人超标准提取管理费4 965.50万元。有1支政府投资基金的管理人未按要求遴选而直接指定基金托管银行,涉及托管财政资金100亿元。有1户担保公司为银行已放款甚至贷款关系已结束的贷款业务提供担保,涉及担保金额12.59亿元;全省政策性农业信贷担保基层服务网络建设进度缓慢,有15个重点农业大县未能覆盖,已覆盖的12个县均未实际运营。

二是有2项支持中小微企业的风险补偿金实施效果不理想。省级科技信贷风险准备金项目推动效果较差,仅支持银行发放科技型中小企业贷款2.8亿元,低于目标值10亿元;中小微企业信贷风险补偿金实施效果欠佳,存在部分资金闲置、支持中小微企业贷款的放大比例未达到10倍的预定目标等问题,涉及4个市和9个县。

2. 促进高质量发展、科技创新相关政策落实审计情况

审计了广东省实验室(含分中心,下同)2017年启动以来的建设运行及广东省第一期(2018—2022)高水平医院建设省财政支持资金管理使用情况。发现的主要问题:

(1)广东省实验室建设运行审计情况。

一是省实验室建设缺少长远发展规划,尚未建立建设期满后经费支持机制。二是省业务主管部门实施方案编制审核不及时,建设资金预算安排不明晰,未及时核拨2021年度省级财政同步支持资金。三是部分地市承建的省实验室建设任务推进缓慢。截至2021年7月,有13家省实验室存在尚未完成永久场地选址规划、取得实验室建设所需场地,或未按计划开展基本建设,未购置科研仪器设备、搭建科研平台等问题。四是部分省实验室人才引进困难、双聘人员占比较高。截至2021年5月,有7家省实验室尚未正式引进科研人才,其中6家处在粤东西北地区;18家已经引进科研人才的省实验室中,有6家双聘人员占比超过90%。

（2）广东省第一期高水平医院建设审计情况。

一是专科建设任务重点不突出。30家医院纳入重点建设的临床专科合计359个，平均每家约12个，其中有1家高达51个。二是部分建设项目推进不力。有1家医学科学院和7家医院的16个科研平台建设任务未组织开展或进展缓慢。三是部分新药Ⅰ期临床试验研究中心运行效率低下。截至2021年11月，有17家医院建成新药Ⅰ期临床试验研究中心，其中有9家年均开展新药Ⅰ期试验项目低于6个，有1家自2018年建成后未开展过相关试验项目。四是部分建设资金资产管理使用不规范。有10家医院购置的设备不能及时投入使用，涉及设备288台（套）、价值2.64亿元；有18家医院部分购置1年以上的设备实际使用次数低于论证次数的60%，涉及104台（套）设备、价值5.11亿元；有1家医院违反合同约定提前支付货款4 508.80万元；有4家医院在任务不明确或未完成等情况下，全额支付劳务费用1 019.29万元。

3. 推动生态文明建设审计情况

审计了省生态环境厅、省自然资源厅、省水文局、河源市等生态文明建设情况。审计结果表明，相关单位、地市通过建章立制、深化改革等措施，在推动生态文明建设、践行绿色发展理念、促进生态环境安全等方面较好履行了职责。发现的主要问题：

（1）未按规定出台规划或制度。截至2021年3月，省生态环境厅未按要求出台广东省"十四五"生态环境监测规划，未制定南海生物多样性保护优先区域保护规划等3项指导性文件推动生物多样性保护工作。有3个市未按要求完成市级地下水污染防治工作方案的编制任务。截至2021年6月，省自然资源厅未按要求建立海岸建筑退缩线制度、未组织编制地质环境监测规划。抽查发现1个市未按要求制定生态文明建设相关实施方案，未落实生态文明建设目标评价考核，未建立资源环境承载能力监测预警机制。

（2）有14项海洋建设任务未完成。截至2021年5月，省自然资源厅未按要求完成海湾（港）环境综合整治等4项海洋行动计划任务、25.15千米砂质受损海岸段及7个岛礁修复任务、12个生态岛礁建设工程和2个自然资源保护项目，未建立海域资源实物账户和价值账户，未完成2020年全国海洋灾害预警监测工作方案中的5项任务。

（3）有10项地质、水土防灾减灾任务未完成。截至2021年4月，省自然资源厅未按要求督促完成10座矿山示范监测点建设及地质灾害防治"十三五"规划中的4项任务；有6个试点地区未按要求完成地质调查工作试点任务，18个地市未按要求开展地质环境适宜性分区工作；抽查发现有1个市分别有423项、156项、12项建设项目未按要求办理水土保持审批手续、未进行水土保持验收、未开展水土保持监测。

（4）有4项林业建设任务未完成。抽查发现截至2022年4月，有1个市未完成3项国有林场改革任务；未将湿地保护指标纳入生态文明建设目标评价考核制度体系，有176.55亩自然保护地被违规占用。

（5）部分水环境管理工作不到位。截至2021年年底，省水文局未按要求完成43条重点防洪中小河流水文监测站点建设、54宗大中型水库坝上水位及出库流量监测。

（6）部分固体废物、重金属和放射性矿管理不到位。省生态环境厅未按要求督促伴生放射性矿开发利用企业名录中63家企业中的28家进行环境辐射监测、99家列入重金属污染物减排项目清单的企业核发排污许可证时纳入重金属减排目标、86个项目环评审批实行重金属等量或减量替换、23个涉重金属重点治理工程按期完成；抽查发现有1个市10个城乡生活垃圾处理项目未完成建设。

（7）部分大气污染防治工作不到位。有3个市未按要求完成黑烟车限行区划定工作；有7个市未建立油气回收在线监测系统；有11个市未按要求修订发布新的重污染天气应急预案。

4. 巩固拓展脱贫攻坚成果同乡村振兴有效衔接审计情况

审计了汕头、韶关等14个市2021年巩固拓展脱贫攻坚成果同乡村振兴有效衔接相关政策措施落实情况。审计结果表明，14个市积极建立完善扶贫资产管理制度、防止返贫动态监测和帮扶机制，持续推进乡村基础设施建设和提升公共服务水平。发现的主要问题：

（1）扶贫资产管理方面。一是部分市、县扶贫资产底数不清，抽查发现有48个县的3 297项、10.16亿元扶贫资产仍未确权登记。二是部分扶贫项目效益不高，13个县有29项、2 094.90万元扶贫资产闲置，有12项、1 186.32万元种养类项目已荒废；32个县有148项扶贫资产存在到期无法足额兑付收益款1.71亿元的问题，其中财政或国有企业垫支收益款0.95亿元。三是村集体和农户权益保障不到位，14个县有70项扶贫项目的本金1亿元未按期收回，12个县有222个项目的3.26亿元本金收回后闲置6个月以上，7个县有16项扶贫资产未及时足额分配收益款1 177万元。

（2）防止返贫动态监测和帮扶方面。有25个县445户家庭应纳入未纳入防止返贫动态监测，38个县未将571名重病重残等人员纳入低保、未将668名残疾人纳入生活和护理补贴发放范围。

（3）驻镇帮镇扶村方面。8个市有305个驻镇帮镇扶村工作队未配齐，22个工作队未将"三支一扶"等人员统一管理，4个市有58个工作队未及时编制帮扶规划计划，10个属地市未及时足额配套帮扶资金10.20亿元。

（4）农村集中供水及村卫生站建设方面。9个县有1 179个自然村未实现集中供水，5个县有21个集中供水设施闲置，17个县有797个集中供水工程未配备净化消毒设备，13个县有103个集中供水工程部分水质指标检测结果超标；26个县有328个行政村未配建村卫生站，21个已建成的村卫生站因设备、村医配备不足等原因闲置。

5. 统筹发展和安全、建设平安广东相关政策落实审计情况

（1）粮食安全相关政策和资金审计情况。审计了汕头、韶关等12个市2019年至2021年6月粮食安全相关政策措施落实和资金管理使用情况。发现的主要问题：

一是粮食储备能力建设方面。有4个市本级及9个县未达到省关于市本级应建成5万吨中心库和县级应建成2.5万吨骨干库的要求。二是粮食应急体系建设方面。有2个市本级及3个县的22个镇街未实现应急供应网点镇街全覆盖；有1个市本级及6个县未按规定选定粮食应急网点、应急运输网点。三是耕地利用管理方面。有1个市本级及6个县少报撂荒耕地面积2.53万亩，有4个县多报复耕面积5 304.84亩，有6个县高标准农田建成后出现撂荒，涉及面积1.96万亩。四是财政资金管理使用方面。有3个县未及时发放耕地地力补贴2 151.39万元，有3个县多发放耕地地力补贴资金841.10万元；有5个县闲置产粮大县补助等专项资金1年以上，涉及资金4 794.61万元。

（2）食品安全政策落实审计情况。审计了广州、东莞等6个市食品安全政策落实情况。发现的主要问题：

一是个别地区"互联网+明厨亮灶"建设进度慢。有1个市656家应接入系统的大中型餐馆中仅有2家接入"互联网+明厨亮灶"系统；有1个县56所学校食堂未建成"互联网+明厨亮灶"。二是部分市校园货品、水质监管未落实。有4个市的42所学校未对其小卖部、超市、自动售卖机建立可售卖品类清单制度；有4个市的51所学校未按要求定期对饮用水设备或自备井进行安全卫生检查。三是部分市食品加工人员资质及环境不达标。有6个市的9所学校食堂和43户商家存在未配备食品安全管理员，无考核合格证明或证明过期，从业人员没有健康证或健康证过期等问题；有5个市的24所学校食堂和41家外卖平台商家厨房卫生不达标。

（3）危险化学品安全生产及管理政策落实审计情况。审计了广州、东莞等6个市危险化学品安全生产及管理政策落实情况。发现的主要问题：

一是有3个市的安全管理机制不完善，未按规定制定重大事故隐患治理督办制度，未实施"两重点一重大"危险化学品建设项目安全风险防控工作机制等。二是有4个市的19家危险化学品企业和2辆危险化学品运输车辆存在易燃易爆气体混放、超高超量储存危险化学品、逃生通道不畅、消防设备损坏等问题，且相关安全管理部门在日常检查中未发现。三是有4个市未建立24小时监测预警值守工作机制。四是有6个市的543家危险化学品企业未接入监测预警系统并提交数据。

（4）10个市疫苗流通和预防接种安全政策落实审计情况。审计了河源、梅州等10个市疫苗流通和预防接种安全情况。发现的主要问题：

一是部分市、县政策保障不到位。有1个市和2个县未制定疫苗安全事件应急预案；有1个市和2个县未将疫苗工作相关经费纳入本级政府预算、未出台政策补助从事预防接种工作的基层医疗卫生人员。二是部分地区疫苗流通、储存、处置存在风险。有2个市的8家医疗机构对疫苗储存温度异常处理不当，造成82.81万元疫苗报废；有5个市的16个疾控中心、接种单位的疫苗流通、储存过程记录缺失；有3个市和下属4个县疾控中心的8.30万支报废疫苗未按规定及时销毁，最长超期2年。三是个别市疫苗接种服务不规范。有1个市的3个县使用24名不具备资格条件的人员承担预防接种工作；有2个市的6个县免疫规划疫苗儿童漏种补种率低于90%的要求，最低仅为33.67%，涉及儿童21 146名。四是部分市疫苗资金管理不规范。有5个市的13家疾控中心、接种单位拖欠供应商非免疫规划疫苗货款26 366.95万元；有5个市的15家疾控中心、接种单位违规向接种者收取疫苗储存运输、肌肉注射等费用2 243.60万元；有4个市的67个医疗机构未及时足额上缴非免疫规划疫苗接种服务费2 133.12万元，部分用于医疗费用支出及人员工资。

（5）金融风险管控措施审计情况。审计了广东粤财投资控股有限公司、省级政府投资基金、政策性融资担保等领域风险管控情况。发现的主要问题：

一是部分决策程序不规范造成损失风险。有1户企业24个项目决策程序不规范、管控不尽职，存在重大损失等风险，涉及金额22.57亿元。有1支基金投资业务偏离基金章程规定领域并出现严重风险，涉及7个项目、总投资金额9 509.50万元。

二是部分项目风险管控不到位。有1户担保公司的2个项目单一客户集中度超过10%的监管要求，2021年末担保责任余额仍有5.64亿元。有1户担保公司的746个项目存在保前审查不严、现场检查频率不足等问题，加大代偿风险，涉及金额2.17亿元；4个风险项目处置不及时，增加代偿后的追偿风险，涉及金额524.07万元。有2户担保公司在"银担"合作中分别将自身风险分担比例提高至90%和100%（超过80%的政策上限要求）。

三是部分经营风险把控不力。有1户担保公司未充分评估合规风险为地方交易场所债权类业务提供担保16.40亿元，其中提供融资11.60亿元；在开展互联网金融业务中违规接受无资质助贷机构的兜底承诺，涉及13家助贷机构。有1户金融租赁公司以不合规的租赁物违规开展售后回租业务，涉及7个项目、总金额9.70亿元。有1户地方资产管理公司为其他公司规避区域经营限制提供通道，涉及3个项目、总金额17.08亿元；违规通过收购非金融机构虚假不良债权的方式提供融资8 000万元和借新还旧6 000万元。

（三）重点民生和重大投资项目审计情况

1. 部分省十件民生实事审计情况

审计重点关注了"粤菜师傅""广东技工""南粤家政"三项工程、城镇老旧小区改造及完善农村集中供水和生活污水处理设施等省十件民生实事推进落实情况。审计结果表明,省相关地区和部门认真开展"我为群众办实事"实践活动,着力解决群众急难愁盼问题,坚持边审边改,相关民生实事取得扎实成效。

(1)在深入实施"粤菜师傅""广东技工""南粤家政"三项工程方面。连续2年开展跟踪审计,指出的部分市县在政策执行中虚报冒领、骗取财政资金、侵害群众利益等违法违规行为以及主管部门资金安排缺乏统筹性、分配使用不合理、对资金支出进度监管不到位、省本级"南粤家政"网络服务平台建设缓慢等问题,已经得到有效整改,同时为省政府制定《关于推动"广东技工"工程高质量发展的意见》提供参考依据。

(2)在推进城镇老旧小区改造方面。审计了广州、深圳等10个市的城镇老旧小区改造等相关政策措施落实情况,发现有2个市和5个县未按要求建立城镇老旧小区改造工作机制或成立协调机构、均未开展城镇老旧小区改造项目,有5个市共21个老旧小区改造项目存在的施工过程管理不到位、建筑垃圾后续处理不善等问题,上述问题均已整改到位。

(3)在完善农村集中供水和生活污水处理设施方面。审计了14个地级市农村集中供水、生活污水治理情况,指出了1 179个自然村未实现集中供水、797个集中供水工程未配备消毒设施、103个供水工程部分水质指标检测结果超标、2.63万户污水管道未连接到户、631个自然村污水未应尽收、92座污水处理设施设备未发挥效益等问题。审计期间,相关县通过加装消毒设备、完善水质检测等方式对203个自然村和37座供水设施进行整改;通过排查生活污水收集底数、完善建设计划、加快项目进度等方式进行整改,截至2022年5月,132户农户、277个自然村生活污水已实现集中收集处理。

2. 社会保障审计情况

审计了我省社会保障政策落实情况、汕尾等7个市困难群众救助补助资金、广州等11个市养老服务业相关政策措施落实情况。审计结果表明,相关地区和部门认真开展困难群众救助补助工作,在社会保障、困难群众基本生活保障及养老服务等方面取得明显成效。发现的主要问题:

(1)社会保险基金审计情况。

一是工伤保险基金管理不规范不到位。2019年7月至2020年年底,社保部门未按规定将2 688笔工伤保险待遇以社会化方式发放给工伤职工或工亡职工供养亲属,只是发放到工伤(亡)职工所在用人单位账户,共计10 633.27万元;社保部门对先行支付的工伤保险待遇未按规定及时进行追偿,涉及598宗共计7 924.81万元。二是省医保局对医疗救助补助资金疏于监管,在资金大量沉淀的同时,部分地区存在应助未助的问题。抽查发现2020年有11个市18 971名特困供养人员、重度残疾人等符合条件人员未获得医保参保资助。三是截至2021年9月,省医保局未将7个市补报的99种医疗机构制剂纳入省级医保支付范围,增加异地就医患者负担。

（2）困难群众救助补助资金审计情况。

一是有 6 个市 29 个集中供养和救助机构挪用或截留克扣困难群众救助补助资金 1 297.95 万元；有 2 个市财政、民政部门挪用该项资金用于机构日常经费开支共 62.47 万元。二是有 7 个市的主管部门因审核把关不严和信息共享不及时等原因，向 4 936 名不符合条件人员发放或重复发放救助待遇，多支出 611.38 万元；有 7 个市 20 753 名符合条件人员未享受或少享受救助待遇。

（3）城区养老服务业政策措施落实情况。

一是部分市、县养老服务机制不健全。有 3 个市和 7 个县未建立居家社区养老服务指导、预约就诊、双向转诊、留守老人巡访及养老服务行业信用体系等机制；有 5 个市的 46 家养老机构未建立入院老年人身心状况评估机制，未向社会公开床位资源、服务项目收费等信息。二是养老基础配备不足。有 7 个市未按标准配套建设居家社区养老服务设施；有 4 个市的 50 家养老机构的部分公共场所未安装视频监控设施或监控记录缺失或部分老年人居室内未安装使用紧急呼叫装置；有 4 个市的 55 家养老机构未通过消防审验。三是养老机构扶持政策应享未享。有 2 个市福彩公益金投入养老服务业未达 50% 的规定比例，最低为 3.18%。有 2 个市的 47 家养老机构应享未享运营补贴、床位补助 257.95 万元。

3. 公立医院药品耗材管理审计情况

结合南方医院、珠江医院、省第二中医院、省人民医院 4 家医院领导干部经济责任审计，重点关注了公立医院药品配置、耗材采购及新增医疗服务等情况。发现的主要问题：

（1）有 3 家医院未按规定及时关停自办营利性药店，违规将部分基本用药或者临床用量大的药品转到自办药店采购并加成销售，加重用药患者经济负担。审计指出问题后，3 家医院积极落实整改，截至 2022 年 1 月，均已关停自办营利性药店。

（2）有 2 家医院未严格执行国家和省有关医用耗材平台采购政策。2018 年至 2020 年，2 家医院分别线下自行采购医用耗材 2.05 亿元、24.21 亿元，分别占医用耗材采购总量的 75.44%、79.46%，部分高值医用耗材采购价格高于平台价格。

（3）省医保部门履行新增医疗服务价格项目管理职责不到位。未督促地市医保局及时公布新增医疗服务项目价格，导致 6 家医院未能及时开展新增医疗服务项目；未及时审核公布 2021 年新增医疗服务价格项目，影响相关医院新医疗技术的及时应用。

4. 城市公共服务审计情况

审计了 8 个市的中心城区停车场规划建设管理情况、10 个市的中心城区公厕规划建设管理使用情况及我省文化体育相关政策落实情况。发现的主要问题：

（1）中心城区停车场规划建设管理情况。

一是 8 个市均未按要求建立健全统筹协调工作机制、停车设施备案工作制度等停车管理制度。二是1个市中心城区原计划2019年建成的8个井筒式地下停车库均未按期完工；1个市有72个停车场未按当地政府部署要求按时完工或开工，最长滞后20个月；1个市2019年至2020年新建的15个停车场中有14个未按规定配建电动汽车充电设施或预留安装条件。

（2）中心城区公厕规划建设管理使用情况。

一是部分市规划引导不强，有2个市中心城区规划建设公厕数量低于国家最低标准（3座/平方千米），缺口分别为145座和90座；有6个市合计233座公厕的厕位比例未达到国家最低标准（女∶男不低于3∶2）。二是建设推进不力，有3个市的229座公厕未按时建成。三是使用效果不佳，有8个市的69座公厕设施破损严重或未及时维修影响日常正常使用，有3个市的19座公厕已建成但未及时投入使用。

（3）文化体育相关政策落实情况。

一是部分地区全民健身工作的规划、机制不完善。有5个市本级、17个县未按要求将全民健身工作内容纳入本地区国民经济和社会发展计划或基本公共服务体系。二是省文化标志性建设项目推进缓慢，已纳入省文化事业"十二五"规划和省国民经济社会"十三五"规划的广东人民艺术中心至今未立项。三是未按国家要求建成省、市、县三级应急广播体系，落实省政府民生实事广播电视户户通工程运行维护工作不到位，截至2021年末，有7个市的5.27万用户设备因故障不能正常使用超过1年。

5.2021年农村人居环境整治审计情况

审计了省委农办、省农业农村厅、省乡村振兴局等部门单位2018年至2021年农村人居环境整治相关政策落实和资金管理使用情况，涉及资金37.34亿元。审计结果表明，有关省直部门和县积极推进全省农村人居环境整治工作，取得了较好的阶段性成效。发现的主要问题：

（1）农村改厕及生活垃圾处理方面。9个县有7个农村公厕选址不合理，5个农村公厕未建无害化处理设施，8个农村公厕未接通用电；1个县的851个农村户厕以固定安放"移动厕所"的方式进行户厕改造，与"厕所革命"的要求不符。有1个县存在违规倾倒1.55万吨生活垃圾渗滤液问题。

（2）资金管理使用方面。有1个县将农村人居环境整治上级补助、债券资金违规用于平衡预算1.74亿元，1个县将农村人居环境整治项目资金挪用于偿还其他项目工程欠款3 744.97万元，有1个县未及时拨付农村保洁资金1 929.44万元，1个县未配套260.92万元；有6个县畜禽粪污治理补助资金1.58亿元未拨付使用；有1个县15个镇垃圾中转站建设及清运服务项目存在政府采购不规范及涉嫌串通投标等问题，涉及合同金额5.79亿元。

6. 全省新垦造水田项目专项审计情况

审计了"十三五"期间全省新垦造水田项目情况。截至 2021 年 10 月 31 日，全省垦造项目新增水田面积 32.49 万亩，总投资 228.50 亿元，自然资源部审核并形成水田指标 18.63 万亩，未形成指标 13.86 万亩。发现的主要问题：

（1）项目指标形成时间长，验收进展慢。调查全省的 662 个项目，仅有 115 个项目在完工之后 300 天内形成指标，另有 130 个完工 900 天以上仍未验收形成指标。

（2）部分项目结算审核慢，有的费用不能按期支付。截至 2021 年 9 月底，全省有 672 个已验收项目尚未送财政部门审核，占比 64.93%，已送财政部门审核的 363 个项目中仍有 110 个超过半年未完成审核，影响了项目资金拨付。

（3）部分费用未能按期支付，如英德市超合同约定期限 28 个月未收取高速公路公司购买水田指标费用 6 360 万元；阳江市江城区、江门市开平市金鸡镇、湛江雷州市未按规定发放土地承包经营者垦造水田后期管护费用 1 764.90 万元。

（4）部分项目移交管护慢，后期管护资金未落实。截至 2021 年 9 月底，全省共有 402 个新增垦造水田项目已通过市级验收但未按期移交管护，最长的达 602 天；抽查的地市中有 3 个仅明确垦造水田项目前 3 年的补偿补贴，未能落实项目后 3 年管护经费。

7. 重大投资项目审计情况

审计了广东省龙川至怀集公路龙川至连平段（以下简称龙连项目）、佛山至肇庆段城际轨道交通项目（以下简称佛肇项目）、穗莞深城际琶洲支线及广清城际清远至职教城段项目。发现的主要问题：

（1）龙连和佛肇项目建设管理及绩效方面。一是建设管理不到位。竣工财务决算草案编制多列建设成本 1.68 亿元；工程量不实、取价标准错误、扩大合同支付范围等多计建设成本 3 078.77 万元，2 项工程应招标未招标，涉及投资 1.07 亿元。二是资金使用绩效不高。佛肇项目 2019 年至 2021 年上半年实际运营量仅为工可预测的 16.5%；征收预留开发用地 997.35 亩闲置、投入征地资金 2.50 亿元未能发挥效益。三是财务管理不规范。存在重复计列新增用地有偿使用费、费用报销不规范等问题，涉及金额 1 215.47 万元。四是征地拆迁管理不到位。截至 2021 年 3 月，建设单位多付征地进度款 1.74 亿元、多计征地 83.707 亩；地方征拆单位存在多计征地成本、征地预留费用依据不充分、未按照证载地类评估征地价格、未专款专用征拆资金等问题，涉及金额 1.31 亿元。

（2）穗莞深城际琶洲支线及广清城际清远至职教城段项目建设审计情况。一是前期工作进度慢。截至 2022 年 4 月底，广清北延线已交地 552 亩，未交付使用 299.84 亩，占比 35.20%；已拆迁房屋 8.6 万平方米，尚有 1.1 万平方米未完成拆迁，占比 11.34%，影响工作进度。广清北延线计划勘探 2 861 孔，审计发现问题后，修编勘探工作调增为 3 742 孔，目前完成 3 300 孔，尚有 442 孔未完成勘探，前期勘探进展缓慢。二是资源开发与资本金延期利息增加建设成本。琶洲支线将用于独立综合开发用地的红线外征地费用列入项目建设成本，涉及金额 8 163 万元；广州市应投入资本金延期到位，涉及金额14.71 亿元，导致使用银行贷款增加利息支出 730 万元。

（四）国资国企审计情况

1. 省属国有企业审计情况

结合经济责任审计，组织对南粤集团、珠影集团、盐业集团、农垦集团、粤财控股公司等省属企业国有资产管理使用情况和省国资委及 17 户监管企业 2018—2020 年筹融资情况进行审计。审计结果表明，省国资委和上述企业围绕省委、省政府关于深化国企改革发展的政策措施，优化国资布局，完善内控机制，促进国有资产安全和保值增值。发现的主要问题：

（1）部分改革发展措施落实不到位。有 1 户企业贯彻落实企业化改革和畜牧业供给侧结构性改革措施不到位，重点产业发展推进不够，企业垦区城乡融合发展推进缓慢；有 1 户企业电影创作生产偏弱，粤港澳大湾区电影港项目推进缓慢；有 1 户企业中医药产业园开发运营主业未实质性推进，跨境金融业务发展未实现预期目标；有 1 户企业混合所有制改革工作推进较慢，募集资金未开展实质性投资，混改经济效益未显现。

（2）部分重大经济事项决策不合规。有 8 户企业 73 项重大经济事项未按规定经党委会前置研究、未履行董事会或总经理办公会决策程序等；有 1 户企业将流动资金贷款违规用于股权投资，涉及金额 1.44 亿元，有 1 户企业未进行资产评估即决策以 0.79 亿元回购物业；有 3 户企业对重大投资项目决策不当，推进不力，导致土地闲置或项目效益差，涉及投资额 5.52 亿元。

（3）个别企业违法违规经营。有 1 户企业下属公司违规出借资质，涉及挂靠业务收入 44.40 亿元，开展融资性贸易骗取银行贷款 11.62 亿元；有 1 户企业下属公司违规开展融资性贸易业务，涉及金额 848.50 万元；有 1 户企业下属公司长期违法占用集体耕地进行生产经营，涉及土地 91.11 亩；有 1 户企业下属公司违规发放贷款，涉及金额 8 800 万元。

（4）部分会计信息不实。2020 年，有 3 户企业存在合并财务报表重复抵消、未按规定计提资产减值等问题，造成资产不实 1.14 亿元（多计资产 8 677.02 万元、少计资产 2 759 万元）；有 2 户企业合并财务报表抵消不充分，多计收入及成本各 7 414.47 万元；有 1 户企业违规将收入转移到下属公司，少计收入 3 000 万元；有 1 户企业下属公司业务收入核算不准确，造成 2019 年至 2021 年的收入偏差共计 6 806.13 万元。

（5）部分国有资产管理不完善。有 3 户企业的重大资产出租或资产核销事项未履行规定程序，涉及面积 110.14 万平方米，资产价值 5.21 亿元；有 1 户企业资产底数不清，土地 942.15 亩、房产 1.89 万平方米等未入账；有 2 户企业的土地物业长期闲置，涉及土地 1 343.40 亩、房产 1.50 万平方米；有 3 户企业对下属企业管控缺失，存在库存商品被盗卖、经营亏损等问题。

（6）部分资金使用效益不佳或审批不规范。有 9 户企业财政、募集或贷款等相关资金沉淀或使用效益不佳，涉及金额 125.15 亿元；有 7 户企业以银行贷款等方式对外融资、内部借款等资金审批不规范，涉及金额 308.60 亿元。

2. 省级行政事业性国有资产审计情况

审计了 16 个省级一级预算单位和 48 家所属单位以及 4 家省属医院行政事业性国有资产管理情况。省有关部门单位积极推进资产管理与预算管理的有机结合，不断提升资产管理水平和使用绩效。发现的主要问题：

（1）部分资产信息不实。有 10 个部门和 1 家医院资产账实不符，涉及设备等资产原值 10.42 亿元、房产和土地等 188.83 万平方米、车位 18 个；有 4 个部门资产管理数据信息不够完整、准确。

（2）部分资产产权不清晰。有 1 个部门房产产权关系未理顺，涉及房产面积 2.09 万平方米；4 个部门和 3 家所属单位资产未办理产权登记，涉及房产和土地等 15.41 万平方米；4 个部门未按照机构改革和财政部门批复要求及时划转资产等，涉及资产原值 1 087.30 万元、房产 7 071.41 平方米。

（3）部分资产长期闲置。有 6 个部门、3 家所属单位和 1 家医院的房产土地、设备、信息系统等资产闲置，涉及资产价值 457.68 万元、房产和土地等 10.40 万平方米，闲置时间最长 27 年。

（4）违规出租（出借）资产。有 1 个部门和 2 家所属单位未经审批自行出租（出借）资产，涉及房产面积 2.02 万平方米、未上缴租金 171.51 万元；有 5 个部门、1 家所属单位和 2 家医院低价出租资产、少收或未收取资产出租收入等，涉及房产等面积 6 872.40 平方米、金额 5 362.13 万元。

3. 自然资源资产审计情况

审计了省自然资源厅、省生态环境厅、河源市和紫金县等开展自然资源资产管理情况。审计结果表明，相关单位、市县高度重视自然资源资产管理工作，较好地履行了自然资源资产管理职责。发现的主要问题：

（1）海洋和水资源管理不到位。4 个海洋经济重点项目未按期完成，2020 年全省有 4 个市水环境承载能力超载；抽查发现有 1 个市的 118 座小水电站未按要求退出，17 座病险水库隐患消除工程及 125 个中小河流治理项目未按要求完成建设或完成竣工验收。

（2）矿产资源管理不到位。全省 139 个矿山治理工程、8 908 公顷历史遗留矿山治理未按期完成；有 1 个市 16 座矿山绿色矿山建设任务、15 宗露天矿山综合整治未按期完成；1个县非法超越红线范围开采石矿 77.16 万立方米。

（3）违规出让和使用部分土地。有 1 个市 112 宗建设用地未办理建设工程规划许可证等前期手续开工建设，2 047.05 亩土地违规低价出让，国有企业违规使用银行贷款及融资租赁款共计 25.40 亿元购买土地，1 740.39 亩土地违规分拆转让或未按约定时间开工建设。

（4）部分林地管理不到位。有 1 个市少报森林火灾面积 1.31 万亩，林业有害生物发生面积增加 147.23 万亩；有 1 个县的林地被堆放弃土或被建设项目违法占用等共 1.29 万亩，其中生态公益林 0.60 万亩。

（五）审计移送的违纪违法问题线索情况

2021 年，省审计厅共出具审计移送处理书 105 份，移送违纪违法问题线索 181 起，涉及人员 1 327 人、移送金额 27.33 亿元。截至目前，相关部门已处理人员 592 人。移送事项主要集中在：

（1）财政资金国有资源管理领域重大损失浪费问题。共移送此类问题线索 60 起，主要是违规低价出让土地、变相返还土地出让收入、调整建设用地容积率或改变土地用途、违规提供资金拆借、违规决策造成国有资产损失等。

（2）民生领域侵害群众利益问题。共移送此类问题线索 39 起，主要是医疗机构骗取医疗保险基金，社保机构人员失职渎职导致违规发放或非法侵占社保基金，产业扶贫资金去向不明等。

（3）生态文明建设领域污染破坏环境问题。共移送此类线索 17 起，主要是基本农田、耕地、海域以及生态公益林被违法占用或非法砍伐损毁，违规处理生活垃圾或严重污染性淤泥，违规在保护区内采砂或规划商业开发，违法开采矿产资源以及对违法行为执法不严等。

（4）违反中央八项规定精神问题。共移送此类线索 11 起，主要是私设"小金库"，变相保有车辆及配备专车，利用租金签单消费，违规发放奖励金，公务人员经商办企业或在企业兼职等。

（5）其他方面违纪违法问题。共移送其他方面问题线索 54 起，主要是未依法招投标，涉嫌串标围标，违规转包，偷逃税款，事务所出具资产核销报告依据不充分等。

（六）审计建议

按照党中央、国务院的决策部署和省委、省政府的要求，结合审计反映的情况与问题，审计建议：

（1）坚持稳字当头、稳中求进工作总基调，保持宏观政策连续性稳定性。压实各地区各部门稳定经济大盘的政治责任，政策靠前发力，逐条逐项吃透政策、用好政策，推动中央和省稳住经济一揽子政策措施及早落地见效，全力稳住经济大盘。着力推动激励性财政政策提质增效，落实落细退税减税降费政策，推动今年约3 000亿元退税减税规模落地见效，激发市场主体活力。推动货币金融政策更加精准灵活，加大普惠小微贷款支持力度，切实降低企业融资成本，减轻市场主体负担。

（2）深化财税改革，提高财政支持和保障能力。深化预算管理改革，加快财政支出进度，加强财政资源统筹，进一步统筹盘活存量资金，切实提高国有资本经营收益上缴比例，增强重大战略任务财力保障。推进省以下财政体制改革，建立健全市县财政预算安排审核机制，实施常态化财政资金直达机制，切实兜牢县级"三保"底线。加快专项债券发行使用并扩大支持范围，加快项目前期准备工作，争取形成更多实物工作量。

（3）坚持底线思维，防范化解重大风险隐患。财政风险方面，加强地方债务实时监测，加大对债务管理使用监督检查，精准识别变相举借债务、违规新增隐性债务行为并严肃追责问责，巩固我省隐性债务清零成果。国企风险方面，加强对企业投资风险管控，拓宽企业筹融资渠道，推动国有资本向主业集中、向优势企业集中，提升企业竞争力。生态及粮食安全方面，加强自然资源和环境保护执法检查，坚决防止生态损毁风险，加强耕地保护和高标准农田建设，切实防止耕地"非农化""非粮化"，确保粮食生产流通安全。

（4）坚持严的主基调，加强权力运行监督和制约。各级领导干部要自觉接受各方面监督，带头增强法治观念、带头依规依纪依法办事，坚持依法秉公廉洁用权，确保权力始终在法治轨道上运行。深化各类监督贯通协同，纪检监察机关要加大对各类监督的领导指导、统筹协调力度，打通监督"壁垒"、凝聚监督合力，构建衔接顺畅、配合有效的大监督工作格局。要严肃追责问责，对违规决策、执行不力造成重大损失的领导干部，纪检监察机关、组织人事部门要研究提出纪律处分、组织处理意见。

对本审计工作报告反映的具体审计情况，广东省审计厅已依法征求被审计单位意见并出具审计报告，报告反映的问题正在得到整改和纠正；对涉嫌违纪违法线索，已按规定移交相关部门进一步查处。下一步，广东省审计厅将加强跟踪督促，广东省人民政府将按有关规定向广东省人大常委会报告整改情况。

今年是党的二十大召开之年，面对新的形势和任务，做好各项审计工作意义重大。我们将更加紧密地团结在以习近平同志为核心的党中央周围，坚持以习近平新时代中国特色社会主义思想为指导，全面贯彻落实党的十九大、二十大精神，认真贯彻落实党中央、国务院的决策部署和省委、省政府的工作要求，自觉接受省人大监督，依法履行审计监督职责，以实际行动迎接党的二十大胜利召开！

七、四川省2021年度省级预算执行和其他财政收支的审计工作报告

四川省人大常委会：

按照有关法律规定和省人大常委会安排，受省政府委托，现就2021年度省级预算执行和其他财政收支的审计情况报告如下，请审议。

根据省委、省政府部署和审计法律法规，审计厅依法审计了2021年度省级预算执行和其他财政收支情况。审计结果表明：面对错综复杂的内外环境和疫情灾情的冲击影响，各地各部门在省委、省政府坚强领导下，坚持以习近平新时代中国特色社会主义思想为指导，深入贯彻落实党的十九大和十九届历次全会精神及省委十一届八次全会以来重大决策部署，严格执行省十三届人大四次会议有关决议，坚持稳中求进工作总基调，统筹疫情防控和经济社会发展，扎实做好"六稳"工作、全面落实"六保"任务，以成渝地区双城经济圈建设为战略引领，深入实施"一干多支、五区协同""四向拓展、全域开放"战略部署，全年主要目标任务较好完成，实现了"十四五"良好开局。

——落实积极财政政策有力有效。全省投入1240亿元推动经济结构优化升级，新增减税降费近400亿元，切实助企纾困，激发市场主体活力。支出保持适度强度，发行新增政府债券2 075亿元，安排预算内基本建设资金385亿元，有效发挥了政府性投资拉动作用。出台20条新版财政金融互动政策，拨付24.10亿元引导金融和社会资本支持实体经济发展。下达直达资金2 726.40亿元，惠及企业超过2.20万户次，惠及群众超过2.10亿人次。

——重点民生福祉不断改善。全省民生支出7 350亿元，筹集资金1 901.50亿元扎实办好30件民生实事。向2.20万家企业返还稳岗补贴22.40亿元、惠及153万人。安排119.60亿元推进城镇保障性安居工程建设，深入实施棚户区和老旧小区改造、租赁住房建设。安排114.90亿元加大对500余万困难群众的救助力度；城乡低保标准、居民医保财政补助标准等均有提升。

——防范化解重点领域风险成效明显。扎实抓好常态化疫情防控，促进守住安全生产红线和生态环境底线。严格政府债务预算和限额管理，及时足额偿还到期政府债务本金1 207.90亿元、利息480.70亿元；抓实隐性债务风险化解，坚决遏制隐性债务增量。出台专项债券全生命周期管理办法，实施债券资金穿透式监管，推进专项债券合理补充中小银行资本金。下达市（州，以下统称市）县（市、区，以下统称县）转移支付4 676亿元，强化国库资金调度和专项库款管理，确保兜牢市县"三保"底线。

——审计监督成效持续巩固。2021年7月至2022年6月，全省审计机关共审计和调查单位5 330个，查出违纪违规问题金额296亿元，促进财政增收节支353亿元、挽回和避免损失55.41亿元，提交审计报告、信息等1.22万篇。出台健全审计查出问题整

改机制的26条措施,进一步健全审计整改工作机制。在全省开展深化审计整改专项行动,推动4137个存量问题完成整改,涉及金额318.43亿元。2021年7月以来审计共移送重大违纪违法问题线索1274项,涉及308.63亿元,已有1061人受到处理,其中追究刑事责任18人,给予党纪政务处分227人。

(一)省级财政管理审计情况

审计了财政厅具体组织省级预算执行和编制省级决算草案情况以及部分省级部门参与分配财政专项资金情况。2021年,省级一般公共预算收入884.11亿元、支出2087.56亿元;省级政府性基金收入76.23亿元、支出42.34亿元;省级国有资本经营收入18.18亿元、支出10.95亿元;省级社会保险基金收入4119.67亿元、支出3829.81亿元。审计结果表明,财政厅等部门认真落实省委、省政府决策部署,强化预算收支管理,增强财政保障能力,预算执行情况总体较好。发现的主要问题:

(1)省级决算草案个别事项编报不准确。拨付预算单位的2.98亿元应列未列2021年一般公共预算支出。向省人大报告的一般公共预算转移支付执行情况少报省对下交通建设资金和农村危房改造补助资金执行数39.66亿元。

(2)财政资金统筹不够。44个单位未将结转结余5.07亿元纳入年初预算。180个单位非财政拨款结余55.03亿元未纳入年初预算统筹安排;163个单位的非财政拨款结余40.58亿元虽然纳入了年初预算,实际仅使用6.99亿元,而当年财政拨款还追加了30.71亿元。

(3)财政支出绩效不高。省人大批复的年初预算148.67亿元在2021年11月后才下达、148.86亿元至年底仍未下达。504个政府采购项目至年底未进入采购程序、涉及预算13.91亿元。8项专项资金由于停建、未按期开工(完工)、进度缓慢等原因,涉及补助资金37.77亿元未及时发挥效益,其中17.19亿元结存超过1年。

(4)财政支出分配管理不够规范。有15项专项资金管理办法过期、缺失或不完善。17项专项资金分配采用的基础数据过期、因素取值不合理、与项目库未有效衔接等,涉及资金20.28亿元;5个部门向超出规定范围等不符合条件的对象(项目)安排资金2.82亿元。3个部门对多安排资金、项目无法使用资金等12.96亿元未清算收回。

(5)财政支出标准体系建设滞后。基本支出方面,2021年有515个省级单位(占57.54%)未实行基本支出定员定额管理,抽查130家已纳入定额管理的单位,实际执行情况超定额标准1倍以上。项目支出方面,尚未明确标准化管理项目和共性项目范围等。

(6)对市县财政监管不够到位。抽查市县新增债券资金中有33.87亿元闲置超过1年,部分市县扩大范围使用、超进度拨付债券资金等16.06亿元;40个市县存在虚列支出、无预算、超预算安排支出等问题,涉及77.04亿元;30个市县结转结余等存量资金 6.96 亿元未清理统筹使用。

（二）省级部门预算执行审计情况

对 13 个部门及部分下属单位进行了现场审计，其中配合省人大预算委对教育厅、住房城乡建设厅、省乡村振兴局开展了"穿透式"预算审查监督。从审计情况看，预算执行情况总体较好，财政拨款预算执行率 89.7%。发现的主要问题：

（1）落实过紧日子要求还不够到位。151 个单位的"三公"经费、物业管理费、会议费、培训费较上年不减反增；纳入重点、刚性支出清单管理的预算项目范围较宽，执行进度滞后，374 个项目执行率低于 50%、未执行预算 14.54 亿元。防止年底突击花钱举措落实还不够严格，65 个单位四季度申请追加的预算 5.57 亿元不属于基本支出、应急救灾、疫情防控等急需事项；对 10 月底前未进入采购程序和 11 月底前未使用的预算 21.13 亿元未按规定收回财政。

（2）部分领域执行财经纪律不严格。4 个单位 8 个政府采购项目存在围标串标问题，涉及 5 546.63 万元。2 个单位套取财政资金、私设"小金库"，涉及 275.36 万元；个别单位存在"吃空饷"问题，涉及 265.15 万元；12 个单位超标准发放未休假补助和计缴住房公积金等 461.46 万元。28 个单位存在培训或会议无计划、超范围、超标准列支费用等问题，涉及 1 040.46 万元。

（3）预决算管理存在薄弱环节。8 个单位未及时收取非税收入 1 780.63 万元。29 个单位往来款 7.51 亿元长期未清理，其中应退未退质保金、履约保证金 1 016.84 万元。288 个单位未对追加预算 83.04 亿元进行绩效监控。5 个部门决算报表反映的银行存款、结转结余等不准确，少反映 1.97 亿元。

（4）财政性资金管理决策不规范。9 个单位集体决策制度不完善，未明确大额资金标准，未将部门预算、政府采购、对外投资、对外借款等重大经济事项纳入集体决策范围。

（三）重点专项审计（调查）情况

1. 乡村振兴审计情况

（1）促进粮食安全生产审计情况。组织对成都等 10 个市 75 个县耕地保护政策措施落实和种粮补助资金管理使用等情况开展了审计。结果表明，制止"非农化"防止"非粮化"政策措施成效逐步显现。发现的主要问题：

一是最严格的耕地保护政策措施落实不彻底。40 个县 2021 年排查统计撂荒耕地 87.22 万亩，实际仅治理 57.36 万亩；26 个县有 10.51 万亩耕地撂荒超过 2 年未纳入排查统计，12 个县 6 659.89 亩耕地在整治 5 年内即又报批为建设用地，28 个县 107 个增减挂钩项目建后被违规占用1 442.1亩。

二是种粮补助资金激励效应发挥不充分。53个县挤占、挪用耕地保护和支持种粮的专项资金3.69亿元。51个县因虚假投保农业保险、虚报冒领补助、高估冒算工程款等造成1 753.71万元财政资金损失。44个县执行种粮财政补助政策有偏差，用于"非粮化"经营主体1.36亿元。

三是耕地"非粮化"管控措施落实不力。土地流转关键环节管控缺位，73个县对单次流转30亩以上合计43.42万亩耕地的经营用途情况未纳入监管，62个县2021年以来流转的60.27万亩耕地中有13.93万亩用于"非粮化"。54个县土地整治项目促进种粮效果较差，有12万亩整治耕地坡度大于25度，不利于稳定耕种；有118.57万亩土地整治后种植经济作物。

四是农田水利设施不足影响耕种灌溉。30个县94个项目布局不合理，形成断头渠17.8公里；67个县224个项目缺乏有效管护，165.21公里渠道被破坏，影响约4.08万亩耕地灌溉。3个市12个灌溉类项目因主体工程未完成、干支渠建设滞后等造成85.45万亩耕地灌溉得不到保障。

（2）巩固拓展脱贫攻坚成果审计情况。组织对昭觉、布拖等51个县推动巩固拓展脱贫攻坚成果同乡村振兴有效衔接情况开展了审计。审计结果表明，各地党委、政府认真落实"四个不摘"要求，持续加大资金投入和工作力度，脱贫攻坚成果得到进一步巩固和拓展，未发现规模性返贫风险。发现的主要问题：

一是产业带动持续增收作用还需增强。31个县344个产业项目因前期论证不充分、缺乏技术指导等原因亏损或闲置，涉及财政资金投入3.22亿元。21个县675个产业项目未建立联农带农机制，涉及财政资金投入9.25亿元。13个县用于产业发展的扶持基金1.79亿元闲置在村集体账户。

二是部分帮扶政策落实不够到位。29个县因信息掌握不准、政策宣传不到位，991户脱贫户未享受每户1万元的创业补贴。32个县脱贫户在校学生3 982人（次）未享受到教育特别资助、"雨露计划"等补贴共计818.83万元。16个县脱贫群众8 614人（次）摘帽后未享受医疗财政代缴和医疗费自付比例兜底政策，其中3 163人（次）多支付医疗费用305.51万元。

三是防止返贫动态监测不够精准及时。10个县255户因病、因灾等收入减少存在返贫风险的农户未纳入监测，155户家庭成员收入持续稳定、拥有大额资产等不符合条件农户纳入监测范围，14个县3 396名群众身份证信息、收入状况、帮扶措施、返贫风险类型等信息与实际不符。

2. 困难群众救助补助资金审计情况

组织对成都等6个市本级及所属14个县2020年至2021年9月的困难群众救助补助

资金开展了审计。发现的主要问题：

（1）保障对象不精准。6个市11 194名符合条件人员未纳入保障范围，其中残疾人占比达97.37%；1 082人重复享受保障待遇，多发放补助87.69万元；6 907名不符合条件人员违规享受补助1 032.20万元。

（2）资金使用绩效不高。4个县未在规定时间下达资金9 235.41万元，3个县未及时向困难群众发放补助5 714.1万元，6个县因未及时安排资金等导致补助资金结余达2.19亿元。

（3）救助供养机构管理薄弱。24个救助供养机构将补助资金336.50万元用于日常运转，13个救助供养机构以虚报人数等方式套取325.99万元，14个救助供养机构截留资金25.81万元。

3. 教育专项资金审计情况

（1）对两所师范院校组织实施的中小学教师培训项目开展审计，并延伸调查了承接培训任务的县教师进修校和社会培训机构。发现的主要问题：1.89亿元培训资金中，因师范院校留存培训资金、教师进修校违规使用、社会培训机构虚假培训和转包项目违规提成等，造成5 272.82万元资金实际未用于培训；部分培训任务被违规转包，造成超过2.5万教师共3.5万余天的培训任务由无培训资质的机构实施；虚假培训较为普遍，14个县培训任务完成量存在虚假，其中6个县的虚假率在30%以上。

（2）对部分农村校舍安全补助资金、义务教育薄弱改善补助资金抽查发现，13个市将应用于农村学校的校安资金6 579.38万元用于城市学校建设；个别市将薄改资金6 480万元扩大范围用于职业教育等领域；个别县虚列上述两项资金1.23亿元转到财政专户，虚增预算执行率。

4. 就业资金审计情况

组织对2021年就业专项资金管理使用情况开展了审计，发现的主要问题：

（1）职业技能提升行动政策落实不到位。2019年以来全省安排资金62.80亿元，截至2022年4月，支出42.03亿元，资金结余20.77亿元，其中省本级安排资金4.90亿元，结余3.82亿元。

（2）资金分配不合规。向13家师生比、高级师生占比指标不达标的院校分配就业创业补助资金5500万元。

（3）高校毕业生"三支一扶"政策效果不理想。2019年至2021年"三支一扶"人员流失形成的1 969.46万元结余资金未清理，同期还存在59人次带薪脱离"三支一扶"岗位现象，涉及资金467.98万元。

5. 住宅专项维修资金审计情况

组织对绵阳等6个市2018年至2021年6月的住宅专项维修资金开展了审计。发现的主要问题：

（1）资金归集不到位。6个市的资金交存标准长期未按规定调整，且标准普遍偏低，部分地区尚在沿用2010年以前的标准。6个市有1 007个商品房项目应交未交资金5.35亿元，543个政府主导的拆迁安置项目应交未交资金10.76亿元。5个市的相关部门或人员违规批准房地产企业缓交资金1.97亿元。

（2）资金管理不严格。4个市的个别县将14.83亿元用于弥补财政资金缺口、地方基础设施建设等；4个市部分房地产企业违规代收业主维修资金，2.05亿元被房企长期占用；2个市25个维修项目以虚增工程量方式套取资金255.96万元；4个市30个维修项目超范围使用资金72.06万元。

（3）资金使用效益不高。由于业主意见难统一、资金申请程序复杂，6个市维修资金使用率普遍偏低，总使用率仅为2.62%。

6. 政务信息系统审计情况

组织对13个部门、9个市的政务服务"一网通办"及2个部门的信息化建设情况开展了专项审计调查。发现的主要问题：

（1）政务服务信息平台应用不充分。3个部门的6个"一件事一次办"样板事项未按期实现挂网办理，8个部门121个政务服务事项的网办类型与实际不同或不能办理，部分部门及地区未按要求通过一体化政务服务平台办理电子证照6 883个，线上线下"融合"办理和电子证照归集不到位。

（2）信息资源整合共享不力。4个部门的7个系统与省一体化政务服务平台联接不畅，涉及的394个办理事项中有87个在"四川政务服务网"无办理入口，7个系统的办件信息无法完整回传到平台。抽查发现2个部门的业务系统与相关部门的关联信息未实现共享，导致向不符合条件的11 939名人员发放财政补助或支付医保待遇1 874.42万元。

（3）数据安全管控尚不严格。抽查发现，部分部门落实网络安全主体责任不力，未建立企业参与政府信息化建设的数据安全管理制度，未严格执行网络安全等级保护标准要求。

7. 经济开发区土地节约集约利用审计情况

组织对全省8个国家级经济技术开发区（以下简称经开区）土地节约集约利用情况开展了专项审计调查。发现的主要问题：

（1）履行扩区调位报批程序不够到位。国务院批准8个经开区的发展面积为74.07平方公里，各地采取"政区合一、委托代管"等方式自行调增发展范围，实际管控面积达727.99平方公里。抽查4个经开区发现，国务院批准发展面积为41.49平方公里，实际建成面积203.30平方公里，新增规划面积未履行扩区调位报批程序。

（2）盘活存量土地工作不够有力。8个经开区累计存量土地由2016年末的6.03万亩上升至 2020 年年末的 7.42 万亩，净增 1.39 万亩，且供地效率不高，从征地审批到完成供地平均时长达 5 年。7 个经开区 55 宗、0.48 万亩土地闲置，平均闲置时间 4 年。

（3）土地利用事中事后缺乏有效监管。6 个经开区 126 个已开工建设项目未取得用地手续，264 块、1.82 万亩项目实际用地与供地面积、位置不一致。8 个经开区对企业利用土地情况缺乏有效监管，341 家企业近 5 年年均主营业务收入及纳税金额分别占招商协议约定的 22.36%、14.35%。

（四）重大投资项目审计情况

全省审计机关持续深化投资审计"三个转变"，采取竣工决算审计、跟踪审计、专项审计调查等多种方式实施政府投资审计项目 1 739 个，对总投资 4 046.57 亿元的政府投资工程进行了审计，推动了抓项目促投资稳增长政策措施的落实，共核减投资 50.45 亿元。紧扣重大投资项目推进，审计厅对省发展改革委履行投资监管职责和部分重大投资项目开展了审计，发现的主要问题：

（1）政府投资监管还不到位。一是纳入重大项目库调度的专项债券项目资金使用等重要数据与财政管理系统数据不一致，差异 156.56 亿元，涉及项目占总数的 55%。90 个已完工的节能审查项目中 41 个未验收，已通过验收的 11 个项目中 8 个存在未落实强制性节能标准等不应通过验收的情形。二是 100 个省重点推进项目中 16 个续建项目未完成计划投资任务，较年度计划投资少 37.19 亿元，应开工的 4 个新建项目有 2 个未按期开工。三是抽查 126 个教育强国推进工程中的 47 个项目发现，已获得补助资金 1.01 亿元的 15 个项目未开工。

（2）重大水利工程推进不力。一是建设目标未完成。"十三五"期间全省新开工和续建的 104 个大中型水利项目总体推进缓慢，其中具有供水、灌溉、防洪抗旱等功能的 53 个项目未按期完工，少完成投资 129.02 亿元。二是推进保障不到位。需市县两级政府配套资金 467.45 亿元，实际到位 48.12%，其中 17 个项目到位资金为零。省级主管部门对重大设计变更平均审批时长 7 个月，最长达 23 个月；75 个项目建设用地批复平均时长 37 个月。三是投资监管不严格。17 个项目实际完成投资超概算 38.99 亿元，55 个项目超批准规模融资 103.14 亿元，9 个项目 11.69 亿元资金被截留、挤占或挪用。

（3）重大投资工程管理有待加强。对成都天府国际机场、天府新区省级文化中心、升钟水库灌区二期、川藏铁路四川段配套公路等重大项目开展了跟踪审计。发现的主要问题：一是招投标领域违法违规问题较突出。违规设置评标条件、应招标未招标等涉及金额 41.76 亿元。部分参建单位围标串标、骗取中标等涉及金额 53.51 亿元。部分项目未经招标直接委托单位编制可研报告或项目建议书，涉及金额 10.25 亿元。6 家企业提供虚假工程业绩中标 11.61 亿元工程。二是工程造价高估冒算和违规使用资金问题多发。如机场项目存在变更审核把关不严、材料认价虚高等问题，已收回多付费用1 113.02万元，核减工程投资9 172.38万元。部分建设单位拖欠施工、监理等企业账款8 322.37万元。三是参建单位履职履约不力。因工程量清单编制和设计单位工作失误、质量不高造成清单漏洞、重复计算等问题，涉及金额1.23亿元。

（五）国有资产管理审计情况

1. 企业国有资产审计情况

对四川发展等6家省属国企开展了专项审计，对纳入集中统一监管的577家企业改革推进情况进行了跟踪监督。发现的主要问题：

（1）对外股权投资管理不力、效益低下。2018年至2021年6家企业对外股权投资1 284.67亿元，累计实现利润129.13亿元，年均收益率仅3.35%，低于债务融资成本。重点检查已出现损失或损失迹象的11个投资项目、涉及投资40.55亿元，普遍存在科研论证不严谨、决策程序不规范等问题，导致收购价格虚高、风险应对不足，已形成损失或面临损失风险18.41亿元。

（2）债务风险持续积聚。6家企业带息负债从2018年至2021年，年均增长13.58%，较同期资产总额增速高出1.15个百分点，其中2家企业2021年年末的资产负债率已超出国资委的管控线。据测算，2022年至2024年6家企业以经营利润覆盖还本付息存在较大缺口，运转还将长期依赖借新还旧。

（3）财务信息失真。3家企业通过名股实债等方式掩盖了真实债务水平。3家企业有61.56亿元代理性质的大宗贸易，甚至空转贸易走单增收。4家企业未按规定口径合并报表，2021年多计利润或少计亏损共14.42亿元，占4家企业报表利润总额的11%。

（4）执行财经纪律不严格。普遍存在向合资公司或无股权关系民营企业出借资金的问题，大量面临损失风险。核查35个借款事项，涉及的逾期借款本息15.57亿元仅收回0.62亿元。个别企业无视财务制度规定，截留业务收入形成"小金库"。有的违规报销会议费、接待费等。

（5）经营性国有资产集中统一监管改革未按预期推进。按《省级党政机关和事业单位经营性国有资产集中统一监管工作方案》要求，应于2021年12月底前签订移交备忘录或委托处置协议的划转企业、委托处置企业，截至2022年3月底仍分别有16家、11家未完成此项工作；113家划转企业虽已启动清产核资工作，但均未完成。由于主管部门未切实履行监管职责，对下属企业重大经济事项监督不到位等原因，个别涉改企业出现违规借款转移企业资产、突击花钱违规实施项目等问题，共涉及违规金额2 239.61万元。未及时研究制定土地处置、企业注销等配套政策措施，导致涉及巨额成本的资产划转、"僵尸"和空壳企业注销等工作难以推进，年底全面完成改革任务难度较大。

2. 金融企业国有资产审计情况

组织对 16 家农商行支持乡村振兴信贷投放和 27 家农商行风险管理情况开展了审计调查。发现的主要问题：

（1）政银风险分担机制作用发挥不足。截至 2021 年年末，16 家农商行均与属地政府建立了乡村振兴等贷款风险分担机制，但该机制覆盖的贷款余额仅 11.67 亿元，为涉农贷款余额的 1.2%；属地政府应支付 5 家农商行贷款风险补偿资金 3 286 万元，尚有 2 702 万元未到位；16 家农商行乡村振兴贷款平均放大倍数约为风险分担基金的 3 倍，为机制设定可放大倍数的三分之一左右，信贷撬动作用发挥不足。

（2）涉农部分领域信贷投放不足。6 家农商行未按规定在制度中明确内部资金转移定价向涉农领域倾斜，不利于加大乡村振兴等涉农信贷投放。截至 2021 年年末，16 家农商行投向农村基础设施建设领域贷款余额 14.91 亿元，仅为涉农贷款余额的 1.53%，其中 9 家农商行农村基础设施建设贷款余额较 2020 年下降；16 家农商行中仅 3 家投放农村承包土地经营权抵押贷款，余额 1.24 亿元，未实现积极推广农村承包土地经营权抵押贷款业务目标。

（3）部分农商行风险管理要求落实不细。30 家农商行少反映不良贷款 7.86 亿元，未真实反映信贷资产质量。贷款"三查"制度执行不到位，12 家农商行贷前调查未真实反映借款人的财务风险等情况，涉及贷款 5.15 亿元；9 家农商行在借款人未落实抵押权登记等相关放款条件的情况下发放贷款 1.24 亿元；13 家农商行未按要求开展贷后检查，涉及贷款 7.33 亿元。

3. 行政事业性国有资产审计情况

对 13 个省级部门及所属 25 个单位的行政事业性资产管理使用情况开展了审计。发现的主要问题：

（1）国有资产基础管理薄弱。18 个单位固定资产账表、账实不符，涉及房产 6.14 万平方米、土地 3.78 万平方米、车辆设备 3 334.54 万元。31 个单位部分资产未及时纳入固定资产、无形资产或在建工程核算，涉及金额 10.48 亿元。6 个单位对外投资管理不到位，存在少记投资额 7 189.66 万元。

（2）国有资产采购行为不规范。18 个单位 42 个项目存在未按要求公开招投标和政府采购等问题，涉及 1.38 亿元。5 个单位 8 个项目存在先采购后补程序、履行采购程序前已确定供货商等问题，涉及 1 862.32 万元。

（3）违规使用和处置国有资产。存在报废资产未按程序报批、违规无偿划拨资产问题，涉及 362.85 万元。单位管理的 147 处出租房产未按规定公开招租，涉及面积 7 168.05 平方米、租金 273.03 万元。

（4）部分资产使用效率低下。5 个单位资产未有效盘活形成闲置，涉及 3.97 万平方米房产、3.93 万平方米土地。个别单位购买不具备安装条件的设备导致资产闲置，涉及金额 431.9 万元。

4. 国有自然资源资产审计情况

组织对 4 个市本级及 31 个县林草资源生态保护修复情况、赤水河流域生态环境保护情况开展了专项调查。发现的主要问题：

（1）林草资源生态保护修复专项审计调查。一是草原底数不清。25 个市县草原动态监测工作不到位，仍沿用 2007 年国土二调或 1982 年草原调查数据进行日常监管，其中个别市掌握使用的草原面积较国土三调数据多 5 700 多万亩。二是草畜平衡及禁牧休牧制度未完全落实。4 个县 1 968 万亩草畜平衡区域未落实到地块或未执行减畜禁牧措施，4 个县 2021 年牲畜超载率高于 5%。三是林草保护和监管不严。7 个市县应划未划公益林面积 8.26 万亩，27 个市县 8 511 亩林草地被违规用于建筑工地、砂石场、道路等，4 086 亩临时占用林地到期一年后未进行植被恢复。四是生态修复任务完成不佳。6 个市县虚报 24.62 万亩营造林任务完成量，20 个市县 4.79 万亩新造林存活率不达标，22 个项目 5.42 万亩森林抚育、封育措施未按要求实施。五是对林草资源的财政管理亟需完善。6 个市县财政投入占比不足 5%，5 个市县 2.05 亿元森林植被恢复费被统筹使用，5 个市县违规收取林地补偿费 4.23 亿元。

（2）赤水河流域生态环境保护专项审计调查。一是省市县同级政府间联席会议协调机制和沟通协商工作机制不健全，相关部门信息共享和数据互通渠道不够畅通，未建立赤水河流域水文、水质、渔业资源保护等数据共享制度，不利于按照统一标准实施共同保护治理。二是流域横向生态保护补偿制度执行不到位，2018 年至 2020 年，市县两级未按《四川省赤水河流域横向生态保护补偿实施方案》落实补偿要求，泸州市本级少出资 2 254.54 万元，合江县未横向划转补偿资金 2 130.69 万元。三是泸州市未按要求于 2021 年 6 月前完成干流岸线规划，未组织开展支流岸线划定工作，沿岸耕作种植现象普遍，存在农业面源污染隐患。四是污水处理设施建设不配套。

（六）审计建议

（1）紧扣重大决策部署，强化政策措施落实。认真贯彻习近平总书记来川视察重要指示精神，深入落实中央经济工作会决策部署和国务院扎实稳住经济一揽子政策措施，围绕"讲政治、抓发展、惠民生、保安全"工作总思路，立足经济发展实际需求，注重财政政策与产业、投资、消费、区域等其他领域政策的统筹协调，增强财力保障，优化财政支出强度、支出结构和支出进度，促进重大政策措施加速落地见效。加快成渝地区双城经济圈建设，锚定"一极一源、两中心两地"目标定位，聚力抓好川渝高水平合作的重点领域，推动国家战略实施全面提速、整体成势。深入实施乡村建设行动，巩固拓展脱贫攻坚成果同乡村振兴有效衔接，守住不发生规模性返贫底线。落实最严格的耕地保护制度，坚决遏制"非农化"和防止"非粮化"，确保实现粮食安全目标。筑牢长江黄河上游生态屏障，加强流域生态保护。

（2）加大项目投资力度，增强经济发展支撑。深入实施抓项目促投资稳增长各项政策措施，强化重点投资和重大项目的推动和监管力度，促进扩大有效投资，持续发挥投资对稳增长的关键作用，不断增强推动经济社会高质量发展的项目支撑。聚焦水利、交通、能源等重大领域，强化重大项目的资金、用地、用能等资源要素保障，积极拓宽项目融资渠道，增强融资能力。继续深化"放管服"改革，优化政府投资项目审批流程，压减审批时限，加快项目落地建成和投产达能，营造稳定公平透明可预期的营商环境。加大金融服务重大项目力度，引导金融机构支持重大项目融资，有效扩大普惠金融覆盖面，推动普小微贷款合理增长，引导金融机构聚焦主责主业，加大对实体经济的支持。积极扩大民间投资，鼓励社会资本参与重大工程项目建设，支持民营企业参与盘活国有企业存量资产。聚焦重点民生项目和资金管理情况，确保更好地保障和改善民生。

（3）切实严肃财经纪律，确保资金安全绩效。进一步深化财政管理改革，增强预算约束刚性，强化预算执行主体责任，统筹做好财政资金科学分配、规范管理和追踪问效。强化非财政拨款资金和各类存量资产资源统筹力度，切实提高财政资金、国有资产、公共资源配置效率。加快推进财政支出标准体系建设，规范基本支出定员定额管理，建立健全不同行业、不同单位、分类分档的预算项目支出标准。强化财政收支运行监测分析和资金使用全过程绩效管理，更大力度调整优化支出结构。把政府过紧日子作为常态化纪律要求，勤俭办事业，对财政资金损失浪费问题问责追究。强化违反财经纪律问题专项治理，加大对财经领域重大信息虚假、虚报冒领财政资金、高估冒算工程投资、损害侵占群众利益、违规决策导致重大损失、单位财务收支违规违纪等重点领域和突出问题的整治力度，整体联动、综合施策，进一步建立健全严肃财经纪律的长效机制。

本报告反映的是此次省级预算执行和其他财政支出审计发现的主要问题。对这些问题，审计厅依法征求了被审计单位意见，出具了审计报告，下达了审计决定；对重大违纪违法问题线索，依纪依法移交有关部门进一步查处。有关地区、部门和单位正在积极整改，审计厅将跟踪督促，年底前报告全面整改情况。

主任、各位副主任、秘书长，各位委员：

我们将深入学习贯彻习近平新时代中国特色社会主义思想和习近平总书记来川视察重要指示精神，在省委的坚强领导下，依法严格履行审计监督职责，自觉接受省人大监督，为推动新时代治蜀兴川再上新台阶，开创全面建设社会主义现代化四川新局面作出更大贡献，以实际行动迎接党的二十大胜利召开！

八、重庆市 2021 年度市级预算执行和其他财政收支的审计工作报告

受市人民政府委托,现将 2021 年度市级预算执行和其他财政收支审计的相关情况报告如下:

2021 年 7 月至 2022 年 6 月,全市审计机关坚持以习近平新时代中国特色社会主义思想为指导,全面贯彻党的十九大和十九届历次全会精神,认真落实党中央、国务院决策部署,按照市委、市政府和审计署工作安排,聚焦财政财务收支真实合法效益审计主责主业,紧扣全市高质量发展中心工作,依法履行审计监督职责,扎实做好常态化"经济体检"工作,共审计 1 389 个单位,督促上缴或归还财政资金 142.35 亿元,推动健全完善相关制度 805 项,为保障经济社会持续健康发展发挥了积极作用。

审计结果表明,2021 年,面对复杂严峻的国内外形势,全市各级各部门深刻领会"两个确立"的决定性意义,进一步增强"四个意识"、坚定"四个自信"、做到"两个维护",立足新发展阶段,完整、准确、全面贯彻新发展理念,积极融入和服务新发展格局,扎实做好"六稳""六保"工作,全市经济持续稳定恢复、稳中向好,高质量发展迈出新步伐。各被审计单位提高贯彻党中央、国务院决策部署的执行力和精准度,认真落实市委、市政府关于高效统筹疫情防控和经济社会发展、保障财政平稳运行的工作安排,坚持积极财政政策提质增效、更可持续,切实抓好规划、政策、项目落地落实,全面加强财政财务收支管理,市级预算执行和其他财政收支情况总体向好,为"十四五"开好局、起好步打下坚实基础。

——财政收支运行保持平稳。2021 年全市一般公共预算收入 2 285 亿元、增长 9.1%,完成预算的 103.9%。积极优化调整支出结构,持续压减非必要、非刚性支出,加大重点民生保障力度,科技、社保、教育等支出持续保持增长势头,投入脱贫攻坚与乡村振兴衔接资金 72 亿元,落实资金 54 亿元保障疫情防控、疫苗接种,社会保障水平稳步提高。

——积极财政政策有效实施。全力落实减税降费政策,全年新增减税降费约 300 亿元。筹集市级资金 620 亿元、发行新增政府债券 1 341 亿元,支持成渝地区双城经济圈建设等重大战略、重大项目落地。市级新增投入 10 亿元支持基础研究和科研平台建设,统筹市级资金 30 亿元推进汽车、电子信息等产业转型升级,促进提升科技创新能力。

——财政管理改革持续深化。修订重点专项资金管理、预算公开评审等制度,完善水利、卫生健康等行业绩效指标和标准体系建设,推动全市预算管理一体化系统上线运行。开展区县(自治县)和两江新区、西部科学城重庆高新区、万盛经开区(以下统称区县)财政承受能力评估,加大重点关注区县补助力度,持续提升基层财政保障能力。建立新增债券发行条件评估机制,开展再融资债券支持化解债务风险试点工作。

（一）市和区县财政管理相关审计情况

1. 市级财政预算执行和决算草案编制情况审计

组织对市级一般公共预算、政府性基金预算、国有资本经营预算、社会保险基金预算"四本预算"编制及执行，财政决算草案编制等情况进行了审计。审计结果表明，2021年，市财政局等部门积极落实预算管理改革要求，认真执行市五届人大四次会议有关决议，着力优化财政资源配置，不断提高财政管理水平。审计发现的主要问题：①

（1）预算管理方面。部分预算编制不够规范，已明确到部门或区县的12个项目、5.52亿元仍由市财政代编，4个项目2 012.03万元应编未编政府采购预算，4个项目预算编制时未考虑上年执行情况导致预算执行率仅为21%。国有资本经营预算管理不到位，14户企业未缴或少缴国有资本经营收益6 141.09万元，10户市级部门单位管理的企业未纳入国有资本经营预算范围。18项中央转移支付资金10.84亿元未及时下达。

（2）专项资金管理方面。部分专项资金绩效管理不够到位，预算执行率较低，如市级下达8个区县电子商务进农村综合示范资金1.2亿元，但未同步下达具体任务和绩效目标，也未对项目实施和资金使用进行全过程监督，年终预算执行率仅为13%。少数重点专项未根据政策目标完成、实际使用情况等进行清理评估或调整，如廉租住房保障资金建设任务已于2012年基本完成，但资金补助政策未及时根据上级要求进行调整，导致下达14个区县的3.36亿元资金未使用；进城务工农民综合服务管理专项于2005年设置，因与后期设立的职业技能提升等专项的补助对象及支持内容交叉重叠，下达8个区县的资金用于规定范围的仅占23%。

（3）资金资产监管方面。对部分部门单位和代建单位开设的共管账户资金监管不严格，7个部门单位超工程进度将建设资金拨付共管账户，导致4.71亿元沉淀，脱离财政监管。相关单位未按规定上缴资产增值收益，如1.25亿元创业贷款融资担保基金收益、522.58万元公共租赁住房履约保证金增值收益未上缴。

（4）决算报表编制方面。总决算资产负债表少列报股权投资4.1亿元，2个单位国有资产出租收入未按规定科目列报。

2. 市级部门预算执行和财政财务收支情况审计

2021年，审计的11个市级部门及117个单位认真贯彻落实预算法，不断完善预算管理制度，预算管理水平明显提升。审计发现的主要问题：

（1）预算编制方面。因项目前期论证不充分，3个部门12.19亿元年初预算未细化到具体项目，其中6.99亿元于10月才开始陆续细化。7个部门项目预算安排超过实际需求，导致2.25亿元资金闲置或沉淀。5项市级重点专项资金分配标准不细化或补助对象

---

① 本报告对市级一级预算单位统称为部门；对涉及到市级一级预算单位及其下属单位的，统称为部门单位。

界定不清晰，9 688.14 万元资金分配存在随意性。36 个部门单位未将 3.61 亿元以前年度结转结余及常年性收入编入年初预算。

（2）预算执行方面。少数部门单位未按要求开展专项资金使用的跟踪管理，对违规使用资金、支出进度慢等问题监管不严，如因部分项目推进缓慢、未及时进行资金清算等，6 个部门 1.08 亿元资金闲置；6 个部门及 48 个项目实施单位擅自改变资金用途、扩大开支范围或无依据支付等，涉及资金 9 724.48 万元。8 个部门单位采购政策执行不到位，1.76 亿元采购项目存在围标串标、拆分项目规避政府采购等问题。18 个部门单位违规划转或滞留结转结余资金 9 984.28 万元，未纳入市级财政统筹。

（3）预算绩效管理方面。12 个部门单位预算绩效管理不严格，4 个年中追加项目未按规定纳入全过程绩效管理，9 个项目未完成绩效目标任务，42 个项目绩效目标设置脱离实际或自评结果与实际不符。

（4）非税收入征缴方面。12 个部门单位未严格征缴非税收入，应收未收桥隧空地租金等 7 549.15 万元，应缴未缴资产出租处置收入等 5.84 亿元。

（5）过紧日子要求执行方面。2 个部门单位超编配备 2 辆公车，3 个部门年底突击向公务加油卡充值。12 个部门单位存在超标准或无依据报销公务支出、报销审批不严格等问题，涉及 355.08 万元。因未跟踪检查公车定点维修企业优惠价执行情况，2 家定点维修企业多收取公车维修费 44.61 万元。

3. **区县财政预算执行和决算草案编制情况审计**

2021 年，审计的 9 个区县不断强化财政管理，加大资金统筹，保障重点领域支出，财政运行整体较为平稳。审计发现的主要问题：

（1）预算编制及执行方面。部分区县预算编制不完整，5 个区 8.08 亿元应落实到部门或项目的预算由财政代编，1 个县未将上年结转结余 4 027.86 万元编入预算。部分区县财政支出管控不到位，5 个区县通过虚列支出等方式隐匿结转结余 2.75 亿元，7 个区县无预算、超预算采购 3.83 亿元，2 个区县将预备费 3 450.89 万元用于经常性支出。

（2）财政资金管理方面。6 个区县 3.52 亿元存量资金未及时统筹，4 个区县违规调拨财政专户资金 21.43 亿元。5 个区县 6.6 亿元上级专项转移支付分配不及时、4.22 亿元专项资金使用不及时。6 个区县应撤销未撤销预算单位银行账户 379 个。

（3）财政稳健运行方面。部分区县财政收入组织不力，7 个区县应收未收财政收入 19.87 亿元，6 个区县部分执收单位滞留财政收入 8 595.95 万元。部分区县招商引资管理不严格，4 个区县违规签订与税收挂钩的招商引资协议，2 个区县向未达合同约定条件的企业提前兑现补助 2 549.65 万元。部分区县新增债券资金使用不规范，存在违规改变债券资金用途和债券资金闲置半年以上未使用等问题。

（二）重大政策措施落实相关审计情况

1. 成渝地区双城经济圈建设政策措施落实情况审计

2021年，审计的4个市级部门及23个区县聚焦"两中心两地"定位，纵深推进川渝战略协同和政策衔接，基础设施、产业发展、公共服务等重点领域工作有序推进。审计发现的主要问题：

（1）合作机制落实方面。常态化合作机制总体形成，但部分区县还存在分工不明确、任务不细化等问题，工作机制尚未有效运转。如13个区县建立了专项工作组，但未明确其成员单位、责任分工或年度目标任务；17个区县的部分牵头单位未及时开展对合作协议签订、落实的统筹管理和跟踪调度，协议底数不清、落实不畅。

（2）基础设施和协同创新方面。10个合作共建项目用地未落实或建设资金筹集不到位，影响节点工程进度。4个区县未按照流域一体化治理要求，与四川毗邻地市共同编制跨界河流"一河一策"。两地科技资源共享服务平台整合度不高，纳入平台的共享设备中有992台未标明用途或信息有误，12家单位另有400台设备应纳入未纳入。

（3）公共服务共建方面。部分配套制度不完善或一体化措施落实不到位，影响共建共享政策实施效果。如在失业保险跨省办理中，部分比对关键信息没有实时共享，41名在四川就业人员违规领取我市失业保险；在专业技术人才职称互认中，20个区县未按要求上报涉及6.4万人次的职称评审数据；在跨省城际公交线路运营中，票价减免等优惠政策未有效落地。

2. 促进实体经济发展相关政策措施落实情况审计

全市各级各部门围绕市场主体扎实实施规模性惠企纾困政策，持续深化"放管服"改革，加快推进营商环境创新试点城市建设，促进实体经济发展。审计发现的主要问题：

（1）减税降费政策落实方面。因审核把关和后续监管不严，6户不符合条件企业违规享受西部地区鼓励类产业税收优惠2 314.96万元，1户企业应享受未享受增值税增量留抵退税840万元，7户企业应免未免残疾人就业保障金1.88万元。

（2）涉企收费政策落实方面。28个区县的少数单位违规将应由财政资金承担的设计评审费、中介审核费等转嫁企业，4个区县自立名目收取、超标准预留或未及时返还涉企保证金1.51亿元，1个区违规收取应取消的工程招投标交易服务费1 750.02万元。部分农民工权益保障政策未有效落实，少数项目未按规定开设农民工工资专用账户或未缴纳农民工工资保证金。

（3）"放管服"改革推进方面。国省干线公路项目行政审批职责未理顺，市和区县交通主管部门在机构改革后未及时办理和承接审批职责划转事宜，导致42个国省干线公路项目初步设计未经审批、23个项目审批程序倒置。市和区县交通、环保领域817件线上行政审批事项办理超过承诺时限；16个区县未将施工许可等交通建设审批事项纳入网审平台办理；10个区县公路工程施工图设计审查等线上审批流于形式，线下审批通过后再进入网上审批流程。

3. 稳外贸政策措施落实情况审计

审计的市商务委及40个区县落实落细稳外贸工作部署，加大金融财税支持力度，完善加工贸易、贷款贴息等政策，全力稳住外贸基本盘。审计发现的主要问题：

（1）财政支持政策落实方面。由于未及时按规定调整补助标准、中介机构未现场核查申报真实性等，市级与15个区县向不符合条件的企业安排或重复安排外贸补助813.29万元、少兑现396家企业补助409.80万元。14个区县2 404.30万元外贸资金用于工作经费或补贴非外贸企业。中小外贸企业贷款贴息补助政策申报门槛高，要求补助对象贷款利率应低于5%，导致部分融资能力弱的中小企业难以获得补助，2020年全市仅兑现64家企业贴息补助253万元，政策覆盖面较窄。

（2）外贸公共服务平台运行方面。由于内控制度缺失、运营监管薄弱等，部分平台未有效发挥信息服务、境外业务拓展等公共服务功能。如市级和区县的7个平台累计获得建设和运营补助3 817万元，但有的未制定履行公共服务职能的标准、流程，有的未完成信息系统预期开发任务或建设目标，财政资金使用效益低。

（三）乡村振兴战略实施相关审计情况

1. 巩固拓展脱贫攻坚成果同乡村振兴有效衔接政策和资金审计

组织对3个县巩固拓展脱贫攻坚成果同乡村振兴有效衔接工作推进情况进行了审计，重点抽审资金8.04亿元，入户调查农户434户。审计结果表明，2021年，相关县认真落实"四个不摘"要求，健全防止返贫监测帮扶机制，脱贫攻坚成果进一步巩固和拓展。审计发现的主要问题：

（1）巩固"三保障"成果方面。24名脱贫群众应享受未享受医疗费用报销、"先诊疗后付费"等帮扶政策。相关部门或乡镇向5户不符合条件的农户安排危房改造资金10.55万元，未督促已建新房的46户D级危房改造对象拆除旧房，存在安全隐患。

（2）防止返贫致贫方面。756名跟踪监测对象身份信息、低保参保信息有误，3户脱贫户应纳入未纳入长期跟踪监测。少数产业扶持项目运营管理不善，项目建成后闲置或未按约定兑现分红。

（3）资金资产管理方面。6个单位通过虚报项目、重复申报等方式套取资金608.48万元，5个单位将1 202.07万元衔接资金用于市政工程建设等其他支出。3个乡镇漏登11个项目形成的扶贫资产1 036.95万元。

2. 新型农业经营主体培育审计

审计的市农业农村委及38个区县积极培育壮大新型农业经营主体，推进多元发展、规模经营。审计发现的主要问题：

（1）培育政策落实方面。部分财政引导支持政策未有效落地，5个区县未按规定安排新型农业经营主体贷款贴息、担保贴费等预算资金；9个区未建立新型农业经营主体贷款担保风险资金池；4个区县未结合当地特色农产品设置农业保险险种，导致政策覆盖面不宽。

（2）农业生产社会化服务推进方面。部分区县运行机制还不完善，8个区县未建立社会化服务组织名录库及动态调整机制，5个区县未按要求开展农业生产社会化服务工作，5个区县未完成市级下达任务导致1 496.56万元补助资金闲置，政策带动效果不够强。7个区服务小农户聚焦度未达"高于60%"的相应规定，面向普通小农户提供服务占比在34%以下。

（3）资金管理使用方面。由于对项目用地规划、建设内容等审核把关不严，8个补助项目因涉及违法建筑、诉讼等异常终止，造成财政资金损失738.50万元；906个经营主体通过虚报规模等方式骗取财政资金267.87万元，2个区县重复安排或向不符合条件对象安排补助资金581.50万元。

3. 涉农领域经营主体投融资风险管理审计

审计的市供销合作社及40个区县认真贯彻落实乡村振兴决策部署，积极推进农村"三社"融合发展。审计发现的主要问题：

（1）为农服务基层组织建设方面。558个基层供销社在参股农民专业合作社等方面未达规范化建设标准，244个基层供销社未实际运营，未达到与农民利益紧密联结效果。部分供销社涉农资产管理不规范，19个供销社37处经营用房和88.72万元农用设备被他人无偿占用；114个供销社购置的2.92万平方米小产权房无法办理产权登记。79个农村综合服务社未达建设标准，存在未按规定吸纳村集体经济组织和农户入股、未按规范开展财务核算等问题。

（2）农创基金运营管理方面。市级相关部门未出台基金运营管理的相关制度规范，未建立对财政投入资金使用的定期跟踪检查机制，基金运营的常态化监管较为薄弱。部分基金投资项目投前调查、投后管理流于形式，13个项目、3 690万元投资未充分考虑投前调查已揭示风险，8个项目抵押物不具备有效权证或未办理抵押登记手续，64个项目欠缴基金管理费499.81万元。部分项目未按要求重点扶持农民合作社，抽查的271个基金直投项目中仅有38个投向农民合作社，还有44个投向非农业领域，偏离了既定支持方向。

(四)民生资金及政策相关审计情况

1. 困难群众救助补助资金审计

组织对 11 个区县困难群众救助补助资金管理使用情况进行了审计,重点抽审资金 21.17 亿元、抽查 99 个社会救助机构。审计结果表明,相关区县加快建设分层分类社会救助体系,保障困难群众基本生活。审计发现的主要问题:

(1)救助政策落实方面。因审核不严、部门间数据共享不及时或主动发现救助对象机制落实不到位,838 名不符合条件人员违规享受或重复享受救助待遇 189.3 万元,2344 名符合条件人员应享未享城乡特困等救助待遇。

(2)资金管理使用方面。49 个单位挤占挪用救助资金,7 个单位套取或侵占救助资金 21.5 万元,5 家医疗机构骗取救助资金和医保基金 120.68 万元。

2. 养老托育服务健康发展情况审计

审计的 2 个市级部门及 14 个区县紧扣健全政策体系、扩大服务供给,积极推动养老托育服务高质量发展。审计发现的主要问题:

(1)养老服务体系建设方面。6 个区县未及时编制养老专项规划,3 个区养老专项规划中"人均养老用地面积"未达规定标准,6 个区县福彩公益金用于老年福利事业比例未达规定要求。8 个区县 65 岁以上老年人健康管理率未达任务要求,3 个区老年人免费体检存在缺乏必检项目、虚增体检完成量等问题。

(2)资金管理使用方面。3 个区 778.36 万元建设资金闲置,6 个区挤占专项资金 1344.90 万元用于办公场所装修、人员经费等,8 家养老机构虚报套取专项资金 234.62 万元。70 处养老服务设施建成后一直未投入使用。

(3)建设及运营管理方面。66 个养老托育服务机构选址或设施建设不符合规范要求,58 个社区养老服务场所建筑面积、床位配备等未达建设标准。3 家养老机构和 27 家社区养老服务站无证或超经营范围开展养老业务,3 家养老机构超标准收取入住老人押金。

3. 水污染防治资金管理审计

审计的 5 个市级部门及 3 个区积极筹措资金推进水污染防治工作,推动水环境质量持续改善。审计发现的主要问题:

(1)城乡生活污水处理方面。城市排水管网普查和治理工作推进滞后,未及时对雨污管网错接混接点进行整治。因管网雨污分流不彻底等,2021 年,11 家城市污水处理厂进水浓度未达标天数平均达到 146 天,占用了污水处理能力;22 家乡镇污水处理厂排放的 110.93 万吨出水水质超标。污泥无害化处置能力不足,11 家城市污水处理厂积压污泥 1.01 万吨难以及时外运处置,影响正常运行。

（2）资金管理使用方面。因项目前期论证不充分，8个项目已调整或停工，1.41亿元财政资金闲置。19个项目存在套取资金、提前支付工程款、违规列支人员支出等问题，涉及资金8 398.33万元。1.96亿元资金未及时分解下达，6 613.74万元资金未按进度拨付。9家代征企业未及时解缴污水处理费3 465.03万元。

（3）资金绩效方面。因规划设计不合理、管护不到位等，4个项目的部分治理设施及植物等已损坏停用或死亡，形成损失浪费533.45万元。部分项目实施绩效不佳，9个河流湖库治理项目实施后未达水质改善目标，8个农村面源污染治理项目验收不严格或建成后无法使用。

（五）政府投资管理及项目相关审计情况

1. 全市交通行业建设管理审计

审计的市级和各区县交通部门大力实施交通建设三年行动计划，统筹推进交通基础设施建设。审计发现的主要问题：

（1）质量安全监督职责履行方面。市级及19个区县未编制质量监督检查计划或未按计划频次开展检查，17个区县未按要求将部分普通干线公路或农村公路纳入质量监督范围。由于市级未及时对照上级规定修订或细化相关办法，26个区县未开展公路项目交工或竣工验收复测工作。市级相关主管部门未建立试验检测监管信息系统，对16家检测机构无资质或超资质承接业务、出具虚假检测报告等行为缺乏有效监管。

（2）公路养护方面。30个区县农村公路日常养护责任落实不到位，未制定并实施养护"路长制"、养护质量检查、公示等办法。部分国省干线公路养护未做到应养尽养，7条公路路面养护质量不达标，13条路面破损、连续三年评级为"次差"的公路未予养护。24个区县相关单位在养护经费中违规列支办公经费等8 778.77万元。

（3）交通信用体系建设方面。交通建设市场信用信息系统覆盖不全面，1 217条交通行政处罚信息、3 930条公路水运项目建设信息、材料设备供应单位信息等未按规定纳入信用系统管理。交通工程履约信用信息未运用到建设项目招投标监管中，信用监管作用未有效发挥。

2. "两江四岸"中心城区治理提升工程审计

市、区两级加快推进"两江四岸"中心城区滨江岸线治理提升工程，加强项目建设管理，治理提升效果初显。审计发现的主要问题：

（1）项目统筹推进方面。市、区两级在设计阶段缺乏有效沟通，部分项目设计方案反复调整或审批通过后难以实施；部分由区级负责的土地权属调查、拆（搬）迁等前期工作滞后，影响施工进度。截至2021年6月，4个应完工项目投资完成率均低于60%，计划2020年开工的20个项目仍处于前期手续办理阶段。

（2）前期工作管理方面。少数项目设计不合理，如磁器口老码头项目部分绿化及沿江步道设计超出堤脚控制线范围。个别区提高材料规格导致投资增加，如2个项目在施工设计阶段调高栏杆材质标准，栏杆价格增加近6倍。

3. 市级重点项目建设审计

组织对市级重点建设项目推进情况进行了审计，重点抽查77个项目。审计结果表明，2021年，相关单位认真贯彻落实稳投资部署，加大项目调度力度，积极推动项目建设并形成有效投资。审计发现的主要问题：

（1）目标任务推进方面。因前期工作不到位、征地拆迁推进缓慢，17个项目未按年度计划开工，41个项目实施进度滞后。个别项目建成后未发挥效益，如火车北站北广场长途客运站办公楼及部分设施设备建成后闲置未使用。

（2）项目建设管理方面。部分项目投资控制不严，2个项目多计工程价款2741.73万元；2个项目前期工作不深入，因施工位置调整等增加投资8693.23万元。9个项目建设管理不规范，存在应招标未招标、未经审批变更施工内容、施工单位未按规定弃渣等问题。

（六）国有资产管理相关审计情况

1. 国有企业资产和金融资产管理审计

审计的6户国有企业和2家金融机构持续深化国资国企改革，强化经营管理，提升国有资本配置和经营效率。审计发现的主要问题：

（1）运营管理方面。部分深化国企改革任务落实不到位，3户企业未按规定压缩子公司管理层级，未及时清理处置15户"僵尸企业""空壳企业"；3户企业"三重一大"决策制度不健全或执行不到位，资产处置、大额资金支付等未按规定程序决策。2户企业投资风险管控不力，部分项目投资前论证不充分或投资后跟踪管理不到位，4个项目形成损失2390.42万元。2户企业对下属企业职工薪酬管理不到位。

（2）财务核算方面。部分企业财务核算不规范，会计信息失真现象仍较严重，3户企业资产不实，多计资产8547.91万元、少计资产2474.47万元；2户企业盈亏不实，多计利润4.81亿元、少计利润771.72万元；2户企业少计提折旧或公允价值变动损益1.19亿元。

（3）资产管理方面。2户企业386.45万平方米的房屋、土地未及时办理产权登记，5户企业290.79万平方米房屋、土地长期闲置。4户企业物资采购中存在采购计划执行不严、拆分项目规避招投标等问题。

（4）金融信贷资产管理方面。1户金融企业贷款资金使用监管不到位，1.85亿元经营性贷款、信用卡消费资金违规流入房地产领域，5.98亿元知识价值信用贷款未按约定用途使用。1户金融企业信贷资产管理不规范，4.63亿元贷款通过展期等方式延缓风险；部分贷款分类统计不准确，将13.79亿元非涉农企业贷款和个人贷款统计为涉农贷款、25.19亿元中型规模以上企业贷款统计为小微企业贷款。

2. 行政事业性国有资产管理审计

2021年，审计的12个市级部门及所属117个单位积极推动国有资产配置、管理和使用工作，提高资产使用绩效。审计发现的主要问题：

（1）国有资产报表及报告编制方面。"2021年度行政事业性国有资产报表"未反映20个单位37项国有资产出租出借收益。《关于2020年度国有资产管理情况的综合报告》漏报4个部门所属事业单位净资产3.87亿元。

（2）资产产权管理方面。部分资产产权不清或账实不符，7个部门单位265.31万平方米土地、房屋未办理权属登记；47个法检单位办公用房在司法体制改革后未及时变更产权登记；15个部门单位445.13万平方米土地、房屋以及9 686棵珍贵苗木、6 953.33万元设备等账实或账账不符。

（3）资产统筹调剂方面。2个部门1.45万平方米办公用房租（借）用手续未完善，4个部门单位3.18万平方米房屋长期闲置，2个部门单位超额配备129套办公家具。9个部门单位未经批准出租18.77万平方米房屋、处置477.09万元设备；4个部门单位无偿或低于市场价出租（借）1.08万平方米房屋。

3. 国有自然资源资产管理审计

对市和23个区县生态环境部门领导干部，以及2个区党政领导干部开展自然资源资产离任（任中）审计。审计结果表明，全市各级各部门坚持绿色发展理念，强化自然资源资产管理和生态环境保护，持续改善生态环境质量。审计发现的主要问题：

（1）改革任务落实方面。碳排放权交易管理机制不完善，13家企业未按期完成以往年度碳排放履约工作，涉及碳排放量2 715.79万吨。2个区未按要求完成绿色矿山建设、生物防火林带建设等任务。14个区县环境信用评价制度执行不严，未将重点监控企业、超标排放企业等918家次纳入信用评价范围。

（2）资源环境保护利用方面。2个区对1 568.58亩临时用地管理不到位，存在超批复范围占地、期满未恢复原状等问题。17个区县对水源地监管不严。1个区未有效落实病虫害防控要求，18.14万株松树因病虫害死亡。部分生态环境保护资金使用绩效不佳，85个项目2.91亿元资金因建设进度滞后等未及时使用，23个项目实施后未达预期治理目标。12个区县对107家经营主体环境违法行为查处不严，存在降低处罚标准、以罚代管等问题。

针对审计指出的问题，各被审计单位坚持边审边改、立行立改，层层压实审计整改主体责任，严格落实整改要求，明确了整改时间和具体措施。相关主管部门和各区县政府加强监督管理，积极推动被审计单位整改到位，对审计反映的行业领域普遍性或共性问题认真研究，推动标本兼治。市审计局严格落实问题清单对账销号制度，加大审计整改跟踪检查力度，加强与纪检监察、巡视、组织、财政、国资等部门的贯通协作，推动问题整改和成果共享。坚决移送各类违纪违法问题线索，已向纪检监察机关、司法机关移送问题线索67件、涉及188人，其中，涉及国有资源、国有资产、公共资金损失浪费等问题34件，涉及基层民生领域微腐败问题9件，涉及政府采购及工程建设领域乱象等问题13件。下一步，市政府督查办及相关部门将认真督促检查，确保审计整改落实到位。市政府将于11月向市人大常委会全面报告整改情况。

（七）加强财政管理的意见

1. 加快推动稳经济政策落地见效

着力推动稳定经济大盘一揽子政策直达快享，认真研究政策扶持方向和资金支持导向，加大项目储备力度，加快政府专项债券支出进度，扎实抓好成渝地区双城经济圈建设各项重点工作，抓实抓细疫情防控、财政运行等领域风险隐患排查整治，提高政策转化效率效能。紧盯市场主体，持续优化营商环境，全面落实各项惠企纾困、减税降费政策，强化政策宣传和政策执行的协调联动、跟踪督促，确保政策落实落地。

2. 持续推进财政管理提质增效

加强预算管理一体化建设和支出标准体系建设，建立财政政策定期清理评估机制，强化预算绩效动态监管，抓实绩效评价工作，进一步细化量化过紧日子要求，不断增强预算刚性。完善市对区县转移支付分配管理，强化区县财政主体责任和绩效意识，增强基层财力保障水平。

3. 规范民生资金管理和投资项目管控

压紧压实民生资金和项目管理责任，增强各项惠民政策的持续性和协调性，严肃查处群众身边的微腐败。进一步落实乡村振兴相关政策，持续加强防止返贫监测和产业帮扶带动，改善农村人居环境，加强和创新农村社会治理。深化工程建设领域改革，强化对重点项目的全程监督，抓好立项、招投标、质量等重点环节管控，确保建设工程规范化管理。

4. 加强国有资产监督管理

压实行政事业性国有资产管理主体责任，加快推进资产管理与预算管理有机结合，积极有效盘活财政存量资金和闲置资产。持续深化国资国企改革，推进完善企业法人治理结构，加快国有经济布局优化和结构调整，加大"僵尸企业""空壳企业"治理力度，突出和做强主业，夯实"三重一大"决策管理、财务管理、资产产权管理等基础性工作，促进国有资产保值增值。建立健全自然资源资产有偿使用制度，加强生态环保重点领域监督和执法检查，推动有序开展碳达峰碳中和工作，提高自然资源节约集约利用水平。

第二节 市级政府审计工作报告

一、六安市2021年度市本级预算执行和其他财政收支的审计工作报告

主任、各位副主任、秘书长、各位委员：

受市人民政府委托，我向会议报告2021年度市本级预算执行和其他财政收支审计工作情况，请予审议。

根据《中华人民共和国审计法》和中共六安市委审计委员会第四次会议批准的2022年审计项目计划，市审计局对2021年度市本级预算执行和其他财政收支情况进行了审计。审计工作认真落实中央和省委、市委审计委员会要求，按照市五届人大常委会第三十次会议审议意见，聚焦主责主业，突出审计重点，依法全面履行审计监督职责，做好常态化"经济体检"工作，促进重大政策贯彻部署落地见效，服务我市经济社会高质量发展。

审计结果表明，2021年市直相关部门和开发区认真落实市委市政府决策部署，坚持稳中求进工作总基调，统筹推进疫情防控和经济社会发展，扎实做好"六稳"工作，全面落实"六保"任务，预算执行总体效果较好，财政保障能力进一步增强，财政管理水平不断提高，促进了经济社会持续健康发展。

一是积极财政政策成效明显。落实各项惠企纾困政策，支持中小企业高质量发展，全年新增减税降费13.70亿元，兑现奖补7.51亿元，新增"4321"政银担业务83.72亿元。积极扩大有效投资，发行政府专项债券113.72亿元，有效发挥稳投资、扩内需、补短板的积极作用。

二是财政运行保持科学有序。全市一般公共预算收入147.50亿元，增长11%，增幅居全省第3位。加大重点支出保障力度，新冠病毒疫情防控和疫苗接种支出10.54亿元，"三保"支出221.70亿元，民生支出413.60亿元，民生工作在全省继续保持第一档次。六安市财政管理工作在2021年度全省绩效考核中位列第一。

三是统筹资金助力乡村振兴。全力支持脱贫攻坚成果同乡村振兴有效衔接，投入资金20.33亿元，保障落实"四个不摘""四个不减"要求。完善政策性农业保险市场化竞争机制，拨付保费补贴2.23亿元，增强农户农业抗风险能力。大力实施农业

"138+N""6969"工程，投入 12.80 亿元，提升农业发展质量效益和竞争力。

四是财政管理改革深入推进。推进预算管理一体化建设，预算编制等业务全面上线规范运行，各阶段实施进度居全省前列。出台应急救援、自然资源、生态环境等领域财政事权与支出责任划分改革方案，建立健全权责配置合理、收入划分规范、财力分布均衡的财政体制。

五是审计整改工作取得实效。党对审计工作的集中统一领导进一步加强，严格落实中办国办《关于建立健全审计查出问题整改长效机制的意见》，强化部门协作，切实将审计整改成果转化为治理效能。至 2022 年 6 月，上年度审计发现的 94 个问题，已整改 92 个，促进增收节支 17.32 亿元，制定完善制度 12 项；尚有 2 个问题正在整改中，审计机关将持续跟进，督促加快整改。

（一）市本级预算执行和其他财政收支审计情况

1. 2021 年度市直预算执行总体情况

2021 年度市直一般公共预算收入完成 22.82 亿元，上级补助收入等 99.81 亿元，收入总量 122.63 亿元，支出总量 116.75 亿元，结余 5.88 亿元。

市直政府性基金预算收入完成 64.27 亿元，债务（转贷）收入等 45.03 亿元，收入总量 109.30 亿元，支出总量 106.05 亿元，结余 3.25 亿元。

市直国有资本经营预算收入完成 2.31 亿元，上年结余等 0.26 亿元，收入总量 2.57 亿元，支出总量 2.27 亿元，结余 0.30 亿元。

市直社保基金预算保险费收入完成 9.08 亿元，财政补贴等 62.48 亿元，收入总量 71.56 亿元，支出总量 61.13 亿元。当年结余 10.43 亿元，年末滚存结余 48.17 亿元。

2. 2021 年度市直债务总体情况

截至 2021 年末，市直政府债务余额 227.53 亿元，其中：政府债券余额 224.45 亿元，政府存量债务余额 3.08 亿元（均为外债转贷或国债转贷项目），政府债务余额较市人大批准限额 235.49 亿元低 7.96 亿元。

3. 市直预算执行和其他财政收支审计发现的问题

（1）财政改革需进一步深化。财税部门非税收入征收信息共享机制未建立，财政部门不能及时准确掌握征管详细信息，无法对财政收入质量进行科学分析。项目支出定额标准体系在资产管理、标准动态调整等方面仍不完善。

（2）预算编制有待规范。项目支出中日常运转经费比 2020 年增加 2 087.20 万元，增长 2.2%。4 个项目 2021 年支出进度低于 50%，2022 年仍继续安排甚至增加预算。收入预算编制不科学，部分单位预算收入编制数与实际执行数存在较大差距。

（3）预算执行有待加强。43 个项目预算金额 4.74 亿元，当年支出进度不足 50%。

部分追加预算报批程序不规范,追加内容不合规,个别项目追加资金执行进度仅为54.35%。

(4)推进绩效管理不到位。政策落实不严格,未对部分专项转移支付资金和部门整体支出开展绩效评价(评审),未将部分绩效评价结果进行公开,部分单位绩效自评质量不高。

(5)决算草案编制不准确。部分单位未严格按照预算批复使用资金,未据实编制部门决算草案,实际支出数与决算数差异较大,个别部门公务用车运行维护费平台支出309.30万元,决算196.20万元。

4. 市开发区预算执行和其他财政收支审计发现的问题

(1)预算管理存在薄弱环节。预算执行与预算编制挂钩机制执行不到位,11个项目连续两年执行率不足60%,仍等额或超额安排资金478万元。预算执行进度较慢,66个项目预算金额5448.37万元,当年支出进度不足50%。转移支付资金373.98万元拨付不及时。

(2)绩效管理不够细化。联动U谷六安制造产业园等项目绩效目标设置不完整,未设置社会效益、生态效益等指标;部分重点项目绩效评价未开展,评价结果未充分利用。

(3)财务管理不规范。村居财务管理方面存在固定资产未清查盘点、凭证附件不全、土地出租手续不完善、收入未缴税等问题。1 581.05万元失地农民养老保险金未缴入社保基金专户。

(二)部门预算执行审计情况

审计了市住建局、市经信局、市商务局、市投创中心4个部门单位及其14个所属单位,涉及资金24.65亿元。审计结果表明,各部门单位预算执行情况总体较好,但审计仍发现以下问题:

1. 预决算管理水平有待提高

2个部门超预算260.64万元进行政府采购。1个部门无预算和超预算共列支费用35.59万元。2个部门存在决算编制不准确,预算公开内容不完整等问题。

2. 部分资金使用进度有待加快

6个项目预算金额2.70亿元,当年支出进度低于50%。1个部门管理的上级转移支付资金1 458.12万元结转至2022年,截至6月底仍有507.47万元未使用。1个部门管理的专项债券1 237.95万元沉淀于项目单位,未退回市财政。

3. 绩效管理工作有待加强

市直招商组工作经费绩效自评数据不准确,无依据填报绩效指标完成情况。商业及服务业发展专项资金未开展绩效评价。住房和城乡建设管理经费绩效指标值设置不科学,不能真实反映绩效目标完成情况。

4. 财务管理有待规范

3个部门存在审核支付流程不规范,部分大额资金支出未经会议研究、往来账款清理不及时等问题。1个部门无依据提高工资标准多发工资2.34万元。1个部门存在超范围报销差旅费,报销凭证附件不完整,公务卡制度执行不严格等问题。

5. 代管资金管理不到位

主管部门未按上级政策要求修订完善建设工程质量保证金管理制度,未建立三方监管账户定期对账制度,业务台账记录不规范。

(三)重大政策贯彻落实和专项资金审计情况

聚焦做好"六稳"工作,落实"六保"任务,重点审计了以下方面:

1. "稳就业"政策贯彻落实情况

为贯彻落实党中央、国务院关于稳就业保就业的决策部署,2020年至2021年,全市阶段性减免企业社会保险费用13.86亿元,投入资金2.50亿元用于职业技能提升、创业就业扶持等项目,援助重点群体就业1.80万人次,为我市稳经济保增长促发展提供了有力保障。审计发现问题有:

(1)部分目标任务未完成。企业新录用人员岗前技能培训合格率目标任务为95%,实际为90.98%;新技工系统培养稳定率目标任务为95%,2018年至2022年实际平均为81.5%;就业见习岗位目标任务为496个,实际完成371个,完成率为74.8%。

(2)对民办培训机构监管不到位。主管部门未对线下培训学时达标情况进行审查,18人未达到学时标准,占比11%。2家培训学校按规定应有在职教师32人,实际仅为8人;1家培训学校2名教师无资质等级证书。

2. "助企纾困"资金专项审计情况

重点审计了"制造强省"系列资金、中小企业发展专项资金、"三重一创"专项资金、创新型省份专项资金、科技创新驱动专项资金、商业及服务业发展专项资金等,金额3.94亿元。审计发现问题有:

(1)政策落实不到位。"互联网+政务服务"工作推进较慢。6个县区未制定并报送资金使用方案。1个部门未建立涉企奖补资金档案管理制度。

(2)引导发展不明显。资金投向过于分散,部分企业奖补资金仅为100元、200元。资金使用方式单一,市本级当年安排的2亿元资金中,1.94亿元以直接奖补形式补贴到企业。5家企业获得奖补后停产或未生产。

(3)资金管理不严格。未在规定时间内拨付给企业奖补资金1.13亿元。重复奖补2家企业技改提升资金40万元;未足额兑付3家企业跨境电子商务奖补资金11.60万元。

（4）评审工作不规范。8类奖补项目存在未开展复评（核）、未开展现场核查、无现场核查意见、缺少评定依据等问题。3类奖补项目未按规定审核企业上报资料，评定口径和数据与文件规定不一致。

3. 农业产业化资金专项审计情况

2020年至2021年，市本级安排农业产业化专项资金2亿元，已支付0.61亿元，拨至市农投公司1.20亿元，结余0.19亿元。审计发现问题有：

（1）资金效益待提高。拨付至县区4 525.56万元，奖补对象401个，奖补范围广、对象多、资金量小，难以调动受补助对象生产发展的积极性。1.39亿元未使用，效益未发挥。

（2）资金使用待规范。1个部门挪用38.85万元专项资金购置公务用车；1个部门在项目中列支履约保证金等非项目支出5万元；1 388.35万元项目资金分配结果未公示。

（3）项目管理水平待提升。4个县区在同一年度给9家企业重复发放市级以上项目奖补资金348.61万元；1个县区2家企业获得的50万元奖补资金用途与实际经营内容不一致。

（四）政府投资项目审计情况

对城区立体停车场等项目开展了跟踪审计，对二中校区周边棚改项目、龙河苑安置小区等征迁安置小区（地块）进行了征迁安置情况调查。项目总投资额90.63亿元，审计促进节约政府资金2.30亿元，取得了良好的经济效益和社会效益。审计发现问题有：

一是部分项目存在预算编制质量不高，图纸设计深度不够等问题。

二是部分项目存在现场签证不规范，参建单位人员未请假长期不在岗等问题。

三是部分项目编制价款结算时存在高估冒算，多计工程造价等问题。

（五）国有资产和自然资源资产审计情况

结合预算执行审计、经济责任审计和自然资源资产审计等项目，审计了行政事业、国有企业和自然资源等管理使用情况。审计发现问题有：

1. 国有资产管理方面

（1）资产管理工作不规范。1家企业资产管理制度不健全，未制定资产接收、评估、入账、处置等制度，未按合同约定收取1.47万平方米房产的租赁保证金。市开发区12.18万平方米门面房、厂房等处于空置状态。1个部门管理的120套房屋未通过市场评估方式确定租金标准，20套房屋未通过拍租方式出租。

（2）租金收缴不到位。1个部门管理的直管公房35.17万元租金未收缴；1家企业管理的经营性资产622.20万元租金未收缴。

2. 自然资源资产方面

（1）资源环境规划编制不完善。个别县区未编制环境保护规划，未制定绿色发展指标体系，编制中心城区控制性详细规划时未采取论证会、听证会或者其他方式征求专家意见。

（2）自然资源管理不规范。1个县区在疏浚河道工程中无证开采砂石约200万吨。主管部门对2家单位取水数据统计不准确，少计取水量35.63万立方米。

（六）加强财政管理的建议

1. 促进重大政策措施落地见效，推动经济高质量发展

贯彻落实党中央"疫情要防住、经济要稳住、发展要安全"的明确要求，全面落实"六稳""六保"任务，扎实推动稳经济各项政策落地见效。进一步整合专项资金，创新使用方式，充分发挥财政资金的杠杆和引导作用，不断优化营商环境，激发各类市场主体活力。健全完善直达资金机制，确保实现惠企利民政策"及时、直达、精准、安全、绩效"的目标。

2. 持续深化预算管理改革，不断提升财政管理水平

加快项目支出标准体系建设，落实预算执行与预算编制挂钩机制，提高预算编制的科学性和准确性。牢固树立过"紧日子"思想，强化预算约束，完善预算追加，优化财政支出结构，保障财政资金优先用于重点领域。进一步夯实决算编制基础，确保决算真实准确，公开透明完整。

3. 完善预算绩效管理体系，推动财政资金提质增效

突出绩效导向，将落实重大决策部署作为绩效管理重点，深入推进预算和绩效管理一体化，健全绩效评价结果与预算安排、调整的衔接机制。强化绩效目标管理，提高绩效目标设置的合理性和科学性。扎实开展绩效评价工作，加大对部门绩效自评的监督检查力度，提升绩效报告质量和管理水平。

4. 严格执行政府投资项目管理制度，确保项目高效有序推进

落实《六安市本级政府性投资计划项目管理导则》的要求，压实设计、施工、管理等各方责任，细化工作举措，规范政府投资行为。加强政府投资项目全过程监督管理，做好征迁安置、施工管理、资金拨付等重点环节管控，确保工程质量和资金运行安全，提高投资效益。

5. 加强国有资产资源管理，提高国有资产资源使用效益

认真贯彻《国务院办公厅关于进一步盘活存量资产扩大有效投资的意见》要求，落实管理职责，完善监管机制，有效盘活存量资产，形成存量资产和新增投资的良性循环。严格落实向市人大常委会报告国有资产管理情况的制度，加强自然资源资产管理，

促进自然资源资产高质量利用,使国有资产资源更好服务发展、造福人民。

本报告反映的是2021年度市本级预算执行和其他财政收支情况审计发现的主要问题。对这些问题,市审计局依法征求了被审计单位意见,出具了审计报告。审计指出问题后,有关县区、部门和单位正在积极整改,下一步我们将认真落实本次市人大常委会的审议意见,压紧压实整改主体责任,做好审计整改工作。

主任、各位副主任、秘书长、各位委员:

2022年,我们将更加紧密地团结在以习近平同志为核心的党中央周围,以习近平新时代中国特色社会主义思想为指导,全面贯彻党的十九大和十九届历次全会精神,增强"四个意识",坚定"四个自信",做到"两个维护",按照党中央决策部署和省委市委要求,认真落实新修订的审计法,践行以人民为中心的发展思想,加大审计监督力度,自觉接受人大监督,为推动六安高质量发展提供更好的保障,以实际行动迎接党的二十大胜利召开!

二、福州市人民政府关于2021年度市本级预算执行和其他财政收支的审计工作报告

根据市委市政府部署和审计法律法规要求,市审计局以习近平新时代中国特色社会主义思想为指导,全面贯彻中央和省委、市委审计委员会会议精神,认真落实市第十五届人大常委会第三十七次会议有关决议以及审计工作审议意见,组织开展了2021年度市本级预算执行和其他财政收支情况审计工作,着力推动重大政策措施落实,促进提高财政资金使用绩效。

(一)市本级预算执行及绩效管理审计情况

按照审计工作全国"一盘棋"及省市县"同级审"三级联动推进监督全覆盖的要求,市审计局加强全市审计资源统筹,立足经济监督定位,深化"1+N"财政审计模式,对2021年度市本级和107个市直部门及所属405家单位一体化审计全覆盖,并根据数据审计结果对一些部门(单位)及重点财政专项资金开展延伸。重点审计了市本级财政和部门预算执行及决算草案情况,创新类园区产业发展、乡村振兴战略实施、困难群众救助补助、市本级国有企业国有资产等11个专题专项以及相关的部门单位。

2021年,全市认真执行第十五届人大常委会第五次会议批准的财政预算,市本级预算执行和其他财政收支情况总体较好。

——积极财政政策实施力度加大。落实减税降费政策措施,实施常态化财政资金直达机制,推动市本级直达资金35.36亿元快速直达基层,更好地惠企利民;聚焦经济高质量发展,投入8.66亿元资金积极支持数字经济、海洋经济、绿色经济发展,增强经济

发展后劲。

——民生和重点建设支出保障有力。持续保障民生事业发展，教育、社会保障和就业、医疗卫生等民生支出执行率分别为81.26%、82.85%、86.33%，均高于一般公共预算执行率。新增专项债券积极支撑城市轨道交通、公共基础设施等落地投建，充分发挥促投资、稳增长作用。

——财政管理改革持续深化。实施市级零基预算改革，制定完善交通运输、生态环境等领域市与县区财政事权和支出责任划分改革方案。积极构建预算绩效管理体系，年初预算基本纳入绩效目标管理范围。坚持政府带头"过紧日子"，严控"三公"经费等一般性支出，加大存量资金清理盘活。

——审计整改力度不断加大。市委主要领导多次作出批示要求，市政府多次召开专题会议研究部署，市委审计委员会出台建立健全审计整改长效机制若干措施，市审计局创新"1+2+N"审计整改长效机制，对2017年以来市本级未整改到位问题开展"回头看"，有关县（市）区、部门认真落实整改。目前，上一年"同级审"整改率达95.91%，促进增收节支、调账处理等20.30亿元，采纳审计建议意见206条，完善制度措施116项，移送市纪委监委及有关部门问题线索16件。

从审计情况看，市本级预算执行情况总体是好的，但也存在一些需要进一步规范的问题。

（1）部分预算统筹安排管理还需加强。部分上年结转资金未纳入次年综合预算统筹安排使用，审计抽查7个部门近三年年末结转资金从8.09亿元，递增为8.64亿元、13.22亿元；有5个部门（单位）35个项目在上年结转4 836.16万元基础上，2021年又安排预算4 626.49万元，而当年实际仅支出752.76万元，至年底结转增至8 709.89万元，财政预算统筹安排管理尚需加强。

（2）部分预算执行管理不到位。有82个发展性项目年初预算8.59亿元下达进度不足50%，实际执行差额7.35亿元，其中42个发展性项目预算2.74亿元当年未实施。至年底有2项政府性基金收入1 227.05万元挂账未及时安排使用；结转结余两年以上资金4 683.20万元未统筹盘活使用。

（3）转移支付管理仍不够完善。部分转移支付下达不及时，上级转移支付有55.15亿元超过30天分解下达，占比57.80%，至年底仍有17.48亿元未下达。市本级专项转移支付有53.56亿元超过60天下达，占比90.81%；一般性转移支付有9.97亿元超过30天下达，占比67.87%。部分转移支付结转结余大，对下转移支付资金81.74亿元至年底尚有32.11亿元结存县（市）区未使用，占比39.28%（至2022年3月底仍结存22.88亿元）。

（4）全面预算绩效管理实施不到位。部分当年新增预算项目绩效管理不到位，有11个部门（单位）当年新增56个项目预算10.31亿元没有编制绩效管理目标，有7个部门（单位）当年新增项目预算 2.58 亿元未按规定实施事前绩效评估。部分项目绩效监控结果应用不到位，有 4 个部门（单位）8 个项目当年预算 3.55 亿元，实际执行仅 1.37 亿元，监控结果应用不及时形成结转 2.18 亿元。

（二）市直部门预算执行和决算草案审计情况

对市直部门单位实行一体化大数据全覆盖审计，根据分析结果重点抽查 4 个部门和其下属 15 家单位及相关县（市）区具体用款单位，并围绕重点财政专项延伸 50 多个部门（单位）。审计结果表明，市直部门预算执行总体情况较好。发现的主要问题：

（1）预算执行和绩效管理有待加强。抽查有 8 个部门（单位）16 个项目预算资金 5.18 亿元，绩效目标编制不规范，当年预算执行 56.76%，至年底结转 2.24 亿元；9 个部门（单位）10 个项目 6.38 亿元资金，绩效评价指标中产出指标和效益指标平均权重仅为 43.58%，低于规定的 60%，当年预算执行 69.91%，至年底结转 1.92 亿元。抽查 4 个部门发展性项目，有 42 个绩效目标实际完成未达到目标值，17 个绩效目标实际完成值与设置值差距较大，未能通过绩效管理考核有效促进资金使用效益。

（2）预算资金二次分配和统筹管理不到位。有 487 个项目预算 506.33 亿元二次分配不及时，截至 9 月底仅下达 378.83 亿元，下达率 74.82%，低于规定的 100%，至年底仍有 13.47 亿元未分配。近三年上级专项转移支付至部门的 60.04 亿元中，至年底仍有 745 个项目 9.68 亿元未使用。有 4 个部门及其下属单位 4.80 亿元实有资金未及时清理盘活，至目前审计已促进上缴财政 3.80 亿元。

（3）部门决算草案编制不规范。抽查 4 个部门决算草案编制情况，主要存在账务处理不规范、资产未及时登账和核销、非税收入未按规范纳入预算编排、往来款项未及时清理等影响决算草案真实、准确、完整的问题，共涉及 1 727.53 万元。

（4）部分"三公经费"管理和"过紧日子"落实不够严格。审计结果表明，各单位能认真贯彻执行中央八项规定精神，不规范事项和金额大幅下降，但也发现有部分单位存在转嫁接待费用、超标准报销差旅费、无公函接待、违规申领补助等共计 53.87 万元。

（三）重大政策措施落实和重点专项资金项目审计情况

1. 疫情防控相关政策资金审计情况

市委市政府高度重视统筹推进疫情防控和经济社会发展，今年以来，进一步强化部署，各级各部门迅速响应，防控资金物资保障有力，惠企纾困有序推进，积极应对疫情影响取得成效。根据省审计厅统一部署要求，市审计局迅速组织市县两级审计人员组成 13 个专项审计组开展疫情防控政策资金落实情况跟踪审计，重点审计疫情防控资金和物资，以及稳就业、稳生产等政策落实情况，延伸抽查 80 个部门（单位），涉及 5.54 亿元财政资金。对审计发现存在的部分专项资金未及时下达具体用款单位、共享用工政策成效不明显等问题,审计机关已及时出具审计报告,积极督促相关部门推动整改,以审计监督实效全力支持保障统筹推进疫情防控和经济社会发展。

2. 困难群众救助补助审计情况

根据审计署统一部署,重点对2020年至2021年9月底困难群众救助补助政策落实及资金分配管理使用情况开展审计,涉及资金13.72亿元。结果表明,近两年我市出台《改革完善社会救助制度实施方案》,不断扩大兜底保障覆盖面,近7万名困难群众纳入低保、特困,促进兜牢基本民生保障底线。发现的主要问题:一是资金分配使用不规范。有3个县区399.88万元残疾人生活补贴、护理补贴等未发放到位;3家救助机构未按规定支付医疗费、护理费等救助费用229.07万元。二是救助政策落实不到位。因动态监测不及时、信息不共享、工作不扎实等原因,造成有84人存在违规享受、重复享受、应享未享救助待遇等,涉及20.52万元。三是集中供养救助机构职责履行不到位。4家福利院、救助站等存在流浪人员安置不到位、工作人员配备不足、物资管理不规范等。

截至目前,审计已促进拨付使用资金830.51万元,追回多发放的补助等20.54万元。

3. 粮食购销领域专项审计情况

全市共组织59名审计人员开展粮食购销领域专项审计,抽查专项资金11.47亿元。结果表明,全市各级各部门贯彻落实粮食购销领域的各项政策规定,落实省里下达的福州市粮食储备规模任务,基本能按照规定的程序进行粮食轮换。发现的主要问题:一是粮油购销管理不规范,个别政策性粮油企业未在合同约定时限内完成政策储备粮轮入/轮出,未及时收回销售款项,涉及原粮及资金6.45亿元。二是粮油存储和质量管理不到位。2017年至2021年,市级原粮实际储存平均损耗率0.93%,超过0.20%的标准,对异地动态储备粮监管不到位。三是国有粮库油库储存利用不到位,共计2.47万吨的粮库油库剩余仓容未有效利用,却向私营企业租用1.43万吨的油罐及粮仓用于储备。

4. 乡村振兴相关政策资金审计情况

对乡村产业发展、农村人居环境整治、乡村振兴试点示范等相关政策和资金情况开展审计,延伸相关县(市)区15个部门(单位)23家企业88个项目2.15亿元资金,走访20个乡镇37个村119户。结果表明,全市加大统筹整合资金力度全力支持乡村振兴战略实施,推动乡村产业发展、农村人居环境整治,壮大特色产业,加快产业融合。发现的主要问题:一是部分政策资金未落实到位。下达县(市)区乡村振兴资金14.34亿元,至2021年年底结存4.94亿元(至2022年3月底尚结存3.07亿元),未及时发挥政策资金绩效。二是部分乡村振兴项目管理不规范。有5个省级优势特色产业项目和发展特色农业建设温室大棚项目任务未完成,涉及336.81万元补助资金;40个试点示范项目管护不到位、未及时拨付进度款等。三是农村人居环境整治仍需加大力度。31个畜禽粪污资源化利用项目推进缓慢,未及时完成竣工验收,涉及 2 546.50 万元补助资金;324 个农村户厕、污水处理设施运营管理不到位。

5. 林长制政策落实审计情况

审计重点抽查 12 个部门和企事业单位以及相关县(市)区 14 个乡镇的 59 个项目,涉及专项资金 2.33 亿元,结果表明,全市认真落实林长制相关政策,设立市县乡村四级林长,推进森林资源网格化管理,森林资源得到较好保护。发现的主要问题:一是林业综合改革推进不到位。2 个县重点生态区位商品林 5.12 万亩未规划发展林下经济,林地资源有待盘活利用;森林综合保险赔偿工作开展不及时,受灾赔偿款 80.49 万元尚未赔付。二是落实林长制工作有待加强。4 个县区存在未建立林长公示牌、巡山日志不规范等;2 个县(市)未按时完成"村植千树"任务、绿化美化项目,涉及补助资金 183 万元。三是专项资金管理不规范。有 5 个乡镇林业有害生物防治项目已验收完成,相关政策资金 113.95 万元尚未拨付;3 个乡镇 36.16 万元森林生态效益补偿和天然商品林停伐管护补助资金未及时发放至林农。

6. 海洋经济领域政策落实审计情况

组织对海洋经济领域政策落实和财力保障情况开展专项审计调查,重点延伸 8 个部门 17 家企业,涉及 8.62 亿元专项资金。结果表明,全市加大力度推进建设"海上福州",海洋经济规模持续壮大。发现的主要问题:一是部分"海上福州"重点项目未按时推进。至 2021 年年底,185 个"海上福州"重点项目中,有 6 个项目未完成当年计划投资额,3 个项目未按计划时限竣工。二是落实海洋经济三年行动方案不到位。5 个县(市)区渔港建设、新增海洋科创平台等 13 项任务推进不到位,其中 4 个县(市)计划 2021 年启动的 46 个渔港建设项目仅启动 14 个项目。三是部分远洋渔船更新改造及海上养殖建设任务未及时完成。全市 348 艘远洋渔船 609 套船上设施更新改造任务至目前尚未完成,3 个县(市)未按时完成海上养殖转型升级建设及验收任务,共涉及 1.82 亿元补助资金结存。

7. 创新类园区产业发展审计情况

组织对创新类园区产业发展状况开展专项审计,重点审计了 2 个园区 6 个部门,涉及 4 372 家企业。结果表明,相关园区能积极探索、打造亮点,营业总收入等主要经济指标逐年增加。发现的主要问题:一是主导产业引进力度有待加强。抽查 2 个园区,2017 年至 2021 年间,有 1 个园区共引进企业 575 家,其中主导产业仅 57 家,难以发挥主导产业集聚效应;另 1 个园区共有 3 项主导产业,其中信息技术服务业和商务服务业等 2 项主导产业共引进 712 家,而计算机通讯主导产业仅 7 家,主导产业间扶持引进力度不够均衡。二是部分厂房、研发楼转让履约监管不到位。对 12 家产出效益考核不达标的企业履约监管不到位,园区未开展相应处置工作;2 处工业用地违建 0.27 万平方米并改变用途违规租赁用于商业。三是部分土地及研发楼利用效益不佳。1.06 万平方米已停产且厂房空置的低效用地,以及 9.92 万平方米的研发楼空置尚需盘活;89.33 万元应收租金、水电费未及时收缴。

(四)市本级国有企业国有资产审计情况

对市本级国有企业国有资产管理使用情况开展专项审计,重点抽查福州城市建设投资集团有限公司、福州新区开发投资集团有限公司、福州市水务投资发展有限公司、福州市规划设计院集团等 4 家集团,发现的主要问题:一是市场竞争力有待提高,全市国企盈利能力下降,资产增长率与上年同比下降 4.79 个百分点。创新研发投入力度需加大,抽查 2 家国企 2021 年创新研发投入仅占总成本的 0.10%、0.21%。二是经营和投资效益不佳,抽查有 3 家集团存在下属企业连年亏损、对外投资参股企业效益不佳等;2 家集团对外投资项目亏损、被拖欠保证金等,涉及 2.43 亿元。三是资产管理不规范,有 5 家国企 49.61 万平方米资产存在无产权、未入账;2 家企业化管理事业单位经营收入未编列国有资本经营预算,收益未纳入监管。四是经营风险管控有待强化,抽查有 3 家国企资产经营活动现金流不佳,部分应收账款和未结算项目需清理清算。

(五)审计建议

(1)进一步完善预算管理管好"钱袋子"。深化零基预算管理改革,建立健全预算支出标准体系,做好预算管理"一体化"的全面推广实施,提高预算编制和执行的科学化和精细化水平。加强财政资源统筹,优化财政支出结构,健全转移支付管理,加快推进分领域财政事权和支出责任划分改革。认真落实"过紧日子"要求,规范财政收支行为,统筹盘活存量资金和闲置资产,促进财政资金用在刀刃上。

(2)进一步强化全面预算绩效管理提升效能。坚持"花钱必问效、无效必问责",构建全方位、全过程、全覆盖的预算绩效管理体系,将绩效管理融入预算编制、执行、监督全过程,强化绩效管理的刚性约束,促进提升预算管理绩效。建立健全绩效评价与预算安排相衔接的工作机制,加强绩效监控和绩效评价结果运用,实现绩效管理结果与优化政策、调整预算的实质性挂钩,促进绩效管理与预算编制、执行、监督融合提升。

(3)进一步深化改革发展推动政策措施落地。聚焦产业发展、乡村振兴、生态环保、为民办实事等重点领域政策落实和重点项目资金管理使用情况,进一步压实管理责任,着力增强政策的持续性和协调性。深化国有企业改革,健全国有资产管理制度,加强各类风险管控,集聚优势资源,促进企业做大做强。加强财政财务收支监管和内部审计监督,建立健全问题整改长效机制,进一步落实审计整改主体责任,一体推进加强管理、完善制度和深化改革。

三、贵阳市人民政府关于 2021 年度贵阳市市本级预算执行和其他财政收支的审计工作报告

根据《审计法》的相关规定和市人大常委会工作安排，现将 2021 年度贵阳市市本级预算执行和其他财政收支的审计情况报告如下。

按照市委市政府决策部署，由市审计局依法审计了 2021 年度市级预算执行和其他财政收支情况。审计结果表明：2021 年，全市各级各部门坚持以习近平新时代中国特色社会主义思想为指导，在市委市政府的坚强领导下，市人大的监督指导下，全面贯彻落实党的十九大和十九届历次全会精神，衷心拥护"两个确立"，忠诚践行"两个维护"，深入贯彻落实习近平总书记视察贵州重要讲话精神，弘扬伟大建党精神、坚定人民立场，统筹推进疫情防控和经济社会发展，扎实做好"六稳"工作、全面落实"六保"任务，全市经济稳定向好，"强省会"行动平稳起步。从审计情况看，财政运行总体平稳，重点领域支出得到了较好保障。

——围绕"四新"主攻"四化"，高质量发展取得新进展。深化供给侧结构性改革，完善财政支持经济社会发展的政策措施，有力支持"四化"建设，推动发展方式转型和经济结构优化调整，持续加大助企纾困力度，培育壮大市场主体，2021 年地区生产总值达 4 711.04 亿元，人均地区生产总值突破 1.2 万美元，一般公共预算收入提高到 426.68 亿元，综合实力显著增强，实现了发展质量的稳步提升。

——财政管理能力不断增强，民生支出保障有力。深入推进零基预算改革和部门整体绩效管理改革，顺利完成财政预算管理一体化工作，加强国有资产管理，开展党政机关和事业单位经营性国有资产清理，建立中央直达资金监控机制，推动资金直达基层惠企利民，完善政府债务风险防控制度，积极防范化解债务风险，大力提升公共服务供给，公共财政用于民生支出比重达 65% 以上，民生支出保障有力。

——审计整改机制进一步完善，整改力度进一步加大。市委市政府高度重视审计整改工作，多次对审计整改作出安排部署，要求从讲政治的高度抓整改，压实整改工作责任，加强制度性、机制性部署，提升审计监督效能。市人大常委会依法加强监督检查，督促推进审计整改落实。市审计局建立整改闭环管理机制，压紧压实整改主体责任，协同推进整改工作。2021 年市审计局向市纪委市监委等有关部门移送各类违纪违法问题线索 16 项，推动建立健全有关制度 10 项，纠正问题金额 68.91 亿元。

（一）决算草案和预算管理审计情况

根据 2021 年市本级决算草案，贵阳市本级一般公共预算收入完成 166.89 亿元，一般公共预算支出完成 205.49 亿元；政府性基金预算收入完成 136.38 亿元，政府性基金支

出 101.94 亿元；国有资本经营预算收入 12.33 亿元，国有资本经营预算支出 1.01 亿元；社会保险基金收入 138.70 亿元，社会保险基金支出 109.31 亿元。市本级一般公共预算支出完成数较年初向市人大报告的预算执行数增加 5 502 万元，主要原因是在向市人大报告 2021 年社保基金收支预算执行时不含贵安新区数据，在决算时根据省财政厅要求包含了贵安新区数据，社会保险基金收支完成数分别比年初向市人大报告的预算执行数多 8.4 亿元、1.94 亿元。主要审计了市财政局具体组织市级预算执行和编制决算草案情况，延伸审计了部分地区。

审计结果表明，2021 年，在财政收支压力较大的情况下，市财政局加强统筹管理，预算执行情况总体较好，决算草案基本真实地反映了 2021 年度市本级财政决算情况。发现的问题主要有：

（1）预算执行和绩效需进一步加强。因前期准备不充分，99 个市特色田园乡村振兴集成示范点项目未开工建设或未确定具体项目，涉及资金 6 000 万元，占预算总金额 83.33%；高新开发区、贵阳综合保税区、经济技术开发区财政未及时拨付工业信息化专项资金等 2 950 万元。

（2）政府综合财务报告编制不完整。由于历史基础资料缺失等原因，2020 年度市级政府综合财务报告中公共基础设施资产仅编制了市交委、市公安交通管理局、团市委、贵阳幼儿师范高等专科学校等 4 家单位管理核算的公共基础设施资产 10.09 亿元。

（3）部分收入征收不及时、核算不准确。未及时征收国有资本经营收益 19.79 万元；将应作为国有资本经营预算收入 266.43 万元纳入一般公共预算管理。

（二）2021 年度部门预算执行审计情况

审计了市交委等 4 个部门及所属 10 家单位。审计结果表明有关部门和单位提高了预算执行率，财政资金使用情况总体较好。发现的问题主要有：

（1）预决算编报不够准确、规范。一是市交委及其下属 2 家单位决算编报不实，虚增收入和支出 416 万元，少列收支和余额共 1 121.54 万元。二是市商务局 1 个项目支出预算不细化，涉及 456.95 万元。三是市科技局、市财政局 8 个项目预算安排与工作计划衔接不够，预算资金 432.19 万元未执行。

（2）2020 年财务报告编制不完整。市交委及下属 2 家单位部分项目建设款结转结余 17 546.45 万元未纳入 2020 年度财务报告。截至 2021 年末，资金结转结余 10 992.26 万元。

（3）预算执行及管理存在薄弱环节。一是市商务局等 8 家单位结余资金及利息收入 4 168.45 万元未及时上缴财政。二是市科技局监督不力，拨付至贵阳学院的科技专项资金 1 000 万元全部未使用；挤占项目经费 41.41 万元用于公用经费。三是市商务局未经财政批准改变 2 个项目政府采购方式，采购金额 657.26 万元。

（三）重点民生资金和重大项目审计情况

1."一圈两场三改"审计情况

2021年，共抽查审计了133个单位206个项目，发放调查问卷927份。审计结果表明，各级各部门围绕市委市政府统一部署，高度重视、积极推进，在改善群众居住条件、提高生活便捷性和交通便利性、推进新型城镇化等方面取得了成效。发现的问题主要有：

（1）资金拨付及管理使用有待加强。一是息烽县、开阳县上级补助资金拨付不及时，2160.62万元结存在财政或主管单位，占补助资金的93.29%。二是南明区、云岩区将部分未改造农贸市场面积纳入奖补资金计算范围，多支付奖补资金59.20万元。三是修文县超标准多支付棚改项目征拆补偿资金123.38万元；修文县城建公司违反合同约定，以648万元向房开商购买应由其配套建设并免费提供的60个农贸市场摊位，造成国有资金流失；由房开商配建后移交的88个摊位，因占用消防通道无法办理产权。

（2）部分区县未按计划要求完成目标任务。一是截至2021年年底，云岩区2021年实际新增公共停车位1852个，比计划少建设764个。二是截至2022年3月底，清镇市云岭生活圈完成10个配套设施项目建设，未完成2个。三是截至2022年3月底，修文县应配建的54套公租房，仍未交付使用。

（3）部分农贸市场改造通过验收后仍未达改造目的。一是相关部门疏于监督管理，导致部分改造项目验收后存在质量问题，或改造完成后仍存在"脏、乱、差"等现象。二是部分农贸市场改造后未充分使用，闲置率较高。

（4）安全生产管理制度未落实。全市有23个农贸市场改造项目未经消防验收即投入使用，存在安全隐患。如：贵州省建筑医院旁的花果园农贸市场未设计、未安装喷淋系统，部分消防栓未配备消防水带，存在较大安全隐患。

2."农村五治"审计情况

2021年至2022年3月底，共抽查审计87个单位、60个行政村、84个项目，并入户调查568户。审计结果表明，各级各部门高度重视，因地制宜、分类指导、积极推进有关工作有序开展。发现的问题主要有：

（1）相关制度及程序不完善。一是市住房城乡建设局制定的《贵阳市2022年农房风貌整治实施方案》和《贵阳市农村"治房"有关工作机制》中未明确市级有关部门的工作职责。二是市生态环境局未制定农村"治水"资金奖补管理制度，2022年市级预算安排的"农村五治"奖补资金3.84亿元，因部分单位未制定"农村五治"奖补资金使用管理制度或未达到奖补条件等原因，尚未兑付。三是市生态环境局农村生活污水治理摸底工作不充分，确定的治理目标任务不精准。

（2）部分项目推进迟缓，资金支付率低。一是乌当区等 6 个地区 14 个农村供水保障工程未按计划完成节点工作，未按要求完成招投标工作。二是 2021 年以来已到位的省市县各级用于"农村五治"方面的财政资金 3.42 亿元，截至 2022 年 3 月底，只支出 1.45 亿元，有 1.97 亿元未使用。

（3）重复申报、虚报建设内容。一是花溪区等 4 个地区重复申报或将不符合申报条件的 201 户纳入 2022 年"治厕"目标任务。二是经济技术开发区将以往年度已完成的 13 个行政村农村污水治理项目纳入 2022 年目标任务。

（4）后续管理不到位。一是云岩区、白云区 3 个黑臭水体治理项目建后管护不到位造成下水井堵塞，污水持续外溢堆积以及水体富营养化。二是白云区 9 户危房未见安全隔离警示标志及围挡，与村民的安全住房相连，存在二次倒塌灾害危险。

3. 重大项目审计情况

共跟踪审计和专项审计调查了 17 个建设项目情况。有关单位进一步规范了投资建设管理。发现的问题主要有：

（1）部分项目履行基本建设程序和执行四项制度不到位。如：市城投集团未按规定取得太金线项目的初步设计概算等相关批复及建设用地规划、施工许可证等即开工。

（2）部分项目建设管理不严格。如：市城投集团及监理单位审核把关不严，导致多计人民大道北段建设项目进度款 969.44 万元。市交投公司未认真履行代建单位职责，造成多计公共卫生救治中心建设项目医用钢制密闭门工程款等 192.56 万元。

（3）2 个项目未按预期推进及建设，影响项目绩效。市综合管廊建设公司推进贵阳西南商贸服务业集聚区综合管廊及附属配套工程缓慢，未按批复工期完成项目建设；市智慧停车公司未经批准，大幅调减城市停车场项目建设内容及规模，调减停车位数量 6 039 个、减少 60%，造成单位建设成本提高，将影响项目绩效。

（4）部分项目征拆有关工作推进不力，有的已造成建设成本增加。如：观山湖区未按期完成宾阳大道北段道路工程及东纵线延伸段道路工程拆迁安置房购建工作，未能及时安置 498 户拆迁户，已累计产生超期过渡费 1 751.94 万元，最早的超期达 6 年之久。

（四）重大政策措施落实跟踪审计情况

1. 新增专项债券资金审计情况

审计了 2021 年度地方政府新增专项债券资金管理使用情况，市发改、财政等部门和各地积极申报专项债券资金，增加了有效投资。发现的问题主要有：

（1）挪用专项债券资金。乌当区和修文县挪用专项债券资金 14 981.92 万元用于归还平台公司债务、非专项债券项目支出及有关征拆工作经费等。

（2）部分项目推进缓慢，专项债券资金闲置。市卫生健康局及息烽县等 4 个地区

6个专项债券项目未按期开工、完工、未按绩效目标完成工程进度等，造成资金闲置，涉及87 307万元。

（3）部分项目未严格履行基本建设程序。市工商投公司及清镇市等6个地区13个项目未按规定取得用地、工程规划许可等相关手续即开工；南明区等2个地区5个项目未公开招投标或后补招投标手续，涉及41 576万元。

（4）专项债券资金使用管理不规范。白云区等7个地区存在专项债券资金收支及项目对应的收益未纳入预算管理、超进度拨付资金、多付资金及未按规定设置专户等。

2. 清镇市乡村振兴审计情况

清镇市积极展农业产业，推进农村环境提升，带动农户增收致富。发现的问题主要有：

（1）未拨付或兑现有关资金。一是滞留40.46万元农业产业结构调整财政补助资金，未拨付给农户。二是有关合作社和公司未兑现农户土地流转费102.46万元。

（2）未按要求开展农村环境治理工作。一是改厕底数不清，未完成改造任务，少建1 980户。二是3个新建污水处理厂应于2020年年底前完成并投入使用，截至2021年7月底，仍在建设中。三是未按要求建立和完善垃圾收运处置体系及配置村级保洁员。

（3）个别农村饮水政策未落实。22处饮水项目点水价高于县城水价；20处农村饮水水源水质不达标。

3. 清理拖欠中小企业账款及就业优先等政策落实情况审计

我市持续关注清理拖欠中小企业账款和就业优先等政策措施落实情况。总体看，有关部门积极贯彻落实有关决策部署，大力稳定就业，有效纾解企业困难。发现的问题主要有：

（1）清理拖欠中小企业账款政策等落实不到位。一是市投控公司等3家市属国有企业、息烽县等5个地区拖欠中小企业款项共14 003.15万元。二是市投控公司和开阳县拖欠农民工工资236.33万元；白云区5家施工总承包单位未足额存入工资保证金1 942万元；清镇市71个项目施工单位未足额存入工资保证金1 799.92万元；息烽县少收工资保证金652.67万元。三是清镇市、息烽县保障机制不健全，不利于新开工项目纳入劳动保障监管范围；清镇市等3个地区拖欠工程款数据、欠薪数据不准确。

（2）部分就业优先政策落实不到位。一是市人力资源社会保障局、开阳县、修文县、观山湖区等未认真履行审核职责，向不符合补贴条件的单位或个人发放各类补贴和失业保险待遇146.03万元。二是开阳县、修文县未正确执行补贴政策，超标准、超范围使用就业资金以及虚假资料套取资金共计520.99万元。三是市社保中心和云岩区社保局对拨付的稳岗返还资金监管不到位，资金滞留劳务派遣企业，未按规定及时拨付至实际用工企业397.42万元。

（五）领导干部经济责任审计情况

2021年，对白云区政府、市卫健投公司、市文化和旅游局、市总工会、市二中等单位5名领导干部开展任期经济责任审计。有关领导认真贯彻落实决策部署，有效促进地方经济发展，不断规范了单位管理。发现的问题主要有：

（1）一些经济方针政策贯彻执行不到位。一是白云区违反协议约定向2家未完成经济指标的企业支付扶持资金；对1家招商引资对象事前评估不充分，投资实力、股权变更等涉及履约能力事项的后续跟踪管理缺位。二是市总工会对困难职工档案动态管理不到位，未将不符合条件的169名在档职工及时退档，违规发放生活补贴33.80万元；超范围发放送温暖慰问金72.06万元。

（2）部分重大经济事项的决策、执行不规范。一是市卫健投公司下属子公司以虚假受托支付方式套取银行贷款800万元；下属子公司未经股东大会或董事会决议，购买9 195.81万元的设备资产无偿提供给医院使用，同时无偿为医院支付装修款、设备安装费等费用195.42万元。二是白云区城投公司违规购买处于抵押状态的商铺332套；违规提前验收不具备交付条件的商铺21套；未经报批违规减免因延迟交房产生的违约金1 718.73万元；未严格执行协议约定，承担该由民营企业承担的平场费用121.03万元。三是市二中违反政府采购规定，在已确定的供应商之外自行采购大米、油类40.40万元。

（3）财政财务管理和经济风险防控需加强。一是市卫健投公司下属子公司和参股公司违规无偿出借贷款资金10 221.44万元给民营企业和民营股东，长期未收回，并承担了贷款利息，造成国有股东权益损失；市卫健投公司未经董事会决议，聘用财务中心负责人，未按公司章程规定审议通过薪酬福利管理制度；市卫健投公司及部分子公司收支核算不实，虚增收入49 974.21万元、虚列成本费用51 526.34万元，土地资产未入账核算形成账外资产。二是白云区融资平台公司未报经市政府审批通过非标准化债务融资工具举债54 456万元；以虚假交易开具银行承兑汇票后办理贴现40 350万元；违规改变专项资金用途，将应用技术研发资金1 310万元用于归还贷款；应征未征防空地下室易地建设费和城市基础设施配套费1 483.62万元。三是市文化和旅游局8个项目推进缓慢，7 081万元的项目资金未支出；重复发放演出场次补贴15.9万元。四是市总工会送温暖资金99.68万元闲置11年之久未使用。

（4）内部管理不严，私设"小金库"。市文化和旅游局下属单位采取资产设施租赁收入不入账等方式私设"小金库"830.31万元，资金主要用于发放职工津补贴39.95万元，未经审批出借给个人并长期占用6.28万元及景区安保、保洁等支出，部分资金去向不明。

（六）国有资产审计情况

重点审计了企业、金融、行政事业和自然资源等4类国有资产管理使用情况。

1. 国有企业和银行审计情况

2021年，市审计局以促进国有企业改革和金融机构健康可持续发展防范风险为目标，对市城投集团和贵阳农商银行进行了审计。发现的问题主要有：

（1）重大事项决策与管理需加强。市城投集团购买已处于抵押的状态房产38 455.54万元，无法办理产权，资产权属存在风险；贵阳农商银行在办理信贷业务过程中，存在贷前调查、授信审批、贷后管理以及抵押物的监督管理中不尽职不尽责的问题，对风险客户的调查了解不够深入，加大了信贷资产的风险。

（2）财务核算不规范。市城投集团合并报表编制不规范，部分子公司经济业务合并抵消不完整或重复抵消，部分应纳入合并范围的子公司未纳入合并报表。下属子公司未按规定计提坏账准备1.59亿元；贵阳农商银行贷款五级分类不够准确。

（3）经营业务与管理有待提升。一是市城投集团下属建投公司拆迁安置工作推进不力，加大项目建设成本。市住投融资担保公司未按规定程序办理担保业务，存在资金损失风险。顺源公司等子公司内部管理存在薄弱环节和廉政风险，工程项目和材料采购未履行程序，直接指定施工单位和供应商。二是贵阳农商银行办理以物抵债时抵押物1.24亿元未经评估，办理授信业务时抵押资产高评1 600.54万元；11家支行动产抵押物监管缺失导致部分抵（质）押物灭失。

2. 行政事业单位国有资产审计情况

在部门预算执行情况审计中，发现国有资产管理方面的主要问题有：一是市科技局下属已解散的全资集体企业贵阳市科技局劳动服务公司持有的贵阳银行股票长期脱离监管，截至2022年3月4日股票价值308.4万元。二是市交委下属2家单位未经财政部门批准自行划转、报废8辆车，资产账实不符。

3. 国有自然资源资产审计情况

2021年，对白云区、市水务局2名领导干部开展了领导干部自然资源资产离任（任中）审计，发现的问题主要有：

（1）执行资源环境法律法规不够严格。一是白云区15宗建设用地998.49亩已超过合同约定开工时间达2年以上，未依法开展疑似闲置土地调查并统筹研究解决有关问题；未对非法盗采矿产资源破坏林地林木行为进行法律追究，未开展恢复治理1 195亩；15宗261.38亩临时用地已到期，部分地块未经批准仍被占用，白云区自然资源局未督促及时复垦复绿，也未对占地行为进行严格执法查处，涉及耕地134.19亩、林地20.19亩；未督促5处已关闭矿山完成生态恢复治理。二是市水务局水资费许可、征收管理工作不到位，未按规定对 7 家违法主体进行处理、处罚；对污水流量检测工作监管不力，17 座污水处理设施流量计误差较大，造成污水处理费计量不准。

（2）违反资源环境法律法规行为时有发生。白云区植树造林项目、个人非法设立渣土消纳场、开设养殖场等违法占用基本农田和耕地 47.98 亩。在划定的禁养区和饮用水源北郊水库二级保护区内违规设置畜禽养殖场，白云区未督促纠正。

（3）未全面完成资源管理和生态环境保护目标。一是 2019 年至 2020 年，白云区麦架河等 5 条河流地表水水质长期不达标，未达到贵阳市水质断面考核要求。二是市水务局未全面完成中小河流治理、市级河流划界等 7 项目标任务。

（4）部分资源环境资金征管使用不到位和建设项目效益不佳。一是白云区未足额计提矿山地质环境治理恢复基金、未及时征收水土保持费、土地出让价款及违约金共计126 858.92 万元。二是市水务局多付污泥处理服务费 177.7 万元；未及时监管区县征收入库水土保持补偿费 255 万元。三是清镇市红枫湖饮用水源二级保护区塘关灰场治理项目进展缓慢，存在灰坝安全和水环境风险隐患。

（七）贵安新区审计情况

审计了贵安新区财政收支，贵安新区住建局、财政局部门预算情况。贵安新区财政局、住建局不断加强预算管理，优化支出结构，保障"三保"资金需求。发现的问题主要有：

1. 财政收支审计情况

（1）预算编报欠科学合理。一是政府性基金预算编制不合理，预决算差异较大，收入、支出决算分别仅为年初预算的 39.74%、48.9%。二是代编一般公共预算支出 54.92 亿元，占预算总额的 73.78%，抽查 16 个项目预算执行率仅为 28.1%。三是改变教育费附加用途2 830.41 万元用于教育系统临聘人员工资。

（2）财政收支核算管理不够严格。一是国库集中支付制度执行不到位，财政资金24 691.10 万元留存预算单位未进行清理。二是社保基金专户存款未执行优惠利率，少计专户利息 392.02 万元。

（3）债务管理不到位。一是 2 个新增专项债券项目未按期开工或进度缓慢，造成8 728.63 万元资金闲置在项目单位监管账户。二是贵安新区住建局为完成土地储备，变相要求贵安新区产业发展控股集团有限公司为其举债 18 578.21 万元，造成新增政府隐性债务。

2. 部门预算执行审计情况

（1）预决算编报不规范、不真实。一是贵安新区住建局 2021 年将未实际支出的医科大学土地收储经费 5 亿元列支并计入当年决算报告，造成决算不实。二是贵安新区住建局和贵安新区财政局预算编报不完整，年初结转结余 6 289.10 万元未纳入预算。三是贵安新区住建局将借用人员纳入预算编报范围，虚报公用经费 36.40 万元。四是贵安新区住建局预算安排与工作计划衔接不够，9 个项目预算 15 698.09 万元未执行。五是贵安新区住建局 13 个项目 76 994.25 万元绩效目标编制不完整不细化、设定绩效目标脱离工作实际。

（2）预算执行及管理存在短板。一是贵安新区住建局未及时征收上缴非税收入 37 148.47 万元。二是贵安新区住建局将 956.36 万元的服务采购项目化整为零规避公开招标。三是贵安新区住建局占用其下属二级单位 70% 在编人员，下属单位执行本职工作主要依靠政府购买服务。

上述问题指出后，有关地方、部门和单位高度重视，通过上缴财政资金、归还原资金渠道、加快项目实施和资金拨付等方式积极、及时开展整改工作。下一步，我市将继续认真督促，推动相关问题整改到位，全面整改情况将于年底前向市人大常委会报告。

（八）审计建议

当前，面对更趋复杂严峻的国内外经济发展环境，不确定性增加，我市经济稳定恢复的基础尚不牢固，各项重点领域支出对财政资金需求较多，财政运行压力增大，全市要坚定信心、迎难而上，坚持稳字当头、稳中求进，统筹疫情防控和经济社会发展，统筹发展和安全，抢抓国发〔2022〕2 号文件重大机遇，围绕"四主四市"工作思路，深入实施"强省会"行动，确保高质量发展取得更大成效，以实际行动和优异成绩迎接党的二十大胜利召开。

（1）全面精准落实积极财政政策。把握国发〔2022〕2 号文件和国家全面加强基础设施建设重大机遇，系统谋划具体贯彻落实措施，全面深化改革开放，做实做细项目储备，积极向上争资争项。继续做好"六稳""六保"工作，大力推进减税降费和清理拖欠民营企业中小企业账款等重大政策落地落实。坚定实施创新驱动发展，发挥财政资金撬动作用，强化土地、厂房、用能、环境等保障，营造良好的营商环境，助企纾困，进一步提质增效。

（2）持续深化预算管理制度改革。严格落实省政府《关于进一步深化预算管理制度改革的实施意见》，加大预算收入统筹力度，突出保障重点，强化专项资金项目库建设管理，硬化预算约束，把严把紧预算支出关口，持续完善预算绩效管理和加大考核结果运用，加大存量资金统筹管理力度，加强库款统计分析和形势预判，扎实推进政府财务报告编报工作。

（3）坚持底线思维，防范化解突出风险隐患。加强地方债务实时监测和风险防控，抓好统筹衔接，督促新增地方政府专项债券资金尽快形成实物工作量。加强自然资源和环境保护执法检查，抓严抓实突出环境问题整改。加强市属国有企业和金融机构落实"三重一大"决策制度、工程招投标、重大交易等重要环节的监管，完善绩效考核和责任追究制度，对重大投资损失、重大违规违纪、失职渎职等行为进行严肃追责问责。

2022年是党的二十大召开之年，是全面贯彻省第十三次党代会、市第十一次党代会精神起步之年，我们将以习近平新时代中国特色社会主义思想为指导，贯彻落实党对审计工作的集中统一领导，自觉接受市人大的指导和监督，依法履行审计监督职责，更好发挥审计在党和国家监督体系中的重要作用，奋力在"强省会"行动中作出新贡献！

四、惠州市人民政府关于2021年度市本级预算执行和其他财政收支的审计工作报告

主任、各位副主任、秘书长，各位委员：

我受市人民政府委托，向市人大常委会报告2021年度市本级预算执行和其他财政收支的审计情况，请予审议。

根据审计法规定和市委审计委员会批准的审计项目计划安排，市审计局依法审计2021年度市本级（含市直、大亚湾开发区、仲恺高新区，下同）预算执行和其他财政收支情况。审计结果表明，2021年7月以来，在市委、市政府的正确领导下，全市各级各部门坚持以习近平新时代中国特色社会主义思想为指导，全面贯彻落实党的十九大和十九届历次全会精神，坚决落实党中央、国务院决策部署以及省、市有关工作要求，认真执行市第十二届人大第八次会议批准的财政预算以及市第十二届人大常委会第四十次、第四十二次、第四十三次会议批准的财政预算调整方案，扎实做好"六稳"工作、全面落实"六保"任务，统筹疫情防控和经济社会发展，着力保持"三个环境"，全力推动高质量发展，助力建设更加幸福国内一流城市，实现"十四五"良好开局。

——财政运行稳中向好。市本级预算实现收支平衡、略有结余，有力保障稳增长、促发展。其中一般公共预算收入增长9.6%，完成预算的106.9%，其中税收收入占比73.5%，收入质量稳步提升；一般公共预算支出增长8.4%，"三保"支出占比27.1%，"三公"经费支出下降11.5%，支出结构不断优化；政府性基金预算、国有资本经营预算、社会保险基金预算收支均稳中有增。

——有力保障改善民生。全市民生支出474.8亿元，增长6.3%，占一般公共预算支出比重超过七成，有力保障民生事业高质量发展。统筹各类市级预算资金27亿元，足额安排省下达我市涉农转移支付资金7亿元，支持乡村振兴战略实施和新农村建设。安排疫情防控相关资金13.7亿元，保障新冠肺炎疫苗接种和免费核酸检测等疫情防控工作，助力疾病预防控制体系建设。

——支持深度融深融湾。统筹安排86.1亿元用于支持埃克森美孚、中海壳牌三期、

太平岭核电等重点项目建设,助力打造大湾区能源科创中心。安排近70亿元用于支持机场、铁路、高速公路、市政道路等交通网络设施建设,强化大湾区东部枢纽门户地位。安排污染防治和生态环境保护资金11.4亿元,支持打好污染防治攻坚战,构筑粤港澳大湾区重要生态安全屏障。

——促进实体经济发展。支持市场主体纾困发展,全市累计新增减税降费52.3亿元,安排市级商务发展、知识产权、科技创新等专项资金超过3亿元,推动金融机构发放政府采购合同融资贷款2亿元。持续优化营商环境,省内率先编印《惠州市民生政策直达清单(惠企篇)》,通过梳理解读产业发展、金融支持、创业就业等10方面惠企政策,帮助市场主体"一看就明"。

——提升审计整改成效。健全完善审计整改长效机制,加强审计监督与其他监督的贯通协作,形成审计整改合力,加大跟踪督促力度,推动各相关单位切实担负起审计整改主体责任。2020年度市本级预算执行和其他财政收支审计查出突出问题的整改成效良好,所披露问题均得到有效整改,促进增收节支和挽回损失4.87亿元,促进资金拨付到位6.63亿元。

(一)财政管理审计情况

1. 市本级预算执行及其绩效审计情况

重点审计了2021年度市本级预算执行情况。2021年,市本级一般公共预算总收入完成596.65亿元,总支出582.42亿元,年终结转结余14.23亿元;政府性基金预算总收入完成587.64亿元,总支出478.38亿元,年终结转结余109.26亿元;国有资本经营预算总收入完成2.81亿元,总支出2.20亿元,年终结余0.61亿元;市本级社会保险基金收入完成122.57亿元,支出110.95亿元,当年结余11.62亿元,年末滚存结余122.56亿元。审计结果表明,市财政局等有关部门单位认真落实统筹疫情防控和经济社会发展各项要求,积极保障"六稳"工作、"六保"任务落地落实,2021年度市本级预算执行情况总体良好。审计发现的主要问题是:

(1)预算编制不够完整、精细。一是由于部分土地出让金、城市基础设施配套费、城镇垃圾处理费等非税收入未及时缴入国库,导致2021年政府性基金预算收入少列21.79亿元、一般公共预算收入少列6.37亿元。二是大亚湾开发区财政局以"市政工程建设费用"等笼统名目编报14.41亿元政府性基金预算支出,未根据工作需求细化至具体项目,削弱了预算约束力。

(2)少批复预算。大亚湾开发区财政局未将市人大批准的2021年"三公"经费预算和上级专项转移支付资金完整地批复至相关部门,较市人大批准预算数少1.46亿元。

(3)部分代编预算未及时下达。2021年市本级预算中有57.91亿元代编预算未按规定在 6 月 30 日前分配下达，至当年 12 月底仍有 36.74 亿元未分配。

（4）部分转移支付预计数未按规定比例提前下达。市财政局未按规定比例提前下达转移支付预计数至各县（区），其中一般性转移支付预计数下达比例应不低于 90%，实际是 46.89%，涉及少下达金额 19.29 亿元；专项转移支付预计数比例应不低于 70%，实际是 16.78%，涉及少下达金额 11.7 亿元。

（5）部分上级转移支付资金未在规定期限内分解下达。一是 27 项共 5.94 亿元资金未按规定在 30 天内分解下达，其中 2021 年中央和省财政农业转移人口市民化奖励资金下达时已逾期 104 天。二是 10 项共 1.96 亿元资金未按规定在 7 天内分解下达，其中 2021 年省级特大三防应急救灾资金下达时已逾期 11 天。

（6）部分财政预算资金的使用率低。2021 年，由于前期工作耗时过长、项目实施进度缓慢等原因，有 63 个市级政府投资三年滚动计划项目的财政预算资金使用率较低，涉及未使用金额 13.13 亿元，未使用率达 76.47%。

（7）部分存量资金未及时盘活使用。一是市财政局未及时盘活使用 2020 年及以前年度结转和 2021 年收回的 2.93 亿元存量资金，至 2021 年年底使用了 4 271 万元，累计结余 2.5 亿元。二是大亚湾开发区财政局未及时清理收回财政专户中免费义务教育补助经费、学前教育发展资金等连续结转超过 2 年的财政资金，涉及金额 1 058.34 万元。

（8）部分非税收入应收未收。仲恺高新区国土资源分局、住房和城乡规划建设局等 4 个单位应收未收土地出让违约金、城市基础设施配套费等非税收入，涉及金额 4 250.55 万元。

2. 市级部门单位预算执行和财政财务收支审计情况

审计了 89 家市级一级预算单位 2021 年度预算执行情况和 20 家事业单位 2021 年度财政财务收支情况。审计结果表明，各单位 2021 年度预算执行情况总体良好，有关事业单位的财政财务收支总体符合国家财经法规的规定。审计发现的主要问题是：

（1）部分项目资金预算执行率低。2021 年，由于预算编制不合理、项目推进不及时等原因，市市政园林事务中心、市机关事务管理局等 42 个单位共 146 个项目的资金预算执行率低于 50%，涉及未执行金额共 12.63 亿元，其中市文化广电旅游体育局、市市场监督管理局等 22 个单位共 46 个项目的资金预算执行率为 0，涉及未执行金额 7 264.21 万元；市市容环境卫生事务中心、市卫生健康局等 12 个单位共 17 个项目的资金预算执行率连续两年低于 50%，涉及两年未执行金额共 9 875.93 万元。

（2）部分财政资金滞留闲置。截至 2021 年年底，一是市级征地盘整临时周转金账户停用后未及时清理，账户内留存的 1.79 亿元征地盘整临时周转金及 1 200.88 万元利息收入闲置超过 2 年；二是全市 2021 年文化繁荣发展专项资金结余 1 056.50 万元，并且全部滞留在市、县文旅部门或财政部门。

（3）部分非税收入收缴不到位。一是市自然资源局及其下属市土地储备中心未及时收取土地出让金和临时用地租金，涉及金额2.4亿元。二是东江林场、象头山林场未及时收取租金、承包费、森林资源使用费等1 425.21万元。三是市农业农村局、市农业科学研究所等6个单位未及时将捐赠收入、租金、存款利息等208.11万元上缴财政。

（4）超预算、无预算列支费用。一是市委军民融合办、市农业农村局等14个单位超预算列支"三公"经费、会议费、培训费、差旅费，涉及金额34.39万元。二是市文化馆等3个单位无预算列支公务接待费、差旅费，涉及金额7.15万元。

3. 县级财政管理和收支审计情况

审计了惠城区、惠阳区、惠东县、博罗县2021年度财政管理和收支情况。审计结果表明，4个县（区）财政管理和收支情况总体良好。审计发现的主要问题是：

（1）少列预算收入。4个县（区）未及时将2021年的土地出让金、公办幼儿园保育费、罚没收入等非税收入缴入国库，导致少列政府性基金预算收入15.44亿元和一般公共预算收入7.48亿元。

（2）非税收入应收未收。一是惠州市生态环境局惠城分局、惠城区城乡管理和综合执法局等12个单位应收未收罚款等非税收入共133.27万元。二是惠阳区文化广电旅游体育局、共青团惠阳区委员会未及时收取场地租金、管理费等非税收入共18.15万元。

（3）部分上级转移支付资金未在规定期限内分解下达。4个县（区）有84项上级转移支付资金共2.89亿元未按规定在30天内分解下达，其中逾期时间最长134天。

（4）部分存量资金未及时盘活使用。惠城区、博罗县未及时盘活2020年及以前年度结转和2021年收回的存量资金，截至2021年年底，惠城区结余1.23亿元，博罗县结余8 992万元，均未安排使用。

（5）部分财政资金闲置。一是惠阳区、惠东县、博罗县有6个项目的建设进度未达预期，导致部分资金滞留闲置，涉及金额2.25亿元。二是惠阳区淡水街道、沙田镇等8个镇（街）违规将财政资金从零余额账户转至实有资金账户，因未支出导致资金闲置，涉及金额7 257.22万元。

4. 乡镇（街道）财政财务收支审计情况

审计了惠东县平海镇、龙门县龙城街道、大亚湾开发区霞涌街道财政财务收支情况。审计结果表明，有关镇（街）财政财务收支情况总体良好。审计发现的主要问题是：

（1）部分政府投资项目管理不严格。一是霞涌街道有85个工程项目未按规定取得施工许可证，涉及合同金额1.02亿元。二是平海镇个别工程项目存在施工方违规带资建设问题，涉及金额122.49万元。三是龙城街道有3个工程项目造价预算审核不严，多计预算造价41.32万元。

（2）违反收支管理规定。一是平海镇、龙城街道未按规定上缴银行存款利息等非税收入40.24万元。二是霞涌街道农业和社会事务办公室、大亚湾开发区河堤水库管理所霞涌水管分所以"管理费"等名义违规收费22.16万元。

（3）会计核算和财务管理不规范。一是龙城街道未按规定登记现金日记账，涉及金额513.27万元。二是3个镇（街）列支公务接待费未附来访公函、接待清单等佐证资料，涉及金额373.45万元。

（二）重大政策措施落实跟踪审计情况

1. 巩固拓展脱贫攻坚成果同乡村振兴有效衔接审计情况

审计了我市落实2021年巩固拓展脱贫攻坚成果同乡村振兴有效衔接相关政策措施情况。审计结果表明，我市在扶贫资产管理、防止返贫动态监测、驻镇帮镇扶村、乡村基础设施建设和公共服务管护等方面加大工作力度，推动相关政策有效衔接，保持政策稳定性和延续性。审计发现的主要问题是：

（1）部分人员未纳入防止返贫动态监测范围。2021年，由于数据共享机制不完善，我市个别已脱贫人口因大病住院，在扣除合规医疗赔付及各类救助后仍需个人支付较高的医疗费用，存在因病返贫风险但未及时纳入防止返贫动态监测范围，涉及50户51人。

（2）未按期完成扶贫资产确权工作。截至2021年11月底，惠东县、博罗县、龙门县共有300项已登记的扶贫资产未及时进行确权，涉及金额3.27亿元。

（3）部分扶贫资产项目未及时分配收益。博罗县、龙门县未及时制定收益分配方案，导致7个扶贫项目的收益款未及时分配，在相关账户留存超过12个月，涉及金额856.48万元。

（4）部分乡村基础设施有待完善。博罗县、龙门县有12个村级卫生站未按规定配置雾化治疗仪等必要的基本设备；有部分村的综合性文化服务中心未按规定配备公示牌及文化服务设施，如龙门县有8个村未挂标识牌，博罗县有9个村未按规定在显著位置设立服务项目公示牌。

2. "新升规"奖补政策审计调查情况

审计调查了市、县两级工业和信息化部门等单位落实促进小微工业企业上规模发展相关政策情况。审计调查结果表明，有关部门单位落实"新升规"奖补政策，在促进小微工业企业上规模发展、加快培育壮大市场主体、巩固工业经济增长势头等方面发挥了积极作用。审计发现的主要问题是：

（1）发放奖补资金不够精准。一是全市有104家符合条件的企业未享受"新升规"奖补政策，涉及金额2 070万元。二是全市有5家不符合条件的企业获发"新升规"奖补资金，涉及金额86万元。

（2）拨付奖补资金不及时。博罗县、龙门县、大亚湾开发区未按规定在30天内拨付

226家企业"新升规"奖补资金，涉及金额2 133万元，其中逾期时间最长56天。

（3）配套奖补资金不到位。博罗县、惠东县、龙门县未按照市要求足额配套"新升规"奖补资金，213家符合条件的企业未能享受"新升规"奖补政策，涉及金额1 156万元。

（4）省级中小微企业服务券资金使用绩效不佳。截至2021年3月，由于市工信局推动发放工作缓慢，省于2020年3月下达我市的360万元企业服务券资金未有效使用，其中289万元退回财政。

3. 电子警察规划建设和运行管理审计调查情况

审计调查了市、县两级公安机关交通管理部门开展电子警察规划建设工作及其规范运行管理情况。审计调查结果表明，市、县两级电子警察规划建设和运行管理情况总体良好，有效提升了道路交通管理水平，改善了城市交通。审计发现的主要问题是：

（1）个别执法事项有待提升效率。龙门县、大亚湾开发区公安局交警大队未在规定期限内作出违法行为异议申请处理决定，涉及18宗异议申请，其中逾期时间最长34天。

（2）部分固定资产核算不规范。惠东县、惠阳区公安局未按规定将电子警察设备纳入固定资产核算，涉及金额1 049.98万元。

（3）个别单位未执行政府采购。大亚湾开发区公安局未按政府采购规定采购电子警察设备维护服务，涉及合同金额97.80万元。

4. 养老服务业政策措施落实审计调查情况

审计调查了市、县两级民政部门落实养老服务业政策措施情况。审计调查结果表明，有关养老服务业政策措施落实情况总体良好，促进了我市养老服务提质增效。审计发现的主要问题是：

（1）个别扶持资助政策衔接不及时。由市民政局、市财政局制定实施的《民办养老服务机构扶持资助办法》自2018年起失效，但市民政局未及时研究制定衔接政策，导致2020年市财政预算安排的养老机构新增床位补助经费200万元未能形成支出。

（2）部分养老服务政策落实不到位。一是市、县（区）民政部门均未按规定建立养老服务质量评估制度。二是市及惠城区、惠阳区、惠东县、博罗县、龙门县的民政部门未按规定联合相关部门开展养老服务机构"双随机、一公开"监管工作。

（3）未按期完成养老服务体系建设工作任务。一是惠东县、博罗县、龙门县、惠阳区、大亚湾开发区、仲恺高新区未能按期建成运营长者照护之家，也未按期完成养老服务设施专项规划编制工作；惠东县、博罗县、大亚湾开发区未按期建成运营长者安养中心。二是博罗县人社局未按要求建立养老服务实训基地，未按计划在2021年9月前完成200人次的养老服务人员培训任务。

5. 省级工业园区相关政策落实及专项资金审计调查情况

审计调查了惠州产业转移工业园、惠东产业转移工业园落实高质量发展相关政策措施及相关财政扶持资金管理使用情况。审计发现的主要问题是：

（1）个别园区"七通一平"标准化建设进度滞后。截至2022年5月，惠东县产业转移工业园"七通一平"标准化建设进度滞后，抽查发现2021年交付的2宗共149.54亩项目用地未实现"七通"或平整场地，达不到相关标准化建设要求，影响入园企业建设、投产。

（2）产业共建奖补资金拨付不及时。龙门县未按规定在15天内拨付3家企业省级产业共建奖补资金，涉及金额900万元。

（三）重点民生和公共投资项目审计情况

1. 民生审计情况

结合各项审计工作，重点关注社会保障、生态公益林补偿、教育、残疾人扶助、促进就业等民生领域事项。审计发现的主要问题是：

（1）社会保障方面。一是龙门县社保局未严格履行审核职责，导致少发1名退休人员的养老保险待遇3.54万元、为不符合条件的63人支付购买城乡居民养老保险财政补助共1.33万元。二是惠阳区医保局未严格审核参保人员信息，向16名已死亡人员的账户发放2021年中央、省、市城乡居民基本医疗保险补助资金共0.90万元。三是博罗县社保局未准确核实2名参保人员的退休年龄，导致多发放养老待遇共0.13万元。

（2）生态公益林补偿资金方面。一是大亚湾开发区社会事务管理局及澳头、西区街道推进补偿工作不力，导致部分生态公益林效益补偿资金滞留闲置或延迟发放，涉及金额452.86万元。二是博罗县林业局因内部工作交接不到位，未及时拨付2021年公益林管护经费，涉及金额313.30万元。三是惠阳区未及时将生态公益林补偿资金发放至个人，资金滞留超过1年，涉及金额23.05万元。

（3）教育方面。一是因博罗县特殊教育学校核定受益学生名单和申请拨付不及时，博罗县教育局未能在2021年拨付该校残疾学生公用经费送教上门资金，涉及金额67.20万元。二是大亚湾开发区宣教局未及时查处无证办学行为，辖区内2所幼儿园在未取得办学许可证的情况下违规招生办学2~3年。

（4）残疾人扶助方面。一是由于市、县（区）民政部门和残疾人联合会宣传政策和主动服务不到位，全市共109名符合条件的残疾人员未享受困难残疾人生活补贴或重度残疾人护理补贴，涉及金额20.46万元。二是市民政局未严格审核补助对象信息，向30名不符合条件人员发放困难残疾人生活补贴和重度残疾人护理补贴，涉及金额3.45万元。

（5）促进就业方面。2021年8至10月，龙门县人社局未精准落实就业创业扶持政策，44名符合条件人员未能享受高校毕业生基层岗位补贴，涉及金额3.16万元。

2. 重点建设项目审计情况

审计调查了惠湾高速公路工程、惠州新材料产业园项目、博罗县电子信息产业集聚区工程（一期）、江南大道建设项目等重点建设项目的建设管理情况，审计了隆生大桥工程竣工决算情况。审计发现的主要问题是：

（1）部分变更事项未严格履行设计变更程序。博罗县交通运输局未履行设计变更审批程序，导致江南大道建设项目博罗段有54项变更事项未审批先实施，涉及增大投资5 193.56万元。

（2）设计阶段的工程造价控制不到位。一是博罗县电子信息产业集聚区工程（一期）的设计单位未进行充分的技术经济论证，所编制的初步设计采用了投资成本更高的控制爆破开挖方式，对比常规的并且能够满足施工要求的机械破碎开挖方式，增大了初步设计概算1 588万元。二是惠州新材料产业园项目的设计单位未按规范要求做好现场调查勘察工作，导致相关施工图重复设计土石方用量，涉及预算造价467万元。三是惠湾高速公路工程勘察和设计单位未按岩土工程勘察规范执业，对施工中发现的地基承载力不足问题，未经必要补充勘察和验算即提出换填岩石和土的设计意见，涉及预算造价391.81万元。

（3）部分征地拆迁结余资金闲置。隆生大桥工程征地拆迁工作完成后，惠城区自然资源局、水口街道等9个征拆单位未及时清理征拆资金账户，导致3 151.90万元征拆结余资金闲置。

（4）隆生大桥工程决算审核不到位。一是市市政园林中心、市财政局未切实履行工程结算审核职责，未发现隆生大桥工程结算事项存在清单单价计算有误、工程量计算有误、材料价差调整有误等问题，多付工程结算款740.16万元。二是市市政园林中心履行审核职责不到位，未发现隆生大桥工程存在多计钢结构焊缝检测费、监理费等问题，多付工程其他建设费用123.97万元。

（四）国资国企审计情况

1. 市级行政事业性单位国有资产审计情况

重点审计调查了部分行政事业性单位国有资产管理使用情况。审计发现的主要问题是：

（1）固定资产管理不规范。一是市博物馆、东江林场等4个单位共97项资产已损毁、灭失或已达到报废条件，但未按规定予以报废、报损，也未进行账务处理，涉及资产原值共749.18万元。二是市农产品质量安全监督检测中心、市渔业研究推广中心共541项资产及耗材闲置，涉及金额439.90万元。三是市文化广电旅游体育局、市林科所等9个单位有860项固定资产未登记入账,涉及金额266.97万元。

(2)未严格落实公务用车管理要求。一是市委军民融合办挤占19.57万元专项资金购置公务用车。二是慈云图书馆、象头山林场等4个单位分别超编制配备1辆公务用车。三是市农业农村局、东江林场分别违规借用其他单位1辆车。

2. 自然资源资产审计调查情况

重点审计调查了市、县自然资源部门开展闲置土地调查处置工作情况。审计发现的主要问题是:

(1)部分存量土地的闲置时间较长。截至2021年10月,全市346宗疑似闲置土地中,有216宗土地闲置5年以上,涉及面积1.18万亩;105宗土地闲置10年以上,涉及面积4 789.89亩;30宗土地闲置20年以上,涉及面积1 431.19亩,其中闲置时间最长达29年。

(2)闲置土地调查工作存在薄弱环节。一是市、惠阳区、大亚湾开发区有16宗共1 098.22亩土地不符合动工建设标准,但被自然资源部门认定为已动工建设用地。二是惠东县、大亚湾开发区有29宗土地超出海岸线593.19亩,但惠东县自然资源局、大亚湾开发区国土分局未按规定相应核减土地使用权人的国有土地使用权面积。三是龙门县有9宗467亩国有建设用地获批延期动工,但该县自然资源部门违规提前发出闲置土地调查通知书。四是惠城区有4宗共226.43亩土地非闲置,被区自然资源部门认定为闲置土地。五是惠东县有3宗共196.55亩闲置土地未纳入系统监管。

3. 市属国有企业审计情况

审计调查了市供水有限公司、市公共交通管理有限公司资产负债损益和经营情况,延伸审计了惠州大亚湾霞涌供水公司、惠州市大亚湾天海集团公司经营管理情况。审计发现的主要问题是:

(1)收缴水费不到位。市供水有限公司、惠州大亚湾霞涌供水公司应收未收水费1 100.08万元,分别涉及用水户4 357户、61户。

(2)少缴土地使用税、房产税。市供水有限公司未依法申报缴纳城镇土地使用税和房产税,涉及5宗土地和8处房产,经测算,应缴未缴城镇土地使用税约294.58万元、房产税约271.04万元。

(3)未严格收缴非税收入。一是惠州大亚湾霞涌供水公司应缴未缴水资源费和垃圾处理费、污水处理费共633.76万元。二是市供水有限公司应收未收污水处理费和垃圾处理费共289.84万元。

(4)落实居民生活用水价格优惠政策不够精准。2016年3月至2021年12月,市供水有限公司未严格落实水价调整政策,对养老等社会福利机构以及学校、幼儿园(托儿所)等20户用水户,按国家和省、市规定应适用居民生活用水价格,实际上按非居民用水价格收取水费，多收水费 39.41 万元。

（5）未有效防止逃票行为。2019 年至 2021 年，市公共交通管理有限公司打击逃票力度不够，有 1 360 张已故老人名下的免费公交卡被冒用 6.20 万次，经测算涉及应收未收票款约 12.43 万元。

（五）审计移送违纪违规问题线索情况

2021 年 7 月至 2022 年 6 月，市审计局向纪检监察机关和有关主管部门移送违纪违规问题线索 36 条。从移送事项情况看，问题主要集中在工程建设、企业经营、土地管理等领域。有关单位正依法依规对移送问题线索进行调查处理。

（六）审计建议

（1）提升财政管理水平，深化预算绩效管理。一是提升预算资金分配管理水平，有效压缩预算资金请拨、分解、下达、拨付等各环节时限，增强资金分配下达的及时性，加快财政支出进度，提高财政资金使用效率。二是提升预算执行绩效管理水平，严格预算编制和预算批复工作，压实部门预算管理主体责任，实行滚动式绩效管理，加大绩效评价力度，增强预算刚性约束。三是提升非税收入征缴管理水平，做到应收尽收、应缴尽缴，进一步提高预算编制的完整性，提供更加坚实的财力保障。四是提升财政资源统筹管理水平，在坚持政府过紧日子的同时，更加有效盘活使用存量资金，集中财力办大事。

（2）吃透政策、用好政策，增强政策执行效果。一方面，要更加积极地衔接政策。坚持稳中求进工作总基调，压实稳定经济大盘的政治责任，逐条逐项吃透中央及省的重大政策，及时研究出台配套措施，将各项稳住经济、惠企利民的政策措施转化为推动我市经济社会发展的"红利"。另一方面，要更加高效地落实政策。坚持系统观念，加强追踪问效，统筹抓好政策执行、资金拨付、项目推进，一体实现政策落实、资金到位、项目落地，通过政府部门"多走一公里"，切实解决好政策落实"最后一公里"的问题，让群众和企业真正得到不折不扣的实惠。

（3）强化履职尽责意识，提高监督管理能力。各级各部门单位要坚持依法规范权力运行，立足岗位职责，提高履职能力，增强责任意识，进一步规范和加大对重点项目、国资国企的监督管理力度。一是加强建设项目设计阶段工程造价管控和约束，精准合理地确定投资规模和估算控制价，提高投资效益。二是建立健全和严格执行资产管理内部控制制度，规范和加强资产采购、验收、使用、处置等各个环节管理；加大监督指导力度，推动及时清理盘活各类闲置资产，充分发挥国有资产效益。三是持续深化国有企业改革，着力提升国有企业管理水平，规范经营行为，做强做优国有企业。

对本报告反映的问题，市审计局已依法征求被审计单位意见并出具了审计报告，提出了有针对性的审计处理意见和审计建议，要求相关被审计单位限期整改。市人民政府及市审计局将强化审计成果运用，跟踪督促相关被审计单位认真从严抓好审计发现问题整改工作，按有关规定向市人大常委会专题报告整改情况。

下来，我们将更加紧密地团结在以习近平同志为核心的党中央周围，坚持以习近平新时代中国特色社会主义思想为指导，深入贯彻落实习近平总书记对广东系列重要讲话和重要指示精神，增强"四个意识"，坚定"四个自信"，做到"两个维护"，深入贯彻落实党中央、国务院的决策部署，认真落实省委、省政府及市委、市政府的工作要求，自觉接受市人大监督，全面贯彻落实新修订的审计法，依法严格履行审计监督职责，服务更加幸福国内一流城市建设，保障惠州经济社会高质量发展，以实际行动迎接党的二十大胜利召开！

五、普洱市人民政府2021年度市级预算执行和其他财政收支的审计工作报告

市人民代表大会常务委员会：

受市人民政府委托，我向市人大常委会本次会议报告2021年度市级预算执行和其他财政收支的审计情况，请予审议。

根据市委、市政府和省审计厅安排部署，市审计局依法审计了2021年度市级预算执行和其他财政收支情况，并对相关公共资金、国有资产、国有资源的管理、分配和使用情况进行了审计或审计调查。审计结果表明，全市各级各部门坚持以习近平新时代中国特色社会主义思想为指导，深入贯彻习近平总书记考察云南重要讲话精神，认真落实省委、省政府普洱现场会议精神及市委、市政府工作要求，统筹疫情防控和经济社会发展，全力做好"六稳"工作、落实"六保"任务，全市经济运行保持在合理区间，实现"十四五"良好开局。

市委、市政府加强对审计工作领导，坚决支持审计机关依法履行监督职责，市委审计委员会出台关于进一步加强审计发现问题整改工作的实施意见，市领导对审计发现问题作出批示12次，有力地促进了普洱审计工作的开展。

（一）财政管理审计情况

1. 市级财政管理和决算草案审计情况

重点审计了市级预算执行和1个县财政决算。2021年市级一般公共预算收入总量318.01亿元，支出总量313.61亿元，结转4.40亿元。政府性基金收入总量95.54亿元，支出总量93.85亿元，结转1.69亿元。国有资本经营收入总量6 969万元，支出总量

6 449 万元，结转 520 万元。社会保险基金收入总量 84.81 亿元，支出总量 78.45 亿元，本年收支结余 6.36 亿元，年末滚存结余 56.82 亿元。与年初向市人代会报告数相比，一般公共预算收入多 1.29 亿元，支出多 1.29 亿元；社会保险基金收入多 1 413 万元，结余多 1 413 万元；政府性基金预算和国有资本经营预算收支数一致。上述收支差异主要依据决算整理期清理结果而调整。

发现的主要问题：一是未按规定比例提前下达转移支付预计数，下级政府预算编制缺乏主动性和完整性。二是未按规定安排预备费和编制国有资本经营预算。三是项目前期工作不充分、财政库款调度困难，98 个预算单位 235 个预算项目执行进度低于 50%，其中 73 个预算单位 150 个预算项目的执行进度为 0。四是项目建设推进缓慢，2021 年省级预算内投资 1.05 亿元存在"钱等项目"情况。

2. 县级财政决算审计情况

根据工作计划安排，对 1 个县 2020 年度预算执行、决算和其他财政收支情况进行了审计。发现的主要问题：一是 760 个项目未按规定纳入项目库、未实施预算绩效管理。二是收支不真实、不完整。三是政府性基金预算与一般公共预算统筹衔接不到位 3 724.60 万元。四是项目建设推进缓慢，2018 年至 2019 年专项债券资金闲置 1.04 亿元。五是将办公楼等公益性资产注入融资平台公司 8 490.12 万元。

（二）市级部门预算执行审计情况

重点对 11 个单位开展了审计或审计调查，发现的主要问题：一是 4 个部门预（决）算编制不科学、不完整 1.22 亿元。二是 8 个单位超预算、扩大开支范围列支费用 106.47 万元。三是 8 个单位往来款项长期挂账和存量资金清理不及时。四是 2 个单位未按规定办理政府采购手续 244.48 万元。五是个别单位租用下属企业车辆，摊派车辆费用。六是 10 个单位财务管理、会计核算不规范 6 306.31 万元。七是 5 个单位网络安全防护不到位，存在风险隐患。

（三）重大政策措施落实跟踪审计情况

2021 年以来，全市各级各部门紧紧围绕重大战略实施、重要改革深化、重大项目推进、重点资金保障等重要事项开展工作，保障了政令畅通，推动了政策落地见效。审计机关着眼统筹疫情防控和经济发展，对部分重大政策执行情况进行了审计。

（1）促进优化营商环境审计调查。发现的主要问题：一是 6 个部门落实深化行政审批制度改革不到位，部分政务服务事项未进驻政务服务大厅，未实行"一站式"服务，行政审批事项办理不及时，个别行政审批事项清理整合不到位，代理记账存在无证经营及未进行备案等。二是 3 个部门监管责任履行不到位，"双随机、一公开"检查机制执行不到位。三是2个部门减税降费政策落实不到位，个别按揭贷款保证金、房屋抵押评估费清退不及时，部分协会商会未向社会公示收费信息。

（2）直达资金专项审计。对市本级和10个县新增财政资金直达基层直接惠企利民情况进行了专项审计，发现的主要问题：一是市本级和5个县直达资金预算分配下达不及时。二是2个县未执行国库集中支付制度，将资金划转至预算单位实有资金账户1.03亿元。三是3个县和2个单位项目前期工作未落实、推进缓慢，资金闲置2.68亿元，其中1.15亿元被挤占挪用。

（四）重大投资项目和重点民生资金审计情况

1. 重大投资项目审计情况

（1）重点建设项目竣工决算或跟踪审计情况。审计部门对思茅区污水处理厂老城区管网完善工程等4个建设项目进行了决算审计，发现的主要问题：一是4个项目工程量不实，多计工程结算价款1 580.13万元。二是3个项目会计核算不规范，资产负债不真实、不完整2 198.59万元。三是3个项目建设程序执行不到位，存在应招标未招标及未履行报批程序等问题。

（2）重点建设项目专项审计调查情况。审计部门对墨江5.9级地震灾后恢复重建、耕地占补平衡等4个项目进行专项审计调查，发现的主要问题：一是项目资金安排拨付不到位2 108.10万元。二是存量资金及往来款项清理收回不及时2 557.24万元。三是提高标准、扩大范围使用项目资金2 816.59万元。四是项目建设程序执行不到位，管理不规范，个别项目涉嫌围标串标。

2. 重点民生资金审计情况

（1）大中型水库移民后期扶持资金管理使用情况审计。审计部门对2006年以来全市大中型水库移民后期扶持资金管理使用情况进行了审计，发现的主要问题：一是6个县政策执行不到位，审核把关不严，造成错发、重发、漏发、迟发移民直补资金61.97万元。二是9个县扩大开支范围，违规使用资金242.16万元。三是9个县结余结转资金及往来款项清理不及时1.16亿元。四是2个县采取移民产业发展资金投入合作社运作模式，无法收取固定收益金119.58万元，投入2户合作社项目股本金472.47万元及政府增信贷款197万元存在损失风险。五是管理不规范，项目效益未得到有效发挥，8个县存在项目开工不及时、推进缓慢，3个完工项目长期闲置。

（2）"十三五"期间易地扶贫搬迁债务情况审计。根据上级审计机关统一安排，审计部门对全市除墨江外的9个县"十三五"期间易地扶贫搬迁债务情况进行了审计，发现的主要问题：一是项目资金未足额到位，存在较大偿债风险。二是存量资金清理盘活不及时，未能充分发挥资金效益5 658.63万元。三是资金补助不及时，部分群众利益保障不到位133.25万元。四是资金管理使用不规范，改变项目贷款资金用途9 406.07万元。

（五）国有企业审计情况

根据市委、市政府的要求，审计部门对普洱交通建设集团有限责任公司及子公司等30户国有企业资产、负债、损益情况进行了审计，发现的主要问题：一是违反中央八项规定精神，发放津补贴等。二是违反"三重一大"制度，履职尽责不到位，存在大额资金支出、重大项目调整未进行集体决策及审批备案，重大投资或设立子公司可行性研究不充分。三是经营管理不到位，存在损失风险隐患，与社会资本方合作权利义务不对等，大额资金被民营企业长期无偿占用等。四是财务管理、会计核算不规范，会计信息失真，主要是在建工程达到预计可使用状态未及时转固定资产核算和编制合并会计报表抵销不完整。

（六）国有资产审计情况

结合部门预算执行审计、经济责任审计、自然资源资产离任（任中）审计、市属企业审计、全省涉粮问题专项审计等项目，对22个部门、41户企业等国有资产管理使用情况进行了审计。发现的主要问题：一是国有企业存在资产负债损益不实，项目建设未公开招标。二是粮食企业存在资产闲置、重大投资未报备及损失浪费等。三是行政事业单位资产采购程序不合规、核算管理不规范。四是自然资源资产存在建设用地批而未供、供而未用造成土地资源闲置，应收未收河道清障整平、恢复保证金，基本农田保护和划定不到位，"两违"整治工作未完成。

（七）审计移送的违纪违法问题线索情况

2021年8月以来，市审计局审计移送事项更加聚焦侵害人民群众利益的突出问题，高度关注民生，特别是乡村振兴、粮食安全等重点领域的问题：一是单位依法行政意识不强，不作为乱作为及监管不力等。二是个别单位违反中央八项规定精神，违规购买茶叶、发放加班费等。三是部分单位管理混乱，违规决策涉嫌造成国有资产损失等。四是民生项目实施及政策落实不力等。五是利用职权或职务之便虚报损耗、套取资金、公款私存、转嫁费用等。

（八）审计建议

（1）围绕重大政策落实落细，提升财政资金保障能力和水平。一是坚决兜牢"三保"底线。按照"三保"在财政预算中优先顺序，各级各部门切实履行主体责任，科学完整编制"三保"预算，强化库款保障，兜牢民生底线，防范重大风险产生。二是持续加大促进优化营商环境的支持力度。全面落实减税降费和留抵退税等政策措施，助企纾困，激发市场主体活力。三是加强专项债券的管理。按照国家重大投资政策导向，全面做好项目的申报、实施及资金使用管理工作，加快项目推进，扩大有效投资，促进消费复苏。

（2）进一步加强债务管理，防范化解债务风险。严格落实中央、省债务管理决策部署，厘清地方政府与融资平台的边界，规范融资举债行为，建立健全市场化、法制化的债务违约处置机制，牢牢守住不发生系统性风险底线。

（3）进一步增强预算约束刚性，严肃财经纪律。一是继续压减非必要非刚性支出。严格落实中央八项规定及其实施细则精神，把政府过紧日子作为常态化纪律要求，勤俭办事业，对财政资金损失浪费问题追责问效。二是提升财政预算编制水平。全面科学编制预算，及时弥补以前年度预算缺口，做到专款专用。三是加强各类监督的贯通协同。在监督计划、关注重点、组织方式等环节加强沟通协调，各有侧重、优势互补，利用好各类监督成果，形成监督合力。

（4）压实责任，推动审计发现问题整改到位。认真落实中共普洱市委审计委员会《关于进一步加强审计发现问题整改工作的实施意见》，坚持一体推进揭示问题、规范管理、促进改革。督促各级各部门扛牢整改主体责任，按规定时限和要求完成整改任务，从源头治理的角度深化改革、完善体制机制，推动问题标本兼治，同时注意避免因整改不当引发次生问题和风险。加强常态化督促检查，确保审计查出问题整改落实到位、取得实效。

本次报告的是市级预算执行和其他财政收支审计发现的主要问题，具体内容以附件形式反映；除涉密内容外，将依法向社会公告。对这些问题，市审计局依法征求了被审计单位意见，出具了审计报告、下达了审计决定；对重大违纪违法问题线索，依纪依法移交有关部门进一步查处。有关地方、部门和单位正在积极整改。下一步，市审计局将认真督促整改，全面的整改情况，将于12月份向市人大常委会作专题报告。

2022年是全面建设社会主义现代化国家、向第二个百年奋斗目标进军新征程的重要一年。我们将更加紧密团结在以习近平同志为核心的党中央周围，以习近平新时代中国特色社会主义思想为指导，增强"四个意识"、坚定"四个自信"、做到"两个维护"，按照党中央、国务院和省委、省政府及市委决策部署，全面贯彻落实新修订的审计法，依法严格履行审计监督职责，自觉接受市人大监督，以实际行动迎接党的二十大胜利召开！

注：1.参照云南省人民政府关于2021年度省级预算执行和其他财政收支的审计工作报告体例，本报告对县（区）级行政区统称为县。2.市级预算包括市本级预算和市工业园区预算。

六、铁岭市 2021 年度市本级预算执行和其他财政收支的审计工作报告

主任、各位副主任、秘书长、各位委员：

受市政府委托，我向市人大常委会报告 2021 年度市本级预算执行和其他财政收支审计情况，请予审议。

2021 年度市本级预算执行审计紧紧围绕市委、市政府中心工作，认真贯彻落实市委审计委员会会议精神，聚焦主责主业，依法履行职责，努力发挥常态化"经济体检"作用，重点审计了市本级财政管理及部门预算执行情况，全市乡村振兴资金、扶贫资产和城镇老旧小区改造等情况，注重从体制机制和制度层面分析原因、提出建议，为建设美丽幸福新铁岭做出积极贡献。

2021 年，市人大审查批准的市本级一般公共预算收入 139 508 万元，实际完成 146 554 万元，加上上级补助、债务转贷和调入资金等收入，合计收入 768 780 万元；预算支出 508 302 万元，实际完成 397 961 万元，加上债务还本、安排预算稳定调节基金和结转下年等支出，合计支出 768 780 万元。收支相抵，当年收支平衡。

市本级政府性基金预算收入 66 286 万元，实际完成 24 293 万元；预算支出 64 578 万元，实际完成 54 773 万元，加减上级补助等收入和结转下年等支出，当年收支平衡。

市本级国有资本经营预算收入 963 万元，实际完成 261 473 万元；预算支出 674 万元，实际完成 230 697 万元，加减上级补助等收入和结转下年等支出，当年收支平衡。

市本级社会保险基金预算收入 640 023 万元，实际完成 361 498 万元；预算支出 1 091 188 万元，实际完成 285 558 万元（由于企业职工基本养老保险基金省级统筹导致预决算口径不对应），收支相抵后，当年结余 75 940 万元。

从审计结果看，2021 年度市本级预算执行和其他财政收支情况总体较好。

——切实履行职责，提高财政保障能力。一是强化财政收入征管，确保依法征收、应收尽收；二是密切关注上级政策动态，积极争取上级转移支付资金 1 680 000 万元；三是推进财政"三保"能力建设，完善分级负责、上下联动、及时处置的工作机制，兜牢兜实"三保"底线。

——坚持多措并举，激发经济发展活力。一是积极落实减税降费政策，有效降低实体经济生产经营成本；二是大力支持项目年活动，扶持飞地经济、实体经济、中小企业和民营企业发展，兑现支持经济社会创新启动发展专项奖励资金 2 320 万元；三是落实政策性资金 32 354 万元，助力脱贫攻坚向全面实施乡村振兴战略平稳过渡。

——强化资源统筹，提升财政管理效能。一是深化预算管理制度改革，完善政府预算管理体系，推进预算管理一体化建设；二是完善投资评审制度，制定《财政投资评审

管理办法》，加大政府投资项目审核监督力度；三是开展资产清查工作，引入固定资产二维码管理系统，提升资产管理能力与水平。

（一）市本级财政管理审计情况

从审计情况看，市财政能够贯彻市委经济工作会议精神，科学统筹安排市本级财政预算，不断深化财税体制改革，全面强化预算管理。但审计也发现以下问题：

1. 未严格控制代编预算规模。市本级安排代编预算 72 032.1 万元，包括机关事业单位绩效奖、调资预留、机关事业单位养老保险并轨补差等项目，占年初一般公共预算的 14.2%。

2. 年初预算与实际执行差异较大。

（1）政府性基金收入年初预算安排 66 286 万元，受经济下行、房地产市场低迷等客观因素影响，实际完成 24 293 万元，占 36.65%。

（2）国有资本经营收入年初预算安排 963 万元，受铁岭公投集团往年未分配利润、南城子水库 PPP 项目特许经营权收入缴库影响，实际完成 261 473 万元，为年初预算的 271.52 倍。

（3）国有资本经营支出年初预算安排 674 万元，受解决铁岭公投集团历史遗留问题和化解重大债务风险等大宗支出影响，实际完成 230 697 万元，为年初预算的 342.28 倍。

3. 应收款项规模较大，账龄较长。截至 2021 年末，市财政其他应收款余额 728 065.95 万元，其中账龄 3 年以上的借款占比 92.2%，主要用于垫付债务本息、征地补偿、政府重大工程建设。

4. 市财政因资金调度困难未及时下达上级专项转移支付指标 76 416 万元。其中：城乡居民基本医疗保险补助 53 150 万元，农业保险保费补贴 23 266 万元。

5. 国有资本经营收入质量有待提高。为解决铁岭公投集团利润指标，维护信用等级，化解债务风险，铁岭公投集团上缴市财政国有资本经营收入 169 000 万元，市财政为解决历史遗留问题补助公投集团 130 000 万元，财政收入质量有待提高。

（二）部门（单位）预算执行审计情况

现场审计了市统计局、市疾控中心、市教育事务服务中心 3 家部门（单位）的预算执行和决算草案编制情况。同时，利用大数据审计方法，实现了市本级一级预算单位数据分析全覆盖，并延伸核查了 35 家单位涉及的审计疑点。从审计结果看，部门预算执行情况较好、财政收支进一步规范。但审计也发现以下问题：

（1）市统计局预算编制不科学，部分可预见支出未编入年初预算，导致执行中追加预算占年初预算的 61.55%。

（2）3家单位应缴未缴利息收入42.43万元。其中：市财政金融审计服务中心27.37万元，市信访局13.7万元，市城市发展服务中心1.36万元。

（3）市教育事务服务中心未及时上缴结余资金36.41万元。

（4）2家单位内控管理不规范。其中：市信访局部分报销手续不完善；市教育事务服务中心对部门公章使用权限划分不明确，对内设机构业务活动监管不到位。

（三）重点专项资金和项目审计情况

第一，全市乡村振兴资金管理使用审计情况。

2021年，全市共筹集乡村振兴资金143 500万元。重点关注了高标准农田建设、黑土地保护性耕作等4个方面，部分问题延伸至以前年度。审计结果表明，我市能够积极贯彻落实国家乡村振兴战略及有关工作部署，有效推动农业提质增效、农村文明进步、农民增收致富。但审计也发现以下问题：

1.高标准农田建设方面。

（1）规划不科学。其中：铁岭县、开原市、西丰县部分项目选址坡度大于25度；开原市未按要求对耕地进行"两区"划定；西丰县部分项目未优先选择在"两区"范围内。（2）铁岭县、开原市未完成2020年建设任务。（3）开原市、西丰县、清河区部分项目未按设计施工。（4）铁岭县、西丰县、清河区部分项目上图入库面积不准确。（5）部分县（市）区未建立农田工程设施管护制度、后续管护不到位。

2.黑土地保护性耕作方面。

2019年至2021年，4个县（市）区未完成黑土地保护性耕作任务。其中：铁岭县39.59万亩；开原市22.75万亩；西丰县5.17万亩；清河区4.66万亩。

3.农村人居环境整治方面。

（1）农村厕所改造任务未完成。其中：西丰县2018年2 000座；清河区2019年12座。（2）开原市、西丰县、清河区存在一户两厕现象。

4.乡村产业发展方面。

2018年至2021年，部分项目未按期建成。其中：铁岭县16个，占比66.7%；开原市21个，占比77.8%；清河区4个，占比16.7%。

从上述4个方面资金拨付情况看，2018年至2021年，乡村振兴资金拨付率低。其中：开原市16%、铁岭县22.42%、昌图县30.42%、西丰县32.55%、清河区36.36%。

第二，全市扶贫资产管理使用审计情况。

2016年至2021年，全市筹集产业扶贫发展、壮大村集体经济等5方面资金形成的扶贫资产101 200万元。审计结果表明，我市能够贯彻落实上级决策部署，持续发挥产

业项目带动作用,进一步巩固脱贫攻坚成果。但审计也发现以下问题:

1. 扶贫资产管理方面。

(1)铁岭县、开原市、昌图县、调兵山市、银州区、清河区部分扶贫资产未按要求纳入"三资"平台管理。(2)铁岭县、西丰县、清河区使用扶贫资金的部分农民专业合作社财务管理不规范,未建立财务账。

2. 扶贫资产收益方面。

(1)资产闲置。其中:铁岭县1个,总投资135.68万元;开原市4个,总投资290.21万元;西丰县27个,总投资2 299.60万元;清河区3个,总投资319.14万元。(2)资产收益率低。其中:铁岭县2个,收益率低于1.5%;西丰县48个,收益率低于3%;清河区1个,收益率低于1%。(3)自主经营项目亏损严重。其中:铁岭县3个,亏损47.46万元;开原市5个,亏损333.49万元;西丰县7个,亏损708.74万元。(4)部分项目实施主体未按合同约定缴纳收益或租金。其中:铁岭县8个,96.47万元;开原市6个,77.61万元;西丰县32个,230.48万元。

3. 扶贫资金风险方面。

(1)部分债权类项目本金到期无法收回。其中:铁岭县1个,6.37万元;西丰县12个,804万元。另外,铁岭县、开原市、西丰县26个债权类项目总投资4 332.98万元到期收回本金难度较大,存在资金损失风险。(2)部分金融扶贫贷款到期无法偿还,扶贫办承担代偿责任。其中:开原市414万元;西丰县26.08万元。(3)部分债权类项目投资无抵押物、重复抵押或抵押物未评估,资金安全没有保障。其中:铁岭县32个,总投资4 857.82万元;开原市88个,总投资11 208.12万元;西丰县30个,总投资2 668万元。(4)开原市个别扶贫项目存在违法违规使用资金问题。

第三,全市城镇老旧小区改造审计情况。

2019年至2021年,全市共筹集城镇老旧小区改造资金112 379万元,共实施改造项目46个,涉及183个小区。审计结果表明,各县(市)区人民政府及有关部门切实加强组织领导,较好地改善了老旧小区人居环境和交通条件。但审计也发现以下问题:

1. 资金管理使用方面。

(1)资金拨付率低。其中:清河区15.73%、铁岭县17.18%、开原市21.46%、银州区25.5%、西丰县48.35%。(2)开原市、银州区将资金用于不属于改造范围的市政道路改造;调兵山市、银州区将资金用于批复建设范围外的改造工程。(3)开原市城发中心不合规票据列支工程款1 216万元。

2. 项目管理方面。

(1)昌图县、西丰县、银州区2021年部分项目未按期开工。(2)开原市、昌图县、西丰县、清河区部分项目未办理施工许可证即开工建设。(3)铁岭县、昌图县、西丰县、调兵山市、银州区、清河区部分已完工项目未及时验收或已验收项目未结算审核。(4)昌图县、西丰县部分项目建设内容与可研批复不符、个别项目擅自改变工程内容。(5)个别县区招投标管理不规范、评标不严谨。

经过对改造小区进行现场抽查,发现以下问题:(1)铁岭县、昌图县、西丰县、银州区、清河区、开发区部分项目未按设计施工、工程量不实或施工单位多计工程结算价款。(2)西丰县、银州区个别项目现场签证不合理。(3)昌图县、西丰县、开发区个别项目施工材料未达到设计标准。(4)个别县区有景观亭及廊架立柱尺寸未达到设计标准,存在安全隐患及路面破损严重问题。(5)开原市2019年改造项目报审工程量与实际不符。

另外,审计还发现部分县(市)区存在老旧小区物业管理长效机制尚不完善;部分充电桩、快递柜闲置,部分景观、井盖、边石已损坏;部分物业公司尚未履行备案登记手续等问题。

第四,重点专项资金三级联动审计情况。

按省审计厅要求,重点对全面开放、地质灾害监测和治理、产粮(油)大县奖励等资金管理使用情况进行了审计。审计结果表明,资金拨付使用基本符合相关资金管理办法的规定,基本发挥了应有的效益。但审计也发现以下问题:

1. 铁岭县财政滞拨全面开放资金292.37万元。

2. 开原市财政挤占全面开放资金281.30万元,用于刚性支出。

3. 铁岭县财政未按工程进度拨付地质灾害治理资金。铁岭县大甸子镇老边台村崩塌地质灾害防治工程完成工程量的60%,县财政仅拨付资金量的15.61%。

对本次预算执行审计发现的问题,审计机关已依据相关法律法规作出了处理或提出了整改意见,涉嫌违法违纪的问题将移送纪委监委进一步处理。市政府要求审计机关认真督促整改,逐一销号;要求有关单位认真落实审计意见,采取有效措施,积极组织开展整改工作。目前部分问题已整改完毕,其余问题正在整改中。市政府将于年底前向市人大常委会专题报告整改情况。

(四)审计建议

(1)财政部门要严格执行预算法等有关规定,进一步规范预算编制工作,加强专项资金管理,加快专项资金拨付进度。

(2)各预算单位要严格遵守财经纪律,规范财政收支行为;建立健全内部控制制度,防范财务风险。

(3)各县(市)区政府及有关单位要进一步落实乡村振兴有关政策,加大扶贫资产监管力度；规范老旧小区改造资金管理使用，确保专项资金发挥应有效益。

主任、各位副主任、秘书长、各位委员，我们将诚恳接受市人大常委会的监督，依法履行审计职责，立足监督，强化服务，为铁岭经济社会发展清障护航。

七、枣庄市人民政府关于2021年度市级预算执行和其他财政收支的审计工作报告

受市政府委托，我向市人大常委会报告2021年度市级预算执行和其他财政收支审计情况，请予审议。

根据审计法律法规，市审计局组织开展了2021年度市级预算执行和其他财政收支审计工作。我们立足"审计监督首先是经济监督"定位，依法忠诚履行审计监督职责。主要围绕政策落实，开展就业优先、国有企业改革、粮食购销等重点领域审计；围绕提高财政绩效，开展财政预算管理改革、政府专项债券、直达资金、地方商业银行审计；围绕工作创新，采取"双主审"和市、区（市）联动模式，开展网络安全和信息化建设等重点领域审计。

审计结果表明，财政部门坚持稳中求进工作总基调，落实积极的财政政策，深化预算管理改革，强化民生支出保障，加强规章制度建设，着力做好"六稳""六保"工作，积极推进"工业强市、产业兴市"战略实施，财政保障能力逐步增强，预算执行规范化程度逐步提高，较好完成了经济社会发展的目标任务。

（一）市级财政管理审计情况

重点审计了市财政局具体组织2021年度市级预算执行和其他财政收支情况，发现的主要问题：

1. 深化预算管理改革方面

（1）枣庄高新区预算编制不规范。主要表现为部分预算资金未按照人员隶属结构及部门职能编制。

（2）预算统筹协调不到位，预算执行率低影响财政资金效益。涉及2020年度结转资金38项713.67万元、2021年度预算资金193项20 865.04万元，如市蟠龙河建设管理服务中心负责的预算1 500万元"匡山头闸除险加固工程"，因设计变更等原因，预算执行率仅为35%。

2. 预算执行方面

（1）部分非税收入未缴库。2021年12月31日前归集的非税收入2 607.84万元未于当年缴入国库。

（2）应征未征非税收入。主要是枣庄高新区应征未征土地出让金、城市基础设施配套费3 014.61万元，审计期间已征收209.43万元。

（3）滞留上级资金。主要是"中央缉私经费"等上级资金871.82万元未完成分配下达，滞留市级财政。

（4）涉企奖补资金兑付不及时。市直相关部门、相关区（市）财政未及时兑付市级财政涉企奖补资金6 474.23万元。

（5）道路交通事故社会救助基金运行管理不规范。主要表现为基金实施救助后追偿比率低、可持续运行能力差，基金运行管理、公示机制不够完善。

3. 盘活存量资金、资产方面

应收未收部门存量资金。涉及市自然资源和规划局等19个部门（单位）33项1 538.75万元。

4. 全面推进预算绩效管理方面

（1）全面预算绩效管理不到位。主要表现为追加部门预算、存量资金安排的项目支出未全部编报绩效目标，未纳入绩效管理，如市科协等5个部门（单位）部分项目未编制绩效目标。

（2）绩效运行监控机制执行不到位。主要表现为重大项目预算绩效运行监控不到位、部门整体绩效目标和自评结果报告制度执行不到位。

5. 2022年度专项债券管理使用情况

项目推进缓慢，建设手续不齐全。市直、枣庄高新区2022年度"七网建设"的7个项目，4个项目推进缓慢，4个项目建设手续不齐全。

（二）部门（单位）预算执行审计情况

重点对市科技局、市民政局、市交通运输局、市文化和旅游局、市退役军人局、市审批服务局、市残联7个部门及18家所属事业单位预算执行和其他财政收支情况进行了审计，延伸审计10个部门（单位），发现的主要问题：

1. 预算管理改革方面

（1）预算编制不完整。市科技局等7个部门（单位）未将结转结余资金或事业性收入1 041.90万元编入年度预算。

（2）预算编制不科学。市残联多编报项目资金116.50万元，市公路和地方铁路事业发展中心等2个部门（单位）预算编制未细化。

2. 预算执行方面

（1）无预算、超预算支出。市审批服务局等7个部门（单位）无预算支出508.27万元，市港航和机场建设发展中心等 7 个部门（单位）超预算支出 171.03 万元。

（2）存量资金盘活不够。市文化和旅游局等 4 个部门（单位）结余资金 2 218.89 万元，未按规定缴回财政统筹使用。

（3）经费管理不规范。市退役军人局"三公"经费、会议培训费管理不严格；市交通运输局等 2 个部门（单位）挤占项目经费或公车运行费；市能源局等 5 个部门（单位）改变预算支出用途；市残联等 3 个部门（单位）超需求支付资金；市城乡水务局等 3 个部门（单位）扩大开支范围。

（4）固定资产管理不到位。市公路应急抢险中心房屋租金收取不及时，市体育局未按照规定程序完成资产调拨处置，市残联部分资产使用人已变更，未及时更改固定资产管理台账。

（5）公务用车管理不规范。市民政局等 3 个部门公务用车审批制度不严格，或未按照规定设立公车使用登记簿。

3. 资金绩效管理方面

（1）预算绩效制度建设存在短板。市退役军人局等 4 个部门（单位）未制定预算绩效管理办法。

（2）绩效评价不到位。市统计局等 6 个部门（单位）部分项目未开展绩效自评；市民政局等 3 个单位部分项目绩效评价结果质量不高。

4. 决算草案编制方面

决算编制不真实、不完整。主要涉及市审批服务局等 9 个部门（单位）。

5. 其他方面

内部审计工作开展滞后。市文化和旅游局未建立健全内部审计制度，市交通运输局等 3 个部门未开展或独立开展内部审计工作。

（三）重点民生资金和项目审计情况

（1）强化就业优先政策落实情况审计。对市本级、滕州市、薛城区、市中区、台儿庄区 2020 年 1 月至 2021 年 9 月促进就业优先政策落实情况进行了审计，发现的主要问题：一是支持企业稳岗扩岗方面。4 个区（市）重复发放以工代训补贴 27.10 万元。滕州市 444.21 万元创业担保贷款财政贴息拨付不到位，47 家企业稳岗返还资金 42.76 万元未发放到位。二是重点群体就业保障方面。3 个区违规向 31 名人员发放就业困难人员灵活就业社会保险补贴 12.33 万元，2 个区未建立乡村公益性岗位开发制度。三是职业技能提升方面。3 个区（市）违规向退休人员发放职业培训补贴 10.12 万元；滕州市新型学徒制培训补贴 320.40 万元拨付不到位。

（2）粮食购销领域专项审计。对市、区（市）地方储备粮规模、购销、储存、涉粮专项资金管理使用及粮食企业经营管控等情况进行了审计，发现的主要问题：一是储备粮规模方面。未根据人口变化建立储备粮规模动态调整机制，2021年地方储备粮实际规模未达地方储备粮规模测算供应标准。二是储备粮贷款和财政专项资金方面。2个区（市）滞拨财政专项资金1 980万元；1家粮食企业轮换资金管理不严格，销售款回笼后未及时偿还贷款，涉及地储小麦5 014.02吨1 312.40万元；1家企业地方储备粮专户管理使用不规范，涉及地储粮出仓销售款3 484.30万元。三是储备粮购销方面。2家粮食企业储备粮轮换空库时间超过4个月，2个区粮食储备与商品粮经营未分开。四是储备粮存储方面。2个区地方储备粮与商品粮混库储存，4个区（市）粮食质检工作开展不到位，滕州市部分仓储设施老化、储藏条件较差，不符合相关标准。五是粮食企业经营管理方面。7家粮食企业资金管理使用不规范，使用个人账户进行粮食交易；3家粮食企业资产闲置，未发挥专项资金使用效益。

（四）国资国企审计情况

（1）市属企业重点改革事项推进情况专项审计调查。对山东国新粮油发展集团有限公司、山东泉兴能源集团有限公司、山东国银安防集团有限公司、枣庄国众投资发展集团有限公司、枣庄国翔投资发展集团有限公司5户市属国资国企2017年至2020年重点改革事项推进情况进行了审计调查，发现的主要问题：一是法人治理结构方面。3家企业公司章程内容不完整，未加入党委会职责范围等条款；2家企业董事会决策程序缺失；3家企业党委会前置决策程序执行不到位，党委会"把方向、管大局、保落实"领导作用发挥不充分。二是国企改革成效方面。3家企业未及时收回应收款、过渡期收益或大额保障金8.92亿元；1家企业融资总额2.88亿元，年支付贷款利息1 282.54万元，还贷利息压力过大，债务风险凸显；1家企业因解除托管协议，造成国有资产潜在损失1 059.12万元。三是国有企业资产管理使用方面。4家企业财务管理不规范，2家企业划转资产权属不清，涉及资产8 015.70万元。

（2）市重点国有企业科技创新发展情况专项审计调查。对交投集团开展了企业科技创新发展情况专项审计调查，发现的主要问题：一是科技创新政策落实方面。研发支出核算不规范，交投集团子公司山东远通公司没有将生产施工材料与研发实验材料分开记账。科技创新考核机制有待完善，市国资委未对企业科技投入进行专项考核，没有制定企业研发投入和产出方面的分类考核细则。二是科技投入及产出方面。争取财政资金支持力度不大，山东远通公司2020年仅一个省级技术创新项目，项目支出全部为企业自筹资金。企业科研成果转化能力不足，交投集团授权发明专利仅2项，专利应用性不强。三是科技创新环境及人才责任落实方面。企业高端科研人员短缺，交投集团及子公司企业研发人员具有中级及以上职称的仅占比40.6%，无硕士、博士学历或高级职称人员，缺乏行业领军高端科研人才。科技人员创新激励机制不健全，交投集团及子公司未实行科技人员股权、期权、分红激励、发明成果权益共享等激励措施。

（五）网络安全和信息化建设审计情况

对市本级、峄城区、台儿庄区网络安全和信息化建设情况进行了审计，发现的主要问题：一是网络安全方面。市本级和2个区均存在网络安全责任制未落实的问题，如市本级审计调查的33家政府组成部门有6家网络安全责任制、网络安全应急管理措施落实不到位。二是信息化建设方面。市本级2021年预算安排信息化建设资金5 000万元，未按照绩效管理的相关规定编制绩效目标、实施绩效监控和绩效自评；个别信息系统使用率不高、系统功能有缺陷；峄城区15家单位信息化建设项目未安排网络安全预算。

（六）政府专项债券、直达资金及地方金融审计情况

（1）政府专项债券审计。对全市2020年、2021年政府专项债券项目管理、资金使用情况进行了专项审计，发现的主要问题：一是部分项目推进缓慢。6个区（市）12个项目推进缓慢，部分项目建设未达到预定工期工作量。二是部分专项债券资金滞留财政。5个区（市）未按规定将专项债券资金及时拨付至项目单位，涉及10个项目37 175万元。

（2）直达资金管理使用情况审计。对全市2021年度直达资金管理使用情况进行了专项审计，发现的主要问题：一是直达资金拨付不规范。7个区（市）将困难群众补助资金、计划生育服务资金等27 223.37万元拨入预算单位（镇、街）实有资金账户，未直接支付到最终收款人，至审计日仍有62.44万元滞留在相关账户未形成实际支出。二是直达资金预算下达不规范。5个区（市）部分直达资金下达时未按规定设立直达资金标识。三是直达资金监控系统运行不规范。4个区（市）直达资金监控系统反映的支出数据不准确、惠企利民发放表与支出数据不一致。

（3）枣庄农村商业银行风险管控情况专项审计调查。对枣庄农村商业银行2020年至2021年9月期间风险管控情况进行了专项审计调查，发现的主要问题：一是不良资产方面。贷款五级分类不准确，少计不良贷款，欠息、逾期贷款仍划分为正常类。二是合规经营方面。发放跨区域贷款5 990万元；向"两高一剩"限制或禁止领域企业发放贷款2 622.85万元；部分信贷业务贷后检查流于形式。三是政策落实方面。"税易融"业务贷后检查中未对借款人纳税情况进行监测，为不符合相应贷款条件的企业办理应收账款质

押贷款业务 300 万元。四是内部控制方面。主要是关联人名单不完整、股东大会会议记录不完善、未按规定召开董事会。

（七）下一步工作

对审计查出的各类问题，我们依法出具了审计报告，下达了审计决定，相关违纪线索已移交纪检监察机关。下一步，我们将督促相关部门（单位）进一步抓好整改，做好以下工作：

（1）深化财政预算绩效管理，盘活存量资金。深入贯彻落实中央和省、市关于全面推进预算绩效管理的实施意见精神，强化绩效意识，进一步深化财政管理改革，加快构建全方位、全过程、全覆盖的预算绩效管理体系，层层压实责任，推进预算绩效管理全面落到实处；严格贯彻盘活存量资金政策要求，对存量闲置资金、资产做到应收尽收，及时统筹使用。

（2）加强预算支出监督，强化预算约束。加强对部门（单位）预算资金使用合规性的监督，采用定期通报、整改约谈等方式督促部门（单位）严格按照预算批复的用途使用资金，提高预算执行效率，切实增强财政资金效益。

（3）严格民生资金监管，守牢各项安全底线。聚焦就业、社保、教育、公共卫生、乡村振兴等领域资金使用情况，压实项目和资金管理责任，加强项目全周期监管；加大地方金融、生态环境、粮食购销等领域风险隐患揭示力度，守牢守好"一排底线"，推动中央重大决策部署和省、市党代会精神落到实处，为"工业强市、产业兴市"，推动经济稳进提质贡献审计力量。

本报告反映的市级预算执行和其他财政收支审计发现的主要问题，市审计局将依法向社会公告。我们将落实好市人大常委会审议意见，认真督促整改，按照要求适时专题报告整改情况。

附件：枣庄市 2021 年度市级预算执行和其他财政收支审计查出问题清单

附件 枣庄市 2021 年度市级预算执行和其他财政收支审计查出问题清单

一、市级财政管理审计情况

问题类别	问题主要内容	问题具体表述	涉及单位	备注
（一）深化预算管理改革方面	1. 枣庄高新区预算编制不规范。	主要表现为部分预算资金未按照人员隶属结构及部门职能编制。	枣庄高新区	
	2. 预算统筹协调不到位，预算执行率低影响财政资金效益。	涉及 2020 年度结转资金 38 项 713.67 万元、2021 年度预算资金 193 项 20 865.04 万元，如市蟠龙河建设管理服务中心负责的预算 1 500 万元"匡山头闸除险加固工程"，因设计变更等原因，预算执行率仅为 35%。	市财政局 市直相关部门	

续表

问题类别	问题主要内容	问题具体表述	涉及单位	备注
（二）预算执行方面	1. 部分非税收入未缴库。	2021年12月31日前归集的非税收入2 607.84万元未缴入国库。	市财政局 枣庄高新区	
	2. 应征未征非税收入。	主要是枣庄高新区应征未征土地出让金、城市基础设施配套费3 014.61万元，审计期间已征收209.43万元。	枣庄高新区	
	3. 滞留上级资金。	"中央缉私经费"等上级资金871.82万元未完成分配下达，滞留市级财政。	市财政局	
	4. 涉企奖补资金兑付不及时。	市直相关部门、相关区（市）财政兑付市级财政涉企奖补资金6 474.23万元。	市直相关部门 各区（市）	
	5. 道路交通事故社会救助基金运行管理不规范。	主要表现为基金实施救助后追偿比率低、可持续运行能力差，基金运行管理、公示机制不够完善。	市财政局 市公安局	
（三）盘活存量资金、资产方面	应收未收部门存量资金。	涉及市自然资源和规划局等19个部门（单位）33项1 538.75万元。	市财政局	
（四）全面推进预算绩效管理方面	1. 全面预算绩效管理不到位。	主要表现为追加部门预算、存量资金安排的项目支出未全部编报绩效目标，未纳入绩效管理，如市民政局、市体育局、市城乡水务局、市教育局、市科协5个部门（单位）部分项目未编制绩效目标。	市民政局等部门（单位）	
	2. 绩效运行监控机制执行不到位。	主要表现为重大项目预算绩效运行监控不到位、部门整体绩效目标和自评结果报告制度执行不到位。	市财政局	
（五）2022年度专项债券管理使用情况	项目推进缓慢，建设手续不齐全。	市直、枣庄高新区2022年度"七网建设"的7个项目，4个项目（乡村智慧仓储物流项目、枣庄高新区污水联合防治项目、蟠龙河南支及宏图河引调水灌溉工程项目、龙山水库基础设施增容扩容项目）推进缓慢，4个项目（枣庄市蟠龙河引调水及河库连通工程、枣庄高新区污水联合防治项目、蟠龙河南支及宏图河引调水灌溉工程项目、八一电厂至张范工业园蒸汽管道工程）建设手续不齐全。	市交发集团、市蟠龙河建设管理服务中心、枣庄高新区	

二、部门（单位）预算执行审计情况

问题类别	问题主要内容	问题具体表述	涉及单位	备注
（一）预算管理改革方面	1. 预算编制不完整。	7个部门（单位）未将结转结余资金或事业性收入1 041.9万元编入年度预算。其中，市科技局197.26万元，市民政局175.31万元，市退役军人局115.99万元，市残联83.88万元，市残疾人康复中心136.85万元，市艺术剧院23.82万元，市港航和机场建设发展中心308.79万元。	市科技局等部门（单位）	
	2. 预算编制不科学。	市残联多编报项目资金116.5万元，市交通运输局、市公路和地方铁路事业发展中心2个部门（单位）预算编制未细化。	市残联等部门（单位）	

续表

问题类别	问题主要内容	问题具体表述	涉及单位	备注
（二）预算执行方面	1. 无预算、超预算支出。	7个部门（单位）无预算支出508.27万元，其中，市科技局1.09万元，市交通运输局30.60万元，市退役军人局0.54万元，市审批服务局85.88万元，市残联23.87万元，市公路和地方铁路事业发展中心268.65万元，市港航和机场建设发展中心97.64万元。7个部门（单位）超预算支出171.03万元，其中，市科技局1.95万元，市交通运输局5.06万元，市退役军人局8.19万元，市审批服务局16.69万元，市残联6.22万元，市公路和地方铁路事业发展中心64.69万元，市港航和机场建设发展中心68.23万元。	市科技局等部门（单位）	
	2. 存量资金盘活不够。	市交通运输局历年结余资金13万元，市文化和旅游局77.59万元未统筹盘活，市退役军人局退役士兵保险接续结余资金2 008.01万元，市港航和机场建设发展中心结余资金120.29万元。	市交通运输局等部门（单位）	
	3. 经费管理不规范。	市退役军人局"三公"经费、会议培训费管理不严格。市交通运输局挤占项目经费，市港航和机场建设发展中心挤占公车运行费。5个部门（单位）改变预算支出用途，主要为市体育局2021年度挪用群体活动经费等项目经费8.08万元，用于日常经费支出；团市委2021年度挤占会议费、劳务费等项目经费6.46万元用于其他支出；市城乡水务局年末挪用水土保持等专项资金9.95万元用于宣传事项、1.92万元用于部门日常开支；市能源局年末挪用专项委托业务费等项目结余资金购置办公设备；市统计局年末使用2020年度结转的社情民意调查经费拨付区（市）统计部门人口抽样经费15.21万元、支付租车费1.74万元。3个部门（单位）超需求支付资金，主要为市文化和旅游局、市民政局、市残联。3个部门（单位）扩大开支范围，涉及市民政局3.84万元、市体育局59万元、市城乡水务局50万元。	市退役军人局等部门（单位）	
	4. 固定资产管理不到位。	市公路应急抢险中心房屋租金收取不及时，市体育局未按照规定程序完成资产调拨处置，市残联部分资产使用人已变更，未及时更改固定资产管理台账。	市体育局等部门（单位）	
	5. 公务用车管理不规范。	市科技局、市民政局、市审批服务局3个部门公务用车审批制度不严格，或未按照规定设立公车使用登记簿。	市民政局等部门（单位）	
（三）资金绩效管理方面	1. 预算绩效制度建设存在短板。	市科技局、市交通运输局、市退役军人局、市残联4个部门（单位）未制定预算绩效管理办法。	市教育局等部门（单位）	
	2. 绩效评价不到位。	市科技局、市审批服务局、市统计局、市体育局、市能源局、市城乡水务发展中心6个部门（单位）部分项目未开展绩效自评；市民政局、市文化和旅游局、市交通运输局3个部门（单位）部分项目绩效评价结果质量不高。	市审批服务局等部门（单位）	
（四）决算草案编制方面	决算编制不真实、不完整。	主要涉及市科技局、市民政局、市交通运输局、市文化和旅游局、市退役军人局、市审批服务局、市残联、市公路和地方铁路事业发展中心、市港航和机场建设发展中心9个部门（单位）。	市科技局等部门（单位）	
（五）其他方面	内部审计工作开展滞后。	市文化和旅游局未建立健全内部审计制度，市科技局、市交通运输局、市审批服务局3个部门未开展或独立开展内部审计工作。	市文化和旅游局等部门（单位）	

三、重点民生资金和项目审计情况

问题类别	问题主要内容	问题具体表述	涉及单位	备注
（一）强化就业优先政策落实情况审计	一是支持企业稳岗扩岗方面。	4个区（市）重复发放以工代训补贴27.1万元，涉及滕州市22万元、市中区3.15万元、薛城区1万元、台儿庄区0.95万元。滕州市444.21万元创业担保贷款财政贴息拨付不到位，47家企业稳岗返还资金42.76万元未发放到位。	滕州市、薛城区市中区、台儿庄区	
	二是重点群体就业保障方面。	3个区违规向31名人员发放就业困难人员灵活就业社会保险补贴12.33万元，涉及台儿庄区10.44万元、薛城区1.26万元、市中区0.63万元；2个区均未建立乡村公益性岗位开发制度，涉及市中区、枣庄高新区。	薛城区、市中区台儿庄区	
	三是职业技能提升方面。	3个区（市）违规向退休人员发放职业培训补贴10.12万元，涉及薛城区6.62万元、滕州市3.06万元、市中区0.44万元；滕州市新型学徒制培训补贴320.4万元拨付不到位。	滕州市、薛城区市中区、枣庄高新区	
（二）全市粮食购销领域专项审计	一是储备粮规模方面。	未根据人口变化建立储备粮规模动态调整机制，2021年地方储备粮实际规模未达地方储备粮规模测算供应标准。	全市	
	二是储备粮贷款和财政专项资金方面。	2个区（市）滞拨财政专项资金1 980万元，涉及薛城区1 130万元、滕州市850万元；山东国新粮油储备库有限公司轮换资金管理不严格，销售款回笼后未及时偿还贷款，涉及地储小麦5 014.02吨1 312.40万元；山东国新仓储物流有限公司地方储备粮专户管理使用不规范，涉及地储粮出仓销售款3 484.30万元。	滕州市、薛城区、山东国新粮油储备库有限公司、山东国新仓储物流有限公司	
	三是储备粮购销方面。	2家企业储备粮轮换空库时间超过4个月，其中，山东国新粮油储备库有限公司下架空期近5个月，市中区粮食收储管理中心架空期为4个月19天；2个区粮食储备与商品粮经营未分开，涉及台儿庄区和峄城区。	山东国新粮油储备库有限公司、市中区粮食收储管理中心、峄城区、台儿庄区	
（二）全市粮食购销领域专项审计	四是储备粮存储方面。	2个区地方储备粮与商品粮混库储存，涉及薛城区地储粮3 281.53吨，商品粮175.76吨；台儿庄区商品粮小麦160.93吨，地储粮小麦634.23吨。4个区（市）粮食质检工作开展不到位，涉及市中区、山亭区、滕州市、峄城区，滕州市部分仓储设施老化、储藏条件较差，不符合相关标准。	滕州市、薛城区、山亭区、市中区、台儿庄区	
	五是粮食企业经营管理方面。	7家粮食企业（枣庄市内丰粮食收储有限公司、薛城区粮食收储管理中心、滕州市基层粮库、台儿庄区兰城粮油购销公司、泥沟粮油购销公司、邹庄粮油购销公司、彭楼粮油购销公司）资金管理使用不规范，使用个人账户进行粮食交易。山东国新粮油储备库有限公司、峄城区峄粮公司主食产业化项目、山亭区国丰公司资产闲置，未发挥专项资金使用效益。	枣庄市内丰粮食收储有限公司等相关企业	

四、国资国企审计情况

问题类别	问题主要内容	问题具体表述	涉及单位	备注
（一）市属企业重点改革事项推进情况专项审计调查	一是法人治理结构方面。	国银集团、国众集团、国翔集团3家企业公司章程内容不完整，未加入党委会职责范围等条款；国银集团、国众集团2家企业董事会决策程序缺失；国新集团、国银集团、国翔集团3家企业党委会前置决策程序执行不到位，党委会"把方向、管大局、保落实"领导作用发挥不充分。	国银集团、国众集团、国翔集团、国新集团	

续表

问题类别	问题主要内容	问题具体表述	涉及单位	备注
（一）市属企业重点改革事项推进情况专项审计调查	二是国企改革成效方面。	泉兴集团、国银集团、国翔集团3家企业未及时收回应收款、过渡期收益或大额保障金，涉及泉兴集团应收款8.38亿元、国银集团过渡期收益86.98万元、国翔集团大额保障金5278.61万元；国新集团融资总额2.88亿元，年支付贷款利息1 282.54万元，还贷利息压力过大，债务风险凸显；泉兴集团托管企业已解除托管协议，造成国有资产潜在损失1 059.12万元。	泉兴集团、国银集团、国翔集团、泉兴集团	
	三是国有企业资产管理使用方面。	4家企业财务管理不规范，国新集团虚增利润421.58万元，泉兴集团会计记账不规范185.50万元，国众集团违规列支装修款14.83万元，国翔集团所属融通公司固定资产不实；国银集团、国众集团2家企业划转资产权属不清，涉及国银集团6 222.02万元、国众集团1 793.68万元。	泉兴集团、国众集团、国翔集团、国银集团	
（二）市重点国有企业科技创新发展情况专项审计调查	一是科技创新政策落实方面。	1.研发支出核算不规范，交投集团子公司山东远通公司将路段施工现场中使用的土石方、沥青、螺纹钢等生产性材料共计1 956.14万元计入"研发支出"科目，没有将生产施工材料与研发实验材料分开记账。 2.科技创新考核机制有待完善，市国资委制定的《枣庄市市属国有企业负责人经营业绩考核办法》和市属企业经营业绩考核定性指标中，未对企业科技投入进行专项考核，没有制定企业研发投入和产出方面的考核细则。	市国资委、交投集团	
	二是科技投入及产出方面。	1.争取财政资金支持力度不大，山东远通公司2020年开展的"基于物联网管控沥青道路铺设的研究与应用"项目为省级技术创新项目，项目支出为333.77万元，全部为企业自筹资金。 2.企业科研成果转化能力不足，交投集团及子公司授权专利数量9项，其中授权发明专利仅2项，仅占授权专利的22.22%，专利应用性不强。	交投集团	
	三是科技创新环境及人才责任落实方面。	1.企业高端科研人员短缺，交投集团及子公司企业研发人员具有中级及以上职称的占比40.6%，无硕士、博士学历或高级职称人员，缺乏行业领军高端科研人才。 2.科技人员创新激励机制不健全，交投集团及子公司未实行科技人员股权、期权、分红激励、发明成果权益共享等激励措施，未建立科技人员创新激励机制。	交投集团	

五、网络安全和信息化建设审计情况

问题类别	问题主要内容	问题具体表述	涉及单位	备注
网络安全和信息化建设审计	一是网络安全方面。	市本级和2个区均存在网络安全责任制未落实的问题，如市本级审计调查的33家政府组成部门有6家网络安全责任制、网络安全应急管理措施落实不到位。峄城区审计调查的24个区直单位，有12个单位责任人机构制度未落实，14个单位未建立网络安全责任相关制度。台儿庄区审计调查的42家单位有4家单位网络安全责任制落实不到位。	市直相关单位 峄城区、台儿庄区	
	二是信息化建设方面。	市本级2021年预算安排信息化建设资金5 000万元，未按照绩效管理的相关规定编制绩效目标、实施绩效监控和绩效自评；个别信息系统使用率不高、系统功能有缺陷；峄城区15家单位信息化建设项目未安排网络安全预算。	市大数据局 峄城区	

六、政府专项债券、直达资金及地方金融审计情况

问题类别	问题主要内容	问题具体表述	涉及单位	备注
（一）政府专项债券审计	一是部分项目推进缓慢。	6个区（市）12个项目推进缓慢，部分项目建设未达到预定工期工作量。具体为：滕州市"枣庄黑盖猪"育种创新能力提升项目、樱花苑幼儿园项目、级索镇中心幼儿园项目、薛城区四里石改造一期项目、铁西水厂与棚户区管网配套建设工程项目、山亭区翼云科创园及开发区基础设施建设项目、新能源汽车设备产业园基础设施建设项目、市中区供水水质提标改造工程项目、枣庄经济开发区基础设施提升改造建设项目、峄城区化工产业园基础设施建设项目、峄城区人民医院改扩建工程建设项目、枣庄高新区南石东西村棚户区改造三期安置房项目。	滕州市、薛城区、山亭区、市中区、峄城区、枣庄高新区	
（一）政府专项债券审计	二是部分专项债券资金滞留财政。	5个区（市）未按规定将专项债券资金及时拨付至项目单位，涉及10个项目37 175万元。具体为：滕州市城区供水管网提升及智慧化改造工程项目5 000万元、城区污水处理提质增效工程项目3 000万元、南线高温热水集中供热工程项目续建6 400万元、"枣庄黑盖猪"育种创新能力提升项目2 900万元、薛城区农村饮水安全巩固提升工程2 900万元、四里石改造一期项目4 000万元、市中区供水水质提标改造工程项目8 200万元、峄城区人民医院改扩建工程建设项目2 125万元、石榴产业融合示范园项目650万元、枣庄高新区产业园5G+工业互联网基础设施建设项目2 000万元。	滕州市、薛城区、市中区、峄城区、枣庄高新区	部分整改
（二）直达资金管理使用情况审计	一是直达资金拨付不规范。	7个区（市）将困难群众补助资金、计划生育服务资金等资金拨入预算单位（镇街）实有资金账户，未直接支付到最终收款人，涉及资金27 223.37万元，其中62.44万元滞留在相关账户未形成实际支出。	滕州市、薛城区、山亭区、市中区、峄城区、台儿庄区、枣庄高新区	已整改
（二）直达资金管理使用情况审计	二是直达资金预算下达不规范。	5个区（市）部分直达资金下达时未按规定设立直达资金标识。	台儿庄区、滕州市、市中区、峄城区、薛城区	已整改
（二）直达资金管理使用情况审计	三是直达资金监控系统运行不规范。	4个区（市）直达资金监控系统反映的支出数据不准确、惠企利民发放表与支出数据不一致。	滕州市、市中区、峄城区、枣庄高新区	已整改
（三）枣庄农村商业银行风险管控情况专项审计调查	一是不良资产方面。	贷款五级分类不准确，少计不良贷款，其中，2020年末731.58万元，2021年9月末375.40万元；欠息、逾期贷款仍划分为正常类，其中，2020年年末2 743.45万元，2021年9月末1 856.56万元。	枣庄农商行	已整改
（三）枣庄农村商业银行风险管控情况专项审计调查	二是合规经营方面。	发放跨区域贷款5 990万元，涉及滕州市建发新型建材有限公司贷款2 990万元、滕州市福民建材有限公司贷款3 000万元；向"两高一剩"限制或禁止领域企业发放贷款2 622.85万元；部分信贷业务贷后检查流于形式，涉及枣庄和众商贸有限公司贷款300万元、枣庄咪咪笑家具有限公司贷款256万元。	枣庄农商行	已整改

续表

问题类别	问题主要内容	问题具体表述	涉及单位	备注
（三）枣庄农村商业银行风险管控情况专项审计调查	三是政策落实方面。	"税易融"业务贷后检查中未对借款人纳税情况进行监测，为不符合相应贷款条件的企业办理应收账款质押贷款业务300万元。	枣庄农商行	已整改
	四是内部控制方面。	主要是关联人名单不完整、股东大会会议记录不完善、未按规定召开董事会。	枣庄农商行	已整改

第三节 县级政府审计工作报告

一、射洪市人民政府关于2021年度市级财政预算执行和其他财政收支的审计工作报告

我受市人民政府委托，向市人大常委会报告2021年度市级财政预算执行和其他财政收支的审计情况，请予审议。

2021年是极不平凡的一年。在市委审计委员会及上级审计机关的坚强领导下，市审计局始终坚持以习近平新时代中国特色社会主义思想为指导，深入贯彻习近平总书记对审计工作作出的重要指示批示精神，全面落实市委市政府的部署要求，紧紧围绕推动"建设八区、奋进百强"目标任务，统筹推动疫情防控和经济社会发展，保障"六稳""六保"任务落实，聚焦财政财务收支真实合法效益审计主责主业，全面履行审计监督职责，对2021年度市本级财政预算执行和其他财政收支情况进行了依法审计。重点开展了市本级财政预算执行和决算草案编制、部门预算执行、政府性投资建设项目竣工决算和上级审计机关安排的项目等审计工作。年度内共实施审计项目23个，审计发现问题66个，涉及资金236 772.63万元，积极发挥审计常态化"经济体检"作用。

审计情况表明，2021年，面对新冠疫情反复和经济下行压力加大的严峻形势，市财政局及相关职能部门坚持紧紧围绕市委、市政府重大经济决策和安排部署，认真执行市一届人大第二次会议及市二届人大常委会第四次会议决议，拓展思路、踔厉奋发、比学赶超、砥砺前行，推动全市经济平稳发展。

——地方财政全力以赴跃升向好。2021年，我市地方一般公共预算收入（市本级）实现201 739万元，同比增加50 807万元，增长33.66%；地方一般公共预算支出实现572 054万元，同比增加41 429万元，增长7.81%。

——民生底线顺势而为兜牢兜稳。2021年，全市安排用于民生实事资金共计

292 614万元，其中：社会保障和就业支出80 678万元，教育支出108 486万元，卫生健康支出72 594万元，保障性住房支出7 241万元，文化旅游体育与传媒支出5 510万元，交通运输支出18 105万元。

——重点工作乘势而上高效推进。一是疫情防控有力有效。安排重大公共卫生服务资金2 204万元，全面落实"外防输入、内防反弹"常态化新冠肺炎疫情防控措施，确保我市全年无一例新增本土病例。二是坚决做好政府债务风险防控。加强政府债务管理，确保债务余额不突破限额；加强隐性债务化解，全年化解隐性债务78 600万元。三是深入实施乡村振兴战略。安排巩固脱贫攻坚衔接乡村振兴资金18 361万元，接续推进巩固拓展脱贫攻坚成果同乡村振兴有效衔接。四是持续打好污染防治攻坚战。全年安排节能环保支出11 218万元，支持生态保护和污染防治，有力推动蓝天提升行动、碧水攻坚行动和净土保卫行动更加深入见效。

——审计整改聚势而强履职担当。贯彻落实中央和省委审计委员会关于审计查出问题整改工作相关要求，深入开展审计整改工作专项行动，督促相关部门和单位切实履行主体责任，积极整改查出问题，2019年至2021年实施的117个审计项目共查出问题392个，已完成整改389个，占比99%，正在整改问题3个，整改责任意识进一步加强。

（一）本级预算管理和决算草案审计情况

重点审计了市财政局具体组织的市本级2021年度预算执行及决算草案编制情况。市级财政决算草案反映，2021年，市级一般公共预算总收入703 081万元、总支出667 297万元，结转下年使用35 784万元；政府性基金预算总收入532 324万元、总支出494 253万元，结转下年使用38 071万元；国有资本经营预算总收入15 000万元、总支出15 000万元，收支平衡；社会保险基金预算本年收入42 855万元、本年支出19 578万元，当年结余23 277万元，截至2021年年末，滚存结余102 971万元。

截至2021年年底，全市核定债务限额为925 927万元，实际政府性债务余额887 104万元，全市隐性债务余额292 500万元。2021年，市财政收到上级下达的新增地方政府债券资金160 200万元，实际拨付118 526.17万元。截至2021年年底，结存资金153 170.78万元，其中结存在财政部门41 673.83万元、结存在项目单位111 496.95万元。结存资金中，2020年资金71 063.39万元、2019年及以前年度资金6 166.70万元。

审计结果表明，全市财政收支稳步增长，财政运行总体平稳，财政管理能力逐步提升。但也还存在以下问题：

（1）乡村振兴补助资金安排使用情况公告公示不及时。2021年，市财政局、市乡村振兴局等部门对当年上级乡村振兴补助资金分配安排情况超过60天才进行公告公示，涉及资金1 456万元，其中延迟公告公示时间最长的达134天，涉及资金50万元。

（2）债券资金闲置64 650.82万元。一是2021年，收到预算指标160 200万元，下达预算指标160 200万元，当年财政部门实际拨付118 526.17万元，截至2022年4月底仍有11 462.28万元未及时拨付。二是2019—2021年，项目单位收到市财政局下拨的债券资金241 122.10万元，截至2022年4月底仍有81 192.30万元未使用，其中超过1年资金64 650.82万元。按照票面利率计算，未使用的债券资金至2022年4月底应支付利息4 073万元。

（3）违规使用债券资金。2021年全市违规使用债券资金12 456.87万元，其中：财政库款余额少于未拨付新增债券资金10 656.87万元，农投公司实施的"射洪县沱牌镇防洪排涝综合治理工程"项目资金1 800万元归垫以前年度财政库款垫付的工程款。

（4）结转结余资金不规范。2021年，市财政局将仅列示支出方向而实际未对应具体项目和单位的城乡建设发展专项资金等114项33 928.38万元结转下年支出，且未在决算报表附注中予以说明。

（5）财政存量资金清理盘活不够到位。一是截至2021年年底，市财政局共收回存量资金166 451.59万元，已安排使用65 368.76万元，仍有101 082.83万元未安排使用，其中19 643.20万元未在两年内安排使用完毕。二是2021年，市财政局安排使用存量资金21 297.93万元，截至年底，仍有2 963.84万元未使用完毕，形成了存量资金二次沉淀。

（6）预算单位存量资金清理盘活力度仍需加强。截至2021年年底，2019年及以前年度上级主管部门及本级其他部门实拨资金到瞿河镇政府等21个单位，因项目已完工或项目不再实施等原因，形成的结余、闲置、低效资金仍有212.23万元未清理盘活。

（7）财政收入缴库不规范。2021年，市财政局将应纳入一般公共预算收入管理资金350万元纳入了国有资本经营预算收入。

（8）违规实拨资金到财政专户并虚列支出。2021年12月，市财政局将2019—2021年部分债券资金违规实拨到财政专户44 319.26万元，并在总预算会计中列支。

（9）未及时解缴非税收入2 724.24万元。一是2021年非税收入360 739.32万元，解缴入库358 541.75万元，未解缴入库2 197.57元。二是未及时解缴银行存款账户利息490.36万元，其中，财政专户利息454.47万元，各预算单位银行账户利息35.89万元。三是截至2021年年末，市疾病预防控制中心未及时解缴行政事业性收费30.14万元，截至2022年3月底，已全部上缴财政。四是截至2021年，明星镇人民政府未及时解缴国有资产出租收入0.30万元。五是广兴镇政府未及时解缴收回超标发放的通讯费5.87万元。

（10）未及时将不应专户存储的资金缴回国库。一是2021年，遂宁市财政局将城镇厕所革命资金42万元，直接拨付至市财政局财政专户，截至2021年年底，该笔资金未使用。二是2021年4月，市欣诚公司将市财政局超进度拨付的债券资金1 992.50万元退回财政专户，截至2021年年底，资金未使用，截至2022年4月底，已支付876万元，仍有1 116.50万元未使用。

（11）纳入政府综合财务报告事项不准确。一是市保障性住房（市住保中心）账面净值与政府综合财务报告净值差异6 807.45万元，二是市财政专户资金账面余额与政府综合财务报告的其他财政存款差异7 475.99万元。三是政府综合财务报告中其他货币资金包含了应作抵消的零余额账户用款额度和财政应返还额度余额。

（12）政府综合财务报告事项不规范。市政府综合财务报告会计报表与会计报表附注中公共基础设施年末净值不一致。

（13）政府综合财务报告数据资料管理不到位。市财政局未对2020年射洪市政府综合财务报告相关数据资料进行归类整理、建档建库。

（二）部门预算执行审计情况

在全面采集所有预算单位财务核算数据的基础上，以规范部门预算管理，严肃财经纪律，提高财政资金使用绩效为目标，通过对部门预算编制、预算执行及决算的编制情况的审计检查，重点检查部门预算执行、收入统筹管理、落实政府过"紧日子"要求、加强资产管理、贯彻落实中央八项规定精神以及严格执行省委、遂宁市委和射洪市委"十项规定"及其实施细则等情况。同时对市发展改革局、市农业农村局开展了现场核查。从审计情况看，预算单位较为重视部门预决算，财务管理基本规范，预算执行总体较好。但也发现部门会计核算不够规范、资产管理不规范、"三公经费"预算执行不合规等问题。

（1）预决算编报不准确。一是部门收入预算编制不完整。市发展改革局部门预算少编2020年结转结余13.27万元。二是部门决算数据账表不一致2 012.60万元，其中：市发展改革局收入和支出数分别差异860.45万元、861.33万元；市农业农村局差异290.82万元。

（2）资产管理不规范。市农业农村局违规出借国有资产（4间办公室）给民营企业，无研究决策资料，且未收取租金。

（3）政府采购管理不规范。一是市发展改革局年初无政府采购预算，年度内实施政府采购3次，总金额495.77万元。二是政府采购合同签订不严谨，市发展改革局签订的非金融固定资产投资报表培训工作服务合同约定的服务起始时间早于合同签订时间。

（4）"三公经费"管理不规范。一是市农业农村局超预算支出公务接待费2.04万元、公务用车购置和运行费3.13万元，有四笔共计0.42万元公务接待业务发生时间早于领导审批时间，在其他科目核算公务接待费用2笔0.20万元。二是市发展改革局有7次公务接待陪餐人数超规定。

（5）通讯费及差旅费制度执行不到位。市农业农村局通讯费报销制度更新不及时、执行不到位，两名职工违规报销通讯费0.66万元，2名职工违规报销差旅费0.61万元。

（6）往来款清理不及时。截至2021年12月，市农业农村局2笔共计20.30万元的预存费用未及时清理，10笔三年以上往来款共计39.71万元未及时清理。

（7）部门会计核算不规范。一是市发展改革局应计未计固定资产356.70万元，在差旅费中核算培训费0.15万元，在机关"其他商品服务支出"核算王爷庙粮库升级改造项目建设、低温储备库建设和粮食仓储设施维修改造等项目资金，无依据调账财政应返还额度13.27万元。二是农业农村局应计未计固定资产159.60万元，预算会计未以实际发生的经济业务为依据进行核算49.85万元，基本支出的"其他商品和服务支出"核算不细化40.73万元。

（8）其他方面问题。一是部分大额资金使用未履行决策程序。抽查市发展改革局37笔1万元及以上的大额资金支付业务，发现有4笔资金无相应的资金支付会议决策记录。二是市发展改革局受托代理资产账表实不一致，涉及金额1万元。

（三）政府投资审计情况

报告期内，市审计局完成政府投资审计项目17个，全部为易地扶贫搬迁竣工决算审计项目，截至目前，全市所有的易地扶贫搬迁项目竣工决算均已审计完毕。17个项目送审投资总额9 767.46万元，核减工程投资总额1 034.63万元，总体核减率为10.60%。

从审计情况看，政府投资项目基本执行了建设程序，资金使用管理总体规范，集中或分散修建的易地扶贫搬迁住房均已投入使用，发挥较好的社会效益。但也存在多计工程造价、建设项目管理不到位等问题。

（1）17个项目多计工程造价1 034.63万元。其中：原陈古镇2018年易地扶贫搬迁项目多计工程造价68.85万元，核减率达18.42%；东岳镇2018年易地扶贫搬迁项目多计工程造价47.03万元，核减率达17.89%；曹碑镇2018年易地扶贫搬迁项目多计工程造价181.76万元，核减率达15.43%。

（2）建设项目管理不到位。

一是未办理用地手续。洋溪镇2018年石桥村等17个易地扶贫搬迁项目土地未批先建，曹碑镇2018年易地扶贫搬迁项目违规使用农用地（白鹤中心村安置房等集中安置点5处尚未取得用地许可）。

二是项目建设管理履职不到位。香山镇2019年易地扶贫搬迁项目个别标段存在先实施后签订勘察、设计合同，洋溪镇2018年石桥村等17个易地扶贫搬迁项目未按合同规定收取退还履约保证金与工资担保金。

三是建设程序不规范。武安镇（原太和镇）2018年易地扶贫搬迁项目未取得施工许可证擅自施工。

（四）重点专项审计情况

根据省审计厅和遂宁市审计局安排，市审计局对射洪市2018年至2020年以来，以出让等方式配置国有土地使用权取得的全部土地价款的收入、支出和管理进行了审计。

从审计情况看，我市认真落实土地出让收支纳入地方基金预算管理要求，按照"以收定支、收支平衡"原则，编制土地出让收支预算，严格执行土地出让金"收支两条线"管理。但还存在应征未征土地出让金、未及时解缴土地出让收入等问题。

（1）应征未征土地出让收入20 695.09万元。一是土地出让款应征未征18 734.81万元，二是容积率调整未足额补征土地出让收入1 960.28万元。

（2）应收未收违约金208.44万元。2018年至2021年8月底，因逾期缴纳土地出让金而形成违约金的土地有28宗，应收缴违约金2 411.60万元，已收缴2 110.06万元，因政府"三角债"等原因，经市政府、市自规局同意减免违约金93.10万元，应收未收违约金208.44万元。

（3）扩大范围列支土地出让收入657.48万元。2018年至2020年，市经开区管委会等部门在使用国有土地使用权收入资金时，扩大范围列支办公费等日常行政运行经费657.48万元。

（4）未按规定使用社保预存资金4 144.39万元。将2016年至2018年预存的社保资金4 144.39万元用于了其他年度的被征地农民养老保险。该行为可能导致2016年至2018年应参保农民得不到养老保险政策保障。

（5）土地出让收入未及时缴库11 484.99万元。截至2021年9月底，仍有11 484.99万元土地出让收入滞留专户未及时缴库。

（6）未足额计提各项资金（基金）50 002.76万元。2018年至2020年，全市应计提各项资金（基金）95 594.76万元，实际计提资金（基金）45 592万元，因计提基数不准确和扩大成本性支出等原因，少计提50 002.76万元。

（7）被征地农民3 500人未参保。2016年至2020年，全市取得征地批文的土地预测应参保被征地农民4 564人，因参保政策和标准发生变化、参保金额计算难度增大等情况，截至2021年6月底，仅1 064人完成了参保，3 500人至今未参保。

（五）重大政策措施落实跟踪审计情况

市审计局重点对直达资金、"放管服"改革、优化营商环境相关政策措施落实和过"紧日子"政策落实及政府国有平台公司使用中介机构等资金管理和政策落实情况分季度进行了跟踪审计。

从审计情况看，一是我市加强财政直达资金的管理使用，已收到指标数17 544.39万元，下达指标数 16 487.42 万元,实际支出数 9 521.76 万元。二是营商环境不断得到优化,未发现有政府部门(单位)、国有企事业单位利用优势地位恶意拖欠、新增拖欠账款的问题。三是深入开展"乱收费"治理,未发现乱收费、乱罚款问题,不存在巧立名目收取罚没收入以增加一般公共预算收入或非税收入的情况。四是深入贯彻落实过"紧日子"要求,2020 年一般性支出合计压减 3 695 万元,压减比例为 20.3%。五是认真清理存量资金,2021 年共清理存量资金 323 082.81 万元,其中属于财政收回的结转结余资金 87 731.53 万元。截至 2021 年 11 月,用存量资金共计支出 21 240.81 万元。六是市城投公司等平台公司在政府投资项目竣工决(结)算中大多使用了中介机构。审计发现平台公司在选取和使用造价咨询机构方面内控制度不健全等问题,农投公司、旅投公司、欣诚公司虽然制定了相关制度,但在服务采购方面缺少廉政风险防控措施和细化纪检监督措施,在对造价咨询机构和造价咨询人员履职履约管理方面缺少详细规定;城投公司、交投公司未建立关于工程结算审核、复核以及对造价咨询机构选取和服务管理的相关制度。

(六)审计建议

(1)加强财政存量资金管理,提高财政资金使用效益。一是对收回的财政存量资金,逐笔分析、查找原因、分类处理,对应按原用途使用的资金,尽快拨付投入使用;对已清理出的无法支出或已不需要支出的资金,要及时收回总预算统筹使用,提高财政资金使用效益。二是对已收回重新安排使用的存量资金,加强督促项目单位按计划实施,避免出现二次沉淀。三是进一步强化部门自有存量资金监管,要及时收回对长期闲置、项目已实施完毕的部门自有存量资金,避免出现资金长期闲置现象的发生。

(2)加强债券资金管理,提高债券资金使用效益。一是规范债券资金管理,严禁将债券资金用于非债券资金项目或经常性支出。二是严格债券资金申报管理,不得将债券资金安排给不具备开工建设条件和不能形成实物工作量的项目,避免出现资金等项目的情况。三是加快债券资金拨付使用,督促项目单位加快推进项目建设,已开工在建项目要加快建设进度形成更多实物工作量,新建未开工项目要尽快开工,形成实物工作量,最大限度发挥债券资金使用效益。

(3)加强政府收支规范管理,提高财政收支真实性完整性。一是规范政府收入预算管理,依照法律法规及时足额征收应征的预算收入,如实反映财政收入。二是合理安排支出预算规模。坚持量入为出原则,强化预算对执行的控制;坚持先有预算后有支出,严禁超预算、无预算安排支出,严禁将国库资金违规拨入财政专户。

(4)加强工程建设过程管理,提升政府投资项目质效。一是严格执行基本建设项目管理的相关规定,及时规范办理相关建设程序;二是严格执行《基本建设财务规则》,

规范核算,确保政府投资项目建设的真实、准确;三是各主管部门、业主和代建单位要进一步形成合力,加强工程建设过程管理,有效把控关键节点,努力提高政府投资项目资金效益。

(5)加强财务人才队伍建设,夯实部门财务工作根基。着力推进新时代财务人才队伍建设,加强专业人才和复合型人才培养使用,让人才在实践锻炼中补齐短板、增长才干;财政部门应扎实做好基层各部门、企事业单位的会计、出纳等财务人员专题培训和继续教育工作,深入推进财政法律法规特别是政府会计制度等的学习宣传和咨询服务,进一步提升财务人员业务水平和履职能力,不断夯实部门财务工作根基,有效防范财务工作风险。

本报告所反映的市本级预算执行和其他财政收支审计发现的主要问题,将依法向社会公告。审计指出问题后,相关部门和单位正在积极整改。市审计局将认真督促整改,市政府将依法向人大常委会报告整改情况。

主任、副主任,各位委员:

今年是我国踏上全面建设社会主义现代化国家、向第二个百年奋斗目标进军新征程的重要一年,更是射洪"建设八区、奋进百强"的决战决胜之年。我们将坚持以习近平新时代中国特色社会主义思想为指导,坚持党对审计工作的集中统一领导,全面贯彻落实新修订的审计法,紧紧围绕市委、市政府中心工作,以更加昂扬的斗志和更加优良的作风,充分履行审计监督职责,自觉接受市人大的监督,为射洪经济高质量发展贡献审计力量,以实际行动迎接党的二十大胜利召开!

二、泰宁县 2021 年度县本级预算执行和其他财政收支的审计工作报告

根据《中华人民共和国审计法》和《福建省地方预算执行情况审计监督试行办法》等法律法规,县审计局对 2021 年度县本级预算执行、决算草案及其他财政收支情况进行了审计。审计中,我们坚持以习近平新时代中国特色社会主义思想为指导,认真贯彻落实党的十九大、十九届历次全会精神和习近平总书记在中央审计委员会上的重要讲话及对审计工作的指示批示精神,紧紧围绕县委、县政府经济工作中心,重点关注财政资金使用绩效和政策实施效果,着力发挥审计"治已病、防未病"的功能作用,依法全面履行审计监督和服务职责。本次主要审计了县财政局具体组织执行县本级预算、决算草案及其他财政收支情况以及县民政局 2021 年度预算执行及决算草案等情况,并根据省审计厅安排对粮食领域风险防控进行了专项审计调查,同时延伸审计了县自然资源局、县住建局、县农业农村局和县卫健局等 24 个相关部门。现将审计结果报告如下:

（一）2021年度县本级预算执行、决算草案及其他财政收支审计情况

1.2021年预算收支情况

（1）一般公共预算。县本级一般公共预算收入29 264万元，完成调整预算的100.05%，比上年增收3.34%，加上级补助收入118 829万元、地方政府一般债券转贷收入18 345万元、调入资金19 599万元、动用预算稳定调节基金7 994万元、上年结余4 870万元，收入总计198 901万元。一般公共预算支出137 557万元，同口径比上年减支6 239万元，减少4.34%，加补助乡镇支出13 777万元、上解上级支出3 145万元、地方政府一般债券还本支出18 131万元、安排预算稳定调节基金3 975万元，支出总计176 585万元。收支相抵，年终结转22 316万元。

（2）政府性基金预算。政府性基金收入30 075万元，完成调整预算的103.39%，比上年减收21 088万元，减少41.22%，加上级补助收入3 326万元、地方政府专项债券转贷收入12 864万元、上年结余2 329万元，收入总计48 594万元。政府性基金支出22 545万元，完成调整预算的92.79%，比上年减支69 589万元，减少75.53%，加上解上级支出7万元、调出资金8 453万元、债务还本支出10 030万元、补助乡镇支出2 868万元，支出总计43 903万元。收支相抵，年终结转4 691万元。

（3）国有资金经营预算。国有资本经营预算收入444万元，完成预算数的100%，加上级补助收入4万元，收入总计448万元。国有资本经营预算支出290万元，加调出资金154万元，支出总计444万元。收支相抵，年终结转4万元。

（4）社会保险基金预算。社会保险基金预算收入完成20 202万元，完成预算数的98.63%。社会保险基金支出15 041万元，完成预算数的81.32%。收支相抵，滚存结余21 566万元。

2.地方政府性债务情况

截至2021年12月底，我县政府债务规模为326 471.37万元。

（1）负有偿还责任的债务余额308 155.37万元，较上年增加2 778.31万元，其中：一般债券余额186 014.37万元、专项债券余额122 141万元。2021年度新增债券10 912万元（一般债券4 719万元、专项债券6 193万元），再融资债券19 712万元。

（2）地方政府隐性债务余额18 316万元（均为2018年7月以前形成），较上年减少6 000万元，其中：国家专项建设基金债务余额9 616万元，较上年减少2 250万元；政府购买服务再融资债务余额4 300万元，减少3 350万元；其他商业贷款及股权融资债务余额4 400万元，减少400万元。

从审计情况看，2021年县财政紧紧围绕县委、县政府决策部署，着力培植壮大财源，兜牢"三保"底线，保障民生领域和社会事业等重点支出，促进经济提质增效和社

会事业协调发展。全县财政以开源节流为抓手，一方面加强收入组织，紧抓重点行业和重点税源，积极向上争取政策资金支持，全年累计争取补助资金12.2亿元。认真贯彻落实市县财源培植各项措施，多渠道拓宽财源，不断优化收入结构，提高财政收入质量。另一方面严格落实政府过紧日子要求，进一步压减一般性支出，加大存量资金清理力度。在优先保障"三保"支出的基础上，坚持把民生福祉作为发展的根本目的，统筹各类资金保障重点民生需要，有序有力做好疫情防控，切实保障疫情防控资金需要，积极落实中央减税降费政策，促进我县经济和社会事业平稳发展。当年财政运行总体平稳，基本完成了年度预算收支任务。

3. 审计发现的主要问题

（1）部分非税收入未及时足额缴入国库。截至2021年12月底，部分非税收入未及时上缴国库，金额共计825.93万元，其中：农业行政事业性收费收入13.91万元、罚没收入603万元、国有资源有偿使用费收入209.02万元。

（2）部分上级转移支付指标未及时下达。2021年，县财政局有5笔上级转移支付指标共计330.92万元未及时下达，如：省财政厅2021年1月下达的2021年退役安置省级相关补助经费19万元至年末仍未下达，直接结转至下年。

（3）未严格执行国库集中支付管理制度。2021年度，全县共有23个预算单位通过国库集中支付将财政资金直接转入本单位实有银行账户，涉及资金75笔1 114.91万元。

（4）部分年终追加项目执行率较低。2021年12月，县财政调整预算追加县级专项10项906万元。截至2022年4月，使用616.70万元，结余289.30万元，总执行率68.07%。

（5）部分财政性资金往来清理不及时。截至2021年年底，县财政总预算会计账中2018年预拨县国土局经费23.53万元，仍挂"预拨经费"科目未及时核销。

（6）未按规定计提教育、农田水利等专项基金。2021年县财政土地出让金实现价款收入28 701万元，未及时计提相关专项基金481万元，其中：教育基金240.50万元、农田水利建设基金240.50万元。

（7）土地出让金收缴不及时，且未按规定收取违约金。一是福建心苑置业有限公司—南会村A地块土地出让金817万元入库时间比约定缴款期推迟了6个月，且未收取违约滞纳金；二是牧心谷（福建）置业发展有限公司—南会村B地块土地出让金528.71万元入库时间比约定缴款期推迟了3个月。

（8）超范围发放补助金。县残疾人联合会在发放"一户多残"残疾人家庭生活困难补助时，对不符标准的2户4人发放补贴共计0.24万元。

审计整改情况：县残疾人联合会在审计期间已将上述资金0.24万元全部收回。

（二）县级部门（县民政局）预算执行及决算草案审计情况

根据年初计划安排，我局对县民政局2021年预算执行及决算草案情况进行了审计，从审计情况看，县民政局2021年预算执行情况总体较好，审计发现的主要问题：

1. 预算编制不完整、不规范

一是部分项目资金未纳入年度预算，从2019年、2020年规模相对稳定的收入情况看，2021年编报的项目资金收入预算1 227.00万元低于2019年实际取得收入3 377.33万元的90%以上，年度预算与执行数差异较大。二是2020年末结余结转资金1 013.84万元未编入2021年预算统筹安排使用。

2. 年终决算草案与实际预算收支数据不相符

县民政局2021年度决算草案报表体现当年收入总计3 254.66万元，而实际收入总计3 736.68万元，相差482.02万元；决算草案报表体现当年支出总计3 302.66万元，而实际支出总计4 115.25万元，相差812.59万元。

3. 违规改变资金用途

项目资金支出29.37万元与相关资金用途不相符，其中：从流浪乞讨人员救助资金中列支救助站临时聘用人员工资、奖金等经常性支出22.41万元；从县级彩票公益金中列支社会工作服务站和救助站添置设备及修缮费用、婚姻家庭辅导中心工作经费等支出6.96万元。

4. 个别项目进度迟缓，导致项目资金使用不及时

截至2021年年底，国宁城企普惠养老项目资金225万元结转超过两年。

5. 专用账户注销不及时，且当作基本账户使用

县民政局老年护理院综合楼项目于2020年1月全部完成，建设项目资金无结余，但该项目专用账户未按规定及时销户，当作基本账户使用至今。

此外县民政局还存在未履行政府采购程序、房产租金收缴不及时、会计核算不规范等问题。

（三）粮食领域风险防控（粮食购销）专项审计调查

从审计调查情况看，县粮购公司能够认真落实各级储备订单粮食收购任务和引粮入闽政策，按规定程序实施储备粮食轮换，基本做到储备粮食储存安全。但审计发现该公司在涉粮政策落实、粮食存储以及涉粮资金管理使用等方面存在问题。

1. 公示制度执行不到位

部分村未将《粮食订单合同》及农户订单粮数量进行张榜公示。

2. "三重一大"制度执行不到位

如因虫害被退回的储备粮转售，对粮食盘亏、定损、赔偿等部分涉粮重大事项未经公司领导班子会议研究决定及上报主管部门。

3. 工程项目长期未决算

泰宁县粮食储备库、道路、消防池及附属工程项目于 2012 年完成竣工验收并交付使用，但至今未进行竣工决算。

4. 超标准核定储存损耗定额，且粮食储存损耗数量较大

一是自行核定的粮食储存损失比率不符合规定标准；二是全县各粮站普遍存在粮食储存超额损耗。

5. 基层粮站管理薄弱

一是粮食调度（储备订单粮出库除外）时未向仓库发出书面通知，粮食收购、调运、集并等均为粮站负责人一个人完成；二是粮食仓库均未设粮食进出库账簿、统计账及入库凭证清册；三是粮食仓库出库数量不准确，以购买方收到粮食的数量作为出库数量，导致发出与接收数量差异未能及时体现。

6. 购粮资金管理混乱，存在公私不分问题

一是对公银行账户支取权限过大，仅为各粮站负责人 1 人，且存在乡镇粮站对公账户资金互转现象；二是部分粮站应专门用于支付购粮款的个人银行卡存在相互转账以及其他人员资金转入转出，在使用过程中存在公私不分；三是在支付购粮款时，还存在多人粮款只开一张大额现金支票，且入账的收粮凭据未附相关发放名册和收款证明性资料。

7. 超额损耗个人赔偿未执行到位

2019 年粮站保管员江大华、何少文超额损耗个人应赔付款项 4.19 万元未及时上交。

整改情况：审计期间，江大华、何少文已将赔付款 4.19 万元上交到县粮购公司。

此外，县粮购公司还存在票据使用管理不规范、未按实际情况计提运输费、装卸费、工资福利等费用、往来账款未及时核销等财务管理不到位、会计核算不规范的问题。

以上审计工作报告所反映的具体问题，县审计局已依法征求了被审计单位意见，出具审计报告，作出审计决定，并提出整改意见和审计建议。审计指出问题后，有关部门正在积极整改，县审计局将持续跟踪、督促，确保问题得到全面整改落实。

（四）上年审计查出问题整改情况

县委、县政府高度重视县十七届人大常委会第三十五次会议《关于 2020 年度县本级预算执行及决算草案和其他财政收支的审计工作报告》的审议意见，督促相关部门做好审计发现问题的整改工作，深入查找管理漏洞和问题根源，建章立制，规范管理。县审计局按照县人大常委会审议意见和县政府有关要求，抓好审计结果整改落实情况的跟踪检查管理，各部门及单位积极采纳审计意见和建议，及时采取有效措施落实审计整改，具体整改情况如下：

1. 县本级预算执行、决算草案及其他财政收支审计查出问题的整改情况

关于部分非税收入未足额缴入国库、部分项目资金未纳入财政存量资金清理、部分专项资金拨付不及时、部分年终追加项目执行率较低、未按规定计提教育、农田水利等专项基金、项目进展缓慢，债券资金滞留闲置等问题，已整改到位。

关于部分财政资金支出进度较慢的问题。县水利局河湖管护重点示范河段建设资金结余 90 万元、河长制标准化建设资金 133.47 万元，合计 223.47 万元已使用完毕；县工信局中央服务业发展专项资金 500 万元已拨付 21.19 万元，尚结余 478.81 万元；杉城镇张家坊至熊家栋公路建设项目资金 1 295.60 万元已拨付 310.11 万元，尚结余 985.49 万元，问题尚未整改到位。

2. 部门（县工信局）预算执行及决算草案审计查出问题的整改情况

关于部分专项资金滞留闲置、使用个人账户收取房产租金、房产出租管理不到位、租金收缴不及时、扩大开支范围、固定资产管理不到位等问题，县工信局已整改到位。

关于结余结转资金未纳入次年预算统筹安排、年终决算与当年实际预算收支不符等问题，县工信局将进一步加强预算编制与财务管理工作，今后避免此类问题发生。

（五）加强县本级预算管理的审计建议

（1）加强预算收支执行。严格按照规定确认和核算财政收入，做到应收尽收、应缴尽缴，确保财政收入真实全面。加快公共财政预算执行进度，财政部门要建立预算执行动态监管机制，优化资金资源配置，切实发挥财政资金的使用效益。

（2）规范财政资金管理。完善结余结转资金清理制度，盘活和利用存量资金资源资产。同时，加强国库集中支付监管力度，防止财政资金在预算单位实体账户沉淀，确保财政资金得到有效监管。

（3）加大专项资金监管力度，合理安排项目支出。财政部门要加强对预算单位专项资金使用的日常监管，督促责任单位加快项目建设，提高资金使用效率。

三、普定县人民政府关于 2021 年度县级预算执行和其他财政收支的审计工作报告

2021 年，县审计局依法审计了 2021 年度县级预算执行和其他财政收支情况，现将审计结果报告如下：

审计结果表明，2021 年以来，在县委的坚强领导下和县人大的监督指导下，全县各级各部门深入贯彻党的十九大和十九届历次全会精神，认真贯彻落实国家各项政策措施，扎实做好"六稳"工作，打好三大攻坚战，实施三大战略行动，积极推动经济社会发展。但由于县级财政困难，仍然存在一些问题。

（一）财政预算执行和县级决算草案审计

2021年度县级预算执行和决算草案审计发现的主要问题：

1. 财政收入未及时入库，违规出借平台公司。

2. 未严格优先"三保"支出。

3. 无预算支出结余结转资金。

4. 专项资金留存在财政。

5. 在工资专户列支非工资性支出。

6. 欠拨专项转移支付资金。

7. 未严格控制财政总预算暂付性款项规模。

8 上报四个月库款保障水平指标虚高。

9. 未经县政府批准签订协议抵账。

10. 编制政府综合财务报告存在的问题。

（1）少披露固定资产净值7 906.94万元，少披露无形资产净值5 310.84万元，少披露应付地方政府债券转贷款78 650.20万元。

（2）政府综合财务报告中资产负债表与固定资产明细表中固定资产净值年末数不一致。

（3）土地储备资金财务报表未在2020年度政府综合财务报告中反映。

11. 其他需要关注的问题。

（1）涉农项目完工未及时发挥效益。

（2）省级能源调整项目进展缓慢。

（二）新增地方政府专项债券管理使用审计

2021年度县新增地方政府专项债券管理使用情况审计发现的问题：

1. 新增专项债券资金项目进展缓慢。

2. 未及时支付2020年新增专项债券利息及发行费用2 135.10万元。

（三）部门预算执行审计情况

县卫生健康局2021年度部门预算执行情况审计发现的问题：

1. 虚列支出。

2. 账务处理不规范。

3. 会计凭证报账资料不完善。

4. 往来款长期挂账未及时清理。

5. 开设银行账户未进行会计核算。

6. 内部控制制度不健全。

7. 2021年部分乡镇卫生院未执行主要领导"五个不直接分管"规定，财务报账资料均为主要领导签字付款。

8. 县卫健局2020年度"财政应返还额度""其他应收款净额""本年盈余"会计报表数与财务报告数不相符。

9. 2021年县卫健局及下属部分乡镇卫生院，在县工会未下拨工会经费的情况下，通过"其他应付款"科目超支使用工会费。

10. 部分乡镇卫生院应急物资及库存药品管理不规范，应急物资未按具体类别、品名分类登记出入库台账，未定期作库存物资结存，导致出入库数量难以核对，物资存量底数不清。

（四）青岛对口帮扶资金审计

2020年度青岛市（崂山区）对口帮扶资金审计发现的主要问题：

1. 县黄桶办韭菜深加工扶贫车间建设项目车间装修进度缓慢，未按计划于2020年10月建成，截至2021年10月底，该项目车间装修部分未完工，不具备使用条件。

2. 县穿洞办白茶种植配套基础设施建设项目结算工程量与收方记录不符。

3. 往来款挂账错误。

4. 县第六幼儿园建设项目未按规定进行验收备案。

（五）领导干部经济责任审计情况

县水务局党政主要负责同志任期经济责任审计发现的主要问题：

1. 未严格执行"三重一大"上报制度。

2. 普定县城污水处理厂二期工程项目结算与实际不符。

3. 擅自提高工程计价。

4. 无依据结算工程量。

5. 不按照招标文件订立合同，订立合同不规范。

6. 应缴未缴财政收入1 275.32万元。

7. 账面数与决算数不相符。

8. 挪用专项资金。

9. 列支转暂存5 493.33万元。

10. 将项目资金用于本单位基本支出。

11. 工作经费超支出现赤字。

（六）政府投资项目审计情况

县中等职业学校公共实训基地建设项目竣工决算审计发现的主要问题：
1. 项目工程结算审核把关不严、计算不规范，结算金额不实。
2. 擅自改变批复建设内容设计，压缩建设规模。
3. 工程验收资料未报建设行政主管部门或者其他有关部门备案。
4. 实训厂房未发挥设计建设效能。

（七）审计建议

（1）加强预算管理，强化预算约束。加强预算法及其实施条例等预算管理法规制度的学习，严肃财经纪律，强化预算约束，切实提高预算编制的质量，提高预算执行率，提升财政管理水平。

（2）积极筹措资金，落实"三保"责任，优先"三保"支出。强化财源建设，促进增收节支，建立健全财政资金与预算安排统筹衔接机制，加大统筹力度，积极筹措资金，合理安排支出，确保财政资金优先用于发展亟需的重点领域和"三保"支出，有效防范财政风险。

（3）增强责任意识，强化财政资金使用管理。强化内部控制管理，加强相关制度规定的学习培训，增强责任意识，严格审核把关，确保政府综合财务报告披露数据及上报数据真实、准确、完整。强化财政资金监督管理，规范财政资金管理使用行为，确保财政资金充分发挥应有效益。

（4）积极稳妥开展财政暂付性款项清理。落实地方财政暂付性款项清理工作要求，扎实稳妥做好财政暂付性款项的清理工作，保障财政健康平稳运行。

（5）规范项目建设，加强监管力度。严格执行基本建设程序，强化项目全过程监管，建立制约约束机制，避免高估冒算造成国有资金流失。强化统筹调度，积极统筹项目结余资金用于急需的经济社会发展。

四、都昌县人民政府关于2021年度县本级预算执行和其他财政收支的审计工作报告

主任、各位副主任、各位委员：

我受县人民政府的委托，向县人大常委会报告2021年度县本级预算执行和其他财政收支的审计工作情况，请予审议。

2021年，各部门在县委、县政府的领导下，认真落实县人大批准的财政预算，较好完成了年度预算收支任务。

——财政收入保优增量。2021年,面对常态化新冠肺炎疫情及"减税降费"政策性减收因素的叠加影响,县委、县政府领导紧扣经济发展大局,科学调度财政、税务及金融等部门积极应对、迎难而上,通过强化征管与提升服务相结合,依法依规组织收入,成功克服了经济下行压力和减收影响,圆满完成了预期收入目标任务。

2021年全县财政总收入累计完成了19.16亿元,同口径增长14.77%,收入增长趋势稳中向好,收入质量持续提升。

——财源拓展多效并举。我县财政各方面支出刚性增长,收支平衡压力巨大,为保障各项支出需要,多措并举挖潜增收,以弥补财政收支缺口。

一是盘活土地资源促发展;二是盘活存量资金保支出,持续健全存量资金定期清理机制;三是盘活国有资产稳增收;四是积极争取上级有关政策和资金支持,尽可能减轻本级财政压力。

——民生保障提效增量。为充分体现公共财政"调结构、惠民生"的主题,实现群众切身利益的民生、医疗、社会保障、教育等与财政收入同步增长。

一是深入推进民生实事工程,突出普惠性、公共性、可持续性,保障民生体系持续健全;二是支持教育优先发展,继续加大对教育基础建设的投入,确保教育经费保障机制落实。三是保障"三农"投入有效,推动农业全面升级、农村全面进步、农民全面增收。

——财政管理水平不断提高。持续深化财政管理改革,着力构建预算编制、预算执行、财政监督和绩效评价四位一体的财政运行管理模式。

一是财政管理体制改革持续深化,大力推进预算管理一体化系统建设;二是强化财政投资评审结果运用,提高财政资金使用效益;三是政府采购制度改革走向深入,着力优化营商环境;四是民生资金监管更加严格,财政资金阳光运行机制持续深化。

对《关于2020年度县本级预算执行和其他财政收支的审计工作报告》指出的问题,县政府部署相关部门和单位进行了整改。县政府在本次人大常委会上另行专门报告具体整改情况。

(一)2021年县本级预算执行审计情况

1. 公共预算收支及平衡情况

(1)公共预算收支执行情况。

2021年,县本级财政总收入完成191 619万元,占预算数108.27%,同比增长14.77%;税收收入完成167 631万元,占总收入比重为87.48%。分征收部门的完成情况是:税务部门完成171 315万元,占预算数107.34%,同比增长14.83%;财政部门完成20 304万元,占预算数116.82%,同比增长14.27%。分预算收入级次的完成情况是:

上划中央税收 72 177 万元，同比增长 12.48%；上划省级税收 20 493 万元，同比增长 202.70%；增值税留抵退税省以下调库 2 432 万元。

地方公共财政预算收入完成 96 517 万元，占调整预算任务的 107.74%，同比增长 3.11%，其中税收收入完成 72 529 万元，非税收入完成 23 988 万元。2021 年全县公共预算总支出 426 061 万元，比上年减支 177 038 万元，下降 29.35%。

（2）一般公共财政收支平衡情况。

2021 年全县总收入 562 217 万元，其中：地方一般预算收入 96 517 万元、上级补助收入 289 152 万元、上年结余 69 031 万元、调入资金 67 423 万元、地方政府一般债务转贷收入 40 094 万元。2021 年财政预算总支出 537 938 万元，其中：一般公共预算支出 426 061 万元、上解上级支出 6 274 万元、地方政府一般债务还本支出 9 696 万元，安排预算稳定调节基金 95 907 万元，年终滚存结余 24 279 万元，实现了当年财政收支平衡目标。

2. 基金预算收支及平衡情况

2021 年县本级基金收入完成 102 206 万元，加上上级补助收入 2 319 万元，上年结余 35 372 万元，债券转贷收入 72 890 万元，收入总计为 212 787 万元。2021 年县本级基金支出 142 310 万元，加上解上级支出 2 036 万元，债务还本支出 4 750 万元，支出总计为 149 096 万元。收支相抵年末滚存结余 63 691 万元。

3. 社保基金收支及平衡情况

2021 年社保基金收入总计 61 413 万元，其中城乡居民基本养老保险基金收入 25 800 万元，机关事业单位基本养老保险基金收入 35 613 万元。2021 年社保基金支出 51 727 万元，其中城乡居民基本养老保险基金支出 17 323 万元，机关事业单位基本养老保险基金支出 34 404 万元。当年收支相抵结余 9 686 万元，加上上年结余 45 503 万元，年末累计滚存结余 55 189 万元。

2021 年职工基本医疗保险基金（含生育保险）、城乡居民基本医疗保险基金实行市级统筹。

4. 政府性债务情况

2021 年年初地方政府债务余额 449 072 万元（其中一般债务 174 573 万元，专项债务 274 499 万元）；2021 年地方政府债务（转贷）收入 112 984 万元，本年地方政府债务还本支出 14 446 万元，本年采用其他方式化解的债务本金 97 万元，年末地方政府债务余额 547 513 万元（其中一般债务 204 874 万元，专项债务 342 639 万元）。

审计结果表明，县财政等部门紧紧围绕"产业优先、绿色发展、团结实干、快速崛起"战略，坚持稳中求进工作总基调，落实高质量发展要求，努力克服常态化新冠肺炎疫情带来的财政减收、刚性支出进一步扩大、资金总量不足等困难，排难前行，扎实工作,积极采取扩财源、强征管、挖潜能、惠民生、防风险等措施,扎实做好"六稳"工作,全面落实"六保"任务,财政工作稳健运行,各项任务基本完成。总体看,2021年度县本级预算执行和其他财政收支情况较好,财政支出结构更为优化,有效地保障重点支出。

5. 本级预算执行存在的主要问题

(1)预算编制方面的问题。

第一,预算编制不细化,中途追加预算次数较多金额较大。2021年一般公共预算支出中其他支出预算数为8 317万元,未见具体明细项目。另外全年对各部门追加预算多次,总金额较大。

第二,一般公共预算未按规定比例设置预备费。都昌县本级预备费最低设置额按一般公共预算支出预算数451 653万元的1%计算应为4 516.53万元,实际设置2 000万元,仅占一般公共预算支出预算数的0.44%。

(2)收入预算执行方面的问题。

第一,虚增财政收入。2021年9月将教育行政收费(中专)103.43万元作预算调入资金。

第二,财政专户中的非税收入未及时足额缴入国库,超期滞留。2021年都昌县财政预算外资金中"暂存款——21日至31预算外收入"科目贷方余额55.73万元,滞留账面一年以上。

第三,财政专户资金利息收入未上缴国库。2021年都昌县财政预算外资金中"暂存款——定期存款利息"科目贷方余额59.10万元,滞留账面一年以上。

(3)支出预算执行方面的问题。

第一,财政部门未按规定的预算级次和程序拨款。都昌县财政局各股存在将部分项目资金不通过项目主管部门,直接拨至使用单位。如未通过县农业农村局直接拨款至都昌县粮食购销公司粮食轮换专项经费193.12万元、直接拨款至都昌县哺民畜禽屠宰总厂(普通合伙)无害化处理资金30万元;未通过县交通局直接拨款至县城市公共交通客运有限责任公司公交车成品油价格补助资金44.51万元、直接拨款至县长运公共客运有限责任公司城市公交运营补贴110万元等。

第二,违反规定扩大开支范围。2021年1月都昌县财政局教科文股直办户支付浔阳晚报都昌记者站发行费5万元。

第三,设置预算稳定调节基金规模较大,国库单一账户存储资金不足。2021年年末都昌县财政预算稳定调节基金总计(新增)95 907万元,但国库存款本年余额仅为12 840.25万元。

(4)财政资金管理方面问题。

第一，已无法支出或已不需要支出的资金，未收回总预算统筹安排。2021年都昌县财政总预算会计账中"其他应付款——预算外销户转入"科目贷方余额44.06万元、"应付代管资金——教师违规扣款"科目贷方余额483.36万元、"应付代管资金——报刊杂志"科目贷方余额0.68万元、"应付代管资金——捐赠资金"科目贷方余额24.09万元；预算外账中"暂存款——设施费"科目贷方余额16.90万元、"暂存款——房产落实政策款"科目贷方余额10.23万元、"暂存款——文教周转金"科目贷方余额0.57万元、"暂存款——棉花组织费"科目贷方余额1.99万元、"暂存款——省返还（防洪保安资金）"科目贷方余额16.11万元。滞留账面三年以上未处理。

第二，暂付款压缩比例不符合规定。2021年都昌县财政总预算会计账中"其他应收款"科目除"其他应收款——省厅往来扎差"外，年初及年末借方余额均166 421.90万元，未按规定在上年的基础上压缩10%以上。

（二）部门预算执行审计情况

对部分部门单位（县交通局、县商务局、县应急管理局）的预算执行审计结果表明，这些部门单位预算执行情况总体上较好，预算管理的精细化和透明程度不断提高，但在预算管理上还不够严格、部分财务事项处理还不够规范。主要存在以下几个方面问题：

1. 预算管理方面存在的问题

（1）无预算安排支出。县商务局2021年会计账实际发生中有："职业年金缴费"5.15万元、"福利费"0.41万元，此2个科目均无预算安排支出，实际合计5.56万元。县交通局2021年度存在部分科目无预算支出，如"印刷费""其他对个人和家庭的补助支出""对企业补助支出""其他支出"科目预算均为0，但实际都发生了支出。县应急管理局2021年在"其他社保保障缴费""咨询费""其他交通工具购置""其他基本建设支出""对民间非营利组织和群众性自治组织补贴""大型修缮""物资储备""房屋建筑物购建"等科目实际支出1 136.59万元，以上科目年初预算数为0。

（2）超预算安排支出。县商务局2021年会计账实际发生金额超出预算10万以上的科目有"奖金""对个人和家庭的补助""对企业补助""其他支出"等科目。县交通局2021年度在"办公费""邮电费""办公设备购置""维修（护）费"等四科目超预算执行，最高的超预算达327.96%。县应急管理局2021年在"伙食补助费""住房公积金""邮电费""印刷费""委托业务费"等科目中支出均超出年初预算数过大，最高的超预算达600%。

（3）预算支出执行率低。县商务局2021年有"资本性支出""公务用车运行维护费""公务接待费""差旅费""绩效工资"等24个项目预算编制数过大，实际执行比率低。县交通局2021年度在"会议费""培训费"预算分别为2万元、1.50万元，但实际支出均为 0，在"专用设备采购支出""对个人和家庭补助支出"等科目实际支出数较预算数比率为 0.90%、56.60%。县应急管理局 2021 年在"特殊岗位津贴""13 个月工资""公务接待费""办公设备购置""被装购置费"等科目实际支出数较预算数比率低于 5%。

2.预算执行中存在的问题

（1）公务用车运行维护费超预算支出且未按规定压缩。2021 年，县交通局下属交通运输综合执法大队公务用车运行维护费超预算支出 0.28 万元，且较上年 3.17 万元增加 4.01 万元，未压缩支出，反而增幅达 126.50%。

（2）办公设备未计入"固定资产"账。2021 年 9 月，县应急局支付 69 万元购买一批防汛物资，其中电脑 3 台、打印机 2 台、复印机 1 台（共计 4.69 万元）被局机关相关股室领用，未计入固定资产账。

（3）未执行政府采购制度。2021 年 10 月，县应急局支付江西新天地科技公司 3.69 万元消防设备款，该项采购未履行政府采购程序。2021 年 1 月，县交通局购置视联网设备一套计 1.68 万元，未履行政府采购程序。

（三）加强财政管理的建议

（1）加强预算编制、预算收入支出执行管理。县财政部门应严格遵守《中华人民共和国预算法》规定，"全口径"编制预算，细化预算，硬化预算约束，提高预算执行的管理水平，全面真实反映本级预算收入与支出。

（2）规范财政专户资金管理。应缴财政的非税财政专户收入应按照相关规定，及时足额缴入国库。

（3）进一步探索财政资金统筹使用。财政部门要组织人员逐笔清理本级财政借垫往来资金，提高财政资金使用效益。

（4）加强单位部门预算执行管理。对反复出现的问题要总结教训，健全制度，促进部门单位增强依法理财、依法用财意识，进一步提高预算执行效果。

主任、各位副主任、各位委员，审计是党和国家监督体系的重要组成部分，通过审计可以促进财政管理水平和规范资金运行秩序；提高财政资金使用效益，提高行政效率。一直以来，县人大也高度重视审计工作，为审计部门依法独立履行审计职能给予了极大支持和关心，同时，审计工作也得到了各级领导和各部门、单位的关心、支持、配合和理解。

在今后工作中，审计部门将继续做好以下几件事：一是不断加强政治学习，以此增强审计人员事业心和责任感。二是采取多种形式，不断强化业务学习，提高审计水平。三是突出审计重点，加大执法力度。密切关注民生资金、扶贫资金、专项资金和三公经费，当好公共资金卫士。四是注重审计整改，严防屡审屡犯。建立审计整改回访、报告、销号、考核、问责机制。五是坚持依法审计、文明审计、廉洁审计，树立审计良好形象。六是围绕中心工作，争创一流成绩，服务全县发展大局。我们将自觉接受县人大的指导和监督，按照县委、县政府的决策部署，依法履职、开拓进取，为进一步推动都昌经济社会高质量发展做出应有贡献！

以上报告，请予审议。

五、郯城县人民政府关于2021年度县级预算执行和其他财政收支的审计工作报告

主任、各位副主任、各位委员：

我受县政府委托，报告2021年度县级预算执行和其他财政收支的审计情况，请予审议。

按照县委、县政府决策部署，县审计局依法审计了2021年度县级预算执行和其他财政收支情况。审计结果表明，面对复杂严峻的社会形势和经济压力，在县委、县政府坚强领导下，全县各级各部门坚持以习近平新时代中国特色社会主义思想为指导，深入贯彻党的十九大和十九届历次全会精神，严格执行县第十八届人大五次会议有关决议，统筹疫情防控和经济社会发展，扎实做好"六稳"工作、全面落实"六保"任务，持续深化预算管理改革，财政总体运行稳中向好，"十四五"实现良好开局。

——财政收入持续稳定增长。积极应对新冠疫情和经济下行压力影响，积极培育财源，财政增收有力。2021年全县一般公共预算收入16.28亿元，同比增长8.3%，其中税收收入13.54亿元，同比增长7.7%，占一般公共预算收入的83.1%；发挥财政省直管县优势，向上积极争取转移支付资金31.61亿元，增强了财政基本保障能力，为我县经济社会可持续发展提供了有力保障。

——"三保"支出坚持重点保障。进一步调整优化支出结构，大力压减一般性支出，统筹资金、集中财力保障"三保"支出。2021年全县"三保"支出43.5亿元，同比增长5.8%，占一般公共预算支出的87.7%，其中保基本民生支出16.25亿元，同比增长6.1%，突出民生兜底，基本民生保障水平稳步提升。

——财政体制改革推进有力。强化财政预算管理，通过实行零基预算管理和推进预算一体化系统建设，严格依据政策排项目定资金，统一规范预算管理要素和规则，进一步健全完善预算绩效相关管理制度，加快建成全方位、全过程、全覆盖的预算管理体系。全面开展预算项目绩效自评和重点绩效评价工作，推动绩效管理从政策项目绩效向部门整体绩效拓展，提高财政资源配置效率和使用效益。

——乡村振兴战略深入实施。认真贯彻县委、县政府乡村振兴"三步走"战略部署，全力以赴强产业、优环境、促改革，乡村面貌不断改善。2021年小麦种植面积

67.85万亩、总产31.59万吨,粮食总产达到72.4万吨,均居全市第1位;大力推进现代农业产业园、种业科技示范园等新型农业园区建设,着力发展农民专业合作社、家庭农场等新型农业经营主体;3个省级美丽乡村示范创建村已完成打造,4个省级美丽乡村示范创建村进入基础设施推进阶段。

——县委对审计工作集中统一领导更加实化制度化,整改效果明显提升。2021年7月至2022年6月,共审计42个部门单位,审计促进整改落实金额2206万元,被采纳审计建议155条,移送纪检监察机关案件线索17条,审计发现问题已基本整改到位。

(一)县级财政预算执行审计情况

重点审计了四本预算编制、预算标准化建设和项目库管理、预算执行的规范性和高效性等内容,并对部门预算执行总体情况进行了综合分析。

2021年,全县一般公共预算收入总量577 007万元、支出总量577 007万元,政府性基金预算收入总量471 807万元、支出总量471 807万元,国有资本经营预算收入总量29万元、支出总量29万元,社会保险基金收入总量95 054万元、支出总量80 537万元,年末滚存结余81 220万元。

2021年全县收到政府专项债券资金112 000万元,隐性债务化解金额41 685.02万元。

审计结果表明,县财政局在县委、县政府的正确领导下,深化预算管理改革,保障财力统筹疫情防控和支持服务经济社会发展,财政总体运行稳中向好,为全县经济社会高质量发展提供了坚实保障。发现的主要问题:

(1)预算编制代编事项规模较大。主要是2021年预算编制中,由县财政局代编部分事项2 700万元。

(2)项目库管理不严格。主要包括:对68个未进入项目库的项目安排预算支出7 139.67万元;绩效评价工作开展滞后,评价结果无法与预算挂钩;未及时分配上级提前下达专项转移支付资金指标203.27万元。

(3)预算执行中部分资金使用不规范,支付不及时。主要包括:未及时支付专项资金28.67万元,审计指出后,县财政局已将上述资金支付;预备费支出不符合使用范围1 951.59万元。

(4)未能严格落实中央要求政府"过紧日子"有关规定。82个部门单位预算支出进度不够均衡,有219项预算支出在第四季度的支付占比超过50%,其中21个部门单位的50项预算支出在12月的支付占比为100%。

(5)国有资产共享共用机制不完善。2021年计划建立的全县国有资产公物仓管理机制至今尚未完善。

(6)财政运行存在一定风险。主要包括:非税收入应缴未缴国库583.83万元,审计指出后，县财政局已将上述资金缴入国库；政府专项债券项目未开展事前绩效评估。

（7）部门单位在预算执行中存在一些普遍性、倾向性问题。主要包括：部分部门单位项目支出绩效自评质量不高、预算整体绩效自评发现的问题整改落实不到位、超政府采购预算支出34.74万元，政府采购预算执行约束力不强；20个部门单位存量资金对账衔接工作不到位2670.98万元。

（二）县直部门预算执行审计情况

对县住建局、县农业农村局、县商务局、县机关事务服务中心等8个部门单位2021年度预算执行和其他财政财务收支情况进行了审计，并对县机关事务服务中心和县科技局2个部门2021年度信息化建设情况进行了审计。

审计结果表明，上述8个部门单位2021年度预算执行基本符合预算法和相关财经法规的规定，会计核算基本符合《中华人民共和国会计法》和有关会计制度规定，财务管理方面基本符合国家财经政策、法规和制度，预算执行和其他财政收支总体情况较好，信息化建设方面基本符合国家信息安全和信息化建设政策、法规和制度。发现的主要问题：

（1）预算编制不完整，执行不严格。主要包括：7个部门预算编制不完整6538.76万元；4个部门预算编制与预算执行差异5746.85万元，预算约束力不强；4个部门预算执行不严格，无预算、超预算支出122.16万元。

（2）财经政策、法规和制度执行不严格。主要包括：3个部门违规报销和发放加班餐补助或差旅补助3.02万元；7个部门经费支出审批手续或报销凭证不规范30.43万元；6个部门公务接待或公务用车制度执行不严格；3个部门国库集中支付执行不严格。

（3）违规管理、使用和处置国有资产。主要包括：1个部门部分资产产权关系不清、资产出租未履行报批程序、以明显低于市场价出租资产、无依据减免出租收入0.6万元、坐收坐支出租收入22.4万元。

（4）网络安全和信息化建设管理不规范。主要包括：3个部门网络安全管理方面存在部分疏漏；2个部门建设的2个信息系统使用率较低；1个部门的5个信息化建设项目管理不规范。

（三）重点民生和项目审计情况

对自然灾害救助、科学技术发展计划、国三及以下排放标准营运柴油货车淘汰奖补3项专项资金管理使用情况进行了审计。

审计结果表明，相关乡镇（街道、开发区）和部门积极落实上级决策部署，聚焦群众急难愁盼问题，加大工作力度，政策执行效果得到进一步提升，受灾群众生活得到进一步保障。发现的主要问题：

（1）自然灾害救助专项资金管理使用不规范。主要包括：2个乡镇（街道）结余自然灾害救助专项资金6.69万元未支出；2个乡镇（开发区）未按规定用途使用自然灾害救助专项资金4.74万元。

（2）科学技术发展计划专项资金投向的项目监管不严。主要包括：未按合同约定对2020年科技发展计划项目进行验收；部分企业使用科技资金未建账或未单独核算，主管部门未对其进行监管。

（3）国三及以下排放标准营运柴油货车淘汰奖补资金发放程序不规范。主要包括：2020年和2021年均未将营运中重型柴油货车淘汰清单进行公示、保存的淘汰车辆档案材料要素不完整。

（四）政府新增专项债券审计情况

对全县2020年和2021年政府新增专项债券情况进行了审计。两年共收到政府专项债券资金222 500万元，占全县新增专项债券额度的100%，涉及项目17个。

审计结果表明，县财政局及相关部门高度重视政府专项债券管理使用工作，在项目管理、申报等方面较为规范，在资金管理使用方面按照上级文件要求，基本能够按照项目进度拨付资金，为全县项目发展注入了经济活力。发现的主要问题：

（1）政府专项债券资金使用不规范。主要包括：未及时拨付2个项目政府专项债券资金12 965万元；1个项目单位滞留政府专项债券资金1 345万元。

（2）政府专项债券项目管理不规范。主要包括：未公开2020年政府专项债券项目融资平衡方案等相关项目资料。

（五）国有资产管理审计情况

2021年7月至2022年6月，在各项审计中重点关注企业、行政事业、自然资源3类国有资产管理使用情况。

审计结果表明，多数部门单位基本能够认真履行国有资产管理职责，相关领导干部基本能够落实上级关于生态文明建设决策部署，基本能够履行自然资源资产管理和生态环境保护责任。发现的主要问题：

（1）企业国有资产不实，且存在国有资产损失风险。涉及1家公司及其3家子公司。主要包括：该公司及其子公司通过多计费用、少计成本、多计固定资产等方式虚增资产65 480.45万元；该公司子公司未经县国资监管机构和县政府审核批准，为外部企业提供担保3 100万元，存在国有资产损失风险。

（2）行政事业国有资产不实。主要包括：部分部门单位购置固定资产246.96万元未登记入账、处置固定资产 106.36 万元未减少账面价值、未对因机构改革应划转的固定资产进行固定资产划转。

（3）国有自然资源资产政策执行不严格。涉及 1 个乡镇自然资源资产管理情况，主要包括：1 个建设项目应编制未编制水土保持方案；建设用地和建构筑物占用侵占基本农田 47.61 亩。

（六）经济责任审计情况

1. 乡镇（街道、开发区）和部门单位主要负责人经济责任审计方面

对 15 个乡镇（街道、开发区）和部门单位的 17 名主要负责人履行经济责任情况进行了审计，并根据审计情况向纪委监委移送问题线索 1 条。

审计结果表明，多数领导干部在任职期间基本能够认真贯彻落实县委县政府的各项决策部署，加强内部管理，较好地履行经济责任。发现的主要问题：

（1）重大经济决策不规范。主要包括：3 个乡镇、部门未建立健全经济决策管理制度；7 个乡镇、部门重大经济决策制度执行不严格，大额资金支出 368.52 万元未经集体研究。

（2）重要项目管理不规范。主要包括：1 个绿化工程项目效果不佳，资金未发挥效益；8 个建设项目未按规定单独核算或未编制竣工财务决算；12 个乡镇（街道、开发区）和部门单位未按规定购置固定资产或未按规定处理账务 1 258.01 万元。

（3）预算管理和财政财务管理不规范。主要包括：6 个乡镇（街道、开发区）和部门单位未按规定管理使用预算资金 430.28 万元；15 个乡镇（街道、开发区）和部门单位未按规定进行会计核算或支出款项 5 046.66 万元。

（4）内部管理制度未健全、执行不严格。主要包括：2 个部门单位内部控制制度不具体不完善；11 个乡镇（街道、开发区）和部门单位内部控制制度执行不严格。

2. 村居干部经济责任审计方面

对 188 个村居干部进行了经济责任审计，查处问题金额 10 824.44 万元。

（七）粮食购销领域专项审计情况

对全县粮食购销领域有关情况进行了专项审计，重点关注了地方储备粮规模、购销、储存，涉粮专项资金使用及粮食企业经营管控等方面的情况，并根据审计情况向纪委监委移送问题线索 16 起。

审计结果表明，2013 年以来，粮食主管部门同粮食承储企业在落实粮食安全政策、增强粮食储备保障能力等方面，做了一定工作，取得了一定成效。发现的主要问题：

（1）储备粮规模任务未按时完成。县级储备粮主管部门措施不力，致使应于 2010 年

年底完成的县级储备油规模直至 2014 年才落实；应于 2018 年、2020 年完成的储备粮增储任务均延迟 1 年完成。

（2）储备粮贷款和财政专项资金管理使用不规范。一是多申请县级储备粮贷款、保管费等资金 54.73 万元。二是未按规定使用县级储备粮贷款、轮出销售收入等资金 2 892.69 万元。三是未按规定管理拨付县级储备粮贷款利息补贴、费用等资金 583.84 万元。

（3）财务管理不规范。一是未专账核算粮食风险基金。二是会计核算、财务支出、资金存放等方面均存在错误或疏漏。

（4）项目管理不规范。一是财政专项资金的项目监管不到位，部分手续未按程序履行。二是部分储备库建设项目内容未按规定招标。

（5）储备粮购销存管理不规范。一是未严格执行储备粮均衡轮换、仓储管理、质量安全检验等相关制度，部分仓储记录、粮食检验报告等资料缺失。二是部分年度县级储备粮库存数不真实，储存损耗核算不合规，实际储存损耗超过正常损耗。三是部分县级储备粮销售通过省粮油交易中心竞价销售给不得参与竞买的储存库点负责人。四是县粮食收储管理中心部分收储站将粮食仓库用于存放个人粮食或物资。五是个别粮管所对外出租后，所处位置被进行商业开发，合同期满后存在很大的信访及资金支出风险隐患。

（八）政府投资项目审计情况

对新村银杏产业开发区管委会初级中学综合楼工程、县沭河滨河公园生态保护二期工程、县文化中心博物馆布展工程等 5 个工程竣工决算情况进行了审计。县财政局委托第三方机构出具的上述 5 个工程结算价值为 9 806.98 万元。

审计结果表明，上述 5 个工程的实施，在推进城市建设，完善城市功能，打造宜居环境，改善学校基础设施，提高道路交通使用功能，促进乡镇产业布局，加快地方经济发展，提升人民群众生活幸福指数等方面均取得了较好的成效。发现的主要问题：

（1）未按规定履行建设手续报批。主要包括：部分工程的项目法人单位未严格执行立项、可研等基本建设程序；未按规定办理和报批必要的行政许可、环境影响评价文件等。

（2）未按规定执行工程概算、财务核算、建设成本核算。主要包括：部分工程未按照批准的概（预）算内容实施建设；未单独进行工程财务核算 2 522.98 万元；未编制竣工财务决算；结算价款不实，虚计工程结算价款 170.01 万元。

（3）未严格履行合同。主要包括：部分工程监理单位未依法约定履行监理义务，部分监理资料缺失；按照招标文件和中标人的投标文件订立书面合同前，部分工程的项目建设单位已经与施工单位订立背离合同实质性内容的其他协议。

（九）审计建议

（1）强化预算编制管理，编实编细政府预算。完善全口径预算管理体系，加强对部门预算编制工作的管理和指导，严格按要求将全部政府收支编入预算。

（2）规范预算项目管理，做实做细项目储备。将项目作为部门预算管理的基本单元，预算支出全部以项目形式纳入预算项目库，实施项目全生命周期管理，做到预算一经批准即可实施，并按轻重缓急等排序，突出保障重点，未纳入预算项目库的项目一律不得安排预算。

（3）规范预算支出管理，推进财政支出标准化。树立零基预算、综合预算、绩效预算理念，优化财政资源配置，及时下达拨付上级专项转移支付和其他专项资金，促进财政资金提质增效，增强对上级重大决策部署和重大战略任务的财力保障。

（4）全面实施绩效管理，推进预算和绩效管理一体化。牢固树立全面预算绩效管理意识，认真落实中共中央、国务院《关于全面实施预算绩效管理的意见》精神，加快构建全方位、全过程、全覆盖的预算绩效管理体系，严格按要求编制项目绩效目标，推进预算和绩效管理一体化。

（5）坚守底线思维，防范风险隐患。加强对非税收入的征缴管理，及时将收入缴入国库。强化政府专项债券项目和预算支出的监督管理，加强各环节、各部门单位的沟通协调，利用好各类监督成果，形成监督合力，防范财政运行风险。

（6）强化国有资产管理，夯实自然资源资产管理责任。建立健全固定资产管理制度，强化资产管理，定期对固定资产进行核查。进一步增强绿色发展理念，强化责任落实检查督办力度，切实推进自然资源资产管护和生态环境保护。

（7）规范政府投资项目管理，严把基本建设程序关。严格执行《中华人民共和国建筑法》《基本建设财务规则》等相关规定，项目开工前必须履行完各项建设程序，为工程质量和安全提供前提保障；项目建设中加强基本建设财务管理，提高财政资金使用效益；项目完成后加强工程结算审核把关、健全完善工程价款结算内控制度，确保财政投资安全。

本报告反映的是此次县级预算执行和其他财政收支审计发现的主要问题。对这些问题，县审计局依法征求了被审计单位意见，出具了审计报告、下达了审计决定，根据审计情况将部分问题线索依纪依法移交有关部门进一步查处。对个别尚未整改到位的问题，有关乡镇（街道、开发区）和部门单位正在积极整改。县审计局将跟踪督促，年底前报告全面整改情况。

主任、各位副主任、各位委员，2022年是新一届政府的开局之年，是实施"十四五"规划的重要一年，也是推动郯城经济社会高质量发展的关键之年。我们将更加紧密团结在以习近平同志为核心的党中央周围，高举中国特色社会主义伟大旗帜，以习近平新时代中国特色社会主义思想为指导，增强"四个意识"、坚定"四个自信"、做到"两个维护"，按照县委、县政府决策部署，全面贯彻新修订的审计法，依法严格履行审计监督职责，自觉接受县人大监督，更好发挥审计在党和国家监督体系中的重要作用，为加快建设富强、文明、开放、进取新郯城作出更大贡献！

六、弥渡县人民政府关于2021年度地方财政预算执行及其他财政收支的审计工作报告

主任、副主任、各位委员：

我代表县人民政府，向会议报告2021年度地方财政预算执行及其他财政收支的审计情况，请予审议。

按照县委、县人民政府的决策部署，县审计局依法审计了2021年度地方预算执行及其他财政收支情况。审计结果表明，在县委、县人民政府的正确领导下，全县各部门认真落实中央、省州的决策部署，面对经济下行和新冠肺炎疫情带来的严重影响，克服多重困难，扎实做好"六稳"工作、全面落实"六保"任务，确保了财政预算执行情况平稳运行，完成了年度财政预算目标任务，确保基本民生保障、工资发放和机构正常运转。

（一）县本级预算执行和决算草案审计情况

2021年全县一般公共预算收入完成50466万元，为年初预算数50 450万元的100.03%，一般公共预算支出完成221 720万元，为年初预算数280 000万元的79.19%；政府性基金预算收入完成7 353万元，为年初预算数36 300万元的20.26%，政府性基金预算支出完成16754万元，为年初预算数24 412万元的68.63%；社会保险基金预算收入完成56761万元，为年初预算数48 886万元的116.11%，社会保险基金预算支出完成51 169万元，为年初预算数48 043万元的106.51%；国有资本经营预算收入完成24万元，为年初预算数18万元的133.33%，国有资本经营预算支出5万元，为年初预算数11.7万元的42.47%。

通过审计，还发现存在以下问题：一是预算编制不够科学合理，政府性基金预算收入测算不科学。二是提前缴纳非税收入、非税收入专用账户核算不规范和非税收入未及时入库969.25万元。三是存量资金收缴不规范。四是库款与资金支出矛盾突出。五是隐性债务化解任务未完成。

（二）县级部门预算执行审计情况

对县级54个预算单位开展全覆盖审计，对3个县级部门进行部门预算执行情况审

计,发现的主要问题:一是部门预算不够科学完整,创建国家卫生县城期间发生的应付款项未纳入预算编报。二是"三公经费"管理不严格,1个部门公务用车运行费和公务接待费支出逐年增加、账面支出数与决算公开数不相符、超编制配置车辆,1个部门未经批准列支会议餐费13次0.83万元。三是财务管理仍存在薄弱环节,1个部门路灯、绿化带和人行道树损坏赔偿款5.12万元未缴县财政,1个部门以拨作支虚增财政支出304.83万元、结余资金10.46万元未及时上缴县财政,1个部门在项目经费中列支基本支出15.12万元、加油卡资金管理核算不规范。

(三)重大政策措施落实跟踪审计情况

(1)新增财政直达资金惠企利民审计。发现的问题:滞拨社会保障基金财政专户资金、未及时将惠企利民补助发放信息导入直达资金监控系统。

(2)营商环境审计。发现的问题:部分单位仍然存在对已取消、合并的行政许可事项未在单位《权责清单》中移除或合并,未及时进行公告;由于职责职能划转,衔接不畅,导致工程建设项目未经消防验收即投入使用。

(3)弥渡县"美丽县城"建设项目专项审计调查。发现的问题:部分项目未严格执行项目审批程序,扩大范围使用专项债券资金,部分项目未办理交存农民工工资保证金,部分项目应收未收履约保证金。

(4)弥渡县水资源费征收管理情况审计调查。发现的主要问题:水资源费征收管理不规范,水资源费未纳入财政预算,多个单位无证取水,未缴水资源费,9个取水单位未安装取水计量设施,乡镇集镇饮水和集中供水水费低且长期不变动。

(四)重点专项资金和重大投资项目审计情况

(1)弥渡县养老服务体系建设资金审计。发现的主要问题:综合运营资金管理不规范,资金支付进度缓慢,新旧小区配建养老服务设施未到位,部分养老服务机构未办理房屋竣工验收消防验收审批手续,养老服务机构未确定收费标准并在醒目位置公示,部分居家养老服务中心房屋被挪作他用。

(2)弥渡县产业园区征拆资金使用审计。发现的主要问题:征地拆迁资金预算不规范,资金统筹使用不科学,审批程序、兑付不规范,资料不规范,财务核算不规范。

(3)弥渡县"十三五"期间易地扶贫搬迁债务情况审计。发现的问题:扩大范围使用项目贷款资金,中央预算内投资资金拨付不及时,未按规定兑付建房和拆旧补助。

(4)重点项目审计情况。10个投资项目竣工决算审计,核减工程造价173.92万元,1个项目应归还前期工作经费123.27万元,2个项目账务处理错误712.91万元,1个项目农民工工资拨付管理不规范123.75万元。

(五)经济责任审计情况

对32名领导干部进行了离任经济责任事项交接核实并出具鉴证意见,完成了2个乡镇、3个县级部门7名领导干部的经济责任审计,发现的主要问题:

一是挪用专项经费,未经批准动用中央财政水利发展项目结余资金,提前预缴预算款,多缴纳县财政非税收入,存量资金未缴入财政,单位资金转入个人账户,往来款长期挂账。

二是死亡人员领取补贴补助,违规享受住房保障待遇,部分保障房名册承租人信息不实,矿山采矿土地损毁未进行修复,未按合同约定交付受让方土地,部分建设项目未进行施工招标,建设项目未批先建,县城生活垃圾费收费执行政策不严不实,行政处罚案件只立案未查处。

三是白条抵库,漏缴税金及附加,未严格执行公务接待报销制度,机关食堂管理不规范,应收未收专项维修资金,应收未收租赁性住房租金,逾期未收回扶贫互助资金及借款,退耕还林资金兑付缓慢造成使用效益不高。

四是固定资产管理核算不规范,会计核算不规范,公租房住房管理费未纳入单位会计核算管理,专项维修资金财务记账不及时,工程项目监管不到位,工程建设中擅自变更建设规模超计划投资。

(六)国有资源资产审计情况

(1)国有资产管理使用审计。发现的问题:股权划转、不动产划转未进行会计核算,清产核资程序不规范,少记资产及负债,漏记固定资产,工程停止施工形成的资产损失未清理,保障性住房管理核算不规范,敬老院房产未纳入固定资产管理核算,项目完工未转固定资产管理核算。

(2)国有企业审计。发现的问题:商品粮收购未取得销售发票,个别仓库稻谷储存粮面与屋盖水平构件之间的净高小于1.8m,应缴未缴储备粮销售差价款,政策性业务与经营性业务未分开,公款私存,违规列支接待费;部门监管职责履行不到位,违规向下属企业借款购车长期未归还。

(3)医院财务收支审计。发现的主要问题:超批准发放增量绩效工资,违规发放补贴补助,违规多收医疗费用,资金未纳入单位会计账核算,资产闲置、漏记固定资产,未履行政府采购程序采购设备,多列成本费用,应收医保医疗款长期挂账。

(4)国有自然资源资产审计。发现的主要问题:部分建设项目未按规定办理建设用地手续,占用永久基本农田挖塘养鱼,非煤矿山未完成森林植被恢复,乡村清洁及河长制落实不到位,公路沿线、河流河堤及河道内垃圾乱倒,退耕还林间种苞谷、种植的树木成活率低。

（七）审计查出问题整改落实情况

截至 2022 年 6 月，对 2020 年审计发现的 139 个问题，已完成整改 134 个，累计上缴资金 1 830.68 万元，调账处理 28 034.89 万元。移送的 6 个问题线索已办结 5 件。未完成整改的 5 个问题，属于协调难度大的历史问题，审计机关将持续跟进，督促加快整改。2021 年完成的 35 个审计项目，查出问题 186 个，提出建议 86 条，坚持边审计边整改，目前正在整改中。

（八）审计建议

（1）深化财税改革，提升财政管理水平。加强财政资源统筹，强化一般公共预算与其他三本预算的衔接，全面盘活用好各类存量资金和闲置资产。牢固树立过"紧日子"思想，加强预算约束，压减降低开支，优化支出结构，规范部门预算编制程序，提高预算编制的完整性和准确性。精细化安排预算资金，及时拨付，确保预算资金到位率，切实提高预算执行率。

（2）强化国有资产管理，发挥国资国企作用。健全国有资产管理机制，落实责权，管好、用好国有资产。加强国有企业监管，履行出资人监管职能，加强内部经营管理，提高国有资本运营效率。提高国有资本经营预算的覆盖面和国有资本经营收入上缴比例。

（3）坚持底线思维，防范化解风险隐患。加强地方债务实时监测，有效遏制地方政府隐性债务，规范国企融资工作，防范新增地方政府隐性债务。加强自然资源和环境保护执法检查，有效防止损害生态环境的风险隐患，扎实抓好粮食生产能力建设，确保粮食安全。

（4）加大整改力度，提升整改实效。按照"谁主管，谁负责"的原则，建立整改台账，逐项整改销号。坚持问题导向、目标导向和效果导向，举一反三、标本兼治，深入分析问题产生的原因，针对制度漏洞和薄弱环节研究解决措施，防止屡审屡犯。

主任、副主任、各位委员，审计发现问题整改是我们下半年的重点工作，我们将全面贯彻落实新修订的审计法，认真落实县委的决策部署，依法履行审计监督职责，自觉接受人大监督，为建设名副其实的"小河淌水·幸福弥渡"贡献审计力量。

以上报告，请予审议。

七、霍山县人民政府关于 2021 年度县本级预算执行、决算草案和其他财政收支审计工作报告

主任、各位副主任、各位委员：

我受县人民政府委托，向县人大常委会报告 2021 年度县本级预算执行、决算草案和

其他财政收支的审计情况,请予审议。

根据《中华人民共和国审计法》的规定,我局对2021年度霍山县本级预算执行、决算草案和其他财政收支情况进行了审计,主要审计了县财政局具体组织的预算执行情况,县住建局、教育局2个部门预算执行情况。对安徽大别山国有资产投资(控股)集团有限公司的资产管理和经营情况进行了抽查。同时按照上级审计机关的统一部署,实施了重大政策措施落实情况跟踪审计。

(一)县本级预算执行情况的总体评价

2021年,在县委县政府的坚强领导和县人大及其常委会的监督下,以习近平新时代中国特色社会主义思想为指引,坚持稳中求进工作总基调,坚持新发展理念,全县上下紧紧围绕县委、县政府中心工作,守牢财政"三保"底线,全县经济社会保持平稳运行,财政预算执行情况总体良好。

在肯定成绩的同时,审计也发现2021年度财政预算等方面还存在一些问题。主要表现在:专项资金拨付使用不及时;预算绩效管理有待进一步完善;国有资产管理水平不高;部分重点项目建设进度缓慢;对国有企业管理监督需进一步加强等。这些问题有待于在今后的工作中采取切实有效的措施,努力加以解决。

1. 公共财政预算执行情况

2021年,全县完成财政收入284 850万元(其中:税务部门23 9084万元,财政部门45 766万元),占预算116.0%,比上年同期增长25.4%。根据收入结构计算,一般公共预算收入150 304万元,一般债务转贷收入27 637万元,上级补助收入161 750万元,调入资金52 101万元,财力合计391 941万元。

全县财政总支出391 941万元,增长4.12%,其中:一般公共预算支出369 082万元,占预算128.9%,同比增11.9%,专项上解支出2 380万元,偿还到期政府债券20 175万元,安排预算稳定调节基金304万元。

2. 政府性基金预算执行情况

2021年政府性基金收入总计467 033万元。其中:国有土地使用权出让收入319 843万元;城市基础设施配套费收入3 720万元;污水处理费收入1 192万元;上级补助收入11 387万元;地方政府专项债务转贷收入127 646万元;调入资金2 519万元;上年结余726万元。

2021年政府性基金支出合计462 350万元。其中:土地出让金支出264 081万元;专项债券支出102 000万元;专项债务利息支出及发行费支出9 105万元;社会保障和就业支出6 000万元;污水处理费支出1 192万元;城市基础设施配套费支出3 720万元;彩票公益金及文化专项支出800万元;政府性基金调出资金49 806万元;地方政府专项债务还本支出 25 646 万元。2021 年政府性基金结余 4 683 万元。

3. 国有资本经营预算收支情况

2021 年，国有资本经营预算收入 2 305 万元，为年初预算的 140.2%。国有资本经营预算支出为 10 万元，国有资本经营预算调出 2 295 万元，调入一般公共预算统筹使用。

4. 社会保险基金收支、平衡情况

2021 年，社会保险基金收入 183 108 万元，社会保险基金支出 176 477 万元，当年收支结余 6 631 万元，年末滚存结余 53 568 万元。

（二）审计发现的问题和审计意见

1. 县本级预算执行方面

（1）预决算草案报告中未包括重点项目绩效目标及评价结果。

县财政局向县人大常委会提交上年度决算草案报告和当年度预算草案报告时，未报告上年度重点项目绩效评价结果和当年重点项目绩效目标情况。

县财政局应进一步加强绩效管理，对重点项目的绩效目标进行全过程监督，切实提高绩效管理水平。

（2）股权投资反映不完整。

县财政总预算会计反映 2021 年末股权投资 130 831 万元，经审计调查，县财政对三家国有企业实际股权投资 250 000 万元。

县财政局应及时进行调账处理，确保账实相符，保证会计资料的真实、完整。

（3）专项资金管理使用方面。

第一，部分专项资金拨付不及时。

①交通强国和农村公路奖补资金 354 万元未拨付。

②农村客运、出租车等行业成品油价格改革财政补贴资金 322.71 万元未拨付。

③省级林业转移支付资金 240.91 万元未拨付。

④小型水库除险加固及维修养护补助资金 190 万元未拨付。

县财政局应切实加强预算执行绩效管理，强化与相关部门单位的协作配合，积极研究解决财政支出管理中存在的问题，确保财政资金及时产生效益。

第二，县级配套资金不到位。

2021 年度，县财政对重大区域发展战略建设、污染治理和节能减碳专项、省"三重一创"人工智能等项目的县级配套资金 2517 万元未配套到位。

县财政局应统筹安排财力，切实保证各项目地方配套资金及时落实到位，推动实现扩大内需促进经济增长战略目标。

第三，农业专项资金使用不及时。

2021年，县农业农村局实施的农产品产地冷藏保鲜设施补助项目360万元，截至审计日，仅对32家主体发放补助资金190.49万元，其余未使用；农业园区产业奖补项目（大沙埂现代农业产业园）180万元，截至审计日，该项目尚未开展验收兑付工作。

县农业农村局应切实加强项目和资金监管，按程序和标准及时兑付补助资金，确保专项资金及时产生效益。

第四，村干部骗取搬迁避险补助资金4.5万元。

某村党总支副书记、村委会副主任杜某某，在2020年的农村安全隐患住房搬迁避险工作中，将不符合条件人员进行申报认定，骗取搬迁避险补助资金4.5万元。

该问题涉嫌违规违纪，已移送县纪委、监委进行查处。

第五，诸佛庵镇多支付征地补偿款24.17万元。

诸佛庵镇人民政府于2020年12月重复支付征地补偿款1.49万元，2021年1月多支付征地补偿款22.68万元，合计多支付征地补偿款24.17万元。

诸佛庵镇人民政府已及时追回重复支付和多支付土地征收补偿金额，并调整有关会计科目。

2. 部门预算执行存在的问题

第一，专项资金拨付不及时。

（1）支持学前教育发展资金45.16万元未拨付。

（2）校舍维修专项资金31.64万元未拨付。

（3）义务教育薄弱环节改善与能力提升补助资金205.52万元未拨付。

县教育局今后要应加强资金的监督管理，严格按照规定及时拨付使用专项资金，充分发挥专项资金使用效益。

第二，挤占教育附加费专项资金16.08万元。

2021年县教育局从教育费附加专项资金支付局机关其他日常经费16.08万元。

县教育局对挤占教育附加费专项资金16.08万元予以上缴县财政。今后应严格按照有关文件规定规范教育附加费使用范围、计划，提高教育附加费的使用效益。

第三，非税收入管理不规范。

（1）公共租赁住房和直管公房欠收租金34.93万元。

截至2021年12月底，县住房发展服务中心管理的公共租赁住房和直管公房承租户欠缴当年及以前年度租金34.93万元。

县住建局应加强公共租赁住房和直管公房出租管理，组织人员对欠缴住户集中清收，及时足额上缴非税。

（2）单龙寺镇朱家畈小学等3所学校收取租金4.3万元，未按规定解缴县财政非税专户，未执行"收支两条线"管理。

县住建局、教育局应加强对非税收入的监管，督促下属单位将非税收入及时、足额地缴入非税专户，执行"收支两条线"管理。

3. 国有企业资产管理及运营存在的主要问题

第一，资金结余较大，使用效率不高。

大别山国投集团应根据项目建设和生产经营要求，合理、统筹安排使用资金，提高资金使用效益和效果。

第二，国资公司管理的经营性资产长期闲置。

国资公司管理的经营性资产共有29处处于闲置状态，其中7处资产3年之内未出租，22处资产长期未出租。

国资公司应采取有效措施盘活闲置资产，提高国有资产保值增值能力。

第三，县矿产公司经营管理混乱。

（1）未对砂石成本费用进行有效管理和控制。

一是运输费、劳务加工费单价较高。

二是对劳务加工费用的测算没有依据。

三是配载费管理不规范，支付不合理。

（2）销售管理不规范。

为促进销售，县矿产公司对销售额100万吨以上的团体客户实行销售折扣奖，但在执行过程中存在以下问题：

一是部分团体客户在未签订销售合同且未达到奖销量之前即享受销售折扣；

二是对团体客户管理不到位。部分达到奖销标准的团体客户剥离购买量给未达到奖销标准的其他团体客户凑单，使其达到奖销标准。

（3）管理不善，造成资产损失50.30万元。

①未按照合同约定收取施工企业违约金20万元；

②对工程变更项目管理把关不严，多支付霍山县东风路以东东淠源渠PPP项目变更价款30.30万元。

对上述违反规定行为已另行下达审计决定书，并追回相关损失。

（4）对一次性砂石、渣土资源处置不规范。

县矿产公司在对一次性砂石、渣土处置时，工程量计量、定价机制环节缺失，处置程序混乱随意，部分项目未进行公开竞价。

（三）上年度审计查出问题的整改落实情况

上年度审计查出的问题，各有关部门和单位都进行了认真剖析，追根溯源，积极落实整改。审计发现的问题已基本整改到位。具体整改情况，已向县人大常委会提交了专题报告。

(四) 加强财政管理的建议

（1）加强绩效管理，提高财政资金使用效益。加快建立全方位、全过程、全覆盖的预算绩效管理体系。构建涉及部门、政策和项目多层次的全方位预算绩效管理格局，全面提升和拓展预算绩效管理层级，拓展囊括一般公共预算、政府性基金预算、国有资本经营预算、社会保险基金预算以及其他各类资金的全覆盖预算绩效管理范围，不断扩大预算绩效管理的覆盖面和影响力，不断提高财政资金使用效益。

（2）进一步加强会计核算管理，夯实会计管理基础工作。应遵循全面性、重要性和有效性原则，建立和实施内部控制制度，保证经济活动合法合规，资产安全和使用有效、财务信息真实完整。进一步规范行政事业单位会计基础工作，不断完善会计监督机制，强化对内部控制制度的执行力。

（3）进一步提高专项资金拨付率和配套资金到位率，及时发挥财政专项资金效率。加强各类财政资金收支管理，建立专项资金使用情况定期检查的长效机制，根据项目实施进展等情况，合理合规调度项目资金的拨付，确保财政资金的完整和安全。加强专项资金分配和项目落实的有效衔接，提高财政奖补资金发放的精准度，进一步突出财政政策导向和专项资金撬动作用。

（4）县矿产公司应对生产、运输流程合理规划，降低运输费用在经营成本的比重，统筹相关费用定额并科学、精细、合理测算运输费用、加工费的实际成本费用，严格履行相关招标或采购程序，以进一步节约企业生产加工成本；科学合理制定销售政策，并根据市场变动情况及时调整，保证销售收入持续稳定增长；及时修订相关内部控制制度，对一次性处置砂石、渣土销售行为的工程量计量、定价机制、处置程序等作出详细的规定，防止资产损失；加强项目管理，严格执行合同约定条款，保证项目顺利实施，对违约事项，查明原因，明确责任，降低生产经营成本，提高效率。

（5）进一步强化部门预算管理。科学合理编制部门预算，进一步提高预算编制质量。强化预算执行管理，保障重点项目预算管理成效。加强非税收入征缴管理，严格按规定程序征收和上缴非税收入，对欠缴的非税收入进行集中清理，做到应收尽收，应缴尽缴。

八、陵水黎族自治县人民政府关于2021年度县本级预算执行和其他财政收支的审计工作报告

根据县委、县政府和审计厅的部署，县审计局依法开展了2021年度县本级预算执行和其他财政收支情况审计。聚焦海南自由贸易港建设相关政策落实、财政资金使用绩效、生态环境保护、营商环境优化、重大风险防控、重要民生事项及公共工程等经济社

会发展重点，依法全面履行审计监督职责。

审计结果表明，各部门按照县委、县政府决策部署，扎实做好"六稳"工作、全面落实"六保"任务，科学精准实施宏观政策，为海南自由贸易港建设提供坚强的财力保障。

（一）县政府预算执行及决算草案审计情况

1. 县财政部门具体组织财政预算执行情况

（1）财政资源统筹方面。部分年初项目预算编制不够精准，预算调整规模过大；向3个安排不具备实施条件项目安排资金，造成零支出；征地拆迁补偿资金预算编报科目不准确；未按规定核减部分预算单位年初预算。

（2）财政收入和支出管理方面。非税收入未在规定时间上缴国库；未按规定收缴部分国有资本经营收入；部分原先行试验区征地拆迁补偿剩余资金未收回；部分上级转移支付资金未支出。

（3）财政管理方面。预算单位实有资金账户盘活工作督促机制落实不到位；项目入库审核不严、项目库未能实施项目全周期管理，对预算管理未发挥支撑作用；县财政局组织部门预决算公开不规范；未按计划化解完成2018年前形成的财政暂付性款项。

2. 县部门预算执行情况

（1）部门预算编制工作有待提高。部分预算单位预算草案未报本部门党组（党委）审议；部分预算单位未按规定编制非税收入预算；预算项目审核把关不严，重复安排已支出预算项目、未按项目支出进度编制预算。

（2）部门预算执行效率有待加强。部分预算单位会计核算不准确；部分预算单位应缴财政款科目余额未及时清理；部分乡镇拨至村委会财政衔接推进乡村振兴补助资金闲置。

（3）部门预算绩效有待提高。部分预算单位预算指标支出率低；部分盘活存量资金安排的支出预算形成二次沉淀。

（4）政府采购管理有待规范。采购服务项目未根据实际情况申报采购需求；履约监管不严，中标单位向其他单位提供服务；个别项目多计工程造价；重复列支服务费用；采购项目开展进度缓慢，采购设备闲置，未发挥效益。

（5）行政事业性国有资产管理有待加强。部分工程已竣工使用未转入固定资产；部分未按规定收取周转房租金；闲置教育资产使用管理不规范，部分撤并学校存在闲置或出租出借管理不规范。

3. 乡村振兴资金绩效审计情况

（1）农村人居环境整治方面。部分厕所改造不达标；吸污车闲置；重复发放厕所改造补贴；3处非正规垃圾堆放点整治销号后仍在堆积，并新增1处建筑垃圾堆放点；制定的农村生活污水处理设施水污染物排放标准不符合海南省地方标准。截至2022年5月4日，上述问题均整改完毕。

（2）乡村产业发展资金方面。"政府增信"资金使用效益差；部分产业项目投入未发挥效益。审计指出问题后，各乡镇各部门积极推进整改，为解决乡村振兴项目推进及资金支出进度滞后的问题，提高项目资金管理效益，出台了3项制度。

（3）农业基础设施建设方面。项目监管不严，建设管理不规范；部分项目超工期现象严重；部分项目未及时办理竣工验收、已验收项目长期未办理竣工结算、已竣工结算未结转固定资产管理。审计指出问题后，6个项目已办理竣工验收，9个项目已办理竣工结算，15个项目正在加快办理项目转固手续。

（4）农村生活污水治理方面。未完成农村生活污水治理新增覆盖工作任务；项目推进慢、设施覆盖率低；未科学合理确定治理模式；部分农村污水处理站（点）排放水质不达标；部分污水处理设施闲置；管护工作未落实到位。

（二）重大政策措施落实跟踪审计情况

（1）2021年度市县高质量发展综合考核指标推进情况。省重点项目年度投资完成率有待提高；部分集中开工项目年度内无法完成投资任务；农产品质量安全检测考核指标未落实整改措施；建成区绿地率有待提高；港坡河水质治理有待改善。

（2）政府投资项目已完工未办理竣工结算的情况。432个政府投资项目已完工未办理竣工结算。县审计局将相关情况形成专报报县委县政府，并以审计整改为抓手，督促相关部门加快办理竣工结算。

（三）重点专项资金和民生事项审计情况

1.2021年困难群众救助补助资金审计情况

（1）困难群众救助补助资金筹集、分配和使用方面。扩大范围支出临时救助资金；未及时结算医疗救助资金；未及时清理上缴医疗救助基金存款；医疗救助基金银行存款未实行优惠利率，少收利息。截至2022年5月7日，上述问题均整改完毕。

（2）集中供养救助机构职责履行方面。部分流浪乞讨人员长期未获得有效安置；3家集中供养机构未落实食品、消防、住房等安全管理要求；2家敬老院存在服务管理不到位问题；2家敬老院特困人员生活补助资金拨付和使用管理不规范。截至2022年5月7日，上述问题均整改完毕。

（3）救助政策落实情况。8名不符合条件人员违规享受救助待遇；108名符合条件人员未享受救助待遇；10名自付医疗费用较大困难群众未享受临时救助。截至2022年

5月7日，上述问题均整改完毕。

2. 惠民补贴专项资金审计情况

（1）2018年至2020年度农业农村局惠民补贴专项资金方面。村社长领取集体耕地地力补贴，存在将集体耕地确权登记在个人名下的行为；虚报种植品种及面积、已被征用转为设施农业用地和撂荒耕地领取地力补贴；农机购置补贴款闲置，未发挥资金效益；长期使用死亡农户身份信息申报领取地力补贴。

（2）2018年至2020年度残联惠民补贴专项资金方面。虚报项目多付改造资金；残疾资金发放不严谨；个别无障碍改造项目推进缓慢，未在规定时间内完成施工验收；未按规定取得项目改造商品发票。审计指出问题后，已将地面硬化及扶手改造项目实施改造到位，做到工程量相符，追回相关资金，并提供有效发票予以补充纠正。

（四）政府投资审计情况

围绕公共工程和土地出让领域以及其他政府投资项目开展监督审计项目20个，发现问题124个，主要发现项目未取得施工许可证先行开工建设；工程监理招标设置不合理的加分条件；未按施工图纸施工；工程施工进度缓慢，项目工期严重滞后；多计工程量，超付工程进度款等方面的问题。

（五）领导干部经济责任审计情况

审计部门紧扣权力规范运行和领导干部经济责任履行情况，出具领导干部经济责任审计报告9份，发现问题140个，提出审计建议44条，移送问题线索5条。其中在自然资源审计方面，出具审计意见2份，发现问题13个，提出审计建议6条。审计发现贯彻执行经济政策和决策部署方面有待加强；未及时清理以前年度债权债务；预算编制不合理，执行不严格；违规发放补助重复报销、报销管理不规范；已建成项目或资产闲置；工程项目管理不到位等问题。

（六）审计整改情况

2021年上级审计机关审计发现问题共55个，已完成整改54个，未完成整改1个，整改率98.2%。2021年县审计机关发现问题507个，已完成整改454个，未完成整改53个，整改率89.5%。整改问题金额共计19.63亿元，推动出台规章制度49项。

（七）审计移送的违纪违法问题线索情况

一年来，审计部门坚持抓早抓小、防微杜渐，共发现并移送问题线索6件。

（八）审计建议

（1）加大重大政策贯彻落实力度。围绕建设自由贸易港和经济高质量发展，关注重点项目建设运营、投融资体制改革等情况，推动投资项目快速落地、顺利推进、及早产生效益。推动有关部门出台简政放权配套制度，使政策更加衔接完善，进一步激发市场主体活力，助力企业纾困发展。

（2）提升财政管理水平。科学组织预算编制，做好项目储备和前期工作调研，建立健全项目入库评审和项目滚动管理机制，强化项目库对预算的管理；完善资金分配制度和流程，加快资金分配力度，提高资金使用效益；规范财务管理，认真落实财务制度，依法依规开展资产登记及核销等工作；牢固树立绩效理念，全面实施预算绩效管理，用好绩效激励约束作用。

（3）加强政府投资项目管理。加强政府投资项目前期可研准备工作，严格执行基本建设程序，加快项目建设进度，落实施工管理制度，加强对施工全过程管理和现场管理，认真做好竣工决算资料收集归档，履行项目结算手续，严格支付工程进度款，避免财政资金出现损失，持续优化营商环境。

（4）深化审计整改成效。进一步压实被审计单位整改主体责任，督促被审计单位及时整改审计发现问题，确保已有问题抓紧清零，新增问题按期整改。要防止松劲懈怠思想，杜绝推诿扯皮、敷衍整改、虚假整改，以有力有效的审计整改，促进被审计单位堵塞管理漏洞、修补制度缺陷，将审计整改成果切实转化为治理效能。

一、泰宁县人民政府关于2020年度县本级预算执行和其他财政收支的审计工作报告

根据《中华人民共和国审计法》和《福建省地方预算执行情况审计监督试行办法》等法律法规，县审计局对2020年度县本级预算执行、决算草案及其他财政收支情况进行了审计。审计中，我们坚持以习近平新时代中国特色社会主义思想为指导，认真贯彻落实党的十九大、十九届二中、三中、四中、五中和习近平总书记在中央审计委员会上的重要讲话及对审计工作的指示批示精神，紧紧围绕县委、县政府经济工作中心，重点关注财政资金使用绩效和政策实施效果，在维护财政经济秩序、推进政策落实、推动深化改革、助推经济发展、促进廉政建设等方面积极发挥作用，依法全面履行审计监督和服务职责。本次主要审计了县财政局具体组织执行县本级预算、决算草案及其他财政收支情况、防范化解政府债务风险情况、财政事权和支出责任划分改革情况以及县工业和信息化局（以下简称县工信局）2020年度预算执行及决算草案等情况，并延伸审计了县自然资源局、县农业农村局、县住房和城乡建设局等31个相关部门单位。现将审计结果报

告如下：

（一）2020年度县本级预算执行、决算草案及其他财政收支审计情况

2020年县本级一般公共预算收入28,319万元，完成调整预算的102.61%，比上年增收5.66%，加上转移性收入、地方政府一般债券转贷收入等，收入总计214 259万元；一般公共预算支出162 058万元，完成调整预算的98.7%，比上年增支1.66%，加上补助乡镇支出、地方政府债券还本支出等，支出总计209 389万元。收支相抵，年终结转4 870万元。

政府性基金收入51 163万元，完成调整预算的138.73%，比上年增收36.02%，加地方政府专项债券转贷收入、上年结余资金等，收入总计111 432万元；政府性基金支出92 134万元，完成调整预算的129.7%，比上年增支127.78%；加上补助乡镇支出、债务还本支出等，支出总计109 103万元。收支相抵，年终结转2 329万元。

国有资本经营预算收入500万元，完成调整预算的100%，加上级补助收入等，收入总计504万元。国有资本经营预算支出462万元，调出资金42万元，支出总计504万元。

社会保险基金预算收入18 875万元，完成年初预算数的102%；社会保险基金支出14 755万元。收支相抵，滚存结余16 404万元。

从审计情况看，2020年县财政深入贯彻落实县委、县政府决策部署，牢固树立新发展理念，坚持稳中求进的工作总基调，积极落实减税降费政策，落实中央过"紧日子"思想，充分发挥财政职能作用，扎实做好"六稳"工作，全面落实"六保"任务，促进财政经济良性循环和高质量发展。当年财政收支管理总体规范，财政运行总体平稳，完成了县人大批准的年度预算，预算管理情况总体较好，决算收支基本真实。审计发现的主要问题：

1. 部分非税收入未及时足额缴入国库

截至2020年12月底，行政事业性收费、国有资源有偿使用费等非税收入共计224.36万元未及时足额缴入国库。

2. 部分项目资金未纳入财政存量资金清理

一是县财政一般公共预算结余资金中结转两年以上的市级专项资金2笔43.11万元；二是18个预算单位至2021年3月底，结转两年以上的省市专项资金共29笔593.81万元。

3. 部分专项资金拨付不及时

2020年县财政未及时拨付上级下达的省市专项资金共8笔1 958.24万元。

4. 部分专项资金执行进度较慢

截至2021年3月共4笔2 019.07万元专项资金相关部门未及时列支，其中：县工信局中央服务业发展专项资金500万元、县水利局河湖管护重点示范河段建设资金

90万元、河长制标准化建设资金133.47万元、杉城镇张家坊至熊家栋公路建设资金1 295.6万元。

5. 部分年终追加项目执行率较低

2020年县财政调整预算追加县级专项资金22项3 471.67万元。截至2021年3月，各部门使用2 711.89万元，结余759.78万元，总执行率78.11%。

6. 未按规定计提教育、农田水利等专项基金

2020年县财政土地出让金实现价款收入12 088万元，未及时计提相关专项基金483.52万元，其中：教育基金241.76万元、农田水利建设基金241.76万元。

（二）防范化解政府债务风险审计情况

为做好政府性债务防范和化解工作，县政府严格落实政府债务偿债主体责任，及时制定工作方案，持续强化债务规模限额管理，严控隐性债务增量，顺利完成了全年政府债务偿还化解工作，较好完成了政府债务管理各项工作，为打好防范化解重大风险攻坚战提供了坚强保证。但从县本级综合财力看，政府性债务还存在一定偿债压力。截至2020年12月底，我县政府债务规模为329 693.06万元。

1. 负有偿还责任的债务余额305 377.06万元，较上年增加47 603.44万元，其中：

（1）地方政府债券：2020年度新增政府债券55 900万元（一般债券14 200万元、专项债券41 700万元），再融资债券8 254万元；当年偿还29 278.5万元（一般债券14 186万元、专项债券2 747万元），年末债务余额304 051万元。

（2）国债转贷及世亚行贷款：2020年度调增382.44万元，年末债务余额1 326.06万元。

2. 地方政府隐性债务余额24 316万元，较上年减少12 229.5万元，其中：国家专项建设基金债务11 866万元，较上年减少34万元；政府购买服务再融资债务7 650万元，较上年减少2 730万元；其他商业贷款及股权融资债务余额4 800万元，较上年减少9 465.50万元。

审计发现的主要问题为项目进展缓慢，债券资金滞留闲置。

（1）汉堂生物制药南侧商住地块收储项目因涉及收储的项目个数较多，部分项目还在处于协商谈判和司法诉讼中，截至2021年3月，该项目2019年6月到位的5 000万元专项债券资金仍有2 166.6万元结存在县土地收储中心一年以上。

（2）县城区公共停车场建设项目受城区规划变更等影响，湖缘周边停车场子项目不再实施。截至2021年3月，该项目2020年10月到位的专项债券资金800万元结存在县住建局。该项目资金现已上报省财政厅进行调整。

（三）财政事权和支出责任划分改革专题审计情况

根据《2020年度三明市财政审计总方案》的要求，对我县财政事权和支出责任划分改革情况进行了审计。重点关注了省级以上专项资金的使用、财政事权与财力不匹配以及财政事权不明晰造成财政资金闲置浪费等情况，提升财政资金的使用效益。

2020年教育共同财政事权补助资金共计5 810.39万元，其中省级补助资金3 590.66万元，占比61.8%；市级补助资金94.73万元，占比1.63%；县级财政预算安排资金2 125万元，占比36.57%。

交通运输共同财政事权补助资金共计1 878.18万元，其中省级补助资金918.86万元，占比48.92%；市级补助资金354.32万元，占比18.87%；县级财政预算安排资金605万元，占比32.21%。

社会保障和就业共同财政事权补助资金共计15 240.68万元，其中省级补助资金5 626.26万元，占比36.92%；市级补助资金517.42万元，占比3.39%；县级财政预算安排资金9 097万元，占比59.69%。

（四）县级部门预算执行及决算草案审计情况

从审计情况看，县工信局2020年预算执行情况总体较好，审计发现的主要问题：

1. 结余结转资金未纳入次年预算统筹安排

县工信局2019年末滚存结余1 661.79万元未编入2020年预算统筹安排使用，2020年末仍有滚存结余972.48万元。

2. 年终决算与当年实际预算收支不符

县工信局2020年度决算草案报表体现本年收入2 833.03万元，而实际收入3 061.86万元，相差228.83万元；本年支出2 153.63万元，而实际支出3 751.17万元，相差1 597.54万元。

3. 部分专项资金滞留闲置

截至2020年年底，县工信局结转两年以上项目资金88.06万元未及时清理。

4. 使用个人账户收取房产租金

县工信局出纳使用个人银行账户收取本单位经营性资产租金5.93万元，且未及时缴入国库。

审计期间，县工信局于2021年4月12日召开局党组专题会部署，并对相关人员进行了提醒谈话。

此外县工信局还存在房产出租管理不到位、租金收缴不及时、扩大开支范围、固定资产管理不到位等问题。

以上审计工作报告所反映的具体问题，县审计局已依法征求了被审计单位意见，出具审计报告,作出审计决定,并提出整改意见和审计建议,有关部门正在整改,并取得了初步成效。尚未整改到位的问题,县审计局将持续跟踪、督促整改到位。

(五)上年审计查出问题整改情况

县委、县政府高度重视县十七届人大常委会第二十七次会议《关于2019年度县本级预算执行及决算草案和其他财政收支的审计工作报告》的审议意见,根据县政府主要领导的批示,县分管领导于2020年7月3日召开专题会议部署相关部门、单位积极落实整改,要求逐一对照审计查出的问题,落实整改责任,完善整改措施,深入推进审计整改工作。县审计局按照县人大常委会审议意见和县政府有关要求,抓好审计结果整改落实情况的跟踪检查管理,积极督促相关单位认真整改审计查出的问题,切实提升审计工作成效。

各部门及单位积极采纳审计意见和建议,及时采取有效措施落实审计整改。截至目前,上年审计工作报告中反映的18个问题事项,有11个已经得到整改,其余7个事项尚在整改中。具体情况如下:

1. 县本级预算执行、决算草案及其他财政收支审计查出问题的整改情况

部分非税收入未足额缴入国库、部分财政性资金长期挂往来账等问题县财政局已整改到位;部分财政资金支出进度较慢的问题尚在整改中。

2. 国有资本和资产运营管理情况审计查出问题的整改情况

(1)土地收储和存量审计整改情况:土地存量底数不清、农用地转用报批不及时、土地存量闲置等问题县自然资源局尚在整改中。

(2)行政事业单位经营性资产运营管理审计整改情况:未公开招租、未足额收缴租金等问题已整改到位;两证不全、权属分离、账实不符等问题县财政局资产管理中心尚在整改中。

(3)县金湖城市建设投资有限责任公司财务收支审计整改情况:财务核算不规范、项目竣工结(决)算管理薄弱等问题已整改到位。

3. 保障性安居工程跟踪审计查出问题的整改情况

租赁补贴发放不及时、保障性住房分配和使用管理不到位等问题县住建局已整改到位。

4. 政府投资项目审计查出问题的整改情况

重复计价,多付工程款、代建管理费约定不合规、项目结余资金滞留闲置等问题县老干部局已整改到位。

(六)加强县本级预算管理的几点建议

1. 加强政府预算管理,提升预算执行效果

一是加强财政收入的收缴监管,确保各项政府收入应收尽收、应缴尽缴;二是加强各部门财政预算支出管理,不断提高部门预算编制质量和执行率,切实推进财政资金提质增效。

2. 规范财政资金管理,提高财政资金效益

一是进一步挖掘财力财源,加大财政资金统筹力度,盘活和利用存量资金。二是持续加强专项资金监管,确保专项资金使用的精准性、安全性和高效性。推进项目工程实施进度,切实发挥财政资金的使用效益。

3. 强化审计问题整改,促进审计成果转化

一是进一步加强财经法纪宣传教育工作,增强法治意识,强化财政资金分配、使用和管理的职责。二是提高思想认识,落实审计整改责任。被审计单位主要负责人是审计整改工作的第一责任人,将审计整改作为加强管理、规范工作的契机,深入分析,制定切实可行的整改方案,严格落实审计整改的责任。

二、新丰县人民政府关于2020年度县级预算执行和其他财政收支的审计工作报告

主任、各位副主任,各位委员:

我受县人民政府委托,向县人大常委会报告新丰县2020年度县级预算执行和其他财政收支的审计情况,请审议。

一年来,县审计局坚持以习近平新时代中国特色社会主义思想为指导,深入贯彻党的十九大和十九届二中、三中、四中、五中全会精神,增强"四个意识"、坚定"四个自信"、做到"两个维护",深入学习贯彻习近平总书记对广东工作、对审计工作的重要讲话和重要指示批示精神,围绕贯彻落实总书记赋予广东的总定位总目标,认真落实市委市政府、县委县政府关于推动产业发展、城市提升、乡村振兴、民生保障的工作要求,全面履行审计监督职责,依法审计了2020年度县级预算执行和其他财政收支情况。审计结果表明,在县委县政府坚强领导下,各级各部门立足新发展阶段,贯彻新发展理念,构建新发展格局,坚持稳中求进工作总基调,财政政策积极有效,民生福祉得到改善,经济运行风险防控加强,社会安定和谐,2020年县级财政预算执行和其他财政收支情况总体良好。

——深挖增收潜力,财政收入平稳增长。面对经济结构调整和经济下行压力,加大财源培植力度,切实抓好地方税收征管工作。2020年财政总收入309 986万元,比上年增收2 560万元,增长0.83%,其中:县本级公共预算收入45 843万元,比上年增收3 458万元,增长8.16%。

——统筹调度,优化支出结构。严格执行预算工作制度,年初制定支出计划,建立支出台账,狠抓支出进度。安排落实"三保"支出、疫情防控、支持打赢三大攻坚战

等民生保障支出，2020年县本级投入保障和改善民生资金233 155万元，占一般公共预算支出83.38%。落实过紧日子要求，对公用经费、非急需非刚性项目进行压减，对比2020年年初预算，县本级压减非刚性支出551万元。

——坚持稳健施策，助推经济复苏。全面贯彻落实中央直达资金管理使用要求，确保直达资金规范使用和及时发挥效益，截至2020年年底，全县争取直达资金19 908.9万元，其中：抗疫特别国债10 773.71万元，正常转移支付2 557.32万元，特殊转移支付6 577.87万元；充分发挥债券资金推动地区经济发展和满足社会的公共需求作用，2020年全县争取新增政府债券资金65 000万元，有力保障了基层常态化疫情防控、重大项目建设及三保工作等。

——深化财政管理改革，推进预算绩效管理。全面推进县级财务核算信息集中监管改革和国库集中支付电子化管理，财政信息化建设得到进一步完善；做实部门项目库，将项目政策审核等工作提前至预算编制阶段，同时强化绩效目标编报管理，加强绩效评价结果应用，项目绩效评价工作机制得到进一步完善。

——加大审计整改力度，强化审计结果运用实效。对上一年度审计查出的问题，相关部门单位认真落实主体责任，按项、逐条跟踪整改，成效显著。经统计，上一年度审计发现问题131个，截至2021年6月底，按照审计要求已整改122个，整改中9个，整改率达93.13%，提出审计建议38条，采纳38条，出台管理制度或措施27项。

（一）财政管理审计情况

1. 县级财政管理审计情况

组织对2020年度县级预算执行和其他财政收支情况进行审计。审计结果表明，2020年度财政收支总体情况较好，财政管理总体上较为规范。审计发现的主要问题：

（1）财政存量资金盘活不到位。有58项本级公用经费、专项工作经费和上级专项资金未及时收回，结转到2020年继续使用，涉及金额683.82万元；县财政未按规定及时清理财政专户，涉及金额4 998.36万元。

（2）财政预算管理不严。财政年初代编项目资金执行率偏低，只有62.83%；县本级财政无预算挂账规模大，截至2020年12月，涉及金额4 880.71万元。

（3）财政收入不真实。县财政违规将2019年的非税收入延迟缴入2020年，当年非税收入不真实，涉及金额6 977万元。

（4）绩效管理水平有待提高。全县有23个单位资金支出进度不达标，其中有8个单位资金支出进度不及格，县财政未能采取有效措施加快资金使用进度。

2. 部门预算执行全覆盖审计情况

组织对全县61个县级部门预算执行情况进行全覆盖审计，并延伸审计其15个下属单位。审计结果表明，县级部门预算编制和执行情况较好，基本实现了预算目标。审计发现的主要问题：

（1）预算资金未发挥效益。有16个单位的26项建设项目资金和项目经费支出进度为0，涉及金额1 682.44万元；有6个单位共8项建设项目资金平均支出率仅为31.97%，涉及金额3 560万元；

（2）财务管理不规范。有28个单位公务接待无公函、超标准、无清单等，涉及金额102.56万元；有10个单位日常经费支出无明细、手续不齐等，涉及金额72.03万元；有6个单位未及时清理3年以上往来款，涉及金额5 122.4万元；有1个单位未按合同约定，未经验收便全额支付了出版物合同款，涉及金额38.36万元；有10个单位的固定资产1 544.07万元、房屋土地14项未登记入财务账备查。

（3）预算资金管理不规范。有7个单位非税收入未及时收回上缴国库，涉及金额2 174.09万元；有4个单位在项目经费中超范围列支餐费、职工活动经费、计生奖等，涉及金额21.71万元；有1个协会组织挪用小水电企业奖励金，涉及金额12.85万元。

（4）其他方面问题。有11个单位的政府采购未进行计划备案，涉及金额191.14万元；有50个单位未按规定编制政府采购预算；有12个县级预算单位未按规定向下属单位批复预算。

（二）重大政策措施落实跟踪审计情况

1. 落实"保居民就业"政策审计情况

组织对保居民就业政策落实、"南粤家政"工作完成情况进行审计。审计结果表明，有关部门单位能够积极采取有效措施，推动"稳就业"政策措施落地生效。审计发现的主要问题：

（1）就业失业登记系统数据填报质量较差。抽查100名人员数据发现，其中44人现场办理所填写的信息与登记系统信息不一致，差错率为44%。

（2）未完成"南粤家政"工作任务目标。有关部门未完成"南粤家政"培训任务，有7项190人次的培训任务完成率均为0。

2. 现代农业产业园建设推进审计情况

组织对现代农业产业园建设推进情况进行审计。审计结果表明，有关部门单位能够采取有效措施，积极推进现代农业产业园建设。审计发现的主要问题：

（1）资金使用不规范。有3家专业合作社违规使用省级现代农业产业园贷款贴息项目资金支付贷款担保费，涉及金额26.1万元；有1家农场在部分茶企未签订贷款合同的情况下，违规支付其贷款贴息12.58万元。

（2）未执行合同约定。有1家农场未按合同要求收取信息化平台项目建设方履约保证金,涉及金额 12.47 万元。

(3)固定资产长期闲置。有 1 家农场购置的高效液相色谱仪、气相色谱等设备闲置时间超过一年,涉及金额 1 196.50 万元。

(三)乡村振兴、污染防治攻坚战审计情况

1. 乡村振兴落实审计情况

组织对涉农资金统筹整合、新农村建设情况进行审计。审计结果表明,有关部门单位能够较好落实相关政策,有效发挥涉农资金效益,新农村建设取得一定成效。审计发现的主要问题:

(1)未按要求公开涉农资金有关事项。有关部门未按要求公开涉农资金区域绩效目标和具体项目绩效目标;6 个涉农资金项目主管部门未按要求公开涉农资金支出明细。

(2)新农村建设项目资金支出票据不全。有 2 个镇的新农村建设项目请拨款资料缺少发票,涉及 2 个项目金额 22 万元。

2. 污染防治攻坚战落实审计情况

组织对 1 个镇的生态环境保护情况进行审计。审计结果表明,该镇在生态环境保护方面取得一定成绩。审计发现的主要问题:

(1)固体废物处理监管不到位。镇生活污水处理厂违规将处置污泥 1 174 公斤转移至无相应处置能力的第三方公司,同时未按规定对运送至生活垃圾填埋场进行填埋处理的污泥的物化指标、生物学指标进行检测。

(2)河长制落实不到位。未按规定贯彻落实河长会议制度,且无河长制相关的督察方案和督察报告;对河道及河道清淤监管把控缺失,未能及时发现部分企业未经批准将工程余方弃土约 54 万立方米随意消纳在河段边的问题。

(四)重点民生项目和专项资金审计情况

1. 医疗收费政策执行审计情况

组织对 1 家医院执行医疗收费政策情况进行审计。审计结果表明,该医院总体上能够按照上级有关政策规定进行收费。审计发现的主要问题:

(1)部分项目超标准收费。有 52 种医疗服务项目价格超标准,多收 4.21 万元;有 4 种服务项目存在同一天实际收费超过最高限额收费,多收 1.28 万元。

(2)部分项目多计收费。未按病人实际住院天数计费,多计 727 天,多收 1.16 万元。

(3)部分项目重复收费。同时收取门诊拆线费和门诊诊查费,多收 0.36 万元;同时收取床旁 B 超检查费和其他 B 超检查费,多收 0.22 万元;同时收取血液灌流费和血液透析费,多收 0.04 万元。

2. 万里碧道项目实施管理审计情况

组织对万里碧道项目的实施管理情况进行审计。审计结果表明，相关部门能履行自身职责，统筹整合建设经费用于碧道建设。审计发现的主要问题：

（1）虚报碧道建设任务完成情况。2020年新丰县实际完成1条碧道建设，尚有1条碧道［新丰县新丰江上游县城（龙江段）碧道项目］于2021年1月12日才开工建设，但仍上报已全部完成2020年建设任务。

（2）碧道建设资金不到位，项目进度缓慢。新丰江县城上游段碧道建设项目预算总投资5 877.88万元，因县财政资金有限，目前只到位了省级涉农资金1 000万元，项目资金缺口较大，项目无法稳步推进。

（五）绩效审计情况

1. 新增财政直达资金绩效审计情况

围绕推进经济社会高质量发展，进一步加大绩效审计力度，重点实施了新增财政直达资金绩效审计。审计结果表明，新丰县积极应对各种外部因素挑战，加强新增财政资金分配、使用及管理，有力保障了基层常态化疫情防控、重大项目建设及三保工作。审计发现的主要问题：

（1）落实直达资金监督管理政策不到位。未按规定将2020年新增财政资金（特殊转移支付资金）分配方案向本级人大或其常委会报送和将有关分配情况向社会公开。

（2）直达资金使用不规范。违规将59万元直达资金（2020年城乡义务教育补助经费）拨至预算单位实有资金账户。

2. 山水林田湖草生态保护修复试点工程项目资金管理使用绩效审计情况

组织对山水林田湖草生态保护修复试点工程项目资金管理使用情况进行审计。审计结果表明，各实施主体基本能够贯彻落实相关工作要求，围绕试点工程项目计划和资金安排积极推进各试点工程项目。审计发现的主要问题：

（1）部分项目实施效果不佳。有1个项目的16个治理工程点未按设计图纸施工；有4个项目的资金未达到规定的支出率。

（2）部分项目建设程序不合规。有1个项目的施工图预算评审超期17天仍未出财审结果，中标人未及时提交工程履约保证金，招标文件对报价部分评分权重低于有关规定；有1个项目违规采用直接选定的方式选取监理勘察等中介服务，未取得施工许可证即先行进场施工。

（3）部分项目建设管理不到位。有1个项目的部分重要工程内容资料缺失；有1个项目使用了产品质量资料不真实的球墨铸铁井盖；有1个项目的工程量变更未按规定办理变更手续、乔木灌木和排水渠未按设计图纸施工。

（六）国有资产及国有资源审计情况

1. 自然资源资产管理审计情况

组织对1个镇的水、土地、森林等自然资源保护情况进行审计。审计结果表明，该镇能够贯彻上级关于生态文明建设的决策部署，加大资源保护力度，提升自然资源利用和管理水平。审计发现的主要问题：

（1）水资源的使用监管不到位。有1家公司未按规定取得新的取水许可证，少交2017年至2019年水费，涉及金额46.17万元。

（2）保护基本农田、耕地不力。存在个人违法占用基本农田或耕地用于堆填弃土、堆料、洗砂、农庄、建房或板房、搭建铁棚架等的案件44宗，涉及面积296.16亩。

（3）对森林资源监管不到位。存在个人擅自开挖林地、改变林地用途、违法占用森林资源行为共30宗，涉及林地面积220亩（其中生态公益林面积3亩）；未建立森林防疫虫害监测机制，监督巡查频次未达规定。

2. 县属国企审计情况

组织对1家国企2019年至2020年度经营情况进行审计。审计结果表明，该国企较好地履行了其社会职能，并取得一定的社会效益和经济效益。审计发现的主要问题：

（1）部分经费报销手续不合规。误餐费支出无误餐补助审批表、情况说明等相关资料，涉及金额2.88万元；汽车油费支出未注明具体车辆使用信息，无法核实其真实性，涉及金额2.38万元；差旅费支出无差旅费审批表、培训通知等相关资料，涉及金额0.40万元；公务接待无公函，涉及金额1.05万元。

（2）固定资产和现金管理不规范。固定资产未按规定编制固定资产目录、未建立固定资产卡片，涉及金额124.80万元；现金收入未执行当日送存银行的规定，而是按月一次性存入银行，涉及76笔金额141.79万元。

（3）财务管理不规范。财务票据抬头发票方与收款方不一致，涉及金额16.20万元；存货未建立出入库明细台账，存货领用未冲减财务账面余额，导致存货盘点实际金额比账面余额少，涉及金额74.75万元。

（七）政府投资工程项目审计情况

组织对新丰县20个工程项目的建设管理情况进行审计。审计结果表明，各建设单位基本能按要求履行职责，项目推进较好。审计发现的主要问题：

1. 贯彻落实投资决策审计情况

（1）项目推进不力。有10个工程项目未在合同约定期限内完成竣工验收；有1个工程项目实际工期超出合同工期3个月仍未竣工。

（2）项目未达合同指标。有1个地热井工程项目单井出水温度只有43℃，未达到合同规定45℃（含）以上的要求。

2. 项目建设管理及质量审计情况

（1）建设项目程序不规范。有15个工程项目未取得施工许可证先行施工；有6个工程项目未竣工验收就交付使用；有3个工程项目的投资概算未经县造价部门审核，发改部门审批；有2个工程项目的预算未经县财评中心审核，施工图纸未审查合格即先行施工。

（2）监理单位监管不到位。有1个工程项目的监理人员未完全到位或未按规定在岗，2名驻现场监理人员无相关执业证书，监理单位在实施监理过程中审批通过了尚未施工和未按图纸完成的2项细分工程。

（3）工程存在质量和生产安全隐患。有2个工程项目的部分钢筋产品质量证书不真实，使用了严令禁止的袋装水泥，使用的蒸压加气混凝土块干体积密度值与图纸要求不符；有1个工程项目的传染楼外剪刀撑与外脚手架未同步搭设，安全密目网破损脱落，混凝土抗压强度未采用最新标准进行检测，架子工和塔吊司索工9名特种作业人员无证上岗；有1个工程项目天棚吊顶的吊杆长度超过1.5米仍未设置反支撑。

（八）审计发现问题的原因分析及加强财政管理等的意见建议

1. 审计发现问题的原因分析

一是预算编制不够细化，预算定额缺乏科学性，部分单位年初预算编制没有进行分析预测，造成预算不够科学，预算指标与实际支出出现较大差异。二是部分单位对自然资源的监督和保护工作不够重视，仍大量出现污染水资源，河道非法采砂，个人违法占用耕地、林地、森林资源等违法行为。三是工程建设合同双方未严格按照合同约定履行相关义务，工程监理公司履职不到位，相关项目建设业主单位监督作用淡化。

2. 审计建议

（1）加强预算绩效管理，促进财政资金提质增效。一是强化主体责任，切实履职尽责，提高预算编制的准确性和科学性，加强项目和资金跟踪管理，加大力度推进重点产业、重点项目、重大平台和重大基础设施的建设，提升财政资金的配置和使用效率。二是强化财政收支两条线和国有资产管理，采取有效措施开源节流，做到应管尽管、应收尽收，提高收入质量。三是加强预算绩效管理，完善绩效评价结果应用，实现预算和绩效管理一体化，加快构建全方位、全过程、全覆盖的预算绩效管理体系，切实做到花钱必问效、无效必问责。

（2）加强自然资源保护力度。一是应明确职责分工，加强协调联动，深入调查水质污染、河道采砂（清淤）、土地及森林资源利用、固废处置等问题，形成有效的信息交互机制，及时反馈相关现象。二是通过协查联办，追溯污染源头，针对性地加大对治理设施、在线监控系统巡查监督力度，遏制违法非法行为。

（3）加强工程项目管理。一是要加强项目程序上的管理，必须按相关文件办事，规范工程项目变更行为，从严办理变更审批、控制变更造价、履行备案程序；二是要加强项目现场管理，加强对隐蔽工程现场施工的监督，严格按图施工，不能漏项，确保工程质量；三是加强对工程结算的初审，降低施工单位多计工程款的风险；四是压实工程监理单位责任，对不按规定履行职责导致出现施工方偷工减料、虚报工程量等问题的第三方监理机构，严格执行合同规定进行处理处罚，并按有关规定列入"黑名单"。

对本审计工作报告反映的具体审计情况，县审计局已依法征求了被审计单位意见，出具审计报告，下达审计决定；报告反映的问题正在得到整改和纠正，对涉嫌严重违法违纪线索，已按有关规定移交相关部门进一步查处；对违反财经法规的问题，已作出处理处罚意见；对制度不完善、管理不规范的问题，建议有关部门单位建章立制，切实加强内部管理。下一步，县审计局将督促有关部门认真整改，县政府将按规定向县人大常委会专题报告。

主任、各位副主任、各位委员：

县审计局将在县委县政府和上级审计机关的坚强领导下，以习近平新时代中国特色社会主义思想为指导，全面贯彻落实党的十九大和十九届二中、三中、四中、五中全会精神，坚定不移贯彻新发展理念，推动经济高质量发展，自觉接受县人大的指导和监督，切实做好新时代审计工作，依法履行审计监督职责，发挥审计"治已病，防未病"作用，为我县奋力打造韶关绿色高质量发展融湾先行区作出应有贡献！

报告完毕，请予审议。

三、万安县关于 2020 年度县级预算执行和其他财政收支的审计工作报告

主任、各位副主任、各位委员：

我受县人民政府的委托，向县人大常委会报告我县 2020 年度县级预算执行和其他财政收支的审计情况，请予审议。

根据《中华人民共和国审计法》《江西省审计条例》规定和年度工作计划的安排，万安县审计局认真贯彻县人大常委提出的要求和县政府的部署，对 2020 年度县级预算执行和其他财政收支情况进行了审计。2020 年 7 月至 2021 年 6 月县审计局共完成审计项目 75 个（含政府投资项目），涉及单位 52 个；审计查出违规及管理不规范金额 5 941.24 万元，其中：上缴财政金额 49.69 万元，要求纠正和整改金额 5 891.55 万元；核减工程建设造价，节约政府投资金额 4 209.85 万元。

审计结果表明：一年来，全县各部门乡镇在县委县政府的领导下，在县人大和社会各界的监督支持下，紧紧围绕县委、县政府中心工作，严格执行县第十六届人民代表大会第36次会议审查批准的预算，统筹推进稳增长、促改革、调结构、惠民生、防风险工作，县级财政运行和预算执行情况总体良好，财政职能作用得到较好发挥。

——财政收入稳中有进。克服经济增速放缓、新冠疫情和减税降费等不利因素影响，全县财政运行基本正常，财政收入增长。2020年县级一般公共预算本级收入完成84 404万元，完成调整预算的98.7%，同比增长1.6%。

——着力促进民生改善。一是涉农整合等脱贫攻坚投入达到23 100万元，支持打好脱贫攻坚战；二是支持教育事业优先发展，全面改善义务教育薄弱学校基本办学条件，加快职业教育、高中教育、幼儿教育全面发展，全年教育投入达57 546万元。三是农村最低生活保障、五保供养、城乡居民医保标准持续提高，民生福祉持续改善，社会保障体系进一步完善，全年社会保障与就业支出38 155万元。四是持续加大卫生事业投入，全年累计投入基本公共卫生服务、妇幼保健等卫生事业费支出33 606万元。五是足额安排"三保"支出，2020年全县"三保"支出安排金额168 559万元，"三保"支出保障标准略高于2018年中央标准和2019年省级标准。六是着力解决突出环境问题，拨付环境保护资金合计22 732万元，实施农村生活垃圾处理，促进生态环境质量总体改善。

——债务化解力度加大。债务还本付息共计58 338万元（其中：地方政府系统内还本付息23 219万元、隐性债务还本付息35 119万元）；政府隐性债务由2019年年底174 237万元下降为147 711万元，化解隐性债务存量26 562万元。

2020年预算管理工作虽然取得了一些成绩，但在收支预算执行、财政管理等方面仍存在部分需要进一步规范和完善的问题。

（一）2020年县级预算执行情况

1.一般公共预算收支执行情况

（1）一般公共预算收入情况。2020年一般公共预算本级收入完成84 404万元，完成调整预算的98.7%，同比增长1.6%。其中：税收收入完成52 695万元，完成调整预算的97.96%，同比下降0.55%；非税收入完成31 709万元，完成调整预算的100%，同比增长5.44%。

（2）一般公共预算支出情况。2020年一般公共预算本级支出361 558万元，完成调整预算的99.56%，比上年增长2.62%。全年教育、科技、文体传媒、社保就业、医疗卫生、环境保护、农林水事务、住房保障等与民本民生密切相关的支出达236 943万元。

（3）预算收支实现平衡。2020年，收入总计406 395万元，其中：一般公共预算本级收入84 404万元，上级补助收入202 775万元，上年结余1 539万元，债券转贷收入

28 562 万元，调入资金 89 115 万元。支出总计 406 395 万元，其中：一般公共预算本级支出 361 558 万元，补助下级支出 29 946 万元，上解上级支出 5 167 万元，地方政府债务还本支出 6 567 万元，结转下年支出 3 157 万元。2020 年县级一般公共预算收支平衡。

2. **基金预算收支执行情况**

政府性基金本级收入 126 246 万元，上级补助收入 25 460 万元，上年结余 4 114 万元，调入资金 4 062 万元，债务转贷收入 81 929 万元，收入总计 241 811 万元；政府性基金本级支出 188 047 万元，上解上级支出 4 996 万元，调出资金 37 562 万元，债务还本支出 9 563 万元，年终结余 1 643 万元，支出总计 241 811 万元。收支总量相抵，预算平衡。

3. **县级（全县）国有资本经营预算执行情况**

国有资本经营预算收入主要根据国有企业上年实现净利润一定比例收取，同时按照收支平衡原则安排相关支出。全县国有资本经营上级补助收入为 4 万元，支出为 0，结转下年支出 4 万元。

4. **社会保险基金预算收支执行情况**

2020 年社会保险基金收入 61 035 万元，上年结余 40 870 万元，社会保险基金支出 58 094 万元，社会保险年末滚存结余 43 811 万元。

5. **地方政府性债务情况**

2020 年万安县政府性债务限额为 290 320 万元。2020 年万安县政府性债务余额为 261 373 万元（不含供销企业政策性挂账和粮食企业政策性挂账），其中：政府负有偿还责任的债务 258 778 万元、政府负有担保责任的债务 1 595 万元、政府可能承担一定救助责任的债务 1 000 万元。

此外，地方政府隐性债务 147 711 万元，分别为：万安县投资控股集团有限公司 100 655 万元、万安县城镇房屋建设综合开发有限公司 41 710 万元、万安县棚户区改造融资 5 346 万元。

（二）审计发现的主要问题

1. 县级预算执行管理方面存在的问题

（1）部分非税收入未及时入库。至 2020 年 12 月底，万安县财政局未及时将罚没收入、国有资产有偿使用收入等非税收入上缴国库，金额 4 363.17 万元；至 2020 年 12 月底，有 1 宗土地已交付，土地出让金已按差额缴清，但土地出让保证金 53.15 万元尚结存在非税收入账户，未及时缴入国库。上述做法与《国务院办公厅关于进一步做好盘活财政存量资金工作的通知》（国办发〔2014〕70 号）关于"暂未实现非税收入直接缴库的，应当将缴入财政专户中的非税收入资金在 10 个工作日内足额缴入国库，不得以任何理由拖延或不缴"的规定不符。

（2）财政专户利息未及时缴入国库。至审计时（2021年4月），万安县财政局未及时将中央专项转移支付专户、日元贷款专户、粮食风险基金、乡镇预算往来资金专户（2个专户）、非税账户6个财政专户的利息收入上缴国库，金额187.66万元。上述做法不符合《财政部关于印发〈财政专户管理办法〉的通知》（财库〔2013〕46号）第二十九条"财政专户资金保值增值管理取得的收益（包括活期存款利息），除按照资金管理规定纳入本金统一核算或已指定用途外，应按规定上缴国库单一账户"的规定。

（3）部分专项资金未发挥使用效益。2020年省级财政下拨万安县工业企业结构调整、清算下达2019年全省秸秆禁烧奖罚资金、2020年省级环境保护和生态文明建设等专项资金1 214.33万元未进行分配，滞留在县财政，未发挥资金的使用效益。至2020年年底，粮食直补风险基金结转两年以上资金541万元，仍滞留在财政专户未及时下拨，未发挥资金的使用效益。上述做法不符合《中华人民共和国预算法》第五十七条"各级政府、各部门、各单位的支出必须按照预算执行"第四十七条"各级政府财政部门必须依照法律、行政法规和国务院财政部门的规定，及时、足额地拨付预算支出资金，加强对预算支出的管理和监督"的规定。

（4）代管资金存定期。2020年，县财政局国库集中支付中心将县直单位代管资金1 000万元转存建设银行定期存款，获得存款利息17.5万元，利息在2021年4月缴入国库。上述做法与财政部《关于进一步完善制度规定切实加强财政资金管理的通知》（财办〔2011〕19号）"一、规范各类账户管理……各级财政部门要进一步规范财政专户开立、变更、撤销等审批管理程序……将财政专户统一转归财政国库管理"和《关于清理整顿地方财政专户的整改意见》（财库〔2011〕171号）"……根据财政国库管理制度改革要求，相关专项资金应实行国库集中支付，在国库统一核算……"等规定不符。

2. 部门预算执行和乡镇财政财务收支中存在的主要问题

2020年7月至2021年6月，县审计局对国家税务总局万安县税务局、县司法局、县工业园管理委员会、县住建局等单位进行了部门预算执行审计、财政财务收支、领导干部任期经济责任履行情况审计，发现的问题主要有：

（1）部分单位未按规定申报缴纳个人所得税。2020年，万安县财政局、万安县工业园区管理委员会、万安县罗塘乡政府未按规定申报缴纳个人所得税。上述做法与《中华人民共和国个人所得税法》第二条"下列各项个人所得，应当缴纳个人所得税：（一）工资、薪金所得……"第九条"个人所得税以所得人为纳税人，以支付所得的单位或者个人为扣缴义务人。"的有关规定不符。

（2）资产闲置未标识。截至2020年年底，万安县税务局的3处房屋资产闲置但未在资产信息系统中标识资产闲置情况，涉及面积4 686.05平方米。上述做法不符合《财政部关于进一步加强和改进行政事业单位国有资产管理工作的通知》（财资〔2018〕

108号)"八、认真做好各项基础性工作……各单位要准确完整登记资产卡片信息,确保'一卡一物'、不重不漏,定期清查盘点,及时处理资产盘盈、盘亏和资金挂账等事项……"等相关规定。

(3)乱收费、乱摊派。2019年,万安县行政服务中心管理委员会无依据向县农行收取3.48万元;2015年,万安县发展和改革委员会高铁办向昌赣公司收取工作经费18.8万元;2018年至2019年,万安县商务局在其下属国有改制企业列支帮扶费17.12万元。审计局已下达审计决定由被审计单位将违规收取资金上缴县财政。

3. 社会保险基金审计情况

2020年12月至2021年3月,对我县2020年基本养老保险基金和基本医疗保险基金的筹集使用、运行管理以及政策落实情况进行了审计。发现的问题主要有:

(1)重点人群未参保。截至2020年年底,万安县70名重度残疾等重点人群未参加基本养老保险。

(2)机关事业单位拖欠养老保险费。截至2020年年底,万安县潞田中学和万安县实验小学2家机关事业单位拖欠机关事业单位养老保险费共计132.43万元,涉及职工344人。

(3)阶段性减征政策未执行到位。截至2020年年底,吉安市烟草公司万安分公司多享受了一个月阶段性减免减半征收养老保险金政策,超标准减免企业职工养老保险费2.23万元。截至2020年年底,万安县符合条件的3家企业未申报获得职工基本医疗保险费减免0.85万元。

(4)向不符合条件对象支付保险待遇。2020年,万安县养老保险经办机构违规向26名不符合条件人员发放养老保险待遇,其中:向3名服刑人员发放居民养老保险待遇0.56万元、向23名已死亡人员发放居民养老保险待遇5.57万元。截至2020年年底,万安县有4人因重复参加企业职工养老保险与居民养老保险的原因,重复领取居民养老保险待遇0.16万元。2020年,万安县医保局违规向20家二级以下医院支付丹参注射液、清开灵注射液等11种中成药注射剂类限制用药费用53万元,造成医保基金多支付47.86万元。2020年,由于同时报销居民医保和职工医保,万安县健康扶贫一站式医疗费结算多付2名建档立卡人员超标准医保待遇0.59万元。

(5)定点医疗机构违规收费。2020年,万安县4家定点医疗机构在同一治疗过程中,对同种或同类收费项目进行多次、重复收费等方式违规收取诊疗项目费用3.03万元,造成医保基金多支付2.44万元。2020年,万安县人民医院药房将患者已经支付药费的药品,在药品盘点时作"报溢"入库再次销售,涉及金额4.14万元。2020年,万安县中医院涉嫌通过分解住院等方式规避按病种付费等控费措施,涉及5人,医疗总费用17.49万元,造成医保基金多支付0.58万元。2020年,万安县仁翔医院涉嫌通过虚开诊疗项目的方式，骗取医疗保险基金 0.9 万元。

上述问题，审计局已下达审计决定督促被审计单位及时整改。

4. 自然资源资产审计情况

2020 年，对弹前乡开展了领导干部自然资源资产审计。发现的主要问题有：

（1）土地资源管理执法未完全到位。2017 年至 2019 年，县自然资源局在土地卫片执法检查中发现弹前乡存在未批先建案件共 4 宗，期间乡国土所对辖区内土地违法行为发放了责令停止违法行为通知书。

（2）水厂取用水审批不到位。弹前乡集中供水工程（千吨万人）、弹前中学取水工程、弹前中心小学取水工程、大岩赛下、大岩总龙、大岩望远、新桥创业、阳坑桃花形、阳坑禾场坪供水工程等 9 个农村饮水项目，至审计时止均未取得取水许可证而擅自取水。

上述问题，审计局已出具审计意见督促被审计单位及时整改。

5. 政府投资项目审计情况

2020 年 7 月至 2021 年 6 月，县审计局通过购买社会中介服务方式对全县 58 个送审金额 200 万以上的工程项目进行了工程决算审计，审计项目送审金额 38 039 万元，审定金额 33 829 万元，审减金额 4 209 万元，审减率为 11.06%。

（三）加强财政管理的建议

1. 清理盘活存量资金

积极落实财政存量资金"定期清理、限期使用、超期收回"的长效机制，采取有效措施对财政存量资金进行全面清理。提高财政资金的使用效率，充分发挥资金的使用效益。

2. 规范经济决策行为

规范财政收支管理行为，确保财政资金的安全、合法、效益；严控三公经费、落实党中央八项规定等精神；严格把控政府性债务举借与使用，规范融资行为；招商引资财税政策制定要依法决策、量力而行；加大土地资源的合法合理使用；提高环保意识，加强生态环境建设，保障万安县的可持续发展。

3. 挖掘财政增收潜力

立足经济发展的长远角度，进一步加快经济结构调整，推动产业转型升级，加大招商引资力度，深入研究新形势下企业帮扶政策，全力助推企业做大做强，培育财政收入有效来源，以更好地为万安县经济社会发展服务。

4. 统筹项目资金管理

建立完善收入征收和部门信息共享联系制度，动态掌握各类收入信息，防止收入流失；加强资金主管部门和项目主管部门沟通衔接，做好项目前期准备，协同推进，避免资金使用出现一头空闲一头紧张的现象,切实使财政资金发挥出倍数效应;完善项目资金年度分配管理使用与中长期发展规划的协调统一,实现预算执行与事业发展政策目标相统一。

5. 稳妥防控各类风险

坚持促发展与防风险并举,以合法合规的方式保障重点项目合理融资需要,探索在有一定收益的公益性事业领域实现项目收益与融资自求平衡的地方政府债务方式;加强对财政资金分配管理使用等各环节的监督,促进资金分配的公平性,确保财政资金安全、高效、规范使用。

主任、各位副主任、各位委员:今后,我们将坚持以习近平新时代中国特色社会主义思想为指导,围绕县委、县政府的中心工作,全面依法履行审计监督职责,不断提高审计工作质量和水平,为全县经济持续健康发展贡献审计力量。

四、高青县关于 2020 年度县级预算执行和其他财政收支的审计工作报告

主任、各位副主任、各位委员:

我受县政府委托,向县人大常委会报告 2020 年度县级预算执行和其他财政收支审计情况,请予审议。

根据县委、县政府部署和省市审计安排,县审计局组织对 2020 年度县级预算执行和其他财政收支情况进行了审计,坚持以习近平新时代中国特色社会主义思想为指导,全面贯彻党的十九大和十九届二中、三中、四中、五中全会精神,深入学习习近平总书记对审计工作重要指示批示和重要论述,紧紧围绕县委、县政府确定的产业兴县、新型工业化强县建设等中心工作,认真执行县人大常委会有关决议,依法全面履行审计监督职责,审计的广度和深度不断拓展,审计监督的效能进一步提升,审计服务经济社会发展发挥了积极作用。

(一)县级财政管理审计情况

审计了县级预算执行和决算草案情况,结果表明,2020 年全县一般公共预算总收入 393189 万元,总支出 393189 万元;政府性基金收入合计 318 704 万元,支出合计 318 704 万元;国有资本经营预算收入合计 2 203 万元,支出合计 2 203 万元;社会保险基金收入 45 830 万元,支出 41 544 万元,当年结余 4 286 万元,年末滚存结余 42 553 万元。政府债务情况:2020 年债务限额 47.91 亿元,2020 年年底显性债务余额 47.19 亿元,在限额以内;地方政府隐性债务余额 39.97 亿元,2020 年共化解隐性债务 1.08 亿元。

审计结果表明,2020 年,县财政按照高质量发展要求,坚持抓收入节支出、增投

入优结构、减税费增扶持,全力做好组织收入、保障民生、预算绩效管理、国资国企监管等各项工作,有效保障全县财政运行平稳有序,有力推动经济恢复发展和社会安全稳定。从审计情况看,县级预算执行情况总体良好,但还存在一些问题,需要进一步改进。

审计发现的主要问题:

1. 财政资源统筹工作不到位

(1)一般公共预算方面。

一是预算部门连续结转结余两年以上资金额度3 210.82万元,未按要求统筹盘活。县财政部门未建立定期清理机制,其中2017年剩余额度10.55万元,2018年剩余额度41.06万元,2019年剩余额度3 159.21万元。二是代管户中2017年销户时的结余资金182.49万元,未及时缴入国库。三是政府采购专户历年结余资金98.44万元,未上缴国库统筹使用。

(2)政府性基金方面。

胜利油田高青石油开发有限责任公司缴纳的土地指标交易款1298.8万元,未列入政府性基金收入。

(3)国有资产经营方面。

高青宏威投资有限公司2020年应按比例缴纳的国有资本经营预算收入,其中249.6万元未征缴到位。

2. 财政基础性工作有待加强

(1)预算编制方面。

一是个别单位预算编制项目固化,未根据实际情况按照"零基预算"的要求每年进行调整。二是将非预算编制项目编入部门预算,未按有关文件精神清理到位。三是预算编制不完整,预算部门结转结余资金未纳入年初预算编制。四是部分基金支出项目未编入项目库管理。

(2)预算执行方面。

一是上级专项转移支付资金分配不及时,涉及资金1 527.53万元。二是应列未列县级政府基金支出,直接在非税专户中列支土地整理有关支出7 000万元。

(3)预算绩效管理方面。

一是预算单位提交的绩效评价报告自评质量不高。二是县财政聘请的第三方进行的项目绩效评价报告,报告内容与事实不符。三是纳入政府预算管理的项目,未全面实施绩效评价。

(4)政府综合财务报告编制方面。

一是大部分行政事业单位投资的企业,未纳入政府综合财务报告长期投资及投资收益明细表中统计。二是政府实施的公共基础设施资产未进行填报。三是会计报表编制不全，没有编制"当期盈余与预算结余差异表"。

（二）部门预算执行审计情况

今年，审计部门按照"两统筹"要求，结合经济责任审计、部门预算执行审计，对县检察院、县委组织部、县委统战部、县委老干部局、县发展改革局、县教育和体育局等21个单位2020年预算执行情况进行了审计。从审计情况看，各部门预算执行情况总体较好。审计发现的主要问题：

1. 部门预算编制、执行及决算方面

（1）部门预算编制方面。一是5个部门单位预算编制不完整不科学，涉及金额1 261.39万元。有的专项资金安排不科学，年度执行率低，年底结余过大；有的应列入未列入年初预算；有的经常性支出未列入年初预算。二是7个部门单位预算约束性不强，支出超预算，基本支出和业务类项目支出界限不清，基本支出挤占项目经费，涉及金额1650.74万元。三是3个部门单位结转结余资金未及时清理上缴，涉及金额81.28万元。

（2）部门预算执行方面。2个部门单位预决算脱节，涉及金额4 384.67万元。

（3）部门决算方面。8个部门单位决算不实，决算数据与账面数字不一致，编制不准确，涉及金额49 969.19万元。

2. 落实中央八项规定精神方面

（1）5个部门单位"三公经费"管理不严格，报销不规范，涉及金额7.5万元。有的公务接待费报销附件不全；有的公务接待未严格执行"一次一结"制度；有的将公务接待费列入培训费和其他费用。

（2）8个部门单位超标准、超范围报销，涉及金额17.84万元。有的超标准、超范围报销托幼费；有的为接待对象超范围报销食宿费；有的超标准、超范围报销差旅费；有的为借调人员发放晋级晋档工资、为合同工发放取暖补贴；有的超范围报销刻章费。

（3）5个部门单位违规发放津补贴，涉及金额35.96万元。有的加班补贴发放不规范；有的多支付专家费；有的年终一次性奖金发放不规范；有的超范围、超标准发放精神文明奖；有的违规在工资政策之外发放交通补贴和午餐补助费。

3. 部门财政财务管理方面

（1）政府采购方面。3个部门单位招投标程序不规范，涉及金额124.72万元。

（2）资产管理方面。一是2个部门单位未设置固定资产明细账，涉及金额6 560.28万元；二是8个部门单位固定资产未计提折旧或计提不规范，涉及金额485.34万元；三是15个部门单位未进行固定资产核算，涉及金额2 551.05万元；四是11个部门单位固定资产账实不符，涉及金额16 675.89万元；五是3个部门单位设备购置前未进行可行性论证，经济效益不明显或长期处于闲置状态。

（3）财务核算方面。一是2个部门单位发生的经济事项未及时核算记账，涉及金额48.07万元；二是16个部门单位落实公务卡制度不到位，应使用未使用公务卡结算，涉及金额199.02万元；三是6个部门单位往来款长期未清理，涉及金额2 031.1万元；四是6个部门单位未按照《政府会计准则》的要求完成政府会计准则制度的新旧衔接；五是19个部门单位报销不规范，附件不全，涉及金额2 252.93万元；六是2个部门单位未执行会计电算化；七是6个部门单位使用不合规票据报销费用，涉及金额55.02万元；八是16个部门单位账务处理不规范，涉及金额1 844.85万元；九是2个部门单位虚报冒领劳务费及补贴，涉及金额10.61万元；十是2个部门单位收入未及时上交国库，涉及金额8.19万元。

4. 重大经济决策及内控管理方面

一是6个部门单位"三重一大"制度执行不到位，党组会议决定落实不到位，涉及金额4 487.56万元。二是1个部门单位资金以个人名义开立账户存储，涉及金额3.33万元。三是1个部门单位应清理未清理零余额账户之外的银行账户1个。四是12个部门单位未建立内控制度或内控制度执行不严，涉及金额66.09万元。

5. 政策落实方面

3个部门单位落实政策有偏差。有的行政处罚案件使用法规条款错误；有的应拨未拨下属单位经费；有的未履行污水处理费监管职责。

多年来，上述不少问题屡次出现，反映出部门管理体制机制还不完善、制度执行还不到位。具体分析如下：

一是预决算编报和审核批复缺乏刚性约束。一些部门单位预算意识不强，编制预算时仍习惯于"基数+增长"，没有真正达到"零基预算"的要求，未将上年结转结余资金列入年初预算。财政部门对各部门预算审核把关有待进一步加强，预算执行评估结果与下年度预算安排挂钩机制还需强化。

二是部门财务管理能力滞后。一些部门单位财务管理建设相对滞后，财务人员能力不适应，财务管理不规范，难以精准把握和落实政策意图。财政部门对各部门单位的培训和指导有待提高。

三是国有资产缺乏有效管理。对国有资产的管理目标缺乏明确认识，也没有明确相应岗位和人员责任，资产管理与财务管理相分离，忽视现有资产的管理和利用，轻视现有资产的合理搭配和使用效益。

（三）重点民生和项目审计情况

1. 促进优化营商环境政策措施落实情况跟踪审计

审计发现的问题：

（1）应返还未返还小微企业工会经费，2020年高青县共有10家小微企业缴纳了工会经费，金额共计3 585.96元。

（2）政务服务平台整合不到位，发展改革、民政等部门自有的审批系统未与山东政务服务审批平台整合，存在"多套系统，反复登录、重复录入"等问题，制约了审批效能的提升。

（3）电子印章尚未推广到位，不利于推进"一链办理"改革。

（4）"互联网＋监管"系统利用率不高，存在监管事项系统录入不全面、不及时的问题。

2. 稳就业政策落实情况审计

审计发现的问题：

（1）培训面过窄。仅针对2类人员（失业人员、农村转移就业劳动者）开展培训，按照高青县就业创业培训管理细则，培训人员范围有待扩展为8类人员（农村贫困家庭子女、城乡未继续升学的应届初高中毕业生、农村转移就业劳动者、失业人员、符合条件的企业在职职工、全日制高等院校在校学生、即将刑满释放人员、强制隔离戒毒人员）。

（2）未按照培训协议约定对培训机构进行考核。

（3）一家小微企业（鲁緤纺织有限公司）未按照规定享受100%稳岗返还。

（4）创业担保贷款贴息资金支付缓慢。

（5）未对创业担保贷款贴息资金审核情况进行公开公示，涉及资金210.34万元。

3. 冬季清洁取暖财政资金使用情况跟踪审计

审计发现的问题：

（1）政策执行和目标任务完成方面。

一是公服机构（学校、幼儿园、交管所）补贴政策制定不明确、不细化，操作性不强，失去政策约束力，具体执行与方案不符；二是用户基础信息统计不精准，用户档案有709户身份证号未统计或统计错误；三是未按上级要求执行困难群体气代煤、电代煤工程认定政策，由县里统筹解决符合条件的特别困难群体的采暖设备款和用气用电费用，涉及困难群体579户，其中：低保户416户、五保户163户；四是执行清洁能源集中供暖补贴政策不严格，部分社区重复享受生活用气补贴、电代煤运行补贴（高城镇北门里社区111户居民）。

（2）资金管理使用和绩效方面。

一是补贴发放不及时；二是气代煤、电代煤设施及设备使用率不高，完成气代煤、电代煤建设任务30 098户，有16.1%的用户至采暖期结束未使用，2 492.12万元未发挥效益。

4. 学前教育政策落实情况跟踪审计

审计发现的问题：

（1）学前教育在编教职工城乡配备不均衡，教职工与幼儿比没有达到配备标准。

（2）4个中小学用幼儿园经费支付小学代课老师、中学后勤人员工资保险。

（3）将非财政性资金幼儿园伙食费纳入了财政收支两条线管理。

5. 政府专项债券及新增财政资金专项审计

审计发现的问题：

（1）政府专项债券管理使用方面

一是高青县城镇居民供热工程项目建设进度缓慢，导致政府专项债券资金滞留在项目施工单位1亿元；二是有的项目未按规定在30日内拨付政府专项债券资金67 500万元。

（2）新增财政资金管理使用方面

一是引黄灌区应急供水工程项目未按规定时间开工，涉及资金16 906万元（政府专项债券资金12 000万元、抗疫特别国债资金4 906万元）；二是抗疫特别国债资金2275.56万元滞留国库，未在规定时间拨付到施工单位；三是已经竣工验收的抗疫特别国债项目92.7万元未按合同支付到位。

6. 县供销合作社系统专项审计

审计发现的问题：

（1）违规挪用植桑养蚕基地建设项目专项资金、农资配送中心提升改造项目专项资金、为农服务中心建设项目专项资金，涉及资金60万元。

（2）下属协会变相收取基层社4.52万元会费。

（3）基层社租赁合同签订不合规。22份合同为租赁期超过20年的长期租赁。

（4）主管部门对基层社监管不到位。一是下属企业未经县供销社批准参股民营企业，社有资产未实现保值增值；二是基层社财务管理混乱，缺乏有效监管；三是上级拨付统保工作奖励款资金未入账，直接发放给相关人员。

（5）中央八项规定精神执行不严格。一是主管部门违规在下属单位报销费用，涉及金额2.51万元；二是下属单位违规报销个人费用，涉及金额15.91万元；三是下属单位违规支付烟酒等费用，涉及金额5.21万元。

对违规挪用专项资金、违规参股民营企业、违规报销费用3方面问题已移送县纪委监委处理。

7. 政府重点工程投资审计

对县道赵班路高青段改建工程等3个工程进行审计，审计发现在招标、设计、施工管理、工程造价、合同履行、资金管理等方面还存在问题。

（1）履行项目基本建设程序方面。3个工程项目存在建设项目未履行审批手续先行招投标、未取得施工许可先行开工等违反基本建设程序问题。

（2）工程招投标及项目管理方面。一是1个工程施工招标超出批复范围；二是1个工程项目设计及监理未公开招标也未执行政府采购；三是1个工程招标控制价的编制审核不到位，工程控制价多编557.64万元；四是1个合同签订不规范，招标代理合同引用已废止的文件作为依据；五是1个工程项目招标主体与批复主体不相符。

（3）建设资金管理及使用方面。一是1个项目建设单位未按照重大基础设施管理要求单独设账，对建设资金进行核算；二是1个工程项目土地征用及迁移补偿费支付方式与招标文件规定不一致；三是2个工程项目未按规定核算工程款，导致多计工程结算价款，涉及金额2 113.96万元。

（四）国有企业审计情况

对惠青黄河公路大桥有限公司等7个企业进行了审计，审计发现的问题：

1. 政策落实方面

一是5个企业未按规定将国有资本经营收益上缴财政，涉及金额1 040.61万元。二是1个企业违规分配利润，涉及金额218.58万元。三是1个企业违规提取法定盈余公积和任意盈余公积63.96万元。四是2个企业"三重一大"履行不到位，涉及金额191.30万元，有的未按县政府办公会决定收取合同约定的担保费用；有的对外投资借款未执行集体决策；有的集体决策时间滞后于重大事项执行时间。

2. 企业内控方面

一是1个企业出借银行账户作为资金通道周转借款，涉及金额14 500万元。二是5个企业内控制度不规范、不健全。有的内控制度不符合法律法规规定；有的未按规定建立内控制度；有的处置固定资产未按内控制度进行审批。三是财务管理方面。5个企业超范围列支费用，涉及金额15.26万元，有的无车辆报销车辆费用；有的为其他单位报销费用；有的超范围报销住宿费。2个企业存在业务结算大量使用现金、超规定限额使用现金的问题，涉及金额31.50万元。6个企业往来款长期挂账未清理，涉及金额6 023.10万元。2个企业将单位资金以个人名义开立账户存储，涉及金额623.70万元。7个企业报销不规范，附件不完整，涉及金额968.01万元。5个企业会计核算不准确、不规范，涉及金额20 260.06万元。

（五）抓好审计问题整改，做好后半篇文章

坚持"当下改"与"长久立"并重，坚持能立即整改的督促审计期间整改，不能立即整改的督促列出整改计划，建立整改台账，实行整改进度情况通报制度，对已到整改期限但尚未整改完成的，发催办函督促整改。2019年度审计发现的9个方面61项问题，

已全部整改，通过整改上缴财政资金 806.43 万元，建立制度 5 项，5 个单位对 8 名相关责任人进行了处理，向县纪委监委移送案件线索 2 起。

（六）审计建议

1. 进一步提升财政管理水平

一是切实提高财政资源统筹配置效率。全面实施绩效管理，加大财政资金统筹力度。健全绩效评价反馈纠偏机制，建立绩效评价结果与预算调整和政策调整挂钩机制，明确部门主要负责人绩效评价考核第一责任人责任，切实推进财政提质增效。优化支出结构，压减不必要的行政开支，盘活各类沉淀资金资产。

二是强化预算编制，严格预算执行。财政部门要进一步科学编制和细化预算，逐步减少年初预留项目比例，提高预算到位率，落实全口径预算要求，加强政府性基金预算、国有资本经营预算、社会保险基金预算与一般公共预算统筹衔接。科学测定收支规模，加大存量资金清理和项目精简整合力度，加大结转结余资金盘活力度，加强预算执行的日常管理，把有限的财政资金配置到最急需的地方。

2. 科学合理控制债务规模，妥善化解政府存量债务

开展政府债券项目绩效考核，推进债券项目工程进度，依法依规管好用好债券资金，严格执行地方政府举债融资负面清单，坚持依法依规稳健举债，既有效发挥政府债务融资的积极作用，又坚决防范化解风险，增强财政可持续性。

3. 加强国有资产管理，促进资产保值增值

定期进行资产盘点，及时清理国有资产，做到产权清晰、管理到位，明确管理使用及维护责任，保证单位资产账实相符，管理使用有章可循，确保资产真实合法安全。做好对外投资项目前期决策、招标投标、合同签订、施工管理和工程结算等投资控制和建设管理重要环节的监督和管理，有效做好风险控制，牢固树立节约意识、成本意识和效益意识，保障运营资金的安全性、效益性，最大化提高政府投资项目效益，避免国有资产损失。

4. 严肃财经纪律，建立审计整改长效机制

强化预算约束，严肃财经纪律，对贯彻落实中央八项规定精神不到位等问题要坚决纠正。财政部门加大对部门单位财务人员监管培训力度，打造干净、担当、高效的财会队伍。被审计单位主要负责人应切实履行审计发现问题整改"第一责任人"责任，规范和加强内部管理，及时整改存在问题，制定和完善相关规章制度，建立审计整改长效机制。

主任、各位副主任、各位委员：

今年是中国共产党成立 100 周年，也是"十四五"开局之年，做好审计工作意义重大。我们将更加紧密地团结在以习近平同志为核心的党中央周围，坚持以习近平新时代

中国特色社会主义思想为指导,全面贯彻落实党的十九大和十九届二中、三中、四中、五中全会精神,在县委的坚强领导下,在县人大及其常委会的监督指导下,依法履行审计监督职责,以实实在在的工作成效,为推进产业兴县、新型工业化强县建设,高质量实现高青突破式跨越式发展提供坚强保障!

五、雷波县关于 2020 年县本级预算执行和其他财政收支的审计工作报告

2020 年,我县坚持以习近平新时代中国特色社会主义思想为指导,围绕"六稳、六保"工作要求和任务,紧扣县委中心工作,聚焦财政资金安全和绩效管理,聚焦贯彻落实重大政策措施落实情况,聚焦"三大攻坚战",全面贯彻中央和省委、州委审计委员会第三次会议精神,更加有效发挥审计监督的职能作用,促进经济高质量发展,促进权力规范运行,促进反腐倡廉。2020 年 7 月以来,县审计局累计完成计划内项目 19 个(其中审计专项资金 1 386 万元),查出问题资金 22 252 万元(违规资金 10 436 万元、管理不规范资金 11 816 万元);审计处理金额 1 460 万元(上缴财政 797 万元、减少财政拨款或补贴 656 万元、归还原渠道资金 7 万元);向被审计单位提出整改和加强管理的审计建议 57 条,被采纳 57 条。

(一)持续推进一级预算单位审计全覆盖,进一步深化预算执行审计

1. 2020 年县本级预算执行审计的基本情况

预算编制情况。2020 年县本级财政预算草案,于 2020 年 5 月 17 日经雷波县第十四届人民代表大会第五次会议审议通过。其中:(1)一般公共预算总收入 223 703 万元(本级一般预算收入 85 000 万元),全县一般公共预算支出 222 146 万元。部门预算的收支总额 345 269 万元,其中:当年财政拨款 222 146 万元、教育收费 70 万元、上年各部门结转安排 123 053 万元。(2)政府性基金收支预算 8 000 万元。(3)国有资本经营预算(无)。(4)社保基金收入预算 3 753 万元,支出预算为 2 820 万元。

2020 年部门预算涉及县级部门 69 个,一般性支出预算总体上压减 15%,完成了一般性支出预算规模比上年决算数压减 10% 以上的任务,贯彻了国务院及省、州关于"各级政府要坚持过紧日子"的有关决策部署。

预算执行情况。2020 年预算执行中,由于预算总支出增加、动用预算稳定调节基金、地方政府性债务(债券)数额增加等原因,年初人代会批准的预算按相关程序进行了调整。2020 年预算执行情况如下:

(1)一般公共预算执行总收入 358 941 万元,支出 357 593 万元,年终结余 1 348 万元。"三公"经费预算执行支出 2 670 万元,比上年减少 862 万元,主要原因:2019 年脱贫摘

帽，公务接待费比上年减少29万元，公务用车运行维护费比上年减少109万元，公务用车购置经费比上年减少724万元。

（2）政府性基金预算执行完成总收入32 428万元，支出32 314万元，调入一般公共预算114万元。

（3）社保基金预算执行完成总收入6 232万元，支出2 995万元，本年结余3 237万元，累计结余11 404万元。

（4）信息公开情况。2019年县本级财政决算和"三公"经费决算、2020年财政预算及执行情况的相关信息，财政及相关部门已在雷波县人民政府网站进行了信息公开。2020年度县本级财政决算，以及"三公"经费决算等待州财政局批复和县人大批准后公开。

2. 一级预算单位预算执行审计全覆盖工作开展情况

根据"总体分析、发现疑点、分散核实、系统研究"的数字化审计模式，县审计局聚焦预算执行、预算绩效管理以及"三公"经费等重点内容，对全县116个县级一级预算单位2020年度财务核算数据等相关电子数据进行数据分析，对县自然资源局、县发改经信局、县应急管理局3个部门开展现场审计。根据电子数据分析疑点，县审计局对3个重点单位和41个一级预算自查单位进行抽查，共核实疑点数据148条，查出问题83项，涉及资金27 438.43万元。

审计情况表明，在县委的正确领导下，2020年财政部门按照县人代会批准的收支预算任务，坚持稳中求进总基调，全力抓好增收促支、疫情防控、保障民生、防范风险等各项工作，全县财政运行总体平稳。

——强化财源建设，推动雷波经济平稳健康发展。2020年县本级一般公共预算收入完成89 960万元（完成年初人代会批准预算的105.84%），其中：税收收入49 014万元（占54.5%）。税收收入主要是：增值税完成25 572万元（主要来源于溪洛渡电站）；企业所得税完成12 418万元（同比增长6.09%）。非税收入完成40 946万元（但其中小沟磷矿收益19 300万元，同比减少8 800万元）。2020年财税部门圆满完成全年收入任务，为雷波脱贫攻坚与乡村振兴有效衔接、经济社会稳定发展提供了财力支撑和资金保障。但财政收入总量比上年减少了41 111万元，下降10.28%。作为刚摘帽贫困县，发展后劲不足，财政自给率仍偏低，财政支出主要还是靠国家转移支付补助。

——加大力度盘活存量资金、整合涉农资金和积极争取债券资金，提升财政保障能力。（1）2020年，县财政全年收回存量资金73 483万元，当年重新安排用于脱贫攻坚、教育、农村道路建设、新区建设、旅游开发、工业园区建设、地质灾害防治等项目66 147万元，年终结余7 404万元（含上年结转68万元）。（2）2020年财政整合各级涉农资金39 236.69万元，安排用于扶贫开发3 246.61万元、交通11 012.57万元、林草

9 505.52万元、农业农村13 447.80万元、水利1 887.81万元。截至2020年年底，涉农整合资金完成支出33 657.32万元，资金支付率为85.78%。（3）当年新增并预算下达各相关部门债券资金20 800万元，部门预算执行支出21 288.46万元（上年结转7 435万元），年末结转6 946.54万元。新增债券资金主要用于易地扶贫搬迁、基础设施建设、地质灾害防治、农村危房改造、乡村振兴、教育卫生等相关领域的重点项目。

——财政支出顺序安排合理，结构持续优化，重点民生保障到位。2020年一般公共预算支出343 031万元。预算执行中，财政按照"保工资、保运转、保基本民生"的顺序，在确保工资按时发放的前提下，保证政府机构正常运转、保证民生的资金需要。

——深入推进以绩效为导向的财政预算制度改革。2020年财政突出绩效导向，推动预算绩效评价从项目为主向政策和部门整体支出拓展，管理水平进一步提升。

3. 2020年预算执行存在的主要不足

（1）预算执行支出还存在预算执行进度总体较慢的情况。当年财政实际实现支出375 345万元，占预算总额的80.17%，主要是项目资金支出进度慢，年末结转资金规模大，财政应返还额度余额高达58 073万元，占当年一般预算支出的17%。主要原因：一是前期工作准备不充分，如设计、预算、财评、征地拆迁等不到位，资金计划下达后才启动前期工作；二是资金下达时间晚，特别是债券资金；三是招投标、政府采购时间长；四是工程完工后验收不及时，没有做到完工一个验收一个；五是验收过程中出现质量问题，整改不及时、不到位，影响工程验收；六是部门未按川办函〔2016〕201号文件的规定，建立健全单位内部审计制度，强化项目预算执行和工程项目竣工结算的内部审计，加快工程尾款的结算。

（2）预算绩效管理有待进一步加强。2020年开展的30个项目绩效评价平均得分89.67分、40个部门整体支出评价平均得分82.70分、2个财政政策评价平均得分90.52分。部门整体支出评价得分较低，说明预算执行支出绩效并不是很理想，有待进一步提高。审计抽查县发改经信局和锦城中心镇人民政府2个单位的《2020年部门预算项目绩效目标》，发现年度绩效目标、具体的绩效指标和指标值填报不规范、不完整，调整追加项目预算均未设置绩效目标，绩效评价源头管理还需加强。

4. 本级预算执行和其他财政收支审计发现的主要问题及处理情况

（1）截至2020年12月31日，县财政非税汇缴专户2020年国有资产（资源）有偿使用收入、政府基金收入等收入9 303.31万元未缴国库。责成县财政局将国有资产（资源）有偿使用收入及时缴国库。2021年4月，县财政已全额缴国库。

（2）截至2020年年底，财政预算单位代管资金专户利息收入及预算单位（县林草局）罚没收入等非税收入6.28万元未及时缴入县国库。责成县财政局、县林草局改正，限期将非税收入6.28万元上缴县国库。整改情况：2021年6月4日，县财政局已全额缴国库。

（3）2020年财政下达部门县级配套资金，当年未使用，财政应收未收回资金19.702万元。责成县财政局及时收回。整改情况：县财政局于2021年5月25日以追减指标方式收回19.702万元。

（4）截至审计日，雷波县公路养护事业发展中心未按规定盘活存量资金72.24万元。责成雷波县公路养护事业发展中心将存量资金72.24万元上缴县财政。整改情况：雷波县公路养护事业发展中心已将存量资金72.24万元上缴了县财政。

（5）截至审计日，县教体科局等10个部门共13个项目结余资金36.75万元未及时上交县财政。责成县财政局将以上工程资金净结余36.75万元收回县财政，并及时安排使用。整改情况：截至目前，县公安局绿色家园禁毒设备采购项目结余资金0.77万元及县自然资源局地质灾害应急排查与安置点评估项目结余资金0.8万元已上缴县财政，其余35.18万元资金正在整改。

（6）26个项目涉及专项资金2993.70万元预算执行进度慢。

截至2021年4月底，有14个部门20个项目预算资金2 474.93万元，支付进度为0，预算执行进度慢。其中：县发改经信局第三方审计工作经费74万元；县残联2020年省级残疾人事业发展补助资金（残疾人托养）12万元；县房产管理所城镇保障性安居工程补助资金（老旧小区改造）27万元、租赁补贴86万元；县乡村振兴局2020年省级大中型水库移民后期扶持基金330万元；县农业农村局2020年省级财政现代农业生产发展——省级现代农业园区培育项目1000万元、2020年州级财政乡村振兴战略激励资金20万元、2020省级财政乡村振兴转移支付资金60万元；县医院省级卫生健康专项资金（全科医生转岗培训）6万元；县司法局2020年中央政法纪检监察转移支付资金（业务装备经费）58万元；县卫健局省级卫生健康专项资金（基层医疗卫生机构能力建设）140万元；锦城镇卫生院2020年村卫生室基本药物制度中央补助资金5.02万元、2020年基本公共卫生服务省级补助资金9.12万元、2020年基本公共卫生服务中央补助资金第二批5.79万元；县文广旅游局2020年公共文化服务体系建设专项资金（广播电视户户通运行维护费—县级应急广播控制平台）10万元；县应急管理局森林火灾航空灭火应急能力项目建设缺口资金68万元；雷波生态环境局2020年生态环境保护专项资金（第二批）（推动麻柳村生活污水、生活垃圾、非规模化畜禽养殖粪污治理）350万元、2020年生态环境保护专项资金（第二批）（磷化工园区及企业监督性监测、环境应急能力建设）60万元；县交通运输局2020年度第一批省级交通应急机动资金和"8·11"洪灾交通住建应急资金（抢修保通）120万元、农村客运补助资金34万元。2020年涉农整合资金安排入户路建设项目18.77万元，截至审计日资金支付进度为0。县农业农村局扶持壮大村级集体经济项目—谷米乡岩峰坪村莼菜种植项目，涉及资金100万元

（含10万元债券资金），截至审计日未开工。2020年，县农业农村局组织实施的4个扶持壮大村级集体经济项目，涉及金额400万元，截至审计日，实际工期已超过合同工期，项目未完工，涉及：拉咪乡思嘎普村肉牛养殖项目、长河乡洛戈村生态土猪养殖集体经济项目、溪洛米乡水田村金秋砂糖橘种植项目、锦城镇城东村餐厅建设项目。责成县财政局对县发改经信局等部门进行约谈，督促其切实采取措施推进项目建设，加快预算执行进度，提高资金使用效益。整改情况：目前正在整改。

（7）暂付款清理消化未达目标任务。截至2020年年底，雷波县财政清理消化2018年底暂付款4 816.89万元，仅占2018年底余额（23 644.73万元）的20.37%，未达到60%。责成县财政局加大暂付款的催收和分类处置工作力度，确保完成规定的目标任务。整改情况：目前县财政局正在整改。

（8）部门闲置债券资金1 805.93万元。2019年上级下达县财政债券资金24 078万元，截至2020年年底，有1 805.93万元债券资金超过一年未使用，其中：①县水利局2019年柑子河、西宁河西苏角河河堤维修项目结存558.38万元，马湖中型灌区节水配套项目结存323.50万元；②县政法委2019年绿色家园建设项目结存160.94万元；③县扶贫开发局2019年村委会综合体维修项目结存12.54万元，2019年非贫困村基础设施建设项目358.26万元，村综合体建设项目380.40万元，村活动室院坝建设项目11.91万元。责成县财政局加强地方政府债券资金使用的跟踪检查和绩效评价，确保资金及时发挥效益，避免资金闲置。整改情况：截至2021年6月5日，县财政局督促各相关部门加快债券资金预算执行进度，闲置资金已实现支出160.94万元，其他相关部门涉及的1 644.99万元正在整改。

（9）超项目进度拨付资金101.80万元。2021年1月至3月，县应急管理局为加快项目资金支出进度，将2020年灾后恢复重建中央财力补助资金、2020年因洪涝灾害倒塌和严重损坏民房恢复重建补助直达资金101.80万元转入中国农业银行雷波县支行和凉山农村商业银行雷波支行农户个人银行卡进行支付。截至审计日，支付账户尚有余额101.8万元，因未达到项目建设进度未解付。责成县应急管理局加大项目建设督促力度，及时对项目启动情况进行清理，严格按项目建设进度支付工程款，对无法实施的农户及时收回资金，以防范财政资金风险。整改情况：目前县应急管理局正在整改。

（10）雷波县民生实事项目（持续为常住城乡居民免费提供12项国家基本公共卫生服务项目）预算资金拨付使用不及时，未能及时发挥效益。截至2020年12月底，雷波县收到各级财政安排的国家基本公共卫生服务项目资金预算数合计1 793万元，财政部门实际拨付资金1 052.58万元，年终县财政收回县级配套134.49万元，其余605.93万元资金滞留于县疾病预防控制中心、黄琅中心卫生院等12个项目单位未支出。责成县财政局督促县卫健局严格落实省委省政府的相关要求，加快各乡镇卫生院项目实施及资金支付进度，确保达到目标任务要求。整改情况：目前正在整改。

（11）截至2021年6月，县住建局等4个一级预算部门64个基建项目未按规定及时结转固定资产，涉及24 872.49万元。其中：县住建局实施的汶水等乡镇廉租房及新区东环路建设项目等27个项目16 207.08万元、县卫健局实施的县计划生育服务站业务用房项目等18个项目2 348万元、县民政局实施的恩达福利中心建设项目等3个项目4 698.86万元、县马管局实施的马湖风景名胜区安全护栏安装工程等16个项目1 618.55万元。责成县财政局督促县住建局等单位对"在建工程"进行全面清理，按规定办理"在建工程"转固手续，确保"保障性住房""固定资产"数据准确完整。整改情况：目前县住建局等4个部门正在整改。

（12）妇女小额担保贷款基金38.2万元管理不到位。2014年、2015年县财政安排480万元拨入农商行雷波支行专户，用于妇女小额贷款担保，2020年12月31日基金本息余额38.2万元。截至2021年5月底，县妇联未对妇女小额担保贷款基金进行清理、调整，担保贷款基金管理不到位。责成县妇联牵头召开财政、人社、农商行雷波支行四部门联席会议，及时处理到期未偿还贷款，并根据实际需要安排担保贷款基金额度，切实防范和控制贷款风险，提高基金使用效率。整改情况：审计期间，在审计组督促下，县妇联对以上问题进行了整改，2021年6月，县妇联协助县农商行收回贷款9.73万元，并牵头召开四部门联席会，会议议定：妇女小额担保贷款基金预留5万元继续用于贷款担保，其余基金本息合计33.2万元收回财政，截至审计日已收回。

5. 县自然资源局2020年度部门预算执行审计发现的主要问题及处理情况

（1）截至2021年6月，专项资金3 280万元预算执行进度慢。2020年7月，县财政局下达东边坡滑坡地质灾害治理工程建设项目经费3 280万元，因前期工作准备不充分，截至2021年6月，本项目仍未开工，项目资金支付进度为0。责成县自然资源局切实采取措施推进项目建设，加快预算执行进度，提高资金使用效益。整改情况：目前县自然资源局正在整改。

（2）未按合同约定拨付工程款422.08万元。①雷波县乌蒙山连片区域土地整治项目（涉及7个子项目），于2021年2月完成工程造价竣工结算审计。施工合同约定：工程进度尾款在竣工审计后按审定金额进行清算；监理合同约定：工程竣工验收合格后7天内支付最后一笔监理费（合同总价的30%）。截至2021年5月，项目施工工程款尚余334.03万元未支付，监理费尚余59.15万元未支付。②马颈子场镇地质灾害治理工程项目，于2019年完成竣工决算审计。施工合同约定："审计结束后支付至实际完成工程价款的80%，预留20%作为工程质量保证金，待最终验收合格后付清工程余款。"2020年县财政下达一般债券资金用于该项目审定后尚未支付的施工工程款，截至2021年5月，该项目尚有28.90万元工程款未支付。责成县自然资源局按项目合同约定及时与施工单位和监理单位办理价款结算。整改情况：县自然资源局在审计期间对以上问题进行了整改，其中：2021年6月10日至16日已支付雷波县乌蒙山连片区域土地整治项目工程进度款207.67万元，尚有185.51万元未整改到位；2021年6月2日已支付马颈子场镇地质灾害治理工程余款28.90万元，本项问题已整改到位。

（3）经费支出4.50万元未据实进行会计核算。2020年11月，县自然资源局在"溪洛渡、向家坝水电站雷波县水库影响区地质灾害群测群防暨专职监测工作经费"中列支4.50万元，会计凭证反映支出用途为砖房村地质灾害防治会议费、租车费、办公费。但根据县自然资源局提供的本项支出相关资料显示，列支的4.50万元实际用于回龙场乡砖房村农户王某某家建房补助。责成县自然资源局追回违规使用的财政资金4.50万元。整改情况：县自然资源局于2021年6月25日进行了整改，收回并上缴县财政局4.50万元。

（4）往来款项18 995.52万元长期挂账未清理。2017年至2020年期间，预拨乡镇用于2016年、2017年立项实施的土地增减挂钩项目款18 842.52万元，截至审计日未进行清理。2018年2月6日，转入瓦岗管理委员会账户153万元，用于预付"雷波县海湾乡与咪姑乡咪姑村、瓦曲拖村城乡建设用地增减挂钩项目区"项目款，因农户意愿发生变化，项目取消未实施，截至2021年5月，未追回该笔预付资金。责成县自然资源局及时与县发改经信局、项目涉及乡镇沟通协调，采取有效措施及时清理"2016年、2017年土地增减挂钩项目"预付资金18 995.52万元，并将清理结果报送县审计局。整改情况：目前县自然资源局正在整改。

（5）截至审计日，应退未退已到期保证金6.18万元。责成县自然资源局及时清理并退还6.18万元保证金。整改情况：县自然资源局已整改到位。

（6）项目结余资金75.10万元未缴回财政。责成县自然资源局及时将项目结余资金75.10万元缴回县财政。整改情况：县自然资源局于2021年6月22日将项目结余资金75.10万元缴回县财政。

（7）违规报销差旅费0.156万元。责成县自然资源局及时收回并上缴县财政违规报销的差旅费0.156万元。整改情况：县自然资源局已按审计要求收回并上缴县财政。

（8）资产核算不规范。2018—2020年建设矿检站信息化系统425.32万元、莫红矿检站磅秤显示控制器一台0.60万元、加长改造黄桷堡矿检站地磅称一台4万元，共计429.92万元，记入"业务活动费"，未记入资产。原四川省国土资源厅采购，交付县自然资源局使用的6辆执法机动摩托车未按规定登记入账。责成县自然资源局及时按规定核算以上资产。整改情况：县自然资源局于2021年5月31日进行整改，已按资产核算相关要求调整了相关会计科目。

（9）县自然资源局2020年度部门预算执行存在的其他问题：一是"2018年地质灾害综合防治体系建设项目中央补助资金预算执行进度慢"问题，未整改到位。二是4万元项目资金未发挥经济效益,县自然资源局于 2021 年 7 月 1 日追回并上缴县财政 4 万元。

6. 县发改经信局 2020 年度部门预算执行审计发现的主要问题及处理情况

(1)截至审计日,易地扶贫搬迁专户利息收入余额 0.983 975 万元尚未上缴财政。责成县发改经信局将上述资金上缴财政,今后严格执行预算法及相关规定,杜绝类似问题再次发生。整改情况:目前已按审计要求上缴县财政。

(2)部分公务接待费报销管理不规范。部分公务接待费支出附件填制不规范:日期有涂改现象,如:2020 年 6 月 11 日,支雷波壹品堂公务接待费 0.147 万元,菜单上的日期被涂改;公务接待费"三单"日期填制不一致,如:2020 年 5 月 16 日,支雷波壹品堂公务接待费 0.08 万元,接待清单及菜单反映的实际发生时间与公函反映的时间不一致。责成县发改经信局改正,今后严格审核公务接待"三单"内容,不再发生类似情况。整改情况:正在整改。

(3)预算执行进度缓慢,涉及资金 6 万元。2020 年 8 月 5 日,县财政局下达应急物资储备专项经费(维修改造费)6 万元,截至审计日,资金支付进度为 0。责成县发改经信局切实采取有效措施推进项目,加快预算执行进度,提高资金使用效益。整改情况:正在整改。

(4)项目结余资金 51.993 917 万元未及时清理交回财政。其中:"应缴财政款"科目核算县农业农村局退回中药材种植项目结余资金 20.980 33 万元;"非财政拨款结余"科目余额 28.143 587 万元(甲谷村外立面提升项目结余资金 14.385 581 万元、斯古溪乡干沟村山葵种植产业园基础设施建设项目结余资金 3.118 006 万元、莫红房建款结余资金 10.64 万元);卡哈洛大火地村乡村振兴试点建设项目结余资金 2.87 万元(农业农村局实施)。责成县发改经信局及时将本单位项目结余资金 49.123 917 万元缴回财政,并督促县农业农村局将项目结余资金 2.87 万元及时上缴财政。整改情况:审计期间,本单位结余资金 49.123 917 万元已缴县财政,县农业农村局结余资金 2.87 万元已原渠道退回县发改经信局但未缴县财政。

(5)应返还未返还已到期质保金(保证金)8.231 677 万元。截至审计日,涉及渡口公租房质保金 2.942 148 万元(2020 年 7 月到期)、青坪村质保金 3 万元(2020 年 11 月到期)、省凉亭建筑工程公司质保金 0.228 029 万元(2014 年 5 月到期)、火烧棚排污及基础设施保证金 2.061 5 万元(2020 年 9 月到期)。责成县发改经信局及时清理退还已到期保证金 8.231 677 元。整改情况:县发改经信局于 4 月 26 日退还建设单位火烧棚排污及基础设施保证金 2.061 50 万元,其余质保金(保证金)正在清理。

(6)截至审计日,往来款项 250.300 4 万元挂账 1 年以上未清理。责成县发改经信局及时清理往来资金 250.300 4 万元,并将清理结果上报县审计局。整改情况:县发改经信局于 5 月 27 日清理上缴县财政 5.40 万元(泽拉瓦拖村 2.10 万元、复垦费 2 万元、牛龙村甲古村打款失败房建款 1.3 万元），其余往来款项正在清理。

（7）其他需要反映的问题。截至 2020 年年底，雷波县四方物业管理有限责任公司累计劳务派遣 15 人到县发改经信局，2020 年 12 月在岗 10 人，因变动或辞职原因减少 5 人。县发改经信局采用"先预拨、后清算"的方式于 2020 年 2 月、2020 年 11 月、2020 年 12 月分三次通过银行转账支付转入四方物业公司账户 41.019 3 万元，截至审计日，双方尚未对劳务派遣人员 2020 年度的工资及缴纳的社保费情况进行清算。责成县发改局及时清理核算并将清理结果上报县审计局。整改情况：2021 年 7 月 21 日，县发改局对以上问题进行了清理，2020 年度多预付 8.025 004 万元，统筹用于 2021 年度劳务派遣支出，此项问题已整改。

7. 县应急管理局 2020 年度部门预算执行审计发现的主要问题及处理情况

（1）往来款项 78.021 272 万元长期挂账未清理。（1）2020 年年末"其他应收款"账面余额 9 万元（廖某 8 万元、交警大队周某 1 万元），挂账 2 年以上未清理。（2）2020 年年末"其他应付款"账面反映：雷波县双岗矿业有限公司矿山风险金 50 万元、卡哈洛马么各 0.5 万元、职工集资建房款 13.691 39 万元、集资建房投标保证金 4 万元、交通赔偿款 0.829 882 万元，以上资金 69.021 272 万元挂账两年以上未清理资金。责成县应急管理局整改，及时对往来款项进行清理，并将清理结果报送县审计局。整改情况：县应急管理局已清退雷波县双岗矿业有限公司矿山风险金 50 万元，交通赔偿款 0.829 882 万元已清理上缴县财政，其余资金正在整改。

（2）未执行国库集中支付制度相关规定，2020 年以"以拨作支"方式拨付财政资金 47.35 万元到其他预算单位，以解决相关工作经费支出。责成县应急管理局改正，以后应严格执行国库集中支付制度相关规定。整改情况：正在整改。

（3）新增资产 1.406 099 万元未及时入账。责成县应急管理局及时对固定资产 1.406 099 万元登记入账，并调整相关会计科目。整改情况：已整改到位。

（4）扩大范围支出公务接待费 2.109 6 万元。责成县应急管理局及时追回违规支出的 2.109 6 万元。整改情况：已追回了 2.109 6 万元违规支出。

（5）违规购买意外保险 1.48 万元。责成县应急管理局及时追回违规支出的 1.48 万元。整改情况：已整改到位。

（6）项目结余资金 34.410 3 万元未缴回财政。责成县应急管理局整改，将项目结余资金 34.410 3 万元上缴县财政，并及时安排使用，以发挥资金效益，避免资金的闲置浪费。整改情况：正在整改。

（7）重复报销差旅费 0.303 万元。责成县应急管理局及时追回。整改情况：已追回了重复报销差旅费 0.303 万元。

（8）部分公务接待管理不规范。2020 年 12 月，县应急管理局公务接待费支出存在以下情况：一是存在同城接待现象，如支职工扑火队员工作餐0.465 1万元，附万年红餐馆发票及消费清单、雷波县林业和草原局出具的《雷波县林业和草原局关于协助开展整理森林草原防火物资仓库的函》；二是存在"三单不齐"现象，如接待省总队执法检查组0.246 8万元，附接待清单、狄惹彝家发票及消费清单0.128 4万元、雷波县人民政府招待所发票及清单0.118 4万元，但无公务接待函；三是存在陪餐人员超标现象，如接待州局复工安全督查组0.658 2万元，接待清单反映接待5人，陪餐4人。责成县应急管理局改正，今后应严格执行公务接待管理相关规定。整改情况：正在整改。

（二）持续深化重大政策措施落实情况跟踪审计，促进政令畅通

自2020年7月以来，根据审计署、省审计厅、州审计局的安排，县审计局对国务院、省、州关于优化营商环境、拖欠民营企业中小企业账款、违规收取或未及时清退涉企保证金、助企纾困政策、治理"乱收费、乱摊派、乱罚款"、疫情防控、财政直达资金等重大政策措施落实情况先后完成了4个季度的跟踪审计。审计情况表明，县委、县政府高度重视各级重大政策措施的贯彻落实，相关部门总体能够抓好落实并取得了一定成效。但在直达资金监控系统数据、涉企保证金、行政处罚管理等方面还存在一些问题需进一步改进。

1. 直达资金监控系统数据不够真实准确

截至2020年9月10日，县财政局直达资金系统反映下达体制结算—公共卫生体系建设和重大疫情防控救治体系建设资金562.71万元，但县财政局实际尚未单独发文且并未在预算指标系统中下达上述资金。责成雷波县财政局按相关要求调整监控系统相关数据，做到监控系统数据真实准确。整改情况：县财政局已整改，2020年9月单独发文并在指标系统中下达。

2. 应退未退已到期保证金378.513万元

（1）截至2020年11月，县委办应退未退已到期质量保证金16.613万元，主要涉及县委办家具及电器采购等7个项目的7家公司。

（2）截至审计日，县交通运输局2014年至2021年6月底涉及已到期应退未退保证金361.90万元，其中：履约保证金80.86万元，质量保证金281.04万元。责成县委办及县交通运输局及时退还已到期保证金378.513万元。整改情况：截至2021年3月县委办已退还14.150 9万元，未整改2.4621万元；县交通运输局已到期应退未退保证金361.90万元正在整改。

3. 罚没款未执行罚缴分离规定

2020年1月至2020年12月，县水利局、县农业农村局、县市场监管局、县应急管理局、县林草局5个单位，作出行政处罚决定均要求当事人将罚款缴入本单位账户暂存

后,再统一经单位账户缴入国库。责成县应急管理局、县林草局、县农业农村局、县水利局、县市场监督管理局改正,今后严格执行有关规定,规范执法程序,做到罚款决定与罚款缴纳相分离。整改情况:已整改到位。

4. 行政机关未出具处罚决定书收缴罚款 0.4 万元(县农业农村局 0.29 万元、县交通运输局 0.11 万元)

责成县农业农村局、县交通运输局改正,今后严格行政处罚程序,杜绝此类似情况再次发生。整改情况:已整改到位。

5. 未严格按照合同约定收取履约保证金

(1)审计抽查县自然资源局 2018 年涉及的土地整理工程项目 1 个,施工单位未按合同约定缴纳(合同价 518.27 万元的 10%)51.83 万元履约保证金。

(2)审计抽查县水利局改造工程 1 个,施工单位未按合同约定缴纳(合同价 546.91 万元的 10%)54.69 万元履约保证金。责成县自然资源局、县水利局改正,应严格要求施工单位按合同约定缴纳履约保证金。整改情况:县水利局已于 2021 年 7 月 6 日整改;县自然资源局正在整改。

(三)深入开展"三大攻坚战"相关审计情况

1. "防范化解重大风险攻坚战"审计情况

为深入贯彻党中央国务院、省委、省政府关于防范化解政府债务和隐性债务风险的重要部署,在今年县本级预算执行审计中,重点对县级财政隐性赤字、隐性债务化解计划落实、地方政府性债务(债券)及限额管理、PPP 项目政府支出责任履行情况进行了审计。审计情况表明,目前县政府债务规模适度,隐性赤字下降明显,财政风险总体可控。具体情况如下:

(1)地方政府性债务及限额管理情况。截至 2020 年年底,雷波县地方政府债务余额 168 115 万元(含按权责发生制应计债券利息 2 782 万元),比上年 147 315 万元增加 20 800 万元增长 14%,未超上级核定的债务限额 177 519 万元。

(2)财政隐性赤字情况。截至 2020 年年末财政隐性赤字 19 314.24 万元,其中:2020 年年末财政国库借出款项余额 15 328 万元、财政预拨经费余额 3 569.24 万元(2018 年以前无预算拨款 3 500 万元);2020 年年末非税收入汇缴财政专户借出款余额 417 万元。2020 年年末财政隐性赤字比上年的 32 824 万元,减少 13 509.76 万元,下降 41.2%,财政隐性赤字明显下降。

(3)政府隐性债务年度化解计划落实情况。根据《截至 2018 年 6 月地区地方政府隐性债务分年化解计划表》反映:2020 年雷波县地方政府需要偿还的隐性债务 17 930 万元,实际化解 39 365.8 万元〔安排财政资金化解 30 665 万元(含 3958 万元地方债券资金)、企业单位偿还 8 700.8 万元〕，超计划完成当年化解任务。

（4）PPP 项目政府支出责任履行情况。根据《凉山州雷波县全部 PPP 项目财政承受能力情况表》反映：2020 年度全部 PPP 项目支出责任为 29 107 万元（乐水湖旅游基础设施及滨湖路项目 9 132 万元、教育均衡发展及学前教育基础设施项目 6 318 万元、停车设施项目 3 085 万元、新区东西主干道—城市基础设施—东边沟填埋整治综合项目 9 947 万元、凉山州 G4216 线屏山新市—金阳—宁南—攀枝花段高速公路项目 625 万元），占当年一般公共预算支出 343 031 万元的 8.49%，未超财政支出责任上限。由于项目建设进度滞后于合同工期，除教育均衡发展及雷波县停车场设施建设 PPP 项目外，其余项目均在建设，未进入付费阶段，因此 2020 年年初预算未安排 PPP 项目付费资金。预算执行中，调整预算下达雷波县教育均衡发展及学前教育基础设施 PPP 项目运营补贴追加 879.98 万元（教育费附加），以省、州扶贫开发局对溪洛渡电站支持项目资金解决雷波县锦屏小学建设项目运营缺口性补贴 3 100 万元（两省平衡资金），省级财政支持 PPP 综合补贴资金 195 万元（凉财金〔2020〕43 号），收回存量资金预算下达雷波县停车场设施建设 PPP 项目运营资金 1 050 万元，追加合计 5 179.98 万元，资金已全部下达主管理部门按要求支付项目公司。但随着 PPP 项目建设进度的推进，政府付费的责任会逐年增加，因此财政中长期规划编制应提前谋划好 PPP 项目政府支出责任预算，妥善规避违约风险。

2."污染防治攻坚战"审计情况

为推动"污染防治攻坚战"，县审计局 2020 年 7 月至 9 月对拉咪乡党政主要领导自然资源资产管理和生态环境保护责任履行情况进行审计，并延伸审计了县级相关部门。审计结果表明，县级相关部门和乡镇基本能履行自然资源资产管理和生态环境保护责任，但对自然资源资产的管理和保护意识还有待加强，部门和乡镇的自然资源资产管理和环保职责还未完全厘清，相关政策和责任落实还不够到位。审计发现存在问题及整改情况如下：

（1）一条河流未纳入县级河长信息系统管理。责成拉咪乡党委、政府主动与县河长制办公室衔接、联系，将拉咪乡境内拉咪河（曲莫嘎沟）河道纳入雷波县河流信息系统管理，落实该河流河长制管理工作。整改情况：拉咪乡已与县河长办联系，由于在"水普规划"中没有拉咪河这条河流的信息，省上要将这条河纳入水利普查并进行编码，目前还未完成审批。

（2）基层河长巡查制度落实不够到位，巡河次数不达标，巡查记录不规范。责成拉咪乡党委、政府主要负责人积极履行河长职责，严格按照《雷波县基层河长巡查制度》要求进行巡河和建立巡河台账。整改情况：拉咪乡已按要求开展了巡河，并安排专人负责记录巡河台账日志，保证记录巡河日志与四川凉山河长制监督管理平台巡河记录的一致性。

（3）52户农户土地承包经营权确权登记颁证工作未完成。责成县拉咪乡党委、政府积极协调、配合县农业农村局，限期完成拉咪乡阿合阿洛村52户土地承包经营权确权登记颁证。整改情况：目前土地承包经营权确权证已由第三方制作完成，待收到后发放。

（四）保障性安居工程审计情况

2020年12月22日至2021年3月15日，县审计局对雷波县2020年保障性安居工程进行审计。审计结果表明，2020年雷波县认真落实上级决策部署和各项政策要求，积极推进公共租赁住房与廉租住房并轨运行等各项政策落实，在深化住房制度改革、改善困难群众居住条件、推进新型城镇化建设、拉动投资和消费等方面取得了一定成效。但审计发现，雷波县在保障性安居工程资金管理和使用、住房分配运营等方面还存在一些问题需进一步改进。

（1）违规享受住房保障待遇，涉及8户家庭。其中：6户家庭违规享受住房租赁补贴1.224万元，2户家庭违规转租2套公租房。责成县房管所取消张某等6户家庭住房租赁补贴资格并及时追回已发放的补贴资金1.224万元，收回周某和谢某承租的2套公租房。整改情况：已退回违规享受租赁补贴0.936万元，追回违规转租的1套公租房，其余的正在追回。

（2）截至2021年2月底，6个乡镇的85套公租房仍未配租（房屋空置率占10%以上的），空置1年以上未发挥效益。责令县住建局、县房管督促上述6个乡镇限期整改，加快配租入住工作，及时分配85套空置的公租房，避免长期闲置造成浪费。整改情况：房管所已向住建局报告，因各乡镇房屋存在不同程度的水电不通、漏水等问题，正在组织维修后交付乡镇进一步分配。

（3）公租房租金应收未收0.9148万元。责令县房管所及时催收2020年应收未收的公租房租金0.9148万元，并上缴县财政。整改情况：正在催收。

（4）滞留公租房租金未及时缴库，涉及金额50.607万元，责令改正。责令县房管所及时整改，将滞留的租金50.607万元及时上缴财政。整改情况：审计期间已按规定缴库。

（五）深化政府投资审计，稳步推进投资审计回归监督本位

2020年7月以来，县审计局围绕县委、县政府中心工作，紧扣脱贫攻坚和重点项目建设，持续深化政府投资审计，稳步推进投资审计回归监督本位。

1. 政府投资结算（决算）审计情况

2020年7月以来，县审计局累计完成投资项目50个[计划内结算（决算）审计5个、计划外结算审计45个]，送审投资金额85 130.04万元，审定金额79 127.04万元，审减6 003万元。

2. 重点项目跟踪审计情况

2020年7月以来，县审计局持续开展教育均衡发展PPP项目等17个重点项目的跟踪审计。其中完成教育均衡发展PPP项目、阳光新村房建及基础设施项目及雷波县七个乌蒙山区域土地整治重大扶贫项目子项目等4个项目的跟踪审计及竣工结算审计；13个仍在审计中。审计发现的主要问题及整改情况：

（1）新区18号道路：因拆迁工作进展缓慢，导致了新区18号道路C段K0+200-269共计69米和D段K0+000-441共计441米尚未进行施工。

（2）黄琅镇马湖乡污水处理工程：WC24至2号泵站沟槽未铺设垫层，回填土部分区域用混凝土块回填施工；厂区大门主路部分水稳层厚度没有到达设计要求20cm；WE109—WE111段混凝土部分包管区域存在厚度没达到设计要求20cm；镇政府WM4-WM5管网沟槽未做垫层；WE107-WE109砼包管部分区域表面出现蜂窝麻面情况。

（3）雷波县金沙第二中学建设项目：截至目前还未完成拆迁工作，整体进度缓慢，导致工期滞后；男生宿舍、女生宿舍、教室周转房墙面岩棉板保温层未做；3号楼风雨操场地下室底板下部防水未按设计施工。

（4）雷波县锦屏大厦建设项目：本项目主体已完成，为满足目前企事业单位的使用要求，锦屏大厦房屋布局设计变更较大，涉及单位多，存在建设进度缓慢及工期延误问题。

（5）乐水湖旅游基础设施、滨湖路建设PPP项目：一是乐水湖建设范围内民房拆迁缓慢，严重影响工程进度，存在工期延误问题。二是施工隐蔽工程资料（影像资料、收方记录、检测、勘测报告、道路破碎量、挖填方的计量资料等）及施工过程管理资料（变更签证、新增工程签证、材料定价表、工程预付款、进度款审批资料等）收集管理不规范。

（6）新区东西主干道建设、城市基础设施建设、东边沟填埋整治综合PPP项目：主要是孟获公园及市民中心广场征地拆迁进度缓慢，影响了工程施工进度。

（7）县停车场设施建设PPP项目：目前14个已完工，但建设点项目资料不完善；北环路看守所建设点、农资公司建设点施工工期滞后。

（8）县中彝医院门诊、住院楼建设项目：设计单位仍未将装饰装修工程、安装工程、总平工程施工图纸提供给施工单位，造成后续施工无法正常开展，严重影响施工进度及预算编制工作。

（9）雷波县人民医院一期、二期建设项目：施工区域拆迁工作未完成，影响项目建设进度；部分设计变更未完善相关程序。

（10）雷波县2018年第一批26个城乡建设用地增减挂钩试点项目：一是项目施工严重超期，截至审计日，本项目已超合同工期14个月；二是财政评审未出具正式成果，影响已完工项目的结算进度;三是施工过程中的设计变更、签证等资料,施工单位未及时完善,影响后续结算工作;四是部分工程存在未按图施工及施工质量问题;五是挡土墙施工没有提供相应施工图纸;六是施工单位未提供足额发票;七是拆旧复垦无相关鉴证单资料且存在部分拆除不彻底问题。

以上重点项目建设跟踪审计发现的问题,县审计局及跟踪审计组正在督促主管部门、业主单位、施工单位、监理单位等进行整改。

3. 继续推动政府投资审计"三转",促进政府投资审计回归监督本位

今年审计完成的政府投资结(决)算审计项目总量同比减少了13个(计划内减少5个,计划外政府交办减少了8个),政府投资审计"三转"效果还不是很明显。各部门应进一步按照《四川省人民政府办公厅转发审计厅关于进一步完善政府投资建设项目审计工作意见的通知》(川办发〔2018〕72号)第一条第四项:"纠正扩大审计结果效力的制度规定。各级政府要高度重视审计结果转化运用的合法性,对本地规范性文件和管理制度中明确以审计机关的审计结果作为竣工结算依据,限制民事权利、混淆行政监督与民事法律关系的规定,要及时纠正。任何部门和单位不得将审计机关的审计结论作为自身履职的前置条件"的规定,切实纠正把审计职能与行政管理工作相混淆,导致审计监督错位、越位问题,对合同已约定以审计结果作为工程结算依据的,由建设单位通过内部审计、购买社会服务等方式进行审核和监管,审计结果报县审计局备案,县审计局依法对履职情况和相关结果进行审计监督。

对本报告反映的尚未整改到位的问题,县政府已责成相关部门加强动态跟踪、抓好重点督查、强化考核问责,相关部门正在抓紧整改。

特别说明,对2020年县本级预算执行和其他财政收支审计发现的问题,县政府高度重视,下来将由县政府分管领导召集相关部门认真研究,建立问题台账,形成问题整改清单,严格按审计要求认真督促整改,逐个销号,并于今年年底依法向县人大常委会做审计查出问题整改情况报告,接受县人大常委会的监督,确保审计发现问题全部整改落实到位。

(六)改进本级预算执行和其他财政收支管理工作的建议

(1)深化财政改革,健全绩效管理机制。继续深化财政管理体制改革,继续优化预算,落实落细项目支出预算,提高预算编制的科学化、精细化水平。加快构建全方位、全覆盖的预算绩效管理体系,加强结存结转资金清缴、非税收入收缴,提升财政管理和资金使用效能。

(2)搞好统筹推动,促进经济高质量发展。加强各项政策措施的统筹协调和有序推进,加大对中小微企业支持力度,进一步加大政策、项目和资金支持力度,确保打好三大攻坚战，推进经济高质量发展。加强惠民惠企政策落实情况监督检查，对组织推动不力、项目实施缓慢、资金无效闲置、违法违规运作等行为严肃追责问责。

（3）加强财政暂付款项管理。严格控制新增财政对外借款，对确需出借的临时急需款项，应报经同级人民政府常务会议批准同意后办理借款手续，且借款期限不得超过一年；建立健全"举债必问效、无效必问责"的政府债务资金绩效管理机制，切实提高债券资金使用绩效。

（4）各预算单位应严格按照财政部《关于加快做好行政事业单位长期已使用在建工程转固工作的通知》（财建〔2019〕1号）规定，主动做好工程项目竣工财务决算编制，按照政府会计准则制度进行"在建工程"转"固定资产"账务处理。同时，县财政局要加强业务指导和监督，确保各部门汇总形成的《政府资产报告》相关数据准确、完整。

（5）财政部门应将PPP项目支出责任、隐性债务年度化解计划纳入预算安排。

（6）各部门应严格按《四川省清理拖欠民营企业中小企业账款工作方案》（川办函〔2018〕122号）的要求，制定具体工作方案，强化拖欠民营企业中小企业账款清理，确保各类到期"保证金"应付未付账款"限时清零"，维护企业的合法权益，切实减轻企业负担。

六、贞丰县人民政府关于2020年度县级预算执行和其他财政收支的审计工作报告

县人大常委会：

受县人民政府委托，我向县人大常委会作贞丰县2020年度县级预算执行和其他财政收支的审计工作报告，请予审议。

根据《中华人民共和国审计法》规定，县审计局开展了2020年度县级预算执行和编制本级决算草案审计。同时，对县财政局、文体广电旅游局、教育局等3个单位部门预算执行情况进行了审计。审计中，主要围绕推动贯彻中央及县委重大决策部署，深化财税体制改革及落实新预算法等方面，认真落实县人大常委会有关决议和县人大财经委审查意见，审计了县级财政预算执行、部门单位预算执行及绩效管理等情况。

从审计情况看，2020年全县财政工作牢牢把握稳中求进的总基调，科学研判财政工作新形势，强化依法理财意识，确保重点领域支出，深化财政体制改革，保障了财政平稳运行，较好地完成了全年各项预算任务。

——财政保障能力稳步提升。深化财税体制改革，加强和改进预算管理，积极发挥财政职能作用，县本级一般公共预算收入完成100 260万元，同比增长6.34%，其中非税收入完成63 924万元，同比增长42.25%，增收18 986万元。

——民生保障有所降低。2020年因为新冠肺炎疫情的影响，公共安全支出、教育支

出等九大民生支出共计 280 922 万元，比 2019 年减少 49 223 万元，同比下降 14.91%，其中贞丰县 2020 年度卫生健康支出共计 23 116 万元，比 2019 年增长了 5.61%。

——持续规范"三公经费"管理。我县认真贯彻落实中央八项规定和省、州相关规定，采取有效措施，持续规范"三公经费"管理。贞丰县 2020 年"三公"经费支出合计 1 450.92 万元，比 2020 年预算数减少 140.48 万元，下降 8.83%；比 2019 年支出数减少 221.11 万元，下降 13.22%。其中：一是 2020 年公务用车购置及运行维护费支出合计 1 258.78 万元，比 2019 年下降了 14.11%；二是 2020 年公务接待费支出合计 192.14 万元，比 2019 年下降了 6.84%，全部为国内接待费；三是 2020 年因公出国（境）费支出为 0，比 2019 年下降了 100%。

（一）县本级财政预算执行和决算草案审计情况

贞丰县十五届人民代表大会第五次会议审议通过《贞丰县 2019 年财政预算执行情况和 2020 年财政预算草案的报告》，批准了 2020 年县本级财政预算。贞丰县 2020 年一般公共预算收入安排 96 200 万元，同比增长 2.03%，增加 1 916 万元；一般公共预算支出安排 300 167 万元，同比上年预算执行数下降 31.61%，减支 138 733 万元。政府性基金预算收入安排 6 650 万元，上级补助收入 1 040 万元，收入合计 7 690 万元；政府性基金预算支出安排 7 690 万元。

1. 一般公共预算执行情况

贞丰县 2020 年财政总财力收入合计 476 920 万元，其中：一般公共预算收入 100 260 万元（其中：税收收入完成 36 336 万元，同比下降 26.36%，减收 13 010 万元；非税收入完成 63 924 万元，同比增长 42.25%，增收 18 986 万元），上级补助收入 240 020 万元，接受其他地区援助收入 5 000 万元，地方政府一般债务转贷收入 76 705 万元，上年滚存结余 575 万元，动用预算稳定调节基金 2 342 万元，调入资金 52 018 万元。

贞丰县 2020 年财政总支出合计 476 685 万元，其中：一般公共预算支出 392 227 万元，上解上级支出 7 418 万元，地方政府一般债务还本支出 76 705 万元，安排预算稳定调节基金 335 万元。预算收支相抵，年终结余 235 万元。

2. 政府性基金预算执行情况

贞丰县 2020 年政府性基金收入合计 128 196 万元，比 2019 年度增长了 99.72%，具体情况如下：一是国有土地收益基金收入 101 万元；二是农业土地开发资金收入 25 元；三是国有土地使用权出让收入 58 530 万元；四是城市基础设施配套费收入 22 万元；五是政府性基金转移支付收入 5 153 万元；六是抗疫特别国债转移支付收入 12 353 万元，2019 年该笔基金收入为 0；七是上年结余 2 632 万元；八是地方政府专项债务转贷收入 49 380 万元。

贞丰县2020年政府性基金支出合计123 323万元，比2019年度增长了92.13%，具体情况如下：一是文化体育与传媒支出34万元；二是社会保障和就业支出470万元；三是城乡社区支出33 416万元；四是农林水支出1 940万元；五是其他支出49 040万元；六是专项债务付息支出2 222万元；七是专项债务发行费用支出61万元；八是抗疫国债安排的支出12 353万元，2019年该笔支出为0；九是调出资金23 000万元；十是地方政府专项债务还本支出787万元。收支相抵，2020年政府性基金结余4 873万元，比2019年度增长了85.14%。

3. 国有资本经营预算执行情况

贞丰县2020年国有资本经营收入为3万元，全部为上级补助收入；贞丰县2020年国有资本经营支出为3万元，全部用于解决历史遗留问题及改革成本支出。贞丰县2019年国有资本经营收入和支出均为0。

从审计情况看，贞丰县2020年度本级预算编制、调整基本按照《中华人民共和国预算法》《中华人民共和国预算法实施条例》执行，决算草案编制基本真实、完整地反映了县本级年度预算执行情况，较好地完成了县人大批复的财政预算。严格落实中央有关减税降费措施，加大惠民利企力度，补齐医疗卫生短板，在严控支出的情况下，实现财政收支平衡，略有结余。在财政增收难、预算平衡难的情况下，确保了全县教育、科学技术、文化体育与传媒、医疗卫生、住房保障等支出。

4. 审计发现问题

（1）贵州聚广筑公司违规开具增值税发票造成少缴税款83万余元。县审计局及时将审计发现问题移送县税务局进行核实处理，该公司已经补缴税款及滞纳金共计131.75万元。

（2）有关乡（镇、街道）在未对天然商品林进行停伐管护的情况下拨付资金36.31万元。县财政局已要求涉及的四个乡（镇、街道）进行清查。

（3）财政资金闲置二年以上，涉及金额108万余元。县财政局已要求涉及的乡（镇、街道）和部门进行核查。

（4）专项资金拨付不及时，涉及金额200万元。县财政局已要求涉及的县工科局、农业农村局完善报账资料并尽快拨付专项资金。

（二）部门预算执行审计

对县文体广电旅游局、县教育局、县财政局、2020年部门预算执行审计发现的主要问题：

一是大额支付未经集体决策、报账不合规等情况。

二是对开设的银行账户收支明细未进行账务处理、往来款长期挂账、存款账实不符、工程项目建设缓慢。

三是固定资产账账不符、未及时处置固定资产。

针对审计发现问题，县审计局已出具审计报告，并提出了审计建议。

（三）经济责任审计

对小屯镇党委书记刘瑜、镇长皮俊任期经济责任审计查出以下主要问题：

（1）虚假列支受灾补助款5万元（资金未损失）。

（2）因计税时间差造成多计工程项目款22.93万元。由于审计发现问题及时，避免了国家资金损失。小屯镇政府已在后期支付该工程项目进度款时扣除上述多计的项目款。

（3）用与合同无关的第三方发票报账，涉及金额45.33万元。小屯镇政府已在审计期间按合同重新开具发票做账。

另外，此次还延伸审计了小屯扶贫投资开发管理有限公司，发现以下主要问题：

（1）计税不准造成多列支工程款1.24万元。目前，该公司已将此款追回。

（2）多报销采购费1 572元。目前，相关人员已退回多报销的采购费用。

（3）周某发涉嫌挪用公款问题，已按相关规定移送县监委处理。

（4）该公司内部控制失效问题，小屯镇政府已督促该公司建章立制、完善公司内部管理及财务监管制度。

（四）审计查出问题整改情况

1. 县本级审计发现问题

县政府高度重视县十五届人大常委会第三十一次会议《关于2019年度县本级预算执行及决算草案和其他财政收支的审计工作报告》的审议意见，要求对照审计查出问题，落实整改责任，完善整改措施，推进审计整改工作。县审计局按照县人大常委会审议意见和县政府有关要求，积极督促相关单位认真整改审计查出的问题，切实提升审计工作成效。

被审计单位积极采纳审计意见和建议，及时采取有效措施落实审计整改。截至目前，上年审计工作报告中反映的16个问题，有15个已经得到整改，有1个尚在整改中：对挽澜镇党政主要领导经济责任审计查出的"其他应收款长期挂账和固定资产账实不符"问题。

2. 上级审计机关审计发现问题

2018年以来，上级审计机关对我县开展了扶贫、易地扶贫搬迁、极贫乡镇、保障房安居工程、两直达资金等审计共10次，审计发现问题85个，已整改83个，正在整改2个。正在整改问题是：

（1）安居工程建设管理方面存在的问题。由于资金未到位，3个公租房建设项目1589套进度缓慢，未按计划要求时限建成投入使用。

（2）安居工程计划落实方面的问题。以前年度公租房建设目标任务未完成53套。

（五）加强预算执行和其他财政收支管理的建议

1. 加强政府预算管理，提升预算执行效果

一是加强财政收入的收缴监管，确保各项政府收入应收尽收、应缴尽缴；二是加强各部门财政预算支出管理，不断提高部门预算编制质量和执行率，切实推进财政资金提质增效。

2. 规范财政资金管理，提高财政资金效益

一是进一步挖掘财力财源，加大财政资金统筹力度，盘活利用好存量资金。二是持续加强专项资金监管，确保专项资金使用的精准性、安全性和高效性。推进项目工程实施进度，切实发挥财政资金的使用效益。

3. 严肃财经纪律，强化公共资金监管

认真落实预算单位和负责人员遵守财经法纪的主体责任，加大对骗取、挪用、损失浪费财政资金和侵占国有权益等行为的问责力度，确保财政资金安全。持续加大对中央八项规定精神落实情况的监督检查，规范公务消费行为，加大对违反中央八项规定精神问题的责任追究力度。构建厉行节约长效机制，促进依法行政、依法理财。

4. 强化审计问题整改，促进审计成果转化

一是进一步加强财经法纪宣传，增强法治意识，强化财政资金分配、使用和管理的职责。二是提高思想认识，落实审计整改责任。被审计单位主要负责人是审计整改工作的第一责任人，应将审计整改作为加强管理、规范工作的契机，深入分析，制定切实可行的整改方案，严格落实审计整改的责任。

第十章 审计整改报告

第一节 省级政府审计整改报告

一、山西省人民政府关于2020年度省本级预算执行审计查出问题整改情况的报告

主任、各位副主任、秘书长、各位委员：

受蓝佛安省长委托，我向省人大常委会报告2020年度省本级预算执行和其他财政收支审计查出问题的整改情况，请予审议。

省委、省政府和省委审计委员会高度重视审计查出问题的整改工作。林武书记多次对整改工作作出指示批示，强调要加强审计发现问题整改工作，一体推进揭示问题、规范管理、促进改革，更好发挥审计监督"治已病、防未病"作用。蓝佛安省长主持召开省政府常务会议专题研究部署整改工作，要求把审计整改工作作为一项严肃的政治任务，坚持揭示问题和解决问题相统一，有力有序推进审计整改工作，确保审计查出问题按时高质量整改到位。按照省委、省政府的部署要求，省政府办公厅向92个部门单位和11个市级[①]人民政府印发整改通知及问题清单，对整改情况进行跟踪督促检查。各市和有关部门单位认真落实省委、省政府的整改要求，坚定扛牢审计整改主体责任，严格执行省人大常委会第30次会议有关审议意见，切实做好审计整改"后半篇文章"，整改取得明显成效。截至2021年10月底，对《省政府关于2020年度省本级预算执行和其他财政收支的审计工作报告》反映的问题，各市和有关部门单位采取追缴资金、统筹盘活或加快拨付进度、归还原渠道、调整账表等方式，整改问题金额259.06亿元，促进完善相关制度99项处理53人。

---

① 本报告对市本级统称为市，县（区、市）级行政区称为县。

（一）省本级财政管理审计查出问题的整改情况

省财政已整改 76.23 亿元，促进完善制度 6 项。

1. 关于预算编制不够合理问题

省财政印发加强预算管理工作和加快支出进度通知，调减相关部门和项目经费支出，建立结余资金定期清理收回机制，按月通报支出进度并实施奖惩，进一步增强预算编制的科学性和预算执行的严肃性。

2. 关于预算绩效管理有待改进问题

对于未实行预算支出双监控问题，省财政印发省级财政重点项目支出绩效运行监控工作通知，部署监控工作，组织专题培训，提高绩效运行监控质量。对未督促提供重点绩效评价整改结果问题，省财政制定省级项目支出绩效评价管理办法，将部门单位绩效工作进展情况与预算安排挂钩，通报综合绩效考评情况，对绩效评价工作不佳的适当压减经费支出。对于仅有 2.66% 的项目向人大报送绩效目标问题，省财政将根据工作推进情况，逐步加大重要项目绩效目标随同预算报送人大审查的力度。对于重点绩效评价结果未向社会公开问题，省财政已在编制 2020 年部门决算时，要求各省直部门单位公开预算绩效管理情况、部门绩效评价结果等，并公开 5 个重点项目绩效评价报告，接受社会监督。

3. 关于部分专项资金使用绩效不高问题

对于山西清洁能源研究院专项资金未实现政策目标问题，省财政已安排预算评审中心对项目进行绩效评价，将根据绩效评价结果，收回相关资金，同时制定新型研发机构专项资金管理办法，强化专项资金管理。对于太行产业基金未达设立方案募集比例要求问题，省财政组织力量进行绩效评价和专项调查，提高资金募集效益，目前募集社会资本较 2020 年年底增加 1.83 亿元，同时在社会资本统计中已剔除其母公司 2.48 亿元的投入。

4. 关于财政存量资金盘活不力问题

对于存量资金未收回问题，省财政已收回 41 个部门单位 4.78 亿元。对于收回存量资金未盘活问题，省财政会同省人社厅研究，报省政府同意后，将 17.25 亿元全部统筹用于 2021 年省本级基本养老保险基金缺口等急需项目。对于资金二次沉淀问题，省财政已全部收回统筹使用。

5. 关于部分债券资金使用效益不高问题

对于债券资金未使用问题，省财政印发政府债券核查审计整改工作通知，加强全周期绩效管理，统筹盘活 6.65 亿元，加快拨付 11.87 亿元。对于债券资金首次支出日期距离发行日期间隔 3 个月以上问题，省财政进一步完善债券资金管理，32.54 亿元债券资金已全部拨付。

6. 关于国有资本管理仍需加强问题

对于多计政府股权投资问题，省财政在部署政府股权投资情况报送工作时，已要求企业将永续债剔除，并按归属于母公司所有者权益口径申报。对于未收回晋煤集团欠缴的国有资本收益问题，省财政印发限期申报上交国有资本收益通知，召集相关单位专题研究，督促其抓紧上缴。

（二）部门预算执行审计查出问题的整改情况

有关省直部门及所属单位已整改 6.74 亿元，促进完善制度 21 项。

1. 关于部门预算编制不够完整准确问题

对于未将经营、房租等收入编入年初预算问题，已有 49 个部门单位将 2.63 亿元纳入 2021 年预算管理；省退役军人事务厅、省发展改革委行政干部学院等 8 个部门单位因结余资金有专项用途、事业单位机构改革等原因，积极研究推进整改，并严格按要求编制本单位预算，及时上缴结余款项。对于预算资金未细化或脱离实际问题，省教育厅、省工信厅等 28 个部门单位在编制 2022 年预算时，加强预算收支管理，完善项目库，提高预算编制工作的准确性与合理性。对于多领取财政资金问题，省自然资源厅所属 5 个单位对在编职工长期不在岗情况进行全面清查，彻底解决预算编报不准不实问题；省农业农村厅所属省畜牧兽医学校和省农业机械化学校严格按照省教育厅相关规定，坚决杜绝违规招生和异地办学行为。对于多编制预算问题，省生态环境厅已交回重复安排的绩效评价预算 50 万元。

2. 关于收入征管不够严格问题

对于应征未征非税收入问题，省自然资源厅已追缴 1.43 亿元，对欠缴企业进行约谈、专项督导，并将采取法律手段予以收回。对于应缴未缴国有资产处置等收入问题，省能源局、省市场监管局等 13 个部门单位已补缴 385.2 万元。

3. 关于过"紧日子"要求落实不力问题

对于虚列支出问题，省卫健委、省教育厅等 15 个部门单位进一步完善了制度办法，强化预算执行管理，合理安排支出进度，提高资金使用效益。对于扩大范围使用项目资金问题，太原科技大学已将 171.51 万元调整纳入预算管理；省扶贫办等 20 个部门单位强化内部控制，严格规范专项资金支出范围。

4. 关于预算管理不够到位问题

对于预算资金未设定绩效目标问题，省交通厅已对 6 个项目 4.23 亿元的预算资金设定绩效目标。对于预算资金绩效指标设置不合理问题，省科技厅等 3 个部门正在建立各类项目绩效目标库，细化量化绩效指标。对于预算资金未进行自评问题，省发展改革委已对 201 个项目开展绩效自评,并督促整改自评发现问题。对于预算资金自评结果不实问题,省自然资源厅采取情况通报、实地督查等措施,对农村地质灾害治理搬迁项目加强绩效自评;省应急厅将引进第三方机构对项目绩效进行评价,确保绩效评价结果真实准确。对于无政府采购支出预算问题,省农业农村厅严格执行政府采购制度,规范政府采购程序,及时调整政府采购资金。对于自行组织招标或直接采购设备问题,山西大学、山西能源学院修改完善招投标制度,严格政府采购程序,进一步规范政府采购行为。对于先采购后补办手续问题,省政务服务中心、省交通运输运行监测与应急中心制定制度 2 项,堵塞采购漏洞;省商务厅、省生态环境厅进一步强化内部管理,规范工作流程,今后将严格执行政府采购的相关制度规定。

5. 关于国有资产管理有待加强问题

对于固定资产账实不符问题,省发展改革委已调账 1 026.74 万元;省数字政府服务中心已取得拆除建筑物的相关手续,将相关资产调拨云时代公司;省农业农村厅已对 6 辆公务用车予以核销,并将聘请事务所对转企单位资产进行清查核实,推动北办公楼尽快竣工验收。对于固定资产长期闲置问题,太原科技大学已将闲置的学术交流中心移交学校综合保障中心使用;省测绘地理信息院划拨取得的科教用地拟与中共太原市委党校迁建项目进行置换;中国煤炭博物馆、荣军医院将进一步加强资产管理,及时盘活相关资产。对于未经审批或评估出租出借房屋及场地问题,山西财经大学、山西大学等 5 个单位已通过履行报批手续和评估程序、中止出租出借协议等方式整改;山西省科学器材服务中心、省经干院等 8 个单位将在事业单位改革完成、合约到期后按程序履行国有资产出租出借报批手续,规范国有资产管理。对于未经审批自行处置车辆问题,省发展改革委行政学院和运城学院均已履行报批手续。

6. 关于专项资金管理不规范问题

对于专项资金未制定管理办法问题,省财政已联合省卫健委研究制定区域医疗中心建设和中医药建设强省专项资金管理办法,尽快印发执行。对于专项资金预算编制不细化、分配方法不科学等问题,省工信厅将在 2022 年山西省技术改造专项资金项目申报通知中将相关申报条件明确细化;省交通厅将实施项目纳入省"十四五"相关专项规划或省级项目库;省农业农村厅加强工作培训,严格资金管理,规范分配行为;省生态环境厅在 2021 年省级污染防治专项资金分配时把预算执行率、审计查出问题等因素作为奖扣标准;省卫健委及有关医院将严格按照相关规定编制预算,确保预算细化到具体项目。对于专项资金滞留问题,省发展改革委等 3 个部门单位已全部拨付到位;省工信厅等 4 部门单位已拨付 3.9 亿元,其余资金将根据情况积极整改,并在今后的资金分配中,加强项目储备,提高资金使用效益。对于专项资金超范围使用问题,省发展改革委等 3 个部门单位已通过归还原渠道、追缴等整改 623.67 万元;省住建厅正督促有关市县积极整改。对于虚假招投标、审批手续不完善、项目验收不及时问题，省生态环境厅采取措施完成整改 7 265 万元；省科技厅已完成项目结题验收 334 项，终止项目或启动终止程序 374 项；省住建厅加强政策宣传，督促市县住建局完善专项资金使用手续。

（三）重点民生资金和项目审计查出问题的整改情况

1. 关于易地扶贫搬迁审计方面的问题

有关县已整改 5.44 亿元，促进完善制度 3 项，追责 9 人。一是部分扶贫产业项目效果欠佳问题。汾西县 1 个扶贫车间已引进藤条编织企业进行生产试运行；吉县产业帮扶项目涉及的 6 个合作社已发放分红款 1.54 万元；兴县 1 个扶贫车间已招聘工人 50 名，完成岗前培训后即可开工；汾西等 3 个县督促项目单位与搬迁群众建立紧密的利益联结机制，确保群众权益不受损失。二是资金使用不规范问题。省财政已收回山西扶贫开发投资有限公司向企业发放的 2.67 亿元易地扶贫搬迁结余资金，用于偿还易地扶贫搬迁融资；吉县将扩大范围使用的资金 44.5 万元上缴国库；兴县调整预算 8 283.64 万元；天镇县、兴县至 10 月底已拨付 7 172.87 万元。三是配套设施不完善问题。汾西、天镇 2 个安置小区已全部安装水表、燃气；汾西县已就近协调学校安置 495 名适龄儿童入学。

2. 关于高标准农田建设资金专项审计方面的问题

有关县已整改 3.02 亿元，促进完善制度 1 项。一是部分项目选址不科学问题。吉县等 11 个县在 2021 年高标准农田项目申报选址时，主要在种植粮食作物耕地上实施，建设任务 50.74 万亩，粮食种植面积占比提高到 66.2%。黎城等 13 个县在 2021 年高标准农田项目申报选址时，优先在永久基本农田和"两区"上实施，建设面积 12.21 万亩，比以前年度提高 13.8 个百分点。二是部分资金项目绩效不佳问题。对配套资金未到位问题，浮山等 12 个县 2019 年建设项目县级配套资金已到位 6 010.8 万元，其余 4 个县正在落实。对专项资金滞留问题，新批建的 50.42 万亩高标准农田财政补助资金 2.26 亿元已从共管账户拨入山西大地环境投资控股有限公司指定账户，支出进度 64.45%。大地控股对共管账户中未支付的资金，已提出资金使用计划加快支出，年底前仍未支出的部分上缴省财政。三是后续管护不力问题。对高标准农田存在非农化问题，洪洞县已对 30 亩被平整为停车场的高标准农田重新耕作；平遥县对被占用的 115.47 亩高标准农田进行补建。对于出现损毁问题，省农业农村厅正通过引进太平洋保险公司等金融保险，助力农田项目建后管护；繁峙等 3 个县进一步完善工程管护制度，已对损毁的防护林、道路及设施进行补栽和修复。

3. 关于基本养老保险基金审计方面的问题

有关市县已整改 12.45 亿元，促进完善制度 8 项。一是基金筹集方面问题。对于欠缴养老保险费问题，朔州、临汾等 9 个市有 2199 个单位已补缴养老保险费 5.05 亿元。

对于未清退养老保险费减免问题,长治、吕梁等4个市已全部清退2 623.31万元;对于未参保问题,至10月底10个市已为16 623名重点人群办理参保,其余人员有关部门正加大工作力度,确保未参保人员应保尽保。二是基金使用方面问题。对于违规发放问题,晋城、吕梁等4个市已追回10个单位违规多发的养老保险金80.21万元,其余2个市正在积极追缴;10个市已追回违规向11 389名不符合条件人员发放的养老保险费1 975.73万元,其余保费有关市及部门正积极督促当事人退还,对仍拒不退还的将移交司法机关处理。对于重复领取问题,10个市已追回1 431名退休人员重复领取的养老保险金637.78万元,其余保费正督促退还。三是运行管理方面问题。对于重复缴纳问题,10个市已清退2 827名在职职工重复缴纳的养老保险1 263.72万元,其余621名重复缴纳的713.52万元,有关市及部门正加紧核实,尽快清理;对于未清退死亡人员个人账户资金问题,晋中等9个市已清退3 659名死亡1年以上人员个人账户资金1 262.90万元,其余账户资金正在清退中。

4. 关于医疗保险基金审计方面的问题

有关市县已整改3.65亿元,促进完善制度9项。一是基金筹集不到位问题。对于欠缴保费问题,太谷、介休等10个县已补缴职工医疗保险1.48亿元,剩余部分在年底前缴清。对未获得保费减免问题,晋中、河津等20个市县已减免388家符合条件企业的职工基本医疗保险费234.27万元。对未办理医保问题,运城、大同等73个市县已为5 801名重点人群办理医保,其他符合条件的纳入下一年度医保范围。二是基金使用不规范问题。对于违规支付问题,吕梁、平定等96个市县已追回违规支付费用1 548.96万元;大同、晋中等9个市已追回不符合条件人员医保待遇357.44万元;10个市已追回315家定点医疗机构多支付的医保基金902.78万元。对于套取、骗取医保问题,朔州、繁峙等23个市县已追回套取基金99.63万元,朔州、代县等4个市县已追回骗取基金9.76万元,有关责任人已移送有关部门核实查处。三是基金运行管理不严格问题。对于线下违规采购问题,大同、盂县等3个市县进一步强化药品耗材监管,全面整治公立医院违规线下采购药品或高值医用耗材问题;对于未获得取消药品加成财政补助资金问题,代县已拨付39.92万元,其他2个县正在协调落实。

5. 关于保障性安居工程审计方面的问题

有关市县已整改23.84亿元。一是部分安居工程建设任务未完成问题。对于未完成棚改任务问题,交城、稷山等4个县已全部完成1 600套开工任务;兴县、方山已建成1 823套,其他2个县665套正在建设中;对于未安置棚改回迁户的问题,柳林县已安置3个项173户回迁户,其他2个县正加快棚改建设进度,尽快妥善安置。二是资金管理不规范问题,怀仁等3个县已拨付安居工程建设补助资金9 169.08万元,其他2个县正在积极落实资金;朔州、应县已将1 044.97万元截留坐支收入上缴财政;朔州已清退应减免税费 3.63 万元，其他 3 个县正在组织清退；对于专项资金闲置问题，朔州、交城等 14 个市县已统筹使用资金 22.93 亿元，其他 3 个县正在推进统筹使用。

（四）重大政策措施落实跟踪审计查出问题整改情况

有关市县已整改 18.89 亿元，制定完善制度 3 项。

1. 关于就业优先政策未严格落实问题

对于未落实稳就业政策措施问题，平顺等 7 个县已落实城镇新增就业、技能培训、创业担保贷款等稳就业政策措施。对于就业培训任务不达序时进度问题，闻喜、夏县已完成培训任务。对于未拨付使用就业资金问题，运城、阳曲等 15 个市县已拨付 4 355.93 万元。对于未返还失业保险稳岗补贴资金问题，榆次、平遥已全部返还。对于未及时向有关企业收缴农民工工资保证金问题，阳曲等 4 个县有 167 个建设项目已完成收缴，11 个项目因完工或终止不需收缴。

2. 关于优化营商环境和减轻企业负担政策落实不力问题

对于未按要求减免房租问题，太原、绛县等 15 个市县通过退还房租、以后年度减免、延长租期等进行整改，退还租金 192.31 万元。对于未执行房租减半征收政策问题，和顺县正落实政策，推进租金减免。对于违规向市场主体收费问题，太原、长治已停止收费行为、暂停相关业务活动。对于脱钩不彻底问题，太原、临县有 23 家社会团体已脱钩或注销、19 家正办理相关手续。

3. 关于防范化解地方政府债务和隐性债务风险仍有短板问题

清徐等 3 个县已将 18 个项目财政支出责任纳入财政中长期规划。临县、小店已完成当年政府隐性债务化解任务。

4. 关于新增财政资金分配使用不规范问题

对于资金闲置问题，古交、阳曲已拨付或明确用款方向后统筹使用。对于将直达资金违规拨付预算单位实有资金账户问题，太原、沁县等 7 个市县通过加快项目实施，支付直达资金 1.62 亿元。对于直达财政资金未使用问题，临汾、翼城等 33 个市县已加快拨付 5.7 亿元、统筹盘活 201.78 万元。对于直达资金监控系统存在的问题，长治、应县等 23 个市县通过加快拨付、调整账表、建立台账、录入监控系统等整改 8.6 亿元。

5. 关于重大公共投资项目管理有待完善问题

对于工程造价结算不实、多计工程款问题，6 个项目通过重新核查、暂缓支付、调整账务等整改 1.63 亿元，剩余 2 285 万元待核实后据实结算。对于超概算问题，太原理工大学制定基本建设投资管理办法，进一步优化设计招标、加强合同管理和投资控制。对于违规招投标问题，部分已移送主管部门查核，今后进一步加强招投标管理。对于违法占地、截留挪用征地拆迁补偿资金问题，2 家建设单位已上报相关部门审批，积极办理用地手续，已追回资金1 623.12万元。

（五）全省11户未改制县级农村信用合作联社资产质量审计

调查查出问题整改情况 11户联社已整改110.88亿元，制定完善制度50项，追责44人。

1. 关于服务"三农"职能履行不到位问题

对于信贷资产投向问题，11户联社逐步扩大支小支农信贷规模，资金投向向"三农"倾斜；对于向房地产行业违规发放贷款问题，11户联社加强贷后管理，加强风控措施，严格贷款三查制度，严控信贷资金违规流向房地产行业。

2. 关于资产风险管控不力问题

对于违规放贷问题，文水联社已对3 300万元贷款起诉并申请财产保全，太原城区农商行收回投资49.78亿元，其他投资待合同到期后收回。对于掩盖不良问题，5户联社通过清收、重新分类的方式将32.9亿元不良贷款真实反映。对于少计提贷款损失准备问题，代县等5户联社通过计提、出表不良等方式整改5.04亿元。对于抵债资产变现能力差问题，翼城等8户联社列出处置清单、制定处置方案，结合改制工作一并推进，至10月底中阳等3户联社已处置抵债资产682.84万元；太原城区农商行正在办理1.2亿元抵债资产股权过户。

3. 关于贷款制度执行不严问题

对于未进行抵押登记发放贷款问题，陵川等5户联社加强贷后管理，及时采取相应保全措施；临县联社通过抵债资产收回贷款6 111.84万元，太原城区农商行已向法院起诉君泰房地产公司，查封房产2.83亿元。对于贷后监管不到位、未追偿问题，陵川、中阳联社及时确认债务，延续诉讼时效，加快推进诉讼进程；陵川、中阳联社采取现金清收等方式对有清偿能力的借款人进行追偿，其中7 723.68万元贷款已向法院申请了贷款保全，处理相关责任人32名。

4. 关于违规开展业务问题

对于违规发放贷款问题，文水等4户联社对有偿债能力的借款人进行追偿，至10月底共收回贷款1 305.63万元，并对形成损失的予以核销；中阳、石楼联社处罚12名责任人，剩余资金正在通过法律诉讼等途径清收。对于职工利用本社信贷资金入股问题，阳高等3户联社已收回7 358.10万元。对违规核销贷款问题，代县等3户联社已对24名借款人进行起诉追偿，石楼联社为8.47万元贷款补充相关资料。

（六）汾河流域水环境保护和污染防治专项审计查出问题整改情况

有关市县已整改21.76亿元，促进完善制度6项。

1. 关于最严格水资源管理制度落实不严格问题

对于盲目上马耗水项目问题，古交等 5 个县督促相关企业依法完善取水许可手续，邀请专家重新进行水资源论证，未办理完手续的，一律不准开工。对于超过核定用水量使用问题，闻喜等 29 个县通过实施关井压采、水源置换、超采区综合治理等方式，严控地下水开采。对于虚报关井压采量问题，有 6 个县积极落实压采措施，关闭水井 118 眼。对于无证取水问题，忻州等 6 个市有 591 家用水单位已办理取水手续，6 家开展了地表水源置换工程，剩余 117 家正在办理取水手续。

2. 关于资金闲置较为严重问题

对于专项资金滞留在财政部门问题，太原等 15 个市县已安排使用 3.7 亿元，财政收回 93.14 万元，待项目完工后支付 120.84 万元。对于专项资金闲置在项目单位问题，吕梁等 36 个市县已支付 13.09 亿元，财政统筹使用 1.27 亿元，按后续工程进度付款 3.51 亿元，核减工程款 1 529.49 万元。

3. 关于污染防治存在薄弱环节问题

对于城镇生活污水处理厂负荷率超过 80% 问题，4 家已新建、扩容改造并投入使用，18 家正在建设中。对于农村生活污水处理设施建设滞后问题，已完成 51 个村，剩余 181 个村正在建设。对于新增省级以上工业集聚区总体规划及环评未能完成审批问题，15 个已完成审批，1 个正编制总体规划；对于新增省级以上工业集聚区未同步建设污水集中处理设施问题，3 个已建成，8 个正在建设中。对于入河排污口未列入排查确认范围问题，157 个全部整改。

从整改总体情况看，仍有部分问题尚未得到彻底纠正，主要原因是：有些属于体制机制问题，如预算编制不够细化、预算编制不够完整准确等问题屡审屡犯，需要通过深化改革予以逐步解决；有些属于制度不完善的问题，如预算绩效管理不到位、部分专项资金和债券资金使用效益不高等问题，需要在工作实践中不断予以完善；有些属于制度执行不到位的问题，如征收管理不严格、过"紧日子"要求落实不力等问题，需要加强督促问责力度予以推进；有些问题属历史遗留或已难以追溯，整改难度较大，如对欠缴养老和医疗保险费、向不符合条件人员发放养老金等问题，需要根据实际情况采取措施予以化解。针对未整改到位的问题，省政府将加强部门沟通协作，持续检查跟踪问效，督促有关市和部门单位聚焦未整改到位问题，深入分析产生原因，着力解决难点堵点，促进完善制度、堵塞漏洞、规范管理，严肃问责拒绝、虚假、拖延整改的单位和个人，确保审计查出问题全部整改到位。

主任、各位副主任、秘书长、各位委员：

审计整改是推动完善省域治理的重要保证。省政府将坚持以习近平新时代中国特色社会主义思想为指导，全面加强对审计整改工作的领导，着眼解决问题，推动源头治理，以"钉钉子"精神推动整改落实，以整改的扎实成效助推我省全方位、高质量发展！

以上报告，请予审议。

二、湖北省关于 2020 年度省级预算执行和其他财政收支审计查出问题整改情况的报告

主任、各位副主任、秘书长、各位委员：

今年 7 月，省十三届人大常委会第二十五次会议听取了《关于 2020 年度省级预算执行和其他财政收支的审计工作报告》，常委会组成人员对报告进行了审议并提出了审议意见。受省人民政府委托，我向省人大常委会报告整改工作部署推进情况和整改结果，请予审议。

（一）整改工作部署推进情况

省委、省政府认真贯彻习近平总书记关于加强审计查出问题整改的重要指示精神，深入落实《全国人大常委会办公厅关于进一步加强各级人大常委会对审计查出突出问题整改情况监督的意见》精神，把审计整改作为重要的政治任务，持续发挥党委领导、人大监督、政府督办、部门联动、监察跟进的整改工作机制，加大对审计查出问题整改的督促力度。各地各部门严格执行省人大常委会关于"聚焦主责主业、督促审计整改、强化建章立制"的审议意见，把审计整改作为提升治理能力、解决风险隐患、推动高质量发展的有力抓手，推动整改工作取得明显成效。

1. 提升站位，强化组织领导

省委、省政府始终将审计整改作为检验"四个意识"的"试金石"、推进改革发展的"催化剂"，坚决打通审计监督"最后一公里"。对审计上报的情况，应勇书记、王忠林省长等省领导先后 137 次作出批示，要求推动审计治理效能转化，加强审计查出问题整改，扎实做好审计"后半篇文章"。省人大开展整改结果跟踪调研，现场督办核查审计整改效果。省政府召开专题会议，研究部署审计整改工作，要求各地各部门提高政治站位、建立长效机制、确保整改落实。

2. 细化责任，狠抓督办落实

按照省委、省政府部署，省审计厅向 17 个省直部门和 112 个市州县人民政府印发整改分工方案和问题清单、责任清单，明确整改责任和时限。省直主管部门在落实整改主体责任的同时，认真履行行业主管部门的监督管理责任，督促和指导行业切实推进整改工作落实到位。各级地方党委、政府压实主体责任，将落实审计整改纳入领导班子议事决策范围，研究部署整改工作，逐项分解整改任务，层层落实整改责任。各级纪检监察

机关持续加大审计发现问题同步追责问责力度，据统计，截至2021年7月，审计移送的案件线索已立案41起，追责问责552人。

3. 精准施策，提升整改实效

相关地区和部门坚持问题导向，对审计查出的问题注重从政策制定、资金使用、项目管理、责任落实等环节，区分问题形成的原因，分类施策、精准推进整改工作。对应在短期内整改到位的问题，坚决立行立改、及时纠正；对短期内难以全部整改到位的问题，明确整改要求和时限，限期整改；对涉及全省性、行业性和共性的问题，由省相关主管部门从体制机制和制度层面研究解决。

4. 立足长远，完善体制机制

各地各部门坚持"治已病、防未病"，将具体问题整改与完善制度相结合，既拿出"当下改"的举措，集中解决审计发现的主要矛盾、突出问题，又注重研究解决深层次问题，对问题产生的原因加强分析研究，深化审计成果运用，形成"长久立"的机制，努力做到整改一个问题、完善一套制度、堵塞一批漏洞。据统计，2021年以来，省政府、省直部门和相关地方党委、政府根据审计查出问题，制定完善地方规章制度或行业管理办法507项，系统解决难点、堵点、痛点问题。

（二）2020年度省级预算执行和其他财政收支审计查出问题整改情况

《2020年度省级预算执行和其他财政收支的审计工作报告》反映的四个方面2130项具体问题，截至2021年10月底（以下均为截至10月底的整改情况），已整改1882项，正在整改248项；审计查出的违纪违规问题共整改239.18亿元，占应整改问题金额的96.14%，其中上缴财政4.86亿元，拨付及使用滞留资金148.73亿元，归还原渠道资金22.29亿元，扣回高估冒算工程款2.58亿元，立案查处或通过司法诉讼等追缴18.04亿元，调整会计账目等规范管理42.68亿元。

1. 2020年度省级预算执行审计整改情况

（1）省级预算执行审计整改情况。

①关于部分财政性资金征缴和激活不到位的问题。13个市征收的水资源费省级分成收入797.37万元已缴入省级国库；省财政厅通过扣减2021年预算的方式，将省级统一采购项目结余资金2214万元收回并重新安排使用。对省级体彩、福彩历年存款利息形成的沉淀，省财政厅已安排3084万元用于建立彩票销售风险基金，保留4300万元作为兑奖周转金，其余1.54亿元全部纳入2022年度部门预算安排支出。

②关于部分转移支付项目预算绩效编制和下达不规范的问题。省财政厅结合工作职能、年度计划、预算资金支出方向等，认真修订2021年度项目绩效目标，科学编制、准确反映2022年项目绩效的核心指标，确保目标符合客观实际，指标量化可行。同时，

建立绩效评价与预算安排挂钩机制,将绩效评价结果作为下年度预算资金分配的重要依据,提高绩效指标编制质量,并在分配下达专项资金时,将项目绩效总指标分解细化到市县。

③关于政府投资基金股权反映不完整的问题。省财政厅会同省政府国资委初步拟定《湖北省省级政府股权投资总预算会计核算管理操作规程(暂行)》,确定了省级政府股权投资会计账务核算的业务流程、核算方式、职责划分等。下一步,省财政厅将向相关单位印发管理操作规程,开展政府股权投资存量清查、确认及核算工作。

④关于失业保险稳岗返还政策不明确的问题。省人社厅出台《关于落实人力资源企业失业保险稳岗返还政策相关问题的指导意见》,明确资金应补贴给实际用人单位。滞留的稳岗补贴资金已退回省人社厅 43.66 万元,统筹使用 146.89 万元。

⑤关于国有资本经营预算分配较晚的问题。省政府国资委统筹优化国有资本经营预算分配流程,于 10 月中旬向省财政厅提交 2021 年国有资本经营预算分配建议草案,较 2020 年提前两个月。

(2)省直部门及所属单位预算执行审计整改情况。

①关于年初预算编制不够规范的问题。省财政厅加快推进预算管理一体化系统建设,2022 年度预算编制将全部通过该系统完成,全面实现预算编制工作的标准化、自动化;相关部门将结合部门职能任务,做好事前调研和测算,细化支出内容,提高工作计划的预见性和准确性,准确编制年度部门预算。

②关于收支预算执行及财务管理不够严格的问题。9 个部门单位清理上缴房屋租金、资产处置收入等非税收入 452.01 万元;5 个部门单位按规定将 1.67 亿元在建工程转入固定资产核算;11 个部门单位清收或调账处理往来款项 1 617.25 万元。相关部门单位今后将严格规范预算管理,落实预算调整程序,杜绝无预算超预算开支。

③关于预算绩效管理推进不够到位的问题。相关部门将结合职能职责和年度任务目标,合理设定项目绩效指标,确保 2022 年度项目预算绩效目标科学合理,并在项目执行中强化项目绩效管理理念,及时跟踪项目执行过程,推进项目资金使用高效合规,各项工作任务全面落实。

④关于少数单位存在违反财经法纪的问题。相关单位已退回在下属企业列支的费用 23.75 万元,按要求停止违规收费和货币发放就餐补贴行为,追责问责 4 名责任人。同时,相关部门采取集中学习培训、修订完善财务管理办法等方式,进一步提高财务管理水平,严格执行财经纪律。

2. 重大政策措施贯彻落实和投资建设项目审计整改情况

(1)20 个市县专项债券资金管理使用审计整改情况。

①关于专项债券资金申报和项目建设进度不匹配,资金未及时使用的问题。相关市

县加快推进项目建设进度，截至10月底，闲置、结转资金已使用37.11亿元。今后，各地将严格按年度项目建设进度申报专项债券资金，切实提高资金使用效益。

②关于部分专项债券资金使用不规范的问题。省财政厅组织相关市县严格按照专项债券调整使用要求，规范项目调整程序。截至10月底，8个市县收回资金3.03亿元用于原债券项目建设，2个市县按项目变更程序调整使用1.38亿元。

③关于项目建设推进缓慢、收益率低的问题。9个市县采取多种措施推进29个项目建设进度，目前，已开工项目16个、已完工项目13个。2个市县对4个收益率低、难以还本付息的项目重新测算评估，修改完善平衡方案。

（2）16个县乡村产业发展审计整改情况。

①关于产业发展规划编制不科学，部分资金分配不够合理的问题。12个县在全面调查本地产业化推进情况的基础上，规划发展优势特色产业，制定乡村振兴战略规划，科学细化编制产业发展规划。5个县制定完善了产业发展项目实施管理办法，规范对经营主体的奖励激励措施，优化产业奖补政策。

②关于部分资金使用不规范、不及时的问题。11个县收回挤占挪用等项目资金676.18万元，按项目变更程序调整使用1 332.13万元；5个县追回套取骗取资金266.11万元，12个经营主体退回重复申报项目资金463.56万元，14个县加快拨付使用资金1.14亿元、统筹收回闲置未用资金4 950.16万元。

③关于项目运营效益不佳，带动作用不明显的问题。相关地方加强市场监管，督促引导企业与农户签订合作协议，进一步建立健全利益联结机制，已向村集体或农户兑现投资收益3 280.89万元。对建成后闲置的产业项目，相关地方加大招商引资、政策资金支持力度，重新签订协议，盘活资产，扩大生产规模；目前，停产的车间、闲置的大棚等已重新投入使用。对于少数资不抵债的龙头企业，为防止投入资金面临损失，相关主管部门已追回或立案查处1 882.88万元，剩余资金已签订还款协议，将分期归还到位。

④关于项目进度缓慢，资产核算不规范的问题。相关地方成立工作专班，倒排工期，32个项目已完工；同时，对已完工项目资产进行全面摸底，2.17亿元资产已完成确权登记。

（3）15个投资建设项目审计整改情况。

①关于项目进展缓慢的问题。相关主管部门针对项目建设特点，采取优化编制方案、协调办理征地拆迁手续、开展进度考核等方式，压实各相关单位责任，加快推进项目实施进度。目前，各项目正按计划有序实施。

②关于多计多付工程款的问题。项目单位通过重新核准工程量和审批单价、扣减当期结算款、后期付款时扣回等方式，收回多付工程款1.06亿元。

③关于征迁补偿及项目资金管理使用不规范的问题。相关项目主管部门核减收回多

付补偿款327.12万元，追回被套取、挪用资金1 457.64万元。

④关于项目招投标和建设管理不严格的问题。省住建厅、省公共资源交易管理局成立整改督办工作专班，全面梳理问题清单，制定下发整改工作方案，督促指导相关问题整改到位。各地主管部门对照问题清单逐项调查核实，依法开展处理处罚，对5个项目施工单位予以信用降级、公开通报处理，并处罚款175.25万元；向各级纪委监委或主管部门移送案件线索19起，对57名相关责任人予以诫勉谈话、通报批评等问责处理。同时，省住建厅制定并出台了《关于加强工程转包、分包管理的通知》《关于加强房屋建筑和市政基础设施工程分包管理的通知》等相关制度，进一步规范工程建设领域管理。

3. 民生领域项目和资金审计整改情况

（1）全省社会保险基金审计整改情况。

①关于养老保险基金政策执行不够到位的问题。相关地方收回违规减免的306家企事业单位1 063.33万元社会保险费并上缴财政；省本级及17个市州养老保险经办机构已追回5 089名不符合条件人员享受的养老保险金2 560万元，其余810.71万元将积极协调沟通或采取行政手段督促相关人员尽快退回。

②关于社会保险基金使用管理不够规范的问题。7个市县人社部门追回违规使用的养老保险基金1.53亿元，5个市医保部门追回超范围使用医保基金2 630.06万元；13个市州医保部门追回重复报销医保基金371.99万元，其余14.57万元启动司法程序追缴。

（2）18个市县保障性安居工程资金审计整改情况。

①关于违规分配和管理资金的问题。相关市县按规定程序调整使用补贴资金992.49万元，收回超范围、超标准补贴资金25万元，使用结存资金用于老旧小区改造361.10万元，其余44.03万元将按工程进度支付；3个市县滞留的公租房租金收入已调整用于偿还公租房贷款本息1.04亿元、上缴财政4 975.04万元。

②关于挪用安居工程专项资金的问题。6个市县归还违规使用的专项资金3 104.13万元，退还用于平衡预算的资金4 410.84万元；2个市县的项目指挥部收回多支付的拆迁补偿款78.28万元。

③关于安居工程建设资金滞留闲置的问题。9个市县通过推进工程进度、加快资金拨付等方式使用闲置资金4.75亿元。

（3）20个县公共卫生体系补短板项目审计整改情况。

①关于少数目标任务未按标准完成的问题。7个县疾控中心通过整体搬迁、新建、改扩建和调剂其他用房等方式达到国家规定的建设标准，其中新建面积36 062.83平方米，改扩建面积5 390平方米，调整面积1 900平方米。12个县的二级以上综合医院和乡镇卫生院按照"三区两通道"标准新建传染病区、改建发热门诊和发热诊室，达到国家规范标准。6个县65个乡镇卫生院（社区服务中心）建成的发热门诊已通过验收并投入

使用。

②关于部分资金管理和使用不够规范的问题。8个县收回超范围使用或挤占挪用资金1.16亿元，按项目变更程序调整使用902.28万元。15个县督促融资平台公司向最终收款人拨款2.86亿元、收回沉淀资金3.08亿元。10个县收回超进度拨款345.69万元，通过后期建设抵扣超拨工程款1.86亿元；对个别项目选址不当、未使用的土地，相关地方政府已收储。

③关于少数项目建设管理不够严格的问题。13个县修订完善项目监管制度，严格落实项目"四制"要求，进一步规范招投标管理；10个县加大围标串标案件查处力度，给予相关企业行政处理处罚；相关地方将违法分包企业纳入黑名单，不得承接相关业务，推动打造公平公正的交易市场环境。

（4）15个县高标准农田建设项目审计整改情况。

①关于项目建设目标任务未完全落实的问题。13个县补建、规划高标准农田263.16万亩；6个县对69个项目实行上图入库管理；9个县通过加大建设投入、完善规章制度和优化设计方案等方式，提高项目建设标准。

②关于部分资金使用不够规范和及时的问题。11个县退回或调整超范围使用资金1.1亿元；9个县收回截留挪用资金1 475.51万元；3个县追回套取资金88.21万元；12个县及时下拨或收回闲置资金5.52亿元。

③关于项目建设管理不够严格的问题。6个县完善制度标准，限制违规企业参与国土整治项目招投标；2个县对5家施工企业围标串标的问题予以立案查处；9个县主管部门约谈违规转分包项目相关责任人，进一步规范政府采购秩序；9个县追回多付工程款380.65万元、责成补建完成项目投资14.57万元。

④关于项目建成移交和后续管护不够到位的问题。4个县及时办理完工项目移交手续，签订管护协议，落实管护责任；11个县通过"占一补一"、拆除养殖场、完善征地手续等方式，推进土地"非粮化"问题整改到位；13个县修复沟渠、路基8 970.3米，清除灌渠内杂草、淤泥，补栽损毁苗木1 200株，及时解决泵站电力配套设施问题。

（5）15个市县职业教育发展政策落实审计整改情况。

①关于落实职业教育改革发展政策不够到位的问题。省教育厅从2021年起严格按照普职招生比例6∶4的国家要求下达招生计划，并督促各市州按计划执行，确保招生政策执行到位；同时，会同省财政厅进一步加大职业教育投入力度，今年共投入省级中职发展引导奖补资金1.26亿元，引导督促各市县政府加大职业教育投入，落实生均拨款制度。7个市县已按要求建立职业教育工作领导小组或职业教育部门联席会议制度。

②关于职业教育办学特点不够明显的问题。省教育厅指导各地教育部门对照新颁布的职业教育专业目录，结合我省十大重点产业布局，对职教专业进行调整；同时，加强

职业院校教师转岗培训力度，鼓励文化课教师通过培训转岗担任专业课教师，加大专业教师引进力度，提高"双师型"教师比例。

③关于资金使用管理不够规范的问题。4个市县4所学校加快项目实施和资金拨付进度，已拨付使用资金1 427.36万元，统筹上缴资金763.9万元；5个市县10所学校退还挤占挪用资金466.59万元；2个市县2所学校上缴虚报套取资金42.8万元。

④关于部分学校财务制度执行不够严格的问题。目前，相关学校已退还多收学生费用413.44万元，上缴财政286.20万元，调整规范使用979.42万元；纳入学校零余额账户管理1 980.90万元，及时拨付使用357.13万元。

4. 国有资产审计整改情况

（1）25个县自然资源资产和生态环境审计整改情况。

①关于自然资源管理和生态环境保护基础工作存在短板的问题。相关地方按要求埋设基本农田标识牌和保护界桩；在饮用水源地设置防护隔离、保护区界标界桩、道路警示牌，建立围网及隔离防护栏，加大水质监测力度、实施生态休养，饮用水源地水质得到明显改善。9个县生态环保部门对水质未达标水体进行排污、清淤，封堵各类排口，治理农业面源污染，强力推进水质达标。7个县100个开工项目已补办环评手续，2个县7个已投产项目完成环评验收。

②关于土地利用管控还不够有力的问题。按照土地消化处置比例的要求，10个县通过土地出让等方式完成供地任务，16个县通过收回或开工建设等方式盘活利用闲置土地。5个县林业部门对违规占用林地行为予以行政处罚，责令限期补办手续或原地复绿。3个县加快推进工业园扩区调区申报，严格审核扩规面积，待上级主管部门审批后纳入调整范围。11个县通过调整农田属性、拆除大棚，复垦复种，恢复农田种植面积2.13万亩；5个县通过补办合法用地手续、拆除复耕等方式消除耕地违法占用状态。16个县建立激励机制，推进撂荒地复种，已复垦闲置荒芜耕地6.53万亩。

③关于污染防控措施不到位的问题。2座加油站已完成地下油罐防渗改造任务。5家畜禽养殖场已关闭并落实补偿资金，2家养殖场已调整至限养区。6个县74家企业和8家医疗机构已完善污染治理配套设施、补办排污许可证。17个县全面排查乡镇生活污水管网，及时修复毁损污水管网，确保污水应收尽收。11个县严格落实污泥登记申报和转运责任制度，规范污泥运输处置，防止造成二次污染。

④关于非法采矿，矿山生态恢复治理滞后的问题。相关地方主管部门已立案查处9家无证采砂采矿企业，还有2家企业已按规定停产停业。9个县37个矿山通过边坡挂网、场地平整、覆土复绿等方式完成地质环境恢复治理；1个矿山已按要求完成权属调整；4个矿山受汛期、地形、气候等客观因素影响，修复治理周期较长，计划2021年年底前完成治理。

⑤关于少征或未及时上缴污水处理费、水资源费、水土保持费的问题。相关地方已补缴污水处理费、水资源费、水土保持费 5 629.15 万元，其余 3 077.60 万元启动司法程序追缴。

（2）20 家政府性融资担保公司经营管理审计整改情况。

①关于担保相关政策执行不够有力的问题。目前，8 家担保公司实缴注册资本 6.26 亿元；10 家担保公司按规定建立资本金补充机制和风险补偿机制；7 家担保公司签订《湖北省新型政银担合作协议》，明确合作银行代偿损失承担比例；13 家担保公司退还超标准收取的担保费 301.67 万元，严格按规定控制担保费率，逐步落实降费让利 6 584.67 万元。

②关于担保风险防控落实不够到位的问题。20 家担保公司收回代偿资金 4 296.02 万元，提起司法诉讼等追偿 14.68 亿元，立案审查资金 3 316.66 万元，落实新《融资担保公司监督管理条例》规范管理 4.25 亿元；6 家担保公司收回违规出借资金 858.20 万元，采取司法诉讼等方式追偿 8 035.84 万元，与合作银行共同监督管理、规范使用资金 1.26 亿元；7 家担保公司已调整会计科目，按规定计提准备金 9 991.7 万元，武汉东创公司申请注销融资担保经营许可证，不再承接新的担保业务。

③关于担保公司内控管理不够严格的问题。6 家担保公司将违规核销的代偿款 1.06 亿元调回账内管理；宜昌中小融资担保公司已注销担保业务，代偿款 7 742.60 万元进入司法程序追偿。4 家担保公司将账外核算抵债资产纳入账内管理 1.69 亿元，清退 8.27 万元。5 家担保公司纳入专户存储客户保证金 3.67 亿元，解保退还企业保证金 1 557.93 万元。5 家担保公司将收回的代偿款、担保收入等入账管理 1 105.86 万元，调整账目纠正 405.69 万元，签订还款协议逐步收回个人账户存放的过桥资金 4 693.8 万元。

（3）武汉城市圈城际铁路 2020 年度运营损益审计整改情况。

关于城际铁路年度运营亏损仍在增加的问题，湖北城际铁路有限责任公司将切实落实主体责任，强化运营管理，严格成本管控，最大限度降低铁路运营成本。同时，提请省政府并积极协调有关部门尽快出台新一轮补亏方案，推动融资落地落实，维护企业经营稳定，实现企业可持续发展。

（三）部分问题未整改到位的原因及继续推进整改工作的打算

截至 2021 年 10 月底，仍有少量问题未彻底整改到位。主要是：省直部门预算执行项目，部分省直单位往来款 9 313.96 万元未清理；乡村产业发展、公共卫生体系补短板等项目，结存资金 3.78 亿元未拨付使用，将按进度拨付到位；融资担保项目，担保公司注册资本 4 638.16 万元未到位，出借资金 8 139.06 万元未收回。

下一步，省政府将毫不松懈抓好后续整改督办，督促有关地方、部门和单位压实整改主体责任,推动从体制机制制度层面加强和完善管理,促进从源头上解决问题。

三、山东省人民政府关于2020年度省级预算执行和其他财政收支审计查出问题整改情况的报告

主任、各位副主任、秘书长、各位委员:

我受省政府委托,向省人大常委会报告2020年度省级预算执行和其他财政收支审计查出问题的整改情况,请予审议。

省委、省政府深入学习贯彻习近平总书记关于审计整改工作的重要指示批示精神,认真贯彻落实中央办公厅、国务院办公厅关于建立健全审计查出问题整改长效机制的有关要求,加强对全省审计整改工作的组织领导,召开省委常委会会议、省政府常务会议、全省审计查出问题整改视频会议,多次研究审计整改工作,作出具体安排部署。省人大常委会高度重视审计整改工作,省人大财经委、省人大常委会预算工委出台《关于建立审计查出突出问题整改情况监督工作长效机制的意见》,开展整改情况跟踪监督。省委审计委员会研究制定我省审计查出问题整改长效机制的若干措施,加强统筹谋划和整体推进,推动问题全面整改到位。省委审计办、省审计厅根据省委、省人大常委会、省政府工作部署,对审计查出问题整改情况进行跟踪督促检查。

(一)整改工作总体情况

全省各级各部门深入贯彻落实党中央决策部署和省委、省政府工作要求,采取有力措施推进审计查出问题整改,取得明显成效。截至2021年11月,2020年度省级预算执行和其他财政收支审计工作报告反映的1 109个问题,已整改1 040个;整改金额1 023.85亿元,其中上缴国库、归还原资金渠道36.56亿元,统筹盘活资金77.77亿元,促进资金拨付610.42亿元,通过调整账务等其他方式整改299.10亿元;健全完善制度257项;追责问责210人。

1. 审计机关强化督促检查责任

审计机关始终围绕中心、服务大局,把抓实审计整改作为践行"两个维护"的现实检验,坚持监督与服务并重,发挥审计"治已病、防未病"作用。省委审计办、省审计厅建立健全整改承诺、约谈和责任追究等机制;向30个省直部门单位和16市党委、政府印发整改通知,开展现场跟踪督查和整改"回头看",对整改不力的发函督办;编印审计查出问题典型案例汇编,发送各级各部门自查自纠;召开全省审计整改推进会议,推动整改成效全面提升。

2. 被审计单位扛实整改主体责任

各市县各部门单位将审计整改作为重大政治任务,市县党委、政府加强组织领导,

强化责任担当，统筹协调推进，全力抓好整改。潍坊、滨州等4市专门建立审计整改工作联席会议制度，压实责任，有力推动问题整改。相关部门单位坚持边审边改、立行立改，对需分阶段或持续整改的问题制定整改方案，明确目标要求、序时进度，紧抓不放、持续推进，推动整改落实落地。

3. 主管部门认真履行监督管理责任

有关主管部门认真履行监管职责，将"当下改"与"长久立"结合起来，坚持源头治理，举一反三，标本兼治。省财政强化审计整改约束机制，将预算安排与审计问题整改挂钩，对同一问题屡审屡犯的部门单位暂停相关资金安排；省住房城乡建设厅开展全省棚改安置住房专项整治；省农业农村厅完善制度框架，强化顶层设计，解决乡村振兴实施中存在的共性问题。各部门以整改为契机，制定完善制度84项，不断提升治理效能。

4. 多方贯通协作形成整改合力

加强审计监督与巡视巡察、党政督查等其他监督的贯通协作，与组织人事、行业主管部门的协同配合，实现同向发力、成果共享。建立巡审联动、督审联动机制，将审计查出重要问题整改情况纳入巡视巡察、督查督办内容；组织人事部门将审计结果及整改情况作为考核、任免、奖惩领导干部的重要参考，济南等10市将审计整改情况纳入绩效考核；省教育厅、省人力资源社会保障厅、省生态环境厅、省医保局等部门单位同省审计厅建立整改联动机制，开展专项督查、专项行动，推动问题改到位、改彻底。

（二）深化预算管理改革审计查出问题的整改情况

1. 全口径预算管理方面

（1）预算编制不完整、早编细编预算不到位问题。省财政专门印发文件，要求部门单位全面梳理各项收入来源，合理预估经常性收入规模，完整编列收支预算；督促部门单位加快预算执行，减少资金结转规模，推动实现上年结转资金自动转入下年度预算，提高预算编制准确性、完整性。

（2）部分资金脱离财政监管问题。4个部门单位采取健全完善制度、修订承保方案等方式整改4 301.50万元，1个单位在社团组织存放的4 079.18万元资金已上缴财政。

（3）部分国有资本经营预算资金连年结余问题。省国资委已将结余资金3 939.79万元全部上缴国库。

2. 推进预算高效执行方面

（1）年底追加预算执行率不高问题。省财政要求部门单位在编报下年度预算时合理设置预算项目和资金需求，严格控制追加预算，定期通报项目执行进度，提高预算编报的科学性和执行率。

（2）预算资金分配和管理不严格问题。省财政要求部门单位加强内部支出标准管控，严格预算执行，合理安排执行进度。相关部门单位完善规章制度，规范会议、培训计划编制等工作，加强资金使用跟踪监管，避免向企业及下属单位转嫁、摊派费用，对超编车辆进行重新报批或封存，退回借用车辆13辆，收回闲置建设资金、课题经费等1.02亿元，5个部门单位上缴国库或归还原资金渠道219.78万元。

（3）政府采购和政府购买服务管理不规范问题。相关部门单位修订完善政府采购管理办法，优化工作流程，加强日常监管，择优确定购买承接主体。

（4）部分直投基金投资效益不高问题。省财政梳理排查涉及企业，制订收回计划，发送催收函，收回50家企业投资本金及收益1 706.95万元，其余将通过法律手段追缴。

（5）部分预算内投资项目进展缓慢、资金闲置问题。省发展改革委建立常态化调度机制，对投资项目进行综合评价并在全省通报，开展专项督查，督促项目早实施早建成、资金早拨付早使用，57个项目已竣工，滞留闲置资金拨付使用13.70亿元、财政统筹收回1.26亿元。

3. 全面实施预算绩效管理方面

省财政建设预算管理一体化系统，完善项目动态入库机制；督促部门单位落实绩效管理主体责任，把绩效目标作为预算申请的前置条件，不断完善绩效评价机制。相关部门单位按要求制定绩效监控、绩效评价等制度办法，细化量化绩效目标，开展绩效自评，将绩效评价结果作为资金分配的重要参考依据，深化评价结果应用。

4. 财政股权投资改革方面

省财政改进财政资金股权投资运作机制，明确资金运作模式和投资期限；探索创新多样、有效的保值增值手段，协调受托管理机构逐步减少投资保底收益方式；已拨付支出闲置资金1.20亿元，其余300万元将根据项目进度拨付。

5. 决算草案编制方面

相关部门单位规范财务核算，调整账务，清理往来款项，除3个单位927.09万元正在清理外，其他部门单位采取上缴国库、退还资金、调整账务等方式完成整改，确保账表真实反映收支情况。

（三）落实政府过紧日子要求和财政资金提质增效审计查出问题的整改情况

1. 一般性支出压减不到位问题

省财政将过"紧日子"作为预算管理长期坚持的基本原则，对巡视、审计发现违规使用"五项经费"的，按30%核减2021年业务类项目预算，强化"三减三控"措施，建立节约型财政保障机制，将2022年日常公用经费定额标准压减20%，加强对支出事项必要性合理性审核，压减"三公经费"、会议费、培训费规模，严控办公用房维修改造、公务用车购置等。

2. **有些存量资金未盘活使用问题**

省财政建立存量资金常态化清理盘活机制,组织开展集中清理,加大银行存款和专用基金清理消化力度,要求各类事业基金、专用基金滚存结余纳入预算统筹安排;通过上缴国库、统筹使用、调整项目计划等方式,33个部门单位整改结转结余资金1.97亿元、相关市县整改存量资金98.25亿元。

3. **有些部门单位超进度、超需求拨付资金问题**

相关部门单位补充合同条款、完善执行流程,严格按用款计划和项目进度支付资金,加快项目实施,降低资金损失风险。

4. **新增财政直达资金方面问题**

各级财政部门强化直达资金常态化、制度化管理,坚持边审边改,审计过程中相关市县细化分配方案、完善支付系统、加快拨付进度,76.14亿元已全部整改到位。

5. **科技创新发展资金方面问题**

省委科技创新委员会制定工作规则,明确资金分配流程,将涉及科技创新的69项政策全部纳入资金配置框架,在项目申报、审批、资金分配等环节实行一体化管理;闲置的互联网平台奖励等专项资金2.44亿元已拨付2.36亿元;省工业和信息化厅优化相关奖励政策,建立全省优质中小企业成长帮扶机制,支持企业做优做强。

6. **数字山东发展资金方面问题**

省大数据局调整优化数字山东发展资金分配结构,安排5 000万元用于城乡数字治理,助力数字山东高质量发展。

7. **财政金融政策融合支持乡村振兴试点资金方面问题**

省财政厅、省地方金融监管局等部门联合印发有关财政金融政策融合支持乡村振兴战略文件,对试点县实行分档补助,突出奖补资金激励效果;明确资金支出方向,指导市县围绕乡村振兴用好资金;闲置在基层财政部门和相关单位的1 212.06万元已拨付。

(四)国有资产审计查出问题整改情况

1. **国有资产报告范围不完整问题**

省财政制发文件,要求相关部门编制2020年度政府财务报告时,将24家事业单位全部纳入编报范围;省交通运输厅起草了公路水路公共基础设施资产政府会计核算实施方案,明确记账主体、入账价值、核算要求等,为全面反映公路水路资产家底打下基础。

2. **行政事业资产管理使用不严格问题**

24个部门单位修订完善资产管理办法,按规定程序处置资产并及时备案,通过函告催缴、及时清收等方式整改处置收益未缴国库等问题0.69亿元;5个部门单位收回房屋

6处、划拨划转公车2辆,其余8个部门单位正在办理资产处置审批和移交手续;12个部门单位的6处房产、83辆公车、933台计算机等办公设备已入账,涉及5 443.02万元、3 823.83平方米;3个部门单位将违规核销或由职工代持的对外投资进行转让或调整账务;7个部门单位已完成资产清查、划转移交手续。

3. 政务信息系统建设存在薄弱环节问题

3个部门单位已建成14个信息系统项目,其余1个将于年底验收;5个部门单位的10个信息系统已更新模块、整合资源、升级客户端,提高使用效率;2个部门单位收回费用、修订合同,降低资金损失风险。

4. 企业资产管理不规范问题

5户省属企业完善投资管理办法,规范决策程序,加强投后管理,通过项目转型升级、盘活资产、法律手段等减少投资损失;7户省属企业规范收入成本核算,计提减值准备、抵消关联交易等,整改会计信息不实问题13.72亿元;省供销社系统加大对社有企业违反决策程序对外投资、违规处置资产等行为整治力度,20人被追责问责。

(五)政府专项债券管理使用审计查出问题整改情况

1. 部分项目进展缓慢或无法实施问题

各级相关部门单位采取重新考察论证、修订方案、补充完善手续、调整项目、加快项目施工进度等措施积极整改,15市67县48个项目已开工,208个项目加快进度,闲置债券资金已拨付或统筹调剂使用302.22亿元。

2. 部分项目资金拨付不及时问题

相关部门单位规范施工合同管理、按工程进度拨付资金、加快项目竣工决算,3.51亿元闲置资金、28.32亿元滞留资金均拨付到位。

3. 资金管理使用不严格问题

4市20县采取收回出借资金、调整账务、加快资金拨付等措施,整改违规使用债券资金26亿元。

(六)重点建设项目审计查出问题的整改情况

1. 重点水利工程审计方面

(1)工程推进缓慢问题。省水利厅督促相关建设单位组织勘测定界,2市6县20个重点水利工程项目已完成土地测绘,正在办理用地手续;1市8县27个水毁除险加固项目已完成建设任务。

(2)建设资金管理、使用不合规问题。14市202个项目已按合同约定或工程进度拨付工程款22.82亿元;6市已拨付22个项目施工单位垫资款7.05亿元;未统筹使用的结余资金 968.03 万元已上缴国库或用于项目支出。

（3）工程建设管理不严格问题。省水利厅制发文件，规范水利工程代建管理；4 市 40 个项目签订补充协议，将质保金预留比例调整至国家规定的 3%；6 市落实农民工工资保证金制度，设立农民工工资发放专户，补缴保证金 707.92 万元。

2. 重大交通基础设施项目审计方面

（1）项目建设推进不力问题。我省积极对接国家铁路集团公司，济滨高铁已进入设计审查阶段；东营港区航道工程已完成设计变更，导堤工程已完成 95%；济宁机场已开工，其他 3 个机场加快项目可行性研究；2 个港口码头项目已补办相关手续，1 个暂停实施。

（2）资金筹集使用不规范问题。6 个项目资本金和建设资金已到位 47.87 亿元；京沪高速莱芜至临沂段沿线有关部门单位、企业已退还施工单位保证金 723.77 万元。

（3）征地拆迁资金滞留闲置问题。相关地方政府已拨付济青高速扩建等项目征地拆迁补偿款 9.46 亿元；济南轨道交通项目闲置征地拆迁补偿款已整改 7 495.50 万元。

3. 保障性安居工程审计方面

（1）部分目标任务未完成问题。1 市 4 县已完成保障性住房开工及建成任务 4 470 套，81 户公租房租赁补贴已发放到位，1 县 2 个老旧小区改造项目已开工建设。

（2）住房保障政策未落实问题。2 市 2 县退回 22 个安居工程项目多收税费 2.62 亿元；6 市 5 县 603 人已腾退不应享受的公租房、取消保障待遇资格或按市场价缴纳租金；3 市 5 县 1 551 套长期闲置公租房已分配；3 市 2 县对改造效果不佳的老旧小区重新修复；2 市 2 县 6 251 套长期未建成的住房已建成；13 个建成未分配的项目中，5 584 套棚改安置房已制定分配方案。

（3）资金收支管理不严格问题。4 市 6 县盘活使用闲置资金 5.55 亿元、2 市 4 县追缴应收未收公租房租金 448.30 万元、2 市 1 县 1 436.36 万元公租房租金全部上缴国库。

（七）乡村振兴相关政策落实和资金管理使用审计查出问题的整改情况

1. 高标准农田建设（含高效节水灌溉）审计方面

（1）项目建设质量不高问题。6 县组织开展"十三五"期间高标准农田建设情况摸底调查，对重叠面积清查评估，为新一轮规划编制提供依据；5 县已完成建设任务 14.72 万亩；5 县对 14 个质量不达标项目返工修缮，加强后期管护保养。

（2）管理维护不到位问题。省农业农村厅制定高标准农田建设工程运行管护办法，有关县对占用的高标准农田分阶段分批次有序退出，积极引导农户种植粮食作物；8 县 11.28 万亩高标准农田已划入永久基本农田或储备区进行重点保护；5 县 8 个项目闲置的灌溉设施已投入使用。

2. 农村人居环境整治审计方面

（1）农村厕所改造方面问题。省住房城乡建设厅制发整改工作方案，与省农业农村厅联合包市督导。4县已建设农村公厕42个、中转池7座，2县因涉及新型社区改造、规划调整等，7 486户厕所、71个公厕不再建设；3县已拨付闲置资金1 328.50万元。

（2）农村生活污水和垃圾处理方面问题。4县11处污水处理设施已完工；5县41处闲置污水处理设施重新投入使用；5县部分村庄生活污水直排河道问题采取清理沟渠、修建污水处理沉淀池等方式整改；7县对村庄环境卫生清理整治，开展巡回检查，解决生活垃圾乱堆放、清运不及时问题。

（3）农村清洁取暖方面问题。4县9 138户"煤改气""煤改电"改造任务已完成；2县对不达标取暖设备改造加固、更换配件，消除安全隐患；13县完善落实清洁取暖补贴政策，加大宣传力度，引导提高设施使用率。

3. 乡村产业发展审计方面

（1）产业园区及产业强镇建设效果不佳问题。5县丰富园区种植品种、加大生态观光旅游，推进产业多样性发展，提升园区运营能力；3县3个产业强镇项目通过变更实施主体等加快进度，1个项目已完工验收；2县深化"企业＋合作社＋农户"等合作模式，让农户分享产业项目发展红利。

（2）农业生产社会化服务措施不精准问题。8县结合当地实际确定相关补助标准，4县明确单个规模经营主体补助上限。

（3）专项资金使用效益不高问题。3县调整方案、补办手续，规范使用农业产业园区奖补资金3 112.82万元；3县奶业振兴等奖补资金1 644.51万元已拨付到位。

4. 巩固拓展脱贫攻坚成果审计方面

省扶贫开发领导小组、省乡村振兴局等健全完善防止返贫动态监测和帮扶机制，印发系列制度办法，要求细化措施，做好扶贫项目资产后续管理工作，不断巩固脱贫攻坚成果。6县13个项目已纳入管理台账或管理平台；5县57个项目签订补充协议，约定资产保全和资产处置方式；4县制定标准，规范认定程序，加强返贫动态监测，对存在返贫致贫风险困难群众及时纳入帮扶范围。

（八）民生资金和项目审计查出问题的整改情况

1. 促进就业优先政策落实情况审计方面

（1）支持企业稳岗扩岗政策未落实问题。有关市县向不符合条件的企业追回稳岗返还补贴170.51万元，向符合条件的企业发放1 688.32万元，其余519.36万元因企业注销等原因已不符合发放条件；多收取的223.94万元社会保险费已退回企业。

（2）职业技能提升效果不明显问题。省人力资源社会保障厅加大职业技能培训支持力度，推动"互联网+职业技能培训"，提高职业培训的针对性、有效性；相关市县完善职业技能提升行动相关政策，紧盯农村转移劳动力、困难企业转岗职工等就业重点群体，多渠道征集培训意愿，分层次开展培训，提高培训覆盖面。

（3）扶持就业创业工作不到位问题。3市9县调查摸底各类就业困难群体底数，分类加强指导支持；2市5县落实降低创业担保贷款利率、提高贷款额度等优惠政策；1市5县已拨付创业担保贷款贴息647.30万元。

2. 社会保险基金审计方面

（1）养老保险保障不到位问题。12市将符合参保条件且有参保意愿的低保特困、进城务工人员等全部纳入基本养老保险；5县已拨付财政补助资金5.75亿元。

（2）医保基金征缴不严格问题。2市向企业追缴医疗保险费225.87万元，其余122.04万元因员工参加居民医疗保险、离职等原因不再追缴；3市未减征的医疗保险费62.63万元已退还企业。

（3）违规支付医保基金问题。省医保局会同省公安厅、省卫生健康委、省审计厅开展规范医保基金使用专项行动，严肃查处骗取、套取行为，15市追回医保基金5 512.97万元，督促医疗机构退还多收取患者费用1 407.15万元，处罚医疗机构84.93万元、扣减违约金379.90万元，约谈或通报批评相关医疗机构负责人141人。

3. 高等职业教育改革政策落实情况审计方面

（1）工作统筹推进缓慢问题。15市已按规定编制并报送职业教育创新发展实施方案；有关部门正在研究制定措施，建立健全学生实习实训工作考核、激励机制。

（2）现代学徒制等试点工作改革未全面落实问题。5所学校完善人才培养方案，建设符合现代学徒制特点的专业课程体系；5所学校强化校企合作，组织学生到合作企业跟岗实习，锻炼实践技能。

（3）学生权益保障不到位问题。省教育厅等将高职扩招学生与普通学生助学金统一管理、一并拨付，推动助学金及时发放到位；5所学校退还学生自行承担的保险费用，为新参加实习的学生购买保险，建立监督投诉"直报"平台，保障学生权益。

4. 基层医疗卫生服务能力建设情况审计方面

（1）医疗能力建设薄弱问题。相关县加大对医务人员招聘力度，适度提高薪酬待遇，选派执业医师参加全科医生转岗培训，加强基层卫生人才队伍建设；新建、扩建乡镇卫生院，采购诊疗设备，推进标准化建设；积极筹措资金，加快项目建设，14个项目已完工。

（2）院前急救能力不强问题。相关县通过调整规划、新增急救站（点）将2 151个村纳入服务半径；建立急救车周期性更新机制，调配、购买急救车26辆，提高院前急救能力，满足转诊需要。

（3）医疗卫生资金使用效益不高问题。22县拨付公共卫生补助等专项资金3.69亿元；6县盘活使用闲置资金3 701.46万元；14县支付乡镇卫生院拖欠药品耗材款2.70亿元。

（九）生态环境审计查出问题整改情况

1. 环境污染防治审计方面

（1）大气污染防治方面。相关县推动工业源深度治理，加强扬尘污染管控和柴油货车监督检查，9县已完成空气质量约束性目标任务，2县已完成煤炭压减任务。

（2）水污染防治方面。相关市县认真落实河湖长制，开展入河排污口排查整治行动，1市10县水质已达标，3县16家企业已办理排污许可证。

（3）土壤污染防治方面。3县对29家土壤污染重点监管企业开展监督性监测，1县5个变更用途的地块完成土壤污染状况调查。

（4）专项资金管理方面。2市县通过盘活使用、收回财政等方式整改闲置资金2 546.87万元；2县已拨付生活垃圾处置服务费、污水处理费等6 556.90万元；3县已征收污水处理费122.26万元，上缴财政1 444.37万元。

2. 固体废物污染防治审计方面

（1）危险废物污染防治方面。5县8家企业制定危险废物处置方案，转移超期贮存危险废物2 972.34吨；2市加快建设集中处置项目，提高危险废物综合处置能力；2县19所中小学贮存的618千克废弃危险化学品已转移处置。

（2）医疗废物污染防治方面。4市4县督促有关医疗机构调整或重建医疗废物暂存场所，与居民区保持安全距离，医疗废弃物已由具备资质企业负责收运。

（3）生活垃圾污染防治方面。有关市县建设生活垃圾无害化处理及发电项目，提升垃圾处置能力，加强对垃圾填埋场监管，减少地下水污染；制定垃圾分类指导意见、实施方案，明确收运处置措施，规范废弃物收运管理。

（十）正在整改的问题及后续工作安排

从整改情况看，尚有部分问题正在整改。对此，审计机关严格落实"三个区分开来"重要要求，认真全面听取有关市县和部门单位的意见，实事求是分析原因，主要存在以下几种情况：

1. 有些属于体制机制性问题，需要在深化改革进程中推进整改

如全口径预算管理不到位、预算执行刚性约束不足、全过程绩效管理机制不健全等财政管理改革过程中存在的问题，基层医疗服务能力建设薄弱、院前急救能力不强等涉及医疗卫生服务体系的问题，要持续深入推进改革，分类加以解决。

2. 有些受客观因素和外部环境影响较大，需要统筹兼顾多方因素推进整改

如部分保障性住房长期未建成、未分配，重大交通基础设施建设推进不力等问题，受规划调整、地块落实、项目单位变更等多因素影响，进展较慢；农村改厕、清洁取暖、高标准农田等存在的问题，各地要根据实际情况，加强政策支持，发挥市场机制调节作用，引导农户主动参与等，稳步推进加以解决。

3. 有些属于管理机制不够统筹协调问题，需要部门之间加强衔接推进整改

如部分项目推进缓慢、经费紧缺与资金闲置并存，专项资金难以充分有效利用等问题，主要由于相关部门之间工作衔接与信息沟通不及时，项目审批与资金分配存在脱节现象，相关部门单位要加强协调配合、信息共享，统筹推进项目建设和资金有效使用，在规范高效管理中加以改进。

对以上问题，后续整改将重点做好以下工作：一是分类制定措施。有关市县和部门单位加强系统梳理、分析研判，根据问题类型分类施策，有针对性地制订整改计划和措施。二是强化协同配合。对于存在时间长、原因复杂、涉及利益群体多的问题，有关市县和行业主管部门单位强化协作贯通，加强上下联动、督查督办，合力推动整改。三是加强督促检查。审计机关加强跟踪检查，压实各级各部门整改主体责任，督促责任单位采取有力措施抓好整改，对拒不整改、推诿整改、敷衍整改、虚假整改的严肃追责问责。

主任、各位副主任、秘书长、各位委员：

我们一定以习近平新时代中国特色社会主义思想为指导，深入贯彻落实习近平总书记视察山东重要指示要求和对审计工作重要指示精神，认真贯彻新修订的审计法，落实中央"两办"关于审计整改工作的有关要求，更加自觉接受省人大的监督和指导，锚定"走在前列、全面开创""三个走在前"总目标，依法全面履行审计职责，坚持一体推进揭示问题、规范管理、促进改革，充分发挥审计在党和国家监督体系中的重要作用，为全面开创新时代社会主义现代化强省建设新局面作出新贡献。

四、关于北京市 2020 年度市级预算执行和其他财政收支审计查出问题整改情况的报告

主任、各位副主任、秘书长、各位委员：

我受市人民政府委托，向市人大常委会报告 2020 年度市级预算执行和其他财政收支审计查出问题的整改情况，请审议。

（一）审计整改工作总体推进情况和工作成效

1. 切实加强党对整改工作的领导

全市认真贯彻习近平总书记关于审计工作的重要讲话和重要指示批示精神，落实

党中央、市委审计委员会关于审计查出问题整改工作的部署要求和市十五届人大常委会第三十二次会议有关审议意见,把整改落实作为重大政治任务抓紧抓实,着力推动建立健全审计查出问题整改长效机制。市委、市政府主要领导多次对审计报告或信息作出批示,要求对审计查出问题认真研究,整改到位。市委审计委员会听取审计情况汇报,要求压实整改主体责任,以钉钉子精神狠抓问题整改,做实审计监督后半篇文章。市政府常务会听取审计和审计整改情况汇报,要求各区、各部门、各单位严格落实主体责任,制定工作措施,不折不扣抓好审计整改,坚持深挖根源,举一反三,注重从制度机制政策上查缺补漏,推动实现标本兼治。市委审计委员会办公室牵头研究本市建立健全审计查出问题整改长效机制的具体举措,并明确责任分工。

2. 强化整改工作落实

市人大常委会对审计查出突出问题整改情况加强监督和指导,有关工作部门对政府投资管理、重点民生资金和项目管理使用等五方面存在的问题,综合运用专题询问、专题调研、市区联动等方式开展跟踪监督。市政府组织召开全市审计整改工作专题部署会,对整改工作作出具体安排,要求各单位依法主动接受人大和社会监督,全力配合市人大常委会有关部门做好跟踪监督相关工作;召开审计整改工作联席会议,组织各成员单位、重点整改部门合力研究解决审计查出的突出问题。市领导第一时间对背街小巷成本管控、政府债券资金闲置等问题专题调度,推动加强问题的源头综合治理。市发展改革委等5个重点整改牵头部门积极配合市人大常委会有关工作部门开展跟踪监督,组织现场调研11次,及时整改审计查出问题,认真剖析问题产生的根源,举一反三,研究制定配套政策,完善相关措施,形成单项整改报告提交市人大常委会审议。

3. 压紧压实整改责任

被审计单位认真落实审计整改主体责任,通过召开党委(党组)会、成立主要负责人任组长的整改工作小组等加强对整改工作的领导,相关部门和单位共召开专题部署会28次,对照整改清单逐项逐条狠抓整改落实,制定具体整改措施1 246项,全面落实整改任务。相关主管部门对主管领域内整改工作进行监督管理,积极推动被审计单位整改到位。如市财政局在2022年度预算编制培训中,向预算单位通报了部门预算执行审计查出的普遍性问题,将其中突出问题作为财政监督检查的重点内容,纳入2022年度专项检查计划;市城市管理委组织相关区认真研究背街小巷成本管控中存在的问题,指导督促各区制定成本管控措施;房山区、昌平区等举一反三,对照审计查出问题,对全区基层治理资金的结存情况进行了清查。市审计局严格落实对账销号制度,对查出的问题逐项逐条摆列清单提供给被审计单位,详细说明问题表现、违规性质、整改要求和时限等要素;在更新完善市级部门预算执行审计等提示提醒清单的基础上,编制完成了《北京市保障性安居工程审计重点问题及定性依据指引》,发放给相关单位,在更大范围更多领域发挥提示提醒机制作用。

4. 建立健全推动整改协作机制

审计监督与其他监督方式贯通协作，形成监督合力。市审计局与纪检监察、巡视巡察、组织人事、国资、统计等部门通过建立线索会商、监督协同、结果运用等工作机制，加强经常性沟通和工作协调，推动问题整改和成果共享。市纪委市监委对市审计局移送的问题线索认真核查，坚决查处审计反映情况背后的违纪违法问题；市委巡视办将审计查出问题整改情况作为巡视的重点内容，有力推动了整改；市级督查部门对市领导重点关注问题的整改情况严格督办，共同推动整改落实。

截至 2021 年 9 月底，《关于北京市 2020 年度市级预算执行和其他财政收支的审计工作报告》反映的 239 个需立行立改事项已全部整改完成，审计整改率 100%，53 个分阶段或持续整改事项中，有 28 个事项已整改完成，其余正在加快推进。各相关单位通过上缴国库、归还原资金渠道、统筹盘活、调账等，整改问题金额 53.28 亿元。同时，积极查找体制性障碍、机制性缺陷、制度性漏洞，已制定完善或正在研究修订市级制度 22 项，建立健全部门内部控制和财务管理等制度 64 项，追责问责 29 人。审计整改促进相关部门加大政策清理整合力度，加强预算、投资和风险管控，加快政策落地和重大项目推进，进一步保障和改善了民生。

（二）市本级预算执行和决算草案审计查出问题整改情况

1. 关于一般公共预算审计中存在的问题

一是针对部分公用经费定额亟待调整的问题，市财政局对 2018 年至 2020 年市级部门决算支出情况进行分析，结合实际情况，规范完善了部分公用定额内容和标准。在 2022 年预算编制工作中，将调减邮电费定额、调增办公设备维修费定额；修订广播电视行业定额标准，将接济服务领域、公安警务司法领域支出标准，纳入行业定额标准管理范围；研究修订基础教育行业定额管理办法，进一步明确日常定额和专项定额的范围和内容，避免出现内容重复问题。

二是针对部分支出政策还需进一步清理完善的问题。

其中，针对科学技术类经费支出政策需要集成整合的问题，市科委、市中关村管委会正在全面梳理相关管理办法，对政策进一步统筹整合，聚焦重点项目，避免支持项目"碎、散"或重复；正在会同市财政局研究修订《中关村示范区一区多园统筹发展支持资金管理办法》，进一步聚焦支持对象，细化补贴标准，完善补贴方式。

针对文化类支出个别政策需要进一步明确政策定位的问题，市委宣传部、市财政局修订了《北京市实体书店扶持项目管理办法》，明确申报书店要以出版物销售为主营业务，将图书经营指标作为评审内容；2021年实体书店资金申报中将经营年限作为限制条件，降低并逐步取消房租等直补方式在扶持资金中的占比；逐步开展对书店经营绩效的动态监管，推动提升财政资金使用效益。

针对城市管理类支出个别政策亟待细化支出标准的问题，市城市管理委全面梳理各区生活垃圾前端分类模式和资金支出情况，会同市财政局指导各区规范支出内容，细化形成符合各区实际的支出标准和定额；继续坚持垃圾分类精准入户指导等，提升居民自主分类水平，减少人工二次分拣工作量；指导各区落实生活垃圾分类政府购买服务指导目录，细化区、街道（乡镇）和社区的生活垃圾分类主要工作内容，强化成本管控。

2. 关于政府性基金预算审计中存在的问题

针对土地储备项目预算安排不细化，资金沉淀较多的问题，截至2021年9月底，在市土储中心结存的108.35亿元闲置资金，已消化52%，剩余资金将调整用于新国展、北京经济技术开发区"两站一街"等重点项目投入，预计年底前支出完毕。同时，市财政局加强后续土地储备项目资金管理，2021年土地储备项目部分预算已调整用于其他事项；2022年起，进一步细化项目预算，提高资金与项目的匹配度，按照政府性基金有关要求做好资金分配与下达工作。

3. 关于国有资本经营预算审计中存在的问题

一是针对部分预算资金未落实到项目的问题，市财政局进一步细化2022年国有资本经营预算编制要求，督促市国资委将"提升企业自主创新能力支出"落实到具体项目，并加强审核，提高国有资本经营预算资金使用效率。

二是针对建设项目支持领域重点不够突出的问题，市财政局、市国资委在编制2022年国有资本经营预算时，将进一步聚焦市委市政府重大任务、"高精尖"产业发展、提升国企自主创新能力和核心竞争力等五大重点领域，并按照轻重缓急进行排序，对成熟度高、具有较强示范带动作用的重点项目给予优先支持。

三是针对支持科技进步资金需要整合的问题，市国资委在编制2022年科技创新项目预算时，进一步突出重点，提高对单个项目支持金额；根据年度国有资本经营预算支出规模，综合考量确定支持比例和金额，进一步发挥国有资本经营预算资金在提升市属国企科技创新能力方面的引导带动作用。

4. 关于社会保险基金预算审计中存在的问题

一是针对医疗保险基金收入预算编制不够完整的问题，市医保局在编制2022年及以后年度医保基金预算时，将合理预估中央财政补助资金拨款规模，按规定编入相应预算科目。

二是针对一些社会保险支出政策需要进一步调整的问题，市人力资源社会保障局废除职业指导培训补贴政策；调整现行公共实训基地补贴政策，增加申请补助的要件，合理确定补助标准,进一步提高政策吸引力;进一步加大城市公共服务类岗位开发力度。

5. 关于市对区转移支付审计中存在的问题

针对部分专项转移支付整合不到位,未明确绩效目标和实施期限的问题,市财政局全面梳理现行专项转移支付政策,对标中央及本市专项转移支付管理政策要求,会同相关主管部门研究修订完善交通运输专项补助、垃圾分类专项补助、基础教育综合改革专项政策,进一步明确资金支持范围和事项,整合政策支持的具体项目,从政策设计上避免项目"小、碎、散";要求各专项转移支付资金主管部门在编制预算时严格填报项目绩效目标;研究修订农业农村改革发展资金、水务改革发展资金、应急管理专项资金的管理办法,明确政策实施期限等内容。

6. 关于市级基本建设预算资金审计中存在的问题

一是针对重大投资项目建设准备不充分,影响预算执行的问题,市发展改革委加大协调力度,截至目前,4个未开工或进展缓慢的项目中,"永定河平原南段综合治理与生态修复一期工程"已完成项目建议书(代可行性研究报告)审批,预计年底开工,"老旧小区配电网改造工程"各子项目均已开工,其余2项正在进一步优化设计方案和做好开工准备相关工作。市发展改革委将按照《北京市重大投资项目储备管理办法》要求,做细做实政府投资项目前期工作,切实提高项目成熟度。

二是针对政府投资项目成本管控规定落实不到位的问题,市发展改革委加快推进项目功能建设标准清单及造价指导清单编制,城市主干道、城市公园和造林绿化领域标准清单已基本编制完成,正在按程序修改完善,下一步,市发展改革委将根据标准清单编制投资造价指导清单;结合《北京市优化市政府投资项目决策审批改革方案》等文件制定,会同市住房城乡建设委、市财政局进一步完善项目监理单位管理有关规定,有效发挥监理单位投资控制工作职责;全面梳理在途"一会三函"项目,将不严格落实成本管控等要求的项目退出试点范围。

(三)市级部门预算执行和决算草案审计查出问题整改情况

截至2021年9月底,相关部门和所属单位通过上缴国库、归还原资金渠道、统筹盘活、调账等整改问题金额1.18亿元,其余问题也都通过加强管理、完善制度等进行了整改,相关单位共建立健全内部控制和财务管理等制度共16项。对审计指出的一级预算单位预算资金统筹力度不够、全口径预算管理仍需加强、委托事项和财务管理不规范问题较为普遍、一些单位成本管控不严、资金使用绩效不高等突出问题,有关单位持续推进整改,市财政局也从强化部门预算管理等方面提出了具体措施和要求。

一是针对非财政拨款资金统筹调度不够的问题,截至2021年9月底,有10个单位已将无需使用的非财政拨款资金223.47万元上交财政部门;10个单位制定了支出计划,在2021年内安排支出，涉及金额9 347.62万元。市财政局提出进一步加强单位资金管理的要求，2022年，将推动单位自有资金指标化管理，要求市级部门加大各类收入统筹力度，结合本部门非财政拨款收入情况申请年度预算。

二是针对委托事项需进一步加强管理的问题，各相关单位通过细化委托业务费预算编制，明确委托事项明细内容及标准，严格审核支出等方式进一步加强对委托事项的管理。市财政局针对市级部门存在的问题，印发了《市级部门政府购买服务项目预算审核操作规则》，明确7大类28项政府购买服务负面清单，细化了应由政府直接履职的服务事项，进一步强化清单约束性，明晰购买边界；要求各市级部门严格执行压减后的一般性支出预算，严格执行机关运行及项目支出等经费开支标准，从严控制委托业务费等一般性支出；在编制2022年预算时，要求各部门按照"零增长"和"先有预算、后买服务"的原则，从严从紧编列部门委托业务费，严格控制委托业务费规模。

三是针对银行账户管理需要进一步规范的问题，截至2021年9月底，8个单位的13个账户已撤销，7个单位的9个账户正在办理撤销手续，未及时在市级银行账户管理系统备案的10个账户已全部完成备案手续。

四是针对往来款项需进一步加大清理力度的问题，往来款核算不规范的4个单位中，3个单位将1 613.11万元往来款计入收入科目，1个单位上交财政资金0.5万元；对财政性结余资金在往来款挂账的问题，有30家单位已上交财政资金5 913.11万元，13家单位2509.15万元待财政部门批复后将予以上交。

五是针对部分扶持奖励资金分配管理需规范，扶持效果有待提升的问题，市文化和旅游局正在研究整合《北京市旅游商品扶持资金管理办法》和《北京市会奖旅游奖励资金管理办法》，将重点扶持品牌效应高、市场销售额大的旅游商品，扶持的企业控制在30家以内，完善项目评审标准，细化资金分配方案，同一类型的项目，扶持的标准一致，减少评审专家组的自由裁量权。已追回企业虚报骗取的227.73万元扶持资金并上交市财政。

六是针对在项目支出中还存在不计成本现象的问题。

其中，针对部分单位杂志运营不计成本投入现象较严重的问题，市文联所属3个杂志社加强成本效益分析，通过合理压减稿酬和印刷成本等方式，降低杂志运营成本。

针对一些公共服务设施利用率低，后续单位运维成本较高的问题，首都图书馆以公众需求为导向，通过大数据分析，暂停了服务效能不高的10个自助图书馆。同时，加大自助图书馆书籍更新力度，研究增加图书预约、电子图书借阅等功能，加强巡检，及时解决设备故障，进一步提升自助图书馆的服务效能。市总工会职工大学在保留"首都职工数字图书馆"原有资源和功能的同时，已经暂停资源更新，将根据北京市职工素质工程整体发展规划和实施意见，统筹研究确定"首都职工数字图书馆"发展方向。

针对微信公众号方面存在的问题，市文化和旅游局所属单位将做好市场调研，提高公众号内容质量，细化预算编报依据，加强成本管控。

针对培训、活动类项目存在的问题，市文联加强培训类项目预算编制的科学性和合理性，严格合同执行和项目验收；加强活动类项目的成本管控，科学测算，统筹利用各种资源，压缩活动成本。

七是针对全面预算绩效管理要求落实不到位的问题，相关单位进一步强化绩效意识和成本理念，加强绩效目标审核和动态监控，严格预算执行，在项目变更、调整时将严格履行调整程序，杜绝随意调整预算行为。2个单位收回虚列支出或提前支付的资金133.49万元，9个单位财政性结余资金565.36万元已上交市财政。

此外，对私存私放资金、多申请财政资金、无依据和标准收取门票费等问题，相关单位通过收回私存私放资金、调整预算申报基础数据、退回多申领财政资金、停止收取门票等进行了整改。市审计局已将涉嫌违纪违规相关问题线索移送纪检监察机关和相关主管部门，对私存私放资金的行为进行了行政处罚。

（四）重大政策措施贯彻落实和重大项目跟踪审计查出问题整改情况

一是针对疏解腾退空间利用不足，个别项目成本控制不到位的问题，市规划自然资源委加强规划编制，由各区政府在街区控规编制及乡镇国土空间规划编制中积极推动腾退空间的规划工作；强化拆违、腾地、利用一体化推进，印发《关于进一步加强规划引领提高拆违腾退土地利用工作的指导意见》，指导各区政府抓好拆后利用工作；建立常态化数据填报机制，在北京市严厉打击违法用地违法建设信息平台上建立了拆后利用填报模块，要求各区填写土地权属、规划实施进展等情况。疏解一般制造业企业腾退的空间将统筹纳入城市更新行动计划，以项目化的方式推动用地转型升级和更新再利用。市城市管理委印发《关于加强背街小巷环境精细化整治提升建设成本控制的函》，指导各区强化背街小巷工程成本管控意识，加强背街小巷方案设计的论证把关和预算审核。相关区梳理分析本区背街小巷工程资金投入和成本构成，结合各区实际情况制定了建设成本管控措施。

二是针对乡村振兴部分任务落实不到位，资金分配不及时的问题，顺义区将结合全国第三次土地调查结果，核实所有耕地储备区域和基本农田数量，报上级主管部门确认后，在基本农田空间范围内选择未建区域，完成高标准农田补建工作。平谷区通过实地踏勘、调研座谈等形式，全面清查了"十二五"以来已建5.80万亩高标准农田地类、面积和现状等情况，已经完成2021年1125亩高标准农田新建任务，正在开展2022年高标准农田建设地块申报工作。平谷区、顺义区未能按期完工的12个乡村产业发展项目中11个项目已完工，其余1个项目已完成公开招投标工作，预计2022年3月底完工。顺义区已建成乡村产业项目储备库，市级资金将优先安排用于储备库中项目。

三是针对部分重大投资项目、重点工作进展缓慢，资金使用效率不高的问题，市发展改革委督促项目单位逐项梳理分析资金结余原因，加快推进项目建设，尽快完成资金支付，向部分重点项目发送书面整改通知。审计反映的59.71亿元结存资金中，年底预计可支出53.76亿元，对不能形成有效支出的资金已根据相关规定调整收回。市发展改革委将实行政府投资计划项目的全覆盖监测，按月通报项目建设进度、资金结余情况等，适时开展督导检查，进一步压缩闲置和结余资金，促进投资落地。市交通委加大京津冀联通重点道路工程建设的推进力度，督促相关单位加快办理道路施工相关手续，推动解决搬迁腾退困难等制约工程建设的重点难点问题。

四是针对永定河综合治理与生态修复工程项目及资金管理使用不规范的问题，相关建设单位进一步加强工程项目管理，明确了项目重大设计变更和一般设计变更的审批权限。大兴区已禁止在河道蓝线范围内实施造林工程，对已种植树林梳理建账，属于主河槽开挖范围内的，做好树木移植、腾退工作，并加强对造林绿化工程的选址用地管理；门头沟区对已被河水冲毁的498亩林地，另行调整了造林地块，将河道蓝线范围内的树木进行了移植，并加强造林前期管理，严格办理水评手续，确保造林工程安全。

五是针对扶贫协作和支援合作项目管理不精准的问题，原市扶贫支援办印发《北京市进一步加强对口支援"交支票"项目管理暂行办法》，对各受援地项目计划加强汇总审核，实现对所有项目全覆盖、可衔接监管，避免因项目跨年造成数据不准，从而导致多安排年度投资形成资金结余等问题。和田指挥部专题研究解决"交钥匙"项目完工后未及时向受援地移交的问题，目前已完成项目移交；对被改变用途的项目，受援地政府已制定恢复计划。

（五）重点民生资金和项目审计查出问题整改情况

一是针对基本养老保险基金和医疗保险基金运行中，重点人群参保未实现全覆盖、数据信息未实现有效共享等问题，对基本养老保险基金运行中存在的问题，市人力资源社会保障局与市民政局建立数据共享机制，以便在落实养老保险代缴政策时能够及时掌握重点人群情况；协调市残联，通过基层入户走访调查等推动解决部分重度残疾人员未参保问题，目前，未参保的重度残疾人员中，确认有356人准备参保，1 035人不符合参保条件，88人无意愿参保；追回违规发放的养老保险待遇321.60万元，其余正在核实追回。对医疗保险基金运行中存在的问题，市医保局会同市退役军人局、市残联等，对未纳入本市居民医保兜底保障范围的1620名重点保障对象进行了核实，其中75人已参保纳入兜底保障范围，其余人员已有相应保障或已转外省市；昌平区、石景山区少缴医疗保险费的问题，现已按照正确基数缴费，预计年底前完成补缴工作；追回违规发放的医保待遇52.31万元，建立全市基本医疗保险死亡人员参保及待遇支付预警机制，及时为死亡人员办理减员，并督促医保经办机构加强审核管理；逐步消化本市与国家医保药品目录不一致的品种，追回向医疗机构支付超出医保目录限制性规定的费用27.53万元，梳理出相关项目明细，将通过智能审核系统进行辅助校验，防止此类问题再次发生。

二是针对养老和救助等重点民生政策需要完善、设施建设需要推进、资金使用绩效需要提升的问题，市民政局调整养老服务驿站服务功能定位，将驿站服务划分为基本养老服务和基本市场服务两类；修订《北京市社区养老服务驿站运营扶持办法》，探索将运营补贴与驿站主要成本、服务项目、星级评定等挂钩，通过补贴政策引导驿站提升服务质量，满足老年人多样化需求；建立养老服务驿站负面清单制度，对于违反负面清单、建而不营、套取政府补贴的驿站，及时终止运营委托协议，更换驿站运营方；完善了"社会福利综合管理系统"津补贴发放预警机制，追回或核减多发放给服务机构、个人的补贴补助资金。海淀区已建成养老服务指导中心，通州区、密云区等6个区部分街道、乡镇应建未建的养老照料中心或残疾人社区温馨家园等已建设完成或正在加快推进。

三是针对保障性安居工程部分任务落实不到位，部分资金闲置或滞留的问题，顺义区未开工的老旧小区综合整治项目已启动招标工作，平谷区相关项目已取得施工许可证。昌平区3个集体土地租赁住房项目预计2021年年底前开工，将补充完成2020年政策性租赁住房开工1 800套的任务。顺义区已向主管部门申请，计划将商品房产权置换项目腾退房源用于完成2020年筹集租赁型住房任务指标。北京经济技术开发区、海淀区等4个区被违规占用或长期空置804套公租房中，已完成房源配租340套，其余房源正在研究或已确定配租计划，被违规占用或承租对象不符合相应条件的房源大部分已腾退，其余已发出限期整改通知书或由产权单位提起诉讼。昌平区、石景山区闲置的5.76亿元老旧小区综合整治和棚户区改造资金中，8 646.79万元已退回财政部门，3.01亿元将于2021年年底通过市区体制结算办理资金上缴，其余资金已支出完毕或申请调整用于其他项目。

四是针对区级基层治理资金多头管理，资金使用管理不严格的问题，房山区、通州区等8个区制定或修订了22项基层治理资金管理办法，进一步明确基层事权和财权，减少财政资金支出的模糊地带，收回结存在街道、社区的财政资金7 545.12万元。房山区、昌平区、通州区在全区范围内对基层治理资金的结存情况进行了清查。通州区个别街道闲置的办公用房已重新投入使用。昌平区、石景山等9个区通过上交财政资金、对相关社区进行批评教育等方式，对违规支出资金问题进行了整改。

（六）地方政府债务和金融风险防控相关审计查出问题整改情况

一是针对政府债券资金长期闲置的问题，市政府对区政府债务监管和风险防范化解情况专题调度，明确了有关部门和16个区的责任分工。市财政局建立完善"日统计、月通报、季报告"工作机制,积极督促指导各区加强债券资金管理、加快债券资金支出进度,截至2021年9月底,审计反映的在主管部门或项目单位闲置的109.12亿元债券资金中有80%已投入使用。

二是针对地方金融风险防控措施执行不到位的问题,华夏银行持续监测授信业务风险,加强贷款用途审查力度,确保贷款按期回收。北京银行、北京农商银行对相关问题责任人进行了行政问责。北京农商银行通过实地调查、账户监控、关联人访谈等方式进一步核实贷款用途真实性。

(七)后续整改工作安排及措施

从整改情况看,有25个事项需要分阶段或持续整改,主要有15个事项涉及工程项目推进或债券资金使用,整改需要按照项目进度稳步推动;有4个事项涉及社保补缴、代缴或收回违规发放社保待遇等,整改需要摸底核实等多个环节,需要一定时间;有3个事项涉及政策制定调整,2个事项涉及空置的公租房再分配,需要履行相关程序;其余事项涉及贷款收回等,需要逐步解决。针对以上问题,相关部门已逐一制定整改方案,明确了整改时间和具体措施,加大力度持续推进。

下一步,我们将继续认真贯彻党中央关于建立健全审计查出问题整改长效机制的要求和市委办公厅、市政府办公厅《关于进一步加强审计整改工作的意见》《关于进一步深化审计整改工作的方案》,落实中央和市委审计委员会要求,坚持推动揭示问题与解决问题相统一,推动建立健全审计查出问题整改长效机制。按照市人大常委会办公厅《关于进一步加强市人大常委会对审计查出突出问题整改情况监督的实施意见》,持续加强对问题整改的跟踪检查,分类施策。对审计整改不力的,约谈被审计单位负责人,适时组织联合督查等,确保整改任务落实到位。对政府投资管控、债券资金闲置等整改难度较大的问题,定期开展专项审计和整改"回头看",同时,督促有关部门加强研究,查找深层次原因,综合运用专项整治、督查督办等方式进一步加强管理,促进完善制度、深化改革,将审计整改成果转化为治理效能,持续推动首都治理体系和治理能力现代化,更好服务全市改革发展大局。按照市人大常委会审议意见要求,后续整改推进结果将按规定向市人大常委会报告。

以上报告,提请市人大常委会审议。

五、云南省人民政府关于云南省2020年度省级预算执行和其他财政收支审计查出问题整改情况的报告

云南省人民代表大会常务委员会:

受省人民政府委托,我向省人大常委会本次会议报告2020年度省级预算执行和其

他财政收支审计查出问题的整改情况。

省人民政府紧紧围绕省人大常委会对《关于云南省 2020 年度省级预算执行和其他财政收支的审计工作报告》（以下简称审计工作报告）提出的审议意见，对审计查出问题整改工作作出具体安排部署，各责任单位认真落实整改工作。通过全省上下的共同努力，整改工作取得良好效果。

（一）整改工作的部署推进情况

1. 加强领导，抓实整改工作

习近平总书记对审计整改工作多次作出重要指示批示，李克强总理、栗战书委员长等中央领导同志也提出了明确要求。中央巡视、国务院督查组将审计整改情况作为重要内容，全国人大常委会对审计整改工作开展了跟踪监督和专题询问。省委、省政府认真贯彻落实习近平总书记重要指示批示精神，将审计整改作为重大政治任务抓紧抓实。省委审计委员会第五次会议强调，要做好督查整改文章。对尚未完成整改的问题，王宁书记批示必须限期整改，王予波省长要求列出清单亲自督办。2020 年 7 月以来，省领导对审计整改工作作出批示 59 次。审计查出问题整改落实情况纳入了全省年度综合考评和党风廉政建设责任制检查考核内容及政府督查范围。

2. 严格督查，提升整改成效

全省上下以前所未有的力度推进整改工作。省委审计委员会办公室、省审计厅认真落实审计整改督促责任，对审计工作报告反映问题进行细化分解，建立问题清单、整改台账及数字化管理平台，对重点问题开展了两轮督查专项行动，在督查整改具体问题的同时，首次将各级政府建立健全审计整改工作落实机制和省级主管部门履行审计整改监督管理责任情况纳入督查范围，有效推动了审计发现问题整改。各级各有关部门也将审计整改纳入督查督办范围，形成了巡视巡察、政府督查、审计监督、行业监管等协同推进整改的工作格局。

3. 强化监管，一体推进问题整改

省级发展改革、财政等主管部门通过深入分析行业存在问题，加强自查自纠和专项治理、强化业务指导等方式履行审计整改监管责任，积极推动整改；各级地方政府和省直有关部门认真落实整改主体责任，专题部署整改工作，分类施策、挂图作战，对标对表抓实整改。2020 年 7 月至 2021 年 7 月，被审计单位根据审计意见建议，建立健全规章制度 224 项。

4. 协同联动，着力构建长效机制

2020 年以来，省委审计委员会办公室、省审计厅制定《审计查出问题整改跟踪督查办法（暂行）》，进一步加强和规范了全省审计机关审计整改跟踪检查工作。省纪委与省

审计厅实现了审计结果运用的贯通协同。各市党委政府共建立审计整改机制制度51项，为推动审计整改工作规范化、长效化运行提供了制度保障。

（二）审计工作报告反映问题的整改情况

审计工作报告反映的691项细分问题，已完成整改656项。

1. 财政管理审计查出问题的整改情况

（1）针对预算管理方面存在的压减一般性支出范围偏窄、未按规定编制预算绩效目标以及部分项目未纳入财政项目库管理等问题，省财政厅印发了《关于编制省级部门2022—2024年中期财政规划和2022年部门预算的通知》，明确要求各预算单位在2022年预算编制及管理工作中严格按规定压减支出；对10项专项资金进行全面梳理，严格按规定予以评估、审核、清退、归并或整合；建立财政支出政策库，对中央和省委、省政府制定的财政支出政策实行信息化、清单化管理；完善系统规则设置，将绩效目标与预算申报相关联，确保所有项目支出都纳入项目库管理并编制绩效目标。

（2）针对预算执行方面存在的年初预算审核把关不严、资金未及时统筹安排使用等问题，省财政厅进一步强化了部门预算编制指导，要求预算部门细化预算支出明细，加强项目支出明细审核；对2021年年初预算执行率低的项目采取了扣减预算、收回资金等处理处罚措施。

（3）针对资金管理使用方面存在的部分项目进度缓慢导致的直达资金拨付使用不及时、未及时将资金细化安排到具体项目或单位等问题，各级各部门通过加快项目进度、拨付使用资金等方式整改；相关责任单位根据财政部批准的项目调整方案，将直达资金细化至具体项目，结合项目方案将新增财政资金及时安排至项目实施单位。

2. 省级部门预算执行审计查出问题的整改情况

（1）针对预算编制和执行方面存在的预算编制不完整、不细化，应缴未缴存量资金和非税收入等问题，有关部门和单位已在编制下年度预算时，对编制不完整、不细化的问题进行了规范；48家单位应缴未缴存量资金、16家单位应缴未缴非税收入已全部上缴省财政。

（2）针对预算绩效管理方面存在的未制定部门项目库管理等相关制度、预算绩效目标设定不科学、部分项目资金未达到绩效目标要求、项目推进缓慢导致的资金使用效率低等问题，各部门和单位已按要求完善制度，采取措施加快项目进度。如：4家单位已按要求对预算绩效目标进行了调整；2家单位对原项目进行了改造提升和完善；10家单位均制订了项目推进计划并付诸实施。

（3）针对决算草案编制方面存在的决算编制不规范等问题，8家单位已调整了相关账务，规范编制部门决算报表。

3. 重大政策措施落实跟踪审计查出问题的整改情况

针对促进就业优先政策落实审计查出的就业补助资金拨付慢、创业担保贷款未及时清收等问题，3个市及时拨付了补助资金，4个市采取措施收回了已逾期的创业担保贷款5 850.33万元。

4. 国有资产审计查出问题的整改情况

（1）针对省属国有企业审计查出的违规对外担保和借款、资本运作违反决策程序、违反中央八项规定精神等问题，2户企业积极催收借款，收回资金1 800万元；1户企业对2名责任人进行了通报批评和诫勉谈话；4户企业出台呆坏账核销、担保业务评审、股权投资、发票管理及追责问责等相关制度24项，追责问责53人次。

（2）针对行政事业单位国有资产审计查出的违规出租出借房产、违规处置国有资产、资产未及时入账等问题，3家单位已收回房屋或补办手续，5家单位已将资产交由省机关事务局统一管理或完善了相关手续，10家单位已将价值9 848.08万元的固定资产、无形资产登记入账。

（三）未完成整改的问题及原因分析

近年来，各级各部门按要求积极整改，审计整改取得明显成效，但尚有35项问题仍需持续整改。主要原因为：一是财政运转困难。受经济下行、新冠肺炎疫情、融资渠道受限、历史欠账多等因素叠加影响，地方财政收入下降，刚性支出增长快，财政自给率持续走低，财政收支矛盾十分突出，造成资金类问题得不到及时有效整改。二是企业筹集资金难。受国家宏观政策调控、房地产市场景气度下降等影响，流动资金紧张或资金链断裂，相当部分企业举步维艰，催收资金难度大。三是历史遗留问题多。如存量资金未及时清理问题，因时间跨度长，整改存在一定难度。

针对以上问题，有关地方和部门对后续整改工作均作出了具体计划和安排：一是区分问题分类施策。对未完成整改的问题，已分类制订整改计划，明确整改时限，确保每个事项都有安排、有举措。二是压实责任落实整改。强化督促指导，层层传导压力抓落实，通过完善制度、上下联动等方式持续推动整改。三是举一反三推进改革。对审计发现的普遍性、倾向性、规律性和苗头性问题，有关地方和行业主管部门进行系统排查和整治，加强源头治理，不断改革完善体制机制。

（四）进一步加强审计整改工作的措施

随着《中华人民共和国审计法》的修订，审计整改工作将进入新阶段，面临新任务。为全面贯彻落实习近平总书记和党中央的要求，切实履行法律责任，在下一步工作中，省人民政府及全省政府系统将在省人大常委会的监督支持下，从以下3个方面进一

步加强审计整改工作:

1. **统一思想,压实责任**

切实提高政治站位,坚决扛牢审计整改责任,结合实际建立健全审计整改工作机制制度。强化政府督查、部门检查工作,从改革的视角审视问题,推动问题标本兼治。被审计单位切实担起审计整改的主体责任,建立审计整改清单和台账管理制度。主管部门履行好对整改工作的监督管理和指导责任。审计机关严格落实审计整改督促责任,持续开展审计整改跟踪督查专项行动和"回头看"。

2. **融会贯通,形成合力**

推动审计监督与纪检监督相结合,与人大监督、民主监督、群众监督相贯通。把审计结果及整改情况列入对相关部门、单位的年度考核内容,政府督查部门加强对审计整改工作的督查督办,审计机关根据工作需要向人大常委会、纪检监察机关、组织人事部门等相关单位提供审计结果,及时向党委政府报告整改情况。

3. **多措并举,精准整改**

加强研判分析,重点分析问题产生的历史背景、决策过程等深层次因素,以审计整改促进机制制度完善和管理能力提升。加强审计整改信息互联互通,提高审计整改工作效率、质量和信息反馈的即时性。

第二节　县市级政府审计整改报告

一、宜城市 2020 年度市本级预算执行和其他财政收支审计查出问题整改情况的报告

主任、各位副主任、各位委员:

受市政府委托,向市人大常委会报告 2020 年度本级预算执行和其他财政收支审计查出问题的整改情况,请予审议。

(一)整改工作部署推进情况

市政府高度重视审计整改工作,认真落实市六届人大常委会第三十二次会议有关审议意见,把审计查出问题整改当作重要政治任务,作为完善治理体系、提升治理能力、促进经济社会高质量发展的重要抓手做深做实,整改工作取得明显成效。

(1)完善机制,健全审计整改制度。加强党对审计工作的集中统一领导,强化审计整改的自觉性、严肃性和有效性,提高审计整改的质效。全面落实市人大常委会要求,

始终把审计监督和审计整改作为推动高质量发展的强大助力,审计查出问题整改长效机制不断完善。

(2)压实责任,提升问题整改成效。坚持"谁主管,谁负责"的原则,切实履行党委(党组)整改主体责任、"一把手"第一责任,严格按照问题清单,建立整改台账,逐条逐项整改销号,审计整改成效切实提升。

整改主要分两大类,一类是本级预算执行中存在的问题,共计四大类26项,目前26项已全部整改到位;另一类是重点部门预算执行中存在的问题,共计六大类51项,已整改到位的47项,正在整改的4项。已整改金额合计3.91亿元,其中:财政财务管理规范金额2.90亿元,规范项目管理0.66亿元,调整会计科目或规范核算0.20亿元,追回或上缴财政0.15亿元。

(二)财政收支及预算执行方面存在的问题及整改情况

1. 财政决算草案编制存在的问题

决算报表账表不符。

整改情况:财政部门围绕部门决算,扎实做好账目工作,加强预算股、国库股等股室之间的衔接,严格按照《预算法》《总预算会计制度》等要求提高决算编制的精准性,确保账表一致。

2. 预算编制与执行方面存在的问题

(1)预算编制不够精细。

整改情况:一是财政部门根据财力及全省关于工资保障统一要求,完善了人员经费保障机制,按规定将人员奖励性支出全部纳入了基本支出;二是财政部门已将疫情防控资金划分到了患者救治、物资保障、医护补助、医疗场所改建等十个方面;三是财政部门将在下一年度的预算支出安排中列明当年新增一般债券资金的项目明细。

(2)预算调整幅度较大。

整改情况:财政部门在以后年度加强精准测算,会同各预算部门做好资金使用计划,提高预算编制的准确性、科学性。

(3)项目支出预算编制不科学。

第一,部门预算的项目支出编制以总额控制,无对应具体项目,部门预算未包含上级转移支付,预算执行与预算编制刚性不够。

整改情况:财政部门在以后年度编制预算时,严格按照《预算法》相关规定,收入和支出按功能细化到类、款、项,同时进一步规范预算资金追加的审批审查流程,强化预算刚性。

第二,部门虽编制了非税收入项目预算,但是实质非税收入未实行统筹,各执收单位根据当年非税收入的实际入库数向财政部门打报告申请支配，导致预算分配不均衡。

整改情况：非税收入已纳入预算规范管理，实行统筹预算。市财政已逐步加大对单位的资金统筹安排力度，特别是对原公益一类差拨事业单位，逐步实现人员经费的全额保障，实现预算的均衡分配。

第三，行政运行经费及人员经费编入项目支出。

整改情况：2021年人员经费、奖励性补贴等项目已按上级要求进行全面清理，财政部门在2022年编制预算时，已按要求将行政运行经费及人员经费纳入基本支出。

（4）部门预算执行率偏低。

一是部门总体预算不精准，执行率不高；二是部分项目的执行率偏低。

整改情况：财政部门已在逐步加强预算编制的精准性，2021年度部门总预算与部门决算比对执行率达到80%以上。在以后的预算管理中，财政部门将根据年初批复的绩效目标，全面掌握项目实施和支出执行进度。在项目实施过程中，发现绩效评价结果与目标发生明显偏离的，及时采取措施予以纠偏纠正。

（5）无预算拨款、超预算拨款。一是超预算拨款，二是向非预算单位拨付资金47.20万元。

整改情况：财政部门加强预算管理，提高预算精准性，严格按照《预算法》相关规定实施，避免再出现超预算拨款及向非预算单位拨款情况。

（6）预备费使用不合理。

整改情况：财政部门进一步明确了预备费的使用范围，主要用于应急、救援、自然灾害救助等，今后严格按要求使用。

3. 财政资金管理方面存在的问题

（1）收入未及时解缴入库。

整改情况：财政部门已协调相关部门加强收入征管，确保应收尽收，有序均衡完成各项收入入库。

（2）违规将国库资金存放各商业银行10.11亿元。

整改情况：财政部门已将资金全部调回国库，今后将严格按照财政部、省财政厅要求，加强库款管理，加大资金拨付力度，加快预算执行进度。

（3）滞拨专项资金14.18亿元。

整改情况：财政部门一方面积极督促相关单位加快项目实施进度和资金使用进度，另一方面对逾期未使用的资金按程序予以收回统筹使用。

（4）出借县域经济发展调度资金1.20亿元逾期未收回。

整改情况：一是已整改金额1 450万元，其中：收回湖北银行150万元、中国建设银行1300万元。二是通过法院判决执行金额共计1.06亿元，其中：收回19万元，剩余

1.05 亿元正在执行阶段。

4. 财政政策执行及会计核算方面存在的问题

（1）7 个非税专户未统一纳入国库集中管理。

整改情况：财政部门已将 7 个非税户统一纳入国库集中管理。

（2）往来核算不规范，清理不及时。

整改情况：为规范往来资金核算及清理，财政部门出台了《宜城市财政局关于进一步规范预算单位往来资金收支管理的通知》，明确规定往来资金的范围、票据使用规范、收支管理、审批权限，并对往来资金账户的管理使用变更情况作出说明。具体措施：一是针对应付代管资金长期挂账问题，财政部门已将原销户转入资金进行了清理，形成报告后进行销账处理；二是对收入科目进行了调整，并于 2022 年启用了电子化记账，避免此类错误的发生；三是财政局国库股已根据产业发展股县域经济发展借出款项余额在 2021 年度进行了调账处理，并要求相关股室每月做好对账工作，提高核算的精准性。

（3）预算绩效管理体系需进一步完善。

整改情况：财政部门已参照湖北省绩效指标体系制定了包含一至四级绩效指标体系的《宜城市预算绩效管理办法》及《宜城市财政局预算绩效管理内部工作规程》，完善了预算绩效管理体系。

（三）重点部门预算执行中存在的问题及整改情况

1. 预算编制与执行方面存在的问题

（1）支出超预算 1 581.02 万元。

整改情况：市一中、二中今后将严格按照《预算法》规定，做好年初预算编制工作，统筹合理安排预算收入和支出，确保预算编制与学校发展水平相适应，同时严格执行预算和财政制度，严格按照预算规定的支出用途使用资金。

（2）支出不符合规定。

整改情况：财政部门于 2022 年在编制预算时已将工资、奖金等福利支出纳入基本支出，要求市司法局、市教育局教学研究室、市交通运输局规费办等单位绝不允许再出现工资福利等支出挤占项目支出的问题。同时严格要求财务人员加强对《预算法》等法规的学习，确保今后预算支出严格按照规定执行。

（3）专项资金管理使用不规范。一是滞留土地增减挂钩专项资金 2 191 万元；二是土地治理项目资金支出进度缓慢。

整改情况：流水镇农经站已将土地增减挂钩第八批次资金 628.20 万元拨付到村，剩余资金经镇审核后分批次拨付到村；市农业农村局农业综合开发中心土地治理相关项目工程均已全部完成,资金也按合同约定全部拨付。今后加强管理,确保项目按进度施工、按期竣工,充分发挥项目资金效益。

(4)预算编制管理不规范。一是无预算编制;二是预算编制不细化。

整改情况:鄢城办事处、市疾控中心、小河镇财政所会同财政部门进一步从源头科学编制预算,并按照具体项目进一步细化,按照"先有预算、后有支出"原则,进一步把好项目决策和预算支出关口,强化预算约束,杜绝无预算、向非预算单位拨款行为。

2. 财经政策执行方面存在的问题

(1)收入应缴未缴财政。

整改情况:市一中已将国有资产收入缴至非税收入管理局;市交通运输局公路管理局的该部分国有资产实属经天路桥公司所有,公路管理局2021年已将该部分收入划转至经天路桥公司。

(2)套取公益性岗位资金3.48万元。

整改情况:市二中、市交通运输局公路管理局已与市劳动就业局对接,将违规发放的公益性岗位资金返还财政。今后在申请公益性岗位补贴时,要全面、完整、如实地向人力资源社会保障部门提供相关资料,深入用人单位进行人、岗查对,加强补贴资金的监督管理。

(3)违规支出5.96万元。

整改情况:市社工委、市交通运输局规费办和港航管理所等单位组织职工学习了《政府会计制度》《党政机关厉行节约反对浪费条例》等相关规定,严格控制开支范围和标准,严格支出报销审核,不得报销任何超范围、超标准以及与公务活动无关的费用。

(4)未及时办理基建项目竣工决算手续。

整改情况:市交通运输局道路运输管理所已委托第三方在规定期限内办理了竣工决算手续。

3. 公务支出和公款消费方面存在的问题

(1)超预算列支招待费4.77万元。

整改情况:市一中加强预算编制的前瞻性,做好项目测算,提高预算编制科学化、精细化水平。同时,严格执行"无预算不支出、有预算不超支"规定,按照预算规定的支出用途使用资金,加强预算刚性约束。

(2)接待费列支不规范。一是一函多餐;二是公务接待审批不严。

整改情况:市一中、市交通运输局规费办、市教育局教学服务站等3个单位组织职工学习了《公务接待管理办法》,规范了财务审核报销手续,并要求财务人员对记载不准确、不完整的原始凭证予以退回,杜绝此类问题再次发生。

4. 政府采购方面存在的问题

未履行政府采购程序。

整改情况：市教育局教育技术装备站、市交通运输局客运管理所和港航管理所等单位今后严格按照政府采购程序，在"湖北省政府采购网上商城"购买商品、服务等。同时，加强政府采购相关政策学习，进一步明确采购范围、标准等，确保政府采购工作更加规范。

5. 资产管理方面存在的问题

（1）固定资产反映不实。

整改情况：市一中、二中、鄂城办事处、小河镇政府、流水镇政府、市发改局、市交通运输局规费办和港航管理所等8个单位均已补录固定资产账。

（2）超标准购置资产。

整改情况：市交通运输局规费办和公路管理局、市发改局已组织人员学习《湖北省行政事业单位通用办公设备及家具配置标准》，今后严格按照通用标准购置固定资产。

（3）流动资产周转率低，资金使用效益不高。

整改情况：市疾控中心已经建立和完善了财务制度，同时研究制订了相关提高流动资产运行能力和资金使用效益的措施。

6. 财务核算与管理方面存在的问题

（1）违规开设实有资金账户。

整改情况：市一中、二中完善账户审批手续，并严格按照财政资金管理办法规范使用。市交通运输局规费办、港航管理所、公路管理局、公共客运管理所等4个单位正在与主管部门协调整改：对有实际工作需要的实有资金账户申请保留，完善手续；其他违规开设的实有资金账户先进行核销，再根据工作需要开设零余额账户。

（2）现金使用不规范、违规向单位出纳个人账户转备用金、坐收坐支现金的问题。

整改情况：市教育局教学服务站对财务人员进行了严肃批评教育。今后将严格执行现金管理制度，规定超过1 000元的费用一律使用支票支付。同时，积极开展财务培训，严格执行现金管理制度，加强现金管理，避免坐收坐支。

（3）未履行三重一大程序。

整改情况：市交通运输局公共客运管理所认真组织学习，严格执行三重一大制度，并做好会议记录备查。

（4）往来款项清理不及时。

整改情况：市教育局教育技术装备站已对往来账进行了账务处理；小河镇政府、市粮食局、市疾控中心完善了往来结算制度，制定了清收措施，并组织专班落实。

（5）违规将非收入款项纳入非税收入管理。

整改情况：市委老干局已组织财务人员对各项收支制度文件进行了专题学习，坚决按财务政策规定管理好财务收支，避免此类问题再度发生。

（6）会计核算方式落后，造成会计账目不完整。

整改情况：刘猴镇政府已从2021年1月开始实施会计电子化记账，并组织财务人员进行业务培训，确保账目科学、完整。

（四）部分问题未整改到位的原因及继续推进整改工作的打算

截至2022年3月，仍有市交通运输局规费办、港航管理所、公路管理局、公共客运管理所等4个单位违规开设实有资金账户的问题未彻底整改到位。未整改到位的原因：申请保留和据实核销实有资金账户的相关审批程序正在进行之中。今后，将责成市交通运输局加大工作督办推进力度，尽快完成整改工作任务。

下一步，市政府将认真贯彻落实新修订的《审计法》，继续采取有力措施，督促各地各部门严格按照市人大常委会审议意见的要求，全面整改落实到位。一是强化整改合力。对需要多部门共同推进整改的问题，加强系统分析研究，从经济社会高质量发展的大局出发，有效传导压力，分类限时整改，确保整改无死角、全覆盖。二是压实整改责任。对时间跨度长、形成原因复杂、短期难以整改到位的问题，各地各部门要切实履行整改主体责任，制定整改计划，找准症结，着重解决机制制度上的缺陷，推动管理措施更加健全，确保整改不遗一事，不漏一项。三是加大监督力度。持续加大审计结果和整改情况公开力度，严格依照规定及时向社会公布，主动接受社会监督。切实加大整改监督工作力度，推动审计查出问题整改工作取得实效。

二、关于济南市2020年度市级预算执行和其他财政收支审计查出问题整改情况的报告

主任、各位副主任、秘书长、各位委员：

受市人民政府委托，现向市人大常委会报告济南市2020年度市级预算执行和其他财政收支审计查出问题的整改情况，请予审议。

市委、市政府认真贯彻落实习近平总书记关于审计工作的重要讲话、重要指示批示精神，聚焦问题整改，坚持多措并举，高标准推动审计整改工作扎实开展。省委常委、市委书记孙立成要求明确牵头单位、责任单位，标本兼治抓好整改落实。市委副书记、市长孙述涛多次召开会议，就审计查出问题的整改工作再要求、再部署。市人大常委会加大指导监督力度，对重点事项的整改落实情况现场调研督导，多次召开调研座谈会，进一步推动了审计整改工作。

（一）整改工作部署推进情况

2021年9月8日，市政府组织召开了全市审计查出问题整改工作视频会议，通报审计发现的主要问题，全面部署审计整改工作。按照市委、市政府的部署要求，市审计局强化审计整改的督促检查责任，树立整改工作"一盘棋"的工作理念，着力统筹全市审计查出的问题，逐条逐项明确责任单位、整改要求和整改时限，向55个市直部门单位和15个区县（含功能区）印发整改通知和问题清单，不断加大问题跟踪督导力度；坚持"当下改"与"长久立"并重，围绕推动标本兼治，主动为各部门单位提供支持帮助，切实发挥好审计"治已病、防未病"的建设性作用。

各级各部门高度重视，层层压实整改责任，严格落实整改要求，逐项细化整改措施，以整改为契机，举一反三，建章立制，规范管理，巩固扩大成果，推动我市各项工作再上新台阶。如市财政局出台制度，要求在2022年预算编制中强化预算精准编制、精准执行、资金精准盘活、绩效精准考核"四个精准"，直击审计问题整改；市发展改革委制定整改方案，明确整改措施，组织相关部门和区县逐项落实整改责任，进一步夯实整改成果。

截至2021年11月底，审计工作报告反映的6类80项问题中，69项已完成整改，11项正在整改。（1）金额类问题24项，22项已完成整改，2项正在整改，共涉及资金85.06亿元，已整改83.43亿元，整改率为98.08%，其中，已上缴财政资金6.24亿元，盘活存量资金或促进加快资金拨付53.24亿元，规范资金管理使用23.95亿元；（2）非金额类问题56项，47项已完成整改，9项正在整改。根据审计建议，各部门单位已制定完善行业规范等相关制度办法63项。

（二）深化预算管理改革审计查出问题的整改落实情况

1. 关于预算编制执行方面存在薄弱环节问题的整改落实情况

（1）关于预算编制有待进一步规范的问题。市财政局在预算编制环节对部门单位提出了优先统筹考虑消化沉淀资金、新增项目必须有充分的政策依据等具体要求，督促各预算单位将所有财政收入列入预算，切实推动了部门单位预算编制的精准性、完整性。市交通运输局等部门单位进一步规范了预算编制等重大经济事项的决策程序，严格落实重大事项报告制度，堵住了程序不规范等工作漏洞。

（2）关于部分项目预算执行率较低的问题。8个部门单位通过加强项目管理、强化预算运行监控、建立健全预算调整机制等措施，细化预算执行计划，对支出情况进行质效跟踪，确保预算严格有效执行，提高财政资金使用效益。

（3）关于部分项目预算约束力不强的问题。4个部门单位认真查找预算支出方面存在的不足,严格落实无预算不支出等管理规定,积极提高预算执行管理水平;2个部门单位通过建立健全财政补贴审查工作机制等措施,及时堵塞了超范围拨付项目资金的管理漏洞,收回超拨财政资金130.40万元。

2. 关于国库集中支付制度执行不到位问题的整改落实情况

(1) 关于财政专户资金未纳入国库集中支付管理的问题。市财政局制定了《预算外财政专户资金国库集中支付流程实施意见》,把预算外财政专户资金纳入国库集中支付管理。

(2) 关于实有资金账户管理不规范的问题。为进一步加强对市级预算单位资金账户的监管力度,市财政局、市政府资金结算中心联合出台了《关于进一步加强市级预算单位账户和资金存放管理的指导意见》,督促各预算单位严格执行银行账户开设、变更、撤销等程序,规范单位资金申请和存放管理,从源头上避免零余额账户向实有资金账户转款的问题发生。

3. 关于转移支付资金分配使用不规范问题的整改落实情况

(1) 关于对下转移支付资金拨付不够严格的问题。市财政局进一步加强了预算单位账户和资金管理力度,预算单位未经批准不得在申请资金后进行再次转款,并在2022年预算编制中,进一步强化预算约束,严格国库集中支付管理,规范资金拨付程序,督促部门厘清项目事权和支出责任,对市级补助区县的项目资金,通过转移支付程序下达,严控"二次分配"问题发生,提高财政资金使用的规范性、安全性和有效性。

(2) 关于上级下达专项资金使用效益有待提高的问题。市财政局会同相关部门,及时梳理资金使用率低的项目,通过制订详细拨款计划、提升项目资金管理的前瞻性和科学性等措施,对上级下达的专项资金做到从快结算、应结算尽结算,滞留闲置在财政部门或项目单位的资金3.17亿元,已安排支出3.03亿元,收回财政统筹使用0.14亿元,切实保障了财政资金使用效益。

4. 关于财政部门决算报表披露不完整问题的整改落实情况

市财政局对股权投资情况进行了全面核查,对披露不完整的股权投资7.90亿元资金进行了账务补充调整。在今后工作中,将及时梳理政府股权投资列支情况,确定政府股权投资规模,确保政府股权投资数据准确性,做到账实相符、账账相符;济南高新区已将未入库的9 679.46万元利息收入缴入国库,进一步规范了财政收入缴库管理和决算编制等工作。

(三) 财政资金提质增效及落实中央过"紧日子"要求审计查出问题的整改落实情况

1. 关于新增财政直达资金审计发现问题的整改落实情况

市财政局认真查找新增财政直达资金支出方面存在的不足,落实审计要求,协同相关区县积极落实责任，规范整改，已督促加快支出 3 847.92 万元，收回违规使用资金 167.77 万元，规范资金管理 3 755.30 万元。同时，通过加大项目督导力度，已促使 3 个项目及时开工建设、2 个项目加快施工进度、4 个项目完善绩效管理。

2. 关于存量资金盘活使用力度需要进一步加强问题的整改落实情况

市财政局努力构建盘活财政存量资金长效机制，印发了《市本级财政预算执行审核及监督检查规程（暂行）》，从完善预算编制、加快预算执行进度、改进资金分配方式等方面入手，严格落实"项目绩效跟踪评估＋支出进度和资金沉淀预警＋动态调整清理"机制，从严审核支出进度，对拨付资金实行跟踪监控，全面压缩存量资金存在的空间，有效地减少了财政资金闲置。存量资金 6.36 亿元已全部清理盘活，其中，补充预算稳定调节基金 3.86 亿元，财政收回或安排支出 2.50 亿元。

3. 关于预算绩效管理制度落实不到位问题的整改落实情况

（1）关于财政部门绩效考核不够精准的问题。市财政局印发了《济南市市级预算绩效管理结果应用暂行办法》的通知，从制度上对绩效评价结果应用的相关事项进行了明确要求。同时，以审计整改为契机，举一反三，从严对部门单位预算执行进度、结转资金金额、追加资金支出率等情况考核打分，并将考核得分与下一年度预算安排挂钩，提高预算绩效评价的实用性、权威性。

（2）关于部分单位预算绩效管理制度执行不严格的问题。市财政局进一步严格预算绩效管理工作要求，督促济南高新区及相关部门单位严格按照《济南市项目支出绩效自评管理暂行办法》制定本部门绩效自评管理办法，严格落实事前绩效评估制度，提高事前绩效评估质量，认真组织实施绩效目标编制、绩效自评工作，切实加强评价结果应用，推动预算绩效管理进一步规范。

4. 关于部分单位"三公"经费等支出管理不严问题的整改落实情况

相关部门单位对照审计查出的问题，认真梳理完善工作流程，严格执行"三公"经费等支出的相关规定，坚持务实节俭、高效透明的原则，从严控制公务用车、公务接待和培训等相关经费支出，切实防范支出不合规问题的发生。

（四）行政事业单位国有资产审计查出问题的整改落实情况

1. 关于国有资产报告范围不完整问题的整改落实情况

（1）关于部分部门资产年报不完整的问题。市财政局、市交通运输局已联合下发《关于印发济南市公路资产专项清查实施方案的通知》，全面布置基准日为 2021 年 12 月 31 日的公路资产专项清查工作，清查完成后，全市范围内的国道、省道、县道、乡道和村道将依托行政事业资产管理信息系统进行公路资产一物一卡管理，实现全市公路资产动态化管理。保障性住房等其他行政事业性国有资产的纳入工作，也将根据国家和省的统一部署逐步实施。

（2）关于部分政务信息系统未作资产核算的问题。相关部门单位已将济南市公共信用信息平台等 31 个政务信息系统纳入部门资产管理核算；8 个项目待工程决算手续完备后纳入部门资产管理。

（3）关于个别部门资产年报数据不准确的问题。市交通运输局组织相关单位认真梳理核查对外投资年报数据，对错漏数据已进行了调整。

2. 关于部分资产使用效益不高问题的整改落实情况

（1）关于部分不动产闲置或利用率不高的问题。市财政局与不动产所属单位进行协调对接，分析原因，分类处置，通过办理资产划转手续和维修改造出租等措施，各所属单位的不动产已根据工作需要进行了充分利用，逐步解决闲置或利用率不高的问题，确保固定资产保值增值。市住房城乡建设局起草的《关于清理党政机关企事业等单位未出售公有住房的通知》，已经市住房制度改革工作领导小组 2021 年第一次会议研究通过，对公有存量住房的腾退处理等进行了明确规定，相关工作正在积极推进。

（2）关于部分资产收益不高的问题。受疫情影响，市住房城乡建设局直管公房租金调整工作未能及时开展，现正逐步启动调租调研工作，将尽快出台相关政策，为推动解决租金长期不调整的问题打下基础；已对直管公房经营专项资金通过分序列存储、购置优质资产等方式提升资金利用率，实现国有资产保值增值。济南科技创新促进中心等单位的投资对象已产生预期分红，将逐步实现投资收益。市园林和林业绿化局等部门单位因投资对象改制或注销等原因，正在办理股权移交等手续，资产账务将逐步进行调整。

（五）重大政策落实跟踪审计查出问题的整改落实情况

1. 关于乡村振兴相关审计查出问题的整改落实情况

（1）乡村振兴相关政策审计方面。一是关于乡村产业发展配套政策、资金管理、基础设施建设还不完善的问题。市委农办已将十大产业振兴工作纳入全市经济社会发展综合考核，制定了《济南市十大农业特色相关政策补充规定》，明确项目申报、专家评审、结果公示等遴选程序，并督促各区县积极落实项目主体遴选工作；济阳区、钢城区已按规定程序拨付了省级现代农业产业园区奖补资金 5 000 万元，建设滞后的农产品仓储保险设施已全部完成建设。二是关于部分区县农村人居环境整治效果不佳的问题。钢城区等 3 个区县通过加大燃气使用宣传教育力度、积极落实燃气开户等措施，有效推进了清洁取暖相关工作，切实提升了气代煤使用效率；平阴县农村污水治理项目已全部完工，保障了人居环境整治效果。三是关于个别区高标准农田项目后期管理工作不到位的问题。济阳区已将高标准农田管护经费列入了 2021 年预算，为高标准农田工程设施正常运行提供了资金保障，耕地质量和地力等级评定工作已全面开展；新增耕地 36.30 亩已划入永久基本农田保护区范畴，高标准农田建设过程中形成的资产已纳入集体资产管理。

（2）"四好农村路"政策措施落实情况审计方面。一是关于部分区县规划引领不足，建管养运长效机制不健全的问题。济阳区、莱芜区均已按"路长制"相关要求，编制完善了农村公路养护发展规划，建立健全了建管养运长效机制。二是关于部分项目涉嫌多计工程价款的问题。历城区、莱芜区、商河县对相关项目积极调查落实，约谈责任单位，对问题项目重新审核，目前，已分别追回资金 79.78 万元、72.96 万元和 71.50 万元。三是关于部分项目存在质量安全隐患的问题。济阳区等 4 个区县加强监督管理和现场指导，组织养护人员，对区域内农村公路安全生命防护工程进行全面核查，及时对损坏缺失的标志标牌、道口桩进行维修和补齐，有效排除了防撞护栏等安保设施的质量安全隐患。四是关于个别区县专项资金管理不规范的问题。莱芜区通过加快项目验收，协调财政部门加快资金支出进度，滞留专项资金 4 889.17 万元已全部拨付到各项目单位。商河县通过强化项目管理和业务培训，已将超进度支付的工程款 30.53 万元收回。

2. 关于政府债务管理审计查出问题的整改落实情况

市财政局进一步加强债券资金管理工作，定期调度区县和项目单位债券使用进度，督促加快债券资金支出，切实提高项目运营收益测算准确性和科学性，保障债券资金使用效益。相关区县积极落实整改，通过加快资金拨付使用进度、追回资金或调整使用用途等方式，促进加快资金拨付使用 34.13 亿元，追回资金或调整用途 1.26 亿元，规范资金管理 2.45 亿元，促进 8 个项目开工建设、1 个项目进行调整。

3. 关于促进优化营商环境审计查出问题的整改落实情况

一是关于提升企业便利化水平方面还存在改进空间的问题。市工业和信息化局加大推进部门间的信息共享力度，在企业提供完整的申报材料后，统一协调统计、税务等相关部门盖章确认，实行申报全程代办制度，让企业少跑腿。二是关于部分高频民生事项未实现"一件事一次办"的问题。历下区已将不动产登记业务、人社综合服务等审批事项纳入区政务服务大厅集中办理；商河县已将个体工商户登记等业务转至行政审批局实施办理；章丘区已将"我要开旅馆"等民生业务纳入区政务大厅"一窗受理"窗口受理。三是关于部分企业的研发补助资金落实不到位的问题。市科技局积极调度相关区县，督促加快企业研发补助资金拨付进度，长清区等 3 个区县已将配套资金 459.73 万元拨付到位。四是关于个别单位未及时退还投标保证金和小微企业不动产登记费的问题。平阴县及相关部门单位已将投标保证金和小微企业不动产登记费等费用全部退还小微企业。

4. 关于生态环境保护相关审计查出问题的整改落实情况

一是关于生活垃圾分类工作重点任务未按时完成的问题。市城管局联合市财政局、市住房城乡建设局等部门单位，印发了《济南市生活垃圾市级财政奖补资金管理办法》《关于做好物业管理住宅小区生活垃圾分类工作的通知》等文件，对生活垃圾市级财政奖补、物业服务企业参与生活垃圾分类等事项提出了指导意见；组织编制了《济南市固体废物分类专项规划》，按程序正在审核。二是关于环境卫生费执收工作管理考核不完善的问题。市城管局印发《生活垃圾收费监督管理规定》《生活垃圾收费考核细则》等文件，明确了市级对区县级收费工作监督管理职责，并督促各区县建立生活垃圾收费制度，出台收费实施方案，推进了环境卫生费执收工作的规范化。三是关于市本级建筑垃圾处置费存量大的问题。市城管局与市财政局积极对接，已将存量资金 3.06 亿元缴入国库，由市财政统筹安排。四是关于生态环境主管部门对危险废物转移监管不到位的问题。市生态环境局积极协调莱芜区等相关区县，部署医疗废物联单申领等工作，进一步加强了对危险废物转移监管力度。五是关于个别垃圾转运中心未按规定办理排污许可证的问题。历城区幸福柳垃圾转运中心已按规定办理了排污许可证等手续。

（六）推进新时代社会主义现代化强省会建设审计查出问题的整改落实情况

1. 关于推动济南新旧动能转换先行区（起步区）高质量发展审计查出问题的整改落实情况

一是关于财政管理体制有待进一步明确，财政保障能力有待进一步提高的问题。济南新旧动能转换起步区正处于成立的前期阶段，上级部门正在调研出台起步区的财政管理体制文件，助力起步区高质量发展。2021 年市财政局已下达起步区专项债券额度 165 亿元，极大缓解了建设项目的资金压力。二是关于机构职能划转不彻底，行政权力承接不到位的问题。起步区管委会与天桥区、济阳区已完成划转协议的签订工作，4 个街道、18 个基层站所已全部完成划转；按照市委编办工作要求，权力承接事项、权力清单等，已统一调整为权责清单，各部门合计认领各级权责清单 4 200 余项。三是受拆迁等因素影响，短期内存在"桥通路不通""路不成网"等问题。起步区积极组织相关街办成立拆迁攻坚领导小组，逐条梳理拆迁攻坚进展情况，明确任务压实责任，建立领导班子包挂制、攻坚工作小组责任包干制等工作机制，积极化解难点堵点，各项攻坚任务正在有力有序推进。

2. 关于推动工业强市战略政策落实审计查出问题的整改落实情况

一是关于 2 个区落实工业强市战略不到位的问题。市工业强市管理办公室进一步加强对相关区的督促指导，长清区、槐荫区认真对标"工业强市发展战略"，均已制定并出台了工业强区相关政策，对区域内发展工业经济作出全面部署。二是关于工业用地管理不到位的问题。市自然资源和规划局积极对接调度相关区县，督促落实工业用地监管制度，明确要求各区县在产业用地招拍挂公告时，监管协议与土地出让文件一并公示，在签订监管协议前，不得与受让人签订土地出让合同。配套制定《精准用地审查流程》，加大了对产业用地投入产出的监管力度。三是关于财政扶持方式不够完善的问题。市工业和信息化局、市发展改革委等部门积极探索创新财政扶持方式，加大扶持企业力度，出台了《关于加快建设工业强市的若干政策措施》，打通了财政资金事前引领、事中扶持和事后奖补的通道，为企业发展提供了全链条的财政扶持和金融服务。

3. 关于市级重点项目推进及政府投资专项审计查出问题的整改落实情况

一是关于重点项目审核制度建设不够完善的问题。市政府修订了《济南市重点项目建设推进管理办法》，增加了提供银行信用等级、经审计后的财务报表、银行贷款合同等有关条款，要求项目申报单位提供近三年资产负债率和不良资产情况等材料，为项目评审提供了重要依据。同时，对因资金不足影响建设进程的11个项目进行全面梳理和跟踪服务，目前项目正在加快推进。二是关于未实现项目全过程跟踪调度的问题。市发展改革委通过修订完善制度办法，建立了涵盖项目前期论证、项目审批、日常调度以及后评价的全链条项目管理服务机制，做到"项目不退库，服务不停步"，实现了重点投资项目全生命周期管理。三是关于滞留资金5.59亿元的问题。市发展改革委通过加大项目调度服务力度，3.37亿元中央预算内投资已投入使用3.35亿元，剩余139万元已申报项目调整；2.22亿元市筹基建资金已根据项目建设实际情况在2021年安排使用。

4. 关于智慧城市建设审计查出问题的整改落实情况

一是关于智慧城市建设体制机制需要进一步完善的问题。市智慧城市建设领导小组办公室印发《济南市工业和信息化"十四五"发展规划》等文件，大力推动数字产业化、产业数字化和城市数字化协同发展，提出了32项明确的工作目标，并多次召开智慧泉城建设工作会议，协调推进智慧社区、智慧应急、网络安全建设等建设工作。二是关于信息化项目管理不到位，数据融合共享不充分的问题。市工业和信息化局研究起草了《济南市信息化工程建设管理实施细则》，拟对信息化项目实现立项、建设、验收等环节全过程管理，切实加强项目统筹和审查监管力度；市大数据局通过强化公共数据管理、建设一体化大数据平台等措施，建立数据对接台账和重点数据调度会商机制，优化部门数据对接，为各部门提供了更完善高效的数据服务。三是关于智慧应用建设不均衡的问题。按照上级工作部署要求，市工业和信息化局、市民政局、市公安局等部门协同推进智慧社区建设，我市19个社区（村居）入选省级支持建设名单，智慧社区建设工作取得了较好成效。"一网通办"等公共服务事项已实现上线应用，相关功能模块仍将持续优化，更好地满足社区群众的实际需求。

5. 关于区域性科技创新中心建设推进情况审计查出问题的整改落实情况

一是关于3个重大创新平台（项目）建设任务推进缓慢或停滞的问题。市科技局积极与项目单位沟通协调，通过座谈和现场调研等方式督促项目尽快实施，目前，2个项目正在稳步推进，1个项目正在商讨研究，已取得阶段性进展。二是关于科技孵化载体发展质量不高的问题。市科技局进一步加强监管力度，在现场排查、绩效评价工作中，调整优化指标体系，加大综合服务收入、投资收入等指标权重，进一步引导强化创新创业服务，并撤销了14家科技双创载体，推进科技孵化工作良性发展、可持续发展。三是关于主管部门未对科技计划项目及时组织验收的问题。市科技局加强对项目的调度与监管，及时组织开展项目验收工作，目前，56个项目中完成验收43项，撤销并追回资金1项，拟终止12项。

6.关于"双招双引"政策措施落实情况审计查出问题的整改落实情况

一是关于一体化人才服务机制尚未建立的问题。市人才服务中心起草了《人才服务体系建设实施方案》，优化调整人才服务机构，减少职能交叉、多头管理，切实完善一体化人才服务机制，全力打造人才业务"一门进、一窗办、一网通"新型服务体系。目前，已与全市8个部门沟通对接，完成了系统框架需求调研，制定了《人才业务一网通办建设方案》，明确了6个新建项目、9个整合项目业务系统的建设路径。二是关于个别人才政策激励作用尚不到位的问题。市人才服务中心对标国内先进地市，优化升级原有人才补贴政策，修订出台了《济南市高层次人才生活和租房补贴申请发放实施细则》，实现了补贴随时申报、及时审核发放的目标效果，切实加大了人才政策落实力度。三是关于招商服务大使工作机制运行效果未达预期的问题。市投资促进局进一步完善"服务大使"工作机制，通过组织业务培训、加强工作督导、强化信息化平台支撑等措施，努力打造更高层次的外企综合服务体系，不断优化外商投资环境，持续发挥服务大使作用，为外商投资企业提供更优质服务。

7.关于市公共资源交易状况审计查出问题的整改落实情况

一是关于6个区（功能区）政府采购项目未按规定进市交易中心交易的问题。市公共资源交易管理工作联席会议办公室积极调度相关区县，加大监管力度，目前，6个区政府采购项目已分批次、有计划进入了公共资源交易平台。二是关于公共资源交易监督管理不到位的问题。济南公共资源交易主体信息库已实现与省工商企业登记注册信息对接，保障了数据共享、互联互通；市交通运输局对投标文件"雷同"投标企业全部进行了约谈，加大处罚力度和曝光力度，全力打造"公开、公平、公正"的公共资源交易环境。三是关于公共资源交易服务管理工作存在不足的问题。济南公共资源交易中心先后出台《济南公共资源交易中心保证金代收代退管理办法（暂行）》等十余项规章制度，规范了办公和业务流程，已将政府采购类保证金退还采购单位或上缴国库，标书"双轨制"问题已得到全面解决。

（七）重点民生资金和项目审计查出问题的整改落实情况

1.关于促进就业优先政策落实审计查出问题的整改落实情况

一是关于就业促进协调机制尚未建立的问题。市人力资源社会保障局加大工作力度，报经市政府批准，成立了济南市就业工作领导小组，制定了工作规则，明确各项工作制度和部门职责任务，建立健全了就业促进协调机制，加强了对就业工作的组织领导和统筹协调。加强失业登记动态管理，及时更新数据信息，确保失业登记信息的准确性。二是关于职业技能培训人员结构不合理的问题。市公共就业服务中心通过加强督导和宣传力度，积极推进鉴定考核工作，扎实推动职业技能提升行动，在保证补贴资金安全的前提下，不断调整政策措施、协调推进各类培训，加快对重点人群参训项目的鉴定考核，提高了职业技能培训人员结构合理性。三是关于向不符合条件的人员发放失业保险金和创业担保贷款的问题。相关区县迅速行动，组织成立工作专班，积极开展资金追回工作，目前，失业保险金、创业担保贷款和贴息160.92万元已全部追回。

2. 关于市高等职业教育改革政策落实情况审计查出问题的整改落实情况

一是关于产教融合激励政策落实不到位的问题。市教育局会同相关部门联合下发《济南市产教融合发展规划（2021—2025年）》等文件，明确了校企合作16项扶持政策，进一步细化激励政策措施，鼓励职业院校与行业企业按规定在目录外合作共建新专业、开发新课程、培养紧缺急需领域的技术技能人才。二是关于职业教育重点项目推进缓慢的问题。围绕高标准服务起步区建设的目标定位，对实习实训基地的建设标准、建设内容和整体方案等进行了调整优化，建设项目可行性研究报告已初步完成，相关部门单位设立绿色通道，加快推进项目实施。三是关于校企合作不深入的问题。市教育局印发《济南市职业教育集团建设实施方案》，大力推进产教融合发展，完善服务机制，以培养人才为主线，推动职业教育集团作用发挥，全市有18所学校、19个重点专业，34家企业相继开展改革探索，校企合作工作取得了较好成效。四是关于人才供需对接机制不健全的问题。市政府建立了济南市技术技能人才供需对接联席会议制度，定期研究解决技术技能人才供需对接中的有关问题，加强部门协调联动，技术技能人才需求与供给资源平台正在加紧建设中，将有效促进人才培养供给侧和产业发展需求侧全方位对接。

3. 关于基层医疗卫生服务能力建设情况审计查出问题的整改落实情况

一是关于村卫生室建设滞后，乡村医生结构不合理的问题。市卫生健康委等8部门联合组织召开房屋建设移交配建专题研讨会，全面调度配建房屋建设任务开展情况。各区县努力推进村卫生室产权公有，目前我市村卫生室产权公有率为41.94%，较2020年年底提高近6个百分点。通过积极引导乡村医生参加城镇职工基本养老保险、提升乡村医生执业化水平、探索村卫生室信息化智慧化技术应用等措施，努力提高乡村医生结构合理性。二是关于院前急救站点城乡布局不均衡，急救单元配置缺口大的问题。为全面提升我市院前急救服务能力，多部门联合印发《济南市院前医疗急救条例》实施方案等文件制度，进一步规范急救站建设工作。三是关于基本药物补贴2 284.95万元沉淀未使用的问题。槐荫区、天桥区、济南高新区已将去年沉淀资金安排支出；市中区已将沉淀资金全部交回财政。

4. 关于保障性安居工程审计查出问题的整改落实情况

一是关于公租房房源配置效率不高的问题。市住房城乡建设局制定了《济南市发展城市公共租赁住房实施意见》及配套政策，正在按程序报批，出台后将进一步规范公租房房源配置工作；正积极稳妥推进公租房承租家庭资格复审工作，通过剥离人口及退房等措施，解决非困难家庭占有房源的问题；创新谷徕福新居和临港两个公租房项目盘活验收等工作正在进行中。二是关于个别棚改安置项目实施周期较长的问题。目前，遥墙多村改造安置项目单体竣工验收已完成，待室外电力配套设施完善后交付使用，涉及住房6 400余套；大学科技园安置房三期第二阶段工程项目，有9栋住宅已开工建设，其他54栋住宅用地正办理征地手续，涉及住房2 300余套。三是关于新建住房租赁市场项目整体进展慢的问题。目前，14个项目通过开辟"绿色通道"，均已开工建设，沉淀在相关平台公司的8.54亿元资金已实现支出4.86亿元，已列入支付计划2.44亿元。其中，轨道集团沉淀的2.13亿元资金已全部支出；城建集团沉淀的4亿元资金已实现支出2.73亿元，列入支付计划0.91亿元；城投集团沉淀的2.41亿元资金已列入支付计划1.53亿元。

5. 关于老旧小区整治改造审计查出问题的整改落实情况

一是关于统筹协调力度不够的问题。市老旧住宅小区整治改造和物业管理工作领导小组办公室加强对老旧小区各专项改造牵头部门的工作调度、督办、通报力度，进一步提高了改造工作效率，同时统筹考虑基础类公共设施改造与专项改造，避免出现施工组织不协调等问题。二是关于整治改造推进不均衡的问题。已协调相关部门尽快修订出台供电户表改造相关政策，并向领导小组各成员单位发函，要求明确专项改造计划、改造标准，以利于项目统筹协调和规范管理。三是关于专业化物业管理推动较慢的问题。通过推动落实老旧小区改造实施方案，要求相关部门单位建立联动巡查、联动分析、联动处置工作机制，积极研究解决小区环境改造、公共设施改善等重大事项和物业服务管理中存在的问题，同时，《济南市物业管理条例（草案）》已向社会公开征求意见，将为强化老旧小区后期管理提供政策支撑。

6. 关于重点水利工程建设情况审计查出问题的整改落实情况

一是关于4个区县未建立工作协调机制的问题。平阴县等4个区县均已成立工程建设工作专班，由区县主要领导任组长，水务局等相关部门为成员单位，全力推进重点水利工程建设攻坚行动。二是关于巨野河防洪治理支沟工程进展缓慢的问题。巨野河防洪治理支沟工程项目跨越省级文物保护区，结合实际情况，已对原有规划红线进行调整，避开董家城子崖遗址文物保护范围，目前正在协调相关单位进行分段考古，该工程已支出征地补偿款等费用共计3 544.84万元。三是关于工程资金管理不规范的问题。9个区县和单位已将未按合同约定支付的工程款1.22亿元全部拨付项目单位；钢城区已将施工单位垫付的建设资金全部支付完毕;投资超概算的项目已报经省发改委完成批复。

(八)审计移送的违纪违法问题线索落实情况

审计发现并移送的 15 起违纪违法问题线索,已办结 12 起,2 人受到党纪处分,1 人受到诫勉谈话,9 人受到批评教育,2 家企业受到行政处理,3 起案件线索有关部门正在依法调查处理。

(九)尚未完全整改到位的问题及下一步打算

从整改情况看,部分问题尚未全面整改到位,主要原因是:

(1)有的建设工程项目需要分阶段实施,资金要按工程进度结算支付,如 "8.54 亿元财政资金沉淀在项目单位" 的问题,相关单位已督促加快工程进度,已支出或列入支付计划 7.30 亿元,剩余 1.24 亿元将根据项目建设进度安排支出。

(2)有的问题涉及部门较多、成因复杂,需要部门间联合细化措施,逐步推进落实,如 "直管公房租金超过 20 年未作调整" 的问题,依照程序,需要由市住房城乡建设局提出调整方案,经发改部门组织听证会后,报经市政府批准实施,才能解决公租房租金过低的问题。

(3)有的问题需要市、县(区)两级多部门单位联动解决,如 "院前急救站点城乡布局不均衡,急救单元配置缺口大" 的问题,需要各级各部门形成合力,明确主体责任,完善体制机制,才能标本兼治。

针对尚未完全整改到位的问题,相关部门单位已对后续整改作出了工作安排,制订整改计划,持续推动整改落实到位。下一步,我们将继续紧盯整改难度大的重要问题,加强督查督办,推动审计整改工作落实,巩固和拓展审计整改成效,防止屡审屡犯。

主任、各位副主任、秘书长、各位委员:

我们将以习近平新时代中国特色社会主义思想为指导,深入贯彻落实习近平总书记关于审计工作的重要讲话、重要指示批示精神,树牢 "四个意识",坚定 "四个自信",做到 "两个维护",始终坚持党对审计工作的集中统一领导,主动适应审计工作的新形势、新要求,紧紧围绕市委、市政府工作大局,聚焦 "五个济南""五个中心",聚力 "七个新跨越""十个新突破",全面依法履行审计监督职责,为新时代社会主义现代化强省会建设贡献审计智慧和力量。

三、关于 2020 年度泰州市级预算执行和其他财政收支审计查出问题整改情况的报告

市委、市政府高度重视审计查出问题的整改工作。按照市五届人大常委会第三十六

次会议对 2020 年度市级预算执行和其他财政收支情况审计工作报告提出的审议意见，市委副书记、代市长万闻华同志主持召开市政府常务会议，专题研究部署审计查出问题的整改工作，督促相关市（区）、部门（单位）抓紧落实整改任务，并要求高度重视问题背后规律性和制度漏洞，通过建立和完善长效工作机制，从根本上堵住漏点。市审计局加强清单管理、实行对账销号，积极配合市人大开展审计查出突出问题整改督查，将"同级审"查出问题整改情况纳入重点督查范围，整改工作取得了明显成效。8 月 31 日，我市审计整改相关做法在省政府审计整改工作推进会上作经验交流。

截至 2021 年 10 月，2020 年度市级预算执行和其他财政收支情况审计工作报告所反映的市级财政预算执行等 6 方面 45 项 219 条问题，累计整改到位 214 条，审计整改到位率达 97.72%。部分专项资金使用效率不高、部分非税收入未及时征收或缴库、农业开发区部分预算支出不真实、部分项目推进速度不快、保障房实物资产管理不到位等 5 个问题正在整改中。通过整改，促进财政资金及时缴库 2 269.76 万元、分配拨付 2.88 亿元，统筹盘活存量资金 6.3 亿元，追回上缴财政 1 826.03 万元，完善制度 17 项。

（一）审计查出问题整改情况

1. 市级预算执行审计查出问题整改情况

（1）关于预算编制不够准确、细化的问题。市财政局印发《2022 年度市本级预算编制工作方案》，引导各部门（单位）做好项目储备，合理确定分年度预算要求，突出保障重点项目有序推进，进一步提高预算编制准确性。

（2）关于部分转移支付资金分配下达不够及时的问题。市财政局对截至 2020 年年底未分配的市级资金已全部收回，省级转移支付资金已分配 1.28 亿元。同时，通过提前下达、先预拨后结算、合理设定分期下达数等方式，确保资金及时分配、拨付到位。

（3）关于部分非税收入未及时征收或缴库的问题。截至 8 月底，医药高新区污水处理费、垃圾处理费和农业开发区土地出让、国有资产处置收入合计 2 269.76 万元，均已全部缴库。

（4）关于部分支出不够规范的问题。一是对超范围安排、使用预算资金的问题。市城管局进一步分解、细化 2022 年度预算编制，强化预算刚性约束。市财政局严格按照《市级国有资本经营预算管理办法》规定用途安排支出，并加强国有资本经营预算和一般公共预算的统筹衔接。二是对违规返还土地出让罚款的问题。医药高新区已于 2021 年 8 月追回违规返还的 1 113 万元。三是对预备费使用不够规范的问题。市财政局已对 2021 年预备费使用情况进行梳理，并按程序报批；同时，草拟了市级预备费管理使用办法，进一步规范预备费的管理使用。

（5）关于部分财政存量资金未有效盘活使用的问题。市、区财政已通过纳入年度预算统筹使用、补充预算稳定调节基金等方式有序盘活存量资金 6.29 亿元。

（6）关于国库集中支付制度执行不够严格的问题。市财政局对国库集中支付制度执行情况组织了"回头看"，明确除明文规定外，部门（单位）不得横向、纵向拨付资金；同时，进一步加强支出管理，严把资金分配和支出审核关，并直接支付到收款人。

（7）关于预算绩效管理不够完善的问题。市财政局修订完善了《泰州市市级财政专项资金管理办法》，对未设置绩效目标或者绩效目标审核未通过的，不予安排预算。同时，进一步加强预算运行监控管理和制度建设，及时纠偏预算执行。

2. 部门预算执行审计查出问题整改情况

（1）关于落实过"紧日子"要求还不够到位的问题。对相关预算单位提前列支费用支出的问题，市财政局已相应扣减部门预算 444.85 万元。同时，督促部门（单位）严格执行"五不得五严禁"要求，进一步完善审核预警规则，防止年底突击花钱、结余转列往来等违规行为发生。

（2）关于资产管理仍存在薄弱环节的问题。审计期间，市民政局等相关部门已将 33.25 万元资产调拨分配到位；市统计局等相关部门已对 582.08 万元资产规范账务处理、完善相关手续；市教育局已完善资产报废手续，并将处置收入缴库。

（3）关于制度不健全或执行不严格等问题。市交通局等相关部门已制定财务、资产管理等内控制度 9 项。市广播电视台等 29 家部门已清理往来账款 2 225.4 万元。

3. 重大政策措施落实情况审计查出问题整改情况

（1）新增财政资金直达市县基层、直接惠企利民政策落实方面。

一是关于个别单位重复申报贴息补贴或多收房租问题。审计期间，相关单位已将重复申报的补贴或多收取的租金合计 24.35 万元原渠道退回。二是关于个别单位违规使用抗疫特别国债问题。审计期间，泰兴市人民医院已将 100.47 万元国债资金退回财政。三是关于部分资金使用进度不快问题。审计期间，靖江市已督促加快项目实施进度，并已全部安排支出；兴化市已拨付相关企业奖补 243.65 万元，结余 43.15 万元调整用于其他项目。市、区卫健部门已拨付相关医疗机构核酸检测费 217.70 万元，结余 160 万元调整用于其他项目。

（2）就业优先政策落实方面。

一是关于部分失业保险稳岗补贴返还超时限的问题。姜堰区已将 2 家企业 2 268.59 元补贴发放到位。全市稳岗补贴返还已改按简易程序，取消了企业申报等环节，进一步提高补贴返还效率。二是关于部分失业保险稳岗补贴未返还的问题。市人社局和泰兴市、姜堰区已返还 69 家企业稳岗补贴 91.18 万元。三是关于海陵区、高港区职业培训计划未达序时进度的问题。截至 2020 年 12 月，海陵区共培训 18 232 人、高港区共培训 3 723 人，均超额完成培训任务。四是关于对受托培训机构管理不严格、部分学员代为签到培训的问题。市人社局通过人社业务一体化系统，全面规范学员考勤操作流程，进一步严格管理培训机构。

（3）全市公立医院综合改革政策落实方面。

一是关于未严格执行医疗服务价格管理政策的问题。审计期间，泰兴市人民医院等8家医院共上缴重复或超收费用313.82万元。同时，通过修订价格管理制度等方式，规范收费管理。二是关于医疗费用和药品收入增速超控制标准的问题。审计期间，相关医疗机构已采取完善制度、费用管控、纳入考核等措施加强内部管理，防控医疗费用不合理增长。三是关于超医保限定用药使用医保基金结算的问题。审计期间，市医保局已下达医保违规问题的处理决定，并收回153.65万元。靖江市中医院已着手建立药品管理信息系统，实时监控和警示限病种用药，实现对药品、疾病的精细化管理。四是关于基本药物配备使用未达标的问题。审计期间，相关医疗机构已通过完善基本药物管理制度、建立健全药品超常用量使用预警机制等方式，加强对基本药物的优先采购和配备，不断提高基本药物使用品种和金额的比例。

4. 生态文明建设情况审计查出问题整改情况

（1）土壤污染防治情况方面。

一是关于永久性污泥处置设施未实现市（区）全覆盖的问题。截至2021年10月，靖江市循环经济产业园生活垃圾焚烧发电等项目已完成设备调试；泰兴市横巷砖瓦厂等4家企业污泥处置能力达26万吨/年，已满足区域污泥处置需求。二是关于违规采用堆肥方式处理有工业废水接入的城镇污水处理厂污泥的问题。市生态环境部门已责令泰州桑德水务有限公司等3家公司委托有资质单位对污泥进行处置。同时，加强对污泥产生、运输等检查和环境监测等工作，确保污泥处置安全。三是关于土壤污染重点监管地块清单和重点监管单位名录纳入不全的问题。市生态环境局已将遗漏的22个地块和189家重点监管企业信息上传至省土壤环境信息化管理系统。

（2）长江流域禁捕退捕政策落实方面。

一是关于无证渔船渔民及家用船舶规范化管理不到位问题。高港区出台实施方案，对260艘乡镇农业用船舶统一编号、规范管理，严格落实禁捕、安全管理责任。二是关于未按规定提高退捕渔民转产期临时生活补助标准问题。高港区已按照2020年度政策规定对临时生活补助进行了核查、公示和补发等工作。三是关于部分违法捕捞案件未立案处理问题。高港区对22起违法捕捞案件进行了梳理，并报市执法机构调查处理。

5. 民生资金项目审计查出问题整改情况

（1）养老保险基金筹集管理使用方面。

一是关于个别单位未按规定比例缴纳养老保险的问题。高港区、姜堰区、兴化市等市（区）已督促6家单位将22.21万元补缴到位。二是关于193人重复享受养老保险待遇 198.3 万元的问题。市人社局和兴化市等 3 市已终止重复养老保险。截至 9 月底，共追回 181 人 71.83 万元，其余将根据追缴或扣款计划逐月扣缴到位。三是关于养老保险经办机构违规向 228 名不符合条件人员发放养老保险待遇 72.53 万元的问题。市人社局和兴化市等 3 市已停发相关人员养老保险，截至 9 月底，已追回 51.32 万元，其余将根据追缴或扣款计划逐月扣缴到位。

（2）医疗保险基金筹集管理使用方面。

一是关于违规支付医疗机构不合规费用的问题。审计期间，市医保局、靖江市、泰兴市已将 62.34 万元不合规费用全部追回，并出台《关于规范定点医疗机构收治医保患者外伤住院的管理办法（试行）》等 2 项制度，进一步规范医保基金支付。二是关于医保经办机构违规向 363 名不符合条件人员支付医保待遇的问题。审计期间，市医保局和靖江市等 3 市已将违规发放的 16.55 万元全部追回。三是关于不符合规定条件的人员被认定为重点优抚对象的问题。市医保局已在医疗保险信息系统中取消不符合条件人员的待遇，同时加强部门沟通协作，严格核实重点优抚对象，合理界定医疗救助对象，并实行动态管理。

（3）保障性安居工程资金使用方面。

一是关于部分资金未及时拨付给项目实施单位的问题。靖江市已于 2020 年 2 月将 1 691.65 万元资金拨付到位。二是关于部分保障对象未及时清退的问题。兴化市、靖江市通过停发补贴、收回租房、收取租金等方式，完成对 27 户对象的清理；兴化市另有 13 户将通过司法程序强制清理。三是关于实物资产管理不到位的问题。兴化市已对违规出租的 164 套公租房进行了清理；将 1 276 套公租房全部纳入省住房保障监管系统，并建立了公租房资产卡片。四是关于公租房租金收取、补贴发放不到位的问题。靖江市已足额收缴 29 户承租户所欠租金 16.22 万元，并已按新标准将 3.86 万元租赁补贴补发到位。

6. 政府投资项目审计查出问题整改情况

关于部分建设项目参与单位履职不到位、多付工程款等问题，市审计局已及时发出了跟踪审计意见单，相关单位已根据审计要求在限期内完成了整改。

（二）下一步工作打算

一是进一步压实整改责任。将审计整改情况纳入对各市（区）高质量考核及市级部门综合考核，以考核倒逼责任落实。对尚在整改中的问题，将督促有关单位持续发力，落实整改要求，确保所有事项有安排、有落实，对拖延整改、虚假整改等情况将进行严肃问责。

二是进一步增强整改合力。对于涉及多方因素导致的尚未整改到位问题，将进一步加大协调力度，深入分析研究，积极探索创新，以"钉钉子"精神推动问题解决。同时，加大整改督查合力，强化审计机关与纪委监委、组织部门、巡察机构的协作联动，一着不让督促整改。

三是进一步提升整改实效。坚持"当下改"与"长久改"相结合，特别对于部分"屡改屡犯"的老问题，更加注重分析问题产生的原因背景，切实推动完善制度、源头治理。依法公开整改结果，自觉接受社会监督和舆论监督，全力达到整改、规范、提高的效果，充分发挥审计监督建设性作用。

四、关于 2020 年度射洪市级预算执行和其他财政收支审计查出问题整改情况的报告

主任、副主任、各位委员：

按照有关法律规定和市人大常委会安排，我代表市人民政府向市人大常委会报告射洪市 2020 年度市级财政预算执行和其他财政收支审计查出问题整改情况。

（一）市人大常委会审议意见落实情况

2021 年 9 月 8 日，射洪市第二届人大常委会第一次会议听取并审议了市政府《关于 2020 年度市级财政预算执行和其他财政收支的审计工作报告》。会后，市政府认真贯彻落实市人大常委会的审议意见，召开专题会议研究问题整改，推进整改工作。一是齐心协力，共推整改。市政府办公室牵头，市财政局、市教育体育局、市信访局、市文广旅游局、市残联、市住房城乡建设局等相关部门密切配合，按照问题性质、所涉领域分类分块逐一梳理、厘清权责，确保整改工作有序推进。二是跟踪问效，确保落实。市审计局把审计整改贯穿审计工作全过程，制定出台《加强审计整改工作实施意见》和《审计查出问题整改工作考核实施细则》，建立"两台账一清单"（即审计项目信息台账、审计问题整改落实台账、审计问题整改督导责任清单），明确报告反映问题所涉项目、整改措施、整改期限和责任对象，采取电话问询、书面通知、现场核查等方式进行督导，并将问题整改结果纳入年度目标绩效考核，推动整改按期完成，取得实效。三是审改结合，建章立制。对管理不规范，拨付、解缴资金不及时，核算不规范等问题在审计期间积极完成整改；对体制机制性问题采取主管部门统一制定出台规范性文件，进一步完善规章制度，被审计单位修订完善内控制度，建立长效机制，杜绝类似问题再次出现。

（二）2019 年度市级预算执行和其他财政收支审计工作报告反映问题的整改情况

问题涉及单位持续发力，认真抓好审计反映问题整改工作，截至 2021 年 10 月底，2019 年度市级财政预算执行和其他财政收支审计正在整改的 4 个问题已完成整改 3 个，

正在整改 1 个。关于省道 205 线射洪段一级公路升级改造工程 BT 项目（即北段）竣工结算审核"多计工程造价 665.61 万元"问题，目前南充仲裁院正在对该项目结算方式进行仲裁，待仲裁结果出来后，再根据仲裁结果办理相关结算。

（三）2020 年度市级预算执行和其他财政收支审计工作报告反映问题的整改情况

问题涉及单位坚持以审促改、以改促规，把审计发现问题整改作为工作重点，取得了较好效果。截至 2021 年 10 月底，报告所反映的 82 个问题已完成整改 76 个（包括今后要进一步完善制度机制、强化内部管理、严格规范操作、杜绝类似情况发生的问题 13 个），完成率 92.70%；正在整改 6 个，占问题总数的 7.30%。整改问题资金 186 996.29 万元，其中促进规范管理资金 128 607.95 万元，节约财政资金 617.96 万元，收回资金 2 455.09 万元，督促下达、拨付资金 55 315.29 万元。

1. 本级预算执行管理审计查出问题整改情况

报告反映，我市财政存在年初预算编制不够细化、资金下达不及时、实行牌证管理机具未上牌证领取补贴、新增财政资金项目推进情况不理想、新增债券资金管理使用不规范、暂付款清理消化不够到位、违规实拨资金到财政专户形成资金沉淀、未及时解缴政府非税收入、财政专户结余资金未及时收回总预算统筹安排、动用预备费程序不规范等 10 个问题。

市财政局坚持问题导向，加强政策学习，庚即开展问题整改工作。一是加强财政资金清理。审计期间市财政局已先后收回结余资金 441.45 万元，补缴入库非税收入 2 054.07 万元，收回违规实拨资金 18 万元，收回特别国债资金 1 992.50 万元，预算安排消化暂付款 8 612 万元，调整消化暂付款 18.27 万元。二是加强资金拨付管理。市财政局加快支出进度，及时分配下达预算，按照项目进度，及时拨付资金，截至 2021 年 12 月已全部下达上级农业、环保等专项资金 3 566 万元，新增债券资金已拨付 51 749.29 万元，剩余资金根据项目进展情况进行拨付。三是严格预算管理。按照预算法规定，财政局加强股室之间、股室与部门之间沟通协调，提早谋划，严格控制代编事项，尽量做到能细则细，不断提高年初预算到位率，同时严格按照预算法规定的相关程序规范动用预备费。四是加强财政专户和债券资金管理。市财政局继续严格落实国库集中支付制度改革，按照资金属性规范存放资金，加强财政专户资金清理，防止资金串户存放，及时解缴政府非税收入。对专项债券项目"借、用、管、还"实行逐笔监控，规范债券资金管理，及时推动项目建设与资金使用，努力发挥债券资金效益。

2. 市级部门预算执行审计查出问题整改情况

2020 年按照市级部门预算执行审计全覆盖的要求，在全面采集所有预算单位财务核算数据的基础上,围绕部门预决算编制的合规性,一般性支出和"三公"经费压缩、过"紧日子"要求落实情况,资金资产管理、政府采购等内容,运用数字化审计方式进行集中分析,发现问题疑点,再采取"重点抽查和单位自查"相结合的方式组织实施,重点对市发展改革局、市信访局、市教育体育局、市文广旅游局等4个部门单位开展了现场核查。审计发现仍然存在财务核算不规范,落实过"紧日子"要求不到位、政府采购管理不规范等问题。

问题涉及单位按照审计意见,加强财经业务学习,有序推进问题整改。一是开展往来款和津补贴清理。市文广旅游局在审计期间完成借款2万元的整改,市教育体育局2020年5月已退还四川广厦运成公司投标保证金0.25万元,并全额收回了不规范发放的考试考务费0.54万元。二是规范开展预决算和财务核算。关于"基本支出项目化、违规调账、无依据调账"等问题,市信访局立即梳理项目支出和基本支出边界,加强预算编制和项目支出管理,与市财政局进行对接,对2020年相关科目进行核实,并请求财政局对相关科目进行调整,做到预算真实、准确反映财务情况;关于"决算报表收支与财务账不一致"等决算编报不够规范问题,市文广旅游局、市教育体育局要进一步规范财务核算管理,严格执行政府会计制度要求,并按照相关规定认真进行账务核算和编制部门决算报表,真实、准确反映单位收支情况,做到账表一致、账实相符;关于"超(无)预算支出"问题,市信访局、市文广旅游局今后要严格按照预算执行,不得超预算列支。三是严格制度执行。关于"一般性支出和'三公'经费压减不到位、公务接待不规范、公务卡使用率不高"等问题,市信访局、市教育体育局要以"廉洁、节俭、增效"为目标,树立过"紧日子"思想,按要求压减一般性支出,进一步规范公务接待,控制"三公"经费支出,积极推广使用公务卡结算,严格控制现金提取和使用,杜绝类似问题再次发生;关于"政府采购管理不规范"问题,市文广旅游局积极完善政府采购内控管理制度,召开专题培训会进行业务培训,学习政府采购流程、相关政策规定,对今后的政府采购行为过程进行全程监督,确保政府采购依法依规开展。

此外,市信访局往来款4.08万元未及时清理问题正在整改,个人借款2.08万元已收回0.60万元,工会2万元预拨费用已进行财务处理。

3. 政府投资审计查出问题整改情况

报告反映,近年来,在我市实施的政府投资工程项目中,普遍存在多计工程造价问题,工程项目建设程序执行不到位和未严格履行合同约定等问题。

工程项目涉及的主管部门和建设单位认真落实审计意见,积极开展问题整改。

一是据实工程结算。18个工程项目所涉建设单位与施工单位结算时,按照审计结果核减了多计的工程造价617.96万元。其中,金华镇人民政府2017年文峰村等20个村易地扶贫搬迁项目"多计工程价款107.50万元"问题中,已有7个标段完成结算,核减金额 37.19 万元，其余 13 个标段正在按审计报告核减金额办理结算。

二是规范建设程序。关于易地扶贫搬迁项目中"易地搬迁户无《射洪县城乡居民建房用地批准书》、22 户《乡村建设规划许可》重号、未取得施工许可证擅自施工"问题，天仙镇、金华镇、复兴镇政府已按审计意见完成整改；关于"射洪市第七小学校扩建项目和射洪市残疾人综合服务中心建设项目先开工后办理施工许可证、施工图设计文件未经审查合格擅自开工建设"问题，市住房城乡建设局于 2020 年 12 月对建设单位、监理单位、施工单位相关责任人进行了约谈；关于"射洪市第七小学校扩建项目和射洪市残疾人综合服务中心建设项目未按规定办理水土保持手续"问题，市代建中心已在射洪市第七小学扩建项目建设过程中办理了水土保持手续，经市水利局督促，市残联 2021 年 1 月取得水土保持方案批复；关于"射洪市残疾人综合服务中心建设项目未按规定申报可研究报告和编制初设概算，未按规定实施固定资产投资项目节能评估或审查制度，以及购买总体规划和监理服务未按照政府分散采购规定执行"等问题，前两项市发展改革局已对项目建设相关责任人进行了约谈并提出了下一步工作要求，后一项问题市财政局政府采购工作分管领导和业务股室负责人对建设单位相关负责人进行了约谈。

三是严格会计核算。关于"射洪市第七小学校扩建项目人员经费支出未按建设项目进行归集、射洪市残疾人综合服务中心建设项目未按规定编制工程竣工财务决算和进行基建账务设置核算"等会计核算不规范问题，市代建中心已单独对每个项目的开支做台账，项目与项目之间挂往来，做到每个项目费用清晰；市残联强化基建财务管理，健全和完善财务管理制度，已编制完成工程竣工财务决算。

此外，市住房城乡建设局已按上级文件要求，成立项目工程总承包推进工作领导小组，有力有序推进我市项目工程总承包工作。

因射洪市万隆路升级改造建设项目正在施工，其"合同暂定价款高于概算批复总投资额"问题正在整改中，射洪泰成投资有限责任公司已加强资金管控，确保实际支付的合同价款不超批复投资额。关于省道 205 线射洪段一级公路升级改造工程 BT 项目南段工程竣工结算审核"多计工程造价 745.18 万元"问题，因南充仲裁院正在对项目结算方式进行仲裁，待仲裁结果出来后，根据仲裁结果办理相关结算，故该问题正在整改中。

4. 重大政策措施落实跟踪审计查出问题整改情况

近年来，我市积极贯彻落实上级各项重大政策，涉企收费规范有序，助企纾困落实到位，拖欠民营企业中小企业账款按期清零，切实减轻企业负担，营商环境进一步优化，有力促进了市域经济社会持续健康稳步发展，但通过跟踪审计，发现市行政审批局存在"一体化"政务服务平台与部门专网未全部实现数据共享互通，办事大厅信息化硬件设备陈旧、软件功能协同性差，手段单一，影响业务审批效率，乡镇便民服务中心和村（社区）便民服务站建设进展不平衡，便民服务工作进度缓慢等问题。

市行政审批局认真落实审计意见，积极加强硬件设施建设和软件配备，整改取得明显成效。一是落实专职人员和专项经费，依托省市政务服务平台，整合数据资源，基本实现了税务、房管、自规等业务部之间的"信息互通""业务互动"，办事群众提交资料的"材料复用""资源共享"；二是智慧化政务服务大厅已完成综合查询机、排号机、样表展示器的配备工作，同时在软件中也相应纳入了民生事务索引、主体式服务、智能引导等功能，已完成主体式服务29个事项、集成对接市直部门知名企业微信公众51个、实现智能引导252条；三是21个镇和2个街道办事处便民服务中心已全部完成建设和验收。

（四）下一步工作措施

下一步，我们将认真贯彻落实本次人大常委会审议意见，扎实做好审计整改"后半篇"文章。

1. 夯实整改责任

进一步压紧压实相关部门问题整改主体责任，被审单位主要负责人要履行第一责任人职责，要将整改审计查出的问题、落实审计提出的意见建议纳入领导班子重要议事日程，制定整改方案，明确整改措施、整改时限、目标要求，按项逐条落实具体责任人，确保整改结果真实、完整、合规。有关主管部门在法定职责范围内，对主管领域审计整改工作进行监督管理，推动被审计单位整改到位。

2. 及时公开结果

严格督促被审计单位按照要求时限及时向审计机关报送审计整改结果。坚持以公开为常态、不公开为例外，除涉及国家秘密、商业秘密、个人隐私和敏感内容外，有关责任单位应将审计整改结果按程序向社会公告，主动接受社会监督。

3. 完善工作机制

建立审计整改清单制度，将审计报告反映的问题和提出的审计建议，建立清单并实行台账管理。健全审计监督与其他监督的贯通协作机制，推动审计监督与纪检监察、巡视巡察、党政督查相结合，与人大监督、民主监督、行政监督、司法监督、财会监督、统计监督、媒体监督以及出资人监督等各类监督相贯通，推动问题整改和成果共享。健全审计整改约谈和责任追究机制，对整改不及时、不到位并造成不良后果，无正当理由不按要求公告审计整改结果的单位，启动审计约谈，严肃追责问责。

主任、副主任、各位委员：

市政府将在市委的坚强领导下，在市人大常委会的监督指导下，以习近平新时代中国特色社会主义思想为指导，进一步提高政治站位，大力支持审计部门依法开展审计，不断推动审计整改工作制度化、规范化，更好发挥审计监督"治已病、防未病"作用，维护审计监督的严肃性和权威性,将审计整改成果转化为治理效能,为推动射洪争创全国县域经济百强县、顺利打造"八区"、实现高质量发展贡献力量。

以上报告,请予审议。

五、连云港市 2020 年度市级预算执行和其他财政收支审计查出问题整改情况

市委、市政府高度重视审计查出问题整改工作,方伟书记、马士光代市长专门强调要抓好审计发现问题的整改,建立健全审计整改长效机制。市政府强化对审计整改工作的组织领导,2021 年 10 月 23 日召开市政府常务会议,专题研究市级预算执行和其他财政收支审计查出问题整改情况,强调要坚决扛起审计整改工作责任担当,切实抓好审计查出问题整改落实,持续提升审计整改工作的规范化制度化水平。市审计局强化督促检查,针对审计查出的问题,逐项编制清单,实行台账管理,加强跟踪督促;对被审计单位整改结果进行认真审核、"对账"销号;对重点难点问题,加强业务指导,建立内部审计指导员制度,明确 14 名审计业务骨干作为内部审计工作指导员,常态化做好对口服务单位审计整改推进工作,全面提升审计整改质效。各部门、各单位积极落实好整改主体责任,将整改作为重大政治任务抓紧抓好,主要负责同志切实承担第一责任人的职责,组织制定责任清单、细化整改措施、明确专人负责,及时报送整改结果。

截至 2021 年 11 月,《市政府关于 2020 年度市级预算执行情况和其他财政收支情况的审计工作报告》指出的 80 个问题中,76 个问题已整改,整改率 95%,4 个问题正在积极推进整改中,促进整改问题金额 19.26 亿元。

(一) 2020 年市级预算执行和决算草案审计查出问题的整改情况

1. 市本级预算执行和决算草案审计查出问题整改情况

(1) 部分项目预算编制与执行未有效衔接问题。市财政局与涉及单位深入沟通,加强政策指导,明确在 2022 年度预算编制中采取从严控制项目设置、取消上一年度执行情况较差项目等措施,进一步提升预算编制科学性、精准性。

(2) 违规将财政资金转入预算单位账户问题。市财政局与有关预算单位明确今后按照国库集中支付管理要求进行资金管理,提升财务管理的规范性和有效性。

(3) 非税收入未及时缴库问题。市财政局已将 7.96 亿元全部缴入国库。

(4) 专项转移支付分解下达不及时问题。市财政局已将 2.70 亿元全部下达到位。

(5) 部分新增一般债券资金未及时使用问题。市财政局正在积极推进整改,已整改问题金额 6 686.59 万元,剩余 2 820.63 万元将根据项目进度按照规定予以支付。

（6）指标下达不及时问题。市财政局已将省级战略性新兴产业发展专项资金5 700万元全部下达。

2. 三个功能板块预算执行和决算草案审计查出问题整改情况

（1）滞留专项转移支付资金问题。正在积极推进整改，已整改问题金额20 007.54万元，市开发区尚有246.39万元、徐圩新区尚有121.38万元、云台山景区尚有2 286.91万元因项目进度未达支付条件暂未拨付。

（2）非税收入未及时缴库问题。市开发区、徐圩新区、云台山景区已将2 146.25万元全部缴入国库。

（3）新增专项债券资金未及时使用问题。正在积极推进整改，已整改问题金额2.39亿元，市开发区尚有1.78亿元、云台山景区尚有0.26亿元因项目进度未达支付条件暂未拨付。

（4）资金拨付不及时问题。市开发区已将省级战略性新兴产业发展专项资金420万元拨付到位。

（二）部门预算执行和其他财政收支审计查出问题整改情况

1. 市本级一级预算单位全覆盖审计查出问题整改情况

（1）预算资金管理不规范问题。市市场监管局、民宗局、资源局已将收取的不动产登记费、房屋征收补偿款等非税收入839.71万元上缴国库；市司法局、财政局、民政局等13家单位已将财政专户结余资金662.68万元上缴财政统筹使用。

（2）政府采购政策执行不到位问题。市商务局、统计局、政务办等13家单位明确按照购买服务需求编细编实预算，严格落实先有预算、后购买服务的要求；市民政局、农业农村局、科技局等13家单位明确今后将进一步加强政府采购内控管理；市体育局、资源局、工信局等11家单位明确今后将严格执行集中采购及分散采购规定，规范政府采购行为；市卫健委、教育局、生态环境局等3家单位明确今后将严格履行政府采购程序，依法依规公告公开招标采购情况。

（3）部分单位一般性支出压减未达要求问题。市文联、市委党校、市资源局、市墙改办、市供销社等14家单位明确今后将严格落实一般性支出压减量化指标的刚性任务要求，带头过"紧日子"，确保压减指标达到要求。

（4）部分单位超预算支出"三公经费"和会议费、培训费问题。市水利局、发改委、生态环境局、应急局等4家单位明确今后将严格按预算批复执行，控制"三公两费"的支出。

（5）信息系统建设和网络安全管理不到位问题。市司法局、统计局、机关事务管理局等6家单位已及时补充签订保密协议；市商务局、政务办、农业农村局等15家单位已及时开展信息系统等级保护,确保系统运行安全;市科技局、文广旅局、应急局等 5 家单位已及时进行容灾备份;市信访局已制定网络安全应急预案;市外办、国资委、地方金融监管局等 10 家单位已按照网络安全应急预案开展应急演练。

2. 部分单位财政收支审计查出问题整改情况

(1)资金未及时缴库问题。市科技局已将结转结余资金 684.55 万元上缴财政;市农科院已将试验费、银行利息等收入共计 30.66 万元上缴国库,并将各部门收支纳入财政预算管理,明确今后严格执行省、市财政相关规章制度,严格收支两条线管理。

(2)未严格执行政府采购制度问题。市国资委明确今后严格执行政府采购相关制度;市高新区印发《连云港高新区公务印刷管理办法》,明确今后严格按照要求执行定点印刷制度;市社科院已修订内控制度,明确今后严禁在非定点印刷单位印刷。

(3)违规收费问题。市教育局已停止相关收费项目,并将结存部分缴入财政专户,纳入财政预算管理;市高新区管委会已责令综合执法局停止违规收费,明确今后杜绝违规收费行为;市城管局已停止收取相关费用,执法支队海州一大队、海州三大队已将账面余额 7.28 万元上缴财政。

(4)固定资产管理不规范问题。市教育局明确今后将遵照规定严格履行出租报批手续;市城管局已将未入账资产登记入账;市农科院已将购买的办公家具等计入固定资产科目,做到账实相符。

(5)内控制度不健全、执行不到位问题。市高新区已完成各部门"三定方案"修订工作,健全了各项管理制度,完善内部控制体系;市委台办已建立健全了内部审计制度和公务出差审批制度;市社科院和市科技局已按规定合理设置会计工作岗位;市国资委明确今后严格执行单位财务审批和出差审批制度。

(三)重点专项和重大投资项目审计查出问题整改情况

1. 公立医院综合改革政策落实专项审计查出问题整改情况

(1)部分检验检测试剂未按规定采购问题。市妇幼保健院明确今后对平台内试剂"应采尽采",各种平台外试剂采购均向市医保局申请备案监管。

(2)基本药物销售金额占比较低问题。市二院明确今后适当增加基本药物目录,加大临床科室使用基本药物考核力度,提高基本药物销售金额占比。

2. 市本级企业职工基本养老保险基金审计查出问题整改情况

(1)部分人员重复参加养老保险问题。1 085 人重复参加养老保险问题已全部完成解决。

(2)欠费管理不到位问题。市人社局已督促相关企业向税务部门全额补缴了欠费 31.31 万元。

3. 市本级社会保险基金审计查出问题整改情况

（1）医疗机构违规用药问题。已追回医保统筹基金91.75万元，1家医院已被解除医保服务协议，现已关闭。

（2）职工医疗保险统筹基金结余过多问题。市医保局已按国家规定将新冠疫苗款等相关费用从医保基金中列支，按照国家规定将备付月数降低至15个月以内。

4. 全市房地产开发项目配套幼儿园建设移交审计查出问题整改情况

（1）配套幼儿园移交管理不规范问题。市高新区1所小区配套幼儿园正在装修改造中，计划2022年秋季正式开园；3所小区配套幼儿园与教育部门签订了幼儿园移交协议完成移交；市开发区1所小区配套幼儿园已按照"一事一议""一园一案"的原则，给予其两年转普过渡期，计划于2023年秋季转普。

（2）配建幼儿园土地闲置问题。市资源局已收回总共3宗土地中的2宗，并注销土地使用权证书；第3宗土地经市政府批复，批准延长动工开发期限。

（3）优质幼儿园比例不达标问题。正在整改，徐圩新区已按照达标要求做好相关准备工作，待省市相关部门评定。

5. 重大投资项目审计查出问题整改情况

（1）未严格履行基本建设程序问题。市住建局明确今后抓好行业施工许可的管理工作；市水利局已督促江苏临洪湿地生态旅游发展有限公司（以下简称临洪湿地公司）取得了开工手续，并明确今后严格按照相关制度进行管理；市城建控股集团、市金海岸公司明确今后将加强项目管理，杜绝未取得施工许可擅自开工建设、竣工验收未及时备案问题再次发生。

（2）未严格执行招投标法规问题。市城建控股集团、市金海岸公司明确今后各类满足公开招标条件的项目均在连云港市公共资源交易平台发布，将投标保证金退还投标单位，并明确今后将依法依规抓好各类工程收取投标保证金行为，杜绝超出规定上限收取投标保证金问题再次发生。

（3）841工程（即云台山隧道）未按期投入使用问题。该项目已建成通车，市住建局明确今后进一步加强项目管理，进一步完善内部控制。

（4）湿地公园项目建设施工管理不到位问题。市水利局印发了《连云港市水利工程建设管理工作手册》，用于指导水利工程建设项目法人规范开展工作；督促临洪湿地公司根据建设工程监理合同及项目监理招标、投标文件，结合监理人员实际到岗情况结算监理费用，明确今后严格管理。临洪湿地公司制定了严格履行定价程序的相关管理制度5项，并按规定对相关材料履行了定价程序。

（四）重大政策措施落实跟踪审计查出问题整改情况

（1）清理拖欠民营企业中小企业账款政策跟踪审计查出问题整改情况。5 163.06 万元拖欠账款已全部清偿到位。

（2）新冠肺炎疫情防控财政资金和捐赠款物专项审计查出问题整改情况。市红十字会已设立接收捐赠资金管理专户；部分一线医务人员临时性工作补贴均已足额发放。

（3）省科技改革政策落实审计调查查出问题整改情况。市科技局明确建立"政企人才培养直通车"，规定对企业技术研发或经营管理等高端人才，个人应税年收入超过20 万元的按对我市贡献额度的 50% 进行奖励。

（五）市属国有企业和公立医院财务收支审计查出问题整改情况

1. 市属国有企业财务收支审计查出问题整改情况

（1）未正确核算收入和成本费用问题。市交控集团已按审计要求进行账务调整，并明确今后严格按照企业会计准则核算收支。

（2）漏缴税款问题。市交控集团已补缴各项税款 372.26 万元。

（3）在成本费用中列支工会经费问题。碱业公司明确今后按规定核算费用支出。

（4）超范围列支费用问题。市交控集团已按审计要求停止为相关单位支付职工餐费。

（5）奖补资金管理不到位，补贴、补助奖金未纳入工资总额管理问题。碱业公司已将补贴补助奖金纳入工资总额。

2. 公立医院财务收支审计查出问题整改情况

（1）部分款项未应收尽收问题。市二院已将应收未收房租 53.83 万元全部催收到位；市妇幼保健院已将应收未收房租 3.07 万元租金催收到位，履约保证金 11.21 万元已全部收取，新生儿摄影合作费 11.16 万元已全部缴纳到位。

（2）未经审批出租出借场地问题。市二院已报备，并明确合同期满后按文件规定程序办理；市妇幼保健院已对房租进行评估论证，严格按照房屋出租规定经主管部门审批后，采用招投标形式确定了部分承租单位并收取租金。

（3）部分采购项目招标程序不规范问题。市二院明确今后加强预算管理，按省市财政主管部门意见，编制本单位的采购预算，严格履行政府采购程序，并报上级主管部门审批；对超过 30 万元的项目，按规定进行政府集中采购，或委托有资质的招标代理机构，依法进行公开招标。

（4）往来款长期挂账问题。市二院、市妇幼保健院已清理。

（5）未与技术服务提供商签订保密协议问题。市二院已就门户网站、病案系统、医学知识管理平台等系统与相关软件提供商签订保密协议。同时对其他合同进行排查，均签订保密协议,并明确今后对新签订合同,要与主合同同步签订保密协议;市妇幼保健院已分别与医学考试系统、PACS系统软件提供商签订信息安全保密协议并明确今后院内所有涉及信息相关的采购合同均要签订保密协议。

(6)未明确网络安全责任人问题。市妇幼保健院已出台文件,对网络安全责任人、职能机构、工作职责进行了明确。

总的来说,审计工作报告中所指出的问题,除个别事项因项目实施进度问题需要根据实际情况逐步解决,绝大多数问题已经整改到位,审计整改取得明显成效。下一步,市政府将持续关注整改工作,进一步推动审计监督"后半篇文章"。一是进一步加大督促力度。对尚未整改到位问题继续实行挂账督办,推动问题彻底整改。二是进一步完善制度。坚持举一反三、标本兼治,真正从源头堵塞漏洞、控制风险,杜绝屡审屡犯。三是进一步运用审计成果,推动把审计结果及整改情况作为干部考核奖惩的重要依据。

第十一章 审计机关 2022 年度审计工作动态

第一节 审计署 2022 年度审计工作动态

一、审计博物馆聚焦"三个深入",认真学习贯彻全国审计工作会议精神

全国审计工作会议召开后,审计博物馆第一时间组织召开全体干部职工大会,传达学习全审会精神。侯凯审计长的讲话全面准确总结了 2021 年工作,深刻阐述了 4 点体会,部署了 2022 年工作,是博物馆今后一个时期开展工作的重要指引。通过学习,大家一致认为,侯凯审计长的讲话十分振奋人心,增强了干事创业的信心,坚定了开拓进取的决心,博物馆要从"三个深入"着力,全面学习贯彻全审会精神,统一思想、鼓足干劲,为做好今年工作起好步、开好局。

(一)深入领会全审会精神实质,把握博物馆正确前进方向

过去一年,习近平总书记多次就审计工作发表重要讲话,做出重要指示批示。李克强总理在听取审计工作汇报后,高度肯定了 2021 年工作。这不仅体现出党中央、国务院高度重视和关心审计工作,更反映出取得成绩的根本原因在于坚持以习近平新时代中国特色社会主义思想为指引。

博物馆作为重要意识形态阵地,要坚决拥护"两个确立",坚决做到"两个维护",始终把讲政治贯穿于博物馆工作全过程。要紧紧围绕以史为鉴、开创未来的重要要求,坚持党的政治建设,坚定正确政治方向,承担起新时代意识形态工作的职责和使命。

(二)深入了解全审会提出的工作重点,明确博物馆工作目标

全审会指出,2022 年各级审计机关要重点抓好三个方面的工作。博物馆要积极发挥"窗口"作用,大力宣传审计事业新成就,讲好审计故事,让观众及时了解审计在发挥宏

观调控"工具箱"作用等方面作出的新贡献。

同时,博物馆要不断加强自身建设,紧紧围绕政治建设、业务建设、安全建设、队伍建设、制度建设、廉政建设"六大建设"工作重点,不断强化创新意识,大力提升藏品征、管、研、用水平,健全和严格执行制度规定,以高质量"大学校"为目标把博物馆建设好。

(三)深入贯彻落实全审会精神,推动博物馆高质量发展

全审会强调,深入开展研究型审计是实现新时代审计事业高质量发展的必由之路。作为文化机构,深入开展研究型博物馆建设也是实现博物馆高质量发展的必由之路。博物馆要以《审计博物馆"十四五"发展规划》为依据,以定级评估工作为抓手,做实研究型博物馆建设。

要把研究的出发点和落脚点始终在聚焦博物馆主责主业上,紧密结合博物馆的行业特征和工作实际,更好服务审计历史文化宣传工作需要。通过深入开展研究型博物馆创建活动,引领干部职工树立终身学习理念、加强业务研究、提高能力素质,全面提升藏品、展陈、宣教等各项工作水平,以优异成绩迎接党的二十大胜利召开!

二、审计署召开全国审计机关党风廉政建设工作视频会议

2022年2月10日,审计署召开全国审计机关党风廉政建设工作视频会议,深入学习贯彻习近平总书记在十九届中央纪委六次全会上的重要讲话精神,总结2021年审计机关党风廉政建设工作,研究部署2022年工作。署党组书记、审计长侯凯出席会议并讲话,中央纪委国家监委驻审计署纪检监察组组长、署党组成员宋依佳传达了十九届中央纪委六次全会精神。全体署领导出席会议。

侯凯指出,2021年,全国审计机关以习近平新时代中国特色社会主义思想为指导,牢牢把握政治机关定位,压实管党治党政治责任,严肃监督执纪问责,带头落实中央八项规定及其实施细则精神,锲而不舍纠治"四风",加大审计监督力度,加强审计机关自身建设,坚持依法文明廉洁审计,在全面从严治党、党风廉政建设和反腐败工作上取得了新的成效。

侯凯指出,2022年,全国审计机关要全面贯彻落实党的十九大和十九届历次全会精神,认真落实习近平总书记重要讲话精神和十九届中央纪委六次全会部署,增强"四个意识"、坚定"四个自信"、做到"两个维护",自觉把握和运用党的百年奋斗历史经验,增强全面从严治党永远在路上的政治自觉,坚持严的主基调不动摇,坚定做好党风廉政建设各项工作。一是坚持以党的政治建设为统领,推动党史学习教育常态化长效化。二是坚持严字当头,压实党风廉政建设工作责任。三是坚持求真务实,持之以恒改

作风、纠"四风"。四是坚持用制度管人管事,重制度执行强化监督约束。

侯凯强调,各级审计机关要深入学习贯彻习近平总书记关于党的自我革命的战略思想,提高政治能力,坚守职责定位,保持清醒头脑,在新的赶考之路上敢于斗争、勇于担当、主动作为,充分发挥审计在推进党的自我革命中的作用,为保持经济社会平稳健康发展作出应有贡献。各级审计机关要始终坚持和加强党中央对审计工作的集中统一领导,切实加大审计监督力度,推动发挥监督合力。

审计署各单位、中央纪委国家监委驻审计署纪检监察组,各省、自治区、直辖市和计划单列市、新疆生产建设兵团审计厅(局)干部分别在主会场、分会场或通过视频直播参加会议。

三、各级审计机关认真学习全国审计机关党风廉政建设工作视频会议

2022年2月10日,全国审计机关党风廉政建设工作视频会议召开后,各级审计机关认真学习会议精神,紧密联系工作实际,研究制定具体落实措施,将党风廉政建设和反腐工作不断推向深入。

(一)审计署郑州特派办

以"自觉遵纪守法,守住拒腐防变防线"为目标,在全办开展"纪律教育年"活动,持续加固廉洁从审的堤坝,从制度、思想、行动上,增强拒腐防变的能力。研究制定具体落实措施,全面压紧压实党风廉政建设主体责任和监督责任,确保会议精神和有关要求落到实处,坚持不懈把全面从严治党向纵深推进。

以政治建设为统领,依托"三会一课"、主题党日活动、组织生活会等载体,推进党史学习教育常态化长效化,牢固树立政治机关意识,锤炼党员干部忠诚干净担当的政治品格,让初心使命在内心深处真正扎根,把忠诚于党和人民落到行动上。

深化党风党纪教育,自觉遵纪守法。以开展思想政治教育、纪法知识学习、身边人身边事警示教育、关键节点廉政提醒等方式,进一步严明政治纪律和政治规矩,教育督促党员干部时刻绷紧廉政这根弦,纠"四风"、转作风不止步。

坚持"严"字当头,对身边腐败和不正之风开展专项整治。以全面排查廉政风险点、严格审计权力运行监督管理、从严从实教育管理监督年轻干部、严肃监督执纪问责等为抓手,持续释放严的信号、传导严的压力、营造严的氛围。

完善审计权力监督制度。用制度管人管事,加强对党风廉政建设工作相关制度执行的监督检查,扎紧织密权力监督制度笼子,让制度更加有力、有效。

坚持提高政治能力,坚守职责定位,切实履行审计监督职责。按照审计署部署,高

效组织实施审计项目,加大审计监督力度,提升审计工作效能,推进审计在党的自我革命中充分发挥作用。

(二)审计署南京特派办

准确把握全面从严治党形势任务,以三个"抓实",明确 2022 年党风廉政建设工作。一是抓实政治机关建设。引导全办干部深刻认识到全面从严治党的政治引领和政治保障作用,不断严明党的政治纪律和政治规矩,深化政治监督,加大以案促教、以案促改力度,使铁的纪律真正转化为审计干部的日常习惯和行为遵循。二是抓实全面从严治党责任传导。党员领导干部要走在前、做表率,充分发挥示范引领作用,教育引导党员干部增强责任意识,强化责任担当,特别是引导青年干部扣好廉洁从审的"第一颗扣子"。三是抓实廉洁文化建设。积极推进廉政教育创新,培育具有审计特色的廉政文化建设品牌,积极营造崇德尚廉的良好氛围,着力打造忠诚干净担当的审计干部队伍。

(三)审计署上海特派办

一是着力提高政治站位。要深刻认识"两个确立"的决定性意义,切实增强做到"两个维护"的思想自觉、政治自觉、行动自觉。审计工作要立足经济监督,胸怀"国之大者",善于把党的政治要求与审计的专业优势融合起来,不断提高政治判断力、政治领悟力、政治执行力,推动党中央重大决策部署落到实处、取得实效。二是始终坚持严的主基调。要把严的导向体现在管党治党的全过程和各方面,做到思想从严、监督从严、执纪从严、作风从严、反腐从严。要坚持逢会必讲廉政,逢事必说廉政,不断提高反腐倡廉教育频率,形成严的文化氛围,时刻绷紧廉政之弦。三是加强干部教育管理监督。对党员干部要做到真管真严、敢管敢严、长管长严,让干部习惯在监督下工作生活。要加强对"关键少数"的监督。"一把手"要自觉接受监督,班子成员要相互监督,纪检组长要大胆监督。对年轻干部要严管厚爱,严在日常,严在经常,在思想政治上引领,在纪律规矩上从严,在工作生活上关心。四是不断夯实全链条的责任。对照"四责协同"要求抓好责任传递、压力传导,形成责任落实闭环,推动主体责任强化落实。上海特派办分党组书记要切实履行好第一责任人职责,领导班子成员要落实"一岗双责"要求,不断提升管党治党能力。牢牢抓住审计现场和"八小时之外"两个重点,防范延伸审计风险。完善廉政检查"三步曲",突出审计业务全流程监督,多措并举提升监督整体效能。积极创新形式,加强警示教育,发挥身边反面典型的警示震慑作用。

(四)审计署沈阳特派办

党员干部纷纷表示,将自觉把思想和行动统一到党中央决策部署上来,增强捍卫

"两个确立"、践行"两个维护"的政治自觉,永葆对党忠诚的政治品格,自觉养成在监督下工作和生活的习惯,切实以会议通报的违规违纪案例为镜鉴,做到警钟长鸣;在今后的工作中,要聚焦国之大者,牢牢把握审计机关政治定位,坚定不移推动党风廉政建设,依规依纪履职尽责,有效推动审计工作高质量发展,用实际行动迎接党的二十大胜利召开。

四、署党校、教育学院举办市县审计局正、副职领导干部培训班

2022年2月20日至3月16日,署党校、教育学院成功举办了市县审计局正、副职领导干部培训班。面对全国疫情多点散发、防控难度增大的严峻形势,在分管署领导的直接领导下,学院党委认真谋划、应急处突、科学调度,创新教学管理模式,有效化解防疫风险,确保学员安全、高效完成各项学习任务并顺利结业,取得了丰硕的教学成果。

(一)精准设计课程,确保教学质量不打折扣

本次培训紧紧围绕"立足经济监督,落实政治责任,聚焦主责主业,依法忠诚履职"这一主题设计课程,紧紧围绕政治能力、专业能力和领导力等方面开展培训。在政治能力方面,通过学习习近平总书记关于审计工作的重要讲话和重要指示批示精神、党的十九届六中全会精神、党旗下的红色审计征程,促进学员强化政治机关意识,深刻领会"两个确立"的决定性意义,深刻认识和把握审计的政治属性和政治功能。在专业能力方面,邀请署领导和相关业务司负责同志进行权威解读,秉持研究型审计这条逻辑主线,重点开展专业能力训练和审计实务交流,将审计实践中遇到的问题转化为课堂上最"解渴"的讲授内容。在领导能力方面,开设专门课程启发审计干部的哲学思维,介绍新时代领导艺术,邀请地方党政一把手从不同视角诠释审计的职责担当,指导地方审计机关领导干部如何做到"尽职、尽责、尽言"。

(二)加强教学创新,确保培训效果不打折扣

探索"训前摸底",根据参训学员分管领域进行科学分组,有针对性地搭建交流互动平台,组织经验交流、案例分享,促进学员迅速聚焦主题、形成同频共振。探索"课前提问",通过问卷星向学员收集归纳11个审计领域、150多项问题并提前反馈给师资,利用课堂时间有针对性予以解答,显著提升教学互动效果。探索"连线一线",通过腾讯会议将8位全国优秀审计项目获得者"请进"课堂,解读如何打造优秀审计项目,学员以选修方式获取最关切的内容。探索"直面对话",邀请南京市5位区县审计局负责同志与学员进行"面对面"互动交流,通过主讲人现身说法、学员互动提问、实务经验分享,实现教学相长、学学相长。此外,首次面向参训学员征集审计典型案例,组织对

"带来"案例进行研讨,通过推荐、精选,将其中 80 多篇优秀案例汇编成册,并制作电子书分发给学员,为其所在单位审计实务提供借鉴。

(三)坚持严暖结合,确保学员管理不打折扣

学院党委先后主持召开临时党支部预备会、临时党支部座谈会,狠抓学风纪律,压紧压实学员自我管理责任。临时党支部支委班子身先表率、严于律己,发挥桥梁纽带作用,推动落实各项教学任务。面对开班后突发疫情,校院坚持以学员为中心,既严格执行防控措施,全天候保障教学服务,做到及时响应、高效有序、贴心服务、不漏一人,又积极给予人文关怀,如"三八"节为女学员送花,开设健康知识讲座,植树节义务植树,放映红色电影等,让学员劳逸结合、倍感温馨。

五、审计署党组深入学习贯彻习近平总书记重要讲话和全国两会精神

2022 年 3 月,审计署党组理论学习中心组召开学习会,在前期个人自学基础上,深入学习贯彻习近平总书记在全国两会期间重要讲话和全国两会精神,结合审计工作实际研究贯彻落实举措,署党组书记、审计长侯凯主持会议并讲话。

会议认为,今年的全国两会是在我国进入全面建设社会主义现代化国家、向第二个百年奋斗目标进军新征程的重要时刻召开的一次重要会议。习近平总书记在会议期间发表的重要讲话,高瞻远瞩、思想深邃、内涵丰富,为奋进新征程、建功新时代进一步指明了方向,提供了根本遵循。审计署广大党员干部要深刻领会"两个确立"的决定性意义,切实增强"四个意识"、坚定"四个自信"、做到"两个维护"。要深刻认识党中央对当前国际国内形势的科学判断,把握"稳字当头、稳中求进"的重要原则以及经济社会发展总体要求和政策取向,更加自觉地用党中央决策部署统一思想和行动。

会议指出,学习贯彻习近平总书记重要讲话和全国两会精神,是当前一项重要政治任务。全署各单位要把学习贯彻全国两会精神与学习贯彻习近平总书记关于审计工作的重要讲话和重要指示批示精神结合起来,与近年来中央经济工作会议精神结合起来,与中央和国家机关工委部署开展的"学查改"专项工作结合起来。各级领导班子和党员领导干部要以上率下,发挥表率作用。各基层党组织要通过多种方式,推动全体党员干部学有所思、学有所悟、学有所得,切实把思想和行动统一到习近平总书记重要讲话精神和党中央决策部署上来。

会议强调,要进一步认识和把握进入新发展阶段、贯彻新发展理念、构建新发展格局、推动高质量发展对审计工作提出的新要求,紧紧围绕全国两会精神,立足"审计监督首先是经济监督"定位,坚持聚焦财政财务收支真实合法效益这一主责主业,做好

常态化"经济体检"工作，推动统筹疫情防控和经济社会发展、统筹发展和安全、保障"六稳""六保"等各项工作任务落实落地。要结合不同审计领域和审计职责，进一步做实研究型审计，进一步找准工作侧重点和着力点，不断提高审计成果质量水平，切实发挥审计在党和国家监督体系中的重要作用。

全体署领导参加学习，署机关综合部门主要负责同志和驻审计署纪检监察组负责同志列席学习会。

六、审计博物馆与广东省审计厅签署红色审计文化"遗址"建设发展合作协议

2022年6月，审计博物馆与广东省审计厅在广州签署了关于支持广东省红色审计文化"遗址"建设发展合作协议。这是博物馆继与瑞金中央革命根据地纪念馆、山东省审计厅之后签订的第三个"遗址"建设发展合作协议，对持续推进新时代红色审计文化的保护、传承与发展意义重大。

博物馆在前期调研工作中了解到，广东省审计厅长期致力于深入挖掘阮啸仙红色审计精神，大力支持河源市东源县义合镇下屯村阮啸仙纪念馆和故居开展保护性修缮、布设阮啸仙生平事迹展，并以此为亮点，帮扶当地打造红色旅游线路、特色乡村旅游品牌。目前，广东省审计厅正在协助当地开展筹资、征地等工作，拟建设阮啸仙事迹展览馆，助力党史学习教育常态化，带动红色乡村振兴发展。

协议签署后，双方将在以下方面加强合作：一是推动藏品信息资源整合共享，促进藏品有效利用；二是发挥双方各自优势，共同支持"遗址"建设，开展特色活动；三是加强人才培养交流，鼓励以干代训；四是加强审计史研究，进一步挖掘广东省内红色审计的深层内涵和时代价值；五是在技术上重点支持阮啸仙事迹展览馆和阮啸仙故居建设，提升展览的吸引力与影响力。

七、审计署举办2022年度党务干部综合培训班

2022年7月26日至29日，审计署举办2022年度党务干部综合培训班。署党组成员、副审计长、机关党委书记王文斌出席开班式并作辅导报告。

王文斌指出，2022年上半年，审计署机关党建工作以习近平新时代中国特色社会主义思想为指导，统筹推进各项重点任务，聚焦主责主业开展"学查改"专项工作，加强和改进直属事业单位党的领导，高质量实现署内巡视全覆盖，以钉钉子精神落实对口支援和定点帮扶政治责任，机关党建各项日常工作压茬跟进、持续发力，保障了各领域审计工作的顺利开展。

王文斌强调，全年党建工作要紧紧围绕迎接服务党的二十大和学习贯彻党的二十大

精神这条主线来谋划、部署和推进，要始终突出政治建设的统领地位，发挥好"第一方阵"风向标作用；要紧紧围绕机关党建高质量发展主题，着力解决抓实、抓好这一重要课题；要牢牢扭住党建工作责任制"牛鼻子"，全面加强本单位各项建设；要切实提高做好党建工作的使命感，引导广大审计干部主动投身到奋进新征程、推进审计发展的事业中。

王文斌要求，下半年机关党建工作要紧紧围绕党的二十大作出的各项决策部署，坚持重实干、务实效，在深学细研中凝心聚力，在融会贯通中加强统筹，在增强本领中奋发有为，为审计事业高质量发展提供更加坚实的政治保证。

中央和国家机关工委、中国卫生健康思想政治工作促进会、中国心理卫生协会、驻审计署纪检监察组有关同志分别从新时代意识形态工作、支部工作思路方法、高质量高效能做好机关党建工作、规范监督执纪等方面作专题辅导。全署各基层党组织260多名专兼职党务干部分别通过线下或线上方式参加培训。

八、审计署举办后勤服务保障暨社会治安综合治理工作培训班

2022年8月17日，审计署2022年度后勤服务保障工作暨社会治安综合治理工作培训班在京举办。审计署党组成员、副审计长王文斌出席开班式并讲话。

王文斌对过去一年审计署机关后勤服务保障工作取得的显著成效表示肯定。他指出，各单位要深入学习领会习近平总书记关于机关事务工作的重要指示批示精神，切实增强做好机关事务工作的政治责任感和历史使命感，认真履行管理保障服务职责，提升服务效率，扎实推动机关事务工作高质量发展。要站在事业发展的高度，突出政治引领，提升业务能力，弘扬优良传统作风，打造高素质专业化审计服务保障人才队伍。

培训班重点围绕进一步做好审计服务保障工作等进行研讨，并邀请中央党校（国家行政学院）、中央国家机关政府采购中心、国家机关事务管理局等单位专家学者授课，审计署"全国机关事务工作先进个人"获得者李晓宁作交流发言。来自审计署各单位的110名同志参加了本次培训。

第二节 审计署特派办2022年度审计工作动态

一、审计署上海特派办：双结合、列席制、量化法 全方位提升党建述职评议考核工作质效

新春伊始，审计署上海特派办根据审计署机关党委的相关工作安排，积极组织开展

基层党建述职评议考核工作，采用书记述职和现场点评相结合的方式，实行"两委"委员列席处室支部组织生活会的机制，探索党支部工作量化考核的办法，全方位提升党建述职评议考核工作质效。

一是采用书记述职和现场点评相结合的方式，提升党建述职工作质效。为聚焦落实新时代党的建设总要求，上海特派办在党支部书记述职现场，安排机关党委委员和纪委委员对日常联系党支部的支部书记述职进行深入点评，引导"两委"委员更好发挥示范引领作用，促进党支部书记取长补短、认真履行职责。通过抓关键群体，促进党建工作落地见效。

二是实行"两委"委员列席处室支部组织生活会的机制，提高党员民主评议工作质量。为督促党支部组织生活会开出实效，上海特派办"两委"委员列席处室支部生活会，督促党员用好批评和自我批评这把"利器"，深入查摆问题，认真分析原因，抓实问题整改，真正达到分享经验、碰撞思想、凝聚共识，形成干事创业的强大合力。通过机制创新，确保党支部组织生活会取得明显成效。

三是探索党支部工作量化考核的办法，引导支部夯实基层党建工作。为进一步激发党支部做好党建工作的自觉性，上海特派办对党支部在政治建设、思想建设、组织建设、作风建设和特色亮点等方面的工作进行量化，细分为18类，通过党支部对照检查自评等级、党支部间交叉复核，促进党支部查漏补缺、学习提高。机关党委在此基础上，对党支部量化考核情况进行审核，形成评选优秀党支部的重要依据。通过考核引导，促进党支部提高党建工作水平。

二、审计署重庆特派办打造"导师团"全面培养青年审计干部

近年来，审计署重庆特派办深入贯彻落实署党组关于建设高素质专业化审计干部队伍的部署要求，紧密结合办情实际，持续优化实务导师制，对标"能查、能说、能写"的能力要求，为青年审计干部配置"责任导师+项目导师+专项导师"的"导师团"，探索建立全方位、立体化的培养体系，取得较好成效。

（一）责任导师全面负责，聚焦综合素质"强基"

针对新录用公务员、新任职业务岗且无审计工作经验的青年干部，逐一配备责任导师，通过严格导师标准、强化过程管控等，不断提升指导实效，夯实能力基础。一方面，实行晒式管理，定期公示责任导师指导档案，"晒"出进度、"晒"出成果，促进责任导师间横向借鉴，取长补短。另一方面，注重以考促绩，不断细化完善专项考核指标设置，实行分类、精准考核，并与干部年度综合考核挂钩，对考核优秀的在选拔任用、职级晋升、评优评先等方面优先考虑，强化激励约束。

（二）项目导师及时补位，聚焦审计项目"加固"

当学员与责任导师不在同一审计项目且项目时长1个月以上的，按照"一对一"原则为学员配备项目导师，确保学员指导培养不断线。一方面，把好"交棒"节点，明确当出现与学员"分离"时，由责任导师提请审计项目现场负责人在审计实施方案制订时，统筹项目人力资源，为学员择优配置项目导师。另一方面，强化培养衔接，要求项目导师主动加强与责任导师的沟通交流，依托审计项目实践重点加强审计理念思路、审计工作程序、审计技术方法等的指导。

（三）专项导师重点发力，聚焦专业能力"塑形"

为进一步精准对接"能查、能说、能写"能力要求，该办积极创新，为每名学员增设大数据审计、表达与沟通、公文写作3类专项导师，靶向发力。一是师资条件上，坚持"因岗择人"。大数据审计类要求具有计算机类专业背景或通过计算机审计中级考试且业绩突出，表达与沟通类要求多个大型审计项目主审经历或综合岗位长期历练，公文写作类则要求参与过"四个报告"撰写、重要行政文书主笔、法制审理经验丰富或理论研究功底深厚。二是配置安排上，坚持"因类施教"。大数据审计类重在"专"，紧扣审计业务领域优先安排所在处室数据分析骨干人才为专项导师，开展"一对一"辅导，在深研细钻上下功夫；表达与沟通、公文写作类重在"博"，特意跨处室安排专项导师，在单独辅导的基础上，开展集中培训，由导师们轮流"开讲"，在兼收并蓄上下功夫。三是培训课程上，坚持"因需而变"。鉴于学员分散在多地参加审计项目难以集中的实际，结合年轻干部思维方式、学习偏好方面的特点，人事部门利用第三方视频会议软件搭建了"空中课堂"，专项导师们先后推出了"初识审计报告""办公室小白的'说话'之道""基础·方法·风格 公文写作知识分享"等线上培训课程，以"短平快"的方式开展案例教学、分享经验、推荐优质书单，推动互学互进。

通过打造"1+1+3"的实务导师团队，导师间密切协作、发挥合力，不断增强培养的全面性、连续性、专业性，有效促进青年审计干部实战能力不断提升。

三、审计署兰州特派办：把好"四关"不断提升审计报告质量

审计署兰州特派办以"质量提升年"活动为契机，聚焦主责主业，在审计质量全流程管控环节下足功夫，把好思路关、问题关、质量关、文字关，不断提升审计报告质量。

以"谋"为先，深入开展研究型审计，把好思路关。制定年度学习研究工作方案，以处室为单位，结合行业发展、项目安排等明确1~2个研究方向，安排整训期间分享成果、交流经验，推动审计人员做实学习研究。各处室紧紧围绕中央经济工作会议部署的

重大政策和重大问题、国家"十四五"规划纲要确定的重点项目等，深入研究各类审计对象的战略部署、发展方向，研究清楚国家大政方针背后蕴含的政治意图、政策目的。充分发挥办审计理论研究会和"财政学堂""金审视界"等特色学习平台的作用，引导督促审计人员边学习边审计，边审计边研究，不断思考总结提高，形成"学—审—研"的有效循环，不断探寻审计新思路新方法。

以"查"为本，确定"四清"核查标准，把好问题关。在问题核查中确定"四清"标准，重点关注来龙去脉是否清楚、原因后果是否清楚、基础理论是否清楚、改革发展方向是否清楚，把准政策、事实、原因和建议。注重加强审计基本功锤炼，开展专家授课、自学交流等灵活多样的业务培训，举办各专业审计论坛，重点提升审计人员攻坚突破、宏观分析、专业研判等综合能力，为查实、查准、查透问题夯实专业基础。

以"质"为要，严格落实全流程管控，把好质量关。审计组严格执行审计现场管理要求，按照"一日一沟通、一周一讨论、一月一回顾、一项目一总结"的管理方式，把控审计重点和节奏，提升现场工作效率。项目牵头处室主要负责人和主审认真履行审核职责，逐页审核审计取证单及所附证明材料，确保每个问题查得实、说得清、经得起推敲，把好审计质量前端关口。法规审理处加大审理力度，每个审计项目开始前，确定相对固定的人员跟踪审理，同步研究相关业务领域最新政策规定、工作要求等，严格按照"六要素"审理，及时督促完善相关证据。机关纪委强化监督职责，通过参加审计业务会议、审计现场纪律执行情况检查"全覆盖"等方式，加强对未在审计报告中反映问题的监督。

以"写"为基，规范格式和表述，把好文字关。注重"能写"能力的培养，打造"咬文嚼字"学习平台，通过公文写作培训、新媒体答题互动、学习交流等方式，加强审计人员文字基本功锤炼。针对审计报告撰写中容易出现的问题，印发《审计署兰州特派办审计报告常用规范指引》，对审计报告格式、文字表述及标点符号等进行详细规范，确保审计报告文字严谨、精炼。紧扣"审计建议一定要具体、要实"的要求，将国家宏观政策与审计对象的特点、现状和趋势有机结合起来，认真研究产生问题的原因和背景，深入分析问题背后体制机制问题，切实提高审计建议的针对性和可操作性。

四、审计署沈阳特派办：坚持突出"审"味、彰显"党"味

审计署沈阳特派办坚持把开展好"学查改"专项工作作为强化政治机关意识、践行"两个维护"的重要抓手，坚持突出"审"味、彰显"党"味、务求"实"效，结合做好审计署党组第五轮巡视整改工作，进一步推动党建和业务深度融合，为审计工作高质量发展提供有力支撑。

提站位，层层压实责任。沈阳办分党组及时召开会议专题研究部署，严格按照

"学""查""改"三个工作阶段，区分重点、拉单列表、细化举措、压茬推进；办机关党委把专项工作作为年度党建工作的重要内容和检查督导重点突出出来，加强跟进指导，有力组织推进；各党支部立足党支部和党员实际，结合正在开展的审计项目，进一步落细工作安排。

全覆盖，抓实学习研讨。通过办分党组领学促学、党支部集中研学、党员同步跟学、青年交流促学等方式，将学习贯穿专项工作始终，紧紧围绕习近平总书记在历次中央经济工作会议、中央审计委员会历次会议，有计划、分层次地开展学习、研讨和交流，进一步深化党员干部对"三新一高"战略的理解和运用。

树靶向，全面检视剖析。办分党组组织党员干部围绕"深入学习习近平经济思想审计怎么看、坚决贯彻习近平总书记重要讲话精神和党中央决策部署审计怎么办、聚焦主责主业和使命担当审计怎么干"开展深入思考，激发观点碰撞和头脑风暴。紧扣"六对照六查六看"，高标准开展专题组织生活会，办分党组成员以普通党员身份参加会议，带头查摆问题，发挥示范引领作用；"两委"委员主动下沉支部，进行指导督导，与支部一同对照、查摆和剖析；各党支部坚持从审计工作入手，联系近几年开展的审计项目，深入挖掘问题症结，立足自身找准病因、对症下药，形成党支部和党员个人"两个清单"，进一步明确整改责任，落实到具体事、具体人和具体时间。

强统筹，巩固整改成效。将抓好整改同正在开展的审计工作相结合，同落实2022年党的建设工作要点相结合，在审计实践中推动问题整改，以问题整改保障任务落实。积极发挥办机关党委、机关纪委的部署推动和督促检查作用，及时指导各党支部结合查摆出的问题，建立工作台账，研究整改计划，制定任务清单、责任清单、措施清单，实行清单式管理，定期对账、逐项销号。同时，注重将专项工作整改落实与审计署党组第五轮巡视整改工作紧密结合，推动融合整改，促进同题共答，切实以专项工作取得的成效，促进巡视整改落地落实。

五、审计署太原特派办：提升依法审计能力，营造良好法治环境

审计署太原特派办不断加强对新修订审计法的学习培训，提升审计人员依法审计能力，通过修订完善审理工作实施办法及审计调查专用介绍信、查询账户和存款有关文书、被审计单位承诺书等模板，为落实审计法相关内容提供制度化保障，同时强化对被审计单位的审计法宣传，落实"谁执法谁普法"责任制，将实施新修订审计法落实到各项具体工作中。

加强审计法学习培训，提升审计人员依法审计能力。全办分层次开展审计法学习培训，将审计法作为办分党组中心组学习内容，在中心组学习（扩大）会上对审计法进行专项培训，重点学习审计法修订的主要原则、重点内容和重大意义；以"法治讲堂"的

形式,对干部职工进行审计法知识培训,并将审计法纳入新录用公务员培训内容,重点学习审计人员不得干预、插手被审计单位经营管理活动、保守工作秘密和个人隐私等规范审计监督行为的相关条款;在审计现场对审计法部分条款进行重点解读,落实研究型审计要求,如通过研学审计整改等相关条款,提升审计人员对审计整改工作重要性的认识,加强对具体审计事项、审计发现具体问题的研究,提高审计处理意见和审计建议的针对性、可操作性;通过微信小程序组织全办142名干部职工进行审计法知识答题,促进提升学习效果,引导审计人员更加自觉地依法审计、恪守权力边界。

完善制度规范,为落实审计法提供制度化保障。结合审计法的要求和审计署相关制度规范,全办修订了《审理工作实施办法》,其中增加了对审计发现问题整改情况进行审理的内容,明确了审计项目牵头处室定期跟踪、督促、收集填报审计整改情况的责任,以及上报审计整改情况的审核把关流程、重点、时限等内容,并进一步明确了审理应重点关注查询银行账户是否按规定履行审批手续,查询文书使用是否规范等内容,保证上报审计整改情况的及时性和准确性,督促审计人员严格按程序开展外部调查,为落实审计法关于审计整改、依法进行审计查询的相关规定提供了制度保障。

修订审计报告征求意见书等模板,将审计法内容融入审计实践。根据审计法修订后的条款,全办修订了被审计单位承诺书、审计报告征求意见书、审计调查专用介绍信、查询账户和存款有关文书等模板的内容。如,根据审计法第34条、第47条和第48条等相关规定,在被审计单位承诺书模板中增加了被审计单位负责人对本单位提供资料及时性的承诺,并将提供的资料范围由原来的"财务会计资料及其他相关的文件、资料"修改为"财务、会计资料以及与财政收支、财务收支有关的业务、管理等资料(包括电子数据和有关文档)";修改完善了被审计单位违反审计法转移、隐匿、篡改、毁弃资料等需承担法律责任的6种情形;针对部分被审计单位拒绝、拖延提供内部审计等检查结论的情况,制定了对内部审计等检查情况承诺的模板,明确了被审计单位需承诺检查单位、检查时间、检查类型、检查结果、整改情况、是否向审计组提供等内容。

强化对被审计单位的审计法宣传,为落实审计法营造良好外部环境。起草了审计现场法治宣传提纲,明确了审计现场需要宣传的主要内容,包括审计法、审计法实施条例及中共中央办公厅、国务院办公厅关于审计整改的制度要求等,提出被审计单位要依法依规主动配合审计工作,向审计组提供资料要及时、准确、完整,对审计发现的问题应积极整改并按时报送相关资料。同时,组织业务处室结合审计项目开展情况,利用召开审计进点会、审计报告征求意见、审计整改检查等工作机会,向被审计单位宣传审计法,将审计法治宣传工作贯穿审计工作全过程。相关人员还应邀参加了人民银行太原中心支行、太原海关等单位内部审计培训,对审计法相关规定进行宣传。通过多种形式的宣传,不断增强被审计单位自觉接受审计监督的意识,提升对审计整改重要性的认识,为审计工作开展营造良好的外部环境。

六、审计署武汉特派办：多措并举打造"绿色"特派办

"绿色低碳"理念如何落实到工作中，如何内化为审计人员的自觉？审计署武汉特派办积极探索实践，坚持以习近平生态文明思想为指导，多措并举引导全办人员全面落实节能优先方针，厉行勤俭节约、反对铺张浪费，汇聚起绿色低碳的强大正能量。

一是抓住"制度"管基础，明确管理机构和工作职责。武汉特派办成立了节约能源资源工作领导小组和日常能源管理机构；制定了节约能源资源实施方案；先后出台节能、节水、生活垃圾分类、节能监管系统以及设备设施操作规程等5项节约能源资源的管理制度；实行能源资源消耗分户、分区、分项计量，建立能源资源计量器具台账、能源资源消费统计台账，做好分析报告并定期公示。

二是抓住"绿色"全覆盖，大力推行绿色办公、绿色采购、绿色出行。目前，已在全办推行无纸化办公，实现高效照明光源使用率100%，明确要求空调温度设置制冷不低于26摄氏度，制热不高于20摄氏度，开空调时不开门窗，积极倡导"135"绿色出行方式等，引导全办审计人员广泛参与到绿色节能行动中来。

三是抓住"细节"重落实，从源头减少浪费。武汉特派办长期组织开展"光盘行动"、旧物再利用等活动，引导干部职工从源头减少资源浪费；职工食堂每日统计就餐人数，按需备餐，精准供餐；在办内停止使用不可降解一次性塑料制品，倡导开会自备茶杯、出差不用一次性消耗品，从细微处着手，用一点一滴的节约助力资源保护。

四是抓住"节能"广宣传，营造崇尚节约、绿色低碳的浓厚氛围。在办公楼一楼大厅、电梯口、食堂等醒目位置张贴节约节能标识，开展垃圾分类培训，体验"地球一小时"等节能减排活动，拍摄绿色节能宣传小视频，通过内容丰富、形式多样的宣传教育活动引导干部职工践行简约适度、绿色低碳的生活方式。

第三节 各省审计机关2022年度审计工作动态

一、内蒙古：健全完善机制 提升整改实效

2022年1月，内蒙古自治区党委审计委员会办公室、内蒙古自治区审计厅联合出台《关于建立审计查出问题整改时限确认和移送问题办理进度定期通报及办结时限确认机制的意见（试行）》（以下简称《意见》），重点对建立审计查出问题整改时限确认机制、审计查出问题移送办理进度定期通报机制及办结时限确认机制进行明确。

审计查出问题整改时限确认机制，主要根据《中华人民共和国审计法》等法律法规关于审计整改时限有关要求，结合审计查出问题的性质、整改的难易程度、违纪违法违规问题的处置程序等相关情况，对立行立改问题、限期整改问题、持续整改问题，由审计项目实施单位充分征求被审计单位意见，并根据审计项目类型，合理确定审计查出问题整改时限，在审计结果文书中向被审计单位予以明确。

审计查出问题移送办理进度定期通报机制，主要明确了审计机关向纪检监察、公安机关和有关主管部门移送问题线索的办理进度、办理结果反馈等具体事项，审计机关定期汇总移送问题办理情况，并经自治区党委审计委员会办公室和自治区审计厅主要领导批准，每半年在一定范围内通报一次，对未按规定时限办结的相关部门单位依据有关规定提出问责建议。

审计查出问题移送办结时限确认机制，主要明确了纪检监察、公安机关和有关主管部门受理审计机关移送问题线索的办结时限要求，并对特殊情况需延长办结时限，未办结问题线索如何处理，以及重大违纪违法问题线索办理时限的确定等具体事项进行了说明。

二、云南：推动"研究型"营商环境审计

2022年1月，云南省审计厅在组织全省优化营商环境专项审计调查中，秉承"在研究中谋事、在研究中干事、在研究中成事"的理念，将审计思路和方法的探索创新贯穿于审计计划、项目组织、项目实施、成果运用的项目全周期，在一体推进揭示问题、规范管理、促进改革上成效明显。

在审计计划上做研究，力求"方向准"。准确把握"党委、政府重点工作是什么，审计就审什么"的工作思路，通过深入理解党中央、国务院和省委、省政府关于全面深化改革的方向、目标和路径，认真开展立项可行性研究，将优化营商环境审计纳入"十四五"审计工作发展规划和年度审计计划，做到把准方向、提早谋划、提前布局。

在项目组织上做研究，力求"统筹优"。在总结前三年开展"放管服"改革优化营商环境审计经验的基础上，首次采用"省厅统一组织、市县统一实施"的方式，组织16个市级、64个县级审计机关同步开展审计，进一步理顺了"项目组织"和"业务实施"的关系，明确了牵头单位和审计组的职责，优化了项目统筹管理和审计资源调配，保证了审计事项抽查的广度和深度，做到人人有担子、事事有着落。

在项目实施上做研究，力求"指导精"。坚持把研究工作作为谋事之基、成事之道。在认真学习、梳理归纳相关政策的基础上，到政务服务、市场监管、住建等部门开展审前调研，了解、收集优化营商环境中存在的突出问题，在编制审计工作方案时做到有的放矢。此外，在下发的审计报告模板中，对每个问题的基本定性、问题框架、法规

引用、处理意见作了详细表述，将审计模式从"做问答题"向"做填空题"转变，进一步增强了对下指导的针对性和可操作性。

在成果运用上做研究，力求"成效显"。牢固树立成果意识，有计划地在项目实施阶段到审计一线进行走访调研，及时掌握实际情况，对审计事项进行再调整，对重点内容进行再聚焦。同时，注重查出问题与推动解决问题相统一，坚持从政策目标实现与否的立场出发揭示问题，从体制障碍、机制缺陷、制度漏洞的角度剖析原因，从深化改革和推动发展的角度提出建议，充分发挥审计的宏观性、建设性作用。

三、江西：多部门合力推动整改　全面提升利用外资水平

2022年1月，江西省审计厅召开2021年国外贷援款项目审计整改推进会。省审计厅通报了2021年度国外贷援款项目审计结果及整改情况，省财政厅汇报了省财政厅督促整改情况和对外贷项目管理工作的要求，省财政公共服务中心介绍了外债财务管理情况，省发改委介绍了国外贷援款项目进展情况和存在的主要问题，国外贷援款项目办分别就2021年审计查出问题整改情况进行反馈，并对尚未完成整改的问题提出了下一步整改措施。

会议要求，一是高度重视国外贷援款项目审计，从贯彻落实"六稳""六保"要求和推进高水平利用外资、促进经济高质量发展的角度高度重视国外贷援款项目审计；二是项目主管部门及项目办要积极配合国外贷援款项目审计，及时编制财务报表，准备相关资料，确保财务报表及报表附注数据和事实真实、完整、准确；三是坚持公证与监督并重原则，既要对财务报表及附注发表审计意见进行公证审计，又要拓展审计深度，加强对项目内部控制、财务收支、招标采购及项目执行等重点事项，以及"稳外资"重大政策措施落实情况的监督检查，揭示违反国家法规和贷援款项目协议等问题，提高审计监督质效；四是充分加强相关单位合作交流，加强信息交流共享，共同推进江西省国外贷援款项目顺利实施和可持续发展，进一步提升利用外资水平。

四、广东：迅速传达学习全国审计工作会议精神

2022年1月6日，广东省审计厅召开专题学习会议，深入学习贯彻习近平总书记重要讲话、重要指示批示精神和党的十九届六中全会精神，传达学习全国审计工作会议精神，研究部署贯彻落实意见。会议要求，要立足"审计监督首先是经济监督"定位，聚焦主责主业，重点抓好以下方面工作：

一要持续加大对省"1+1+9"工作部署、"双区"建设和前海、横琴两个合作区建设等重大决策部署落实落地情况的审计力度，对微观政策、结构政策、科技政策、改革开放政策、区域政策涉及的中小企业账款清欠、助企纾困相关措施、重大区域规划等情况

开展审计，一体推进揭示问题、规范管理、深化改革。

二要围绕宏观政策要求深化财政和金融审计，重点关注财政支出强度和进度，重要减税降费举措落实，党政机关过紧日子，严肃财经纪律，金融对实体经济的支持等情况。

三要持续加大对构建"一核一带一区"区域发展格局、推进乡村振兴战略等区域协调发展政策措施的审计力度，围绕社会政策要求开展就业、教育、社保、医疗、住房等重点民生项目和资金的审计，兜牢民生底线。

四要围绕防范化解重大风险问题开展各项审计，揭示重大经济贪腐、重大财务舞弊、重大财政造假、重大会计信息失真、重大生态损毁等突出风险，推动守牢安全底线。

五要围绕规范权力运行和促进干事担当开展经济责任审计和自然资源资产离任（任中）审计，重点关注贯彻落实国家重大经济方针政策和决策部署、重大经济决策、重大风险防范，以及廉洁从政从业等情况。

五、海南："三个聚焦"贯彻落实全国审计工作会议精神

2022年1月6日，海南省审计厅召开厅党组扩大会议，传达学习全国审计工作会议精神，研究贯彻落实措施。

会议强调，一是聚焦海南自贸港建设。在开展国家重大政策措施落实审计中，重点关注海南自贸港建设重点任务推进、重点产业园区绩效、放管服改革、减税降费、风险防控等情况；在财政审计中，紧盯财政资金规范管理和使用绩效，推动"过紧日子"要求落实，促进把钱用在刀刃上；在民生审计中，关注就业优先政策落实、困难群体权益保障等情况，严肃查处侵害群众利益的突出问题；在投资审计中，持续推进重大公共工程项目跟踪监督；在资源环境审计中，聚焦自然资源管理和生态环境保护，推动解决生态领域突出问题；在经济责任审计中，持续推进同行业同部门领导干部上下联审、市县党政主要领导干部经济责任审计与所属省管干部同步审计模式；在国企审计中，重点揭示阻碍政策落实、国资国企产业转型发展等突出问题，增强国有企业市场竞争力，推动守住不发生系统性金融风险的底线。

二是聚焦审计整改。深入分析屡审屡犯问题背后的深层次根源，加强审计整改系统集成创新，通过整改纠正问题、堵塞管理漏洞、修补制度缺陷；综合分析审计发现问题，提出高质量的审计建议，把审计问题背后的体制、机制作为研究的重点，确保问题改彻底、改到位，强化源头综合治理。

三是聚焦做实研究型审计。成立审计项目计划策划、审计工作方案审核把关、研究型审计常态化督导、审计现场"飞行检查"、审计项目后评估5个工作专班，全力开展好"审计质量提升年"活动。突出自贸港研究型审计特色，沿着"政治—政策—项目—资金"这条线，自上而下、自下而上开展研究，聚焦"一线放开、二线管住"、自贸港

功能优势发挥、财政对自贸港重大决策部署的保障能力、构建"3+1"现代产业体系、重点园区绩效、创一流营商环境、推进消费教育医疗三大回流、重大投资战略和项目、国家生态文明试验区、南繁育种基地建设，以及经济社会运行中各类风险隐患，开展全链条各环节的深入研究，积极推进研究型审计，争创全国优秀审计项目。

六、河北：落实全国审计工作会议精神

2022年1月6日，河北省审计厅党组迅速召开厅党组（扩大）会，专题传达学习全国审计工作会议精神，深刻领会习近平总书记关于审计工作重要指示批示精神，认真落实李克强总理讲话要求，紧紧围绕全国审计工作会议部署，进行深入学习研究，精心谋划2022年度审计工作。会议要求：

一是提高思想认识，深入学习领会贯彻落实好会议精神。厅领导班子成员要带头领学，同时要组织好分管处室人员学习研讨，提高思想认识，认清形势任务，做到心中有数、方向不偏、干出成效。

二是加强研究型审计，提高审计监督效能。加强研究型机关建设，厅机关有关处室要研究出台办法，包括配套激励措施等，通过研究型审计这个抓手，优化审计运行机制和审计工作流程，提高审计质量，扩大审计成果，提升审计价值，为全省经济社会发展发挥审计的更大作用。要打造审计精品，争创优秀项目。

三是对标对表会议精神，精心谋划好2022年度各项工作。对照侯凯审计长讲话要求和明确的三项重点工作，研究谋划和安排好本级审计工作。特别是要提高政治站位，站在政治角度和全局角度看待和开展审计工作，立足"审计监督首先是经济监督"定位，坚持有所为有所不为，聚焦主责主业，保持工作定力，恪守权力边界，找准审计工作切入点，在提高审计监督效能上下功夫。对照审计署的任务安排和工作要点，细化完善河北省2022年年度审计项目计划和年度工作要点，确保精准精确，做到围绕审计署要求，围绕省委、省政府中心工作，围绕审计主责主业，筹划好全省2022年度各项工作，为加快建设现代化经济强省、美丽河北贡献审计力量，以优异成绩迎接党的二十大胜利召开。

七、江苏：传达学习全国审计工作会议精神

2022年1月6日，江苏省审计厅召开党组会，专题传达学习全国审计工作会议精神，研究贯彻落实举措。会议强调，全省审计机关要认真学习贯彻好全国审计工作会议精神，准确把握新时代审计工作职责定位和使命任务，把捍卫"两个确立"、做到"两个维护"贯穿审计工作全过程各方面，切实加强党对审计工作的领导，胸怀"两个大局"，牢记"国之大者"，不断增强审计监督效能。

一要认真学习领会。全省各级审计机关要深入学习会议精神，领会内涵要求，把握

精神实质进一步提高认识、凝聚力量，切实把思想和行动统一到会议精神上来，把审计署党组对全国审计工作的部署落实到江苏审计工作的全过程。

二要狠抓工作落实。以全国审计工作会议精神为指引，紧紧围绕省委、省政府中心工作和事关经济社会全局、事关长远发展、事关人民群众根本利益的重大问题，认真谋划和组织实施2022年度各项审计工作，进一步细化分解目标任务，逐项明确时间表、路线图和责任部门，确保工作落到实处。

三要创新工作方法。准确把握新时代审计工作定位，认真落实党中央、国务院对审计工作的新要求，切实担负起审计稳定宏观经济的责任，进一步解放思想、开拓进取，大力开展研究型审计，一体推进揭示问题、规范管理、促进改革，更好发挥审计建设性作用。

四要加强自身建设。坚持立身立业立信，全面加强审计机关自身建设。加强党建与业务工作深度融合，实现党建和业务工作同频共振。以敢于担当的职业精神和扎实过硬的专业能力推进新时代审计高质量发展，着力打造高素质专业化审计干部队伍，为谱写"强富美高"新江苏现代化建设新篇章贡献审计力量。

八、北京：学习贯彻全国审计工作会议精神

2022年1月6日，北京市审计局领导班子成员、局属各部门各单位主要负责同志集中收看了全国审计工作视频会议。会后，局党组及时召开专题会议，机关各部门、单位及时组织讨论交流，认真学习、深刻领会和把握会议部署要求，研究贯彻落实举措。2022年要着力做实做深做细三方面工作，将党中央、国务院的要求和审计署工作部署落实到北京市审计工作各方面各环节。

一是坚持和加强党中央对审计工作的集中统一领导，落实好加强地方党委审计委员会的有关要求，抓好年度审计计划、审计整改等关键环节，健全完善相关工作机制，细化实化制度化党委审计委员会的领导。全力配合做好市委审计委员会会议筹备工作。通过规划计划、项目联动、工作调度、请示报告等方式加强对各区委审计委员会办公室领导，统筹推进审计领域重要工作。从讲政治的高度，严格执行重大事项和重要情况请示报告制度。

二是紧扣首都"十四五"目标任务落实，找准审计工作的发力点，立足主责主业，坚决做实研究型审计，进一步加强和改进绩效审计工作，一体推进揭示问题、规范管理、深化改革，不断提高贯彻新发展理念的能力和水平，全面依法履行职责，做好常态化"经济体检"，为首都构建新发展格局、实现高质量发展发挥好监督保障作用。

三是持续加强审计机关领导班子和干部队伍建设，持续巩固深化党史学习教育成果，结合干部队伍建设三年行动，将2022年确定为"专业能力提升年"，细化工作措

施、任务，继续推进审计实务导师制，加大"青年突击队""数据分析团队""政策研究团队"三支团队建设，加强审计实战训练，不断提高审计人员能查能说能写本领，突出培养审计干部专业思维、专业精神和专业知识和专业方法，坚持不懈打造忠诚干净担当的高素质专业化干部队伍。

九、海南省审计工作会议召开

2022年1月14日，海南省审计工作会议在海口召开。会议深入学习贯彻习近平总书记对审计工作的重要指示批示精神和李克强总理重要讲话要求；传达学习省委、省政府主要领导对审计工作的批示精神；贯彻落实党的十九届六中全会、全国审计工作会议和省委七届十一次全会、省委经济工作会议精神；总结2021年工作，部署2022年工作。

会议强调，省委、省政府高度重视审计工作。一年来，省委省政府主要领导多次组织召开会议研究部署推进审计整改工作，对审计反映的问题多次作出批示，对2021年审计工作给予充分肯定，对做好2022年工作提出明确要求。

会议指出，2021年，全省审计机关迎难而上、团结拼搏、攻坚克难，面对各类重大工作的考验，立足经济监督，依法履职尽责，充分发挥审计在党和国家监督体系中的重要作用。全省审计机关围绕海南自贸港建设中心任务，做实研究型审计，高标准制定《海南省"十四五"审计工作发展规划》，聚焦公共资金、国有资产、国有资源和领导干部履行经济责任，2021年开展审计项目725个，一体推进揭示问题、规范管理、深化改革，为省委、省政府和各市县党委、政府决策提供了重要参考。

会议强调，要主动适应海南自贸港建设需要，扎实做好2022年各项审计工作。一是紧紧围绕海南自贸港高质量发展，开展重点园区政策落实和重点投资项目全过程跟踪审计；二是紧紧围绕预算管理制度改革，开展财政管理与绩效全贯通式审计；三是紧紧围绕防范化解重大风险，开展金融、政府债务、生态环境等领域预警式审计；四是紧紧围绕社会协调发展，开展重点民生资金使用全链条审计；五是紧紧围绕权力运行和责任落实，开展领导干部经济责任和自然资源资产离任穿透式审计；六是紧紧围绕"第一道防线"作用的发挥，加强内部审计监督指导。

会议要求，要多措并举，为高质量完成全年审计任务提供坚实保障。一是强化政治建设，严格管理，严格要求，进一步加强审计队伍建设，大力提升审计干部能查能说能写本领，坚持用系统观念推进工作。二是深刻认识做实研究型审计对做好审计工作的极端重要性，牢牢把握住研究的目标和方向，贴近审计实践开展研究，进一步做实研究型审计。三是开展"审计质量提升年"活动，把质量管控贯穿于审计工作的全过程，全力打造全国优秀审计项目，深化审计整改成效，进一步强化审计项目全过程质量管理。

十、江苏省审计工作会议召开

2022年1月13日,江苏省审计工作会议在南京召开。会议以习近平新时代中国特色社会主义思想为指导,深入学习贯彻党的十九届六中全会和中央经济工作会议精神,认真落实全国审计工作会议部署,全面落实江苏省第十四次党代会和省委经济工作会议要求,总结2021年审计工作,部署2022年审计任务。

会议指出,2021年,全省各级审计机关共审计(调查)2 143个项目单位,促进增收节支和挽回损失126.87亿元,推动建立健全规章制度1 077项,提交审计信息3 186篇、被批示采用2 282篇次。

会议强调,2022年是党的二十大召开之年,也是全面落实省第十四次党代会精神的开局之年,做好审计工作意义重大。一要深刻把握"两个确立"的决定性意义,不断强化审计工作的政治功能。提高政治判断力、政治领悟力、政治执行力,坚持以新思想解放思想、统一思想,切实把党的领导贯穿审计监督全过程,坚决当好"两个确立"的坚定捍卫者和忠实践行者。二要深刻把握"稳字当头、稳中求进",切实担负起稳定宏观经济的审计责任。立足稳住经济基本盘,谋划审计项目、突出监督重点,立足防患于未然,提前揭示不良苗头和有害倾向,推动把重大风险隐患解决在萌芽状态,立足先立后破,用系统论的方法思考谋划审计工作,一体推进揭示问题、规范管理、促进改革,更好发挥审计建设性作用。三要深刻把握"高质量发展不动摇、不偏向",认真履行常态化"经济体检"的审计职能。以服务高质量发展为根本落脚点,着力查纠落实新发展理念不完整、不准确、不全面等问题,以常态化"经济体检"治已病、防未病,推动经济发展实现质量变革、效率变革、动力变革。

十一、内蒙古自治区召开2022年全区审计工作会议

2022年1月17日,内蒙古自治区审计工作会议在呼和浩特市召开。会议传达学习了习近平总书记关于审计工作的重要指示批示精神、李克强总理讲话要求和侯凯审计长在全国审计工作会议上的讲话精神,表彰了2021年全区审计机关优秀审计项目,全面总结回顾了2021年审计工作情况,部署了2022年审计工作任务。

会议要求,2022年,全区审计机关要突出抓好六个方面工作:一是坚持"四个毫不动摇"。毫不动摇坚持党对审计工作的集中统一领导、毫不动摇坚持以人民为中心发展思想、毫不动摇坚持依法履行审计监督职责和毫不动摇坚持客观公正的工作立场。二是坚持系统观念谋划工作。处理好查问题和促整改、治已病和防未病、治当下和管长远的关系,增强审计工作的前瞻性、针对性、有效性。三是突出审计重点实施审计。围绕宏观政策要求深化财政和金融审计、围绕防范化解重大风险问题开展各项审计、围绕国家

和自治区重大政策要求开展相关领域审计、围绕社会政策要求开展民生审计、围绕规范权力运行和促进干事担当开展经济责任审计。四是加强审计全过程管理。注重把审前、审中、审后贯通起来,做到提前考虑、科学布局、有序推进。五是推动形成审计整改合力。切实把审计整改作为党中央和自治区党委交付的重大政治任务,重点围绕跟踪督促检查责任,按照"全面、精准、督办、严格、约谈、报告"要求,加强对审计整改的过程监督。六是切实加强审计自身建设。重点加强政治建设、能力建设和法治建设,为推动审计高质量发展提供坚强保障。

会议强调,全区审计机关要更加紧密地团结在以习近平同志为核心的党中央周围,坚持稳字当头、稳中求进,忠实履职、敢于担当,以实际行动贯彻落实好党中央和自治区党委、政府的各项重大决策部署,以优异成绩迎接党的二十大胜利召开。

十二、湖北:召开全省审计工作会议

2022年1月27日,湖北省委副书记、省长、省委审计委员会副主任王忠林出席全省审计工作会议并讲话。

王忠林对去年全省审计工作给予了充分肯定,指出全省审计系统围绕中心大局、主动担当作为,审计监督有力有效,参谋服务积极主动,审计整改扎实深入,为湖北疫后重振取得决定性成果作出了重要贡献。

会议强调,审计工作事关大局,要从坚决捍卫"两个确立"、做到"两个维护"的政治高度,准确把握审计机关的政治属性和审计工作的政治功能,切实担负起新时代审计政治任务和政治责任,确保中心工作在哪里,审计重点就在哪里,以强有力的审计监督保障落实、促进发展。要聚焦聚力重大政策落实落地,围绕做好"六稳""六保"工作、实施区域发展布局、建设科技强省、打造重要节点战略链接、构建现代产业集群等重点任务落实落地,开展跟踪审计,打通落实堵点;聚焦聚力财政资金高效使用,重点关注财政财务收支真实合法效益,重点关注项目建设进度和运用效益,切实做到"花钱问效、无效问责",当好财经纪律的忠诚卫士;聚焦聚力推进重点领域改革,围绕深化供给侧结构性改革、国企国资改革、"放管服"改革等提出改进建议,实施包容审慎审计,激励担当作为;聚焦聚力防范化解重大风险,加强省属国企、金融机构和融资平台审计,紧盯风险易发高发的领域环节,强化源头治理,防患于未然;聚焦聚力保障和改善民生,加大社保、教育、就业、医疗、乡村振兴等民生资金项目审计力度,确保每一分钱都用在老百姓心坎上;聚焦聚力规范权力运行,突出"关键少数"和重点领域,加强经济责任审计、自然资源资产审计,对违法违规问题一查到底、查深查透,推动依法用权、廉洁用权。要坚持标本兼治,狠抓整改责任落实、问题整改清零、审计结果运用,切实以钉钉子精神做好审计整改"后半篇文章"。

会议要求，全省审计系统要加强自身建设，切实提高履职尽责能力水平。要做到政治过硬，把落实党中央和省委省政府部署要求作为重要政治责任，始终把讲政治贯穿审计工作全领域全过程；要做到本领高强，注重专业培训、实践历练，全面提高能查、能说、能写能力，积极开展研究型审计，切实提升审计结果的层次和水平；要做到作风优良，始终保持"拼抢实"的状态和作风，力戒形式主义、官僚主义，加强清廉审计建设，为加快"建成支点、走在前列、谱写新篇"贡献审计力量。

会议强调，各级党委政府要加强对审计工作的领导，为审计事业发展营造良好环境；各部门要大力支持配合审计、自觉接受审计监督，养成在监督下工作的习惯。

十三、宁夏：召开全区审计工作会议

2022年1月27日，宁夏回族自治区审计工作会议在银川召开。会议传达学习了习近平总书记关于审计工作的重要指示批示精神和李克强总理在听取审计工作汇报时的讲话精神以及自治区党委、政府领导对审计工作作出的批示、讲话，总结了2021年工作，安排部署了2022年工作。

会议指出，过去的一年，全区审计机关坚持以习近平新时代中国特色社会主义思想为指导，全面贯彻党的十九大和十九届历次全会精神以及自治区党委十二届历次全会精神，认真落实党中央、国务院和自治区党委、政府关于审计工作的决策部署，围绕中心，服务大局，聚焦主责主业，坚持稳中求进，依法全面履行审计监督职责，共审计622个单位，促进整改落实有关问题资金37.87亿元，促进建章立制114项，为建设黄河流域生态保护和高质量发展先行区、建设美丽新宁夏作出了积极贡献。

会议强调，做好2022年工作，要坚持党对审计工作的集中统一领导，立足经济监督定位，聚焦主责主业，围绕中央经济工作会议部署的7项重大政策和5个重大问题，把深入开展研究型审计作为实现新时代审计事业高质量发展的必由之路，找准定位、提质提效，推动审计工作高质量发展，推动2022年全区审计工作再上新台阶。

一是把坚持和加强党中央集中统一领导作为推动新时代审计事业高质量发展的政治统领，在细化、实化具体措施上下功夫、见成效。认真学习贯彻习近平总书记视察宁夏重要讲话精神和关于审计工作的重要指示批示精神，严格执行党对审计工作集中统一领导的制度规定，坚持审计工作全国一盘棋，把党中央对审计工作集中统一领导的各项制度规定落地落细，确保在集中统一上有新作为。

二是把立足经济监督定位聚焦财政财务收支主责主业作为推动新时代审计事业高质量发展的看家本领，在拓展监督深度、广度上下功夫、见成效。围绕党中央和自治区党委经济工作会议部署，围绕重大政策和决策部署落实，围绕黄河流域生态保护和高质量发展先行区建设，围绕保障和改善民生，围绕深化改革和防范化解重大风险，围绕权力规范运行和反腐倡廉加强审计监督,统筹谋划和开展审计工作,充分发挥审计作为宏观调控重要"工具箱"作用,一体推进揭示问题、规范管理、深化改革。

三是把敢于担当的职业精神和扎实过硬的专业能力作为推动新时代审计事业高质量发展的重要保障,在立身、立业、立信上下功夫、见成效。认真贯彻落实习近平总书记"以审计精神立身、以创新规范立业、以自身建设立信"的要求,强化政治建设,旗帜鲜明讲政治,强化能力建设,提高能查能说能写本领,强化作风建设,坚持敢审敢严、真审真严,全面加强审计机关自身建设,着力提高审计干部的政治责任感、历史使命感、职业荣誉感,以实际行动贯彻落实好党中央、国务院和自治区党委、政府各项决策部署,为建设先行区、建设美丽新宁夏做出更大审计贡献,以优异成绩迎接党的二十大和自治区第十三次党代会胜利召开!

十四、上海:召开全市审计机关工作会议

2022年1月29日,上海市审计局召开全市审计机关工作会议,深入学习党的十九大、十九届历次全会以及中央经济工作会议精神,深入贯彻习近平总书记对审计工作的重要指示批示精神和李克强总理的讲话要求,认真落实全国审计工作会议和市委审计委员会第四次会议精神,总结2021年工作,研究部署2022年工作。

会议指出,2022年全市审计机关将按照全国审计工作会议部署和要求,坚持稳字当头、稳中求进,立足"审计监督首先是经济监督"定位,做好常态化"经济体检"工作,一体推进揭示问题、规范管理、促进改革,更好服务上海改革发展大局。

一是要立足新起点,旗帜鲜明坚持党的领导,持续推动把党中央要求贯穿审计监督全过程。强化政治统领,不断健全市委审计委员会工作机制,严格执行重大事项请示报告制度,抓好上下贯通,加强对区委审计委员会办公室的工作指导和督促,促进更好形成全市审计工作一盘棋。强化研究型审计,沿着"政治—政策—项目—资金"这条主线,加强研究的前瞻性,摸清摸准"是什么";加强研究的穿透性,查深查透"为什么";加强研究的建设性,做实做优"怎么办",切实将研究型审计贯穿于审计工作全过程、落实到各环节。强化法治建设,进一步增强法治思维,以学习、宣传和贯彻执行新修订的审计法为契机,切实做到审计标准合法、审计程序合法、审计履职合法,确保审计工作始终在法治轨道上运行。强化审计管理,以保障审计业务顺利开展为导向,持续加强审计整改和项目全周期管理,不断推进科技赋能,着力提高审计监督整体效能。

二是要把握新任务,毫不动摇聚焦主责主业,持续发挥审计在党和国家监督体系中的重要作用。加大重大政策落实情况监督力度,关注宏观、微观、结构、科技、改革开放、区域、社会等7方面重大政策,重点围绕长三角一体化发展、五个新城建设、经济社会绿色转型等开展政策落实情况跟踪审计,着力揭示政策落实中的堵点、难点,以改

革的思维提出建议，当好改革"促进派"。加大对公共资金使用绩效的监督力度，紧扣过紧日子要求，坚决维护财经纪律，重点关注财政资源统筹、财政支出政策落实情况、重点专项资金管理使用、重大投资项目建设、政府综合财务报告编制等情况，着力推动积极的财政政策提升效能。加大各类风险隐患的揭示力度，重点关注地方财政、金融、国资国企等领域风险，及时反映经济社会运行中的新情况新问题，促进安全发展。加大民生项目和资金监督力度，重点关注乡村振兴、公共卫生应急管理体系建设、旧住房更新改造、困难群众救助补助等民生政策和资金，着力推动保障和改善民生。加大权力运行监督力度，深入开展领导干部经济责任审计，对部分党政领导干部开展自然资源资产离任审计，严格落实"三个区分开来"要求，历史全面客观地看待问题，着力推动领导干部履职尽责、担当作为。

三是落实新要求，坚持不懈勇于自我革命，持续强化审计干部队伍建设。在学深悟透做实习近平新时代中国特色社会主义思想上凝心聚力，积极发挥中心组领学促学督学作用，通过送党课到审计一线、组织党务干部专题培训、召开全市审计机关党建暨思想政治工作研究会第35次年会等活动，引导审计干部忠诚拥护"两个确立"，坚决做到"两个维护"。在塑造审计职业精神和专业能力上精准发力，要建立健全日常发现、动态管理、持续培养的工作机制，形成鲜明的选人用人导向。教育引导审计干部牢固树立"有问题没发现是失职、发现问题不报告是渎职"的意识，锤炼敢于担当的职业精神，坚持把审计实践作为第一跑道，把审计项目作为主要平台，锻炼好审计干部"能查、能说、能写"的专业能力。在推进全面从严治党向纵深发展上持续用力，持续深化"四责协同"机制，坚持"内抓机关管理，外抓审计纪律"，深化运用监督执纪"四种形态"，开展职业道德检查月活动和廉政跟踪检查，督促审计干部严守廉政纪律，保持清正廉洁的政治本色。

十五、重庆：召开全市审计工作会议

2022年2月11日，重庆市审计局组织召开2022年全市审计工作会议，深入学习贯彻党的十九大和十九届历次全会精神，认真落实全国审计工作会议、市委经济工作会议、市委审计委员会第七次会议精神，总结2021年工作，安排部署2022年审计工作任务。

会议指出，过去一年来，全市审计机关坚持在党的集中统一领导下履行审计监督职责，牢牢把握"审计监督首先是经济监督"定位，牢记"国之大者"、认真履职尽责，聚焦推动高质量发展、创造高品质生活的重点领域攻坚发力，充分发挥了审计监督保障作用，实现了"十四五"重庆审计良好开局。

会议强调，2022年，全市审计机关要深入分析研判经济社会发展新趋势新变化，把准审计方向、突出审计重点，确保审计监督更好对接发展所需、基层所盼、民心所向。牢牢把握"经济监督"这一定位，聚焦财政财务收支真实合法效益审计主责主业，持续增强"经济体检"的敏锐性、预判性和精准度。要坚定不移强化机关党的建设，积极探索创新审计理论、审计制度和审计方式方法，更好适应新时代审计工作新要求。

会议要求，全市审计机关要切实担负起稳定宏观经济的政治责任，紧扣审计署工作安排和市委经济工作会部署，扎实推进年度审计项目实施，加大对推进成渝地区双城经济圈建设、"六稳""六保"、财政提质增效、民生保障、权力运行和财经纪律执行等情况的审计监督力度。要坚持把审计质量提升作为重中之重，以深研究、强规范和严整改为抓手，建立健全全过程审计质量控制体系，贯通审前、审中、审后的研究型审计链条，立足"审计立项精、方案编制实、问题揭示深、责任落实严"，全面强化审计执法规范化管理，切实守牢审计质量生命线。要持续践行"三立"要求，加强审计干部思想淬炼、政治历练、实践锻炼、专业训练，大力培育审计人员敢于担当的职业精神和扎实过硬的专业能力，加快培养和储备能担重任的年轻干部，为推动审计事业高质量发展提供动力、增添活力。

十六、四川：聚焦主责主业　强化担当作为

2022年2月17日，四川省审计工作会议在成都召开。会议强调，推进新时代审计事业高质量发展，要始终坚持和加强党对审计工作的集中统一领导，切实把党的领导贯穿于审计工作的各领域全过程。要牢牢把握审计首先是经济监督定位，切实发挥好宏观调控重要工具作用。要坚持把研究型审计作为理论创新和实践探索的重要抓手，切实做到在研究中审计、在审计中研究。要坚持揭示问题、规范管理、促进改革一体推进，切实把审计工作成果转化为治理效能。要坚持提升专业能力与塑造职业精神并重，不断夯实新时代审计事业发展的根基。

会议指出，2022年是党的二十大和省第十二次党代会召开之年。全省审计机关要更好发挥审计在党和国家监督体系中的重要作用，为奋力推动新时代治蜀兴川再上新台阶作出审计贡献。

一要坚持和加强党对审计工作的全面领导。要对习近平总书记重要指示批示再学习、再领会，继续落实好加强党对审计工作集中统一领导相关规定，持续完善和改进全面覆盖审计方式，全面加强审计整改工作，健全完善审计计划、组织实施、复核审理、督促整改等既相互分离又相互制约的审计工作运行机制。要充分发挥党委审计办功能，完善运行机制，强化上下贯通、横向协调，推动各项工作高效协同开展。

二要聚焦主责主业突出重点加强审计监督。突出"稳增长、保民生、防风险、严纪律、促尽责"五条主线。在稳增长方面，要深刻把握2022年经济工作"稳字当头，稳中

求进"的深刻内涵和目标要求,以推动继续做好"六稳""六保"工作为重点,围绕成渝地区双城经济圈建设,抓好重大政策落实和重大投资项目、国有资产管理、乡村振兴、生态环境等审计。在保民生方面,要深入践行以人民为中心的发展思想,以大民生视角整体推进民生审计,组织开展困难群众救助、就业补助资金和失业保险基金等审计,推动兜牢民生底线。在防风险方面,把推动防范化解风险摆在更加突出位置,加大对政府性债务、金融、省属国企等领域的审计监督,及时反映影响经济健康运行的苗头性、倾向性、普遍性问题。在严纪律方面,深化预算执行审计,加强执行财经纪律检查,促进落实政府"过紧日子"要求,促进提高财政资金使用绩效和党风廉政建设。在促尽责方面,要抓好经济责任审计和领导干部自然资源资产离任(任中)审计,开展审计查出问题整改专项检查。

三要切实抓好重大规划和制度落实。重点要抓好新修订审计法、省"十四五"审计工作发展规划、贯彻落实地方党委审计委工作指导意见的若干措施和地方党委审计委重大事项请示报告实施细则、审计整改长效机制工作措施等法规制度落实,抓好质量管控、审计结果公开、内部审计指导监督等基础管理。

四要坚定不移抓好审计信息化。加强组织方式和技术方法创新,推动现代信息技术与审计业务深度融合。强化数据分析应用,持续提升利用数据分析进行总体评价、服务宏观决策能力,促进审计工作从现场审计为主向后台数据分析和现场审计并行联动转变。

五要持之以恒加强审计机关自身建设。要加强政治建设,持续深化党史学习教育成果,更加深刻理解"两个确立"的决定性意义,增强"四个意识"、坚定"四个自信"、做到"两个维护"。要加强能力建设,重点要从增强能查能说能写的本领入手,提升审计工作质效。要加强作风建设,发扬斗争精神,提升斗争本领,强化结果利用,让漏洞止于发生之初,并为改革敢闯敢试者营造宽容氛围。要加强党风廉政建设,各级审计机关切实履行全面从严治党主体责任,推动党风廉政建设工作与业务工作深度融合、互促共进。

十七、北京:更好服务和保障经济社会发展

2022年3月1日,北京市召开全市审计工作会议,传达全国审计工作会议和市委审计委员会会议精神,听取2021年全市审计工作报告,部署2022年审计工作任务。市委副书记、市长陈吉宁主持会议并讲话。

会议指出,做好新时代首都审计工作必须坚持党的领导,始终确保正确的政治方向;必须坚持融入大局、担当作为,服从服务于全市改革发展稳定大局;必须坚持依法审计、客观公正,依照法定职责、权限、程序行使审计监督权,全面辩证地看待审计发现的问题,客观审慎地作出审计评价;必须坚持与时俱进、开拓创新,主动适应快速发

展变化的形势，更好地服务和保障经济社会发展。

会议强调，2022年是党的二十大召开之年，是北京冬奥之年，是实施"十四五"规划承上启下的重要一年，也是新修订的审计法正式实施的第一年，做好审计工作意义重大。要以习近平新时代中国特色社会主义思想为指导，立足经济监督定位，做好常态化"经济体检"，认真完成七方面审计任务：

一是围绕重大战略落实重大政策实施深化政策跟踪审计，揭示政策落实中的突出问题，提出完善政策措施的意见建议。二是围绕财政资金提质增效深化财政审计，推动落实过"紧日子"要求，提升财政政策及资金效能。三是围绕绿色北京战略实施深化资源环境审计，推动经济社会与生态文明建设协调发展。四是围绕京津冀协同发展战略实施深化三地审计机关协作，推动首都集约高效发展和区域协同发展。五是围绕持续改善民生深化民生审计，推动兜住兜牢民生底线。六是围绕首都安全发展加大风险隐患揭示力度，促进压实各方责任，守住不发生系统性风险底线。七是围绕干部履职尽责、担当作为深化经济责任审计，促进领导干部依法用权、秉公用权、廉洁用权。

会议要求，要把旗帜鲜明讲政治贯穿到审计工作的全过程、各环节。严格执行重大事项请示报告制度，及时向党委政府反映重要情况、报送重要报告和信息，更好服务和保障首都高质量发展。要坚持稳字当头、稳中求进，加大重大政策落实落地情况的审计力度，助力防范化解风险、维护安全稳定，促进提高财政支出绩效，推动保障和改善民生。要增强能力本领，紧跟时代步伐，加强调查研究，坚持学习新知识、新技术和新方法，不断提高专业履职能力，提升审计工作质量和监督效能。要加强对内部审计工作的指导和监督，加强对社会审计机构出具审计报告的核查，推进内部审计进一步发挥职能作用，促进社会审计依法诚信执业。

会议强调，审计监督是促进党和政府各项事业、促进各部门各单位行稳致远的重要保障。各区、各部门、各单位要全力支持审计工作。各级领导干部要习惯在监督下开展工作，自觉接受审计监督，切实履行审计整改主体责任，为审计工作顺利开展创造良好环境。

十八、甘肃：2022年五大重点

2022年3月，甘肃省审计工作会议在兰州召开。会议强调，2022年，全省审计机关主要抓好五项重点工作：

种好"责任田"，积极履职尽责。聚焦宏观政策要求深化财政和金融审计，聚焦防范化解重大风险问题开展各项审计，聚焦微观、结构等政策要求开展相关领域审计，聚焦社会政策要求开展民生审计，聚焦规范权力运行和促进干事创业担当开展经济责任审计和自然资源资产离任（任中）审计，依法全面履行审计监督职责。

把牢"生命线",严控审计质量。下好先手棋,对被审计单位进行充分的调查研究和深入分析,明确审计重点、步骤、方法和措施等;列好进度表,认真讨论和深入研判编制审计实施方案,细化审计内容、事项、责任等,确保审计工作围绕预定目标推进;抓好重难点,聚焦主责主业,盯紧重点政策、重点资金、重点项目,提高发现问题的精准度;当好参谋员,增强审计成果的宏观性、前瞻性、针对性和实效性,切实把问题查实查准、审深审透,提出从根本上解决问题的办法。

做好"后半篇",盯紧审计整改。不断巩固深化"审计整改推进年"活动成效,切实将整改成果转化为治理效能。强化督促检查责任,按立行立改、分阶段整改、持续整改分类提出整改要求,形成问题清单,建立整改台账,对整改落实情况实行动态管理,持续跟踪督导落实。形成问题整改合力,推动审计监督与纪检监察、巡视巡察、党政督查相结合,与人大监督、司法监督等各类监督相贯通,实现整改成果共享。健全约束机制,完善审计整改约谈工作机制和审计整改责任追究机制,促进整改落实。

注重"深加工",重视审计研究。研究政策法规,沿着"政治—政策—项目—资金"这条线,研究党中央对审计对象及所在地区、行业、领域的决策部署,系统深入把握党中央、国务院重大经济决策部署的出台背景、战略意图、改革目标等根本性、方向性问题。研究审计对象,做好被审计单位自身在历年发展过程中出现过的风险问题的定性定量分析,以及基于同行业或者同类经济主体的对比分析,全面掌握被审计对象情况。研究前沿理论,从审计揭示的问题入手,紧盯行业动态和学术研究成果,联系审计实践,精准揭示问题,提出具体有效的意见建议。

按下"快进键",提高审计效能。优化项目组织方式,增强审计项目计划编制的科学性,规范制定程序和审批程序。合理配置审计资源,充分发挥国家审计、内部审计、社会审计协同作用。坚持科技强审,扎实开展数据综合比对和关联分析。

十九、湖南:首次约谈审计整改存在突出问题的10个县市区主要负责同志

2022年8月,湖南省审计厅首次召开审计整改督查情况通报约谈会议,对存在审计整改突出问题的10个县市区主要负责同志进行集体约谈。

会上,被约谈的10位县市区主要负责同志围绕本单位审计专项督查指出的问题,逐条说明情况、分析原因、制定措施,并表态将认真对待、认真负责、认真整改。

会议强调,要提高政治站位。各县市区党委政府要自觉把审计整改工作作为"一把手"工程,以更高的站位扛起审计整改的政治责任,真正把忠诚拥护"两个确立"、坚决做到"两个维护"落实到审计突出问题整改实践中。

要压实各方责任。要夯实被审计单位的整改主体责任,被审计单位主要负责人是第

一责任人,要亲自抓、亲自管,推动整改落实落地;要压实主管部门的监督管理责任,主管部门对审计发现的普遍性、倾向性和苗头性问题,既要纠正具体问题,更要举一反三、建章立制;要强化审计机关的督促检查责任,审计机关要加强对整改工作的指导、督促和检查,既要恪守本职,又要做到不越位、不缺位。

要采取过硬措施。各县市区党委政府要坚持问题导向,切实拿出责任清单,明确整改的时间表、路线图,逐项抓好整改;坚持台账管理,对审计查出问题进行梳理,按照立行立改、分阶段整改、持续整改三种类别分类建档,制定整改措施;坚持"新官必须理旧账",敢于斗争、攻坚克难,争取把历史遗留问题解决好。

要坚持标本兼治。要注重治标,对立行立改的问题,要在第一时间整改落实,对需要长期坚持的问题,要制定好措施,长期坚持整改;要注重治本,深入分析问题产生的原因,深刻剖析问题背后的体制性障碍、机制性缺陷和制度性漏洞,注重从制度机制体制上发现问题,推动建立完善相关规章制度。

要严肃追责问责。在推动审计整改中,各县市区党委政府要敢于动真碰硬,对在推动整改中不作为、慢作为的单位和责任人员进行严肃处理,切实传导审计整改压力。对拒不整改、推诿整改、敷衍整改、虚假整改的单位和人员,特别是对整改不力造成重大损失或重大事故的,坚决提请相关部门追责问责,切实推动审计整改工作落实落地。

二十、浙江:用政务公开"三力"推审计整改之效

浙江省审计厅用好政务公开"监督力""引导力""传播力",有力推动审计整改工作提质增效。

用好政务公开之"监督力",推动审计整改及时、真实。省审计厅持续完善各项政务公开机制,规范公开审批流程,压实政务公开责任,通过主动晾晒倒逼整改,以防虚假整改和拖延整改。建立厅政务公开"审批+督查"双管控机制,把关公开的规范性,用好主动"监督力"。厅党组定期研究部署政务公开工作,制定责任清单明确每项公开事项的责任主体、公开内容、公开时限、咨询渠道,分类落实47个岗位的工作责任。通过"审批+督查"双机制,规范公开流程和时效,压实压细公开责任,保障公开内容的真实性和及时性。建立审计整改结果"审计机关+审计对象"双公告机制,提升公开的自觉性,用好被动"监督力"。厅网站开设"审计公开"专栏,主动公开审计结果公告、审计整改落实成果等内容,并开设"公众参与"专栏,打造公众监督和反馈的窗口。印发《浙江省审计厅关于印发督促指导被审计单位主动公告整改结果办法(试行)的通知》,建立被审计单位协同公告的机制,出台督促指导被审计单位主动公告整改结果办法,明确审计机关应要求并督促被审计单位在整改执行期满后30日内及时、完整、规范地向社会公告整改结果。

丰富公开内容和层次，用好政务公开之"引导力"，推动审计整改高效、有方。审计整改方面政务公开的内容对各级审计机关和被审计单位都具有较强的引导力，省审计厅既坚持"公开为常态，不公开为例外"的原则，做到应公开尽公开，不能公开的绝不公开，又以推动审计整改的高效有力为目标、以"三方"（即各级审计机关、被审计单位、广大监督群众）需求为导向谋划政务公开内容。围绕整改工作"发现—反馈—整改—共享"闭环管理全过程精选整改工作重要会议部署要求、相关法律政策解读、优秀整改经验做法等，为各级审计机关开展审计整改工作提供指导与帮助，推动优秀经验的复制与推广。省市县三级审计机关查出问题的整改动态，为被审计单位同类问题整改提供方向和引导，同时促使被审计单位及时举一反三，开展共性问题的自查自纠，真正达到"治已病、防未病"的效果。省审计厅始终将群众关注的热点作为政务公开的重点，充分发挥政务公开的舆论监督警示作用，点名晾晒发现问题、动态披露整改情况、公布移送处理结果。如群众关注的领导干部贪污腐败移送结果、安置幼儿园用房归属问题、亚运会项目工程建设问题等，在众多整改动态中，优选重大、热点问题整改结果予以重点公开，保障人民群众的知情权、监督权。

拓展公开渠道和形式，用好政务公开之"传播力"，推动审计整改长效、有力。省审计厅以公开的渠道和形式为抓手，着力加强多渠道公开协同，巧借流量平台。除厅管网站、公众号、今日头条等相关媒体外，在省政府网站开设"聚焦审计"专栏，公开综合性审计报告、审计结果及重要审计工作情况等，并围绕群众关注"焦点"每月确定公开信息，如未来社区建设、金融业务风险等，让群众了解审计整改及相关工作的最新情况，2022年已在省政府网站公开28篇次重要审计内容；与新华社、浙江日报、浙江卫视、浙江在线、人民网等众多媒体加强合作，共同发布审计结果和整改动态等重要信息，铺开公开宣传面，增进群众对审计整改工作的关注与了解，提升审计整改的影响力。着力创新公开形式，主动贴近群众。通过制作短视频、"一图解读"等形式，在厅管媒体等平台公开发布重要整改工作动态、政策解读等，并畅通评论区留言渠道。既以群众易于理解的语言和形式，让群众"读"得明白，又让群众有地方"说"，切实提升人民群众的关注度、参与度。着力打造"数字+整改"公开引擎，形成硬核成果。省审计厅参与省委"'七张问题清单'应用"建设，省市县三级审计机关联动开发"审计整改一体化智能化管理系统"，建立"全量问题库—蓄水池—清单问题库—重点关注问题"分层级的问题发现和推送机制的"一池两库"，设置面上管控、主动发现问题、即知即改、整改到位、举一反三等5个分指数，每月晾晒各市县对重大审计问题清单的整改程度并呈现管控画像。

第四节　各市县审计机关 2022 年度审计工作动态

一、山东临邑："代入式思维 + 人性化思考"

山东省临邑县审计局在乡村振兴相关政策和资金管理及使用情况审计中，将研究型思维贯穿审计全过程，坚持研究与实践、守正与创新相结合，对投入资金量较大、涉及人口较多、社会影响较大的项目进行重点关注，使用"代入式思维 + 人性化思考"的审计方法。

前期，审计组梳理了近几年审计工作遇到的普遍性问题，如：找不到疑点、找到疑点不能求证、证据不够充分、被审计对象不服气等问题，尤其是在基层同级审计过程中，被审计对象对审计查找的问题"不服气"的现象比较普遍，影响到审计权威性。

怎么办？审计组进入现场审计程序后，摒弃以往先行翻阅资料和现场调研的做法，采用"头脑风暴"方式模拟项目实施过程，在充分研究政策导向、项目目标和各方责任的基础上，将自己代入到政策制定者、政策执行者、政策受益者和被审计对象的角色，充分考虑政策落地的难点，以及项目实施中必然或可能遇到的情形。

"如果我来落实政策会有什么难点？"

以用气补贴发放情况为例，目前阶段，临邑县全域范围内用气补贴发放采取用户用气量据实补贴的政策，通过了解补贴发放方式，发现 2020 年及以前年度都是通过各乡镇来进行发放，而 2017—2018 年取暖季部分乡镇采取的发放方式是以 300 元/户的标准先行发放，后来调整发放政策后改为根据用气量据实补贴。

审计人通过将自己代入到乡镇补贴发放人员的角色中，认为前期先行发放给农户的 300 元/户补贴，在实行据实补贴政策后，根据实际用气量结算用气补贴，燃气实际使用费用低于 300 元的农户补贴资金很难收回，乡镇在无法收回多发放给农户的补贴的情况下，若实行据实补贴政策，乡镇必须另行贴补资金，因此，县财政将据实补贴资金拨付到乡镇后，乡镇很难落实到位。依据这样的思路，审计人员抽查了部分乡镇，确实存在乡镇未执行据实补贴，使当年燃气费用高于 300 元的农户仅享受到 300 元的用气补贴，高出部分并未再予以补贴。

"我来部署项目会有哪些考虑？"

以某局 2020 年社会化服务项目的实施为例。审计人员对政策精神进行研究。2019 年

2月以前，政策以培植新型经营主体为主，2019年2月之后，政策开始强调小农户利益。

2020年社会化服务项目的实施应当充分照顾小农户利益，小农户占比不应低于60%。审计组在对政策充分解读的基础上，对全县项目实施方案进行分析，将自己分别代入到项目负责人员、乡镇工作人员、政策受益人员的角色中去思考问题，认为即便没有补贴，农户也要使用机械进行收割、耕地、播种，所以对农业生产过程中机械化作业进行定额补贴就相当于"白给钱"，而10万亩补贴面积仅占全县耕地面积10%多一点，在这样的政策红利下，种粮大户一定会积极争取，乡镇及农业部门工作人员与种粮大户一般都比较熟悉，存在人情因素，在指标分配中难免会出现政策偏大户的情形。审计组对某局提供的社会化服务数据进行分析，得出种植面积超过50亩的种粮大户享受社会化服务的比例确实超过了40%，违反了重点服务小农户的初衷。

除以上问题，审计组还充分考虑在各村实施过程中都由各村党支部书记牵头实施的情况，补贴指标有限，只选取部分村或村的部分土地进行试点，如有的村共有500亩地只有200亩可以享受补贴。在审计人员设想自己作为村党支部书记的前提下，出于人情因素考虑，在服务指标安排上会不会优亲厚友？出于人性因素考虑，在前期面积呈报上会不会趁机虚报面积套取资金？在充分考虑以上因素后，审计人员以此为重点，抽查部分村集体，共查出21名村两委成员不同程度的违规违纪问题。

"我来负责工作会有哪些漏洞？"

以农机报废更新补贴为例：农机补贴在资金安排上，分为农机购置补贴以及农机报废更新补贴两部分，农机购置补贴一机一牌，一机一出厂编号，并录入全国联网的系统，存在风险漏洞的可能较小；但农机报废更新补贴不需要在系统内录入牌照、发动机号等信息，那么存在风险漏洞的可能性较大，在经过"头脑风暴"后，审计人员将自己代入到购机农户、农机经销商、农机补贴负责人员等角色，梳理工作流程，找出在农机报废整个链条中的风险点，在整个链条的风险点上去收集证据，最终证实了伪造照片档案、一机多报骗取补贴共计100余万元的情形。

"代入式思维＋人性化思考"审计方法助力项目共查出违规违纪问题29项，违规资金3 000余万元。同时，对审计发现的问题，审计机关深化审计成果转化研究，从根源上解决问题，打通政策落实的痛点、堵点，共推动被审计单位以及相关主管部门建立健全制度12项，发挥了"治已病，防未病"的作用。

二、安徽马鞍山：构建"治防服"审计结果运用机制

安徽省马鞍山市审计局按照"发现问题—督促整改—研究共性问题—建立预防清单—服务规范管理"的闭环式审计监督工作思路，全力服务高质量发展。

构建整改督促指导机制，着力在"治"上下功夫。

问题清单管理全程化。审前对以往年度审计发现问题及整改情况等进行分析，初步建立问题清单；审中根据审计疑点查证等情况对问题清单进行补充完善，并督促指导被审计单位边审边改；审后结合整改情况形成最终问题清单，并持续督促整改。问题整改督促精细化。探索建立"一月一回头、两月一起底、三月一报告、半年一通报"审计整改督促工作机制。问题整改认定标准化。审计整改工作暂行办法细化了已整改、正在整改和未整改的具体认定标准，统一了审计整改督促相关文书模板，并列举了需要持续整改事项的具体情形，切实提升了审计整改工作的精准度。

构建风险防范研究机制，着力在"防"上求突破。

强化重点板块风险防范研究。重点对 2019—2021 年市本级审计发现的市属国有企业、县区、公检法、学校、市属公立医院、政府性投资等六大板块共性及典型性问题进行梳理分析，深入研究并提出针对性审计建议。强化经济责任风险防范研究。在全省率先出台《领导干部履行经济职责重点风险防范清单》，并在近期组织对上述风险防范清单进行全面修订。强化投资领域风险防范研究。实行工程价款风险点防控措施，修订市政府投资建设项目审计监督办法，建立完善投资审计联系点制度。

构建"三手"助推机制，着力在"服"上出实招。

当好服务党委政府决策的"助手"。近三年来向市委市政府主要领导报送信息 40 多篇，并按季度书面报告审计发现问题整改情况。当好服务相关监管的"里手"。市纪委监委将审计移送的问题线索纳入监督范围，把审计监督与党管干部、纪律检查、追责问责结合起来；市委组织部将经济责任审计结果报告和整改报告存入被审计领导干部本人档案，作为干部任免、交流和奖惩的重要参考；市委巡察办将审计发现问题和整改情况纳入巡察重点关注内容，有效运用审计结果；市财政（国资委）、教育等部门将审计结果作为加强系统管理的重要抓手。当好服务被审计单位规范管理和改革创新的"帮手"。近三年来被审计单位落实审计意见和采纳审计建议 1 037 条，促进制定完善制度 174 项。印发全面落实"三个区分开来"要求建立审计容错免责机制实施办法，明确容错免责的 12 种适用情形、4 个方面认定标准及 6 个环节认定程序等内容。

三、吉林长春：找准主攻方向　依法履行职责

2022 年 6 月，吉林省委常委、长春市委书记、市委审计委员会主任张志军主持召开市委审计委员会第四次全体会议，听取 2021 年度审计工作情况汇报，研究部署今年全市

审计工作。市委副书记、市长、市委审计委员会副主任王子联出席会议，市委审计委员会各委员参加会议。会议审议通过了《长春市本级 2022 年度审计项目计划（草案）》。

会议指出，过去一年，全市审计机关在市委审计委员会领导下，拓展审计监督的广度和深度，用心用力推动审计发现问题整改，在促进政策落实、推动深化改革、维护经济安全、加强法治建设、助力反腐倡廉等方面发挥了重要作用。

会议强调，当前全市上下认真落实党中央"疫情要防住、经济要稳住、发展要安全"要求，按照省委确定的"止跌、回升、增长"目标，统筹疫情防控和经济社会发展，全力保主体、稳投资、促消费、惠民生、防风险。审计机关要主动适应新形势新任务新要求，找准主攻方向，依法履行职责，为全市经济社会发展保驾护航。

会议要求，要不断加强组织领导，市委审计委员会要发挥好牵头抓总作用；办公室要落实落细委员会各项部署要求；各成员单位要各司其职、密切配合，加强与纪检监察、组织人事、巡视巡察以及人大监督、司法监督联动，形成监督合力。全市审计机关要围绕"六城联动""四个服务""十大工程"等重点工作，聚焦防疫情、保民生、守底线等重点任务精准发力，做好"经济体检"。当前，要围绕稳增长、扩投资、促消费等工作，加强审计监督，推动中央和省、市政策及时兑现，助力疫后经济恢复。要强化成果运用，及时上报审计过程中发现的重大事项和苗头性问题，发挥好审计参谋助手作用。要狠抓整改落实，通过问题整改"治已病""防未病"，建机制、堵漏洞、补短板，扎实做好审计监督"后半篇文章"。

四、贵州贵阳：让财经纪律成为不可触碰的"高压线"

2022 年 6 月，贵阳市委审计委员会召开 2022 年第 1 次全体会议，会议审议并通过了《2021 年度贵阳市市本级预算执行和其他财政支出情况审计报告》，省委常委、市委书记、市委审计委员会主任胡忠雄主持会议并讲话。

会议指出，全市审计机关紧紧围绕全市工作大局，坚持依法审计，全面履行职责，审计工作扎实有效，为全市经济社会高质量发展作出了积极贡献。

会议要求，全市审计机关要强化审计震慑力，进一步健全完善审计相关体制机制，做到应审尽审、凡审必严，形成常态化、动态化震慑。强化问题整改，审计部门要做深做透审计"后半篇"文章，抓好工作效率低下、对政策把握不准以及危害群众利益等问题的整改，明确责任人与完成时限。强化成果运用，注重对审计成果的深入分析和总结提炼，扩大审计成果运用的广度与深度，推动审计成果转化为发展动力。强化追责问责，审计部门要坚持原则敢于较真碰硬，以问题为导向压紧压实被审计单位整改主体责任，不能因为任何情况导致审计效能层层递减。对在规定期限内未整改的问题，要严肃追究相关责任单位和责任人的责任。

会议强调，全市各级各部门要严格执行财经纪律，从严从紧核定"三公"经费，全力优化支出结构，继续压减党政机关行政经费、非急需和刚需等一般性支出，释放更多财力促进民生事业发展，用政府的紧日子让老百姓过上好日子。特别是要坚决查处截留挪用、骗取套取、贪污侵占等违法违规行为，严格执行各项财经法规和管理制度，让财经纪律成为不可触碰的"高压线"。

五、新疆阿勒泰：党建业务双融合　助力乡村振兴

新疆阿勒泰地区审计局派出审计组赴莎车县开展2022年乡村振兴重点帮扶县相关政策落实和资金审计工作，历经60余天，走遍莎车县26个乡（镇、管委会）、82个行政村，入户走访1 089多户农户，审阅2017年1月至2022年7月实施的产业项目400余个。审计组聚焦党中央的决策部署，结合地区审计局"审计质量提升年"活动，在审计一线深化以党建促业务，以"三比三亮"主题活动为载体，做到立足经济监督，体现政治要求，维护政治安全，推动2022年莎车县乡村振兴相关政策落实和资金审计工作顺利开展。

审计组按照局党组安排，在进点后第一时间7名党员同志成立了临时党小组。为强化临时党小组对业务工作的指导，按照审计实施方案，科学调整组织设置，细化工作分工，临时党小组的组织、纪检、宣传3项工作与审计政策、资金、项目业务齐统筹，共融合。坚持党小组会议与业务会议结合，以小组为单位，定期开展学习、研讨，既总结党建工作中的优势，又查找存在的短板，既总计审计业务经验，也分析存在的不足，使审计工作成果与党建工作有效融合。坚持"分组不分家"原则，及时沟通相关信息，研究审计过程中遇到的症结，总结分析问题成因，提出有价值、可操作的审计建议，做到审计有深度、有力度、有温度。通过"比学习、比业务、比作风"活动，向思想先进的同志看齐，向作风过硬的同志靠拢，向业绩突出的同志学习，积极营造比学赶超的工作氛围。

积极开展"一个支部一面旗，一名党员一岗哨""庆华诞、感党恩、话初心"主题党日活动，重温初心使命，时刻以党员标准严格要求，审计组每一位成员公开姓名信息，亮出党员身份，签订廉洁自律承诺书、保密承诺书、岗位职责承诺书，规范言行举止，接受被审计单位监督，时刻做到自警、自省；牢固树立"依法审计、廉洁审计、文明审计"思想，坚持以事实为依据，以法律为准绳，把依法审计贯穿于审计的全过程，严格审计质量管理，以加强审计监督、严格审计执法为前提，充分发挥对被审计单位的"审、帮、促"作用，树立良好的阿勒泰审计形象。

审计组深入贯彻习近平总书记"以审计精神立身、以创新规范立业、以自身建设立信"指示精神，审计现场敢于动真碰硬，直面挑战困难，有担当，辨真伪，敢亮剑。审计工作中做好审前谋划研究，精准锁定审计重点，着眼于点、寻迹于线、立足于面，同一项目纵向比对县乡村、同类项目横向比对行业各部门，有效扩大审计覆盖面，对审计过程中发现的普遍性、典型性问题，透过现象看本质，提出切实可行审计建议，赢得被审计对象的广泛理解与支持。充分发挥党员先锋模范带头作用和优秀审计人员"领头雁"作用，以老带新、以干带学，锤炼精湛的审计业务能力，推动审计干部的党性在审计一线历练、素质在审计一线培养，业绩在审计一线创造，形象在审计一线彰显。

六、辽宁大连：提升案件线索审计能力

2022年8月，为提升全市审计干部审计案件线索发现和查办能力，更加全面地掌握核查技巧，有针对性地获取审计证据，大连市审计局结合辽宁省审计厅集中整训和局年度培训计划安排，通过邀请纪检监察专家授课、组织本局经验丰富的审计干部案例教学、青年审计人员交流座谈等形式举办专题培训，进一步提升审计成果意识和审计专业能力。

邀请市纪委监委驻市财政局纪检监察组组长为市县两级审计干部讲授《提升审计中发现职务违法犯罪能力》，重点讲解了玩忽职守罪、滥用职权罪和受贿罪的概念、犯罪构成和立案标准等，强化了审计与纪法衔接的能力，增强了审计人员查处案件线索的能力水平。

组织主题为"如何发现问题及审计案件线索查办"的青年座谈会，由参加多轮巡察工作和审计经验丰富的业务处处长，结合巡察和审计工作真实案例进行重点交流讲解，12名青年干部结合审计工作，围绕重点民生项目、重大工程项目、政府采购、国资国企等方面案件线索做了经验交流。

大连市审计局一直高度重视审计案件线索查办工作，一是建立健全与纪检监察、巡视巡察、公安机关、检察机关等监督贯通协同机制，加强工作配合和案件线索移送，推动形成精准监督、合力反腐的长效化规范化运行机制。每年选派审计干部约30余人次参加省委巡视、市委巡察及纪委办案等专项工作，提升审计干部政治素质和业务能力，更好发挥审计监督职能作用。二是加大对违纪违法违规问题线索查处力度，在审计工作中突出对重大违纪违法案件的查办，坚持做到"定准位、围绕权、紧盯钱"，即锁定重点领域和关键环节，加强对领导干部权力运行的监督，强化对资金流向的跟踪，做到有的

放矢、精准破题，严查公共资金、国有资产、国有资源方面的重大违法违纪和经济犯罪问题。三是强化对重大违纪违法问题的揭示报告和移送力度，严把审计质量关，向纪检监察、司法机关及有关部门移送违纪违法违规问题线索。及时向市委、市政府和市委审计委员会报告审计中发现的重大违纪违法违规问题及苗头线索情况。并在向市人大所作的审计工作报告中，将"重大违纪违法问题线索"单列一部分进行分析，助力加大综合治理力度。